甘肃水利统计年鉴2017

GANSU SHUILI TONGJI NIANJIA 2017

甘肃省水利厅　编

甘肃科学技术出版社

图书在版编目（CIP）数据

甘肃水利统计年鉴 2017/ 甘肃省水利厅编 . -- 兰州：
甘肃科学技术出版社，2022. 1
ISBN 978-7-5424-2930-8

Ⅰ . ①甘 ... Ⅱ . ②甘 ... Ⅲ . ①水利建设 – 统计资料 –
甘肃 –2017– 年鉴 Ⅳ . ① F426.9–54

中国版本图书馆 CIP 数据核字（2022）第 008954 号

甘肃水利统计年鉴 2017
甘肃省水利厅 编

责任编辑 刘 钊
封面设计 杜世忠 孙顺利

出 版 甘肃科学技术出版社
社 址 兰州市城关区曹家巷 1 号新闻出版大厦
网 址 www.gskejipress.com
电 话 0931–2131572（编辑部） 0931–8773237（发行部）

发 行 甘肃科学技术出版社 印 刷 兰州鑫泰印刷有限公司
开 本 889 毫米 ×1194 毫米 1/16 印 张 27 插 页 3 字 数 690 千
版 次 2022 年 4 月第 1 版
印 次 2022 年 4 月第 1 次印刷
印 数 1～300
书 号 ISBN 978–7–5424–2930–8 定 价 189.00 元

《甘肃水利统计年鉴 2017》
编委会和编写人员名单

编委会

主　任：魏

副主任：李　王　勇　王金城　张天革　姚进忠　翟自宏　张世华　陈新江

张

委　员：赵　栾维功　吴天临　徐崇锋　李仲杰　李　龙　姬跃红　郭海临

刘　贾文平　贾小明　苏永新　严文学　刘向荣　郭万荣　舒晓军

刘　王义民　杨世君　李德国　廖　赞　刘晓峰　王　勇　杨忠琪

展　周川琪　陈　文　董江善　曾有孝　李生潜　陈吉平　金彦兆

张　龚真军

编写人员

主　　编：娟玲　郭海临　曾有孝

副 主 编：德宝　刘斌杰

执行编辑：涛　肖丽丽　张天任　朱高忠

编辑人员：彬　李怡平　杨进东　王柏森　丁茂兰　李常亮　王嘉翔　陈　鹏

张　帆　唐颖丰　陈　璐　张蓉琪　王亮国　杨宏博　雷　蕾　袁　铭

丽丽　马　磊　周　龙　姜国军　高　霞　李玉佼　胡国平　张彦博

定盼　牛亚芳　赵玮霞　李　宁　李金蓓　李　军　赵学艳　王喜泽

高铭阳　陶　信　胡金舜　冯郑萍　牟　极　柳小勇　孔吉军　张学政

宋丽萍　宋海萍

编者说明

一、《甘肃水利统计年鉴 2017》系统收录了 2017 年甘肃省和各市县、兰州新区有关单位的水利工程设施、工程效益、水利建设投资等方面的统计数据。是一部全面反映甘肃省水利发展情况的资料性年刊。

二、本年鉴正文内容分为 3 个篇章，即：水利综合指标（按县区、流域分）、水利建设投资、主要统计指标解释。

三、本年鉴在编辑上采用了以下方法：

1. 所使用的计量单位，采用国际统一法定标准计量单位和水利统计惯用单位。

2. 部分数据合计项由于数字位数取舍而产生的计算误差，均未作机械调整。

3. 凡带有续表的资料，有关注释均列在最后一张表的下方。

4. 部分表中的小数未统一保留位数，采用的是原录入数据。

四、年鉴编辑过程中得到诸多单位和同志的大力支持，在此深表谢意。限于编者经验和水平，本年鉴难免存在缺点和错误，望各界领导、专家和广大读者提出宝贵意见和建议。

2017 年主要指标完成情况说明

1. 水利全口径投资

2017 年，按照水利建设投资全口径统计月报，甘肃省水利建设完成投资 174.47 亿元。分年度计划：2017 年中央水利投资计划完成投资 64.81 亿元；结转 2016 年中央水利投资计划完成投资 7.04 亿元；省内自主实施项目完成投资 102.62 亿元。分投资来源：中央投资 71.36 亿元，地方配套 63.72 亿元，融资贷款 39.39 亿元。

2017 年，按照水利建设投资统计年报，全省水利建设完成投资 150.08 亿元。

2. 水利建设项目

2017年全省水利建设项目736项，本年施工694项，筹建5项，单纯购置37项（山洪灾害防治项目）。本年开工497项，续建197项；本年全部建成投产项目407项，结转下一年度实施项目329项。大中型项目7项，小型项目692项，其他37项（山洪灾害防治项目）。新建项目579项，扩建项目19项，改建项目101项，单纯购置项目37项。黄河流域475项，长江流域76项，西北诸河流域185项。在建项目投资规模596.81亿元，同比增加20.8%。在建项目累计安排投资442.72亿元，累计到位资金333.66亿元，累计完成投资406.78亿元，累计新增固定资产269.01亿元。

2017年水利建设项目计划投资157.48亿元，其中中央投资63.00亿元；到位资金142.23亿元，其中中央投资62.51亿元；完成投资150.08亿元，同比减少10.9%，其中中央投资60.39亿元。全年新增固定资产95.91亿元。

3. 水利工程年供水能力及供水量

水利工程年供水能力 148.73 亿米^3，比 2016 年增加 0.53 亿米^3。内陆河流域 93.64 亿米^3，黄河流域 52.41 亿米^3，长江流域 2.68 亿米^3；水库工程 43.60 亿米^3，塘坝和窖池工程 1.05 亿米^3，河湖引水工程 45.70 亿米^3，河湖取水泵站工程 20.15 亿米^3，机电井工程 32.81 亿米^3，非常规水源利用工程 2.07 亿米^3，跨区域供水工程 3.35 亿米^3。

水利工程年供水量 110.97 亿米^3，比 2016 年减少 2.77 亿米^3。内陆河流域 69.39 亿米^3，黄河流域 39.16 亿米^3，长江流域 2.42 亿米^3；农业灌溉 83.97 亿米^3（其中：耕地灌溉 64.76 亿米^3），工业生产 8.30 亿米^3，城镇生活 4.80 亿米^3，乡村生活 4.50 亿米^3，人工生态环境 8.48 亿米^3（其中：城镇环境 4.30 亿米^3，河湖补水 4.18 亿米^3），其他 0.36 亿米^3，向区域外供水 0.56 亿米^3。全省人均用水量 445 米^3（2017 年末，常住人口 2625.71 万人），比上年人均减少 8 米^3。全国人均用水量 436 米^3。全省农田灌溉亩均用水量 471 米^3，万元 GDP 用水量 151 米^3。

4. 城乡供水

已建成城乡集中式供水工程9567处，其中：城镇自来水厂113处、农村集中式供水工程9454处（千吨万人以上322处，千人以上1707处，其他7425处）。已建成农村分散式供水工程70.60万处。

已建成农村供水巩固提升工程1147处，受益人口302.76万人；年末农村自来水供水人口1807.1万人。

5. 灌溉面积

灌溉面积1537.16千公顷，其中:耕地1331.43千公顷，林地150.20千公顷，园地39.83千公顷，牧草地15.7千公顷。耕地灌溉面积本年新增15.37千公顷，减少1.45千公顷。实际耕地灌溉面积1182.29千公顷。

灌溉面积按工程类型分：河流引水437.07千公顷，水库511.54千公顷，塘坝6.21千公顷，提灌站260.58千公顷，机电井317.59千公顷，其他4.16千公顷。

6. 节水灌溉面积

节水灌溉面积1020.89千公顷，其中：喷灌32.96千公顷，微灌231.22千公顷，低压管灌206.79千公顷，其他工程549.92千公顷。节水灌溉面积本年新增71.36千公顷，减少26.69千公顷。

7. 集雨补灌

集雨补灌面积292.29千公顷，本年减少0.07千公顷。集雨水窖171.85万眼，本年减少0.044万眼。

8. 水土流失治理

新增治理水土流失面积720.21千公顷，核减治理水土流失面积4.45千公顷，上年基数7864.73千公顷，累计达到8580.49千公顷。新修梯田76.31千公顷，核减1.08千公顷，上年基数2066.19千公顷，累计达到2141.41千公顷。

9. 水电站

已建成水电站676座。其中：大型水电站6座；中型水电站35座；小型水电站635座。新增水电站24座：嘉峪关市1座（讨赖河南干渠水电站），酒泉市1座（玉门市白杨河石门子一级水电站），张掖市1座（摆浪河水电站），甘南州3座（舟曲县卡子桥、桥子水电站、多拉二级水电站），酒泉市4座（肃州洪水河东干渠、党上六级、七级、孔家桥水电站），陇南市14座（文县13座、礼县1座为上年基数错误，实际无新增）；减少水电站52座：酒泉市1座（肃北县十一电站），庆阳市1座（宁县九原河水电站），武威市2座（天祝县龙沟水电站、金强水电站），其余48座水利普查时纳入年报统计，现已报废或找不到名录。

10. 规模以上灌区

规模以上灌区 430 处，耕地灌溉面积 1248.17 千公顷。其中：50 万亩以上灌区 4 处，耕地灌溉面积 201.72 千公顷；30 万 ~ 50 万亩灌区 20 处，耕地灌溉面积 420.32 千公顷；10 万 ~ 30 万亩灌区 22 处，耕地灌溉面积 276.03 千公顷；5 万 ~ 10 万亩灌区 34 处，耕地灌溉面积 121.31 千公顷；1 万 ~ 5 万亩灌区 162 处，耕地灌溉面积 170.22 千公顷；0.2 万 ~ 1 万亩灌区 188 处，耕地灌溉面积 58.57 千公顷。减少 0.2 万 ~ 1 万亩灌区 2 处：兰州市 1 处、陇南市 1 处。

规模以上灌区渠道长度 8.59 万千米（流量 0.2 米^3/ 秒及以上渠道），其中衬砌防渗渠道长度 4.37 万千米。

农村用水合作组织 2194 个，农场及农业园区数 6082 处。

11. 水库、塘坝、窖池

已建成水库 383 座，库容 103.36 亿米^3。其中：型 9 座，库容 83.23 亿米^3；中型 42 座，库容 14.07 亿米^3；小型 332 座，库容 6.06 万米^3。

累计建成塘坝0.24万座，窖池134.95万座。

12. 水闸、堤防

已建成水闸6210座，其中：大型4座，中型72座，小型6134座；河湖引水闸3491座，水库引水闸2626座。

已建成堤防8151.62千米，保护人口996.62万人，保护耕地479.87千公顷，本年新增堤防716.67千米。已建成达标堤防6776.42千米，本年新增达标堤防704.84千米。

13. 泵站、机电井

泵站5650处，其中：大型12处，中型118处，小型5520处；河湖取水泵站5012处，水库取水泵站355处，其他取水泵站283处。泵站本年新增97处，减少5处。

已建成机电井22.63万眼，其中：规模以上机电井6.53万眼，规模以下机电井16.10万眼。机电井本年新增5724眼，减少2096眼。

14. 入河湖排污口

入河湖排污口378处，其中：排入河流376处，排入水库2处。

目录

CONTENTS

1 水利综合指标（按县区、流域分）

1　水利综合指标

（按县区、流域分）

1-1　2017 年水库、塘坝、窖池

地　　区	水库数量（座）						水库库容（万米^3）						塘坝数量（座）	窖池数量（座）
	小计	大（1）型	大（2）型	中型	小（1）型	小（2）型	小计	大（1）型	大（2）型	中型	小（1）型	小（2）型		
甘 肃 省	383	1	8	42	172	160	1033590	570001	262281	140734	54393	6182	2422	1349481
兰州市	25			5	7	13	6365			5960	236	169	1347	164008
城关区														4013
七里河区													6	11134
西固区	3			3									1	1342
安宁区														
红古区														
永登县	14				5	9							1239	51683
皋兰县	6			1	1	4	5080			4800	111	169	79	598
榆中县	2			1	1		1285			1160	125		22	95238
嘉峪关市	12			1	3	8	7230			6400	592	238	7	
金昌市	3			1	2		6740			6500	240		7	
金川区														
永昌县	3			1	2		6740			6500	240			
白银市	17			2	9	6	15787			11168	4311	308	70	37898
白银区	6			1	1	4	9813			8800	860	153		3104
平川区	1					1	85					85	1	9931
靖远县	1			1			2368			2368		70	26	43188
会宁县	8				7	1	3157				3087	70	39	170202
景泰县	1				1		364				364		4	11473
天水市	9				4	5	2384				2190	194	15	235510
秦州区(长江)	1					1	60					60		
麦积区(长江)														
清水县	3					3	111					111		26888
秦安县	1				1		820				820		5	73708
甘谷县													10	48747
武山县	1					1	24					24		26583
张家川县	2				2		1097				1097			29092

1-1 续表

地区	水库数量（座）						水库库容（万米^3）						塘坝数量（座）	窖池数量（座）
	小计	大（1）型	大（2）型	中型	小（1）型	小（2）型	小计	大（1）型	大（2）型	中型	小（1）型	小（2）型		
秦州区(黄河)	1				1		273							12565
麦积区(黄河)														17926
武威市	22			5	7	10	24161			21213	2689	259	70	16530
凉州区	9			3	2	4	10362			9994	282	86		7240
民勤县	1			1			9993			9993				
古浪县	7			1	4	2	3475			1226	2216	33	56	7004
天祝县（黄河）	4				1	3	309				191	119	12	1692
天祝县（西北）	1					1	22					22	2	594
张掖市	70			11	32	27	47577			38144	8483	950	83	1396
甘州区	2			1	1		1720			1320	400		20	
肃南县	14			3	6	5	21750			19120	2404	227	18	1396
民乐县	8			3	1	4	7101			6200	735	166	8	
临泽县	18				10	8	2187				1995	192		
高台县	13			1	9	3	3363			1048	2205	110	11	
山丹县	15			3	5	7	11456			10456	745	355	26	
平凉市	35			2	22	11	18717			11570	6564	584	10	158948
崆峒区	5			1	3	1	3774			2970	776	28		21281
泾川县	1				1		186				186			7503
灵台县	6				1	5	363				106	257	2	15026
崇信县	1				1		380				380		1	2329
华亭县	5				3	2	972				929	44		749
庄浪县	4				3	1	1179				1087	92		25553
静宁县	13			1	10	2	11864			8600	3100	163	7	56507
酒泉市	81		3	3	35	40	73184		49880	12423	9383	1499	38	87
肃州区	41				9	32	2667				1577	1090	9	
金塔县	14		1	1	10	2	18562		10480	3905	4037	140		
瓜州县	12		1		7	4	21689		20000		1451	238	15	
肃北县													5	61

1-1 续表

地区	水库数量（座）						水库库容（万米^3）						塘坝数量（座）	窖池数量（座）
	小计	大（1）型	大（2）型	中型	小（1）型	小（2）型	小计	大（1）型	大（2）型	中型	小（1）型	小（2）型		
阿克县													8	26
玉门市	6		1	1	4		24908		19400	3878	1630			
敦煌市	8			1	5	2	5359			4640	688	31	70	
庆阳市	29		1	2	21	5	68763		54000	5869	8694	200		306043
西峰区	5		1	1	3		57293		54000	2680	613			126
庆城县	5			1	3	1	4832			3189	1616	27	56	34720
环县	6				4	2	2249				2222	27	12	85000
华池县	4				3	1	1219				1168	51	2	100807
合水县	4				3	1	667				572	95	83	7640
正宁县	2				2		961				961		20	39749
宁县	1				1		782				782		18	
镇原县	2				2		760				760		8	38001
定西市	21			3	11	7	7329			2160	4795	374		139888
安定区	7				4	3	1661				1460	201	11	
通渭县	4				2	1	1590			1200	324	67	1	58879
陇西县														4571
渭源县	2				2		1270				1270			14250
临洮县	3			1	1	1	2775			960	1741	74	72	47432
漳县	2					2	33					33	11	14756
岷县	3			1	2									
陇南市	19		2	4	4	9	54912		42100	10873	1649	291	64	31387
武都区														11821
成县	4				2	2	429				300	129	10	3164
文县	4		2	2			49800		42100	7700				
宕昌县														
康县														
西和县	7			1	1	5	1603			1035	436	132		12795
礼县	2			1	1		3050			2138	913			

1-1 续表

地区	水库数量（座）						水库库容（万米^3）						塘坝数量（座）	窖池数量（座）
	小计	大（1）型	大（2）型	中型	小（1）型	小（2）型	小计	大（1）型	大（2）型	中型	小（1）型	小（2）型		
徽县	2					2	30					30	46	3143
两当县													8	464
临夏回族自治州	16	1	1	2	6	6	600133	570000	22000	6714	1272	147	29	20073
临夏市														
临夏县	1				1		591				591			
康乐县	5				1	4	266				190	76	7	1004
永靖县	3	1	1	1			596794	570000	22000	4794				6952
广河县	2					2	71					71	2	1500
和政县	4			1	3		2303			1920	383			5112
东乡族县	1				1		108				108		10	2831
积石山县													10	2674
甘南藏族自治州	24		1	1	9	13	100306		94300	1740	3297	969		37713
合作市	3				3		526				526			
临潭县	1					1	20					20		14527
卓尼县	6		1			5	94784		94300			484		5435
舟曲县	4				2	2	743				623	120		16252
迭部县	6			1	3	2	3866			1740	1975	151		1499
玛曲县	1				1		173				173			
碌曲县	2					2	144					144		
夏河县	1					1	50					50		
按流域分	383	1	8	42	172	160	1033590	570001	262281	140734	54393	6182	2422	1349481
黄河流域	169	1	3	16	85	64	815424	570000	170300	43441	28951	2733	2172	1284022
长江流域	30		2	5	9	14	59581		42100	12613	4247	622	64	49138
西北诸河流域	184		3	21	78	82	158583		49880	84680	21196	2828	186	16321

注：水库统计范围为水库总库容≥10万米^3。
塘坝统计范围为 500 米^3 ≤蓄水容积 < 10 万米^3。
窖池统计范围为 10 米^3 ≤蓄水容积 < 500 米^3。

1-2 2017 年水电站

单位：座

地　区	水电站数量	大（1）型	大（2）型	中型	小（1）型	小（2）型
甘肃省	676	1	5	35	85	550
兰州市	26		1	6	4	16
城关区						
七里河区						
西固区	3			3		
安宁区						
红古区	11				1	10
永登县	11			2	3	6
皋兰县	1			1		
榆中县						
嘉峪关市	2				1	1
金昌市	18					18
金川区						
永昌县	18					18
白银市	2		1	1		
白银区	1		1			
平川区						
靖远县	1				1	
会宁县						
景泰县						
天水市	6					6
秦州区(长江)						
麦积区(长江)	1					1
清水县	2					2
秦安县						
甘谷县						
武山县	3					3
张家川县						
秦州区(黄河)						
麦积区(黄河)						
武威市	23				5	18
凉州区	19				1	18
民勤县						
古浪县						
天祝县（黄河）	4				4	
天祝县（西北）						

1-2 续表

单位：座

地　　区	水电站数量	大（1）型	大（2）型	中型	小（1）型	小（2）型
张掖市	79			9	8	62
甘州区	14			1	1	12
肃南县	41			8	6	27
民乐县	9					9
临泽县	9					9
高台县	1					1
山丹县	5				1	4
平凉市	1					1
崆峒区	1					1
泾川县						
灵台县						
崇信县						
华亭县						
庄浪县						
静宁县						
酒泉市	75			1	11	63
肃州区	5					5
金塔县	2					2
瓜州县	5					5
肃北县	23			1	5	17
阿克县						
玉门市	29				6	23
敦煌市	11					11
庆阳市	6					6
西峰区	2					2
庆城县	1					1
环县						
华池县						
合水县						
正宁县						
宁县	2					1
镇原县	1					1
定西市	37			1	13	23
安定区						
通渭县	4				4	
陇西县						

1-2　续表

单位：座

地　　区	水电站数量	大（1）型	大（2）型	中型	小（1）型	小（2）型
渭源县	4				1	3
临洮县	18			1	5	12
漳县	4					4
岷县	11				7	4
陇南市	192		2	5	11	74
武都区	25				5	20
成县	1					1
文县	82		2	4	6	70
宕昌县	28			1		27
康县	14					14
西和县	2					2
礼县	32					32
徽县	2					2
两当县	6					6
临夏回族自治州	67	1	1	2	7	56
临夏市	3					3
临夏县	21					21
康乐县	10				1	8
永靖县	7	1	1	1	2	2
广河县	6				2	4
和政县	13					13
东乡族县	5					5
积石山县	2				2	
甘南藏族自治州	142			10	25	106
合作市	5				2	3
临潭县	4				3	1
卓尼县	17			1	4	11
舟曲县	73			4	11	58
迭部县	26			5	5	16
玛曲县						
碌曲县	5					5
夏河县	12					12
按流域分	676	1	5	35	85	550
黄河流域	191	1	3	11	27	139
长江流域	292		2	14	27	249
西北诸河流域	193			10	21	162

注：除潮汐电站以外，所有符合定义规定的水电站。

1-3　2017 年泵站

单位：处

地　　区	泵站数量	按规模分					按功能位置分	
		大（1）型	大（2）型	中型	小（1）型	小（2）型	河湖取水泵站数量	水库取水泵站数量
甘　肃　省	5650		12	118	1164	356	5012	355
兰州市	985			60	474	451	985	
城关区	134			2	96	36	134	
七里河区	67			8	45	14	67	
西固区	118			6	79	33	118	
安宁区	44				27	17	44	
红古区	91			4	47	40	91	
永登县	134			4	28	102	134	
皋兰县	205			18	76	111	205	
榆中县	192			18	76	98	192	
嘉峪关市	6				5	1		1
金昌市	4				3	1		4
金川区								
永昌县	4				3	1		4
白银市	1248		11	18	282	937	1174	
白银区	246			18	66	162	237	
平川区	65				17	48		
靖远县	532				118	414	532	
会宁县	149				43	106	149	
景泰县	256		11		38	207	256	
天水市	426			2	46	378	334	56
秦州区(长江)	33					33	33	
麦积区(长江)								
清水县	12			2	4	6	12	
秦安县	61						61	
甘谷县	201						146	55
武山县	12					1	12	
张家川县	8					1	7	1
秦州区(黄河)	34						34	
麦积区(黄河)	65						29	
武威市	31		1		6		30	
凉州区	1							
民勤县								
古浪县	19				6		19	
天祝县（黄河）	11		1				11	
天祝县（西北）								

1-3 续表

单位：处

地区	泵站数量	按规模分					按功能位置分	
		大（1）型	大（2）型	中型	小（1）型	小（2）型	河湖取水泵站数量	水库取水泵站数量
张掖市	101			2	15	84	93	8
甘州区	29				8	21	29	
肃南县	3				2	1		3
民乐县	5					5		5
临泽县	62			2	5	55	62	
高台县								
山丹县	2			4		2	2	
平凉市	20			4	9	7	8	9
崆峒区	9			4	4	1	2	7
泾川县	2				1	1	2	
灵台县	6				4	2	1	2
崇信县								
华亭县								
庄浪县	1					1	1	
静宁县	2					2	2	
酒泉市	9				2	7		7
肃州区								
金塔县								
瓜州县	3					3		1
肃北县								
阿克县	5				1	4		5
玉门市								
敦煌市	1				1			1
庆阳市	729			15	10	704	619	9
西峰区	75			7	2	66	75	
庆城县	95				1	94	95	
环县	110			8		102	107	3
华池县	101					101	101	
合水县	34				3	31	30	4
正宁县	48				4	44	46	2
宁县	126					126	126	
镇原县	140					140	39	
定西市	336				55	281	264	13
安定区	3					3		3
通渭县	19				2	17	17	2
陇西县	26					26	18	

1-3　续表

单位：处

地　　区	泵站数量	按规模分					按功能位置分	
		大（1）型	大（2）型	中型	小（1）型	小（2）型	河湖取水泵站数量	水库取水泵站数量
渭源县	14				1	13	9	5
临洮县	267				51	216	213	3
漳县	3					3	3	
岷县	4				1	3	4	
陇南市	406				9	397	404	2
武都区	116					116	116	
成县	30					30	30	
文县	62				1	61	62	
宕昌县	18				3	15	18	
康县								
西和县	90				3	87	88	2
礼县	30					30	30	
徽县	32				2	30	32	
两当县	28					28	28	
临夏回族自治州	1316			11	236	1069	1068	246
临夏市	28				5	23	28	
临夏县	146			4	24	118	73	73
康乐县	32					32	32	
永靖县	516			6	101	409	414	100
广河县	106				32	74	70	36
和政县	10				1	9	6	4
东乡族县	412			1	46	365	379	33
积石山县	66				27	39	66	
甘南藏族自治州	33				5	28	33	
合作市	1					1	1	
临潭县								
卓尼县	15					15	15	
舟曲县	15				3	12	15	
迭部县	2				2		2	
玛曲县								
碌曲县								
夏河县								
按流域分	5650		12	118	1164	4356	5012	355
黄河流域	5054		12	110	1113	3819	4446	333
长江流域	456				14	442	454	333
西北诸河流域	140			8	37	95	112	20

注：包括建在河道、湖泊、渠道或水库岸边的所有泵站。

1-4 2017 年水闸

单位：座

地区	水闸数量	按规模分					按功能位置分		按类型分（过闸流量 5 米^3/ 秒及以上）				
		大（1）型	大（2）型	中型	小（1）型	小（2）型	河湖引水闸数量	水库引水闸数量	分（泄）洪闸数量	节制闸座数	排（退）水闸数量	引（进）水闸数量	挡潮闸座数
甘肃省	6210		4	72	218	5916	3491	2626	173	782	85	133	
兰州市	27				1	26	27						
城关区													
七里河区													
西固区													
安宁区													
红古区	5					4	5						
永登县	14					14	14						
皋兰县	2					2	2						
榆中县	6					6	6						
嘉峪关市	16			1	7	8	2						
金昌市	118			1	11	106		118	6	108		4	
金川区	23					23		23	3	20			
永昌县	95			1	11	83		95	3	88		4	
白银市	60				3	57	40	20	20	13	5	10	
白银区													
平川区	11					11		11					
靖远县	29					29	29		19	5		4	
会宁县	10				1	9	1	9	1	2	3	4	
景泰县	10				2	8	10			6	2	2	
天水市	48					48	46	2	2	1	24	14	
秦州区(长江)													
麦积区(长江)													
清水县	7					7	7			1	4	2	
秦安县													
甘谷县	14					14	12	2			2	12	
武山县	2					2	2		2				
张家川县													

1-4 续表

单位：座

地区	水闸数量	按规模分					按功能位置分		按类型分（过闸流量5米³/秒及以上）				
		大(1)型	大(2)型	中型	小(1)型	小(2)型	河湖引水闸数量	水库引水闸数量	分(泄)洪闸数量	节制闸座数	排(退)水闸数量	引(进)水闸数量	挡潮闸座数
秦州区(黄河)	7					7	7						
麦积区(黄河)	18					18	18				18		
武威市	160			2	37	121	78	82	6	67		12	
凉州区	70			1	16	53	66	4					
民勤县	78				20	58		78	4	65		9	
古浪县	7			1	1	5	7		2	2		3	
天祝县（黄河）	5					5	5						
天祝县（西北）													
张掖市	877		1	34	45	4892	2920	2052	114	280	23	27	
甘州区	877		1	2	9	865	712	165	28	58		3	
肃南县	60			3	3	54	60		5	3	4		
民乐县	1834			8	10	1816	332	1502	17	159		11	
临泽县	754			13	13	728	754		41	34	4	10	
高台县	733				2	731	733		9	19	13	1	
山丹县	714			8	8	698	329	385	14	7	2	2	
平凉市	141		1	7	11	122	140	1		24	4	1	
崆峒区	36			2	2	32	36			8	4	1	
泾川县	35			1	2	32	35			4			
灵台县	2			1	1		2			2			
崇信县	22			2	1	19	22			3			
华亭县	3					3	2	1					
庄浪县	6			1	2	3	6			3			
静宁县	37		1		3	33	37			4			
酒泉市	469		2	22	94	351	52	347	24	275	17	60	
肃州区	187			18	6	163	24	163	12	109		24	
金塔县	71		1	1	6	63	1			71			
瓜州县	27				5	22		27					
肃北县	23				5	18	23						

1-4　续表

单位：座

地区	水闸数量	按规模分					按功能位置分		按类型分（过闸流量 5 米^3/ 秒及以上）				
		大（1）型	大（2）型	中型	小（1）型	小（2）型	河湖引水闸数量	水库引水闸数量	分（泄）洪闸数量	节制闸座数	排（退）水闸数量	引（进）水闸数量	挡潮闸座数
阿克县	1			1			1						
玉门市	76		1	2	50	23	3	73	7	28	11	30	
敦煌市	84				22	62		84	5	67	6	6	
庆阳市	20			2	1	17	12	3					
西峰区													
庆城县													
环县													
华池县													
合水县													
正宁县	5			2	1	2	4	1					
宁县													
镇原县	15					15	8	2					
定西市	14				1	13	14			1	9	1	
安定区													
通渭县													
陇西县	3					3	3						
渭源县													
临洮县	11				1	10	11			1	9	1	
漳县													
岷县													
陇南市													
武都区													
成县													
文县													
宕昌县													
康县													
西和县													
礼县													

1-4 续表

单位：座

地区	水闸数量	按规模分					按功能位置分		按类型分（过闸流量 5 米^3/ 秒及以上）				
		大（1）型	大（2）型	中型	小（1）型	小（2）型	河湖引水闸数量	水库引水闸数量	分（泄）洪闸数量	节制闸座数	排（退）水闸数量	引（进）水闸数量	挡潮闸座数
徽县													
两当县													
临夏回族自治州	165			3	7	155	160	1	1	13	3	4	
临夏市	24				1	23	20		1	1	1	2	
临夏县	30					30	30			2	2	1	
康乐县	5					5	5						
永靖县	1					1	1						
广河县	21				2	19	21			2			
和政县	9			3	4	2	9			8			
东乡族县	6					6	5	1					
积石山县	69					69	69					1	
甘南藏族自治州													
合作市													
临潭县													
卓尼县													
舟曲县													
迭部县													
玛曲县													
碌曲县													
夏河县													
按流域分	6210		4	72	218	5916	3491	2626	173	782	85	133	
黄河流域	480		1	12	24	443	444	27	23	52	45	30	
长江流域													
西北诸河流域	5730		3	60	194	5473	3047	2599	150	730	40	103	

注：过闸流量≥1 米^3/ 秒的水闸工程，包括建在河道、渠道、湖泊、水库的水闸。

1-5　2017 年机电井

单位：眼

地　　区	机电井数量	规模以上机电井			规模以下机电井		
		小计	浅层地下水机电井	深层承压水机电井	小计	浅层地下水机电井	深层承压水机电井
甘　肃　省	226312	65263	64805	458	161049	161047	2
兰州市	2655	1359	1359		1296	1296	
城关区	17	17	17				
七里河区	154	135	135		19	19	
西固区							
安宁区	38	38	38				
红古区	1096	6	6		1090	1090	
永登县	619	569	569		50	50	
皋兰县	91	65	65		26	26	
榆中县	640	529	529		111	111	
嘉峪关市	246	229	229		17	17	
金昌市	4686	3309	3309		1377	1377	
金川区	1712	1712	1712				
永昌县	2974	1597	1597		1377	1377	
白银市	1136	640	640		496	496	
白银区	25	3	3		22	22	
平川区	245	245	245				
靖远县	118	118	118				
会宁县	507	38	38		469	469	
景泰县	241	236	236		5	5	
天水市	28869	13762	13756	6	15107	15107	
秦州区(长江)	692	56	56		636	636	
麦积区(长江)	5	4	4		1	1	
清水县	2710	151	147	4	2559	2559	
秦安县	2298	225	225		2073	2073	
甘谷县	11863	11863	11863				
武山县	2261	212	212		2049	2049	
张家川县	3953	191	190	1	3762	3762	
秦州区(黄河)	2184	244	244		1940	1940	
麦积区(黄河)	2903	816	244	1	2087	2087	
武威市	23472	15087	14827	260	8385	8385	
凉州区	13037	4883	4883		8154	8154	
民勤县	13037	9131	8871	260			
古浪县	1009	1009	1009				
天祝县（黄河）	102	60	60		42	42	
天祝县（西北）	193	4	4		189	189	

1-5 续表

单位：眼

地　　区	机电井数量	规模以上机电井			规模以下机电井		
		小计	浅层地下水机电井	深层承压水机电井	小计	浅层地下水机电井	深层承压水机电井
张掖市	15334	11860	11860		3474	3474	
甘州区	3272	3272	3272				
肃南县	606	549	549		57	57	
民乐县	626	626	626				
临泽县	5193	1824	1824		3369	3369	
高台县	4784	4784	4784				
山丹县	853	805	805		48	48	
平凉市	15329	2218	2216	2	13111	13111	
崆峒区	1495	549	549		946	946	
泾川县	1641	547	545	2	1094	1094	
灵台县	481	59	59		422	422	
崇信县	609	116	116		493	493	
华亭县	793	147	147		646	646	
庄浪县	3229	75	75		3154	3154	
静宁县	7081	725	725		6356	6356	
酒泉市	13151	12971	12971		180	180	
肃州区	.3017	2938	2938		79	79	
金塔县	3338	3244	3244		94	94	
瓜州县	1982	1982	1982				
肃北县	56	49	49		7	7	
阿克县	18	18	18				
玉门市	1641	1641	1641				
敦煌市	3099	3099	3099				
庆阳市	57200	1775	1622	153	55425	55423	2
西峰区	483	255	255		228	228	
庆城县	13987	246	246		13741	13741	
环县	3012	58	58		2954	2954	
华池县	10635	65	65		10570	10570	
合水县	4036	103	103		3933	3933	
正宁县	2714	118	14	104	2596	2596	
宁县	1496	184	182	2	1312	1310	2
镇原县	20837	746	699	47	20091	20091	
定西市	13486	673	670	3	12813	12813	
安定区	2622	127	127		2495	2495	
通渭县	1209	74	71	3	1135	1135	
陇西县	242	242	242				

1-5　续表

单位：眼

地　　区	机电井数量	规模以上机电井			规模以下机电井		
		小计	浅层地下水机电井	深层承压水机电井	小计	浅层地下水机电井	深层承压水机电井
渭源县	6890	6	6		6884	6884	
临洮县	188	188	188				
漳县	253	36	36		217	217	
岷县	2082				2082	2082	
陇南市	23133	1228	1223	5	21905	21905	
武都区	671	176	176		495	495	
成县	3076	215	215		2861	2861	
文县	347	14	14		333	333	
宕昌县	2182	28	28		2154	2154	
康县	10	10	10				
西和县	4923	287	282	5	4636	4636	
礼县	8818	343	343		8475	8475	
徽县	3061	126	126		2935	2935	
两当县	45	29	29		16	16	
临夏回族自治州	27298	56	56		27242	27242	
临夏市	6288	4	4		6284	6284	
临夏县	3077	9	9		3068	3068	
康乐县	7540	1	1		7539	7539	
永靖县	74	2	2		72	72	
广河县	6000	5	5		5995	5995	
和政县	835				835	835	
东乡族县	2328	35	35		2293	2293	
积石山县	1156				1156	1156	
甘南藏族自治州	317	96	67	29	221	221	
合作市	62	24	24		38	38	
临潭县	10	7	7		3	3	
卓尼县	13	10	10		3	3	
舟曲县	144	12	12		132	132	
迭部县	5	5	5				
玛曲县	34	29		29	5	5	
碌曲县	5	2	2		3	3	
夏河县	44	7	7		37	37	
按流域分	226312	65263	64805	458	161049	161047	2
黄河流域	145546	20562	20369	193	124984	124982	2
长江流域	23979	1305	20369	5	22674	22674	
西北诸河流域	56787	43396	43136	260	13391	13391	

注：机电井指以电动机、柴油机等动力机械带动水泵抽取地下水的水井。规模以上机电井为日取水量≥ 20 米^3 的供水机电井、井口井壁管内径≥ 200 毫米的灌溉机电井。

1-6 2017年农村集中式供水工程

单位：处

地区	农村集中式供水工程	千吨万人以上	千人以上	其他
甘肃省	9454	322	1707	7425
兰州市	277	20	151	106
城关区	5	1	3	1
七里河区	67	2	8	57
西固区	30	3	21	6
安宁区				
红古区	6	3	3	
永登县	86	3	73	10
皋兰县	25	4	6	15
榆中县	58	4	37	17
嘉峪关市	2		2	
金昌市	85	8	41	36
金川区	13	3	6	4
永昌县	72	5	35	32
白银市	188	28	84	76
白银区	23		23	
平川区	38	2	22	14
靖远县	57	11	18	28
会宁县	19	11	8	
景泰县	51	4	13	34
天水市	401	58	54	289
秦州区(长江)	38	3	2	33
麦积区(长江)	6			6
清水县	96	8	2	86
秦安县	35	14	3	18
甘谷县	17	7	5	5
武山县	57	6	27	24
张家川县	14	6	2	6
秦州区(黄河)	65	7	2	56
麦积区(黄河)	73	7	11	55
武威市	252	21	129	102
凉州区	16	10	2	4
民勤县	47		47	
古浪县	28	8	16	4
天祝县（黄河）	101	2	39	60
天祝县（西北）	60	1	25	34

1-6 续表

单位：处

地区	农村集中式供水工程	千吨万人以上	千人以上	其他
张掖市	375	42	142	191
甘州区	105	21	45	39
肃南县	98			98
民乐县	64	5	47	12
临泽县	40	5	16	19
高台县	25	3	22	
山丹县	43	8	12	23
平凉市	393	43	32	318
崆峒区	158	8	20	130
泾川县	10	3		7
灵台县	117	5	6	106
崇信县	8	4	4	
华亭县	5	3	2	
庄浪县	9	9		
静宁县	86	11		75
酒泉市	273	9	192	72
肃州区	77	4	45	28
金塔县	42	1	31	10
瓜州县	75		75	
肃北县	5			5
阿克县	2			2
玉门市	31	2	27	2
敦煌市	41	2	14	25
庆阳市	1478	25	230	1223
西峰区	456	3	15	438
庆城县	150	3	6	141
环县	48	3	21	24
华池县	40		40	
合水县	75	3	13	59
正宁县	309		1	308
宁县	321	7	61	253
镇原县	79	6	73	
定西市	204	24	37	143
安定区	12	2		10
通渭县	3	2		1
陇西县	4	1		3

1-6 续表

单位：处

地　　区	农村集中式供水工程	千吨万人以上	千人以上	其　他
渭源县	49	3	3	43
临洮县	35	5		30
漳县	87	1		86
岷县	14	10	34	–30
陇南市	3404	5	579	2820
武都区	683	2		681
成县	275			275
文县	568		416	152
宕昌县	311	1		310
康县	350			350
西和县	300		147	153
礼县	415		10	405
徽县	378	1	5	372
两当县	124	1	1	122
临夏回族自治州	108	28	18	52
临夏市	5	4		1
临夏县	4	4		
康乐县	12	6	2	4
永靖县	8	6	1	2
广河县	3	3		
和政县	15	5	4	6
东乡族县	56	7	10	39
积石山县	5	4	1	
甘南藏族自治州	2014	1	16	1997
合作市	341			341
临潭县	252	1	3	248
卓尼县县	324			324
舟曲县	196		8	188
迭部县	215			215
玛曲县	105		2	103
碌曲县	99		2	97
夏河县	482		1	481
按流域分	9454	322	1707	7425
黄河流域	4709	236	651	3822
长江流域	3859	8	589	3262
西北诸河流域	886	78	467	341

注：1. 千吨万人以上是指供水规模≥ 1000 米^3/ 日以上，通常供水人口在 10000 人及以上。
2. Ⅳ型是指供水规模≥ 200 米^3/ 日，且 <1000 立方米^3/ 日，通常供水人口在 2000 ~ 10000 人之间。（含 2000 人，不含 10000 人）
3.V 型是指供水规模 <200 米^3/ 日，通常供水人口在 2000 人以下，20 人以上。

1-7 2017 年全部水利工程供水能力

单位：万米^3

地区	合计	跨区域供水工程	其中：跨流域调水工程	小计	水库工程				塘坝和窖池工程	河湖引水工程	河湖取水泵站工程	机电井工程	非常规水资源利用工程					其他
					小计	大型	中型	小型					小计	再生水利用	海水淡化利用	雨水集蓄利用	微咸水利用	
甘肃省	1487324.62	33545.02	5065	1453779.6	436034.85	118143.16	218364.71	99526.98	10503.18	457029.79	201497.26	328051.54	20662.98	1381.5		2412.82		16868.66
兰州市	189653.79	46.2		189607.59	2096.8		442	1654.8	877.8	84462	90502.29	11608.7	60					60
城关区	23309.09			23309.09						7969	15140.09	200						
七里河区	8968.7	46.2		8922.5							8424	498.5						
西固区	30237			30237						12031	18206							
安宁区	5492			5492							4819	673						
红古区	16314			16314						11312	5002							
永登县	75973			75973	312			312	183	50500	20676	4302						
皋兰县	12530			12530	1024.8		212	812.8	184.8		11085.2	235.2						
榆中县	16830			16830	760		230	530	510	2650	7150	5700	60					60
嘉峪关市	22751			22751	6242		5158	1084		3826		12683						
金昌市	80642	3286	3286	77356	53904		52013	1891				23452						
金川区	7736			7736								7736						
永昌县	72906	3286	3286	69620	53904		52013	1891				15716						
白银市	91967.5	20942.42		71025.08	3324		3034	290	977	6864.2	56157.51	3496.37	206					206
白银区	11520			11520	3000		3000		20		8500							
平川区	8792.03			8792.03	80			80	20		6395.16	2296.87						
靖远县	30905.45	10630		20275.45	34		34		51	5834	13581.45	569	206					206
会宁县	11163.02	9948.62		1214.4	210			210	850		1.9	152.5						
景泰县	29587	363.8		29223.2					36	1030.2	27679	478						
天水市	45011.87	58.4		44953.47	1458.24			1458.24	639.68	20798.47	6595.2	13311.56	2150.32	36		15		2099.32
秦州区(长江)	2387.34			2387.34	16.25			16.25		974.9	483.19	798	115					115
麦积区(长江)	30			30						13.95		16.05						
清水县	3080.13			3080.13	130			130	126	1163	596.14	974.99	90					90
秦安县	3848			3848	40			40	240	1008	1115	1105	340			15		325
甘谷县	11154			11154					208	7000	1033	2711	202					202
武山县	7819			7819	20			20		5991	625	783	400					400
张家川县	2825.44			2825.44	1171.99			1171.99	9.18	701.12	301.56	631.37	10.22					10.22

1-7 续表

单位：万米^3

地区	合计	跨区域供水工程	其中：跨流域调水工程	小计	水库工程				塘坝和窖池工程	河湖引水工程	河湖取水泵站工程	机电井工程	非常规水资源利用工程					
					小计	大型	中型	小型					小计	再生水利用	海水淡化利用	雨水集蓄利用	微咸水利用	其他
秦州区(黄河)	5788.86		5065	5788.86	80			80	56.5	831.4	1063.31	3240.65	517					517
麦积区(黄河)	8079.1	58.4		8020.7						3115.1	1378	3051.5	476.1	36				440.1
武威市	247690.93			247690.93	83999.41		77498	6501.41	410.59	51100.7	18989.23	93176	15			15		
凉州区	148057			148057	59539		59539			39583	135	48800						
民勤县	51559			51559	16835		16835					34724						
古浪县	31008			31008	7316		1124	6192		320	15460	7912						
天祝县(黄河)	15358.52			15358.52	309.41			309.41	410.59	9505.29	3394.23	1724	15			15		
天祝县(西北)	1708.41			1708.41						1692.41		16						
张掖市	280930.9			280930.9	70972		32176	38796	618.5	137778.4	1757	68495	1310	1310				
甘州区	94586			94586	5196			5196		61540	794	26176	880	880				
肃南县	10406.9			10406.9	77			77	38.5	4074.4		6217						
民乐县	47887		3286	47887	32420		26300	6120	60	7400	64	7943						
临泽县	52534			52534	14032			14032		31044	899	6559						
高台县	53450		3286	53450	9307			9307	80	30512		13551						
山丹县	22067			22067	9940		5876	4064	440	3208		8049	430	430				
平凉市	37740.34			37740.34	10315.34		7254.21	3061.13	2920.51	11481.51	3781.86	9192.12	49			49		
崆峒区	14184.07			14184.07	6240		6220	20		3885	130	3929.07						
泾川县	6009.18			6009.18						3425	590	1994.18						
灵台县	2224.83			2224.83	194.76			194.76	5	758.51	548.86	717.7						
崇信县	1454			1454					200	558	208	488						
华亭县	4196.55			4196.55	1696.37			1696.37	1412.18	708		380						
庄浪县	3300			3300	1150			1150	250	1276	21	554	49			49		
静宁县	6371.71			6371.71	1034.21		1034.21		1053.33	871	2284	1129.17						
酒泉市	319728.2			319728.2	181943.4	110361	39245	32337.4	9.6	68454.42		69320.78						
肃州区	90103.6			90103.6	14280.6			14280.6		54413		21410						
金塔县	53889			53889	32250	25080	1200	5970		4593		17046						
瓜州县	53654			53654	41665	34874		6791				11989						
肃北县	3620.2			3620.2						3261.4		358.8						

1-7 续表

单位：万米^3

地区	合计	跨区域供水工程	其中：跨流域调水工程	小计	水库工程				塘坝和窖池工程	河湖引水工程	河湖取水泵站工程	机电井工程	非常规水资源利用工程					
					小计	大型	中型	小型					小计	再生水利用	海水淡化利用	雨水集蓄利用	微咸水利用	其他
阿克县	2000			2000						1954.02		45.98						
玉门市	81270.4			81270.4	65539.4	50407	12045	3087.4		4233		11498						
敦煌市	35191			35191	28208.4		26000	2208.4	9.6			6973						
庆阳市	26670.72			26670.72	3877	1500		2377	2153.27	935.52	5859.61	8638.6	5206.72	35.5		2328.82		2842.4
西峰区	6110			6110	1500	1500			1245	2.5	821	720	1821.5			1821.5		
庆城县	3191			3191	5			5	300		1210	1676						
环县	3016.5			3016.5	219			219	174.9		920.7	582.5	1119.4					1119.4
华池县	2046			2046	26			26	184		762	857	217					217
合水县	2263			2263	896			896	44	426	447	450						
正宁县	1688.53			1688.53	876			876	24	30	70	688.53						
宁县	4672.11			4672.11	257			257	0.89		1235.97	1672.25	1506					1506
镇原县	3683.58			3683.58	98			98	180.48	477.02	392.94	1992.32	542.82	35.5		507.32		
定西市	67056	1927	1779	65129	8169		69	8100	1462	37805	6664	5272	5757					5757
安定区	3120	1779	1779	1341	135			135				1206						
通渭县	8999			8999	1980			1980	195	3800	504	1515	1005					1005
陇西县	6750			6750					90	3080	280	1425	1875					1875
渭源县	6500			6500	2990			2990		3510								
临洮县	29845	148		29697	72		69	3	143	24565	3891	1026						
漳县	7055			7055	995			995	1034	1158	1989		1879					1879
岷县	4787			4787	1997			1997		1692		100	998					998
陇南市	22066.41			22066.41	1133	67.5	422.5	643	97.81	5052.14	3146.86	7056.93	5579.67			5		5574.67
武都区	4698.9			4698.9					15		267	2060.4	2356.5					2356.5
成县	2670.33			2670.33	110			110	17			1804.39	738.94					738.94
文县	4245.64			4245.64	110	67.5	42.5			4036.14	99.5							
宕昌县	1703			1703							1533	101	69					69
康县	842			842								130	712					712
西和县	2563			2563	333		285	48		846	189	1195						
礼县	2700			2700	532		95	437		161	99	832	1076			5		1071

1-7 续表

单位：万米^3

地区	合计	跨区域供水工程	其中：跨流域调水工程	小计	水库工程				塘坝和窖池工程	河湖引水工程	河湖取水泵站工程	机电井工程	非常规水资源利用工程					
					小计	大型	中型	小型					小计	再生水利用	海水淡化利用	雨水集蓄利用	微咸水利用	其他
徽县	2194.54			2194.54	48			48	25.81		658.76	834.74	627.23			5		1071
两当县	449			449					40	9	300.6	99.4						627.23
临夏回族自治州	46825.97	7285		39540.97	7507.66	6214.66		1293	85.42	24421.25	7020.7	468.97	36.97					
临夏市	4475.65	2000		2475.65						2173.48	194.75	107.42						36.97
临夏县	11281.54	2000		9281.54	150			150		8793.04	332.5	6						
康乐县	2028.94			2028.94	394			394	1.2	1336.67	268.63	28.44						
永靖县	9269.24			9269.24	6214.66	6214.66			11.02	2092.06	909.02	34.51	7.97					
广河县	6481	1095		5386	89			89	16	3935	1207	125	14					7.97
和政县	4346	2190		2156	460			460	21	1371	280	9	15					14
东乡族县	5538.6			5538.6	200			200	1.2	2100	3078.8	158.6						15
积石山县	3405			3405					35	2620	750							
甘南藏族自治州	8588.99			8588.99	1093		1053	40	251	4050.18	1023	1879.51	292.3					
合作市	1238			1238						718	10	510						292.3
临潭县	1120			1120	1053		1053		67									
卓尼县	919			919					91	510	220	98						
舟曲县	1410			1410					90	160	740	420						
迭部县	985.98			985.98					3	857.98	53	72						
玛曲县	552.3			552.3	40			40				220	292.3					
碌曲县	351.71			351.71						282.2		69.51						292.3
夏河县	2012			2012						1522		490						
按流域分	1487324.62	33545.02	5065	1453779.6	436034.85	118143.16	218364.71	99526.98	10503.18	457029.79	201497.26	328051.54	20662.98	1381.5				
黄河流域	524060.38	30259.02	1779	493801.36	38134.2	7714.66	11852.21	18567.33	9684.27	198316.59	179722.21	54285.78	13658.31	71.5		2412.82		16868.66
长江流域	26879.73			26879.73	1149.25	67.5	422.5	659.25	190.81	7058.97	4423.05	8362.98	5694.67			2407.82		11178.99
西北诸河流域	936384.51	3286	3286	933098.51	396751.4	11036	206090	80300.4	628.1	251654.23	17352	265402.78	1310	1310		5		5689.67

1-8 2017年规模以上水利工程供水能力

单位：万米^3

地区	合计	跨区域供水工程	其中：跨流域调水工程	小计	水库工程				河湖引水工程	河湖取水泵站工程	机电井工程
					小计	大型	中型	小型			
甘肃省	1302317.87	33545.02	2290.8	1268772.85	436034.85	118143.16	218364.71	99526.98	400676.04	145538.86	286523.1
兰州市	131203.48	46.2		131157.28	2096.8		442	1654.8	61137	57800.13	10123.35
城关区	5716.09			5716.09					1543	4173.09	
七里河区	8965.25	46.2		8919.05						8424	495.05
西固区	19151			19151					4751	14400	
安宁区	4065.64			4065.64						3392.44	673.2
红古区	9786			9786					7380	2406	
永登县	58190			58190	312			312	44977	9495	3406
皋兰县	10483.5			10483.5	1024.8		212	812.8		9323.6	135.1
榆中县	14846			14846	760		230	530	2486	6186	5414
嘉峪关市	21885			21885	6242		5158	1084	3826		11817
金昌市	72906	3286		69620	53904		52013	1891			15716
金川区											
永昌县	72906	3286		69620	53904		52013	1891			15716
白银市	79914.36	20942.42	363.8	58971.94	3324		3034	290	6825.14	45469.03	3353.77
白银区	11075			11075	3000		3000			8075	
平川区	8772.03			8772.03	80			80		6395.16	2296.87
靖远县	21756.01	10630		11126.01	34		34		5811.14	4719.87	561
会宁县	10292.52	9948.62		343.9	210			210			133.9
景泰县	28018.8	363.8	363.8	27655					1014	26279	362
天水市	31259.01	58.4		31200.61	1458.24			1458.24	14214.76	4761.28	10766.33
秦州区(长江)	1231.44			1231.44	16.25			16.25		483.19	732
麦积区(长江)	12.65			12.65					3.15		9.5
清水县	1629.72			1629.72	130			130		596.14	903.58
秦安县	2343			2343	40			40	750	490	1063
甘谷县	5935			5935					4350	500	1085
武山县	6436			6436	20			20	5551	247	618
张家川县	1987.01			1987.01	1171.99			1171.99		261.06	553.96

1-8 续表

单位：万米³

地　　区	合　计	跨区域供水工程	其中：跨流域调水工程	小　计	水库工程				河湖引水工程	河湖取水泵站工程	机电井工程
					小　计	大　型	中　型	小　型			
秦州区(黄河)	5144.71			5144.71	80			80	831.4	1063.31	3170
麦积区(黄河)	6539.48	58.4		6481.08					2729.21	1120.58	2631.29
武威市	241953.49			241953.49	83999.41		77498	6501.41	47528.85	18989.23	91436
凉州区	148057			148057	59539		59539		39583	135	48800
民勤县	51559			51559	16835		16835				34724
古浪县	31008			31008	7316		1124	6192	320	15460	7912
天祝县（黄河）	11329.49			11329.49	309.41			309.41	7625.85	3394.23	
天祝县（西北）											
张掖市	278938.4			278938.4	70972		32176	38796	137778.4	1693	68495
甘州区	93706			93706	5196			5196	61540	794	26176
肃南县	10368.4			10368.4	77			77	4074.4		6217
民乐县	47763			47763	32420		26300	6120	7400		7943
临泽县	52534			52534	14032			14032	31044	899	6559
高台县	53370			53370	9307			9307	30512		13551
山丹县	21197			21197	9940		5876	4064	3208		8049
平凉市	23066.64			23066.64	10315.34		7254.21	3061.13	6640.11	2051.06	4060.13
崆峒区	8567.07			8567.07	6240		6220	20	1240	52	1035.07
泾川县	4731.86			4731.86					2676.6	460.2	1595.06
灵台县	1585.13			1585.13	194.76			194.76	438.51	451.86	500
崇信县	1254			1254					558	208	488
华亭县	1696.37			1696.37	1696.37			1696.37			
庄浪县	2391			2391	1150			1150	960	21	260
静宁县	2841.21			2841.21	1034.21		1034.21		767	858	182
酒泉市	306782.1			306782.1	181943.4	110361	39245	32337.4	68454.42		56384.28
肃州区	90086.6			90086.6	14280.6			14280.6	54413		21393
金塔县	52958.5			52958.5	32250	25080	1200	5970	4593		16115.5
瓜州县	41665			41665	41665	34874		6791			
肃北县	3620.2			3620.2					3261.4		358.8

1-8 续表

单位：万米^3

地区	合计	跨区域供水工程	其中：跨流域调水工程	小计	水库工程				河湖引水工程	河湖取水泵站工程	机电井工程
					小计	大型	中型	小型			
阿克县	2000			2000					1954.02		45.98
玉门市	81270.4			81270.4	65539.4	50407	12045	3087.4	4233		11498
敦煌市	35181.4			35181.4	28208.4		26000	2208.4			6973
庆阳市	13779.16			13779.16	3877	1500		2377	777.02	2712.61	6412.53
西峰区	2694			2694	1500	1500				821	373
庆城县	1400			1400	5			5		550	845
环县	1131.5			1131.5	219			219		415.7	496.8
华池县	818			818	26			26		156	636
合水县	1636			1636	896			896	270	306	164
正宁县	1514.48			1514.48	876			876	30	70	538.48
宁县	1742.24			1742.24	257			257		0.97	1484.27
镇原县	2842.94			2842.94	98			98	477.02	392.94	1874.98
定西市	52548.73	1927	1927	50621.73	8169		69	8100	32038	5911	4503.73
安定区	3113.73	1779	1779	1334.73	135			135			1199.73
通渭县	6274			6274	1980			1980	2994	300	1000
陇西县	3585			3585					2187	220	1178
渭源县	2990			2990	2990			2990			
临洮县	29702	148	148	29554	72		69	3	24565	3891	1026
漳县	3095			3095	995			995	600	1500	
岷县	3789			3789	1997			1997	1692		100
陇南市	4567.79			4567.79	1133	67.5	422.5	643	519.11	912.85	2002.83
武都区	937			937						95	842
成县	110			110	110			110			
文县	407.61			407.61	110	67.5	42.5		198.11	99.5	
宕昌县	431			431						330	101
康县	118			118							118
西和县	705			705	333		285	48	321	51	
礼县	1022			1022	532		95	437			490

1-8 续表

单位：万米^3

地区	合计	跨区域供水工程	其中：跨流域调水工程	小计	水库工程				河湖引水工程	河湖取水泵站工程	机电井工程
					小计	大型	中型	小型			
徽县	758.78			758.78	48			48		337.35	373.43
两当县	78.4			78.4							78.4
临夏回族自治州	41278.03	7285		33993.03	7507.66	6214.66		1293	20925.23	5228.67	331.47
临夏市	4475.65	2000		2475.65					2173.48	194.75	107.42
临夏县	11171.86	2000		9171.86	150			150	8729.86	286	6
康乐县	1908.5			1908.5	394			394	1314.83	190.02	9.65
永靖县	9128.05			9128.05	6214.66	6214.66			2092.06	787.9	33.43
广河县	6194	1095		5099	89			89	3735	1187	88
和政县	4142	2190		1952	460			460	1260	232	
东乡族县	3547.97			3547.97	200			200	1620	1641	86.97
积石山县	710			710						710	
甘南藏族自治州	2235.68			2235.68	1093		1053	40	12	10	1120.68
合作市	356			356						10	346
临潭县	1053			1053	1053		1053				
卓尼县	98			98							98
舟曲县	400			400							400
迭部县	72			72							72
玛曲县	195.68			195.68	40			40			155.68
碌曲县											
夏河县	61			61					12		49
按流域分	1302317.87	33545.02	2290.8	1268772.85	436034.85	118143.16	218364.71	99526.98	400676.04	145538.86	286523.1
黄河流域	384898.49	30259.02	2290.8	354639.47	38134.2	7714.66	11852.21	18567.33	150191.96	126854.82	39458.49
长江流域	6283.88			6283.88	1149.25	67.5	422.5	659.25	522.26	1396.04	3216.33
西北诸河流域	911135.5	3286		907849.5	396751.4	110361	206090	80300.4	249961.82	17288	243848.28

1-9　2017 年规模以下水利工程供水能力

单位：万米^3

地　　区	合　计	塘坝和窖池工程	河湖引水工程	河湖取水泵站工程	机电井工程	非常规水源利用工程					
						小计	再生水利用	海水淡化利用	雨水集蓄利用	微咸水利用	其他
甘　肃　省	185006.75	10503.18	56353.75	55958.4	41528.44	20662.98	1381.5		2412.82		16868.66
兰州市	58450.31	877.8	23325	32702.16	1485.35	60					60
城关区	17593		6426	10967	200						
七里河区	3.45				3.45						
西固区	11086		7280	3806							
安宁区	1426.36			1426.56	−0.2						
红古区	6528		3932	2596							
永登县	17783	183	5523	11181	896						
皋兰县	2046.5	184.8		1761.6	100.1						
榆中县	1984	510	164	964	286	60					60
嘉峪关市	866				866						
金昌市	7736				7736						
金川区	7736				7736						
永昌县											
白银市	12053.14	977	39.06	10688.48	142.6	206					206
白银区	445	20		425							
平川区	20	20									
靖远县	9149.44	51	22.86	8861.58	8	206					206
会宁县	870.5	850		1.9	18.6						
景泰县	1568.2	36	16.2	1400	116						
天水市	13752.86	639.68	6583.71	1833.92	2545.23	2150.32	36		15		2099.32
秦州区(长江)	1155.9		974.9		66	115					115
麦积区(长江)	17.35		10.8		6.55						
清水县	1450.41	126	1163		71.41	90					90
秦安县	1505	240	258	625	42	340			15		325
甘谷县	5219	208	2650	533	1626	202					202
武山县	1383		440	378	165	400					400
张家川县	838.43	9.18	701.12	40.5	77.41	10.22					10.22

1-9 续表

单位：万米³

地区	合计	塘坝和窖池工程	河湖引水工程	河湖取水泵站工程	机电井工程	非常规水源利用工程					
						小计	再生水利用	海水淡化利用	雨水集蓄利用	微咸水利用	其他
秦州区(黄河)	644.15	56.5			70.65	517					517
麦积区(黄河)	1539.62		385.89	257.42	420.21	476.1	36				440.1
武威市	5737.44	410.59	3571.85		1740	15			15		
凉州区											
民勤县											
古浪县											
天祝县（黄河）	4029.03	410.59	1879.44		1724	15			15		
天祝县（西北）	1708.41		1692.41		16						
张掖市	1992.5	618.5		64		1310	1310				
甘州区	880					880	880				
肃南县	38.5	38.5									
民乐县	124	60		64							
临泽县											
高台县	80	80									
山丹县	870	440				430	430				
平凉市	14673.7	2920.51	4841.4	1730.8	5131.99	49			49		
崆峒区	5617		2645	78	2894						
泾川县	1277.32		748.4	129.8	399.12						
灵台县	639.7	5	320	97	217.7						
崇信县	200	200									
华亭县	2500.18	1412.18	708		380						
庄浪县	909	250	316		294	49			49		
静宁县	3530.5	1053.33	104	1426	947.17						
酒泉市	12946.1	9.6			12936.5						
肃州区	17				17						
金塔县	930.5				930.5						
瓜州县	11989				11989						
肃北县											

1-9 续表

单位：万米³

地区	合计	塘坝和窖池工程	河湖引水工程	河湖取水泵站工程	机电井工程	非常规水源利用工程					
						小计	再生水利用	海水淡化利用	雨水集蓄利用	微咸水利用	其他
阿克县											
玉门市											
敦煌市	9.6	9.6									
庆阳市	12891.56	2153.27	158.5	3147	2226.07	5206.72	35.5		2328.82		2842.4
西峰区	3416	1245	2.5		347	1821.5			1821.5		
庆城县	1791	300		660	831						
环县	1885	174.9		505	85.7	1119.4					1119.4
华池县	1228	184		606	221	217					217
合水县	627	44	156	141	286						
正宁县	174.05	24			150.05						
宁县	2929.87	0.89		1235	187.98	1506					1506
镇原县	840.64	180.48			117.34	542.82	35.5		507.32		
定西市	14507.27	1462	5767	753	768.27	5757					5757
安定区	6.27				6.27						
通渭县	2725	195	806	204	515	1005					1005
陇西县	3165	90	893	60	247	1875					1875
渭源县	3510		3510								
临洮县	143	143									
漳县	3960	1034	558	489		1879					1879
岷县	998					998					998
陇南市	17498.62	97.81	4533.03	2234.01	5054.1	5579.67			5		5574.67
武都区	3761.9	15		172	1218.4	2356.5					2356.5
成县	2560.33	17			1804.39	738.94					738.94
文县	3838.03		3838.03								
宕昌县	1272			1203		69					69
康县	724				12	712					712
西和县	1858		525	138	1195						
礼县	1678		161	99	342	1076			5		1071

1-9 续表

单位：万米³

地区	合计	塘坝和窖池工程	河湖引水工程	河湖取水泵站工程	机电井工程	非常规水源利用工程					
						小计	再生水利用	海水淡化利用	雨水集蓄利用	微咸水利用	其他
徽县	1435.76	25.81		321.41	461.31	627.23					627.23
两当县	370.6	40	9	300.6	21						
临夏回族自治州	5547.94	85.42	3496.02	1792.03	137.5	36.97					36.97
临夏市											
临夏县	109.68		63.18	46.5							
康乐县	120.44	1.2	21.84	78.61	18.79						
永靖县	141.19	11.02		121.12	1.08	7.97					7.97
广河县	287	16	200	20	37	14					14
和政县	204	21	111	48	9	15					15
东乡族县	1990.63	1.2	480	1437.8	71.63						
积石山县	2695	35	2620	40							
甘南藏族自治州	6353.31	251	4038.18	1013	758.83	292.3					292.3
合作市	882		718		164						
临潭县	67	67									
卓尼县	821	91	510	220							
舟曲县	1010	90	160	740	20						
迭部县	913.98	3	857.98	53							
玛曲县	356.62				64.32	292.3					292.3
碌曲县	351.71		282.2		69.51						
夏河县	1951		1510		441						
按流域分	185006.75	10503.18	56353.75	55958.4	41528.44	20662.98	1381.5		2412.82		16868.66
黄河流域	139161.89	9684.27	48124.63	52867.39	14827.29	13658.31	71.5		2407.82		11178.99
长江流域	20595.85	190.81	6536.71	3027.01	5146.65	5694.67			5		5689.67
西北诸河流域	25249.01	628.1	1692.41	64	21554.5	1310	1310				

1-10　2017 年水利工程供水量（按供水用途分）

单位：万米^3

地　　区	水利工程供水量	向区域内供水						向区域外供水
		小　计	农业灌溉	工业生产	城镇生活	乡村生活	人工生态环境	其　他	
甘　肃　省	1109731.15	1104124.95	839663.98	82974.4	47963.25	45086.13	84821.42	3615.77	5606.2
兰州市	110179.92	32501.3	53436.46	2072.29	5136.46		110133.72	46.2	16987.21
城关区	15282.09	15282.09	2532.27	3317	9292.82		140		
七里河区	8968.43	8922.23	1180.13	4847.06	2413.19	449.98	31.87		46.2
西固区	18206	18206	1357	15400	1367	82			
安宁区	4321.95	4321.95	1109.26	807.37	2117.43		287.89		
红古区	10718.3	10718.3	8270	2126.8	115	83.5	123		
永登县	34773	34773	25227.57	4500	800	774.43	3471		
皋兰县	8818	8818	6642	872	237	142	925		
榆中县	9092.15	9092.15	7118.23	631.07	644.77	540.38	157.7		
嘉峪关市	21553.06	7355.94	6945.84	73.51	5505.2		21553.06		1672.57
金昌市	67197.97	4593	53962.2	962.83	4393.61	336.25	65822.97	1375	1575.08
金川区	20677.97	20677.97	11992.2	3736	1575.08	122.83	2915.61	336.25	
永昌县	46520	45145	41970	857		840	1478		1375
白银市	86693.63	5490.96	74229.12	2247.84	1140.42	237	86693.63		3348.29
白银区	9460.05	9460.05	4132	2556.45	1906	87.6	778		
平川区	8792.03	8792.03	6322.76	1689.79	625.87	44.99	108.62		
靖远县	30905.45	30905.45	29208.06	856.62	143.02	380.75	80	237	
会宁县	7949.1	7949.1	6521.3	57.1	256.4	1040.5	73.8		
景泰县	29587	29587	28045	331	417	694	100		
天水市	35857.47	2577.76	26235.68	4675.67	290.56	100	35857.47		1977.8
秦州区(长江)	1422	1422	743	189	62.5	421.5	6		
麦积区(长江)	20.8	20.8				20.8			
清水县	2002.55	2002.55	1309.6	67.41	183.68	420.92	20.94		
秦安县	3874	3874	2703	84	254	698	65	70	
甘谷县	7940	7940	6556	306	274	694	80	30	
武山县	6224	6224	5234	140	240	540	70		
张家川县	2124.32	2124.32	1465.08	79.35	80.62	484.65	14.62		

1-10 续表

单位：万米^3

地区	水利工程供水量	向区域内供水							向区域外供水
		小计	农业灌溉	工业生产	城镇生活	乡村生活	人工生态环境	其他	
秦州区(黄河)	4896	4896	3405	1132	91	255	13		
麦积区(黄河)	7353.8	7353.8	4820	580	792	1140.8	21		
武威市	160900	6994.97	134197.55	6069.3	11228.68		160900		2409.5
凉州区	89563	89563	80006	4287	1817	3453			
民勤县	31426	31426	19227	395	200	909	10695		
古浪县	28611	28611	26795	475	271	1055	15		
天祝县（黄河）	10495	10495	7713.55	1799.45	121.5	352.69	507.81		
天祝县（西北）	805	805	456	38.52		299.61	10.87		
张掖市	217090.43	2772.6	201450.33	3024.4	6471.5	588	217090.43		2783.6
甘州区	73387	73387	64897	1025	1644	1013	4808		
肃南县	9461	9461	8630.8	237	90	439	64.2		
民乐县	39120	39120	36924	455	401	773	567		
临泽县	43983.5	43983.5	42425.9	366.6	154.4	305.3	654.3	77	
高台县	36900	36900	35526	431	175	141	116	511	
山丹县	14238.93	14238.93	13046.63	258	319.2	353.1	262		
平凉市	26309.92	2511.99	15669.65	3583.87	564.89	306	26309.92		3673.52
崆峒区	10013.24	10013.24	5600	942.78	2155.4	1086.17	228.89		
泾川县	3237.4	3237.4	2512.5	91.5	352.7	242.7	38		
灵台县	1946	1946	1358	45	125	410	8		
崇信县	1200	1200	808	202	142	48			
华亭县	3583.08	3583.08	1715.15	1025.71	305.22	295	227	15	
庄浪县	2961	2961	1555	35	350	962	26	33	
静宁县	3369.2	3369.2	2121	170	243.2	540	37	258	
酒泉市	237638.51	8190.7	174323.4	1652.37	48813.86	572.2	237638.51		4085.98
肃州区	71895	71895	48525	1411	1711	615	19633		
金塔县	44412	44412	39013	981	197	215	4006		
瓜州县	41283.55	41283.55	19940	1256	310.05	121.3	19084	572.2	
肃北县	3467.7	3467.7	2349	119.7	66	40	893		

1-10 续表

单位：万米^3

地区	水利工程供水量	向区域内供水							向区域外供水
		小计	农业灌溉	工业生产	城镇生活	乡村生活	人工生态环境	其他	
阿克县	1646.26	1646.26	876.4	146	69.93	2.07	551.86		
玉门市	43167	43167	38113	3876	572	466	140		
敦煌市	31767	31767	25507	401	1160	193	4506		
庆阳市	26252.98	4273.71	14094.33	4754.35	276.9	1049.5	26252.98		1804.19
西峰区	5997	5997	3718	840	690	342	95.5	311.5	
庆城县	3186	3186	1520	788	154	662	44	18	
环县	2993.9	2993.9	1624	597	181	559.9		32	
华池县	2046	2046	608	677	165	448	18	130	
合水县	2248	2248	1247	501	107	198	12	183	
正宁县	1608.97	1608.97	1104.2	85.21	165.5	168.66	5.4	80	
宁县	4672.11	4672.11	2497.55	406	224.77	1185.79	63	295	
镇原县	3501	3501	1775.58	379.5	116.92	1190	39		
定西市	53146.92	3175	42261.55	5067.66	619.75	205	52976.92	170	1647.96
安定区	3120	3120	2815	60		245			
通渭县	2482.95	2482.95	1250	186	146.5	892.95	7.5		
陇西县	6750	6750	4700	530	450	850	220		
渭源县	6500	6500	3341.78	800	313.46	1748.71	296.05		
临洮县	29843	29673	27358	1416	311	517	71		170
漳县	2158	2158	1524	183	221		25	205	
岷县	2292.97	2292.97	1272.77		206	814	0.2		
陇南市	20535.26	879.08	11122.52	5305.34	20.7	21	20535.26		3186.62
武都区	4698.9	4698.9	2549.2	78	2048	3	5.7	15	
成县	2670.33	2670.33	1796.39	198	160	515.94			
文县	4245.64	4245.64	3626.87	42.56	82.12	491.09	3		
宕昌县	1622	1622	760	23		833	6		
康县	842	842	151	36	196	459			
西和县	1326	1326	254	128	166	766	6	6	
礼县	2700	2700	936	38	239	1487			

1-10 续表

单位：万米^3

地区	水利工程供水量	向区域内供水							向区域外供水
		小计	农业灌溉	工业生产	城镇生活	乡村生活	人工生态环境	其他	
徽县	1981.39	1981.39	787.06	305.52	242.5	646.31			
两当县	449	449	262	30	53	104			
临夏回族自治州	39204.09	1417.88	28574.35	3021.07	292.89	157.82	35189.09	4015	1725.08
临夏市	3237.98	3237.98	1928	394.98	640	265	10		
临夏县	6704.66	4879.66	4199.64		110	477.62	40	52.4	1825
康乐县	3346.5	3346.5	2850	8.5	96	392			
永靖县	9139.47	9139.47	7757.93	590	322.48	327.25	84	57.81	
广河县	5145.68	5145.68	4450.68	196	106	248	145		
和政县	4069	1879	1039	160	244	424	12		2190
东乡族县	4256	4256	3704	25	36	490	1		
积石山县	3304.8	3304.8	2645.1	43.4	170.6	397.2	0.89	47.61	
甘南藏族自治州	7170.99	239.51	3161	2575.63	66	43	7170.99		1085.85
合作市	1111	1111	272	90	301	425	23		
临潭县	1120	1120	531	10	130	448	1		
卓尼县	919	919	497	45	54	311	12		
舟曲县	1268	1268	756	54	238.5	215.5		4	
迭部县	969.98	969.98	684.8	7	48.6	227.58	2		
玛曲县	552.3	552.3	40	17	92	388.3	15		
碌曲县	351.71	351.71	5.2	0.51	45.75	268.25	2	30	
夏河县	879	879	375	16	176	292	11	9	
按流域分	1109731.15	1104124.95	839663.98	82974.4	47963.25	45086.13	84821.42	3615.77	5606.2
黄河流域	391630.14	387398.94	263191.89	53737.56	32021.8	27465.69	8887.68	2094.32	4231.2
长江流域	24216.04	24216.04	13306.32	1129.08	3536.22	6190.72	28.7	25	
西北诸河流域	693884.97	692509.97	563165.77	28107.76	12405.23	11429.72	75905.04	1496.45	1375

注：农业灌溉供水指水利工程为农田、林地、果园、牧草灌溉的实际毛供水量。

工业生产供水指水利工程为城市及县以下乡镇工业的供水。

城镇生活供水指水利工程对城镇居民生活供水，包括餐饮、服务以及市政环卫等公共服务供水；生活供水主要统计原水量。

乡村生活供水除乡村居民生活用水外，还包括牲畜用水。

生态环境供水指通过水利工程设施向城镇、乡村生态脆弱地区或恶化地区以及其他地区补水，以维持、控制、恢复、改善原有的生态环境状态。

1-11 2017 年水利工程供水量（按工程类型分）

单位：万米^3

地区	水利工程供水量	按工程类型分						
		跨区域供水工程	水库工程	塘坝和窖池工程	河湖引水闸工程	河湖取水泵站工程	其他地表水源工程	地下水源工程	其他
甘肃省	1109731.15	45225.8	293909.94	7476.22	313241.59	172958.15	11418.15	246889.11	18612.19
兰州市	110179.92	46.2	1176	716.48	40859.55	59514.65		7793.91	73.13
城关区	15282.09					15140.09		142	
七里河区	8968.43	46.2				8423.73		498.5	
西固区	18206					18206			
安宁区	4321.95					3648.75		673.2	
红古区	10718.3				8243	2475.3			
永登县	34773		312	183	29456	520		4302	
皋兰县	8818		660	162	1620	6208		168	
榆中县	9092.15		204	371.48	1540.55	4892.78		2010.21	73.13
嘉峪关市	21553.06		4500		3760.79			10242.51	3049.76
金昌市	67197.97	25552	15789.99					23436	2419.98
金川区	20677.97		10521.99					7736	2419.98
永昌县	46520	25552	5268					15700	
白银市	86693.63	10993.8	2714	693	7361.1	63624.63		1101.1	206
白银区	9460.05		2600			6860.05			
平川区	8792.03		80	20		8692.03			
靖远县	30905.45	10630	34	51	5834	13581.45		569	206
会宁县	7949.1			586	496.9	6812.1		54.1	
景泰县	29587	363.8		36	1030.2	27679		478	
天水市	35857.47	11	1426.49	438.08	14565	4733.56	63	13326.62	1293.72
秦州区(长江)	1422		14.5			348		974.5	85
麦积区(长江)	20.8				8			12.8	
清水县	2002.55		120	111.9	540	210	63	957.65	
秦安县	3874	11	40	240		1084		2484	15
甘谷县	7940				5300	471		1884	285
武山县	6224		20	62	4616	266		1240	20
张家川县	2124.32		1171.99	9.18		301.56		631.37	10.22

1-11 续表

单位：万米^3

地区	水利工程供水量	按工程类型分						
		跨区域供水工程	水库工程	塘坝和窖池工程	河湖引水闸工程	河湖取水泵站工程	其他地表水源工程	地下水源工程	其他
秦州区(黄河)	4896		60	15	1036	843		2508	434
麦积区(黄河)	7353.8				3065	1210		2634.3	444.5
武威市	160900		64409	75.32	28987.05	15609	1717.63	50102	
凉州区	89563		36724		19402			33437	
民勤县	31426		19980					11446	
古浪县	28611		7505		302	15585		5219	
天祝县（黄河）	10495		200	66.38	8525.95	24	1678.67		
天祝县（西北）	805			8.94	757.1		38.96		
张掖市	217090.43		74676.05	638.63	94725.58	957		45752.64	340.53
甘州区	73387		3726	146	50546.63	246		18431.84	290.53
肃南县	9461		70	35	3704			5652	
民乐县	39120		31895	44	4087	41		3053	
临泽县	43983.5		19032.05		19993.95	670		4287.5	
高台县	36900		11535		15558			9807	
山丹县	14238.93		8418	413.63	836			4521.3	50
平凉市	26309.92		9702.39	1766.15	7212.7	1251.86		6167.56	209.26
崆峒区	10013.24		4910		2580.33			2442.65	80.26
泾川县	3237.4			30	1937.86	245		966.54	58
灵台县	1946		113	5	718.51	449.86		659.63	
崇信县	1200		327	200	214			459	
华亭县	3583.08		1826.39	1325.15	302			129.54	
庄浪县	2961		1126	206	1200	18		340	71
静宁县	3369.2		1400		260	539		1170.2	
酒泉市	237638.51		104707.4	19.6	62230.68			70525.28	155.55
肃州区	71895		4100		47820			19900	75
金塔县	44412		23088		6396			14928	
瓜州县	41283.55		27190	10				14003	80.55
肃北县	3467.7				3261.4			206.3	

1-11 续表

单位：万米^3

地区	水利工程供水量	按工程类型分						
		跨区域供水工程	水库工程	塘坝和窖池工程	河湖引水闸工程	河湖取水泵站工程	其他地表水源工程	地下水源工程	其他
阿克县	1646.26				1600.28			45.98	
玉门市	43167		25545		3153			14469	
敦煌市	31767		24784.4	9.6				6973	
庆阳市	26252.98		3736	902.77	507.02	6163.61	1816.64	7576.12	5550.82
西峰区	5997		1245	2.5		821	120	1157	2651.5
庆城县	3186		5	298		1196	591	1096	
环县	2993.9		219	174.9		920.7		559.9	1119.4
华池县	2046		26	184		762	217	857	
合水县	2248		1010	38		765		435	
正宁县	1608.97		876	24	30	70		608.97	
宁县	4672.11		257	0.89		1235.97		1672.25	1506
镇原县	3501		98	180.48	477.02	392.94	888.64	1190	273.92
定西市	53146.92	2783.8	2458	1460	29637	10178.97	1502	3100.15	2027
安定区	3120	1779	135					1206	
通渭县	2482.95	832.8	60	620		360		458.15	152
陇西县	6750			90	3100	260		1425	1875
渭源县	6500		2195	610	1974	1344	366	11	
临洮县	29843	172	36	140	24563	3896	1036		
漳县	2158		32			2126			
岷县	2292.97					2192.97	100		
陇南市	20535.26		946	126.46	4036.14	3162.97	2552	6487.25	3224.44
武都区	4698.9			15		267		2060.4	2356.5
成县	2670.33		110	17		40	1804.39	25	673.94
文县	4245.64		110		4036.14	99.5			
宕昌县	1622					1553	69		
康县	842							842	
西和县	1326		164	31		304		827	
礼县	2700		532					1974	194

1-11 续表

单位：万米^3

地区	水利工程供水量	按工程类型分							
		跨区域供水工程	水库工程	塘坝和窖池工程	河湖引水闸工程	河湖取水泵站工程	其他地表水源工程	地下水源工程	其他
徽县	1981.39		30	23.46		598.87	570.21	758.85	
两当县	449			40		300.6	108.4		
临夏回族自治州	39204.09	5839	6499.62	512.73	19358.98	6722.9	32.7	191.16	47
临夏市	3237.98	1825			1277.26	135.72			
临夏县	6704.66	1825			4827.07	42.5		10.09	
康乐县	3346.5		659.57	440.43	2082.58	155.32		8.6	
永靖县	9139.47		5388.71		2745	920.29		38.47	47
广河县	5145.68		92	20.68	3458	1567		8	
和政县	4069	2189	207.34	21.26	1371.17	280.23			
东乡族县	4256		152	1	986	2991		126	
积石山县	3304.8			29.36	2611.9	630.84	32.7		
甘南藏族自治州	7170.99		1169	127		1039	3734.18	1086.81	15
合作市	1111					10	687	399	15
临潭县	1120		1120						
卓尼县	919			91		220	608		
舟曲县	1268			33		756	479		
迭部县	969.98			3		53	857.98	56	
玛曲县	552.3		40					512.3	
碌曲县	351.71						282.2	69.51	
夏河县	879		9				820	50	
按流域分	1109731.15	45225.8	293909.94	7476.22	313241.59	172958.15	11418.15	246889.11	18612.19
黄河流域	391630.14	19673.8	29067	6646.59	128019.3	152096.18	7490.21	39300.13	9336.93
长江流域	24216.04		960.5	162.46	4044.14	4319.97	3888.98	7530.55	3309.44
西北诸河流域	693884.97	25552	263882.44	667.17	181178.15	16542	38.96	200058.43	5965.82

1-12 2017 年规模以上水利工程供水量（按供水用途分）

单位：万米^3

地区	合计	向区域内供水							区域外供水
		小计	农业灌溉	工业生产	城镇生活	乡村生活	人工生态环境	其他	
甘肃省	990009.81	984449.81	771263.22	70196.94	31611.74	29804.3	79035.89	2537.72	5560
兰州市	74784.55	74784.55	39667.97	25717.1	6826.21	1260.51	1312.76		
城关区	2532.27	2532.27	2532.27						
七里河区	8918.78	8918.78	1180.13	4847.06	2413.19	446.53	31.87		
西固区	18206	18206	1357	15400	1367	82			
安宁区	4321.95	4321.95	1109.26	807.37	2117.43		287.89		
红古区	10026.8	10026.8	7838	2043.8	95	50			
永登县	18657	18657	16650	1350	300	325	32		
皋兰县	6889.5	6889.5	4713.5	872	237	142	925		
榆中县	5232.25	5232.25	4287.81	396.87	296.59	214.98	36		
嘉峪关市	21553.06	21553.06	6945.84	7355.94	1672.57	73.51	5505.2		
金昌市	67197.97	65822.97	53962.2	4593	1575.08	962.83	4393.61	336.25	1375
金川区	20677.97	20677.97	11992.2	3736	1575.08	122.83	2915.61	336.25	
永昌县	46520	45145	41970	857		840	1478		1375
白银市	75288.49	75288.49	64634.23	5165.32	3169.29	1022.51	1128.68	168.46	
白银区	9460.05	9460.05	4132	2556.45	1906	87.6	778		
平川区	8692.03	8692.03	6222.76	1689.79	625.87	44.99	108.62		
靖远县	21756.01	21756.01	20409.37	673.48	141.02	295.42	68.26	168.46	
会宁县	7361.6	7361.6	6521.3	55.6	256.4	454.5	73.8		
景泰县	28018.8	28018.8	27348.8	190	240	140	100		
天水市	30622.97	30622.97	22638.04	1830.97	1802.01	4162.25	159.7	30	
秦州区(长江)	1276.5	1276.5	732	158	59.5	327			
麦积区(长江)	8.38	8.38				8.38			
清水县	1223.78	1223.78	690.83	47.41	183.68	295.92	5.94		
秦安县	1559	1559	458	84	254	698	65		
甘谷县	7940	7940	6556	306	274	694	80	30	
武山县	5896	5896	5234		240	422			
张家川县	1987.01	1987.01	1351.21	70.56	71.83	484.65	8.76		

1-12 续表

单位：万米^3

地区	合计	向区域内供水							区域外供水
		小计	农业灌溉	工业生产	城镇生活	乡村生活	人工生态环境	其他	
秦州区(黄河)	4392	4392	3291	755	91	255			
麦积区(黄河)	6340.3	6340.3	4325	410	628	977.3			
武威市	150878.54	150878.54	126330.2	5356.75	2398	5564.91	11228.68		
凉州区	89563	89563	80006	4287	1817	3453			
民勤县	31426	31426	19227	395	200	909	10695		
古浪县	28611	28611	26795	475	271	1055	15		
天祝县（黄河）	1183.14	1183.14	292.75	199.75	110	72.83	507.81		
天祝县（西北）	95.4	95.4	9.45			75.08	10.87		
张掖市	216360.8	216360.8	200817.7	2772.6	2783.6	2989.4	6409.5	588	
甘州区	73241	73241	64751	1025	1644	1013	4808		
肃南县	9426	9426	8630.8	237	90	404	64.2		
民乐县	39035	39035	36839	455	401	773	567		
临泽县	43983.5	43983.5	42425.9	366.6	154.4	305.3	654.3	77	
高台县	36900	36900	35526	431	175	141	116	511	
山丹县	13775.3	13775.3	12645	258	319.2	353.1	200		
平凉市	19117.58	19117.58	11804.36	2203.79	2199.75	2510.78	107.9	291	
崆峒区	6893.8	6893.8	4593	702.08	1117.55	460.27	20.9		
泾川县	2530	2530	1998	68	227	213	24		
灵台县	1084.37	1084.37	631.86	45	120	287.51			
崇信县	961	961	613	158	142	48			
华亭县	1573.21	1573.21	547.5	1025.71					
庄浪县	2706	2706	1300	35	350	962	26	33	
静宁县	3369.2	3369.2	2121	170	243.2	540	37	258	
酒泉市	234222.91	234222.91	171800.8	8190.7	4085.98	1652.37	47920.86	572.2	
肃州区	71895	71895	48525	1411	1711	615	19633		
金塔县	44412	44412	39013	981	197	215	4006		
瓜州县	41273.55	41273.55	19930	1256	310.05	121.3	19084	572.2	
肃北县	225.7	225.7		119.7	66	40			

1-12 续表

单位：万米^3

地区	合计	向区域内供水							区域外供水
		小计	农业灌溉	工业生产	城镇生活	乡村生活	人工生态环境	其他	
阿克县	1646.26	1646.26	876.4	146	69.93	2.07	551.86	551.86	
玉门市	43013	43013	37959	3876	572	466	140	140	
敦煌市	31757.4	31757.4	25497.4	401	1160	193	4506	4506	
庆阳市	12985.03	12985.03	6512.13	2626.61	1085	2402.54	95.75	95.75	
西峰区	2350.53	2350.53	1347.53	218	416	280	89	89	
庆城县	1046	1046	491	415		140			
环县	1131.5	1131.5	264	544.4	177.5	145.6			
华池县	818	818	50	635	35	98			
合水县	1737	1737	857	428	107	162			
正宁县	1584.97	1584.97	1104.2	85.21	165.5	144.66	5.4	5.4	
宁县	1742.24	1742.24	827.96	82	88	744.28			
镇原县	2574.79	2574.79	1570.44	219	96	688	1.35	1.35	
定西市	45724.57	45554.57	37677.55	2572.6	1197.96	3457.71	443.75	443.75	170
安定区	3120	3120	2815	60		245			
通渭县	385.6	385.6	45	53.6	146.5	133	7.5	7.5	
陇西县	1425	1425	1321	60			44	44	
渭源县	6500	6500	3341.78	800	313.46	1748.71	296.05	296.05	
临洮县	29843	29673	27358	1416	311	517	71	71	170
漳县	2158	2158	1524	183	221		25	25	
岷县	2292.97	2292.97	1272.77		206	814	0.2	0.2	
陇南市	4176.17	4176.17	2502.66	257.3	538.06	878.15			
武都区	937	937	855	48	34				
成县									
文县	407.61	407.61	407.61						
宕昌县	330	330	330						
康县	118	118	30	36	52				
西和县	607	607	114	80	88	325			
礼县	1022	1022	619	5	123	275			

1-12 续表

单位：万米^3

地区	合计	向区域内供水							区域外供水
		小计	农业灌溉	工业生产	城镇生活	乡村生活	人工生态环境	其他	
徽县	676.16	676.16	115.86	88.3	219.02	252.98			
两当县	78.4	78.4	31.19		22.04	25.17			
临夏回族自治州	34872.98	30857.98	25332.54	1363.75	1502.48	2309.9	291.5	57.81	4015
临夏市	3237.98	3237.98	1928	394.98	640	265	10		
临夏县	6542.35	4717.35	4089.73		110	477.62	40		1825
康乐县	3145.7	3145.7	2753.63	7.77	96	288.3			
永靖县	8971.35	8971.35	7601.58	590	322.48	315.98	83.5	57.81	
广河县	5035	5035	4340	196	106	248	145		
和政县	3889	1699	1039	160	193	295	12		2190
东乡族县	3469	3469	2998	15	35	420	1		
积石山县	582.6	582.6	582.6						
甘南藏族自治州	2224.19	2224.19	637	190.51	775.75	556.93	38	26	
合作市	341	341	31.2	90	196.8		23		
临潭县	1120	1120	531	10	130	448	1		
卓尼县	98	98	46		52				
舟曲县	296.5	296.5		54	238.5			4	
迭部县	56	56		7	47		2		
玛曲县	195.68	195.68	28.8	16	41.95	108.93			
碌曲县	69.51	69.51		0.51	45		2	22	
夏河县	47.5	47.5		13	24.5		10		
按流域分	990009.81	984449.81	771263.22	70196.94	31611.74	29804.3	79035.89	2537.72	5560
黄河流域	295166.12	290981.12	208464.57	41651.4	18323.45	17420.58	4083.85	1037.27	4185
长江流域	5813.55	5813.55	3234.66	476.3	883.06	1213.53	2	4	
西北诸河流域	689030.14	687655.14	559563.99	28069.24	12405.23	11170.19	74950.04	1496.45	1375

1-13　2017 年规模以上水利工程供水量（按工程类型分）

单位：万米^3

地　　区	小　计	按工程类型分					
		跨区域供水工程	水库工程	河湖引水闸工程	河湖取水泵站工程	地下水源工程	其他水源工程
甘　肃　省	990009.81	53075.9	293392.36	267276.87	130603.85	232297.35	13363.48
兰州市	74784.55		1116	23450.04	44682.57	5535.94	
城关区	2532.27				2532.27		
七里河区	8918.78				8423.73	495.05	
西固区	18206				18206		
安宁区	4321.95				3648.75	673.2	
红古区	10026.8			7838	2188.8		
永登县	18657		312	14900	375	3070	
皋兰县	6889.5		600		6208	81.5	
榆中县	5232.25		204	712.04	3100.02	1216.19	
嘉峪关市	21553.06		4500	3760.79		10242.51	3049.76
金昌市	67197.97	25552	15789.99			23436	2419.98
金川区	20677.97		10521.99			7736	2419.98
永昌县	46520	25552	5268			15700	
白银市	75288.49	18301.3	2634	6825.14	46550.95	977.1	
白银区	9460.05		2600		6860.05		
平川区	8692.03				8692.03		
靖远县	21756.01	10630	34	5811.14	4719.87	561	
会宁县	7361.6	7307.5				54.1	
景泰县	28018.8	363.8		1014	26279	362	
天水市	30622.97	11	1426.49	13916.88	3741.06	10192.54	1335
秦州区(长江)	1276.5		14.5		348	914	
麦积区(长江)	8.38			4.88		3.5	
清水县	1223.78		120		210	893.78	
秦安县	1559	11	40		478		1030
甘谷县	7940			5300	471	1884	285
武山县	5896		20	4616		1240	20
张家川县	1987.01		1171.99		261.06	553.96	
秦州区(黄河)	4392		60	1036	843	2453	
麦积区(黄河)	6340.3			2960	1130	2250.3	
武威市	150878.54		64409	20466.54	15609	50394	
凉州区	89563		36724	19402		33437	
民勤县	31426		19980			11446	
古浪县	28611		7505	302	15585	5219	
天祝县（黄河）	1183.14		200	667.14	24	292	
天祝县（西北）	95.4			95.4			

1-13　续表

单位：万米^3

地　　区	小　计	按工程类型分					
		跨区域供水工程	水库工程	河湖引水闸工程	河湖取水泵站工程	地下水源工程	其他水源工程
张掖市	216360.8		74676.05	94725.58	916	45752.64	290.53
甘州区	73241		3726	50546.63	246	18431.84	290.53
肃南县	9426		70	3704		5652	
民乐县	39035		31895	4087		3053	
临泽县	43983.5		19032.05	19993.95	670	4287.5	
高台县	36900		11535	15558		9807	
山丹县	13775.3		8418	836		4521.3	
平凉市	19117.58		9438.21	3698.31	1206.86	4741.2	33
崆峒区	6893.8		4910	44.8		1939	
泾川县	2530			1823	230	477	
灵台县	1084.37		113	188.51	419.86	363	
崇信县	961		327	182		452	
华亭县	1573.21		1573.21				
庄浪县	2706		1115	1200	18	340	33
静宁县	3369.2		1400	260	539	1170.2	
酒泉市	234222.91		104707.4	58815.28		70525.28	174.95
肃州区	71895		4100	47820		19900	75
金塔县	44412		23088	6396		14928	
瓜州县	41273.55		27190			14003	80.55
肃北县	225.7					206.3	19.4
阿克县	1646.26			1600.28		45.98	
玉门市	43013		25545	2999		14469	
敦煌市	31757.4		24784.4			6973	
庆阳市	12985.03		3734	507.02	2332.67	3108.5	3302.84
西峰区	2350.53		1243		821	180.53	106
庆城县	1046		5		350	691	
环县	1131.5		219		415.7		496.8
华池县	818		26		156	636	
合水县	1737		1010		519	208	
正宁县	1584.97		876	30	70	608.97	
宁县	1742.24		257		0.97		1484.27
镇原县	2574.79		98	477.02		784	1215.77
定西市	45724.57	2276.6	2458	25173	9558.97	4845	1413
安定区	3120	1779	135			1206	
通渭县	385.6	325.6	60				
陇西县	1425					1425	

1-13 续表

单位：万米^3

地区	小计	按工程类型分					
		跨区域供水工程	水库工程	河湖引水闸工程	河湖取水泵站工程	地下水源工程	其他水源工程
渭源县	6500		2195	610	1344	1974	377
临洮县	29843	172	36	24563	3896	140	1036
漳县	2158		32		2126		
岷县	2292.97				2192.97	100	
陇南市	4176.17		836		918.18	1537.48	884.51
武都区	937				95	842	
成县							
文县	407.61		110		99.5		198.11
宕昌县	330				330		
康县	118						118
西和县	607		164		87	356	
礼县	1022		532				490
徽县	676.16		30		306.68	339.48	
两当县	78.4						78.4
临夏回族自治州	34872.98	6935	6498.22	15938.29	5077.59	100.47	323.41
临夏市	3237.98	1825		1277.26	135.72		
临夏县	6542.35	1825		4675.85	35.5	6	
康乐县	3145.7		659.57	2081.85	109.87		294.41
永靖县	8971.35		5388.71	2745	799.17	38.47	
广河县	5035		92	3373	1541		29
和政县	3889	2190	205.94	1260.33	232.73		
东乡族县	3469	1095	152	525	1641	56	
积石山县	582.6				582.6		
甘南藏族自治州	2224.19		1169		10	908.69	136.5
合作市	341				10	331	
临潭县	1120		1120				
卓尼县	98						98
舟曲县	296.5					296.5	
迭部县	56					56	
玛曲县	195.68		40			155.68	
碌曲县	69.51					69.51	
夏河县	47.5		9				38.5
按流域分	990009.81	53075.9	293392.36	267276.87	130603.85	232297.35	13363.48
黄河流域	295166.12	27523.9	28659.42	90170.94	112836.67	29431.44	6543.75
长江流域	5813.55		850.5	4.88	1266.18	2807.48	884.51
西北诸河流域	689030.14	25552	263882.44	177101.05	16501	200058.43	5935.22

1-14　2017年城乡供水（一）

地区	城乡集中式供水工程处数（处）						农村分散式供水工程处数（处）	工程覆盖人口数量（万人）						农村分散式供水人口（万人）
	小计	城镇自来水厂	农村集中式供水工程					小计	城镇自来水厂	农村集中式供水工程				
			小计	城镇管网延伸工程	联村供水工程处数	单村供水工程处数				小计	城镇管网延伸工程	联村供水工程	单村供水工程	
甘肃省	9567	113	9454	212	1058	8184	705998	2572.54	625.02	1947.52	196.18	1228.56	522.78	172.69
兰州市	291	14	277	14	68	195	111350	246.09	130.57	115.52	11.99	64.93	38.6	25.48
城关区	5		5	1	1	3		1.74		1.74	0.7	0.2	0.84	
七里河区	68	1	67		7	60	3366	53.69	45.89	7.8		3.36	4.44	0.4
西固区	33	3	30	3	8	19		55.31	28	27.31	6	2.31	19	
安宁区	1	1						28.25	28.25					
红古区	11	5	6	3	3			16.3	9.7	6.6	2.26	4.34		
永登县	87	1	86	5	25	56	37264	36.26	4.59	31.67	2.53	21.12	8.02	16.08
皋兰县	26	1	25		12	13		18.44	3.04	15.4		13.6	1.8	
榆中县	60	2	58	2	12	44	70720	36.1	11.1	25	0.5	20	4.5	9
嘉峪关市	5	3	2		2		12	23.8	22.81	0.99		0.99		0.59
金昌市	85		85	5	27	53		24.88		24.88	2.31	15.62	6.95	
金川区	13		13	1	4	8		5.29		5.29	0.95	3.35	0.99	
永昌县	72		72	4	23	45		19.59		19.59	1.36	12.27	5.96	
白银市	195	7	188	29	61	98	40482	178.73	61.76	116.97	9.74	100.01	7.22	10.37
白银区	25	2	23	5	13	5		29.12	22.96	6.16	0.97	4.63	0.56	
平川区	40	2	38	8	4	26		21.3	10.93	10.37	1.13	8.42	0.82	
靖远县	58	1	57	2	16	39	21856	41.67	7.8	33.87	0.98	30.07	2.82	8.5
会宁县	20	1	19		19		18606	62.68	13.8	48.88		48.88		1.7
景泰县	52	1	51	14	9	28	20	23.96	6.27	17.69	6.66	8.01	3.02	0.17
天水市	408	7	401	23	84	294	90993	355.98	58.74	297.24	20.6	233.81	42.83	19.93
秦州区(长江)	38		38	4	2	32	20812	15.45		15.45	0.34	10.76	4.35	11.32
麦积区(长江)	6		6			6		0.93		0.93			0.93	
清水县	98	2	96		10	86	7566	36.04	6.8	29.24		23.11	6.13	1.05
秦安县	36	1	35	3	14	18		59.02	9.43	49.59	1.81	45.67	2.11	
甘谷县	18	1	17	5	7	5	55569	62.46	9.21	53.25	3.37	48.56	1.32	1.47
武山县	57		57	5	28	24		48.84		48.84	13.21	31.19	4.44	
张家川县	15	1	14		6	8	64	32.69	2.85	29.84		27.77	2.07	0.95

1-14 续表

地区	城乡集中式供水工程处数（处）						农村分散式供水工程处数（处）	工程覆盖人口数量（万人）						农村分散式供水人口（万人）
	小计	城镇自来水厂	农村集中式供水工程					小计	城镇自来水厂	农村集中式供水工程				
			小计	城镇管网延伸工程	联村供水工程处数	单村供水工程处数				小计	城镇管网延伸工程	联村供水工程	单村供水工程	
秦州区(黄河)	66	1	65	5	6	54	6982	38.47	12.55	25.92	1.37	19.67	4.88	5.14
麦积区(黄河)	74	1	73	1	11	61		62.08	17.9	44.18	0.5	27.08	16.6	
武威市	258	6	252	2	78	172	19531	180.7	39.15	141.55	0.3	126.12	15.13	8.75
凉州区	18	2	16		13	3	12794	95.39	27.34	68.05		67.91	0.14	5.93
民勤县	48	1	47		33	14		28.06	4.1	23.96		22.63	1.33	
古浪县	30	2	28		19	9	3099	35.73	3.51	32.22		31.32	0.9	1.4
天祝县（黄河）	102	1	101	2	6	93	1768	13.71	4.2	9.51	0.3	2.07	7.14	0.68
天祝县（西北）	60		60		7	53	1870	7.81		7.81		2.19	5.62	0.74
张掖市	384	9	375	6	135	234	1308	143.3	44.14	99.16	6.94	64.08	28.14	0.21
甘州区	108	3	105	1	24	80		54.63	20.27	34.36	2.21	19.73	12.42	
肃南县	99	1	98		44	54	902	3.08	0.6	2.48		1.52	0.96	0.08
民乐县	66	2	64	2	23	39		29.42	7.49	21.93	0.89	13.16	7.88	
临泽县	41	1	40	1	14	25	406	14.57	2.83	11.74	0.36	10.07	1.31	0.13
高台县	26	1	25	1	15	9		17.55	4.95	12.6	2.14	9.42	1.04	
山丹县	44	1	43	1	15	27		24.05	8	16.05	1.34	10.18	4.53	
平凉市	400	7	393	33	152	208	5807	221.18	34.38	186.8	24.17	145.12	17.51	3.09
崆峒区	159	1	158	8	22	128		47.54	16	31.54	10	11.51	10.03	
泾川县	10		10	1	9			31.21		31.21	0.7	30.51		
灵台县	118	1	117		58	59		23.57	1.53	22.04		17.78	4.26	
崇信县	10	2	8	4	2	2		9.11	1.95	7.16	2	3.38	1.78	
华亭县	7	2	5	2	3		3957	17.39	6.9	10.49	2.43	8.06		2.16
庄浪县	9		9		9			40.59		40.59		40.59		
静宁县	87	1	86	18	49	19	1850	51.77	8	43.77	9.04	33.29	1.44	0.93
酒泉市	285	12	273	29	73	171	31	117.54	48.97	68.57	9.59	37.27	21.71	0.2
肃州区	81	4	77	5	24	48		47.54	24.16	23.38	1.84	15.74	5.8	
金塔县	43	1	42	1	15	26		17.18	5.3	11.88	0.15	7.3	4.43	
瓜州县	76	1	75	1	6	68		15.58	4.42	11.16	0.3	3.01	7.85	
肃北县	6	1	5		5			1.51	0.69	0.82		0.82		

1-14 续表

地区	城乡集中式供水工程处数（处）						农村分散式供水工程处数（处）	工程覆盖人口数量（万人）						农村分散式供水人口（万人）
	小计	城镇自来水厂	农村集中式供水工程					小计	城镇自来水厂	农村集中式供水工程				
			小计	城镇管网延伸工程	联村供水工程处数	单村供水工程处数				小计	城镇管网延伸工程	联村供水工程	单村供水工程	
阿克县	3	1	2		1	1	31	0.7	0.62	0.08		0.02	522.78	172.69
玉门市	33	2	31	1	17	13		15.78	4.74	11.04	0.38	8.73	38.6	25.48
敦煌市	43	2	41	21	5	15		19.25	9.04	10.21	6.92	1.65	0.84	
庆阳市	1490	12	1478	33	198	1247	257447	220.95	50.55	170.4	15.94	89.86	4.44	0.4
西峰区	458	2	456	3	18	435	480	40.28	16.36	23.92	0.43	9.38	19	
庆城县	152	2	150	4	4	142	15283	21.46	8.6	12.86	8.27	3.54		
环县	49	1	48	2	21	25	94491	25.54	7.94	17.6	0.5	8.02		
华池县	42	2	40		27	13	104401	6.25	3.6	2.65		2.35	8.02	16.08
合水县	76	1	75	9	25	41	4419	15.37	1.92	13.45	3.73	4.2	1.8	
正宁县	310	1	309	1	2	306	3800	20.4	2.67	17.73	1.92	0.85	4.5	9
宁县	323	2	321		75	246	7263	51.27	5.1	46.17		28.57		0.59
镇原县	80	1	79	14	26	39	27310	40.38	4.36	36.02	1.09	32.95	6.95	
定西市	210	6	204	9	32	163	125160	297.69	36.56	261.13	51.98	173.25	0.99	
安定区	12		12	3	5	4	5955	42.01		42.01	38.01	2	5.96	
通渭县	4	1	3	2	1		72507	38.5	4.2	34.3	0.7	33.6	7.22	10.37
陇西县	5	1	4	1	1	2	45710	48.77	15.92	32.85	4.45	21.98	0.56	
渭源县	50	1	49		6	43		35.04	2.2	32.84		29.71	0.82	
临洮县	36	1	35	1	3	31	968	54.32	4.78	49.54	5.69	40.87	2.82	8.5
漳县	88	1	87	1	4	82		34.01	5.6	28.41	2.13	6.28		1.7
岷县	15	1	14	1	12	1	20	45.04	3.86	41.18	1	38.81	3.02	0.17
陇南市	3417	13	3404	8	96	3300	37233	266.13	38.59	227.54	5.72	42.64	42.83	19.93
武都区	684	1	683		5	678	5993	52.57	8.5	44.07		3.86	4.35	11.32
成县	277	2	275		5	270		26.84	5	21.84		1.21	0.93	
文县	571	3	568		5	563	3	25.23	2.77	22.46		1	6.13	1.05
宕昌县	312	1	311	1	7	303		35.46	4.42	31.04	2.68	23.22	2.11	
康县	351	1	350		2	348	699	17.63	2.9	14.73		1.82	1.32	1.47
西和县	301	1	300	4	11	285	2475	38.23	5	33.23	2.35	3.93	4.44	
礼县	417	2	415		55	360	17102	45.26	5.2	40.06		4.82	2.07	0.95

1-14 续表

地区	城乡集中式供水工程处数（处）						农村分散式供水工程处数（处）	工程覆盖人口数量（万人）						农村分散式供水人口（万人）
	小计	城镇自来水厂	农村集中式供水工程					小计	城镇自来水厂	农村集中式供水工程				
			小计	城镇管网延伸工程	联村供水工程处数	单村供水工程处数				小计	城镇管网延伸工程	联村供水工程	单村供水工程	
徽县	379	1	378	2	5	371	10961	19.38	3.8	15.58	0.57	2.11	12.9	1.96
两当县	125	1	124	1	1	122		5.53	1	4.53	0.12	0.67	3.74	
临夏回族自治州	117	9	108	20	37	51	16551	212.6	40.15	172.45	36.11	124.85	11.49	2.9
临夏市	6	1	5	4		1		28.18	19.05	9.13	9.02		0.11	
临夏县	5	1	4		4			43.93	5	38.93		38.93		
康乐县	13	1	12		8	4	117	24.29	2.63	21.66		21.29	0.37	0.5
永靖县	10	2	8	1	5	2	3757	19.81	4.67	15.14	2.99	11.99	0.16	1
广河县	4	1	3	3			12677	21.7	1.8	19.9	19.9			1.4
和政县	16	1	15	5	4	6		20.31	1.65	18.66	2	8.01	8.65	
东乡族县	57	1	56	7	12	37		27.81	1.15	26.66	2.2	22.48	1.98	
积石山县	6	1	5		4	1		26.57	4.2	22.37		22.15	0.22	
甘南藏族自治州	2022	8	2014	1	15	1998	93	82.97	18.65	64.32	0.79	10.01	53.52	4.38
合作市	342	1	341			341		13.25	5.21	8.04			8.04	
临潭县	253	1	252	1	3	248		15.57	3.4	12.17	0.79	1.7	9.68	
卓尼县	325	1	324		1	323		9.72	0.78	8.94		0.21	8.73	
舟曲县	197	1	196		8	188		10.72	2.08	8.64		6.24	2.4	
迭部县	216	1	215			215		5.05	0.89	4.16			4.16	
玛曲县	106	1	105			105	93	7.19	1.8	5.39			5.39	4.38
碌曲县	100	1	99		2	97		8.73	0.84	7.89		1.5	6.39	
夏河县	483	1	482		1	481		12.74	3.65	9.09		0.36	8.73	
按流域分	9567	113	9454	212	1058	8184	705998	2572.54	625.02	1947.52	196.18	1228.56	522.78	172.69
黄河流域	4778	69	4709	160	643	3906	628839	1797.75	432.59	1365.16	171.28	926.91	266.97	136.1
长江流域	3874	15	3859	12	106	3741	58045	298.28	41.56	256.72	6.06	59.64	191.02	27.52
西北诸河流域	915	29	886	40	309	537	19114	476.51	150.87	325.64	18.84	242.01	64.79	9.07

注：农村集中式供水工程统计供水规模在20人以上，并有输配水管网的农村供水工程。

1-15 2017年城乡供水（二）

单位：万米^3

地区	城乡供水工程设计年供水量							城乡供水工程实际年供水量						
	小计	城镇自来水厂	农村集中式供水工程				农村分散式供水工程	小计	城镇自来水厂	农村集中式供水工程				农村分散式供水工程
			小计	城镇管网延伸工程	联村供水工程	单村供水工程				小计	城镇管网延伸工程	联村供水工程	单村供水工程	
甘肃省	139432.65	71037.73	68394.92	7412.04	40972.5	20010.38	10213.18	104490.55	52992.09	51498.46	5946.94	30493.85	15057.67	11668.67
兰州市	31723.84	29358.76	2365.08	221.53	1742.64	400.91	344.78	25846.63	24189.6	1657.03	145.43	1184.03	327.57	344.78
城关区	26		26	18	2	6		26		26	18	2	6	
七里河区	7583.46	7248.18	335.28		247.88	87.4	35	7607.45	7248.18	359.27		234.15	125.12	35
西固区	16824	16767	57	45	5	7		12989	12932	57	45	5	7	
安宁区	3135.83	3135.83						2450.42	2450.42					
红古区	345	150	195	95	100			329.5	110	219.5	20	199.5		
永登县	1339.71	800	539.71	59.88	339.26	140.57	234.72	1339.71	800	539.71	59.88	339.26	140.57	234.72
皋兰县	1226.69	857.75	368.94		318.5	50.44		397	309	88		75.62	12.38	
榆中县	1243.15	400	843.15	3.65	730	109.5	75.06	707.55	340	367.55	2.55	328.5	36.5	75.06
嘉峪关市	7853.48	7807.2	46.28		46.28		28.87	2803.91	2781.06	22.85		22.85		50.66
金昌市	1284.5		1284.5	95	962	227.5		950.5		950.5	77	718	155.5	
金川区	110.5		110.5	38	45	27.5		110.5		110.5	38	45	27.5	
永昌县	1174		1174	57	917	200		840		840	39	673	128	
白银市	12354.49	2156.38	10198.11	1784.35	4385.2	4028.56	127.21	2061.04	867.69	1193.35	158.83	872.99	161.53	725.17
白银区	130.5		130.5	21	97	12.5		87.6		87.6	14.16	65.26	8.18	
平川区	700	400	300	50	150	100		546.41	336.5	209.91	34.42	106.69	68.8	
靖远县	608.29	113.88	494.41	14.35	439	41.06	124.21	608.29	113.88	494.41	14.35	439	41.06	124.21
会宁县	3345.6	912.5	2433.1		2433.1			469.2	322.5	146.7		146.7		598.5
景泰县	7570.1	730	6840.1	1699	1266.1	3875	3	349.54	94.81	254.73	95.9	115.34	43.49	2.46
天水市	8889.8	2577.7	6312.1	243.5	5165.07	903.53	343.38	6236.2	1616.24	4619.96	305.2	3672.45	642.31	314.38
秦州区(长江)	318		318	30	280	8	94	247.5		247.5	19.5	223.5	4.5	91
麦积区(长江)	30		30			30		20.8		20.8			20.8	
清水县	797.33	260	537.33		469.87	67.46	112	541.6	183.68	357.92		274.5	83.42	63
秦安县	1306	228	1078	85	956	37		1046	183	863	68	765	30	
甘谷县	2079	840	1239		1076	163		1014	264	750	49	538	163	28
武山县	1054		1054		941	52		800		800	49	709	42	
张家川县	473.97	69.7	404.27		401.2	3.07	77.38	473.97	69.7	404.27	70.1	331.1	3.07	77.38

1-15　续表

单位：万米^3

地　　区	城乡供水工程设计年供水量							城乡供水工程实际年供水量						
	小 计	城镇自来水厂	农村集中式供水工程				农村分散式供水工程	小 计	城镇自来水厂	农村集中式供水工程				农村分散式供水工程
			小 计	城镇管网延伸工程	联村供水工程	单村供水工程				小 计	城镇管网延伸工程	联村供水工程	单村供水工程	
秦州区(黄河)	1394.5	1180	214.5	42.5	160	12	60	915.86	170.47	32.1	128.35	19.67	10.02	55
麦积区(黄河)	1437		1437	25	881	531			1006	17.5	703	27.08	285.5	
武威市	11118.73	4350	6768.73	10	6053.74	704.99	409.38	2786.51	4720.07	9	4129.45	126.12	581.62	180.52
凉州区	6814.77	3650	3164.77		3139	25.77	128.2	2303.2	2838.6		2818.08	67.91	20.52	128.2
民勤县	1174	200	974		916	58		90.81	135		127.3	22.63	7.7	
古浪县	2241	365	1876		1844	32	12	271	1055		1032.07	31.32	22.93	9.07
天祝县（黄河）	539	135	404	10	84	310	243	121.5	363.71	9	75.62	2.07	279.09	21.87
天祝县（西北）	349.96		349.96		70.74	279.22	26.18		327.76		76.38	2.19	251.38	21.38
张掖市	9947.82	4330.5	5617.32	303.2	3643.43	1670.69	39.6	3131	3006.4	141.2	2185.6	64.08	679.6	95
甘州区	4437.6	2920	1517.6	61.6	950	506		1644	1013	63	580	19.73	370	
肃南县	1108	184	924		568	356	39.6	90	421		259	1.52	162	18
民乐县	1531.14	547.5	983.64	104.65	640.79	238.2		401	773	17	688	13.16	68	
临泽县	795		795		420	375		521	305.3	4.2	292.6	10.07	8.5	77
高台县	835.74	241	594.74	91.25	461.51	41.98		175	141	22	109	9.42	10	
山丹县	1240.34	438	802.34	45.7	603.13	153.51		300	353.1	35	257	10.18	61.1	
平凉市	6665.87	2629.57	4036.3	263.39	3639.02	133.89	4728	1917.63	3250.18	205.11	2927.18	145.12	117.89	4745
崆峒区	1781.95	1387	394.95	92	273.47	29.48		899.6	395.32	92	273.84	11.51	29.48	
泾川县	503.7		503.7	12.78	490.92				229.15	10.5	218.65	30.51		
灵台县	812.51	217	595.51		525.51	70		125	410		352	17.78	58	
崇信县	190	142	48	8	29	11		142	44	8	29	3.38	7	
华亭县	1423	883.57	539.43	110	429.43			751.03	455	54	401	8.06		17
庄浪县	1200		1200		1200				962		962	40.59		
静宁县	754.71		754.71	40.61	690.69	23.41	4728		754.71	40.61	690.69	33.29	23.41	4728
酒泉市	8896.49	6885.93	2010.56	118.87	1337.33	554.36	0.57	5444	1651.8	309.06	932.52	37.27	410.22	0.57
肃州区	2770	1984	786	78	576	132		1711	615	133	392	15.74	90	
金塔县	867.62	438	429.62	5.15	289.85	134.62		197	215	3.33	138.45	7.3	73.22	
瓜州县	2255	2100	155	10	35	110		1636	121.3	3	27.5	3.01	90.8	
肃北县	66	66						66	40		40	0.82		

1-15 续表

单位：万米^3

地区	城乡供水工程设计年供水量							城乡供水工程实际年供水量						
	小计	城镇自来水厂	农村集中式供水工程				农村分散式供水工程	小计	城镇自来水厂	农村集中式供水工程				农村分散式供水工程
			小计	城镇管网延伸工程	联村供水工程	单村供水工程				小计	城镇管网延伸工程	联村供水工程	单村供水工程	
阿克县	71.43	69.93	1.5		0.1	1.4	0.57	1.5		1.5		0.1	1.4	0.57
玉门市	1405	768	637	25	436	176		1140	674	466	11.23	316.47	138.3	
敦煌市	1461.44	1460	1.44	0.72	0.38	0.34		1353	1160	193	158.5	18	16.5	
庆阳市	13469.39	3694.83	9774.56	1660.7	4764.51	3349.35	3377.67	13778.18	3482.43	10295.75	1639.67	4639.51	4016.57	3042.3
西峰区	1601	1250	351	1	120	230	246.87	1182	900	282	1	88	193	210.35
庆城县	1426	130	1296	410	472	414	1128	1360	128	1232	377	460	395	1030
环县	1188.9	680.4	508.5	135.7	277.5	95.3	276.7	1207.2	685	522.2	135.7	273.5	113	213.7
华池县	508	141	367		258	109	445	1392	141	1251		379	872	445
合水县	1180	117	1063	306	369	388	103	1345	287	1058	301	369	388	100
正宁县	1429.91	876.43	553.48	297	84	172.48	258.62	1414.4	876.43	537.97	313.97	84	140	194.57
宁县	3047.58	162	2885.58		1204.01	1681.57	177.68	3047.58	162	2885.58		1204.01	1681.57	177.68
镇原县	3088	338	2750	511	1980	259	741.8	2830	303	2527	511	1782	234	671
定西市	10273.73	2169.2	8104.53	1910.12	4622.53	1571.88	52.89	10391.2	2200.86	8190.34	2191.8	4762.51	1236.03	1353.15
安定区	1498.5		1498.5	1498.5				2060		2060	1060	700	300	980
通渭县	6	1	5	3	2			867.95		867.95	15	852.95		30
陇西县	1094	477	617	335	227	55		1094	477	617	335	227	55	138
渭源县	1315.92	273	1042.92		1042.92			1062.17	313.46	748.71	313.46	419.25	16	
临洮县	1986.43	102.2	1884.23	47.4	1742.95	93.88		934.2	94.4	839.8	55.12	763.65	21.03	152.26
漳县	2133	1110	1023			1023		2133	1110	1023	387	192	444	
岷县	2239.88	206	2033.88	26.22	1607.66	400	52.89	2239.88	206	2033.88	26.22	1607.66	400	52.89
陇南市	6324.19	865.87	5458.32	21.3	1215.02	4222	625.71	7635.09	1114.5	6520.59	38.55	1970.32	4511.72	694.75
武都区	1793	240	1553		80	1473	219	1793	240	1553		80	1473	219
成县	65		65		65			440.94		440.94		4.94	436	
文县	571.02	82.12	488.9		18.25	470.65	2.19	488.9		488.9		18.25	470.65	2.19
宕昌县	69		69			69		931		931	18	912	1	
康县	511	136	375		21	354	180	511	136	375		21	354	180
西和县	665	88	577	3	49	525		843	268	575	3	49	523	89
礼县	1603		1603		843	760	137	1706	228	1478		766	712	125

1-15 续表

单位：万米^3

地区	城乡供水工程设计年供水量							城乡供水工程实际年供水量						
	小计	城镇自来水厂	农村集中式供水工程				农村分散式供水工程	小计	城镇自来水厂	农村集中式供水工程				农村分散式供水工程
			小计	城镇管网延伸工程	联村供水工程	单村供水工程				小计	城镇管网延伸工程	联村供水工程	单村供水工程	
徽县	890.17	266.75	623.42	18.3	122.77	482.35	87.52	809.25	242.5	566.75	16.64	111.61	438.5	79.56
两当县	157	53	104		16	88		112		112	0.91	7.52	103.57	
临夏回族自治州	6606.48	2498.26	4108.22	780.08	3195.73	132.41	58.73	5357.31	2312.96	3044.35	706.09	2242.74	95.52	58.73
临夏市	1568.4	1337.94	230.46	227.81		2.65		1299.98	1034.98	265	262.35		2.65	
临夏县	772.91	268.94	503.97		503.97			587.62	110	477.62		477.62		
康乐县	510.24	96	414.24		409.32	4.92	12.5	475.5	96	379.5		374.58	4.92	12.5
永靖县	920.81	378	542.81	176.13	353.54	13.14	11.27	638.46	322.48	315.98	95.9	216.33	3.75	11.27
广河县	390.63	54.59	336.04	336.04			34.96	390.63	54.59	336.04	336.04			34.96
和政县	1096.64	58.64	1038	8	950	80		828.48	404.5	423.98	5	338.98	80	
东乡族县	678.6	45	633.6	32.1	572.9	28.6		481.49	43.73	437.76	6.8	429.56	1.4	
积石山县	668.25	259.15	409.1		406	3.1		655.15	246.68	408.47		405.67	2.8	
甘南藏族自治州	4023.84	1713.53	2310.31		200	2110.31	76.39	3522.9	1147.61	2375.29	20	233.7	2121.59	63.66
合作市	1003	547	456			456		824	399	425			425	
临潭县	282	282						282		282	20	33	229	
卓尼县	444	72	372		14	358		371	60	311		12	299	
舟曲县	650	400	250		160	90		512	296.5	215.5		172.5	43	
迭部县	360.5	87.5	273			273		301.18	73.6	227.58			227.58	
玛曲县	458.8	103.2	355.6			355.6	76.39	375.5	86	289.5			289.5	63.66
碌曲县	326.54	39.83	286.71		10	276.71		356.22	69.51	286.71		10	276.71	
夏河县	499	182	317		16	301		501	163	338		6.2	331.8	
按流域分	139432.65	71037.73	68394.92	7412.04	40972.5	20010.38	10213.18	104490.55	52992.09	51498.46	5946.94	30493.85	15057.67	11668.67
黄河流域	93187.94	46445.73	46742.21	6843.67	27358.7	12539.84	9258.05	71765	37486.42	34278.58	5361.63	20214.73	8702.22	10578.04
长江流域	7682.69	1353.37	6329.32	51.3	1655.02	4623	719.71	8716.57	1484.6	7231.97	58.05	2366.32	4807.6	785.75
西北诸河流域	38562.02	23238.63	15323.39	517.07	11958.78	2847.54	235.4	24008.98	14021.07	9987.91	527.26	7912.8	1547.85	304.88

注：其他，包括集雨工程雨水、海水直接利用等其他水源类型。

1-16　2017年农村供水工程建设

单位：处、万人

地　区	已建成巩固提升工程处数	已建成巩固提升工程		年末农村自来水	
		受益人口	其中：登记建档贫困人口	供水人口	其中：登记建档贫困人口
甘　肃　省	1147	302.76	55.62	1807.1	207.76
兰州市	11	4.79	0.19	95.19	3.09
城关区				1.31	
七里河区				7.38	
西固区				7.04	
安宁区					
红古区				5.94	
永登县	4	1.38	0.09	31.67	0.09
皋兰县	3	2.61		13.85	
榆中县	4	0.8	0.1	28	3
嘉峪关市				1.58	
金昌市	5	1.01	0.1	24.88	0.48
金川区				5.29	
永昌县	5	1.01	0.1	19.59	0.48
白银市	21	27.61	4.39	116.11	22.47
白银区	1	2.91	0.08	6.16	0.59
平川区				9.55	
靖远县	13			33.83	9.07
会宁县	1	14.64	2.59	48.88	9.13
景泰县	6	10.06	1.72	17.69	3.68
天水市	58	75.47	4.84	289.57	40.22
秦州区(长江)	2	2	0.05	15.45	0.05
麦积区(长江)				0.93	
清水县	12	3.8	0.79	26.34	6.89
秦安县	3	3.35	1.03	46.24	19.23
甘谷县	13	51.93		51.93	
武山县	6	2.66	0.43	48.84	
张家川县	1	0.8	0.22	29.84	8.44
秦州区(黄河)	2	3	0.05	25.92	0.05
麦积区(黄河)	19	7.93	2.27	44.08	5.56
武威市	15	10.99	0.48	138.87	17.38
凉州区	1	2.64	0.35	67.94	6.7
民勤县	1	6.8	0.04	23.96	0.11
古浪县	1	1.17	0.08	29.65	10.57
天祝县（黄河）	9	0.31		9.51	
天祝县（西北）	3	0.07	0.01	7.81	

1-16 续表

单位：处、万人

地区	已建成巩固提升工程处数	已建成巩固提升工程		年末农村自来水	
		受益人口	其中：登记建档贫困人口	供水人口	其中：登记建档贫困人口
张掖市	17	6.73	0.11	99.01	2.4
甘州区	7	1.53		34.36	0.91
肃南县	3	0.4		2.32	
民乐县	3	3	0.1	21.93	0.43
临泽县				11.75	0.24
高台县				12.6	0.74
山丹县	4	1.8	0.01	16.05	0.08
平凉市	33	37.74	7.64	182.61	26.35
崆峒区	6	1.64	0.27	30.13	3.39
泾川县	2	3.86	0.45	29.88	1.2
灵台县	6	5.23	1.13	20.59	8.69
崇信县	3	4.63	0.14	7.16	0.62
华亭县	3	9.49	1.58	10.49	
庄浪县	5	6.05	2.73	40.59	11.11
静宁县	8	6.84	1.34	43.77	1.34
酒泉市	12	4.42	0.2	68.57	
肃州区	4	2.09		23.38	
金塔县	2	0.29		11.88	
瓜州县	2	0.73		11.16	
肃北县	1			0.82	
阿克县				0.08	
玉门市	2	1.31	0.2	11.04	
敦煌市	1			10.21	
庆阳市	203	52.82	14.08	174.63	27.05
西峰区	27	1.11	0.15	25.49	0.15
庆城县	20	5.75	1.99	12.46	0.38
环县	36	19.56	8.23	14.08	5.68
华池县	12	5.36	0.55	9.67	0.5
合水县	15	3.36	0.75	11.45	4.8
正宁县	28	5.35	0.35	17.93	0.35
宁县	31	9.47	0.68	47.97	6.34
镇原县	34	2.86	1.38	35.58	8.85
定西市	6	35.37	5.54	204.21	18.12
安定区	1	4.15	0.42	36.8	11.52
通渭县					
陇西县				31.17	

1-16　续表

单位：处、万人

地　　区	已建成巩固提升工程处数	已建成巩固提升工程		年末农村自来水	
		受益人口	其中：登记建档贫困人口	供水人口	其中：登记建档贫困人口
渭源县	2	10.64	2.5	32.7	
临洮县	3	20.58	2.62	44.51	6.6
漳县				17.85	
岷县				41.18	
陇南市	691	40.17	16.19	183.17	14.74
武都区	68	3.37	1.44	30.12	1.44
成县	92	3	0.44	17.25	0.17
文县				19.33	
宕昌县	50	3.14	3.14	22.52	3.14
康县				14.73	4.75
西和县	118	10.74	4.55	28.75	
礼县	153	9.1	4.65	33.26	
徽县	121	8.03	1.65	15.58	3.99
两当县	89	2.79	0.32	1.63	1.25
临夏回族自治州	2	1.23	0.52	171.47	23.4
临夏市				9.13	
临夏县				34.23	11.33
康乐县				24.29	
永靖县				16.14	2.24
广河县				19.99	
和政县				18.66	
东乡族县				26.66	5.29
积石山县	2	1.23	0.52	22.37	4.54
临夏州直					
甘南藏族自治州	73	4.41	1.34	57.23	12.06
合作市				8.04	
临潭县	17	1.85	0.64	12.37	5.1
卓尼县	13	0.29	0.08	8.94	3.24
舟曲县	8	0.66	0.16	2.4	0.47
迭部县	15	0.53	0.21	4.16	
玛曲县	3	0.15	0.08	4.38	0.8
碌曲县	6	0.58	0.11	7.89	0.83
夏河县	11	0.35	0.06	9.05	1.62
按流域分	1147	302.76	55.62	1807.1	207.76
黄河流域	391	236.56	38.12	1277.59	172.24
长江流域	716	43.36	16.61	206.11	15.26
西北诸河流域	40	22.84	0.89	323.4	20.26

1-17　2017 年灌溉面积

单位：千公顷

地　　区	灌溉面积					实际耕地灌溉面积	旱涝保收面积
	小计	耕地灌溉面积	林地灌溉面积	园地灌溉面积	牧草地灌溉面积		
甘　肃　省	1537.16	1331.43	150.2	39.83	15.7	1182.29	437.48
兰州市	105.22	89.89	14.62	0.71		85.64	54.62
城关区	6.78	1.42	5.16	0.2		1.34	
七里河区	5.02	3.07	1.95			3.05	
西固区	4.89	3.15	1.34	0.4		3.13	
安宁区	1.47	0.04	1.32	0.11		0.04	
红古区	7.18	7.18				6.63	
永登县	34.01	33.28	0.73			33.28	33.28
皋兰县	19.83	16.9	2.93			16.83	
榆中县	26.04	24.85	1.19			21.34	21.34
嘉峪关市	12.3	9.23	1.78	1.29		8.23	
金昌市	100.77	93.29	4.96	1.77	0.75	61.86	
金川区	19.65	17.02	1.5	1.03	0.1	17.02	
永昌县	81.12	76.27	3.46	0.74	0.65	44.84	
白银市	136.67	121.79	9.28	5.6		117.66	104.2
白银区	9.65	5.62	3.48	0.55		5.62	
平川区	9.17	8.82	0.2	0.15		8.69	8
靖远县	49.75	47.62	2.02	0.11		47.62	43
会宁县	19.69	18.31	0.61	0.77		14.31	13
景泰县	48.41	41.42	2.97	4.02		41.42	40.2
天水市	52.65	49.12		3.53		40.86	3.82
秦州区(长江)	2.24	2.24				2.24	
麦积区(长江)							
清水县	3.82	3.02		0.8		2.73	3.82
秦安县	7.1	7.1				6.13	
甘谷县	10.78	10.78				6.79	
武山县	11.08	11.08				11.08	
张家川县	3.08	2.95		0.13		1.86	
秦州区(黄河)	4.09	4.09				4.09	
麦积区(黄河)	10.46	7.86		2.6		5.94	
武威市	240.35	213.7	23.06	1.36	2.23	187.97	50.39
凉州区	118.69	104.45	14.24			96.19	
民勤县	48.88	42.49	4.47	0.64	1.28	42.49	
古浪县	55.06	50.39	3.95	0.72		41.33	50.39
天祝县（黄河）	16.18	14.83	0.4		0.95	6.68	
天祝县（西北）	1.54	1.54				1.28	

1-17 续表

单位：千公顷

地区	灌溉面积					实际耕地灌溉面积	旱涝保收面积
	小计	耕地灌溉面积	林地灌溉面积	园地灌溉面积	牧草地灌溉面积		
张掖市	357.66	290.36	62.5	1.6	3.2	259.79	130.64
甘州区	105.46	89.25	16.21			65.55	65.55
肃南县	12.99	11.28	1.23	0.04	0.44	11.28	
民乐县	77.42	72.38	3.48	1.56		69.27	
临泽县	73.78	38.54	32.48		2.76	38.54	38.54
高台县	43.79	37.75	6.04			37.75	
山丹县	44.22	41.16	3.06			37.4	26.55
平凉市	46.54	40.14	0.73	5.67		28.29	
崆峒区	12.11	11.43	0.09	0.59		9.21	
泾川县	7.99	6.99	0.52	0.48		5.28	
灵台县	7.83	4.06		3.77		2	
崇信县	2.23	2.09		0.14		1.53	
华亭县	3.47	3.4	0.07			1.53	
庄浪县	2.97	2.92	0.05			2.67	
静宁县	9.94	9.25		0.69		6.07	
酒泉市	281.98	244.84	24.07	8.18	4.89	244.84	55.92
肃州区	78.19	70.49	5.34	2.36		70.49	
金塔县	53.65	45.34	8.31			45.34	
瓜州县	53.29	48.38	2.94	1.97		48.38	
肃北县	3.56	1.53	1.15		0.88	1.53	
阿克县	1.18	0.58	0.24		0.36	0.58	
玉门市	63.65	55.92	3.69	1.05	2.99	55.92	55.92
敦煌市	28.46	22.6	2.4	2.8	0.66	22.6	
庆阳市	42.95	37.54	0.16	5.25		31.42	15.55
西峰区	9.51	8.31	0.16	1.04		8.31	6.5
庆城县	2.65	2.26		0.39		2.26	1.93
环县	5.44	5.17		0.27		3.06	
华池县	3.78	3.78				3.78	3.82
合水县	3.86	3.53		0.33		2.12	
正宁县	2.72	2.42		0.3		1.46	
宁县	5.71	3.93		1.78		3.93	
镇原县	9.28	8.14		1.14		6.5	3.3
定西市	54.99	54.75	0.11		0.13	49.13	
安定区	5.65	5.65				5.65	
通渭县	3.49	3.38	0.11				
陇西县	9.09	9.09				9.09	

1-17 续表

单位：千公顷

地区	灌溉面积					实际耕地灌溉面积	旱涝保收面积
	小计	耕地灌溉面积	林地灌溉面积	园地灌溉面积	牧草地灌溉面积		
渭源县	6.66	6.66				4.42	
临洮县	21.85	21.85				21.85	
漳县	3.8	3.8				3.8	
岷县	4.45	4.32			0.13	4.32	
陇南市	37.42	26.08	6.83	4.51		19.18	
武都区	9.47	4.96	4.51			3.97	
成县	3.26	3.26				3.26	
文县	7.14	5.33	1.81			5.33	
宕昌县	2.36	2.36				2.36	
康县	1.28	1.01	0.27				
西和县	3.92	1.84		2.08		0.91	
礼县	4.97	2.54		2.43		1.46	
徽县	2.79	2.61	0.18			1.89	
两当县	2.23	2.17	0.06				
临夏回族自治州	56.05	53.6	2.1	0.35		42.5	22.34
临夏市	3.42	3.42				2.69	2.69
临夏县	12.5	12.32	0.18			10.71	10.71
康乐县	5.99	5.99				3.82	
永靖县	10.85	10.55	0.3			8.94	8.94
广河县	7.91	7.02	0.89			5.9	
和政县	2.6	2.6				2.5	
东乡族县	7.18	6.46	0.57	0.15		5.28	
积石山县	5.6	5.24	0.16	0.2		2.66	
甘南藏族自治州	11.61	7.1		0.01	4.5	4.92	
合作市	0.97	0.33			0.64	0.33	
临潭县	0.62	0.62				0.62	
卓尼县	3.43	3.39			0.04	1.62	
舟曲县	1.41	1.41				1.41	
迭部县	1.57	1.06		0.01	0.5	0.69	
玛曲县	0.32				0.32		
碌曲县	0.37				0.37		
夏河县	2.92	0.29			2.63	0.25	
按流域分	1537.16	1331.43	150.2	39.83	15.7	1182.29	437.48
黄河流域	517.64	464.05	27.4	21.11	5.08	402.76	200.53
长江流域	42.64	30.79	6.83	4.52	0.5	23.52	
西北诸河流域	976.88	836.59	115.97	14.2	10.12	756.01	236.95

1-18 2017年灌溉面积按工程类型分

单位：千公顷

地 区	灌溉面积	河流引水	水库	塘坝	提灌站	机电井	其他
甘 肃 省	1537.16	437.07	511.54	6.21	260.58	317.59	4.16
兰州市	105.22	41.79	1.55	0.67	48.15	13.04	0.02
嘉峪关市	12.30	4.64	3.79			3.87	
金昌市	100.77	5.68	57.08			38.01	
白银市	136.67	11.22	1.93	0.19	116.43	6.90	
天水市	52.65	21.47	1.82	0.21	11.02	18.13	
武威市	240.35	35.30	110.08	0.37	27.42	66.81	0.37
张掖市	357.66	163.68	135.65	1.57	7.64	49.12	
平凉市	46.54	19.40	10.36	0.07	5.84	10.57	0.30
酒泉市	281.98	47.85	159.41	0.85		73.87	
庆阳市	42.95	7.60	3.11	0.71	14.00	17.53	
定西市	54.99	28.47	11.50	0.73	7.32	6.79	0.18
陇南市	37.42	16.60	2.79	0.43	4.45	11.67	1.48
临夏回族自治州	56.05	27.25	12.47	0.41	15.60	0.32	
甘南藏族自治州	11.61	6.12			2.71	0.97	1.81

注：其他灌溉面积指山泉水或截潜流。

1-19　2017 年耕地灌概面积减少原因

单位：千公顷

地　　区	本年耕地灌溉面积		本年耕地灌溉面积减少原因				
	新 增	减 少	建设占地	水源不足	工程损毁	退 耕	其 他
甘　肃　省	15.37	1.45	0.02	0.06	0.17		1.2
兰州市	0.09	1.45			0.02		
城关区							
七里河区							
西固区	0.02						
安宁区							
红古区							
永登县	0.07						
皋兰县							
榆中县		1.45			0.02		
嘉峪关市	1						
金昌市							
金川区							
永昌县							
白银市	1.19	1.45		0.06	0.14		0.02
白银区	0.13						
平川区		1.45		0.06	0.04		
靖远县	0.53						
会宁县	0.13	1.45			0.05		
景泰县	0.4	1.45			0.05		0.02
天水市	0.98						
秦州区(长江)	0.2						
麦积区(长江)							
清水县							
秦安县	0.33						
甘谷县	0.15						
武山县	0.3						
张家川县							
秦州区(黄河)							
麦积区(黄河)							
武威市	6.67						
凉州区							
民勤县							
古浪县							
天祝县（黄河）	6.67						
天祝县（西北）							

1-19 续表

单位：千公顷

地区	本年耕地灌溉面积		本年耕地灌溉面积减少原因				
	新增	减少	建设占地	水源不足	工程损毁	退耕	其他
张掖市							130.64
甘州区							65.55
肃南县							
民乐县							
临泽县							38.54
高台县							
山丹县							26.55
平凉市	1.78						
崆峒区	0.28						
泾川县							
灵台县	1.27						
崇信县							
华亭县							
庄浪县	0.03						
静宁县	0.2						
酒泉市	0.31	1.14					55.92
肃州区							
金塔县							
瓜州县							
肃北县	0.31						
阿克县							
玉门市							55.92
敦煌市		1.14					
庆阳市	0.36						15.55
西峰区							6.5
庆城县							1.93
环县							
华池县	0.26						3.82
合水县							
正宁县							
宁县							
镇原县	0.1						3.3
定西市	0.39	0.04					
安定区							
通渭县							
陇西县	0.04						

1-19 续表

单位：千公顷

地区	本年耕地灌溉面积		本年耕地灌溉面积减少原因				
	新增	减少	建设占地	水源不足	工程损毁	退耕	其他
渭源县	0.35	0.04					0.04
临洮县							
漳县							
岷县							
陇南市	1.27						
武都区	0.49						
成县							
文县							
宕昌县	0.39						
康县	0.39						
西和县							
礼县							
徽县							
两当县							
临夏回族自治州	0.03	0.03	0.02		0.01		
临夏市							
临夏县							
康乐县							
永靖县	0.02	0.02	0.01		0.01		
广河县	0.01	0.01	0.01				
和政县							
东乡族县							
积石山县							
甘南藏族自治州	1.3						
合作市							
临潭县							
卓尼县	1.3						
舟曲县							
迭部县							
玛曲县							
碌曲县							
夏河县							
按流域分	15.37	1.45	0.02	0.06	0.17		1.2
黄河流域	12.59	0.31	0.02	0.06	0.17		0.06
长江流域	1.47						
西北诸河流域	1.31	1.14					1.14

1-20　2017年节水灌溉面积

单位：千公顷

地区	节水灌溉面积					本年新增					本年减少	
	小计	喷灌	微灌	低压管灌	其他	小计	喷灌	微灌	低压管灌	其他	灌溉面积	其中：因设施老化、毁损减少的面积
甘肃省	1020.89	32.96	231.22	206.79	549.92	71.36	1.71	37.96	26.55	5.14	26.69	18.4
兰州市	71.25	7.26	5.29	11.67	47.03	2.14	0.55	0.38	0.98	0.23	0.04	
城关区	6.78	2.68		3.52	0.58							
七里河区	2.52			0.26	2.26							
西固区	1.56		0.16	0.57	0.83	0.83		0.02	0.81			
安宁区	1.47	1.32			0.15	0.55	0.55				0.04	
红古区	2.98	0.64	1.3	0.72	0.32							
永登县	27.35	0.48	2.47	3.22	21.18	0.53		0.36	0.17			
皋兰县	8.1		0.39	0.64	7.07	0.13				0.13		
榆中县	20.49	2.14	0.97	2.74	14.64	0.1				0.1		
嘉峪关市	7.43		5.61	1.82		1.63		1.63				
金昌市	56.37	1.13	19.42	11.24	24.58	4.1		4.1			2.03	
金川区	16.08		8.07	5.87	2.14	2.07		2.07				
永昌县	40.29	1.13	11.35	5.37	22.44	2.03		2.03			2.03	
白银市	113.89	1.67	16.92	13.08	82.22	4.4	0.27	1.97	2.16		3.29	2
白银区	7.65		3.56	0.76	3.33	0.36		0.06	0.3		0.4	0.4
平川区	7.68	1.2	2.06	1.6	2.82	0.8	0.27		0.53		0.5	
靖远县	34.31	0.47	5.03	2.61	26.2	0.78		0.78				
会宁县	18.36		0.84	7.22	10.3	1.53		0.2	1.33		1.49	1
景泰县	45.89		5.43	0.89	39.57	0.93		0.93			0.9	0.6
天水市	32.76	1.68	6.07	11.02	13.99	2.66		1.36	1.3		0.48	
秦州区(长江)	0.64	0.02	0.37	0.15	0.1	0.36		0.36				
麦积区(长江)												
清水县	3.01	0.28	1.1	0.52	1.11							
秦安县	5.75		0.35	3.17	2.23	0.54			0.54			
甘谷县	5.77	0.01	0.16	1.42	4.18	0.36		0.08	0.28			
武山县	8.54	1.26	1.2	2.61	3.47	0.3			0.3			
张家川县	1.72		0.08	1.17	0.47	0.26		0.08	0.18			

1-20 续表

单位：千公顷

地区	节水灌溉面积					本年新增					本年减少	
	小计	喷灌	微灌	低压管灌	其他	小计	喷灌	微灌	低压管灌	其他	灌溉面积	其中：因设施老化、毁损减少的面积
秦州区(黄河)	2.73	0.1	1.01	1.01	0.61							
麦积区(黄河)	4.6	0.01	1.8	0.97	1.82	0.84		0.84			0.48	
武威市	176.6	3.03	58.71	30.57	84.29	14.35		10.34	4.01		9.66	9.66
凉州区	96.2		23.81	13.06	59.33	9.66		7.33	2.33		9.66	9.66
民勤县	45.72		20.71	5.7	19.31							
古浪县	25.28		12.26	7.37	5.65	2.75		2.69	0.06			
天祝县（黄河）	8.69	2.89	1.71	4.09		1.65		0.2	1.45			
天祝县（西北）	0.71	0.14	0.22	0.35		0.29		0.12	0.17			
张掖市	187.31	3.96	50.29	61.16	71.9	13.63	0.41	9.28	1.65	2.29	5.45	1
甘州区	63.73	0.14	15.25	21.79	26.55	4.45		3.83	0.62		4.45	
肃南县	9.21		3.14	6.06	0.01							
民乐县	32.64	0.86	2.89	8.92	19.97	2.95		0.53	0.13	2.29		
临泽县	26.68	0.11	5.56	6.65	14.36	0.67	0.04	0.63				
高台县	24.18	0.18	9.67	9.15	5.18	2.04	0.04	1.5	0.5		1	1
山丹县	30.87	2.67	13.78	8.59	5.83	3.52	0.33	2.79	0.4			
平凉市	37.7	0.54	5.61	7.94	23.61	3.14	0.1	1.78	1	0.26		
崆峒区	9.93	0.17	0.4	1.5	7.86	0.42	0.03	0.14	0.25			
泾川县	5.83	0.05	0.59	0.73	4.46	0.29	0.02	0.27				
灵台县	6.76		4.18	2.58		1.27		1.24	0.03			
崇信县	2.18	0.01	0.37	0.27	1.53	0.13		0.13				
华亭县	2.55	0.23		0.42	1.9	0.43	0.05		0.12	0.26		
庄浪县	1.08	0.03	0.07	0.68	0.3	0.27			0.27			
静宁县	9.37	0.05		1.76	7.56	0.33			0.33			
酒泉市	182.29	0.43	47.39	30.3	104.17	15.85		4.87	10.92	0.06	2.36	2.36
肃州区	39.78		11.99	7.29	20.5	6.83		1.49	5.34			
金塔县	29.68	0.08	6.77	5.35	17.48	1.48		0.52	0.96			
瓜州县	46.63		6.6	5.87	34.16	1.27		1	0.27			
肃北县	1.06	0.35		0.05	0.66	0.39		0.33		0.06	0.01	0.01

1-20 续表

单位：千公顷

地区	节水灌溉面积					本年新增					本年减少	
	小计	喷灌	微灌	低压管灌	其他	小计	喷灌	微灌	低压管灌	其他	灌溉面积	其中：因设施老化、毁损减少的面积
阿克县	0.34		0.11	0.23								
玉门市	43.04		11.28	11.51	20.25	5.88		1.53	4.35		2.3	2.3
敦煌市	21.76		10.64		11.12						0.05	0.05
庆阳市	32.49	3.31	7.7	12.28	9.2	3.48	0.3	1.95	1.23			
西峰区	6.58	1.43	0.75	1.99	2.41	0.53			0.53			
庆城县	2.54	0.14	1.31	1.09		0.39		0.32	0.07			
环县	3.05	0.15	0.4	0.65	1.85	0.27		0.27				
华池县	3.78	0.27	0.06	2.01	1.44	0.26		0.02	0.24			
合水县	2.52	0.15	1.2	1.17		0.33			0.33			
正宁县	2.58	0.65	0.49	1.44		0.3	0.3					
宁县	5.12	0.16	2.23	2.03	0.7	0.61		0.55	0.06			
镇原县	6.32	0.36	1.26	1.9	2.8	0.79		0.79				
定西市	39.84	2.55	2.42	6.69	28.18	1.99	–0.04	0.1	0.29	1.64		
安定区	4.34	0.66	1.49	1.53	0.66							
通渭县	3.02	0.01	0.03	1.85	1.13							
陇西县	7.42		0.67	0.68	6.07	0.34				0.34		
渭源县	4.86	0.16	0.21	0.31	4.18	0.35	–0.04	0.1	0.29			
临洮县	16.47	0.04	0.02	0.27	16.14	1.3				1.3		
漳县	1.48	1.37		0.11								
岷县	2.25	0.31		1.94								
陇南市	32.18	2.31	5.3	7.11	17.46	3.72	0.12	0.2	3.01	0.39	2.94	2.94
武都区	9.02	0.62	3.34	1.63	3.43	2			2		1.9	1.9
成县	3.2	0.24	0.05	0.11	2.8							
文县	5.81	0.12	0.01	2.05	3.63						1.04	1.04
宕昌县	2.31		0.22		2.09	0.39				0.39		
康县	1.17	0.59	0.26	0.32		0.39	0.12	0.2	0.07			
西和县	2.08	0.11	0.26	0.76	0.95	0.27			0.27			
礼县	4.97	0.02	0.45	1.1	3.4	0.67			0.67			

1-20 续表

单位：千公顷

地区	节水灌溉面积					本年新增					本年减少	
	小计	喷灌	微灌	低压管灌	其他	小计	喷灌	微灌	低压管灌	其他	灌溉面积	其中：因设施老化、毁损减少的面积
徽县	1.87	0.46	0.18	0.22	1.01							
两当县	1.75	0.15	0.53	0.92	0.15							
临夏回族自治州	43.76	0.86	0.49	1.48	40.93	0.01				0.01	0.44	0.44
临夏市	2.25	0.03			2.22							
临夏县	11.72	0.05	0.42		11.25						0.33	0.33
康乐县	3.56	0.06	0.04	0.11	3.35							
永靖县	10.03	0.6		0.82	8.61	0.01				0.01	0.01	0.01
广河县	5.29				5.29							
和政县	2.56	0.12		0.55	1.89							
东乡族县	3.43				3.43							
积石山县	4.92		0.03		4.89						0.1	0.1
甘南藏族自治州	7.02	4.23		0.43	2.36	0.26				0.26		
合作市	0.97	0.55		0.26	0.16							
临潭县	0.11	0.11										
卓尼县	0.64				0.64							
舟曲县	0.86				0.86							
迭部县	0.89	0.2		0.17	0.52	0.26				0.26		
玛曲县	0.32	0.32										
碌曲县	0.37	0.37										
夏河县	2.86	2.68			0.18							
按流域分	1020.89	32.96	231.22	206.79	549.92	71.36	1.71	37.96	26.55	5.14	26.69	18.4
黄河流域	385.01	24.77	45.84	68.36	246.04	19.11	1.18	7.38	8.41	2.14	4.25	2.44
长江流域	34.57	2.53	5.67	7.43	18.94	4.34	0.12	0.56	3.01	0.65	2.94	2.94
西北诸河流域	601.31	5.66	179.71	131	284.94	47.91	0.41	30.02	15.13	2.35	19.5	13.02

1-21 2017年集雨补灌

地区	集雨水窖（眼）				补灌面积（万亩）			
	上年达到	本年新增	本年减少	累计达到	上年达到	本年新增	本年减少	累计达到
甘肃省	1718902		440	1718462	438.55		0.11	438.44
兰州市	83153		440	82713	15.70		0.11	15.59
嘉峪关市								
金昌市								
白银市	160974			160974	33.31			33.31
天水市	222856			222856	62.30			62.30
武威市	24825			24825	4.56			4.56
张掖市								
平凉市	244544			244544	55.27			55.27
酒泉市								
庆阳市	347616			347616	69.04			69.04
定西市	325927			325927	92.37			92.37
陇南市	116406			154888	71.36			71.36
临夏回族自治州	154888			154888	27.31			27.31
甘南藏族自治州	37713			37713	7.33			7.33

1-22 2017 年规模以上灌区（一）

地区	灌区数量（处）						耕地灌溉面积（千公顷）					
	小计	50万亩以上	30万～50万亩	10万～30万亩	5万～10万亩	1万～5万亩	0.2万～1万亩	小计	50万亩以上	30万～50万亩	10万～30万亩	5万～10万亩	1万～5万亩	0.2万～1万亩
甘肃省	430	4	20	22	34	162	188	1248.17	201.72	420.32	276.03	121.31	170.22	58.57
兰州市	74	1		2	4	16	51	100.79	44.09		21.83	7.82	15.15	11.90
城关区	16					1	15	4.83					0.72	4.11
七里河区	3					3		4.50					4.50	
西固区	8					3	5	3.46					1.90	1.56
安宁区	1						1	0.04						0.04
红古区	3				2		1	6.42				6.19		0.23
永登县	21	1				3	17	50.50	44.09				3.10	3.31
皋兰县	7			1	1	1	4	13.32			12.05		0.68	0.59
榆中县	15			1	1	5	8	17.72			9.78	1.63	4.25	2.06
嘉峪关市	4				1	3		8.23				3.95	4.28	
金昌市	6		2	2	2			93.29		48.37	34.97	9.95		
金川区	1			1				17.02			17.02			
永昌县	5		2	1	2			76.27		48.37	17.95	9.95		
白银市	55	1	2		6	20	26	135.96	51.43	45.01		14.16	15.77	9.59
白银区	5				1	4		5.49					1.31	4.18
平川区	8				1	1	6	3.98				0.55	2.00	1.43
靖远县	23		1		3	9	10	42.29		19.71		12.11	8.29	2.18
会宁县	6		1			4	1	28.47		25.30			3.05	0.12
景泰县	13	1			1	2	9	55.73	51.43			1.50	1.12	1.68
天水市	50				3	22	25	27.50				2.47	19.49	5.55
秦州区(长江)	1						1	0.40						0.40
麦积区(长江)														
清水县	10					2	8	3.16					1.47	1.69
秦安县	6					2	4	2.64					1.56	1.08
甘谷县	15				2	3	10	6.21					4.52	1.69
武山县	6				1	5		6.81				2.47	4.35	
张家川县	2					2		1.51					1.51	

1-22 续表

地区	灌区数量（处）							耕地灌溉面积（千公顷）						
	小计	50万亩以上	30万～50万亩	10万～30万亩	5万～10万亩	1万～5万亩	0.2万～1万亩	小计	50万亩以上	30万～50万亩	10万～30万亩	5万～10万亩	1万～5万亩	0.2万～1万亩
秦州区(黄河)	2					1	1	1.19					0.86	0.33
麦积区(黄河)	8					7	1	5.58					5.22	0.36
武威市	19	1	2	4	2	9	1	196.36	37.51	45.19	93.68	1.46	16.91	1.61
凉州区	6		2	2		1	1	104.45		45.19	58.57		0.69	
民勤县	3	1				2		42.49	37.51				4.98	
古浪县	6			2	1	3		39.91			35.11	1.46	3.34	
天祝县（黄河）	3				1	2		7.97					6.36	1.61
天祝县（西北）	1					1		1.54					1.54	
张掖市	28		9	7	5	5	2	288.71		186.67	43.32	41.31	16.83	0.58
甘州区	6		3	2		1		89.25		72.91	7.80	5.87	2.67	
肃南县	5					3	2	9.63					9.05	0.58
民乐县	4		3			1		72.38		50.87	19.21		2.30	
临泽县	6		1	4	1			38.54			16.31	22.23		
高台县	5		1		4			37.75		24.54		13.21		
山丹县	2		1	1				41.16		38.35			2.81	
平凉市	29				4	15	10	29.18				12.94	11.66	4.58
崆峒区	4				1	3		8.81				5.46	3.35	
泾川县	4				1	2	1	5.23				3.64	1.37	0.22
灵台县	3					1	2	1.25					0.71	0.54
崇信县	1					1		1.34					1.34	
华亭县	4					3	1	3.40					2.07	1.33
庄浪县	3				1	2		2.86				1.93	0.93	
静宁县	10				1	3	6	6.29				1.91	1.89	2.49
酒泉市	23	1	4	6	3	7	2	244.84	68.69	79.53	76.33	11.65	8.06	0.58
肃州区	8		1	3	2	2		70.49	32.40		26.92	8.40	2.77	
金塔县	2		1	1				45.34	36.29		9.05			
瓜州县	3		1		1	1		48.38		28.30	16.17	3.25	0.66	
肃北县	2					1	1	1.53					1.32	0.21

1-22 续表

地区	灌区数量（处）							耕地灌溉面积（千公顷）						
	小计	50万亩以上	30万～50万亩	10万～30万亩	5万～10万亩	1万～5万亩	0.2万～1万亩	小计	50万亩以上	30万～50万亩	10万～30万亩	5万～10万亩	1万～5万亩	0.2万～1万亩
阿克县	2					1	1	0.58					0.21	0.37
玉门市	4	1		2		1		55.92		29.75	24.19		1.98	
敦煌市	2		1			1		22.60		21.48			1.12	
庆阳市	24			1		11	12	26.82			5.90		14.06	6.86
西峰区	5			1			4	8.50			5.90			2.60
庆城县	1						1	1.05						1.05
环县	3					3		5.17					5.17	
华池县	2					1	1	1.75					1.20	0.55
合水县	2					1	1	0.94					0.73	0.21
正宁县	1					1		0.73					0.73	
宁县	5					2	3	3.93					1.48	2.45
镇原县	5					3	2	4.75					4.75	
定西市	25		1		1	12	11	41.01		15.55		5.22	13.94	6.30
安定区	3					2	1	3.61					2.26	1.35
通渭县	6					1	5	3.63					0.25	3.38
陇西县	1				1			5.22				5.22		
渭源县	3					2	1	5.56					5.15	0.41
临洮县	3		1			2		17.54		15.55			1.99	
漳县	3					2	1	1.66					0.95	0.71
岷县	6					3	3	3.79					3.34	0.45
陇南市	20					3	17	7.62					2.77	4.85
武都区	12						12	3.97						3.97
成县	1						1	0.13						0.13
文县	1						1	0.18						0.18
宕昌县														
康县														
西和县	4					1	3	1.24					0.67	0.57
礼县	2					2		2.10					2.10	

1-22 续表

地区	灌区数量（处）							耕地灌溉面积（千公顷）						
	小计	50万亩以上	30万～50万亩	10万～30万亩	5万～10万亩	1万～5万亩	0.2万～1万亩	小计	50万亩以上	30万～50万亩	10万～30万亩	5万～10万亩	1万～5万亩	0.2万～1万亩
徽县														
两当县														
临夏回族自治州	66				3	39	24	47.86				10.39	31.30	6.17
临夏市	2				1	1		3.42				2.81	0.61	
临夏县	9				1	5	3	10.28				4.82	4.64	0.82
康乐县	7					4	3	4.37					2.98	1.39
永靖县	19					9	10	9.66					7.81	1.85
广河县	11					6	5	6.93					5.53	1.40
和政县	6					4	2	2.52					2.08	0.44
东乡族县	7				1	6		6.46				2.76	3.70	
积石山县	5					4	1	4.22					3.95	0.27
甘南藏族自治州	7						7							
合作市	4						4							
临潭县														
卓尼县														
舟曲县														
迭部县	1						1							
玛曲县	1						1							
碌曲县	1						1							
夏河县														
按流域分	430	4	20	22	34	162	188	1248.17	201.72	420.32	276.03	121.31	170.22	58.57
黄河流域	331	2	3	3	22	137	164	416.69	95.52	60.56	27.73	53.00	127.73	52.16
长江流域	22					3	19	8.02					2.77	5.25
西北诸河流域	77	2	17	19	12	22	5	823.46	106.20	359.76	248.30	68.32	39.72	1.16

1-23　2017 年规模以上灌区（二）

单位：千米

地区	渠道长度（按流量分）					衬砌防渗渠道长度（按流量分）				
	小计	30 米³/秒及以上	5～30 米³/秒	1～5 米³/秒	0.2～1 米³/秒	小计	30 米³/秒及以上	5～30 米³/秒	1～5 米³/秒	0.2～1 米³/秒
甘肃省	85887.86	136.5	2731.13	12780.19	70240.04	43721.25	136.5	2428.34	10269.84	30886.57
兰州市	2250.35		8.8	764.06	1477.49	1577.56		5.7	551.76	1020.1
城关区	7.5			7.5		3.6			3.6	
七里河区	84.35			14.26	70.09	83.36			14.26	69.1
西固区	49.5			3.5	46	26.4			3.5	
安宁区										
红古区	128.7			75.1	53.6	51.2			29.1	22.1
永登县	1032.6			430.7	601.9	795			395	400
皋兰县	459.7			134.3	325.4	296.2			46	250.2
榆中县	488		8.8	98.7	380.5	321.8		5.7	60.3	255.8
嘉峪关市	519.5		40.7	127.7	351.1	394		40.7	127.7	225.6
金昌市	8667	1.1	224.2	1300.7	7141	3132.1	1.1	190.8	808.5	225.6
金川区	1777.4		38.2	172.7	1566.5	1038.1		38.2	169.4	830.5
永昌县	6889.6	1.1	186	1128	5574.5	2094	1.1	152.6	639.1	1301.2
白银市	2617.22		418.5	891.84	1306.88	2531.37		529.5	827.39	1174.48
白银区	222.8			35	187.8	127.2			21.9	105.3
平川区	118.4			56.2	62.2	118.4			56.2	62.2
靖远县	1197.49		239.5	387.41	570.58	1197.49		239.5	387.41	570.58
会宁县	689.8		67.9	135.6	486.3	736.2		178.9	120.9	436.4
景泰县	388.73		111.1	277.63		352.08		111.1	240.98	
天水市	992.98		8.5	309.75	674.73	770.48			291.15	436.4
秦州区(长江)	5.5				5.5	770.48				2
麦积区(长江)										
清水县	30.25			9.12	21.13	24.75			9.12	15.63
秦安县	21.5				21.5	21.5				21.5
甘谷县	305.1		8.5	132.7	163.9	207.2			130.7	76.5
武山县	111.9			111.9		106.2			106.2	
张家川县	46.7				46.7	31.1				31.1

1-23 续表

单位：千米

地区	渠道长度（按流量分）					衬砌防渗渠道长度（按流量分）				
	小计	30米³/秒及以上	5～30米³/秒	1～5米³/秒	0.2～1米³/秒	小计	30米³/秒及以上	5～30米³/秒	1～5米³/秒	0.2～1米³/秒
秦州区(黄河)	24				24	22				22
麦积区(黄河)	448.03			56.03	392	355.73			45.13	310.6
武威市	13671.18	20.1	182.7	1469.8	11998.58	9396.88	20.1	182.7	1360.6	7833.48
凉州区	7413.68	20.1	182.7	509.3	6701.58	6097.98	20.1	182.7	424.1	5471.08
民勤县	4759.1			711.2	4047.9	2162.8			701.5	1461.3
古浪县	724.4			224.3	500.1	692.1			211	481.1
天祝县（黄河）	721			25	696	423			24	399
天祝县（西北）	53				53	21				21
张掖市	28294.98	16.9	725.8	3413.2	24139.08	9844.45	16.9	641.1	2727.25	6459.2
甘州区	9022.4	16.9	250.5	1052	7703	3220.69	16.9	213.9	858.2	2131.69
肃南县	133.5			19.1	114.4	96.1			19.1	77
民乐县	10197.28			615	9302.28	2438.02		252.5	576.24	1609.28
临泽县	3483.1		97.2	527.9	2858	1561.9		92.5	384.71	1084.69
高台县	3352.7		98.1	623	2631.6	1425.44		82.2	468	875.24
山丹县	2106			576.2	1529.8	1102.3			421	681.3
平凉市	1041.28			438.3	602.98	724.58			327.7	396.88
崆峒区	329			124	205	217			102	115
泾川县	159.1			119.8	39.3	107.2			70.3	36.9
灵台县	33.6				33.6	33.6				33.6
崇信县	50			50		50			50	
华亭县	66.9				66.9	42				42
庄浪县	141.9			5.1	136.8	119.9			5.1	114.8
静宁县	260.78			139.4	121.38	154.88			100.3	54.58
酒泉市	22873.42	98.4	1014.93	2861.29	18898.8	12348.92	98.4	776.9	2432.18	9041.44
肃州区	7224		386.7	1257.4	5579.9	3765.1		372.3	912.3	2480.5
金塔县	5445.8	7.2	243.5	524.1	4671	2291	7.2	243.5	497.3	1543
瓜州县	5259.12		223.63	372.79	4662.7	1534.92			345.28	1189.64
肃北县	140.8			35.1	105.7	134.5			33.1	101.4

1-23 续表

单位：千米

地区	渠道长度（按流量分）					衬砌防渗渠道长度（按流量分）				
	小计	30 米³/秒及以上	5～30 米³/秒	1～5 米³/秒	0.2～1 米³/秒	小计	30 米³/秒及以上	5～30 米³/秒	1～5 米³/秒	0.2～1 米³/秒
阿克县	54.5				54.5	54.5				54.5
玉门市	1430.4	91.2	124.2	383.9	831.1	1250.1	91.2	124.2	356.2	678.5
敦煌市	3318.8			288	2993.9	3318.8		36.9	288	2993.9
庆阳市	458.69			312.19	146.5	342.5			239	103.5
西峰区	35.4				35.4					
庆城县										
环县	47.5			47.5		55.5			55.5	
华池县	97			78	19	97			78	19
合水县	55.2			34.8	20.4	39.6			26.8	12.8
正宁县	46.8			46.8		21.8			21.8	
宁县	71.7				71.7	71.7				71.7
镇原县	105.09			105.09		56.9			56.9	
定西市	1107.78		78.5	392.48	636.8	604.22		32.44	233.85	337.93
安定区	64.1			49.3	14.8	55.7			47.9	7.8
通渭县	41.9			25.4	16.5	41.7			25.4	16.3
陇西县	343.88			134.48	209.4	127.26			39.29	87.97
渭源县	152.8			73.8	79	166.8			70.6	96.2
临洮县	382.8		78.5	84	220.3	172.94		32.44	49.66	90.84
漳县	50.4			4.6	45.8	3.2			1	2.2
岷县	71.9			20.9	51	36.62				36.62
陇南市	144.4			83	61.4	90.4			48.3	42.1
武都区	23			23		7				7
成县										
文县	4.4				4.4					
宕昌县										
康县										
西和县	57				57	35.1				35.1
礼县	60			60		48.3			48.3	

1-23 续表

单位：千米

地区	渠道长度（按流量分）					衬砌防渗渠道长度（按流量分）				
	小计	30 米³/秒及以上	5～30 米³/秒	1～5 米³/秒	0.2～1 米³/秒	小计	30 米³/秒及以上	5～30 米³/秒	1～5 米³/秒	0.2～1 米³/秒
徽县										
两当县										
临夏回族自治州	3249.08		28.5	415.88	2804.7	1963.79		28.5	294.46	1640.83
临夏市	128			7.5	120.5	52.8			7.5	45.3
临夏县	379.7		28.5	71.9	279.3	248		28.5	62.3	157.2
康乐县	155.5			2.4	153.1	119.2			2.4	116.8
永靖县	613			78	535	343			44	299
广河县	128.5			93.7	34.8	89.1			60.4	28.7
和政县	233.76			90.14	143.62	138.57			45.62	92.95
东乡族县	545.62			72.24	473.38	370.12			72.24	297.88
积石山县	1065				1065	603				603
甘南藏族自治州										
合作市										
临潭县										
卓尼县										
舟曲县										
迭部县										
玛曲县										
碌曲县										
夏河县										
按流域分	85887.86	136.5	2731.13	12780.19	70240.04	43721.25	136.5	2428.34	10269.84	30886.57
黄河流域	12432.88				8340.58			596.14	2789.31	5550.05
长江流域				83	66.9	92.4			48.3	44.1
西北诸河流域	73305.08	136.5	2188.33	9147.69	61832.56	34693.35	136.5	1832.2	7432.23	25292.42

1-24 2017 年农民用水合作组织及灌溉面积

地　　区	农民用水合作组织		农场及农业园区			
	个数(个)	灌溉面积（千公顷）	处数（处）	流转土地面积（千公顷）	其中：灌溉面积（千公顷）	其中：节水灌溉面积（千公顷）
甘　肃　省	2194	612.06	6082	87.72	78.36	47.72
兰州市	32	4.69	32	1.93	1.19	0.69
城关区						
七里河区	4	0.41				
西固区						
安宁区	1	0.12				
红古区						
永登县						
皋兰县						
榆中县	27	4.16	32	1.93	1.19	0.69
嘉峪关市						
金昌市						
金川区						
永昌县						
白银市	104	31.35	1	0.27	0.27	0.27
白银区						
平川区						
靖远县	62	18.20				
会宁县	39	13.15	1	0.27	0.27	0.27
景泰县	3					
天水市	13	0.69				
秦州区(长江)						
麦积区(长江)						
清水县						
秦安县	3	0.69				
甘谷县						
武山县						
张家川县						
秦州区(黄河)	10					
麦积区(黄河)						
武威市	761	156.20	2980	7.38	4.08	2.08
凉州区	433	94.00	88	2.58	2.58	2.08
民勤县	249	42.49				
古浪县	75	19.71	1917	1.50	1.50	
天祝县（黄河）	4			2.50		
天祝县（西北）			187	0.80		

1-24 续表

地　　区	农民用水合作组织		农场及农业园区			
	个数（个）	灌溉面积（千公顷）	处数（处）	流转土地面积（千公顷）	其中：灌溉面积（千公顷）	其中：节水灌溉面积（千公顷）
张掖市	706	212.61	2886	41.85	41.11	27.94
甘州区	228	57.49	97	1.77	1.76	1.48
肃南县	5	0.43	55	0.96	0.96	
民乐县	167	69.68	48	3.64	2.91	0.86
临泽县	63	24.62	906	7.10	7.10	5.20
高台县	133	27.30	126	8.45	8.45	3.80
山丹县	110	33.09	1654	19.93	19.93	16.60
平凉市	28	0.67	1	0.05	0.0	0.03
崆峒区	14	0.67				
泾川县						
灵台县	14					
崇信县			1	0.05	0.03	0.03
华亭县						
庄浪县						
静宁县						
酒泉市	477	198.52	116	29.90	29.90	11.85
肃州区	142	53.87				
金塔县	86	45.34				
瓜州县	138	45.01				
肃北县	1	3.07				
阿克县	2	0.58				
玉门市	51	28.80	116	29.90	29.90	11.85
敦煌市	57	21.85				
庆阳市	61	1.89	20	3.32	0.04	3.32
西峰区			2	0.80		0.80
庆城县						
环县						
华池县						
合水县						
正宁县	17		4	1.87		1.87
宁县	12	0.61	12	0.61		0.61
镇原县	32	1.28	2	0.04	0.04	0.04
定西市	2	0.21				
安定区						
通渭县						
陇西县						

1-24 续表

地　　区	农民用水合作组织		农场及农业园区			
	个数（个）	灌溉面积（千公顷）	处数（处）	流转土地面积（千公顷）	其中：灌溉面积（千公顷）	其中：节水灌溉面积（千公顷）
渭源县	2	0.21				
临洮县						
漳县						
岷县						
陇南市			13	0.92		0.92
武都区						
成县						
文县						
宕昌县						
康县						
西和县						
礼县			13	0.92		0.92
徽县						
两当县						
临夏回族自治州	10	5.24	33	2.10	1.74	0.62
临夏市						
临夏县	10	5.24	28	1.43	1.43	0.42
康乐县						
永靖县			5	0.67	0.31	0.20
广河县						
和政县						
东乡族县						
积石山县						
甘南藏族自治州						
合作市						
临潭县						
卓尼县						
舟曲县						
迭部县						
玛曲县						
碌曲县						
夏河县						
按流域分	2194	612.06	6082	87.72	78.36	47.72
黄河流域	254	44.74	875	10.17	3.27	4.93
长江流域			13	0.92		0.92
西北诸河流域	1940	567.33	5194	76.63	75.09	41.87

1-25 2017 年堤防

地区	堤防长度（千米）							本年新增堤防长度（千米）	达标堤防长度（千米）						本年新增达标堤防长度（千米）	堤防保护人口（万人）	堤防保护耕地面积（千公顷）
	小计	1级堤防	2级堤防	3级堤防	4级堤防	5级堤防	5级以下堤防		小计	1级堤防	2级堤防	3级堤防	4级堤防	5级堤防			
甘肃省	8151.62	100.36	278.47	79.46	896.05	6034.97	762.31	716.67	6776.42	85.93	275.89	71.36	875.43	5467.81	704.84	996.62	479.87
兰州市	300.93	74.08	16.14	11.1	4.73	142.95	762.31	31.98	227.18	59.65	15.78	11.1	4.73	135.92	31.98	73.18	
城关区	23.25	23.25							227.18	23.25						10	
七里河区	42.64	15.4		11.1	3.9	12.24			42.64	15.4		11.1	3.9	12.24		23	0.1
西固区	42.61	14.43				16.78	11.4		42.64					16.78			
安宁区	21	21							21	21						28.25	0.04
红古区	22.34					22.34		19.64	22.34					22.34	19.64	2	
永登县	94.73				0.83	64.46	29.44	12.34	65.29				0.83	64.46	12.34	5.5	2.48
皋兰县	31.19					20.1	11.09		20.1					20.1		2.23	0.67
榆中县	23.17		16.14			7.03			15.78		15.78					2.2	0.48
嘉峪关市	62.21		35	27.21					62.21		35	27.21				20.06	5.5
金昌市	51.51	14.5	4.59	7.5	4.2	20.72		20	51.51	14.5	4.59	7.5	4.2	20.72	20	30.05	3.21
金川区	19.09	14.5	4.59						19.09	14.5	4.59					28.53	
永昌县	32.42			7.5	4.2	20.72		20	32.42			7.5	4.2	20.72	20	1.52	3.21
白银市	395.1				29.78	339.1	26.22	43.43	340.18				29.78	310.4	43.43	71.24	33.47
白银区	64.59					47.14	17.45	17	46.77					46.77	17	1.3	1.5
平川区	52.78				12.4	40.38			39.4				12.4	27		2.11	2.42
靖远县	196.39					188.31	8.08	22	173.36					173.36	22	43.57	26.12
会宁县	29.69				17.38	11.62		3.03	29				17.38	11.62	3.03	22.6	2.09
景泰县	51.65					51.65	0.69	1.4	51.65					51.65	1.4	1.66	1.34
天水市	919.66		84.25		49.53	617.48	168.4	67.9	703.7		84.25		49.53	569.92	67.9	135.49	46.62
秦州区(长江)	67.84				8.69	59.15		5.09	66.84				8.69	58.15	5.09	13.52	3.51
麦积区(长江)	1.18					1.18			1.18					1.18		0.08	
清水县	94.38				4.27	88.84	1.27	3.49	56.36				4.27	52.09	3.49	12.69	5.05
秦安县	114.21				36.57	77.64		12.99	114.21				36.57	77.64	12.99	16.62	5.39
甘谷县	98.51					84.53	13.98	6.43	84.53					84.53	6.43	29.37	8.99
武山县	105.36					78.87	26.49	13.62	78.87					78.87	13.62	21.32	11.59
张家川县	103.8					93.19	10.61	11.7	93.19					93.19	11.7	10.07	2.05

1-25 续表

地区	堤防长度（千米）							本年新增堤防长度（千米）	达标堤防长度（千米）						本年新增达标堤防长度（千米）	堤防保护人口（万人）	堤防保护耕地面积（千公顷）
	小计	1级堤防	2级堤防	3级堤防	4级堤防	5级堤防	5级以下堤防		小计	1级堤防	2级堤防	3级堤防	4级堤防	5级堤防			
秦州区(黄河)	131.47		55.59			53.42	22.46	5	103.78		55.59			48.19	5	21.33	3.67
麦积区(黄河)	202.91		28.66			80.66	93.59	9.58	104.74		28.66			76.08	9.58	21.33	6.37
武威市	447.71		0.83	0.14	145.85	293.14	7.75	59.63	427.74		0.83	0.07	134.03	292.81	59.63	21.33	61.2
凉州区	166.83		0.83		62.83	95.42	7.75	20.86	156.34		0.83		60.09	95.42	20.86	69.36	35.22
民勤县	0.66					0.66			0.66					0.66			
古浪县	118.74			0.14	49.8	68.8		12.27	109.59			0.07	40.72	68.8	12.27	20.29	18.13
天祝县（黄河）	130.32				33.22	97.1		26.5	129.99				33.22	96.77	26.5	10.07	7.18
天祝县（西北）	31.16					31.16			31.16					31.16	0.82	0.82	0.67
张掖市	783.37		18.2	11	91.61	464.98	197.58	98.83	487.12		16.68	2.97	91.61	375.86	98.83	62.1	54.19
甘州区	242.73		18.2	11		197.21	16.32	18.28	134.04		16.68	2.97		114.39	18.28	26.25	19.06
肃南县	91.45				11.2	73.96	6.29	12.83	78.86				11.2	67.66	12.83	0.99	0.7
民乐县	62.15					62.15		29.15	62.15					62.15	29.15	11.02	13.07
临泽县	186.99				24.63	80.16	82.2	29.57	104.79				24.63	80.16	29.57	5.86	9.14
高台县	141.52				38.75	21.1	81.67	9	59.85				38.75	21.1	9	4.15	7.22
山丹县	58.53				17.03	30.4	11.1		47.43				17.03	30.4		13.83	5
平凉市	838.25	2.64	65.51		116.91	653.19		14.9	838.25	2.64	65.51		116.91	653.19	14.9	67.57	23.41
崆峒区	144.47		65.51		42.6	36.36			144.47		65.51		42.6	36.36		7.19	3.13
泾川县	101.98					101.98			101.98					101.98		15.02	3.89
灵台县	82.3				10.98	71.32		1.29	82.3				10.98	71.32	1.29	11.78	2.87
崇信县	87.11	2.64			6.7	77.77			87.11	2.64			6.7	77.77		6.74	6.51
华亭县	92.35				33.31	59.04			92.35				33.31	59.04		12.6	3.66
庄浪县	202.24				3.97	198.27		5.41	202.24				3.97	198.27	5.41	0.3	0.09
静宁县	127.8				19.35	108.45		8.2	127.8				19.35	108.45	8.2	13.94	3.26
酒泉市	586.63	9.14	30.54	16.52	92.19	438.24		44.23	488.58	9.14	29.84	16.52	91.73	341.35	44.23	59.8	114.74
肃州区	128.87	5.8	20.96	8.3	29.04	64.77			121.77	5.8	20.96	8.3	29.04	57.67		15.25	22.56
金塔县	151.33				6.13	145.2		22	111.13				6.13	105	22	10.34	25.69
瓜州县	73.8					73.8			38.42					38.42		6.02	18.71
肃北县	31.9			0.32		31.36			31.9			0.32	0.22	31.36		1.23	3.47

1-25 续表

地区	堤防长度（千米）							本年新增堤防长度（千米）	达标堤防长度（千米）						本年新增达标堤防长度（千米）	堤防保护人口（万人）	堤防保护耕地面积（千公顷）
	小计	1级堤防	2级堤防	3级堤防	4级堤防	5级堤防	5级以下堤防		小计	1级堤防	2级堤防	3级堤防	4级堤防	5级堤防			
阿克县	36.07		5.77		12	18.3			35.97		5.67		12	18.3		0.9	0.41
玉门市	110.47		1.21		4.56	104.7		22.23	95.2		0.61		4.1	90.49	22.23	6.06	14.3
敦煌市	54.19	3.34	2.6	7.9	40.24	0.11			54.19	3.34	2.6	7.9	40.24	0.11		20	29.6
庆阳市	275.55			0.95	94.28	172.86	7.46	71.26	262.41			0.95	94.12	94.12	69.36	57.44	23.37
西峰区	8.25					8.25			8.25					8.25		1.25	1
庆城县	7.19				7.19			3.78	7.19				7.19		3.78	10.24	0.17
环县	50.4				14.73	35.67		13.86	50.4				14.73	35.67	13.86	21.8	7.6
华池县	27.96			0.95	2.1	17.45	7.46	4.25	19.55			0.95	2.1	16.5	3.3	9.51	4.7
合水县	32.63					32.63		7.62	32.63					32.63	7.62	2.28	1.03
正宁县	23.9					23.9			23.9					23.9		0.78	0.86
宁县	50.27				15.98	34.29		15.95	45.54				15.82	29.72	15	2.59	5.32
镇原县	74.95				54.28	20.67		25.8	74.95				54.28	20.67	25.8	8.99	2.69
定西市	840.32				46.42	706.03	87.87	45.19	732.44				46.42	686.02	37.14	106.46	39.79
安定区	86.9				12.89	19.54	54.47		32.43				12.89	19.54		27.24	5.99
通渭县	45.78					36.89	8.89	18.06	28.42					28.42	14.94	9.7	6.34
陇西县	110.52				33.53	76.99		16.86	110.52				33.53	76.99	16.86	21.38	10.18
渭源县	164.5					164.5		0.1	160.34					160.34	0.1		
临洮县	97.42					72.91	24.51	5.24	72.91					72.91	5.24	11.04	7.05
漳县	73.13					73.13		4.93	65.75					65.75		13.5	5.24
岷县	262.07					262.07			262.07					262.07		23.6	4.99
陇南市	1546.22		17.6		136.57	1327.66	64.39	172.09	1257.97		17.6		128.79	1111.58	172.09	115.67	28.28
武都区	131.53		17.6		16.97	96.96		19.32	131.53		17.6		16.97	96.96	19.32	25.97	
成县	71.33				36.08	31.41	3.84		63.44				36.08	27.36		22.81	4.89
文县	139.52				29.33	110.19			136.83				29.33	107.5			
宕昌县	196.02				32.78	158.38	4.86	36.39	191.16				32.78	158.38	36.39	27.1	5.24
康县	162.04					162.04		38.55	162.04					162.04	38.55	7.59	
西和县	290.33				21.41	268.92		42.87	173.21				13.63	159.58	42.87		
礼县	378.11					322.42	55.69	34.96	222.84					222.84	34.96	22.36	10.82

1-25 续表

地区	堤防长度（千米）							本年新增堤防长度（千米）	达标堤防长度（千米）						本年新增达标堤防长度（千米）	堤防保护人口（万人）	堤防保护耕地面积（千公顷）
	小计	1级堤防	2级堤防	3级堤防	4级堤防	5级堤防	5级以下堤防		小计	1级堤防	2级堤防	3级堤防	4级堤防	5级堤防			
徽县	102.7					102.7			102.28					102.28		5.67	5.52
两当县	74.64					74.64			74.64					74.64		4.17	1.81
临夏回族自治州	515.17		5.81	5.04	55.33	429.8	19.19	13.42	459.22		5.81	5.04	54.93	393.44	11.54	61.99	30.01
临夏市	35.19		5.81		21.96	4.43	2.99		32.2		5.81		21.96	4.43		8.61	3.87
临夏县	56.14			5.04	21.45	25.45	4.2		51.94			5.04	21.45	25.45		4.53	2.86
康乐县	106.25					106.25		10	101.67					101.67	8.51	9.7	2.81
永靖县	29.82				11.7	18.12		10	29.42				11.3	18.12	1.12	7.97	3.45
广河县	77.69					77.69		2.3	70.6					70.6	2.3	15.81	8.16
和政县	117.85					117.85			97.96					97.96		6.02	2.8
东乡族县	61.4				0.22	49.18	12		49.4				0.22	49.18		3.97	3.03
积石山县	30.83					30.83			26.03					26.03	-0.39	5.38	3.03
甘南藏族自治州	588.99				28.65	428.82	131.52	33.81	437.91				28.65	409.26	33.81	35.03	12.31
合作市	82.31					82.31		1.41	68.34					68.34	1.41	2.84	0.87
临潭县	106.9				15.29	54.66	36.95	5.7	64.36				15.29	49.07	5.7	5.6	3.67
卓尼县	134.35					54.27	80.08	0.8	54.27					54.27	0.8	8.13	0.63
舟曲县	49.22				13.36	35.86		3.8	49.22				13.36	35.86	3.8	5.38	1.24
迭部县	73.61					73.61		8.5	73.61					73.61	8.5	3.91	2.47
玛曲县	31.02					31.02			31.02					31.02		0.55	
碌曲县	24.31					23.33	0.98		23.33					23.33		1.42	0.81
夏河县	87.27					73.76	13.51	13.6	73.76					73.76	13.6	7.2	2.62
按流域分	8151.62	100.36	278.47	79.46	896.05	6034.97	762.31	716.67	6776.42	85.93	275.89	71.36	875.43	5467.81	704.84	996.62	479.87
黄河流域	4612.44	76.72	171.71	17.09	436.8	3417.53	492.59	331	3940.43	62.29	171.35	17.09	436.24	3253.46	319.17	595.58	212.71
长江流域	1738.07		17.6		158.62	1497.46	64.39	189.48	1448.82		17.6		150.84	1280.38	189.48	138.56	35.5
西北诸河流域	1801.11	23.64	89.16	62.37	300.63	1119.98	205.33	196.19	1387.17	23.64	86.94	54.27	288.35	933.97	196.19	262.48	231.66

1-26　2017 年河道治理保护

单位：千米

地　区	有防洪任务河段长度	已治理河段长度		河流河道长度（流经本区域流域面积 50 千米^2 及以上）		本区域已划定河湖水功能区个数				
		小计	其中：治理达标河段长度	小计	其中：已划定水功能区河道长度	小计	国家划定个数	省级划定个数	地级划定个数	县级划定个数
甘　肃　省	18934.47	5383.64	4750.81	17539.97	5413.47	147	18	107	19	14
兰州市	695.04	188.02	177.84							
城关区	26.4	17.15	17.15							
七里河区	85	20.57	20.57							
西固区	44.3	23.58	23.58							
安宁区	29	29	29							
红古区	22.34	22.34	22.34							
永登县	157	36.21	36.21							
皋兰县	181	21.1	21.1							
榆中县	150	18.07	7.89							
嘉峪关市	39.95	39.95	39.95							
金昌市	231.01	55.48	46.73							
金川区	26.41	26.41	26.41							
永昌县	204.6	29.07	20.32							
白银市	939.33	227.69	155.16	3028.9	492.2	9	4	5		
白银区	127.01	20.89	20.89	380	38	1	1			
平川区	56.9	25.75	17.55			1	1			
靖远县	628.02	151.36	87.72	1692	207.2	2		2		
会宁县	58.4	29.69	29	956.9	247	3		3		
景泰县	69					2	2			
天水市	2057.66	539.82	442.86	968.52	330.04	11	1	9		3
秦州区(长江)	198.37	65.44	58.05	238.2						
麦积区(长江)	216	0.74	0.74							
清水县	267.24	33.76	33.07	302.6	124.5	6	1	5		
秦安县	243.52	60.42	60.42	85	85					2
甘谷县	154.6	74.61	59.65							
武山县	233	74.13	39.41							
张家川县	264.23	65.66	51.21	174.42	115.54	4		4		

1-26 续表

单位：千米

地区	有防洪任务河段长度	已治理河段长度		河流河道长度（流经本区域流域面积 50 千米^{2}及以上）		本区域已划定河湖水功能区个数				
		小计	其中：治理达标河段长度	小计	其中：已划定水功能区河道	小计	国家划定个数	省级划定个数	地级划定个数	县级划定个数
秦州区(黄河)	137	82.4	77.28	168.3	5	1				1
麦积区(黄河)	343.7	82.66	63.03							
武威市	1162.66	361.23	355.1	2042.72	982.15	16				
凉州区	300.89	120.56	120.56	461.57		6				
民勤县	349.2	88.53	88.53							
古浪县	301.82	76.8	70.67	118.15	51.15	2				
天祝县（黄河）	204	68.59	68.59	676	610	4				
天祝县（西北）	6.75	6.75	6.75	787	321	4				
张掖市	2174.11	483.74	417.14	1347.43	388.21	40	3	3		
甘州区	401.71	206.24	139.64			4	2	2		
肃南县	138.5	39.55	39.55			28	1	1		
民乐县	240.21	68.7	68.7	658	105.5	2				
临泽县	524.13	66.39	66.39	542.13	135.41	2				
高台县	305.52	56.25	56.25	147.3	147.3	2				
山丹县	564.04	46.61	46.61			2				
平凉市	1344.84	512.27	512.27	202.5	202.5	10			10	6
崆峒区	228.83	69.08	69.08							
泾川县	160	66.79	66.79							
灵台县	110.86	42.21	42.21	202.5	202.5	4			4	4
崇信县	73	49.44	49.44			2			2	2
华亭县	195.26	81.41	81.41							
庄浪县	202.24	75.54	75.54							
静宁县	374.65	127.8	127.8			4			4	
酒泉市	1406.52	372.64	365.31	4944.1	733	13	6	6		
肃州区	119.4	65.79	61.6							
金塔县	117.3	83	80.7							
瓜州县	654	38.42	38.42							
肃北县	212	13.55	13.55	4341.9	432	4	2	2		

1-26 续表

单位：千米

地区	有防洪任务河段长度	已治理河段长度		河流河道长度（流经本区域流域面积 50 千米^2 及以上）		本区域已划定河湖水功能区个数				
		小计	其中：治理达标河段长度	小计	其中：已划定水功能区河道	小计	国家划定个数	省级划定个数	地级划定个数	县级划定个数
阿克县	35.97	35.97	35.97							
玉门市	172.35	106.09	106.09	602.2	301	9	4	5		
敦煌市	95.5	29.82	28.98							
庆阳市	1326.86	299.57	284.32	4154.98	1725.05	28	1	16	6	5
西峰区	71.53	10	10	97.32	37.17	3			1	2
庆城县	387.4	31.08	31.08	510.3	168.8	3				3
环县	50.4	50.4	50.4	1537.55	380	4		4		
华池县	146.67	46.08	46.08	489.6	184.38	3	1	2		
合水县	94.4	36.05	36.05	440.9	440.9	2		2		
正宁县	19.2	31.09	31.09	185.6		5			5	
宁县	259.74	39.22	23.97	266.5	192.8	4		4		
镇原县	297.52	55.65	55.65	627.21	321	4		4		
定西市	2079.19	535.05	527.43	165.32	165.32	5	3	2		
安定区	323	32.43	32.43							
通渭县	386	31.78	24.16							
陇西县	280.83	58.85	58.85							
渭源县	281.8									
临洮县	232	71.97	71.97	165.32	165.32	5	3	2		
漳县	280.3	77.95	77.95							
岷县	295.26	262.07	262.07							
陇南市	2716.66	1070.94	848.2							
武都区	467.11	157.25	112.91							
成县	126.37	33.08	23.61							
文县	313.95	122.29	122.29							
宕昌县	206.11	114.78	114.78							
康县	358.01	133.68	133.68							
西和县	211.67	143.88	80.5							
礼县	389.27	270.47	177.46							

1-26 续表

单位：千米

地区	有防洪任务河段长度	已治理河段长度		河流河道长度（流经本区域流域面积 50 千米^{2}及以上）		本区域已划定河湖水功能区个数				
		小计	其中：治理达标河段长度	小计	其中：已划定水功能区河道	小计	国家划定个数	省级划定个数	地级划定个数	县级划定个数
徽县	375.1	44.51	31.97							
两当县	269.07	51	51							
临夏回族自治州	624.33	222.44	216.58	348.5	115	11		8	3	
临夏市	39.93	23.56	21.9	22.4	10.6	1		1		
临夏县	87.7	22.3	22.3	150.1	104.4	7		7		
康乐县	43.5	35.2	35.2							
永靖县	213.36	19.95	19.95							
广河县	42.65	41.4	39.55							
和政县	72.21	35.61	35.61							
东乡族县	65	28.85	28.85	176		3			3	
积石山县	59.98	15.57	13.22							
甘南藏族自治州	2136.31	474.8	361.92	337	280	4		4		
合作市	55.58	41.7	34.84							
临潭县	98	50.2	20.7							
卓尼县	217.3	52.7	22							
舟曲县	512	45.42								
迭部县	183.76	73.6	73.6							
玛曲县	847.67	110.5	110.1							
碌曲县	42	15.98	15.98							
夏河县	180	84.7	84.7	337	280	4		4		
按流域分	18934.47	5383.64	4750.81	17539.97	5413.47	147	18	107	19	14
黄河流域	10297.43	2883.05	2614.58	9643.52	3920.11	82	9	51	19	14
长江流域	3826.79	1256.14	980.59	238.2						
西北诸河流域	4810.25	1244.45	1155.64	7658.25	1493.36	65	9	56		

1-27 2017年除涝面积

单位：千公顷

地区	除涝面积			
	小计	3～5年一遇标准	5～10年一遇标准	10年以上一遇标准
甘肃省	14.05	5.43	5.43	6.99
兰州市	0.09	0.04	0.04	
城关区				
七里河区				
西固区				
安宁区	0.09	0.04	0.04	
红古区				
永登县				
皋兰县				
榆中县				
嘉峪关市				
金昌市				
金川区				
永昌县				
白银市	1.36	0.56	0.56	
白银区				
平川区				
靖远县	1.36	0.56	0.56	
会宁县				
景泰县				
天水市	0.81			0.81
秦州区(长江)				
麦积区(长江)				
清水县	0.7			0.7
秦安县				
甘谷县				
武山县				
张家川县	0.11			0.11
秦州区(黄河)				
麦积区(黄河)				
武威市				
凉州区				
民勤县				
古浪县				
天祝县（黄河）				
天祝县（西北）				

1-27 续表

单位：千公顷

地区	除涝面积			
	小计	3～5年一遇标准	5～10年一遇标准	10年以上一遇标准
张掖市				
甘州区				
肃南县				
民乐县				
临泽县				
高台县				
山丹县				
平凉市				
崆峒区				
泾川县				
灵台县				
崇信县				
华亭县				
庄浪县				
静宁县				
酒泉市				
肃州区				
金塔县				
瓜州县				
肃北县				
阿克县				
玉门市				
敦煌市				
庆阳市				
西峰区				
庆城县				
环县				
华池县				
合水县				
正宁县				
宁县				
镇原县				
定西市	3.63		0.78	2.85
安定区				
通渭县				
陇西县				

1-27 续表

单位：千公顷

地　　区	除涝面积			
	小　计	3～5年一遇标准	5～10年一遇标准	10年以上一遇标准
渭源县				
临洮县				
漳县	0.78		0.78	
岷县	2.85			2.85
陇南市	8.16	4.83		3.33
武都区	3.33			3.33
成县	0.5	0.5		
文县				
宕昌县				
康县				
西和县				
礼县	3.66	3.66		
徽县				
两当县	0.67	0.67		
临夏回族自治州				
临夏市				
临夏县				
康乐县				
永靖县				
广河县				
和政县				
东乡族县				
积石山县				
甘南藏族自治州				
合作市				
临潭县				
卓尼县				
舟曲县				
迭部县				
玛曲县				
碌曲县				
夏河县				
按流域分	14.05	5.43	1.63	6.99
黄河流域	5.89	0.6	1.63	3.66
长江流域	8.16	4.83		3.33
西北诸河流域				

1-28 2017 年水土流失治理（一）

单位：千公顷

地区	水土流失综合治理面积		新增水土流失综合治理面积								新增小流域综合治理面积	年末封禁治理保有面积
	小计	其中：小流域综合治理面积	小计	梯田	坝地	水土保持林	经济林	种草	封禁治理	其他		
甘肃省	8580.49	2393.68	720.21	76.31		231.17	38.52	91.38	165.41	117.42	59.33	1630.59
兰州市	413.27	124.1	5.32	1.56		1.35		0.99	1.42		0.22	56.48
城关区	10.95	4.63										0.28
七里河区	23.95	8.18	0.3			0.1			0.2			4.61
西固区	15.11	2.11	0.29			0.13		0.13	0.03			2.37
安宁区	4.55	1.66										
红古区	21.32	4.79	0.2					0.13	0.07			3.78
永登县	156.18	36.69	1.54	0.67		0.1		0.4	0.37			23.25
皋兰县	44.02	31.36	0.6			0.17		0.1	0.33			14.22
榆中县	137.19	34.68	2.39	0.89		0.85		0.23	0.42		0.22	7.97
嘉峪关市	27.19	2.82	1.99			1.42	0.14			0.43		2.93
金昌市	174.99	1.51	15.2			3.33	1.03	4.15	2.16	4.53		42.47
金川区	81.26		7.5			3.19	0.95	2.01	1.35			7.78
永昌县	93.73	1.51	7.7			0.14	0.08	2.14	0.81	4.53		34.69
白银市	689.59	185.05	43.92	6.8		14.29	5.07	13.46	4.03	0.27	5.18	51.52
白银区	23.37	8.03	1.2	0.13		0.33			0.74			6.81
平川区	36.95	4.79	6.21	0.81		1.68	0.18	2.34	1.2		0.53	3.71
靖远县	174.76	16.79	10.01	2.9		6.44		0.67			0.24	15.05
会宁县	380.99	140.23	15.1	2.83		3.79		7.09	1.39		3.37	15.3
景泰县	73.52	15.21	11.4	0.13		2.05	4.89	3.36	0.7	0.27	1.04	10.65
天水市	688.84	217.62	36.3	12.01		9.42	9.58	2.76	2.26	0.27	6.25	48.75
秦州区(长江)	63.14	9.14										9.93
麦积区(长江)	7.65	5.74										
清水县	131.15	28.23	5.7	2.35		1.65	1.27		0.43		1.21	9.07
秦安县	87.62	18.99	5.4	2.4		0.41	1.6		0.72	0.27	1.33	3.09
甘谷县	96.64	44.19	5.09	2.41		1.31	1.37				0.44	5.16
武山县	76.89	16.23	4.5	2.69		1.21	0.6				0.47	13.01
张家川县	59.9	14.41	4.2	0.49		2.0		1.3	0.39		1	2.29

1-28　续表

单位：千公顷

地区	水土流失综合治理面积		新增水土流失综合治理面积								新增小流域综合治理面积	年末封禁治理保有面积
	小计	其中：小流域综合治理面积	小计	梯田	坝地	水土保持林	经济林	种草	封禁治理	其他		
秦州区(黄河)	55.71	20.66	5	0.55		0.51	3.34	0.6			0.6	4.79
麦积区(黄河)	110.14	60.03	6.41	1.12		2.31	1.4	0.86	0.72		1.2	1.41
武威市	815.51	26.22	78.47			6.53	2.18	10.64	38.15	20.97	1	151.67
凉州区	70.59	3.81	2.17			0.96	0.13	0.36	0.72			14.46
民勤县	233.57	0.99	38.12			0.5	0.58		19.45	17.59		53.35
古浪县	120.53	12.71	19.6			3.14	1.35	10.14	4.97		0.47	44.01
天祝县（黄河）	389.64	8.71	18.58			1.93	0.12	0.14	13.01	3.38	0.53	39.85
天祝县（西北）	1.18											
张掖市	495.96	7.51	70.18			7.4	3.64	14.56	33.72	10.86	0.67	270.2
甘州区	45.85		5.17			1.37		1.16		2.64		16.77
肃南县	158.17	4.43	30.35			0.32		0.34	29.69		0.67	144.2
民乐县	28.82	1.51	8.16			4.86	1.35	0.38	1.57			14.71
临泽县	78.97	1.07	4.54			0.53			0.67	3.34		15.55
高台县	13.33		5.25			0.12	1	1.02	1.79	1.32		2.79
山丹县	170.82	0.5	16.71			0.2	1.29	11.66		3.56		76.18
平凉市	702.75	197.81	51.78	18.77		24.67	3.9	0.4	3.54	0.5	5.05	40.13
崆峒区	108.93	32.51	6.65	2.05		3.42		0.2	0.48	0.5	0.39	2.46
泾川县	105.22	28.86	6.3	2.61		2.89			0.8		0.01	6.74
灵台县	127.73	34.57	9.67	2.75		3.03	3.89				0.55	13.26
崇信县	65.08	16.68	5.3	3.06		2.03			0.21		0.47	5.05
华亭县	54.82	8.06	7.41	1.4		5.05	0.01	0.2	0.75		0.98	6.22
庄浪县	96.22	33.39	6.81	3.55		2.16			1.1		2	4.52
静宁县	144.75	43.74	9.64	3.35		6.09			0.2		0.65	1.88
酒泉市	217.57	5.65	84.09			9.75	5.71	0.8	21.92	45.91		153.25
肃州区	23.3	0.3	4.92			0.49	0.01			4.42		18.11
金塔县	77.05	1.28	10.52			4.5	3.2	0.01		2.81		66.01
瓜州县	11.14	1	7.61			3.36	0.01	0.79		3.45		3.01
肃北县	53.39		23.47			0.04				23.43		29.56

1-28 续表

单位：千公顷

地区	水土流失综合治理面积		新增水土流失综合治理面积								新增小流域综合治理面积	年末封禁治理保有面积
	小计	其中：小流域综合治理面积	小计	梯田	坝地	水土保持林	经济林	种草	封禁治理	其他		
阿克县	3.38	1.48	2.24			0.13	0.07		0.82	1.22		1.84
玉门市	39.34	0.81	32.16			1.03	2.42		21.1	7.61		28.78
敦煌市	9.97	0.78	3.17			0.2				2.97		5.94
庆阳市	1200.46	507.46	106.17	15.82		55.47	1.03	26.19	4.33	3.33	9.94	49.04
西峰区	57.74	36.38	4.01	0.6		3.2		0.01	0.2		0.02	1.35
庆城县	159.45	53.26	13.63	1.43		8.87				3.33	0.61	3.93
环县	279.58	69.3	32.16	6.43		11.96		12.4	1.37		0.8	13.55
华池县	173.82	32.17	18.98	2.6		9.16		7.22			0.57	7.9
合水县	112.78	41.82	4.6	0.63		2.32		0.93	0.72		1.76	5.52
正宁县	75.95	51.72	5.5	0.98		3.72			0.8		1.7	6.66
宁县	132.57	79.09	9.7	1.4		5.4		2.3	0.6		1.7	4.01
镇原县	208.57	143.72	17.59	1.75		10.84	1.03	3.33	0.64		2.78	6.12
定西市	1097.41	698.79	49.1	11.39		25.54		0.68	11.49		14.01	107.87
安定区	293.02	234.01	5.5	1.94		1.67			1.89		2.26	14.08
通渭县	174.66	128	12.5	3.67		7.03		0.5	1.3		1.32	12.25
陇西县	143.07	121.98	5.5	2.14		1.9			1.46		3.58	14.89
渭源县	116.89	60.28	5	1.25		3.23			0.52		0.85	12.73
临洮县	196.5	105.06	5.5	1.44		2.18			1.88		4.35	20.85
漳县	101.29	35.09	9.5	0.95		5.75			2.8		0.32	25.14
岷县	71.98	14.37	5.6			3.78		0.18	1.64		1.33	7.93
陇南市	974.46	151.44	63.68	3.32		45.24	1.65	1.42	9.72	2.33	7.24	234.5
武都区	164.3	39.14	13.19	0.18		10.8	0.3	0.72	1.19		1	46.4
成县	68.38	8.39	6.93	0.68		4.45	0.21		1.06	0.53	1.26	19.91
文县	116.39	9.71	5.7	0.04		3.8	0.07		1.29	0.5	0.67	24.54
宕昌县	169.45	14.62	8.3	0.16		6.84			1.3		0.67	53.06
康县	73.47	16.1	6.95	0.08		5.62	0.07	0.03	1.15		1.28	13.39
西和县	101.27	14.8	4.06	0.77		1.83			0.91	0.55	0.42	3.48
礼县	204.68	28.23	11.2	0.9		7.05		0.67	1.83	0.75	0.42	45.93

1-28 续表

单位：千公顷

地区	水土流失综合治理面积		新增水土流失综合治理面积								新增小流域综合治理面积	年末封禁治理保有面积
	小计	其中：小流域综合治理面积	小计	梯田	坝地	水土保持林	经济林	种草	封禁治理	其他		
徽县	50.84	10.56	3.37	0.42		2	0.95				0.25	20.11
两当县	25.68	9.89	3.98	0.09		2.85	0.05		0.99		1.27	7.68
临夏回族自治州	396.75	216.04	47.96	6.54		19.55	4.24	10.15	7.48		6.52	60.5
临夏市	6.31	2.76	0.4			0.23	0.08		0.09			1.43
临夏县	65.62	37.88	6.5	0.42		4.68	0.63	0.77			0.55	9.34
康乐县	51.68	16.41	7.17	0.99		2.58	0.07	2.07	1.46		0.53	6.06
永靖县	67.86	37.46	8.29	0.77		2.33	1.52	2.07	1.6			14.19
广河县	27.22	12.75	2.6	1.26		0.51	0.2	0.63			0.5	0.37
和政县	34.6	14.02	3.5	0.22		1.28	0.67	0.4	0.93		1.33	5.22
东乡族县	91.73	63.86	11.2	2.05		5.31	0.27	2.2	1.37		3.61	13.97
积石山县	51.73	30.9	8.3	0.83		2.63	0.8	2.01	2.03			9.92
甘南藏族自治州	685.74	51.66	66.05	0.1		7.21	0.35	5.18	25.19	28.02	3.25	361.28
合作市	33.39	0.81	5			5						20.52
临潭县	52.44	3.45	1.3			0.27		0.31	0.62	0.1	0.63	31.79
卓尼县	158.43	4.56	1.17	0.02				0.78	0.29	0.08	0.29	30.55
舟曲县	39.51	32.06	3.72	0.03		0.46	0.32	0.01	1.91	0.99	1.29	26.62
迭部县	39.63	9.69	2.7	0.05		1.13	0.03	0.06	1.43		1.04	17.22
玛曲县	299.53		26.2							26.2		176.66
碌曲县	39.46		8.22						7.57	0.65		42.92
夏河县	23.35	1.09	17.74			0.35		4.02	13.37			15
按流域分	8580.49	2393.68	720.21	76.31		231.17	38.52	91.38	165.41	117.42	59.33	1630.59
黄河流域	6114.52	2150.61	418.76	72.91		157.84	23.94	59.88	69.41	34.78	48.62	761.65
长江流域	1124.39	208.07	70.1	3.4		46.83	2	1.49	13.06	3.32	9.57	288.27
西北诸河流域	1341.58	35	231.35			26.5	12.58	30.01	82.94	79.32	1.14	580.67

1-29 2017 年水土流失治理（二）

地　　区	减少水土流失综合治理面积（千公顷）			已建成黄土高原淤地坝（座）			已实施小流域综合治理条数（条）	
	小　计	自然因素	人为因素	小　计	其中：骨干坝	中型坝	小　计	其中：当年竣工条数
甘　肃　省	4.45	3.36	1.09	1600	559	451	1906	42
兰州市	0.27	0.27		123	34	17	131	
城关区							6	
七里河区				4	1		14	
西固区							5	
安宁区							2	
红古区							7	
永登县				15			25	
皋兰县				26	8	5	30	
榆中县	0.27	0.27		78	25	12	42	
嘉峪关市							2	
金昌市							2	
金川区							1	
永昌县							1	
白银市	0.3	0.18	0.12	1	1		176	4
白银区	0.02	0.02					14	
平川区	0.03		0.03				10	
靖远县	0.06	0.03	0.03	1	1		31	
会宁县	0.17	0.11	0.06				99	3
景泰县	0.02	0.02					22	1
天水市	0.51	0.37	0.14	91	20	19	15	4
秦州区(长江)				12		2	38	
麦积区(长江)							25	
清水县	0.09	0.08	0.01				37	2
秦安县	0.06	0.03	0.03	1	1		24	
甘谷县	0.07	0.05	0.02	20	2	4	19	
武山县	0.07	0.02	0.05	17	7	8	30	
张家川县	0.06	0.05	0.01				31	
秦州区(黄河)	0.09	0.08	0.01	25	7	4	21	
麦积区(黄河)	0.07	0.06	0.01	16	3	1	3	2
武威市	0.32	0.32					1	
凉州区							9	
民勤县							8	
古浪县								
天祝县（黄河）								
天祝县（西北）	0.32	0.32						

1-29 续表

地区	减少水土流失综合治理面积（千公顷）			已建成黄土高原淤地坝（座）			已实施小流域综合治理条数（条）	
	小计	自然因素	人为因素	小计	其中：骨干坝	中型坝	小计	其中：当年竣工条数
张掖市							8	
甘州区								
肃南县							3	
民乐县							2	
临泽县							1	
高台县								
山丹县							2	
平凉市	0.53	0.48	0.05	127	39	43	185	3
崆峒区				16		1	24	
泾川县	0.34	0.32	0.02	35	9	13	24	
灵台县				5	2	3	21	2
崇信县	0.19	0.16	0.03	7	3	4	16	
华亭县							18	1
庄浪县				63	24	22	39	
静宁县				1	1		43	
酒泉市	0.47	0.47					10	
肃州区							2	
金塔县							2	
瓜州县							2	
肃北县								
阿克县	0.47	0.47					1	
玉门市							2	
敦煌市							1	
庆阳市	0.65	0.38	0.27	862	311	265	266	11
西峰区	0.04	0.04		38	20	13	19	
庆城县	0.06	0.03	0.03	125	60	14	33	1
环县	0.16	0.06	0.1	327	99	115	44	1
华池县	0.06	0.01	0.05	89	41	36	25	1
合水县	0.08	0.03	0.01	65	20	32	24	1
正宁县	0.08	0.03	0.05	48	11	15	23	3
宁县	0.08	0.05	0.03	48	16	22	34	2
镇原县	0.09	0.09		131	44	18	64	2
定西市	0.53	0.39	0.14	375	151	94	462	9
安定区	0.11	0.07	0.04	155	81	37	188	3
通渭县	0.08	0.03	0.05	56	6	1	61	
陇西县	0.1	0.06	0.04	65	20	23	82	

1-29 续表

地区	减少水土流失综合治理面积（千公顷）			已建成黄土高原淤地坝（座）			已实施小流域综合治理条数（条）	
	小计	自然因素	人为因素	小计	其中：骨干坝	中型坝	小计	其中：当年竣工条数
渭源县	0.08	0.07	0.01	61	22	20	37	
临洮县	0.07	0.07		30	18	9	49	5
漳县				8	4	4	27	
岷县	0.09	0.09					18	1
陇南市	0.36	0.32	0.04				163	3
武都区	0.04	0.04					21	
成县	0.04	0.04					10	
文县	0.04	0.04					10	1
宕昌县	0.03	0.02	0.01				11	
康县	0.04	0.04					20	
西和县	0.04	0.03	0.01				16	
礼县	0.06	0.05	0.01				35	1
徽县	0.04	0.03	0.01				21	
两当县	0.03	0.03					19	1
临夏回族自治州	0.51	0.18	0.33	21	3	13	172	7
临夏市	0.02	0.02					2	
临夏县	0.08	0.04	0.04	8		8	30	1
康乐县	0.08	0.04	0.04	3	1	1	23	1
永靖县	0.12	0.06	0.06	7	2	2	28	
广河县							14	1
和政县	0.03	0.02	0.01				15	1
东乡族县	0.18		0.18	2		1	36	1
积石山县				1		1	24	
甘南藏族自治州							82	1
合作市							3	
临潭县							4	
卓尼县							8	
舟曲县							44	
迭部县							18	1
玛曲县								
碌曲县								
夏河县							5	
按流域分	4.45	3.36	1.09	1600	559	451	1906	42
黄河流域	3.3	2.25	1.05	1588	559	449	1624	42
长江流域	0.36	0.32	0.04	12		2	248	4
西北诸河流域	0.79	0.79					34	

1-30　2017年入河湖排污口

单位：个

地　　区	入河湖排污口数量	按排入水域分		按污水来源分				
		河流	水库	污水处理厂排放	工业企业直排	市政/生活直排	畜禽规模化养殖排放	其他
甘　肃　省	378	376	2	68	87	88	20	115
兰州市	119	119		7	10	11		91
城关区	9	9			1			8
七里河区	89	89				9		80
西固区	5	5			2	1		2
安宁区	1	1		1				
红古区	8	8		2				
永登县	3	3		1	1			1
皋兰县	1	1				1		
榆中县	3	3		3				
嘉峪关市								
金昌市								
金川区								
永昌县								
白银市	23	23		2	10	11		
白银区	8	8		1	7			
平川区	1	1				1		
靖远县	3	3			2	1		
会宁县	9	9		1		8		
景泰县	30	2			1	1		
天水市	30	30		3	10	12	4	1
秦州区(长江)								
麦积区(长江)								
清水县	6	6		1	3	2		
秦安县	5	6		1	1	3		
甘谷县	6	6		1	4	1		
武山县								
张家川县	5	5			1	4		
秦州区(黄河)	1	1						1
麦积区(黄河)	7	7			1	2	4	
武威市	7	7		6	1			
凉州区	3	3		3				
民勤县								
古浪县	2	2		2				
天祝县（黄河）	2	2		1	1			
天祝县（西北）								

1-30 续表

单位：个

地　　区	入河湖排污口数量	按排入水域分		按污水来源分				
		河流	水库	污水处理厂排放	工业企业直排	市政/生活直排	畜禽规模化养殖排放	其他
张掖市	10	10		8	2			
甘州区	2	2		1	1			
肃南县	3	3		3				
民乐县	1	1		1				
临泽县	1	1		1				
高台县	1	1		1				
山丹县	2	2		1	1			
平凉市	46	46		6	23	4	13	
崆峒区	8	8		1	6	1		
泾川县	4	4			1	3		
灵台县	1	1		1				
崇信县	9	9		1	8			
华亭县	22	22		1	8		13	
庄浪县	1	1		1				
静宁县	1	1		1				
酒泉市	6	6		5	1			
肃州区	3	3		3				
金塔县								
瓜州县								
肃北县	1	1		1				
阿克县								
玉门市	1	1			1			
敦煌市	1	1		1				
庆阳市	67	67		13	1	31	3	19
西峰区	1	1		1				
庆城县	4	4		1			3	
环县	1	1		1				
华池县	1	1		1				
合水县	19	19		1				18
正宁县	6	6		1		4		1
宁县	1	1				1		
镇原县	34	34		7	1	26		
定西市	26	26		3	14	9		
安定区	5	5			3	2		
通渭县	1	1				1		
陇西县	10	10		1	9			

1-30 续表

单位：个

地　　区	入河湖排污口数量	按排入水域分		按污水来源分				
		河流	水库	污水处理厂排放	工业企业直排	市政/生活直排	畜禽规模化养殖排放	其他
渭源县	8	8		1	2	5		
临洮县	1	1				1		
漳县	1	1		1				
岷县								
陇南市	24	23	1	1	11	8		4
武都区	1	1						1
成县	9	9		1	8			
文县	4	3	1			2		2
宕昌县	1	1						1
康县								
西和县								
礼县	1	1				1		
徽县	8	8			3	5		
两当县								
临夏回族自治州	11	10	1	9	1	1		
临夏市	1	1		1				
临夏县	3	3		3				
康乐县								
永靖县	3	2	1	3				
广河县	1	1		1				
和政县								
东乡族县	3	3		1	1	1		
积石山县								
甘南藏族自治州	9	9		5	3	1		
合作市	3	3		1	1	1		
临潭县	1	1		1				
卓尼县								
舟曲县								
迭部县	1	1		1				
玛曲县								
碌曲县	1	1		1				
夏河县	3	3		1	2			
按流域分	378	376	2	68	87	88	20	115
黄河流域	332	331	1	48	73	80	20	111
长江流域	25	24	1	2	11	8		4
西北诸河流域	21	21		18	3			

1-31　2017 年规模以上入河湖排污口（一）

单位：个

地　区	规模以上入河湖排污口数量	按排入水域分		按污水来源分				
		河流	水库	污水处理厂排放	工业企业直排	市政/生活直排	畜禽规模化养殖排放	其他
甘　肃　省	181	179	2	58	67	36		20
兰州市	34	34		7	10	4		13
城关区	9	9			1			8
七里河区	4	4				2		2
西固区	5	5			2	1		2
安宁区	1	1		1				
红古区	8	8		2	6			
永登县	3	3		1	1			1
皋兰县	1	1				1		
榆中县	3	3		3				
嘉峪关市								
金昌市								
金川区								
永昌县								
白银市	15	15		2	10	3		
白银区	8	8		1	7			
平川区	1	1				1		
靖远县	3	3			2	1		
会宁县	1	1		1				
景泰县	2	2			1	1		
天水市	17	17		1	5	9		2
秦州区(长江)								
麦积区(长江)								
清水县	1	1		1				
秦安县	5	5			3	1		1
甘谷县	1	1				1		
武山县								
张家川县	2	2			1	1		
秦州区(黄河)	1	1						1
麦积区(黄河)	7	7			1	6		
武威市	7	7		6	1			
凉州区	3	3		3				
民勤县								
古浪县	2	2		2				
天祝县（黄河）	2	2		1	1			
天祝县（西北）								

1-31 续表

单位：个

地区	规模以上入河湖排污口数量	按排入水域分		按污水来源分				
		河流	水库	污水处理厂排放	工业企业直排	市政/生活直排	畜禽规模化养殖排放	其他
张掖市	9	9		7	2			
甘州区	2	2		1	1			
肃南县	2	2		2				
民乐县	1	1		1				
临泽县	1	1		1				
高台县	1	1		1				
山丹县	2	2		1	1			
平凉市	20	20		7	12	1		
崆峒区	6	6		1	4	1		
泾川县	2	2		1	1			
灵台县	1	1		1				
崇信县	5	5		1	4			
华亭县	4	4		1	3			
庄浪县	1	1		1				
静宁县	1	1		1				
酒泉市	6	6		5	1			
肃州区	3	3		3				
金塔县								
瓜州县								
肃北县	1	1		1				
阿克县								
玉门市	1	1			1			
敦煌市	1	1		1				
庆阳市	13	13		8		3		
西峰区	1	1		1				2
庆城县	3	3		1				
环县	1	1		1				2
华池县	1	1		1				
合水县	1	1		1				
正宁县	1	1		1				
宁县	1	1				1		
镇原县	4	4		2		2		
定西市	22	22		2	14	6		
安定区	5	5			3	2		
通渭县	1	1				1		
陇西县	10	10		1	9			

1-31　续表

单位：个

地　　区	规模以上入河湖排污口数量	按排入水域分		按污水来源分				
		河流	水库	污水处理厂排放	工业企业直排	市政/生活直排	畜禽规模化养殖排放	其他
渭源县	4	4		1	1	2		
临洮县	1	1				1		
漳县	1	1			1			
岷县								
陇南市	24	23	1	1	11	9		3
武都区	1	1						1
成县	9	9		1	8			
文县	4	3	1			2		2
宕昌县	1	1				1		
康县								
西和县								
礼县	1	1				1		
徽县	8	8			3	5		
两当县								
临夏回族自治州	7	6	1	7				
临夏市	1	1		1				
临夏县	2	2		2				
康乐县								
永靖县	3	2	1	3				
广河县	1	1		1				
和政县								
东乡族县								
积石山县								
甘南藏族自治州	7	7		5	1	1		
合作市	3	3		1	1	1		
临潭县	1	1		1				
卓尼县								
舟曲县								
迭部县	1	1		1				
玛曲县								
碌曲县	1	1		1				
夏河县	1	1		1				
按流域分	181	179	2	58	67	36		20
黄河流域	136	135	1	39	53	27		17
长江流域	25	24	1	2	11	9		3
西北诸河流域	20	20		17	3			

1-32　2017 年规模以上入河湖排污口（二）

地　　区	有水量监测的排污口		有水质监测的排污口		有政府许可排污口		全年监督性监测检查的排污口数量	
	排污口数量（个）	全年计量监测的废污水排放量（万吨）	排污口数量（个）	全年排放监测水质不达标数量（个）	排污口数量（个）	审批许可排放的废污水量（万吨）	排污口数量（个）	监督性监测检查不达标排污口数量（个）
甘　肃　省	73	17022	74	1	50	15373	161	
兰州市	5	6180	5		4	1851	5	
城关区								
七里河区								
西固区						1458		
安宁区	1	5609	1				1	
红古区								
永登县								
皋兰县	1	178	1		1		1	
榆中县	3	393	3		3	393	3	
嘉峪关市								
金昌市								
金川区								
永昌县								
白银市	4	638	1		4	665	3	
白银区								
平川区	1	172						
靖远县	2	325			3	365	2	
会宁县	1	141	1		1	300	1	
景泰县								
天水市	5	658	5		2	1408	14	
秦州区(长江)								
麦积区(长江)								
清水县	1	200	1		1	200		
秦安县	1	113	1				1	
甘谷县	1	237	1				1	
武山县								
张家川县	2	109	2				5	
秦州区(黄河)					1	1208		
麦积区(黄河)							7	
武威市	6	2296	6		6	3305	6	
凉州区	3	2004	3		3	2373	3	
民勤县								
古浪县	1	113	1		1	113	1	
天祝县（黄河）	2	179	2		2	819	2	
天祝县（西北）								

1-32　续表

地　区	有水量监测的排污口		有水质监测的排污口		有政府许可排污口		全年监督性监测检查的排污口数量	
	排污口数量（个）	全年计量监测的废污水排放量（万吨）	排污口数量（个）	全年排放监测水质不达标数量（个）	排污口数量（个）	审批许可排放的废污水量（万吨）	排污口数量（个）	监督性监测检查不达标排污口数量（个）
张掖市	9	3627	10		10	5099	87	
甘州区	2	2078	2		2	3037	5	
肃南县	3	237	3		3	435	3	
民乐县	1	321	1		1	438	60	
临泽县	1	399	1		1	584	12	
高台县		156	1		1	198	1	
山丹县	2	436	2		2	407	6	
平凉市	21	1098	23	1			19	
崆峒区	4	20	4				8	
泾川县	2	200	4	1				
灵台县	1	135	1				1	
崇信县	5	167	5				5	
华亭县	8	296	8				4	
庄浪县	1	280	1					
静宁县							1	
酒泉市	5	452	5		4	5	5	
肃州区	3		3		2	4	3	
金塔县								
瓜州县								
肃北县	1	63	1		1	1	1	
阿克县								
玉门市								
敦煌市	1	389	1		1		1	
庆阳市	8	831	8		7	1037	8	
西峰区	1	410	1		1	410	1	
庆城县	1	150	1		1	165	1	
环县	1	44	1		1	44	1	
华池县	1	23	1		1	110	1	
合水县	1	73	1		1	219	1	
正宁县	1	53	1		1	53	1	
宁县	1	18	1		1	37	1	
镇原县	1	60	1				1	
定西市	1	138	3		3	311	6	
安定区			1		1		5	
通渭县								
陇西县								

1-32 续表

地　　区	有水量监测的排污口		有水质监测的排污口		有政府许可排污口		全年监督性监测检查的排污口数量	
	排污口数量（个）	全年计量监测的废污水排放量（万吨）	排污口数量（个）	全年排放监测水质不达标数量（个）	排污口数量（个）	审批许可排放的废污水量（万吨）	排污口数量（个）	监督性监测检查不达标排污口数量（个）
渭源县	1	138	1		1	292	1	
临洮县			1		1	19		
漳县								
岷县								
陇南市								
武都区								
成县								
文县								
宕昌县								
康县								
西和县								
礼县								
徽县								
两当县								
临夏回族自治州	4	758	4		5	1061	4	
临夏市	1	500	1		1	547	1	
临夏县	2	236	2				2	
康乐县								
永靖县					3	460		
广河县	1	21	1		1	54	1	
和政县								
东乡族县								
积石山县								
甘南藏族自治州	5	346	4		5	631	4	
合作市	1	255			1	256		
临潭县								
卓尼县								
舟曲县								
迭部县						44		
玛曲县								
碌曲县	1	32	1		1	131	1	
夏河县	3	59	3		3	200	3	
按流域分	73	17022	74	1	50	15373	161	
黄河流域	55	10826	55	1	32	7738	65	
长江流域						44		
西北诸河流域	18	6196	19		18	7591	96	

1-33 2017 年主要社会经济指标

地区	年末耕地面积（万亩）			年末常住人口（万人）	农村人口（万人）	地区生产总值（亿元）
	小计	水田	旱地			
甘肃省	5340.5209	11.0312	5329.4897	2625.71	2073.9232	7459.9
兰州市	303.5043	0.1003	303.4040	372.96	123.4463	2500.8019
新区	30.5157		30.5157	15.12	13.7372	
城关区	1.5574		1.5574	131.61	4.2015	947.1318
七里河区	15.0804		15.0804	57.51	8.8113	452.6414
西固区	5.4466		5.4466	36.65	7.5060	404.3933
安宁区	0.0629		0.0629	28.35		169.2982
红古区	8.0079		8.0079	13.97	5.4983	123.0636
永登县	112.1679		112.1679	34.61	34.1336	104.5185
皋兰县	29.3170		29.3170	10.77	11.6165	51.8346
榆中县	101.3484	0.1003	101.2481	44.37	37.9419	98.0844
嘉峪关市	4.4641		4.4641	24.98	2.1417	209.8721
金昌市	107.4823		107.4823	46.92	23.7004	221.4939
金川区	21.4306		21.4306	23.39	4.8530	156.4325
永昌县	86.0517		86.0517	23.53	18.8474	65.0614
白银市	464.3814	4.9795	459.4019	172.93	132.8246	450.5206
白银区	13.2911	0.0360	13.2551	30.24	7.2196	199.0143
平川区	26.9283		26.9283	19.71	10.0491	68.9267
靖远县	120.0465	4.5630	115.4835	46.18	44.6069	69.8893
会宁县	226.0625		226.0625	54.21	51.9112	63.6324
景泰县	78.0530	0.3805	77.6725	22.59	19.0378	50.4440
天水市	566.7008		566.7008	333.98	306.2187	598.9529
秦州区	91.2569		91.2569	66.06	46.5879	196.0107
麦积区	71.0802		71.0802	56.81	45.4136	173.7806
清水县	93.0257		93.0257	27.58	30.3046	44.4228
秦安县	104.0469		104.0469	52.74	53.9797	52.6292
甘谷县	87.4335		87.4335	57.19	55.7380	59.1672
武山县	63.6632		63.6632	44.11	42.7402	52.0402
张家川回族自治县	56.1943		56.1943	29.49	31.4547	27.4070
武威市	380.9271		380.9271	182.53	149.1077	430.4359
凉州区	146.0541		146.0541	101.65	74.9869	272.2793
民勤县	88.8420		88.8420	24.18	22.8159	69.8433
古浪县	112.9264		112.9264	38.88	34.8355	45.5413
天祝藏族自治县	33.1045		33.1045	17.82	16.4694	42.7568

1-33 续表

地　　区	年末耕地面积（万亩）			年末常住人口（万人）	农村人口（万人）	地区生产总值（亿元）
	小计	水田	旱地			
张掖市	414.4564	0.1000	414.3564	122.93	101.3935	376.9624
甘州区	96.5541	0.1000	96.4541	51.74	35.6799	164.6975
肃南裕固族自治县	13.8949		13.8949	3.47	2.6800	20.8338
民乐县	96.1576		96.1576	22.53	22.5035	45.8959
临泽县	41.6500		41.6500	13.70	12.2042	48.4902
高台县	54.1646		54.1646	14.58	13.0476	46.9489
山丹县	65.9752		65.9752	16.91	15.2783	47.6509
平凉市	554.9643		554.9643	211.28	194.3171	354.6556
崆峒区	94.3292		94.3292	53.09	33.2433	128.6773
泾川县	67.9804		67.9804	28.61	32.4798	40.9058
灵台县	76.3822		76.3822	18.40	21.0727	26.6822
崇信县	36.2717		36.2717	10.40	8.0808	26.0759
华亭县	41.2476		41.2476	19.70	13.7414	45.3808
庄浪县	91.6539		91.6539	38.44	41.5555	39.3999
静宁县	147.0994		147.0994	42.64	44.1436	49.5228
酒泉市	243.4313		243.4313	112.36	64.1347	551.7725
肃州区	63.5137		63.5137	44.40	21.8553	168.7479
金塔县	42.1938		42.1938	14.73	10.9674	67.5446
瓜州县	58.0967		58.0967	14.96	10.6006	69.0214
肃北蒙古族自治县	1.2098		1.2098	1.53	0.6113	13.7707
阿克塞哈萨克族自治县	0.5485		0.5485	1.06	0.2824	8.5024
玉门市	54.0177		54.0177	16.65	9.8224	131.0447
敦煌市	23.8511		23.8511	19.03	9.9953	93.1291
庆阳市	683.4154	0.4004	683.0150	225.66	229.4614	585.4994
西峰区	57.6838		57.6838	37.42	26.4193	202.9988
庆城县	81.5315		81.5315	26.85	23.4079	58.2373
环县	142.0697		142.0697	31.23	32.6814	78.1697
华池县	51.4804	0.0400	51.4404	13.32	11.5513	65.0570
合水县	35.3709	0.3604	35.0105	15.26	15.4082	42.1128
正宁县	42.9432		42.9432	18.39	21.3584	23.2698
宁县	96.2533		96.2533	40.98	51.4621	55.2897
镇原县	176.0826		176.0826	42.21	47.1728	54.7778
定西市	770.0155	0.1100	769.9055	280.84	263.5441	327.3102
安定区	171.7563	0.1100	171.6463	43.05	37.4823	76.7389

1-33 续表

地区	年末耕地面积（万亩）			年末常住人口（万人）	农村人口（万人）	地区生产总值（亿元）
	小计	水田	旱地			
通渭县	183.0015		183.0015	40.79	39.4803	38.8883
陇西县	117.4664		117.4664	46.29	42.8109	61.4418
渭源县	80.0655		80.0655	33.11	32.6315	31.3988
临洮县	106.4613		106.4613	51.79	49.1104	62.1565
漳县	46.7700		46.7700	19.82	19.2589	22.2939
岷县	64.4945		64.4945	45.99	42.7698	34.3920
陇南市	425.4174	4.0948	421.3227	262.31	248.8914	342.7168
武都区	67.9954	1.5925	66.4029	56.81	52.0415	109.3212
成县	40.5666		40.5666	24.59	21.9848	55.3625
文县	30.5198	1.5510	28.9688	22.86	21.7288	24.9710
宕昌县	42.7432	0.7882	41.9550	27.87	28.4049	21.7716
康县	31.1535	0.0500	31.1035	18.11	17.0717	19.5546
西和县	59.6900		59.6900	40.21	39.1896	29.4702
礼县	103.0400		103.0400	47.23	46.2026	28.9902
徽县	37.9556	0.1130	37.8426	20.02	18.7098	45.5031
两当县	11.7533		11.7533	4.61	3.5577	7.7765
临夏回族自治州	215.5333		215.5333	204.41	177.4597	232.2273
临夏市	3.4479		3.4479	29.03	9.2186	68.7753
临夏县	36.8521		36.8521	33.96	34.7381	37.2846
康乐县	32.5383		32.5383	24.32	25.3541	20.9685
永靖县	35.5336		35.5336	18.55	16.3908	34.5699
广河县	19.2855		19.2855	24.39	21.7413	22.1357
和政县	23.5412		23.5412	19.38	16.3439	15.6328
东乡族自治县	36.7840		36.7840	30.32	29.3525	18.8803
积石山保安族东乡族撒拉族自治县	27.5508		27.5508	24.46	24.3204	14.3722
甘南藏族自治州	100.2724	0.0690	100.2034	71.62	57.2819	141.4158
合作市	14.6973		14.6973	9.50	3.3993	39.6326
临潭县	26.3115		26.3115	14.10	13.7751	16.6424
卓尼县	16.4532	0.0690	16.3842	10.60	9.3711	15.2534
舟曲县	14.0582		14.0582	13.45	12.4934	15.6092
迭部县	7.6900		7.6900	5.40	4.1466	12.3064
玛曲县				5.79	4.1767	16.6359
碌曲县	4.1567		4.1567	3.80	2.8600	9.8464
夏河县	16.9055		16.9055	8.98	7.0597	16.2374

1-34 2017 年主要农作物指标

地区	农作物播种面积（万亩）	粮食		棉花（皮棉）		油料	
		播种面积（万亩）	产量（吨）	播种面积（万亩）	产量（吨）	播种面积（万亩）	产量（吨）
甘肃省	5631.5911	4026.3644	11174840	22.8243	22858.02	537.8899	821158.35
兰州市	249.9020	129.6745	309028			15.1454	17620.09
新区	0.3895	0.0713	200				
城关区	14.1243	3.3138	8581			0.4009	343.79
七里河区	6.7420	1.0931	2980			0.0943	86.02
西固区	0.0839						
安宁区	11.3835	2.4520	7201			0.0478	64.03
红古区	84.7776	54.6355	127607			6.3494	7154.44
永登县	31.0496	14.7161	33450			1.9280	2536.05
皋兰县	92.7874	47.4751	115663			4.7081	5543.70
榆中县	8.5641	5.9176	13346			1.6168	1892.06
嘉峪关市	10.5176	3.8544	19401			0.6163	1886.05
金昌市	121.1539	91.2022	419199	0.0289	31.37	10.0540	25233.17
金川区	27.9977	19.2261	99136	0.0289	31.37	3.2564	8617.22
永昌县	93.1563	71.9762	320063			6.7976	16615.95
白银市	516.8361	393.1105	911933	0.0312	27.67	27.4847	28457.45
白银区	12.6775	9.2882	24773			0.5191	838.36
平川区	32.7675	23.6187	51043	0.0312	27.67	1.3588	1576.89
靖远县	149.5527	90.0296	209565			7.6702	5846.25
会宁县	252.3480	220.8942	443214			9.7056	3714.11
景泰县	69.4905	49.2798	183338			8.2310	16481.84
天水市	661.6754	469.7877	1163398	0.0029	3.00	96.8237	113132.00
秦州区	105.2003	71.4223	194911			22.7550	28666.00
麦积区	80.9411	62.7977	165041			10.6004	14528.00
清水县	90.9191	65.9062	163913			12.4708	19772.00
秦安县	108.6479	83.8029	205349			14.7009	13988.00
甘谷县	110.8952	75.0796	180816			16.4934	16252.00
武山县	103.3048	64.0780	137660	0.0029	3.00	10.4515	12648.00
张家川回族自治县	61.7670	46.7010	115708			9.3517	7278.00
武威市	395.3321	233.9042	1012195	1.0272	1269.26	47.7568	114339.51
凉州区	186.4370	133.9186	635901			8.6513	15993.77
民勤县	87.8315	28.0021	136423	1.0272	1269.26	27.0687	74071.08
古浪县	88.9813	56.2512	192012			10.4989	21825.35
天祝藏族自治县	32.0823	15.7324	47859			1.5379	2449.31

1-34 续表

地区	农作物播种面积（万亩）	粮食		棉花（皮棉）		油料	
		播种面积（万亩）	产量（吨）	播种面积（万亩）	产量（吨）	播种面积（万亩）	产量（吨）
张掖市	435.6796	321.3938	1419899	0.0540	74.62	48.0083	79408.70
甘州区	110.9259	98.3968	484100	0.0010	1.38	2.4153	5086.81
肃南裕固族自治县	15.6543	10.2950	34128	0.0017	2.31	0.5753	821.38
民乐县	104.3831	71.4549	301300			10.3251	18183.14
临泽县	47.1989	39.8734	197220	0.0326	45.04	0.5170	1125.38
高台县	54.7406	39.1426	213101	0.0187	25.89	2.0400	4976.49
山丹县	60.7604	39.1383	122750			13.2119	27673.50
军马场	42.0165	23.0929	67540			18.9237	21542.00
平凉市	543.1563	455.0395	1043151			48.8794	65157.25
崆峒区	76.7469	61.6340	187760			8.2042	10682.69
泾川县	58.3634	52.5121	112900			4.3747	4298.73
灵台县	80.8679	70.4728	134927			8.7602	13931.09
崇信县	42.2358	28.1229	58100			7.9502	9419.55
华亭县	38.0480	29.3267	81543			2.3482	5302.12
庄浪县	119.5765	102.1899	220725			7.5189	8635.67
静宁县	127.3178	110.7812	247196			9.7231	11386.06
酒泉市	281.4563	105.4589	512507	15.4248	16961.44	46.8663	104127.00
肃州区	81.7065	49.5691	240030	0.0144	14.36	3.0486	6935.44
金塔县	62.7848	24.6864	120800	1.0907	1512.64	10.1415	22938.35
玉门市	58.2465	11.1506	53422	0.1056	95.08	16.6884	36349.32
瓜州县	60.0897	10.6103	50800	11.1162	11560.83	14.8114	32988.84
敦煌市	16.7288	8.3302	42193	3.0979	3778.53	2.0397	4629.23
肃北蒙古族自治县	1.2302	0.9255	4309			0.1367	285.82
阿克塞哈萨克族自治县	0.6699	0.1868	954				
庆阳市	763.7409	634.8147	1362163			59.9648	75629.00
西峰区	48.7697	39.9119	107870			2.4204	3930.01
庆城县	88.7943	71.2373	130015			8.3963	10471.87
环县	203.8006	182.7582	330761			13.3336	14117.66
华池县	78.8735	62.0603	121238			5.5088	6259.57
合水县	34.0241	27.6814	78668			1.3122	1934.77
正宁县	27.8751	20.4984	69561			3.1659	2476.19
宁县	93.6919	78.5729	203133			7.8519	11472.80
镇原县	187.9118	152.0944	320917			17.9756	24966.13
定西市	748.9884	574.6934	1313259			39.0365	53836.03
安定区	162.3045	139.0180	309399			3.8315	5432.87

1-34 续表

地　　区	农作物播种面积（万亩）	粮食		棉花（皮棉）		油料	
		播种面积（万亩）	产量（吨）	播种面积（万亩）	产量（吨）	播种面积（万亩）	产量（吨）
通渭县	143.8027	126.6009	291389			8.9817	10363.13
陇西县	119.3297	90.9101	177906			5.8397	10512.34
渭源县	113.2580	77.6612	194394			9.1662	11124.83
临洮县	100.4926	80.4839	204506			1.2521	2883.24
漳县	50.8065	31.0535	68446			7.4061	8334.87
岷县	58.9943	28.9659	67220			2.5592	5184.75
陇南市	491.6189	337.0470	793804	0.0026	1.78	45.6222	50603.80
武都区	88.5845	51.0813	117009	0.0026	1.78	4.1904	4710.45
成县	45.7406	31.1970	95469			7.1801	8804.59
文县	35.4930	19.6077	59962			3.6887	4016.96
宕昌县	39.0250	21.1416	53076			2.4929	2784.23
康县	27.4309	20.6395	60568			1.3564	1380.82
西和县	68.5250	53.8647	122583			5.4913	6141.87
礼县	107.5840	84.6328	130105			17.1523	18334.00
徽县	59.3235	44.0493	123075			3.5620	3997.65
两当县	19.9123	10.8331	31958			0.5080	433.23
临夏回族自治州	222.2586	177.8330	652485			19.0582	50380.09
临夏市	3.5844	3.0364	15348			0.0225	29.32
临夏县	40.6966	29.5902	122425			4.3323	10756.64
康乐县	34.8427	29.0622	107785			3.0956	8288.39
永靖县	32.5779	21.7043	90777			1.2660	2980.04
广河县	21.3861	19.1262	92891			0.3656	916.07
和政县	23.2834	15.8567	48854			5.6180	15455.68
东乡族自治县	41.2704	40.7377	109775			0.0916	263.43
积石山保安族东乡族撒拉族自治县	24.6171	18.7193	64630			4.2666	11690.52
甘南藏族自治州	105.5651	65.2900	107966			15.7967	19669.04
合作市	10.4761	7.5597	10600			2.3954	2467.38
临潭县	22.4695	8.9905	16139			5.2332	6064.87
卓尼县	12.5902	4.8277	8420			1.8974	2174.09
舟曲县	37.9889	27.8127	46253			2.5137	4597.70
迭部县	8.7266	6.7843	12342			0.5943	750.24
玛曲县							
碌曲县	3.2124	2.4800	3297			0.5908	326.94
夏河县	10.1013	6.8351	11124			2.5720	3287.82

2 水利建设投资

2-1 2017 年水利建设项目基本情况（按市县分）

项 目 名 称	隶属关系	项目规模	所属流域	建设性质	建设阶段	开工时间	全部建成投产时间
甘 肃 省							
兰州市							
兰州市直							
黄河甘肃段防洪工程（兰州市）	地市属	大中型	黄河流域	新建	本年正式施工	2015-10	
兰州市山洪灾害防治项目2017	县属	其他	黄河流域	单纯购置	单纯购置		2017-12
兰州市大砂沟泵站更新改造工程	地市属	小型	黄河流域	改建	本年正式施工	2014-04	
兰州市水源地建设工程	地市属	大中型	黄河流域	新建	本年正式施工	2015-08	
城关区							
城关区2017河道综合整治	县属	小型	黄河流域	新建	本年正式施工	2017-08	2017-11
城关区大砂沟洪道永新集团段防洪抢险	县属	小型	黄河流域	改建	本年正式施工	2017-08	2017-10
城关区皋兰山灌区东、西盘渠改造工程	县属	小型	黄河流域	改建	本年正式施工	2017-11	
七里河区							
七里河区农田水利设施维修养护项目2017	县属	小型	黄河流域	新建	本年正式施工	2017-06	
七里河区西津灌区大型泵站更新改造	县属	小型	黄河流域	改建	本年正式施工	2017-11	
七里河区2017一事一议项目	县属	小型	黄河流域	新建	本年正式施工	2017-07	2017-12
七里河区2017乡镇实施水利工程项目	县属	小型	黄河流域	改建	本年正式施工	2017-06	2017-12
西固区							
西固区农田水利设施维修养护项目2017	县属	小型	黄河流域	新建	本年正式施工	2017-08	
西固区高效节水灌溉项目2017	县属	小型	黄河流域	新建	本年正式施工	2017-06	2017-12
兰州市工农坪泵站更新改造工程	县属	小型	黄河流域	新建	本年正式施工	2016-9	
西固区农村饮水安全巩固提升工程2017	县属	小型	黄河流域	新建	本年正式施工	2017-07	
红古区							
湟水兰州市红古段防洪治理工程	县属	小型	黄河流域	新建	本年正式施工	2016-10	
永登县							
永登县庄浪河东干渠首至寺滩泵站防洪	县属	小型	黄河流域	新建	本年正式施工	2017-06	
永登县高效节水项目坪城乡灌溉工程	县属	小型	黄河流域	新建	本年正式施工	2017-08	2017-12
永登县高效节水项目柳树镇红砂川村	县属	小型	黄河流域	新建	本年正式施工	2017-10	2017-12
永登县农村饮水安全巩固提升工程2017	县属	小型	黄河流域	新建	本年正式施工	2017-07	2017-11
皋兰县							
皋兰县农田水利设施维修养护项目2017	县属	小型	黄河流域	新建	本年正式施工	2017-04	2017-11
皋兰县年高效节水项目2017	县属	小型	黄河流域	新建	本年正式施工	2017-07	2017-11
皋兰县农村饮水安全巩固提升2017	县属	小型	黄河流域	新建	本年正式施工	2017-08	2017-11
皋兰县山字墩水库-县城段输水管道改造	县属	小型	黄河流域	改建	本年正式施工	2016-09	2017-09
榆中县							
榆中县宛川河兴隆峡河道治理工程	县属	小型	黄河流域	新建	筹建		
榆中县小型农田水利建设项目2017	县属	小型	黄河流域	新建	本年正式施工	2017-05	
榆中县高效节水灌溉项目2017	县属	小型	黄河流域	新建	本年正式施工	2017-06	2017-12
榆中县农田水利设施维修养护项目2017	县属	小型	黄河流域	改建	本年正式施工	2017-10	2017-12
兰州市榆中三电泵站更新改造工程	县属	小型	黄河流域	改建	本年正式施工	2016-09	2017-04
榆中县三电东干十五支渠小康营上水工程	县属	小型	黄河流域	新建	本年正式施工	2017-05	2017-10
榆中县三电东干末级泵站改建工程	县属	小型	黄河流域	改建	本年正式施工	2017-01	2017-05
榆中县青城灌溉水源工程	县属	小型	黄河流域	新建	本年正式施工	2017-04	
引洮供水一期榆中县配套工程	县属	小型	黄河流域	新建	本年正式施工	2016-01	

2-1 续表

项　目　名　称	隶属关系	项目规模	所属流域	建设性质	建设阶段	开工时间	全部建成投产时间
榆中县农村饮水安全巩固提升工程2017	县属	小型	黄河流域	新建	本年正式施工	2017-07	2017-12
榆中县坡耕地水土流失综合治理工程2017	县属	小型	黄河流域	新建	本年正式施工	2017-09	
榆中县病险淤地坝除险加固工程2017	县属	小型	黄河流域	新建	本年正式施工	2017-06	2017-09
嘉峪关市							
嘉峪关市山洪灾害防治项目2017	地市属	其他	西北诸河流域	单纯购置	单纯购置		2017-12-31
嘉峪关讨赖河生态治理洪水槽防冲刷加固	地市属	小型	西北诸河流域	新建	本年正式施工	2016-11-1	2017-06-01
嘉峪关市节水灌溉及维修养护2017	地市属	小型	西北诸河流域	新建	本年正式施工	2017-07-17	2017-12-30
嘉峪关新城镇高标准基本农田建设项目	地市属	小型	西北诸河流域	新建	本年正式施工	2017-06-01	
嘉峪关农业综合开发高标准农田建设2017	地市属	小型	西北诸河流域	新建	本年正式施工	2017-05-21	
嘉峪关讨赖河南岸水土保持提升工程	地市属	小型	西北诸河流域	新建	本年正式施工	2017-08-03	2017-9-30
金昌市							
金昌市直							
金昌市山洪灾害防治项目2017	县属	其他	西北诸河流域	单纯购置	单纯购置		2017-11
金昌市国防工业基地蓄洪生态治理	地市属	小型	西北诸河流域	新建	本年正式施工	2017-09	
金昌市城市应急备用水源	地市属	小型	西北诸河流域	新建	本年正式施工	2016-10	
金川区							
金川区山洪灾害防治2017项目(第二批)	县属	其他	西北诸河流域	单纯购置	单纯购置		2017-12
金川区农业水价综合改革建设（第二批）	县属	小型	西北诸河流域	新建	本年正式施工	2017-11	2017-11
金川区农田水利设施建设2017	县属	小型	西北诸河流域	新建	本年正式施工	2017-4	2017-12
金川区农田水利设施建设（第二批）2017	县属	小型	西北诸河流域	新建	本年正式施工	2017-4	2017-12
永昌县							
永昌县东大河河流治理	县属	小型	西北诸河流域	新建	本年正式施工	2017-03	2017-06
永昌县金川河工农渠首泄洪闸	县属	小型	西北诸河流域	改建	本年正式施工	2015-11	2017-04
永昌县山洪灾害防治项目2017	县属	其他	西北诸河流域	单纯购置	单纯购置		2017-11
永昌县西河灌区续建配套节水改造	县属	小型	西北诸河流域	改建	本年正式施工	1999-05	
永昌县东河灌区续建配套节水改造	县属	小型	西北诸河流域	改建	本年正式施工	2002-03	2017-11
永昌县农业水价综合改革2017	县属	小型	西北诸河流域	新建	本年正式施工	2017-11	2017-12
永昌县小型农田水利设施建设2017	县属	小型	西北诸河流域	新建	本年正式施工	2017-04	2017-12
永昌县高效节水灌溉新增2017	县属	小型	西北诸河流域	新建	本年正式施工	2017-10	
永昌县中央财政维修养护2017	县属	小型	西北诸河流域	改建	本年正式施工	2017-09	2017-10
永昌县农村饮水安全巩固提升2017	县属	小型	西北诸河流域	改建	本年正式施工	2017-08	2017-10
永昌县头坝二号水电站增效扩容改造	县属	小型	西北诸河流域	改建	本年正式施工	2017-03	
永昌县大中型水库移民后期扶持2017	县属	小型	西北诸河流域	改建	本年正式施工	2017-8	2017-10
白银市							
白银市直							
黄河甘肃段防洪工程（白银市）	地市属	小型	黄河流域	新建	本年正式施工	2015-08	
白银市山洪灾害防治项目2017	县属	其他	黄河流域	单纯购置	单纯购置		2017-12
白银市靖会灌区水利工程设施维修养护	地市属	小型	黄河流域	改建	本年正式施工	2017-07	2017-12
白银市兴电灌区水利工程设施维修养护	地市属	小型	黄河流域	改建	本年正式施工	2017-12	
白银市靖会泵站更新改造工程	地市属	小型	黄河流域	改建	本年正式施工	2016-12	
白银市兴电泵站更新改造工程	地市属	小型	黄河流域	改建	本年正式施工	2013-03	
白银市兴电灌区渠道维修工程	地市属	小型	黄河流域	改建	筹建		

2-1 续表

项 目 名 称	隶属关系	项目规模	所属流域	建设性质	建设阶段	开工时间	全部建成投产时间
白银区							
白银区西大沟（城区段）护岸工程	县属	小型	黄河流域	新建	本年正式施工	2017-10	
白银区高效节水灌溉项目	县属	小型	黄河流域	新建	本年正式施工	2017-07	
白银区五小水利工程2016	县属	小型	黄河流域	新建	本年正式施工	2016-09	2017-07
白银区水利工程设施维修养护项目	县属	小型	黄河流域	改建	本年正式施工	2017-11	2017-12
白银区农村饮水安全巩固提升2017	县属	小型	黄河流域	新建	本年正式施工	2017-04	2017-12
平川区							
平川区旱坪川灌区农业综合开发	县属	小型	黄河流域	改建	筹建		
平川区高效节水灌溉项目	县属	小型	黄河流域	新建	本年正式施工	2017-08	
平川区农业水价项目	县属	小型	黄河流域	新建	本年正式施工	2017-12	
平川区水利工程设施维修养护项目	县属	小型	黄河流域	改建	本年正式施工	2017-12	
平川区农村饮水安全巩固提升2017	县属	小型	黄河流域	改建	本年正式施工	2017-08	
平川区水土保持项目	县属	小型	黄河流域	新建	本年正式施工	2017-12	
靖远县							
靖远县祖历河庄口至罗家湾段防洪工程	县属	小型	黄河流域	新建	本年正式施工	2017-05	2017-12
靖远县靖乐渠灌区农业综合开发	县属	小型	黄河流域	新建	本年正式施工	2017-02	
靖远县高效节水灌溉项目	县属	小型	黄河流域	新建	本年正式施工	2017-07	2017-12
靖远县水利工程设施维修养护项目	县属	小型	黄河流域	改建	本年正式施工	2017-10	
靖远县刘川泵站更新改造工程	县属	小型	黄河流域	改建	本年正式施工	2017-08	2017-12
靖远县中堡泵站更新改造工程	县属	小型	黄河流域	改建	本年正式施工	2017-06	2017-12
靖远县刘川易地扶贫搬迁项目供水工程	县属	小型	黄河流域	新建	本年正式施工	2017-11	
靖远县东湾大坝电灌渠道维修养护工程	县属	小型	黄河流域	改建	本年正式施工	2017-10	
靖远县农村饮水安全巩固提升2017	县属	小型	黄河流域	改建	本年正式施工	2017-12	
靖远县省级水土保持补偿费建设项目	县属	小型	黄河流域	新建	筹建		
靖远县北湾镇水土保持项目2016	县属	小型	黄河流域	新建	本年正式施工	2016-11	
会宁县							
会宁县苦水河河畔羊肉市场段综合治理	县属	小型	黄河流域	新建	本年正式施工	2016-09	
会宁县祖厉河柴门乡张家湾至郭城镇防洪	县属	小型	黄河流域	新建	本年正式施工	2017-09	2017-11
会宁县东河会师段护岸工程	县属	小型	黄河流域	新建	本年正式施工	2017-09	2017-11
会宁县康家河综合治理工程	县属	小型	黄河流域	改建	本年正式施工	2017-10	
会宁县水利工程设施维修养护项目	县属	小型	黄河流域	新建	本年正式施工	2017-12	2017-12
会宁县高效节水灌溉项目	县属	小型	黄河流域	新建	本年正式施工	2017-08	2017-12
引洮一期工程会宁北部供水工程	县属	小型	黄河流域	新建	本年正式施工	2013-09	
会宁县农村饮水安全巩固提升2017	县属	小型	黄河流域	新建	本年正式施工	2017-09	2017-12
会宁县郭城驿镇抗旱应急水源工程	县属	小型	黄河流域	新建	本年正式施工	2017-08	
会宁县水土保持重点建设2017	县属	小型	黄河流域	新建	本年正式施工	2017-08	2017-11
会宁县坡耕地水土流失综合治理2017	县属	小型	黄河流域	新建	本年正式施工	2017-09	2017-11
会宁县河湖水系连通项目	县属	小型	黄河流域	新建	本年正式施工	2017-09	2017-11
景泰县							
景泰县水利工程设施维护项目	县属	小型	黄河流域	新建	本年正式施工	2017-12	
景泰县小型农田水利设施补助	县属	小型	黄河流域	新建	本年正式施工	2016-10	2017-12
景泰县高效节水灌溉项目	县属	小型	黄河流域	新建	本年正式施工	2017-07	
景泰县正路工业园区调蓄水库工程	县属	小型	黄河流域	新建	本年正式施工	2015-11	
景泰县中泉泵站更新改造工程	县属	小型	黄河流域	改建	本年正式施工	2013-01	2017-05

2-1　续表

项　目　名　称	隶属关系	项目规模	所属流域	建设性质	建设阶段	开工时间	全部建成投产时间
景泰县财政涉农资金支持贫困村水利设施	县属	小型	黄河流域	新建	本年正式施工	2017-08	
景泰县草窝滩镇排水工程	县属	小型	黄河流域	新建	本年正式施工	2016-07	2017-07
景泰县千亿斤粮食生产能力建设项目	县属	小型	黄河流域	新建	本年正式施工	2017-08	
景泰县精准扶贫寺滩引水工程	县属	小型	黄河流域	新建	本年正式施工	2017-11	
景泰县农村饮水安全巩固提升2017	县属	小型	黄河流域	扩建	本年正式施工	2017-08	
景泰县国家水土保持重点工程	县属	小型	黄河流域	新建	本年正式施工	2017-11	
天水市							
天水市直							
天水市2017年山洪灾害防治项目	县属	其他	黄河流域	单纯购置	单纯购置		2017-12
天水市藉口水厂至西十里供水管道工程	地市属	小型	黄河流域	新建	本年正式施工	2016-01	2017-12
秦州区							
秦州区藉河普岔沟至关子段堤防工程	县属	小型	黄河流域	新建	本年正式施工	2017-04	2017-12
秦州区峁水河杨家寺段堤防工程	县属	小型	长江流域	新建	本年正式施工	2017-04	2017-12
秦州区山洪灾害防治项目2017	县属	其他	黄河流域	单纯购置	单纯购置		2017-11
天水市藉河生态综合治理一期续建工程	县属	小型	黄河流域	新建	本年正式施工	2015-03	2017-10
秦州区天水镇杨家湾高效节水灌溉工程2017	县属	小型	长江流域	新建	本年正式施工	2017-08	2017-11
秦州区汪川镇杏树梁高效节水灌溉工程	县属	小型	长江流域	新建	本年正式施工	2017-05	2017-10
秦州区关峡水库	县属	小型	长江流域	新建	本年正式施工	2016-03	
秦州区农村饮水安全巩固提升工程2017	县属	小型	黄河流域	新建	本年正式施工	2017-04	2017-11
秦州区坡耕地水土流失综合治理工程2017	县属	小型	黄河流域	新建	本年正式施工	2017-05	2017-11
麦积区							
麦积区山洪灾害防治项目2017	县属	其他	黄河流域	单纯购置	单纯购置		2017-12
麦积区渭南镇南山高效节水灌溉工程2017	县属	小型	黄河流域	新建	本年正式施工	2017-06	2017-12
麦积区小型农田水利设施补助2016	县属	小型	黄河流域	新建	本年正式施工	2016-08	2017-11
麦积区石佛镇盛龙高效节水灌溉工程2017	县属	小型	黄河流域	新建	本年正式施工	2017-09	2017-12
麦积区农村供水巩固提升工程2017	县属	小型	黄河流域	新建	本年正式施工	2017-06	2017-12
麦积区水土保持重点工程2017	县属	小型	黄河流域	新建	本年正式施工	2017-10	2017-12
清水县							
清水县牛头河柳湾段河道综合治理工程	县属	小型	黄河流域	新建	本年正式施工	2017-10	2017-12
清水县后川河王店至王峡段堤防治理工程	县属	小型	黄河流域	新建	本年正式施工	2017-12	
清水县山洪灾害防治项目2017	县属	其他	黄河流域	单纯购置	单纯购置		2017-12
清水县王家山高效节水灌溉项目2017	县属	小型	黄河流域	新建	本年正式施工	2017-12	
清水县农村饮水安全巩固提升工程2017	县属	小型	黄河流域	新建	本年正式施工	2017-03	2017-11
清水县城区供水工程	县属	小型	黄河流域	新建	本年正式施工	2016-06	
清水县城区自来水管网扩建工程	县属	小型	黄河流域	扩建	本年正式施工	2015-08	
清水县水土保持重点工程2017	县属	小型	黄河流域	新建	本年正式施工	2017-11	2017-12
清水县坡耕地水土流失综合治理工程2017	县属	小型	黄河流域	新建	本年正式施工	2017-10	2017-12
秦安县							
葫芦河秦安县李河至刘沟村段治理工程	县属	小型	黄河流域	新建	本年正式施工	2015-09	2017-06
秦安县清水河五营赵洼大桥至仁义大桥堤防	县属	小型	黄河流域	新建	本年正式施工	2017-04	
秦安县山洪灾害防治项目2017	县属	其他	黄河流域	单纯购置	单纯购置		2017-12
秦安县农田水利设施维修养护项目2017	县属	小型	黄河流域	新建	本年正式施工	2017-09	2017-12
秦安县高效节水灌溉项目2017	县属	小型	黄河流域	新建	本年正式施工	2017-07	2017-12

2-1 续表

项 目 名 称	隶属关系	项目规模	所属流域	建设性质	建设阶段	开工时间	全部建成投产时间
秦安县五小水利工程2016	县属	小型	黄河流域	新建	本年正式施工	2016-07	2017-05
秦安县西小河小湾河水库	县属	小型	黄河流域	新建	本年正式施工	2013-05	
秦安县农田水利设施建设项目2017	县属	小型	黄河流域	新建	本年正式施工	2017-04	2017-12
秦安县农村饮水安全巩固提升工程2017	县属	小型	黄河流域	新建	本年正式施工	2017-09	2017-12
秦安县水土保持重点工程2017	县属	小型	黄河流域	新建	本年正式施工	2017-06	2017-11
甘谷县							
甘谷县山洪灾害防治项目2017	县属	其他	黄河流域	单纯购置	单纯购置		2017-12
甘谷县高效节水灌溉工程2017	县属	小型	黄河流域	新建	本年正式施工	2017-09	2017-12
甘谷县水利工程维修养护项目2017	县属	小型	黄河流域	新建	本年正式施工	2017-10	2017-12
甘谷县农村饮水安全巩固提升工程2017	县属	小型	黄河流域	新建	本年正式施工	2017-04	2017-12
甘谷县坡耕地水土流失综合治理2017	县属	小型	黄河流域	新建	本年正式施工	2017-9	
武山县							
武山县大南河沿安至四门段堤防工程	县属	小型	黄河流域	新建	本年正式施工	2017-08	
武山县山丹河滩歌乡元崖至下街堤防工程	县属	小型	黄河流域	新建	本年正式施工	2017-08	
武山县山洪灾害防治项目2017	县属	其他	黄河流域	单纯购置	单纯购置		2017-12
武山县高效节水灌溉项目2017	县属	小型	黄河流域	新建	本年正式施工	2017-08	2017-12
武山县农业水价综合改革试点项目	县属	小型	黄河流域	新建	本年正式施工	2017-12	
武山县小型农田水利设施补助2016	县属	小型	黄河流域	新建	本年正式施工	2016-11	2017-05
武山县农田水利设施维修养护项目2017	县属	小型	黄河流域	改建	本年正式施工	2017-10	2017-12
武山县农村饮水安全巩固提升工程2017	县属	小型	黄河流域	新建	本年正式施工	2017-07	2017-12
武山县坡耕地水土流失综合治理工程2017	县属	小型	黄河流域	新建	本年正式施工	2017-09	
张家川县							
张家川县清水河西川至马河段治理工程	县属	小型	黄河流域	新建	本年正式施工	2017-06	
张家川县清水河峡口至汪堡段治理工程	县属	小型	黄河流域	新建	本年正式施工	2017-06	
张家川县山洪灾害防治项目2017	县属	其他	黄河流域	单纯购置	单纯购置		2017-12
张家川县高效节水灌溉项目2017	县属	小型	黄河流域	新建	本年正式施工	2017-06	2017-12
张家川县富川水库（抗旱规划内）	县属	小型	黄河流域	新建	本年正式施工	2012-10	2017-10
张家川县农村饮水安全巩固提升工程2017	县属	小型	黄河流域	新建	本年正式施工	2017-06	2017-12
张家川县东峡水库城区供水设施改造工程	县属	小型	黄河流域	新建	本年正式施工	2017-08	2017-12
张家川县水土保持重点工程2017	县属	小型	黄河流域	新建	本年正式施工	2017-09	2017-12
张家川县小型水库后期扶持项目2017	县属	小型	黄河流域	新建	本年正式施工	2017-08	2017-12
武威市							
凉州区							
凉州区西营河北沙河段防洪治理2017	县属	小型	西北诸河流域	新建	本年正式施工	2017-03	2017-11
凉州区山洪灾害防治项目2017	县属	其他	西北诸河流域	单纯购置	单纯购置		2017-09
凉州区以色列政府贷款农田水利建设项目	县属	小型	西北诸河流域	新建	本年正式施工	2016-11	
凉州区高效节水灌溉发展项目2017	县属	小型	西北诸河流域	新建	本年正式施工	2017-06	2017-12
凉州区农业水价综合改革项目2017	县属	小型	西北诸河流域	新建	本年正式施工	2017-11	
凉州区水利工程养护维修项目2017	县属	小型	西北诸河流域	新建	本年正式施工	2017-06	
凉州区国土部门高标准农田建设(水利部分)	县属	小型	西北诸河流域	新建	本年正式施工	2017-07	2017-12
凉州区新增1000亿斤粮田间工程建设	县属	小型	西北诸河流域	新建	本年正式施工	2017-09	2017-11
凉州区农村饮水安全巩固提升工程2017	县属	小型	西北诸河流域	改建	本年正式施工	2017-09	2017-11
凉州区水环境综合治理工程	县属	小型	西北诸河流域	新建	本年正式施工	2017-09	

2-1 续表

项目名称	隶属关系	项目规模	所属流域	建设性质	建设阶段	开工时间	全部建成投产时间
凉州区大中型水库移民后期扶持项目2017	县属	小型	西北诸河流域	改建	本年正式施工	2017-04	2017-11
民勤县							
民勤县以色列政府贷款农田水利建设	县属	小型	西北诸河流域	新建	本年正式施工	2016-11	2017-12
民勤县公益性水利工程维修养护2017	县属	小型	西北诸河流域	新建	本年正式施工	2017-11	2017-12
民勤县节水增效高效节水灌溉项目2017	县属	小型	西北诸河流域	新建	本年正式施工	2017-04	2017-12
民勤县中央财政农田水利设施建设2017	县属	小型	西北诸河流域	新建	本年正式施工	2017-03	2017-12
民勤县农业水价综合改革项目2017	县属	小型	西北诸河流域	新建	本年正式施工	2017-10	2017-12
民勤县红崖水库加高扩建工程	县属	大中型	西北诸河流域	扩建	本年正式施工	2016-04	
民勤县农村饮水安全巩固提升工程2017	县属	小型	西北诸河流域	新建	本年正式施工	2017-11	2017-12
民勤县红崖山库区生态环境治理工程	县属	小型	西北诸河流域	新建	本年正式施工	2017-11	2017-12
民勤县大中型水库移民后期扶持2017	县属	小型	西北诸河流域	新建	本年正式施工	2017-06	2017-12
古浪县							
古浪县大靖河红柳湾段防洪治理工程	县属	小型	西北诸河流域	新建	本年正式施工	2017-10	2017-12
古浪县古浪河朱家庄-龙泉寺段治理	县属	小型	西北诸河流域	新建	本年正式施工	2017-05	2017-10
古浪县山洪灾害防治项目2017	县属	其他	西北诸河流域	单纯购置	单纯购置		2017-11
古浪县以色列政府贷款农田水利建设	县属	小型	西北诸河流域	新建	本年正式施工	2016-11	2017-08
古浪县中央财政农田水利设施建设2017	县属	小型	西北诸河流域	新建	本年正式施工	2017-05	2017-12
古浪县节水增效高效节水灌溉项目2017	县属	小型	西北诸河流域	新建	本年正式施工	2017-06	2017-12
古浪县中央财政小型农田水利建设项目	县属	小型	西北诸河流域	新建	本年正式施工	2017-12	
古浪县农业水价综合改革试点2017	县属	小型	西北诸河流域	新建	本年正式施工	2017-12	2017-12
古浪县农田水利设施维修养护2017	县属	小型	西北诸河流域	改建	本年正式施工	2017-12	
古浪县黄花滩北一、二支渠(管)工程	县属	小型	西北诸河流域	新建	本年正式施工	2017-02	2017-08
古浪县黄花滩总干二支渠（管）工程	县属	小型	西北诸河流域	新建	本年正式施工	2017-08	
古浪县生态移民黄花滩灌区调蓄水池	县属	小型	西北诸河流域	新建	本年正式施工	2017-03	
古浪县农田灌溉设施维修2017	县属	小型	西北诸河流域	改建	本年正式施工	2017-11	
古浪县农村饮水安全巩固提升2017	县属	小型	西北诸河流域	新建	本年正式施工	2017-09	2017-12
古浪县绿洲生态移民小城镇供水工程	县属	小型	西北诸河流域	新建	本年正式施工	2017-01	2017-08
古浪县绿洲生态移民搬迁财力补助供水	县属	小型	西北诸河流域	新建	本年正式施工	2017-01	2017-08
古浪黄花滩1、2、8、9移民点养殖区供水	县属	小型	西北诸河流域	新建	本年正式施工	2017-01	2017-06
古浪县古丰乡西山堡村收缩安置点供水	县属	小型	西北诸河流域	新建	本年正式施工	2017-07	2017-10
古浪县黄花滩移民点自来水供应服务站	县属	小型	西北诸河流域	新建	本年正式施工	2017-03	2017-09
古浪县大靖镇供水改扩建工程	县属	小型	西北诸河流域	改建	本年正式施工	2017-06	
古浪县水土保持重点治理项目2017	县属	小型	西北诸河流域	新建	本年正式施工	2017-10	
古浪山水林田湖生态修复南泥沟水库治理	县属	小型	西北诸河流域	新建	本年正式施工	2017-10	2017-12
古浪县水利水电移民后期扶持2017	县属	小型	西北诸河流域	新建	本年正式施工	2017-06	
天祝县							
天祝县南阳山6、7#移民点应急防洪工程	县属	小型	黄河流域	新建	本年正式施工	2017—06	2017—12
天祝县炭山岭城镇防洪工程	县属	小型	黄河流域	新建	本年正式施工	2017—05	
天祝县2017年农牧村护田护村工程	县属	小型	黄河流域	新建	本年正式施工	2017—05	
天祝县华藏寺至界牌段防洪治理工程2017	县属	小型	黄河流域	新建	本年正式施工	2017—04	2017—12
天祝县金强河打柴沟至岔口驿段河道治理	县属	小型	黄河流域	新建	本年正式施工	2017-05	2017-12
天祝县山洪灾害防治项目2017	县属	其他	黄河流域	单纯购置	单纯购置		2017—12
天祝县农业水价综合改革试点项目2017	县属	小型	黄河流域	新建	本年正式施工	2017—06	2017—12

2-1 续表

项目名称	隶属关系	项目规模	所属流域	建设性质	建设阶段	开工时间	全部建成投产时间
天祝县节水增效高效节水灌溉项目2017	县属	小型	黄河流域	新建	本年正式施工	2017—06	2017—12
天祝县农村饮水安全巩固提升工程2017	县属	小型	黄河流域	新建	本年正式施工	2017—05	
天祝县2017年水土保持重点工程	县属	小型	黄河流域	新建	本年正式施工	2017—06	2017—12
天祝县山水林田湖生态保护修复工程	县属	小型	黄河流域	新建	本年正式施工	2017—06	
天祝县大中型水库移民后期扶持项目2017	县属	小型	黄河流域	新建	本年正式施工	2017—06	2017—12
张掖市							
张掖市直							
张掖市黑河城区段治理工程（一期工程）	地市属	小型	西北诸河流域	新建	本年正式施工	2015-12	
甘州区黑河分洪溢流堰至国道312线防洪	地市属	小型	西北诸河流域	新建	本年正式施工	2017-07	
张掖市水利维修养护2017	地市属	小型	西北诸河流域	新建	本年正式施工	2017-09	2017-10
张掖市祁连山生态保护监控信息系统工程	地市属	小型	西北诸河流域	改建	本年正式施工	2017-10	
甘州区							
甘州区大瓷窑河沙井段河道防洪治理工程	县属	小型	西北诸河流域	新建	本年正式施工	2017-06	2017-12
甘州区山洪灾害防治2017	县属	其他	西北诸河流域	单纯购置	单纯购置		2017-12
甘州区西浚灌区续建配套节水改造	县属	小型	西北诸河流域	改建	本年正式施工	2016-07	
甘州区大满灌区续建配套节水改造	县属	小型	西北诸河流域	改建	本年正式施工	2016-07	
甘州区农田水利和水价改革2017	县属	小型	西北诸河流域	新建	本年正式施工	2017-11	
甘州区高效节水灌溉2017	县属	小型	西北诸河流域	新建	本年正式施工	2017-03	2017-12
甘州区水利维修养护2017	县属	小型	西北诸河流域	改建	本年正式施工	2017-11	2017-12
甘州区农村饮水安全巩固提升2017	县属	小型	西北诸河流域	新建	本年正式施工	2017-07	
肃南县							
肃南县隆畅河治理工程补充项目2017	县属	小型	西北诸河流域	新建	本年正式施工	2016-08	2017-06
肃南县摆浪河河道治理工程	县属	小型	西北诸河流域	新建	本年正式施工	2017-08	2017-11
肃南县山洪灾害防治2017	县属	其他	西北诸河流域	单纯购置	单纯购置		
肃南县农田水利和水价改革2017	县属	小型	西北诸河流域	新建	本年正式施工	2017-05	2017-12
肃南县水利维修养护2017	县属	小型	西北诸河流域	改建	本年正式施工	2017-09	2017-10
肃南县农村饮水安全巩固提升2017	县属	小型	西北诸河流域	新建	本年正式施工	2017-09	2017-11
肃南县水土保持重点工程2017	县属	小型	西北诸河流域	新建	本年正式施工	2017-10	2017-10
民乐县							
民乐县洪水河六坝段河道治理工程2017	县属	小型	西北诸河流域	新建	本年正式施工	2017-06	2017-10
民乐县苏油口至黑崖头村段河道治理2017	县属	小型	西北诸河流域	新建	本年正式施工	2017-06	2017-10
民乐县大堵麻河李寨段河道治理工程2017	县属	小型	西北诸河流域	新建	本年正式施工	2017-05	2017-11
民乐县山洪灾害防治2017	县属	其他	西北诸河流域	单纯购置	单纯购置		2017-12
民乐县大堵麻灌区续建配套节水改造	县属	小型	西北诸河流域	新建	本年正式施工	2017-11	
民乐县农田水利和水价改革2017	县属	小型	西北诸河流域	新建	本年正式施工	2017-06	2017-12
民乐县2017小型农田水利建设（七）	县属	小型	西北诸河流域	新建	本年正式施工	2017-04	2017-11
民乐县水利工程维修养护2017	县属	小型	西北诸河流域	改建	本年正式施工	2017-12	2017-12
民乐县山城河水库	县属	小型	西北诸河流域	新建	本年正式施工	2016-07	
民乐县农村饮水安全巩固提升2017	县属	小型	西北诸河流域	新建	本年正式施工	2017-03	2017-10
临泽县							
临泽县铁路桥至暖泉段防洪治理	县属	小型	西北诸河流域	新建	本年正式施工	2017-01	2017-12
临泽县山洪灾害防治2017	县属	其他	西北诸河流域	单纯购置	单纯购置		2017-12
临泽县梨园河灌区续建配套节水改造	县属	小型	西北诸河流域	新建	本年正式施工	2016-08	2017-03

2-1 续表

项 目 名 称	隶属关系	项目规模	所属流域	建设性质	建设阶段	开工时间	全部建成投产时间
临泽县农田水利和水价改革2017	县属	小型	西北诸河流域	新建	本年正式施工	2017-10	
临泽县高效节水灌溉2017	县属	小型	西北诸河流域	新建	本年正式施工	2017-05	2017-12
高台县							
高台西腰墩水库至刘家深湖水库河道防洪	县属	小型	西北诸河流域	新建	本年正式施工	2015-10	
高台县小海子水库除险加固2017	县属	小型	西北诸河流域	改建	本年正式施工	2016-08	
高台县山洪灾害防治2017	县属	其他	西北诸河流域	单纯购置	单纯购置		2017-12
高台县罗城灌区农业综合开发2017	县属	小型	西北诸河流域	改建	本年正式施工	2016-10	
高台县六坝灌区农业综合开发2017	县属	小型	西北诸河流域	改建	本年正式施工	2017-10	
高台县2017小型农田水利建设（七）	县属	小型	西北诸河流域	新建	本年正式施工	2017-03	2017-11
高台县2017高效节水灌溉	县属	小型	西北诸河流域	新建	本年正式施工	2017-09	2017-12
高台县小型农田水利设施补助2016	县属	小型	西北诸河流域	新建	本年正式施工	2016-09	2017-04
高台县农田水利和水价改革2017	县属	小型	西北诸河流域	改建	本年正式施工	2017-10	
山丹县							
山丹县山洪灾害防治2017	县属	其他	西北诸河流域	单纯购置	单纯购置		2017-12
山丹县马营河灌区续建配套节水改造	县属	小型	西北诸河流域	改建	本年正式施工	2016-05	
山丹马场高效节水灌溉2016	县属	小型	西北诸河流域	新建	本年正式施工	2016-12	2017-11
山丹县小型农田水利重点县2016	县属	小型	西北诸河流域	新建	本年正式施工	2016-04	2017-05
山丹马场小型农田水利重点县2016	县属	小型	西北诸河流域	新建	本年正式施工	2016-10	2017-11
山丹县高效节水灌溉2016	县属	小型	西北诸河流域	新建	本年正式施工	2016-05	2017-05
山丹县高效节水灌溉2017（二）	县属	小型	西北诸河流域	新建	本年正式施工	2017-11	
山丹县2015年新增农田水利设施建设2016	县属	小型	西北诸河流域	新建	本年正式施工	2016-04	2017-05
山丹县小型农田水利设施补助2016	县属	小型	西北诸河流域	新建	本年正式施工	2016-04	2017-05
山丹县农田水利和水价改革2017	县属	小型	西北诸河流域	新建	本年正式施工	2017-12	
山丹县高效节水灌溉2017	县属	小型	西北诸河流域	新建	本年正式施工	2017-06	2017-11
山丹县小型农田水利建设2017	县属	小型	西北诸河流域	新建	本年正式施工	2017-05	2017-11
山丹县白石崖水库(抗旱规划内)	县属	小型	西北诸河流域	新建	本年正式施工	2015-10	
山丹县农村饮水安全巩固提升2017	县属	小型	西北诸河流域	新建	本年正式施工	2017-09	2017-11
平凉市							
平凉市直							
平凉市泾河吴老沟至平镇桥河堤治理	地市属	小型	黄河流域	新建	本年正式施工	2014-08	
平凉市泾河大岔河至吴老沟河堤治理2017	县属	小型	黄河流域	新建	本年正式施工	2017-01	
平凉山洪灾害防治项目2017	县属	其他	黄河流域	单纯购置	单纯购置		2017-12
平凉市崆峒水库至大岔河段河道生态治理	地市属	小型	黄河流域	新建	本年正式施工	2016-04	2017-06
崆峒区							
崆峒区泾河南阳涧河至信河段防洪治理	县属	小型	黄河流域	新建	本年正式施工	2017-08	
崆峒区泾河马莲沟至南阳涧河段防洪	县属	小型	黄河流域	新建	本年正式施工	2015-08	
崆峒区农业水价改革及节水灌溉2017	县属	小型	黄河流域	新建	本年正式施工	2017-04	2017-10
崆峒区北杨涧水库（抗旱规划内）	县属	小型	黄河流域	新建	本年正式施工	2016-01	
平凉市白庙泵站更新改造工程	县属	小型	黄河流域	新建	本年正式施工	2016-08	
崆峒区年农村饮水安全巩固提升2017	县属	小型	黄河流域	新建	本年正式施工	2017-06	2017-11
平凉市天雨污水处理厂提标改造扩建工程	县属	小型	黄河流域	新建	本年正式施工	2017-09	
崆峒区农业综合开发黄土高原保护2017	县属	小型	黄河流域	新建	本年正式施工	2017-10	
崆峒区坡耕地水土流失治理2017	县属	小型	黄河流域	新建	本年正式施工	2017-10	

2-1 续表

项目名称	隶属关系	项目规模	所属流域	建设性质	建设阶段	开工时间	全部建成投产时间
泾川县							
泾川县泾河罗汉洞至洪河口段河堤治理	县属	小型	黄河流域	新建	本年正式施工	2012-10	
泾川县泾河百泉渡槽至水泉寺大桥段防洪	县属	小型	黄河流域	新建	本年正式施工	2017-09	
泾川县泾河蔡家咀至长庆桥段防洪治理	县属	小型	黄河流域	新建	本年正式施工	2017-09	
泾川县汭河十里沟至枣林段河堤治理	县属	小型	黄河流域	新建	本年正式施工	2014-03	2017-12
泾川县洪河河堤治理工程	县属	小型	黄河流域	新建	本年正式施工	2014-04	2017-11
泾川县黑河荒场至茜家沟河堤治理工程	县属	小型	黄河流域	新建	本年正式施工	2014-04	2017-11
泾川县五小水利工程2016	地市属	小型	黄河流域	新建	本年正式施工	2016-05	2017-12
泾川县农田水利设施建设项目2017	县属	小型	黄河流域	新建	本年正式施工	2017-08	
泾川县高效节水灌溉项目2017	县属	小型	黄河流域	新建	本年正式施工	2017-08	2017-12
泾川县朱家涧水库（抗旱规划内）	县属	小型	黄河流域	新建	本年正式施工	2015-08	
泾川县北部农村饮水安全巩固提升工程	县属	小型	黄河流域	新建	本年正式施工	2017-09	2017-11
泾川县抗旱应急水源引调提水项目	县属	小型	黄河流域	新建	本年正式施工	2016-04	2017-12
泾川县农业综合开发黄土高原保护2017	县属	小型	黄河流域	新建	本年正式施工	2017-10	
泾川县病险淤地坝除险加固工程2017	县属	小型	黄河流域	改建	本年正式施工	2017-4-17	2017-10-30
灵台县							
灵台县黑河东门至景家庄段河堤治理	县属	小型	黄河流域	新建	本年正式施工	2014-03	2017-10
灵台县达溪河县城至安家庄段河堤治理	县属	小型	黄河流域	新建	本年正式施工	2014-05	
灵台县达溪河县城至百里段河堤治理	县属	小型	黄河流域	新建	本年正式施工	2013-06	2017-11
灵台县黑河安家沟沟口至杜家沟沟口段河堤	县属	小型	黄河流域	新建	本年正式施工	2017-07	2017-11
灵台县高效节水灌溉项目2017	县属	小型	黄河流域	新建	本年正式施工	2017-06	2017-12
灵台县五小水利工程2016	县属	小型	黄河流域	新建	本年正式施工	2016-08	2017-11
灵台县农田水利设施维修养护项目(第二批)	县属	小型	黄河流域	改建	本年正式施工	2017-10	2017-12
灵台县新集水库工程	县属	小型	黄河流域	新建	本年正式施工	2016-11	
灵台县农村饮水安全巩固提升工程2017	县属	小型	黄河流域	新建	本年正式施工	2017-01	2017-11
灵台县坡耕地水土流失治理2017	县属	小型	黄河流域	新建	本年正式施工	2017-9	
灵台县农业综合开发黄土高原保护2017	县属	小型	黄河流域	新建	本年正式施工	2017-10	
崇信县							
崇信县黑河河堤治理工程	县属	小型	黄河流域	新建	本年正式施工	2014-04	
崇信县汭河（九功渠首至野雀沟）河堤治理	县属	小型	黄河流域	新建	本年正式施工	2014-03	
崇信县高效节水灌溉项目2017	县属	小型	黄河流域	新建	本年正式施工	2017-05	2017-10
崇信县关河水库（抗旱规划内）	县属	小型	黄河流域	新建	本年正式施工	2015-11	
崇信县农村饮水安全巩固提升工程2017	县属	小型	黄河流域	新建	本年正式施工	2017-09	2017-12
崇信县农业综合开发黄土高原保护2017	县属	小型	黄河流域	新建	本年正式施工	2017-09	
崇信县坡耕地水土流失治理2017	县属	小型	黄河流域	新建	本年正式施工	2017-09	
崇信县病险淤地坝除险加固工程2017	县属	小型	黄河流域	改建	本年正式施工	2017-6-8	2017-10-30
崇信县汭河流域水环境治理工程	县属	小型	黄河流域	新建	本年正式施工	2017-10	
华亭县							
华亭县农田水利设施维修及节水2017	县属	小型	黄河流域	改建	本年正式施工	2017-05	2017-12
华亭县牛舌堡水厂巩固提升工程	县属	小型	黄河流域	新建	本年正式施工	2017-07	2017-12
华亭县水土保持重点工程2017	县属	小型	黄河流域	新建	本年正式施工	2017-10	
庄浪县							
庄浪县葫芦河刘家湾至新庄沟段河堤治理	县属	小型	黄河流域	新建	本年正式施工	2017-07	

2-1 续表

项 目 名 称	隶属关系	项目规模	所属流域	建设性质	建设阶段	开工时间	全部建成投产时间
庄浪县北洛河良邑郭魏至石家窑防洪	县属	小型	黄河流域	新建	本年正式施工	2014-03	2017-07
庄浪县水洛河灌区节水配套改造项目	县属	小型	黄河流域	新建	本年正式施工	2016-09	
庄浪县小型农田水利设施补助2016	县属	小型	黄河流域	新建	本年正式施工	2016-11	2017-05
庄浪县农田水利设施维修养护及节水灌溉	县属	小型	黄河流域	新建	本年正式施工	2017-11	2017-12
庄浪县花崖河水库（抗旱规划内）	县属	小型	黄河流域	新建	本年正式施工	2015-09	
庄浪县农村饮水安全项目2017	县属	小型	黄河流域	新建	本年正式施工	2017-06	2017-12
庄浪县南坪水厂改扩建及管网工程	县属	小型	黄河流域	新建	本年正式施工	2016-07	2017-06
庄浪县水土保持重点建设工程2017	县属	小型	黄河流域	新建	本年正式施工	2017-05	2017-12
庄浪县病险淤地坝除险加固工程2017	县属	小型	黄河流域	改建	本年正式施工	2017-05	2017-10
庄浪县店峡沟与竹林寺水库河库连通工程	县属	小型	黄河流域	新建	本年正式施工	2017-11	
静宁县							
静宁县葫芦河狗娃河口至胡家河段河堤治理	县属	小型	黄河流域	新建	本年正式施工	2015-07	
静宁县葫芦河闫庙至仁大段防洪治理2017	县属	小型	黄河流域	新建	本年正式施工	2017-07	
静宁县东峡灌区农业综合开发	县属	小型	黄河流域	新建	本年正式施工	2016-03	
静宁县高效节水灌溉项目2017	县属	小型	黄河流域	新建	本年正式施工	2017-04	2017-10
静宁县农田水利工程维修养护项目（第二批）	县属	小型	黄河流域	新建	本年正式施工	2017-11	2017-12
静宁县农村饮水安全巩固提升工程2017	县属	小型	黄河流域	新建	本年正式施工	2017-05	2017-10
静宁县坡耕地水土流失治理2016	县属	小型	黄河流域	新建	本年正式施工	2016-09	2017-03
静宁县坡耕地水土流失治理2017	县属	小型	黄河流域	新建	本年正式施工	2017-09	
酒泉市							
酒泉市直							
酒泉市山洪灾害防治项目2017	地市属	其他	西北诸河流域	单纯购置	单纯购置		2017-12
酒泉市公益性工程维修养护项目2017	地市属	小型	西北诸河流域	新建	本年正式施工	2017-08	2017-11
敦煌水资源规划项目水保（酒泉市）2017	县属	小型	西北诸河流域	新建	本年正式施工	2017-05	2017-10
敦煌水资源规划项目（酒泉市）2016	县属	小型	西北诸河流域	新建	本年正式施工	2016-06	2017-12
肃州区							
肃州区讨赖河祁家沟至古城村防洪2017	县属	小型	西北诸河流域	新建	本年正式施工	2017-07	
肃州区中小河流治理项目2017	县属	小型	西北诸河流域	新建	本年正式施工	2017-03	
肃州区红山河青稞地排砂闸除险加固工程	县属	小型	西北诸河流域	新建	本年正式施工	2016-10	2017-12
肃州区马营河渠首闸除险加固工程	县属	小型	西北诸河流域	新建	本年正式施工	2016-10	2017-12
肃州区洪临灌区续建配套与节水改造	县属	小型	西北诸河流域	新建	本年正式施工	2017-10	
肃州区清水河灌区节水农业综合开发	县属	小型	西北诸河流域	新建	本年正式施工	2017-10	
肃州区节水灌溉和水价改革2017	县属	小型	西北诸河流域	新建	本年正式施工	2017-05	2017-12
肃州区洪临灌区渠道量测水设施项目	县属	小型	西北诸河流域	新建	本年正式施工	2017-08	2017-12
肃州区农村饮水巩固提升2017	县属	小型	西北诸河流域	扩建	本年正式施工	2017-10	2017-12
肃州区丰乐河水电站增效扩容及生态修复	县属	小型	西北诸河流域	改建	本年正式施工	2017-07	2017-12
肃州区四坝海子生态治理项目2017	县属	小型	西北诸河流域	新建	本年正式施工	2017-03	2017-12
金塔县							
金塔县黑河二杰至沙门子村段防洪治理	县属	小型	西北诸河流域	新建	本年正式施工	2017-04	
金塔县黑河大墩门至夹墩湾村段防洪	县属	小型	西北诸河流域	新建	本年正式施工	2017-04	
金塔县黑河常丰至中丰村段防洪工程	县属	小型	西北诸河流域	新建	本年正式施工	2016-04	2017-07
金塔县以色列政府贷款农田水利建设	县属	小型	西北诸河流域	新建	本年正式施工	2016-10	
金塔县黑河灌区农业综合开发项目	县属	小型	西北诸河流域	新建	本年正式施工	2017-09	

2-1 续表

项 目 名 称	隶属关系	项目规模	所属流域	建设性质	建设阶段	开工时间	全部建成投产时间
金塔县节水灌溉和水价改革2017	县属	小型	西北诸河流域	新建	本年正式施工	2017-03	2017-12
金塔县农村饮水安全巩固提升2017	县属	小型	西北诸河流域	新建	本年正式施工	2017-09	2017-11
金塔县解放村水电站增效扩容改造	县属	小型	西北诸河流域	新建	本年正式施工	2016-11	2017-03
金塔县库区移民项目2017	县属	小型	西北诸河流域	新建	本年正式施工	2017-04	2017-12
瓜州县							
瓜州县节水灌溉和水价改革2017	县属	小型	西北诸河流域	新建	本年正式施工	2017-05	2017-10
瓜州县疏勒河移民乡镇斗渠改造	县属	小型	西北诸河流域	新建	本年正式施工	2017-03	2017-11
瓜州县农村饮水安全巩固提升2017	县属	小型	西北诸河流域	新建	本年正式施工	2017-05	2017-10
瓜州县大中型水库移民后期扶持项目	县属	小型	西北诸河流域	新建	本年正式施工	2017-04	2017-12
肃北县							
肃北县水价改革和维修养护2017	县属	小型	西北诸河流域	新建	本年正式施工	2017-11	2017-12
肃北县农村环境整治渠系维修改造一期	县属	小型	西北诸河流域	新建	本年正式施工	2017-06	2017-11
肃北县马鬃山镇供水工程	县属	小型	西北诸河流域	新建	本年正式施工	2015-03	
肃北县农村饮水安全提升工程2017	县属	小型	西北诸河流域	新建	本年正式施工	2017-08	2017-11
肃北县拉排一级水电站增效扩容及生态修复	县属	小型	西北诸河流域	扩建	本年正式施工	2016-10	
阿克塞县							
阿克塞县水价改革和维修养护2017	县属	小型	西北诸河流域	新建	本年正式施工	2017-10	2017-12
阿克塞县红柳湾抗旱调蓄水库工程	县属	小型	西北诸河流域	新建	本年正式施工	2017-05	
阿克塞县农村饮水安全巩固提升2017	县属	小型	西北诸河流域	新建	本年正式施工	2017-10	
玉门市							
玉门市石油河和平营田段河道治理工程	县属	小型	西北诸河流域	新建	本年正式施工	2017-04	2017-10
玉门市以色列政府贷款农田水利建设项目	县属	小型	西北诸河流域	新建	本年正式施工	2016-10	2017-11
玉门市节水灌溉和水价改革2017	县属	小型	西北诸河流域	新建	本年正式施工	2017-06	2017-12
玉门市农村饮水安全巩固提升工程2017	县属	小型	西北诸河流域	改建	本年正式施工	2017-06	2017-10
玉门市引水入城玉渊湖扩建工程	县属	小型	西北诸河流域	扩建	本年正式施工	2017-06	2017-11
敦煌市							
敦煌市以色列政府贷款农田水利建设	县属	小型	西北诸河流域	新建	本年正式施工	2016-10	
敦煌市水利工程维修养护2017	县属	小型	西北诸河流域	新建	本年正式施工	2017-10	
敦煌市农业水价综合改革2017	县属	小型	西北诸河流域	新建	本年正式施工	2017-10	
敦煌市党河灌区西干渠改建工程	县属	小型	西北诸河流域	改建	本年正式施工	2016-12	2017-11
敦煌市农村饮水安全巩固提升2017	县属	小型	西北诸河流域	新建	本年正式施工	2017-07	
敦煌市党河水电站增效扩容改造	县属	小型	西北诸河流域	扩建	本年正式施工	2016-10	2017-12
敦煌市南湖店水电站增效扩容改造	县属	小型	西北诸河流域	扩建	本年正式施工	2016-10	2017-12
敦煌水资源规划项目（敦煌市）2017	县属	小型	西北诸河流域	新建	本年正式施工	2017-11	
敦煌水资源规划项目（敦煌市）2016	县属	小型	西北诸河流域	新建	本年正式施工	2016-10	2017-12
庆阳市							
庆阳市直							
庆阳市山洪灾害防治项目2017	县属	其他	黄河流域	单纯购置	单纯购置		2017-12
庆阳市小盘河水库及供水工程	地市属	小型	黄河流域	新建	本年正式施工	2016-03	
庆阳市巴家嘴水库新增调蓄(五台山水库)	地市属	小型	黄河流域	新建	本年正式施工	2016-03	
庆阳市莲花寺水库及供水工程	地市属	小型	黄河流域	新建	本年正式施工	2016-03	
庆阳市盐环定扬黄续建工程调概算	地市属	小型	黄河流域	新建	本年正式施工	2015-08	

2-1 续表

项 目 名 称	隶属关系	项目规模	所属流域	建设性质	建设阶段	开工时间	全部建成投产时间
西峰区							
西峰区蒲河石咀子至毛家寺段防洪	县属	小型	黄河流域	新建	本年正式施工	2017-10	
西峰区高效节水灌溉项目2017	县属	小型	黄河流域	新建	本年正式施工	2017-08	2017-11
西峰区农村饮水安全巩固提升工程2017	县属	小型	黄河流域	新建	本年正式施工	2017-05	2017-11
西峰区农业综合开发黄土高原保护2017	县属	小型	黄河流域	新建	本年正式施工	2017-11	
西峰区病险淤地坝除险加固工程2016	县属	小型	黄河流域	改建	本年正式施工	2016-09	2017-07
西峰区病险淤地坝除险加固工程2017	县属	小型	黄河流域	改建	本年正式施工	2017-03	2017-10
庆城县							
庆城县柔远河张沟至贾桥护岸工程	县属	小型	黄河流域	新建	本年正式施工	2017-04	2017-11
庆城县高效节水及维修养护2017	县属	小型	黄河流域	新建	本年正式施工	2017-05	2017-11
庆城县纸坊沟水库（抗旱规划内）	县属	小型	黄河流域	新建	本年正式施工	2015-07	2017-09
庆城县农村饮水安全巩固提升工程2017	县属	小型	黄河流域	新建	本年正式施工	2017-06	
庆城县小型扶贫水利项目2017	县属	小型	黄河流域	新建	本年正式施工	2017-08	2017-11
庆城县城区供水输水管道工程（环县段）	县属	小型	黄河流域	新建	本年正式施工	2017-05	
庆城县坡耕地水土流失治理2017	县属	小型	黄河流域	新建	本年正式施工	2017-09	
庆城县病险淤地坝除险加固工程2017	县属	小型	黄河流域	改建	本年正式施工	2017-04	2017-10
庆城县病险淤地坝除险加固工程2016	县属	小型	黄河流域	改建	本年正式施工	2016-08	2017-03
庆城县城区段河道水面工程	县属	小型	黄河流域	新建	本年正式施工	2017-05	2017-12
环县							
环县五里屯桥至河对坡段防洪	县属	小型	黄河流域	新建	本年正式施工	2017-02	
环县山城洪德至汪旗段防洪	县属	小型	黄河流域	新建	本年正式施工	2017-02	
环县马莲河韩洼子至陈沟桥段防洪	县属	小型	黄河流域	新建	本年正式施工	2015-10	
环县高效节水及维修养护2017	县属	小型	黄河流域	新建	本年正式施工	2016-08	2017-11
环县农村饮水安全巩固提升工程2017	县属	小型	黄河流域	新建	本年正式施工	2017-05	2017-11
环县县级自筹水利建设项目2017	县属	小型	黄河流域	新建	本年正式施工	2017-03	2017-12
环县病险淤地坝除险加固工程2016	地市属	小型	黄河流域	改建	本年正式施工	2016-09	2017-03
环县坡耕地水土流失治理2016	县属	小型	黄河流域	新建	本年正式施工	2016-04	2017-03
环县坡耕地水土流失治理2017	县属	小型	黄河流域	新建	本年正式施工	2017-09	
环县病险淤地坝除险加固工程2017	县属	小型	黄河流域	改建	本年正式施工	2017-04	2017-10
华池县							
华池县新区一中段河道治理续建工程	县属	小型	黄河流域	新建	本年正式施工	2017-04	2017-06
华池县柔远河白家川段护岸工程	县属	小型	黄河流域	新建	本年正式施工	2017-03	2017-09
华池县高效节水及维修养护2017	县属	小型	黄河流域	新建	本年正式施工	2017-06	2017-11
华池县农村饮水安全巩固提升工程2017	县属	小型	黄河流域	新建	本年正式施工	2017-06	2017-11
华池县自来水厂管网改造工程	县属	小型	黄河流域	扩建	本年正式施工	2017-09	
华池县乡镇河道污水收集建设工程	县属	小型	黄河流域	新建	本年正式施工	2017-09	2017-12
华池县坡耕地水土流失治理2017	县属	小型	黄河流域	新建	本年正式施工	2017-09	2017-12
华池县病险淤地坝除险加固工程2017	县属	小型	黄河流域	改建	本年正式施工	2017-04	2017-10
合水县							
合水县固城河丑家川段护岸工程	县属	小型	黄河流域	新建	本年正式施工	2017-03	
合水县扶贫高效节水灌溉项目	县属	小型	黄河流域	新建	本年正式施工	2017-02	2017-04
合水县高效节水灌溉项目2017	县属	小型	黄河流域	新建	本年正式施工	2017-06	2017-10
合水县农村饮水安全巩固提升工程2017	县属	小型	黄河流域	新建	本年正式施工	2017-05	2017-10
合水县农业综合开发建设项目2017	县属	小型	黄河流域	新建	本年正式施工	2017-06	2017-10

2-1　续表

项　目　名　称	隶属关系	项目规模	所属流域	建设性质	建设阶段	开工时间	全部建成投产时间
合水县农业综合开发黄土高原保护2017	县属	小型	黄河流域	新建	本年正式施工	2017-11	
合水县水土保持重点建设工程2017	县属	小型	黄河流域	新建	本年正式施工	2017-04	2017-09
合水县水土保持重点建设工程2016（一）	县属	小型	黄河流域	新建	本年正式施工	2016-05	2017-05
合水县病险淤地坝除险加固工程2017	县属	小型	黄河流域	改建	本年正式施工	2017-04	2017-10
正宁县							
正宁县西坡镇月南村樱桃园灌溉工程	县属	小型	黄河流域	新建	本年正式施工	2017-03	2017-05
正宁县高效节水灌溉项目2017	县属	小型	黄河流域	新建	本年正式施工	2017-06	2017-10
正宁县农村饮水安全巩固提升工程2017	县属	小型	黄河流域	新建	本年正式施工	2017-04	2017-06
正宁县精准扶贫农村饮水安全工程2017	县属	小型	黄河流域	新建	本年正式施工	2017-11	2017-12
正宁县农业综合开发黄土高原保护2017	县属	小型	黄河流域	新建	本年正式施工	2017-11	
正宁县水土保持重点建设工程2017	县属	小型	黄河流域	新建	本年正式施工	2017-04	2017-06
正宁县水土保持重点建设工程2016（一）	县属	小型	黄河流域	新建	本年正式施工	2016-03	2017-03
正宁县病险淤地坝除险加固工程2017	县属	小型	黄河流域	改建	本年正式施工	2017-05	2017-10
正宁县病险淤地坝除险加固工程2016	县属	小型	黄河流域	改建	本年正式施工	2016-09	2017-04
正宁县小型水库移民后期扶持工程2017	县属	小型	黄河流域	新建	本年正式施工	2017-05	2017-07
宁县							
蒲河宁县庄里至叶王川段防洪治理工程	县属	小型	黄河流域	新建	本年正式施工	2015-07	2017-03
宁县中小河流治理项目2017	县属	小型	黄河流域	新建	本年正式施工	2017-03	2017-10
宁县高效节水及水价改革2017	县属	小型	黄河流域	新建	本年正式施工	2017-09	
宁县农村饮水安全巩固提升工程2017	县属	小型	黄河流域	新建	本年正式施工	2017-06	2017-09
宁县农业综合开发黄土高原保护2017	县属	小型	黄河流域	新建	本年正式施工	2017-11	
宁县水土保持重点建设工程2016（一）	县属	小型	黄河流域	新建	本年正式施工	2016-03	2017-03
宁县水土保持重点建设工程2017	县属	小型	黄河流域	新建	本年正式施工	2017-04	2017-05
宁县病险淤地坝除险加固工程2017	县属	小型	黄河流域	改建	本年正式施工	2017-03	2017-10
镇原县							
镇原县中小河流治理项目2017	县属	小型	黄河流域	新建	本年正式施工	2017-03	
镇原县高效节水灌溉项目2017	县属	小型	黄河流域	新建	本年正式施工	2017-06	
镇原县农村饮水安全巩固提升工程2017	县属	小型	黄河流域	新建	本年正式施工	2017-05	2017-09
镇原县小型水利工程2017	县属	小型	黄河流域	新建	本年正式施工	2017-05	2017-09
镇原县巴家咀上游截污及三岔镇雨污分流	县属	小型	黄河流域	新建	本年正式施工	2017-05	2017-09
镇原县坡耕地水土流失治理2017	县属	小型	黄河流域	新建	本年正式施工	2017-09	
镇原县水土保持重点建设工程2017	县属	小型	黄河流域	新建	本年正式施工	2017-04	2017-07
镇原县坡耕地水土流失治理2016	县属	小型	黄河流域	新建	本年正式施工	2016-04	2017-03
镇原县水土保持重点建设工程2016（一）	县属	小型	黄河流域	新建	本年正式施工	2016-03	2017-05
镇原县水土保持重点建设工程2016（二）	县属	小型	黄河流域	新建	本年正式施工	2016-05	2017-05
镇原县病险淤地坝除险加固工程2017	县属	小型	黄河流域	改建	本年正式施工	2017-03	2017-10
定西市							
定西市直							
定西市关川河小碱沟治理工程2017	地市属	小型	黄河流域	新建	本年正式施工	2014-12-15	
定西市关川河大碱沟治理工程2017	地市属	小型	黄河流域	新建	本年正式施工	2014-12-25	
定西市香泉地下井计量设施维修养护2017	地市属	小型	黄河流域	改建	本年正式施工	2017-11-23	
安定区							
安定区山洪灾害防治项目2017	县属	其他	黄河流域	单纯购置	单纯购置		2017-12

2-1 续表

项目名称	隶属关系	项目规模	所属流域	建设性质	建设阶段	开工时间	全部建成投产时间
安定区引洮一期支渠及田间配套改建2017	县属	小型	黄河流域	改建	本年正式施工	2017-10	
安定区地下井计量设施维修养护项目2017	县属	小型	黄河流域	改建	本年正式施工	2017-12	
安定区水土保持重点建设工程2017	县属	小型	黄河流域	新建	本年正式施工	2017-06	
安定区坡耕地水土流失综合治理工程2017	县属	小型	黄河流域	新建	本年正式施工	2017-09	
安定区病险淤地坝除险加固工程2017	县属	小型	黄河流域	新建	本年正式施工	2017-04	
通渭县							
通渭县牛谷河平襄镇店子堤防工程2017	县属	小型	黄河流域	新建	本年正式施工	2017-05-27	
通渭县南河陇川蔡家铺村堤防工程2017	县属	小型	黄河流域	新建	本年正式施工	2017-05-27	
通渭县碧玉牛洛河至小河子堤防2017	县属	小型	黄河流域	新建	本年正式施工	2017-05-27	
通渭县山洪灾害防治项目2017	县属	其他	黄河流域	单纯购置	单纯购置		2017-12
通渭县民尧大河滩康家皿小型水库维修	县属	小型	黄河流域	改建	本年正式施工	2017-09-22	
通渭县锦屏水库灌区维修项目2017	县属	小型	黄河流域	改建	本年正式施工	2017-09-20	
通渭县年农村饮水安全巩固提升2017	县属	小型	黄河流域	扩建	本年正式施工	2017-07-27	
通渭县病险淤地坝除险加固工程2017	县属	小型	黄河流域	新建	本年正式施工	2017-09	
通渭县坡耕地水土流失综合治理2017	县属	小型	黄河流域	新建	本年正式施工	2017-09-23	
陇西县							
陇西县西河治理工程2017	县属	小型	黄河流域	新建	本年正式施工	2017-06	2017-11-30
陇西县山洪灾害防治工程2017	县属	其他	黄河流域	单纯购置	单纯购置		2017-11-30
陇西县灌溉维修养护工程2017	县属	小型	黄河流域	改建	本年正式施工	2017-07	2017-11-25
陇西县农村饮水安全巩固提升工程2017	县属	小型	黄河流域	新建	本年正式施工	2017-06	2017-10-25
陇西县坡耕地水土流失综合治理2017	县属	小型	黄河流域	新建	本年正式施工	2017-09-27	
陇西县水土保持重点建设工程2017	县属	小型	黄河流域	新建	本年正式施工	2017-04-06	2017-12-20
陇西县病险淤地坝除险加固工程2017	县属	小型	黄河流域	新建	本年正式施工	2017-08-03	2017-11-25
渭源县							
渭源县莲峰河杨家咀至浦川断堤防2017	县属	小型	黄河流域	新建	本年正式施工	2017-04	
渭源县山洪灾害防治项目2017	县属	其他	黄河流域	单纯购置	单纯购置		2017-12
渭源县石门灌区维修养护项目2017	县属	小型	黄河流域	改建	本年正式施工	2017-10	
渭源县峡口水库维修项目2017	县属	小型	黄河流域	改建	本年正式施工	2017-10	
渭源县农村饮水安全巩固提升工程2017	县属	小型	黄河流域	扩建	本年正式施工	2017-07	
渭源县病险淤地坝除险加固工程2017	县属	小型	黄河流域	新建	本年正式施工	2017-07	
渭源县国家水土保持重点工程2017	县属	小型	黄河流域	新建	本年正式施工	2017-10	
临洮县							
临洮县玉井段防洪治理工程2017	县属	小型	黄河流域	新建	本年正式施工	2017-07	2017-12-15
临洮县山洪灾害治理项目2017	县属	其他	黄河流域	单纯购置	单纯购置		2017-12-30
临洮县高效节水灌溉项目2017	县属	小型	黄河流域	新建	本年正式施工	2017-07	2017-12-30
临洮县小型水利工程建设项目2017	县属	小型	黄河流域	新建	本年正式施工	2017-10	2017-12-30
临洮县农村饮水安全巩固提升工程2017	县属	小型	黄河流域	新建	本年正式施工	2017-08	
临洮县坡耕地水土流失综合治理2017	县属	小型	黄河流域	新建	本年正式施工	2017-09-25	
临洮县水土保持重点建设工程2017	县属	小型	黄河流域	新建	本年正式施工	2017-05-01	2017-11-30
临洮县病险淤地坝除险加固工程2017	县属	小型	黄河流域	新建	本年正式施工	2017-06-20	2017-12-5
漳县							
漳县漳河三岔至东桥段堤防工程2017	县属	小型	黄河流域	新建	本年正式施工	2017-05-27	
漳县漳河韩家庄至三岔段堤防工程2017	县属	小型	黄河流域	新建	本年正式施工	2017-05-27	

2-1 续表

项目名称	隶属关系	项目规模	所属流域	建设性质	建设阶段	开工时间	全部建成投产时间
漳县山洪灾害防治项目2017	县属	其他	黄河流域	单纯购置	单纯购置		2017-12
漳县农村饮水安全巩固提升工程2017	县属	小型	黄河流域	改建	本年正式施工	2017-09-20	
漳县坡耕地水土流失综合治理工程2017	县属	小型	黄河流域	新建	本年正式施工	2017-05	
漳县病险淤地坝除险加固工程2017	县属	小型	黄河流域	新建	本年正式施工	2017-05	
岷县							
岷县迭藏河秦许上阿阳至马烨仓堤防2017	县属	小型	黄河流域	新建	本年正式施工	2017-05	
岷县山洪灾害防治项目2017	县属	其他	黄河流域	单纯购置	单纯购置		
岷县国家水土保持重点工程2017	县属	小型	黄河流域	新建	本年正式施工	2017-10-21	
陇南市							
武都区							
武都区坪垭藏族乡整乡易地搬迁河堤工程	县属	小型	长江流域	新建	本年正式施工	2017-05	2017-11
武都区黄坪乡河堤工程	县属	小型	长江流域	新建	本年正式施工	2017-05	2017-11
武都区白龙江干流鹿坝绸子坝段堤防2017	县属	小型	长江流域	新建	本年正式施工	2017-10	2017-11
武都区白龙江干流角弓镇汉王镇堤防2017	县属	小型	长江流域	新建	本年正式施工	2017-10	2017-11
武都区农田水利维修养护2017	县属	小型	长江流域	新建	本年正式施工	2017-10	2017-12
武都区高效节水灌溉项目2017	县属	小型	长江流域	新建	本年正式施工	2017-07	2017-11
武都区农村饮水安全巩固提升工程2017	县属	小型	长江流域	新建	本年正式施工	2017-09	2017-11
武都区坪垭藏族乡整乡易地搬迁饮水工程	县属	小型	长江流域	新建	本年正式施工	2017-07	2017-10
武都区供水扩建工程	县属	小型	长江流域	扩建	本年正式施工	2016-03	2017-11
武都区水土保持重点工程2017	县属	小型	长江流域	新建	本年正式施工	2017-10	2017-12
武都滨江步道改造工程工程	县属	小型	长江流域	改建	本年正式施工	2017-02	2017-11
宕昌县							
宕昌县贫困村基础设施建设堤防工程	县属	小型	长江流域	新建	本年正式施工	2017-03	2017-12
宕昌县理川河流域治理项目2017	县属	小型	长江流域	新建	本年正式施工	2017-06	2017-10
宕昌县理川河流域治理补充项目2017	县属	小型	长江流域	新建	本年正式施工	2017-06	2017-09
宕昌县贫困村基础设施建设灌溉工程	县属	小型	长江流域	新建	本年正式施工	2017-09	2017-11
宕昌县农村饮水安全巩固提升2017	县属	小型	长江流域	新建	本年正式施工	2017-06	2017-10
宕昌县贫困村社基础设施建设饮水安全	县属	小型	长江流域	新建	本年正式施工	2017-07	2017-11
宕昌县水土保持重点工程2017	县属	小型	长江流域	新建	本年正式施工	2017-11	2017-12
宕昌县鹅嫚沟综合治理工程	县属	小型	长江流域	新建	本年正式施工	2017-09	
成县							
成县磨坝峡（水源水库）工程	县属	小型	长江流域	新建	本年正式施工	2013-05	
成县农村饮水安全巩固提升工程2017	县属	小型	长江流域	改建	本年正式施工	2017-03	2017-11
成县飞龙峡水电站增效扩容及生态修复	县属	小型	长江流域	扩建	本年正式施工	2017-03	
成县水土保持重点工程2017	县属	小型	黄河流域	新建	本年正式施工	2017-10	
康县							
康县贫困村基础设施及搬迁点堤防工程	县属	小型	长江流域	新建	本年正式施工	2017-05	2017-10
康县平洛镇龙坝村安置点堤防及护坡工程	县属	小型	长江流域	新建	本年正式施工	2017-01	2017-08
康县贫困村基础设施建设饮水安全工程	县属	小型	长江流域	新建	本年正式施工	2017-08	2017-12
康县国家水土保持重点工程2017	县属	小型	长江流域	新建	本年正式施工	2017-03	
康县库区移民后期扶持阳坝供水水源工程	县属	小型	长江流域	新建	本年正式施工	2016-12	2017-12
文县							
文县石坊乡东峪口至大渡坝河道治理工程	县属	小型	长江流域	新建	本年正式施工	2017-06	2017-06

2-1 续表

项目名称	隶属关系	项目规模	所属流域	建设性质	建设阶段	开工时间	全部建成投产时间
文县农村饮水安全巩固提升工程2017	县属	小型	长江流域	新建	本年正式施工	2017-06	2017-10
文县哈南水电站增效扩容及生态修复	县属	小型	长江流域	扩建	本年正式施工	2017-03	2017-08
文县肖家山水电站增效扩容及生态修复	县属	小型	长江流域	扩建	本年正式施工	2017-03	
文县国家水土保持重点工程2017	县属	小型	长江流域	新建	本年正式施工	2017-03	2017-12
西和县							
西和县建档立卡贫困村堤防工程	县属	小型	长江流域	新建	本年正式施工	2017-09	2017-12
西和县郭家坝至昌河坝段防洪工程	县属	小型	长江流域	新建	本年正式施工	2016-08	
西和县漾水河治理工程2017	县属	小型	长江流域	新建	本年正式施工	2015-03	2017-12
西和县太石河治理工程2017	县属	小型	长江流域	新建	本年正式施工	2015-03	2017-12
西和县高效节水灌溉工程2017	县属	小型	长江流域	新建	本年正式施工	2017-08	2017-12
西和县农村饮水安全巩固提升工程	县属	小型	长江流域	新建	本年正式施工	2017-08	2017-12
西和县坡耕地水土流失综合治理工程2017	县属	小型	长江流域	新建	本年正式施工	2017-03	
礼县							
礼县祁山至蒙张段防洪治理工程2017	县属	小型	长江流域	新建	本年正式施工	2017-05	2017-11
礼县蒙张至磨石咀段防洪治理工程2017	县属	小型	长江流域	新建	本年正式施工	2017-06	2017-11
礼县永坪河石咀至平泉堤防工程2017	县属	小型	长江流域	新建	本年正式施工	2017-05	2017-11
礼县西汉水浅水低坝缓流防冲工程	县属	小型	长江流域	新建	本年正式施工	2017-04	2017-06
礼县高效节水项目2017	县属	小型	长江流域	新建	本年正式施工	2017-08	2017-11
礼县农村饮水安全巩固提升工程2017	县属	小型	长江流域	新建	本年正式施工	2016-12	2017-12
礼县农村饮水安全集雨水窖工程	县属	小型	长江流域	新建	本年正式施工	2017-08	
礼县大滩水电站河流生态修复工程	县属	小型	长江流域	新建	本年正式施工	2016-11	2017-06
礼县红崖二级水电站河流生态修复工程	县属	小型	长江流域	新建	本年正式施工	2016-10	2017-06
礼县大滩水电站增效扩容改造工程	县属	小型	长江流域	新建	本年正式施工	2016-11	2017-06
礼县红崖二级水电站增效扩容改造项目	县属	小型	长江流域	新建	本年正式施工	2016-11	2017-06
礼县坡耕地水土流失综合治理工程2017	县属	小型	长江流域	新建	本年正式施工	2017-03	
两当县							
两当县徐杨河引水工程（一期）	县属	小型	长江流域	新建	本年正式施工	2017-08	
两当县农村饮水安全巩固提升2017	县属	小型	长江流域	改建	本年正式施工	2017-08	2017-11
两当县国家水土保持重点工程2017	县属	小型	长江流域	新建	本年正式施工	2017-03	
徽县							
徽县农村饮水工程（农田水利）2017	县属	小型	长江流域	新建	本年正式施工	2017-03	
徽县农村饮水安全巩固提升2017	县属	小型	长江流域	新建	本年正式施工	2017-03	2017-12
徽县坡耕地水土流失综合治理工程2017	县属	小型	长江流域	新建	本年正式施工	2017-03	
陇南市直							
陇南市山洪灾害防治项目2017	县属	其他	长江流域	单纯购置	单纯购置		
临夏回族自治州							
临夏市							
临夏市大夏河干流祁牟段堤防工程	县属	小型	黄河流域	新建	本年正式施工	2014-07	
临夏市农田水利维修养护工程2017	县属	小型	黄河流域	新建	本年正式施工	2017-08	
临夏市刘临路支渠改建工程	县属	小型	黄河流域	改建	本年正式施工	2017-10-1	2017-11-15
临夏市南川灌区引水枢纽及总干渠改造工程	县属	小型	黄河流域	改建	本年正式施工	2017-11-16	
临夏市大夏河三十里风情线综合治理二期	县属	小型	黄河流域	新建	本年正式施工	2017-09-20	2017-12-31
临夏市国土实施水保项目	县属	小型	黄河流域	新建	本年正式施工	2017-08	2017-12

2-1 续表

项目名称	隶属关系	项目规模	所属流域	建设性质	建设阶段	开工时间	全部建成投产时间
临夏市南干刘家桥至环城西路污水治理	县属	小型	黄河流域	新建	本年正式施工	2017-09-30	2017-11-15
临夏市大夏河风情线综合治理工程	县属	小型	黄河流域	新建	本年正式施工	2015-10	
临夏市大夏河一大桥至罗家湾综合治理二期	县属	小型	黄河流域	改建	本年正式施工	2017-10-27	2017-12-31
临夏县							
临夏县大夏河干流祁牟至刘家峡水库防洪	县属	小型	黄河流域	新建	本年正式施工	2014-11	
临夏县漓水名都小区防洪治理工程	县属	小型	黄河流域	新建	本年正式施工	2017-04-07	2017-10-01
临夏县北塬乡塬头路钱家村排水工程	县属	小型	黄河流域	新建	本年正式施工	2017-11-18	2017-12-20
临夏县15扶贫搬迁韩集镇姚川点防洪治理	县属	小型	黄河流域	新建	本年正式施工	2016-03-15	2017-11-30
临夏县县坡耕地水土流失综合治理工程	县属	小型	黄河流域	新建	本年正式施工	2017-08	
临夏县大夏河城区段综合治理工程二期	县属	小型	黄河流域	新建	本年正式施工	2016-10-17	2017-08
康乐县							
康乐县苏家集苏集段堤防工程2017	县属	小型	黄河流域	新建	本年正式施工	2017-07	
康乐县鸣鹿水库（抗旱规划）	县属	小型	黄河流域	新建	本年正式施工	2016-08	
康乐县农村饮水安全巩固提升工程2017	县属	小型	黄河流域	新建	本年正式施工	2017-07	
康乐县坡耕地水土流失治理工程2017	县属	小型	黄河流域	新建	本年正式施工	2017-10	
康乐县洮河三岔河片区水污染治理一期	县属	小型	黄河流域	新建	本年正式施工	2016-08	
永靖县							
永靖县湟水干流白川至二房段河堤工程	县属	小型	黄河流域	新建	本年正式施工	2015-10	2017-10
永靖县城北新村防洪排洪治理工程	县属	小型	黄河流域	新建	本年正式施工	2016-11	2017-04
永靖县 1 万～5 万亩灌区改造 2016	县属	小型	黄河流域	改建	本年正式施工	2016-07	2017-06
永靖县刘盐八库区库岸治理工程（一期）	县属	小型	黄河流域	新建	本年正式施工	2017-07	
永靖县刘盐八地质灾害灌区节水改造工程	县属	小型	黄河流域	新建	本年正式施工	2015-06	
永靖县盐锅峡党川3村灌溉设施应急修复	县属	小型	黄河流域	新建	本年正式施工	2016-11-27	
永靖县红柳台电灌改扩建工程	县属	小型	黄河流域	扩建	本年正式施工	2016-12	
永靖县农村饮水安全巩固提升工程2017	县属	小型	黄河流域	新建	本年正式施工	2017-08	
永靖县精准脱贫农村饮水安全补充工程	县属	小型	黄河流域	新建	本年正式施工	2016-11	2017-11
广河县							
广河县巴谢河甘坪段堤防工程	县属	小型	黄河流域	新建	本年正式施工	2017-05	
广河县小型农田水利设施补助2016	县属	小型	黄河流域	新建	本年正式施工	2016-08	2017-06
广河县五小水利工程2016	县属	小型	黄河流域	新建	本年正式施工	2016-06	
广河县坡耕地水土流失综合治理2017	县属	小型	黄河流域	新建	本年正式施工	2017-08	
和政县							
和政县马家堡镇尕河堤防工程	县属	小型	黄河流域	新建	本年正式施工	2017-08	2017-12
和政县水利维修养护项目第二批2017	县属	小型	黄河流域	新建	本年正式施工	2017-06	2017-11
和政县五小水利工程2016	县属	小型	黄河流域	新建	本年正式施工	2016-06-20	
和政县高效节水灌溉工程2017	县属	小型	黄河流域	新建	本年正式施工	2017-06	2017-12
和政县农村饮水安全巩固提升工程2017	县属	小型	黄河流域	新建	本年正式施工	2017-10-12	
和政县新庄中良村吓沟等3社饮水工程	县属	小型	黄河流域	新建	本年正式施工	2017-07	2017-10
和政县闫蔡坪水电站增效扩容改造	县属	小型	黄河流域	扩建	本年正式施工	2016-09	
和政县第二批国家水土保持重点工程2017	县属	小型	黄河流域	新建	本年正式施工	2017-08	2017-12
和政县林业实施水保项目	县属	小型	黄河流域	新建	本年正式施工	2017-08	2017-12
和政县大南岔河水生态修复工程	县属	小型	黄河流域	新建	本年正式施工	2017-06	

2-1 续表

项 目 名 称	隶属关系	项目规模	所属流域	建设性质	建设阶段	开工时间	全部建成投产时间
东乡族县							
东乡县大夏河折桥至刘家峡水库堤防	县属	小型	黄河流域	新建	本年正式施工	2014-09	
东乡县卜楞沟泥石流灾害治理项目	县属	小型	黄河流域	新建	本年正式施工	2017-08	
东乡县唐王镇塔石沟泥石流综合治理项目	县属	小型	黄河流域	新建	本年正式施工	2017-05	
东乡县年坪庄乡高标准农田建设2017	县属	小型	黄河流域	新建	本年正式施工	2017-09	
东乡县2016年赵家乡高标准农田建	县属	小型	黄河流域	新建	本年正式施工	2017-07	
东乡县2016年东塬乡高标准农田建设	县属	小型	黄河流域	新建	本年正式施工	2017-07	
东乡县中部农村饮水安全巩固提升一期	县属	小型	黄河流域	新建	筹建		
东乡县农村供水骨干调蓄工程北部片区	县属	小型	黄河流域	新建	本年正式施工	2017-12	
东乡县农村管网延伸改造16-17扶贫饮水	县属	小型	黄河流域	改建	本年正式施工	2017-12	
东乡县布楞沟流域农村供水改造工程	县属	小型	黄河流域	改建	本年正式施工	2017-12	
东乡县国家水土保持重点建设工程2017	县属	小型	黄河流域	新建	本年正式施工	2017-08	2017-12
东乡县坡耕地水土流失综合治理2017	县属	小型	黄河流域	新建	本年正式施工	2017-08	2017-12
东乡县国土、农发、农牧实施水保项目	县属	小型	黄河流域	新建	本年正式施工	2017-07	
积石山县							
积石山县易地搬迁安置点河堤工程2016	县属	小型	黄河流域	新建	本年正式施工	2017-08	
积石山引水工程	县属	小型	黄河流域	新建	本年正式施工	2012-09	
积石山县农村饮水安全巩固提升2017	县属	小型	黄河流域	改建	本年正式施工	2017-10	
积石山县小型集中及分散供水改造工程	县属	小型	黄河流域	新建	本年正式施工	2017-09	
积石山县易地搬迁安置点人饮工程2016	县属	小型	黄河流域	新建	本年正式施工	2017-08	
积石山县城区供水水源改扩建工程	县属	小型	黄河流域	改建	本年正式施工	2014-04	
积石山县国土、林业、农牧实施水保项目	县属	小型	黄河流域	新建	本年正式施工	2017-09	
临夏州直							
黄河甘肃段防洪工程（临夏州）	地市属	小型	黄河流域	新建	本年正式施工	2015-10	
临夏州山洪灾害防治项目2017	县属	其他	黄河流域	单纯购置	单纯购置		
临夏州引黄济临供水工程	地市属	小型	黄河流域	新建	本年正式施工	2015-07-15	
甘南藏族自治州							
合作市							
合作市那吾乡精准扶贫暨生态小康村防洪	县属	小型	黄河流域	新建	本年正式施工	2016-06-10	
合作市洮河重要支流治理	县属	小型	黄河流域	新建	本年正式施工	2015-07-20	
合作市格河多合儿防洪工程	县属	小型	黄河流域	新建	本年正式施工	2014-04-09	
合作市德吾录河卡加防洪工程	县属	小型	黄河流域	新建	本年正式施工	2014-04-15	
甘南州引洮（博）济合供水工程	地市属	小型	黄河流域	新建	本年正式施工	2014-07	
合作市农村饮水安全巩固提升2017	县属	小型	黄河流域	新建	本年正式施工	2017-11-11	
临潭县							
临潭县洮河段防洪2017	县属	小型	黄河流域	新建	本年正式施工	2017-05	
临潭县洮河干流洮滨防洪堤工程	县属	小型	黄河流域	新建	本年正式施工	2013-09	
临潭县羊沙河下河段治理工程	县属	小型	黄河流域	新建	本年正式施工	2014-05	
临潭县斜藏沟治理工程	县属	小型	黄河流域	新建	本年正式施工	2013-03	
临潭县农村饮水安全巩固提升2017	县属	小型	黄河流域	新建	本年正式施工	2017-07	2017-09
临潭县小流域综合治理项目2017	县属	小型	黄河流域	新建	本年正式施工	2017-10	

2-1 续表

项 目 名 称	隶属关系	项目规模	所属流域	建设性质	建设阶段	开工时间	全部建成投产时间
卓尼县							
卓尼县车巴河流域防洪治理项目	县属	小型	黄河流域	新建	本年正式施工	2015-07	
卓尼县洮河麻路一段至亚当段防洪	县属	小型	黄河流域	新建	本年正式施工	2017-09-10	
卓尼县洮河干流纳浪段防洪工程2017	县属	小型	黄河流域	新建	本年正式施工	2017-09-25	
卓尼县石窖沟藏巴哇防洪工程	县属	小型	黄河流域	新建	本年正式施工	2015-06-28	
卓尼县羊沙河恰盖防洪工程	县属	小型	黄河流域	新建	本年正式施工	2014-05-15	
卓尼县农田水利维修工程2017	县属	小型	黄河流域	新建	本年正式施工	2017-10-29	2017-11-29
卓尼县农村饮水安全巩固提升2017	县属	小型	黄河流域	新建	本年正式施工	2017-11-06	2017-11-20
卓尼县相俄项目区流域治理2017	县属	小型	黄河流域	新建	本年正式施工	2017-10-02	
舟曲县							
舟曲县沿川坝段河道治理2017	地市属	小型	长江流域	新建	本年正式施工	2017-11	
舟曲县拱坝河堤防工程	县属	小型	长江流域	新建	本年正式施工	2014-05	
舟曲县中小河流治理项目2017	县属	小型	长江流域	新建	本年正式施工	2017--07	
舟曲县农田水利设施维修2017	地市属	小型	长江流域	新建	本年正式施工	2017-10	
舟曲县五小水利工程2016	县属	小型	长江流域	新建	本年正式施工	2016-06	2017-04
舟曲县农村饮水安全巩固提升2017	县属	小型	长江流域	新建	本年正式施工	2017-06	2017-11
舟曲县驼骆坝水电站增效扩容及生态修复	县属	小型	长江流域	扩建	本年正式施工	2017-08	
舟曲县插岗一级水电站增效扩容及生态修复	县属	小型	长江流域	扩建	本年正式施工	2017-02	
舟曲县水土保持治理工程2017	县属	小型	长江流域	新建	本年正式施工	2017-09	
迭部县							
迭部县卡坝乡尼吉巴防洪工程	县属	小型	长江流域	新建	本年正式施工	2015-04-10	
迭部县麻古村至白云段河道治理工程2017	县属	小型	长江流域	新建	本年正式施工	2017-07-12	
迭部县阿夏流域治理工程	县属	小型	长江流域	新建	本年正式施工	2013-07-10	
迭部县农村饮水安全巩固提升2017	县属	小型	长江流域	新建	本年正式施工	2017-08-11	2017-11
迭部县水土保持尼傲乡巴藏项目区2017	县属	小型	长江流域	新建	本年正式施工	2017-9-30	
玛曲县							
黄河甘肃段防洪工程（甘南州）	地市属	小型	黄河流域	新建	本年正式施工	2015-10-20	
玛曲县农田水利设施维修及节水2017	县属	小型	黄河流域	新建	本年正式施工	2017-07	
玛曲县县城引水工程	县属	小型	黄河流域	新建	本年正式施工	2016-5-8	
玛曲县农村饮水安全巩固提升2017	县属	小型	黄河流域	新建	本年正式施工	2017-06	2017-09
碌曲县							
碌曲县洮河干流城郊段至双岔段防洪治理	县属	小型	黄河流域	新建	本年正式施工	2017-07	
碌曲县农村饮水安全巩固提升2017	县属	小型	黄河流域	新建	本年正式施工	2017-06	2017-11
夏河县							
夏河县大夏河王格尔塘至曲奥段治理	县属	小型	黄河流域	新建	本年正式施工	2015-09	
夏河县垂子合大桥至阿一山大桥段治理	县属	小型	黄河流域	新建	本年正式施工	2015-04	
夏河县格河段防洪工程2017	县属	小型	黄河流域	新建	本年正式施工	2017-06-01	
夏河县博拉河博拉段防洪工程2017	县属	小型	黄河流域	新建	本年正式施工	2017-06-01	
夏河县农村饮水安全巩固提升2017	县属	小型	黄河流域	新建	本年正式施工	2017-06-10	2017-10-30
夏河县白土坡水电站	县属	小型	黄河流域	新建	本年正式施工	2014-05	2017-10
甘南州直							
甘南州山洪灾害防治项目2017	县属	其他	黄河流域	单纯购置	单纯购置		2017-12

2-1 续表

项目名称	隶属关系	项目规模	所属流域	建设性质	建设阶段	开工时间	全部建成投产时间
甘肃省直属							
省农垦							
省农垦山丹农场小型农田水利重点县2016	县属	小型	西北诸河流域	新建	本年正式施工	2016-08	2017-04
省景电管理局							
石羊河流域重点治理（省景电）2013	省属	小型	黄河流域	改建	本年正式施工	2013-12	
省景电灌区维修养护2017年项目（第二批）	省属	小型	黄河流域	改建	本年正式施工	2017-09-01	
甘肃省景电泵站更新改造工程	省属	大中型	黄河流域	改建	本年正式施工	2012-02-08	
省疏勒河管理局							
甘肃疏勒河灌区三道沟河道治理	省属	小型	西北诸河流域	新建	本年正式施工	2014-09	2017-12
甘肃双塔水库除险加固工程	省属	大中型	西北诸河流域	改建	本年正式施工	2015-12	
玉门市花海灌区农业综合开发	省属	小型	西北诸河流域	改建	本年正式施工	2015-11	2017-05
省疏管局农田水利维修养护2017	省属	小型	西北诸河流域	改建	本年正式施工	2017-09	2017-12
敦煌水资源规划项目（疏勒河）2017	省属	小型	西北诸河流域	新建	本年正式施工	2017-07	
敦煌水资源规划项目（疏勒河）2015	省属	小型	西北诸河流域	改建	本年正式施工	2015-07	
敦煌水资源规划项目（疏勒河）2016	省属	小型	西北诸河流域	改建	本年正式施工	2016-06	
省疏管局斗口水量计量设施更新改造	省属	小型	西北诸河流域	新建	本年正式施工	2017-05	2017-12
省引洮管理局							
甘肃引洮供水一期工程	省属	大中型	黄河流域	新建	本年正式施工	2006-11	
省直属其他							
甘肃省防办山洪灾害防治项目2017	省属	其他	黄河流域	单纯购置	单纯购置		2017-12
兰州新区2号3号石门沟水库工程	地市属	小型	黄河流域	新建	本年正式施工	2015-03	2017-12
甘肃引洮供水二期工程	省属	大中型	黄河流域	新建	本年正式施工	2015-08-06	
天水市城区引洮供水工程	省属	小型	黄河流域	新建	本年正式施工	2014-08	
引洮供水二期配套城乡供水工程	省属	小型	黄河流域	新建	本年正式施工	2017-08	
武威市黄羊土门组团供水项目杂木河供水	地市属	小型	黄河流域	新建	本年正式施工	2015-12	2017-12
华亭县安口镇应急引水工程	县属	小型	黄河流域	新建	本年正式施工	2017-11	
崆峒区韩家沟水厂供水工程（一期）	县属	小型	黄河流域	新建	本年正式施工	2016-06	
山丹县第二给水厂建设工程	县属	小型	黄河流域	新建	本年正式施工	2016-06	
民勤红沙岗污水处理厂及中水回用贮水池	县属	小型	西北诸河流域	新建	本年正式施工	2015-07	2017-10
临洮县污水处理厂配套管网工程	县属	小型	黄河流域	新建	本年正式施工	2014-05	
华亭县城区生活污水处理厂中水回用项目	县属	小型	黄河流域	新建	本年正式施工	2017-09	
甘肃水资源监控能力建设二期	省属	小型	黄河流域	新建	本年正式施工	2016-06	
兰州新区农林水务局							
兰州新区高效节水灌溉2016	地市属	小型	黄河流域	新建	本年正式施工	2016-08	2017-09
兰州新区生态灌溉7号单体湖调蓄工程	省属	小型	黄河流域	新建	本年正式施工	2015-12	
兰州新区南部生态绿化2#供水管线工程	地市属	小型	黄河流域	新建	本年正式施工	2016-07	
兰州新区引大东二干十七支渠改造工程	地市属	小型	黄河流域	改建	本年正式施工	2017-08	
兰州新区职教园区景观水系供水工程	地市属	小型	黄河流域	新建	本年正式施工	2017-05	2017-11
兰州新区城际铁路沿线绿化项目水利工程	地市属	小型	黄河流域	新建	本年正式施工	2016-04	2017-10
省水文局							
甘肃省大江大河水文监测（一期）建设工程	省属	小型	黄河流域	改建	本年正式施工	2017-08	
甘肃省中小河流水文监测系统建设项目	省属	小型	黄河流域	改建	本年正式施工	2012-03	2017-12
甘肃省水资源监测能力（一期）建设工程	省属	小型	黄河流域	改建	本年正式施工	2017-10	

2-2　2017 年水利建设项目总体投资进度

单位：万元

项目名称	项目计划总投资	投资金来源分：中央政府投资	地方政府投资	企业和私人投资	利用外资	银行贷款	其他投资	实际需要总投资	其中：移民征地安置费	累计完成投资	累计新增固定资产	本年完成投资额	本年完成投资额（按财务支出核算）	本年新增固定资产
甘　肃	5968068	2133093	1937015	33269	14842	1559405	290445	5965037	168610	4042017	2690126	1500799	1319470	959060
防洪项目	864677	517170	140522			186773	20211	864227	1031	648729	622103	338228	291264	311377
堤防工程	86947	8073	9992			65325	3557	85884		70569	70569	33918	31281	33918
会宁县苦水河河畔羊肉市场段综合治理	2042					2042		1504		1504	1504	1096	1096	1096
清水县牛头河柳湾段河道综合治理工程	568	550					18	568		550	550	550	550	550
古浪县大靖河红柳湾段防洪治理工程	1680		1680					1680		1680	1680	1680	1680	1680
天祝县南阳山6、7#移民点应急防洪工程	1740		1000				740	1740		1740	1740	1740	926	1740
天祝县2017年农牧村护田护村工程	3953	1910					2043	3953		1400	1400	1400	652	1400
天祝县炭山岭城镇防洪工程	3492	2800					692	3492		1500	1500	1500	726	1500
张掖市黑河城区段治理工程（一期工程）	48000					48000		48000		39500	39500	9000	8700	9000
华池县新区一中段河道治理续建工程	356		356					356		356	356	356	356	356
武都区坪垭藏族乡整乡易地搬迁河堤工程	1419		1419					1419		1419	1419	800	800	800
武都区黄坪乡河堤工程	743					743		743		743	743	743	743	743
宕昌县贫困村基础设施建设堤防工程	6782					6782		6782		6782	6782	6782	6782	6782
康县平洛镇龙坝村安置点堤防及护坡工程	80		80					80		80	80	80	80	80
康县贫困村基础设施及搬迁点堤防工程	4043		80			3963		4043		4043	4043	4043	4043	4043
西和县建档立卡贫困村堤防工程	3796					3796		3796		3796	3796	3796	3796	3796
合作市那吾乡精准扶贫暨生态小康村防洪	1125		1125					600		556	556	32	32	32
卓尼县洮河麻路一段至亚当段防洪	1276	1211					65	1276		320	320	320	320	320
卓尼县车巴河流域防洪治理项目	3852		3852					3852		3600	3600			
迭部县卡坝乡尼吉巴防洪工程	2002	1602	400					2002		1000	1000			
大江大湖治理	339707	288789	50918					339707		299993	299993	101442	84754	101442
黄河甘肃段防洪工程（兰州市）	167900	167900						167900		162459	162459	58859	55995	58859
黄河甘肃段防洪工程（白银市）	95513	67206	28307					95513		67206	67206	15206	500	15206
黄河甘肃段防洪工程（临夏州）	40641	28597	12044					40641		36000	36000	13600	10955	13600
黄河甘肃段防洪工程（甘南州）	35652	25086	10566					35652		34328	34328	13777	17304	13777
重要支流治理	134962	80067	45508				9387	135437	862	90861	85024	61129	48312	51966
湟水兰州市红古段防洪治理工程	6000	3600	2400					6469		4900	4900	100	2783	100
永登县庄浪河东干渠首至寺滩泵站防洪	4615	2769	1846					4615		4385	4385	4385	1881	4385

2-2 续表

单位：万元

项目名称	项目计划总投资	按资金来源分						实际需要总投资	其中：移民征地安置费	累计完成投资	累计新增固定资产	本年完成投资额	本年完成投资额（按财务支出核算）	本年新增固定资产
		中央政府投资	地方政府投资	企业和私人投资	利用外资	银行贷款	其他投资							
靖远县祖历河庄口至罗家湾段防洪工程	3545	2127					1418	3545		2127	2100	2127	979	2100
会宁县祖厉河柴门乡张家湾至郭城镇防洪	6252	3751					2501	6252		3176	3000	3176	3176	3000
葫芦河秦安县李河至刘沟村段治理工程	3180	1908	1272					3180		3180	3180	1156	1156	1156
天祝县华藏寺至界牌段防洪治理工程2017	664	398	266				0	664		664	664	664	502	664
甘州区黑河分洪溢流堰至国道312线防洪	3150	1890	1260					3150		1740	1740	1740	1260	
临泽县铁路桥至暖泉段防洪治理	5487	3293	2194					5487		5487	5334	5487	3895	5334
高台西腰墩水库至刘家深湖水库河道防洪	4742	2845	1897					4742		2140	2140	1400	1100	1400
平凉市泾河吴老沟至平镇桥河堤治理	2264	1361	903					2264		1276	1276			
平凉市泾河大岔河至吴老沟河堤治理2017	4008	2405	1603					4008		1258	1258	1258	1258	
崆峒区泾河马莲沟至南阳涧河段防洪	2770	1662	1108					2770		1662				
崆峒区泾河南阳涧河至信河段防洪治理	2970	1782	1188					2970		1426	1426	1426	1426	
泾川县泾河百泉渡槽至水泉寺大桥段防洪	2500	1500	1000					2500		1000		1000	163	
泾川县泾河罗汉洞至洪河口段河堤治理	2717	1630	1087					2717		1963	1963			
泾川县泾河蔡家咀至长庆桥段防洪治理	3442	2065	1377					3442		1400		1400	185	
庄浪县葫芦河刘家湾至新庄沟段河堤治理	2597	1558	1039					2597		1402	1402	1402	1402	1402
静宁县葫芦河闫庙至仁大段防洪治理2017	1247	749	498					1247		749	749	749	749	749
静宁县葫芦河狗娃河口至胡家河段河堤治理	2841	1705	1136					2841		1705	1705			
肃州区讨赖河祁家沟至古城村防洪2017	2509	1505	1004					2509		1131	1131	1131	1131	1131
金塔县黑河大墩门至夹墩湾村段防洪	2905	1743	1162					2905		2905	2389	2905	1511	2389
金塔县黑河常丰至中丰村段防洪工程	1722	1033	689					1722		1722	1722	1722	1153	1722
金塔县黑河二杰至沙门子村段防洪治理	2385	1431	954					2385		2385	1921	2385	1142	1921
西峰区蒲河石咀子至毛家寺段防洪	2608	1565	1043					2608		1565	1565	1565	1565	1565
环县马莲河韩洼子至陈沟桥段防洪	2799	1679	1120					2799	500	2759	2759	687	687	687
环县五里屯桥至河对坡段防洪	2780	434	289				2057	2780	134	723	723	723	723	723
环县山城洪德至汪旗段防洪	3022	1813	1209					3022	212	2418	2418	2418	351	2418
蒲河宁县庄里至叶王川段防洪治理工程	2496	1590	906					2496		1590	1590			
临洮县玉井段防洪治理工程2017	2311	1387					924	2311		2311	2311	2311	861	2311
武都区白龙江干流鹿坝绸子坝段堤防2017	2358	1454	904					2358		2358	2358	2358	2358	2358
武都区白龙江干流角弓镇汉王镇堤防2017	2191	1315	876					2191		2191	2191	2191	2191	2191

2-2 续表

单位：万元

项目名称	项目计划总投资	按资金来源分						实际需要总投资	其中：移民征地安置费	累计完成投资	累计新增固定资产	本年完成投资额	本年完成投资额（按财务支出核算）	本年新增固定资产
		中央政府投资	地方政府投资	企业和私人投资	利用外资	银行贷款	其他投资							
文县石坊乡东峪口至大渡坝河道治理工程	413	248	165					413		413	413	413	413	
西和县郭家坝至昌河坝段防洪工程	2369	1393	976					2369		1393	1393	1393	1393	1393
礼县祁山至蒙张段防洪治理工程2017	4433	2660	1773					4433		4433	4433	4433	4433	4433
礼县蒙张至磨石咀段防洪治理工程2017	698	447	251					698		698	698	698	698	698
临夏市大夏河干流祁牟段堤防工程	823	494	329					823		594	594			
临夏县大夏河干流祁牟至刘家峡水库防洪	872	548	324					872		734	734			
永靖县湟水干流白川至二房段河堤工程	2628	1726	902					2628		2628	2628	902	902	902
东乡县大夏河折桥至刘家峡水库堤防	1937	1162	388				387	1937		1200	1200			
合作市洮河重要支流治理	3950	2370	1580					3950		2370	2370	333	232	232
临潭县洮河段防洪2017	2323	1394	929					2323		1116	1116	1116	1116	1116
临潭县洮河干流洮滨防洪堤工程	2001	1200	801					2001		1400	1400			
卓尼县洮河干流纳浪段防洪工程2017	339	204	135					339		200	200	200	200	200
舟曲县沿川坝段河道治理2017	733	440	293					733		50	50	50	50	
迭部县麻古村至白云段河道治理工程2017	4905	2943	1962					4905		2354	2354	2354	2354	2354
碌曲县洮河干流城郊段至双岔段防洪治理	4470	2682	1788					4470	16	1370	931	1370	931	931
夏河县大夏河王格尔塘至曲奥段治理	5250	3150					2100	5256		3150	3150			
夏河县垂子合大桥至阿一山大桥段治理	1741	1059	682					1741		1059	1059			
中小河流治理	139865	110439	23472				5954	140016	169	123624	122602	91371	82770	88067
榆中县宛川河兴隆峡河道治理工程	5090	1690	3400					5090						
永昌县东大河河流治理	2396	1917	479					2396		2396	2396	2396	1624	2396
白银区西大沟（城区段）护岸工程	1861	1550	311					1943		300	300	300	300	300
会宁县东河会师段护岸工程	1146	750	183				213	1146		1146	1050	1146	1146	1050
秦州区藉河普岔沟至关子段堤防工程	1609	1287	322					1609		1609	1609	1609	1609	1609
秦州区峁水河杨家寺段堤防工程	1992	1594	398					1992		1992	1992	1992	1992	1992
清水县后川河王店至王峡段堤防治理工程	648	518					130	648		518	518	513	518	518
秦安县清水河五营赵洼大桥至仁义大桥堤防	1732	1250	386				96	1732		1732	1732	1732	1732	1732
武山县大南河沿安至四门段堤防工程	2595	2076	519					2595		1024	1024	1024	1024	1024
武山县山丹河滩歌乡元崖至下街堤防工程	2597	2078	519					2597		1112	1112	1112	1112	1112
张家川县清水河峡口至汪堡段治理工程	1870	1571	299					1870		1049	1049	1049	1049	1049

2-2 续表

单位：万元

项目名称	项目计划总投资	投资金来源分						实际需要总投资	其中：移民征地安置费	累计完成投资	累计新增固定资产	本年完成投资额	本年完成投资额（按财务支出核算）	本年新增固定资产
		中央政府投资	地方政府投资	企业和私人投资	利用外资	银行贷款	其他投资							
张家川县清水河西川至马河段治理工程	1516	1273	243					1516		993	993	993	993	993
凉州区西营河北沙河段防洪治理2017	2856	1500	457				899	2856		2856	2856	2856	1500	2856
古浪县古浪河朱家庄-龙泉寺段治理	1620	1150	470					1620		1620	1620	1620	1620	1620
天祝县金强河打柴沟至岔口驿段河道治理	2831	2265					566	2831		2831	2831	2831	1626	2831
甘州区大瓷窑河沙井段河道防洪治理工程	1586	1586						1586		1586	1586	1586	982	1586
肃南县摆浪河河道治理工程	1735	1388	347					1735		1735	1735	1735	1334	1735
肃南县隆畅河治理工程补充项目2017	1275	1020	255					1275		1265	1265	520	520	520
民乐县苏油口至黑崖头村段河道治理2017	1336	1069	267					1336		1336	1080	1336	1069	1080
民乐县洪水河六坝段河道治理工程2017	1483	1186	297					1483		1483	1220	1483	1233	1220
民乐县大堵麻河李寨段河道治理工程2017	1561	1249	312					1561		1561	1280	1561	1230	1280
泾川县汭河十里沟至枣林段河堤治理	2962	2962						2962		2370	2370			
泾川县洪河河堤治理工程	1350	1350						1350		1296	1296	216	98	
泾川县黑河荒场至茜家沟河堤治理工程	1730	1384	346					1730		1661	1661	277	104	
灵台县黑河安家沟沟口至杜家沟沟口段河堤	230		230					230		230	230	230	230	230
灵台县达溪河县城至百里段河堤治理	2613	2090	523					2613		2613	2613	27	2613	2613
灵台县达溪河县城至安家庄段河堤治理	2719	2175	544					2719		2610	2610	435	435	435
灵台县黑河东门至景家庄段河堤治理	2432	1946	486					2432		2432	2432	486	486	
崇信县汭河（九功渠首至野雀沟）河堤治理	2972	2378	594					2972		2378	2378			
崇信县黑河河堤治理工程	2451	1961	490					2451		1961	1961			
庄浪县北洛河良邑郭魏至石家窑防洪	2302	2302						2302		2094	2094	252	252	252
肃州区中小河流治理项目2017	5260	4208	1052					5260		5260	5260	5260	5260	5260
玉门市石油河和平营田段河道治理工程	2747	2198	549					2747		2747	2747	2747	1984	2747
庆城县柔远河张沟至贾桥护岸工程	2637	2110	527					2637		2637	2637	2637	2637	2637
华池县柔远河白家川段护岸工程	2497	1998	499					2497		2497	2497	2497	2497	2497
合水县固城河丑家川段护岸工程	2675	2140	428				107	2675		2435	2435	2435	2313	2435
宁县中小河流治理项目2017	4933	3946	987					4933	169	4933	4933	4933	4933	4933
镇原县中小河流治理项目2017	7869	6295	1574					7869		7554	7554	7554	7554	7554
定西市关川河大碱沟治理工程2017	1100	580	44				476	1100		1100	1100	1100	1100	
定西市关川河小碱沟治理工程2017	1979	1583	79				317	1979		1979	1979	1979	1979	

2-2 续表

单位：万元

项目名称	项目计划总投资	按资金来源分						实际需要总投资	其中：移民征地安置费	累计完成投资	累计新增固定资产	本年完成投资额	本年完成投资额（按财务支出核算）	本年新增固定资产
		中央政府投资	地方政府投资	企业和私人投资	利用外资	银行贷款	其他投资							
通渭县碧玉牛洛河至小河子堤防2017	1050	1050						1050		1050	1050	1050	1050	1050
通渭县南河陇川蔡家铺村堤防工程2017	1125	1125						1125		1125	1125	1125	1125	1125
通渭县牛谷河平襄镇店子堤防工程2017	1050	1050						1050		1050	1050	1050	1050	1050
陇西县西河治理工程2017	1774	1774						1774		1774	1774	1774	1774	1774
渭源县莲峰河杨家咀至浦川断堤防2017	2209	1767	442					2209		1850	1724	1850	1512	1724
漳县漳河三岔至东桥段堤防工程2017	2426	934					1492	2426		2426	2426	2426	324	2426
漳县漳河韩家庄至三岔段堤防工程2017	2624	1066					1558	2624		2624	2624	2624	239	2624
岷县迭藏河秦许上阿阳至马烨仓堤防2017	1668	1390	278					1737		810	810	810	810	810
宕昌县理川河流域治理项目2017	1274	978	296					1274		1274	1274	1274	1274	1274
宕昌县理川河流域治理补充项目2017	2476	1730	746					2476		2476	2476	2476	2476	2476
西和县漾水河治理工程2017	2040	1583	457					2040		2040	2040	2040	2040	2040
西和县太石河治理工程2017	1497	1037	460					1497		1497	1497	1497	1497	1497
礼县永坪河石咀至平泉堤防工程2017	2146	1717	429					2146		2146	2146	2146	2146	2146
康乐县苏家集苏集段堤防工程2017	750	750						750		750	750	750	750	750
广河县巴谢河甘坪段堤防工程	502	402					100	502		482	482	482	482	482
合作市格河多合儿防洪工程	1115	892	223					1115		1070	1070			
合作市德吾录河卡加防洪工程	960	768	192					960		922	922	154	154	154
临潭县斜藏沟治理工程	2717	2173	544					2717		2608	2608			
临潭县羊沙河下河段治理工程	1347	1347						1347		1294	1294	216	216	216
卓尼县石窑沟藏巴哇防洪工程	850	850						850		680	680			
卓尼县羊沙河恰盖防洪工程	1480	1480						1480		1206	1206			
舟曲县中小河流治理项目2017	2000	2000						2000		1750	1750	1750	1750	1750
舟曲县拱坝河堤防工程	2959	2959						2959		2840	2840	473	473	
迭部县阿夏流域治理工程	2105	1684	421					2105		2021	2021	337	337	
夏河县格河段防洪工程2017	1047	1047						1047		1047	1047	1047	1047	1047
夏河县博拉河博拉段防洪工程2017	1047	1047						1047		1047	1047	1047	1047	1047
甘肃疏勒河灌区三道沟河道治理	2834	2267	567					2834		2834	2834	509	509	509
大中型病险水库除险加固	18607	13246	5061				300	18607		11808	1500	2961	2961	900
高台县小海子水库除险加固2017	3300	1000	2000				300	3300		1500	1500	900	900	900

2-2 续表

单位：万元

项目名称	项目计划总投资	按资金来源分						实际需要总投资	其中：移民征地安置费	累计完成投资	累计新增固定资产	本年完成投资额	本年完成投资额（按财务支出核算）	本年新增固定资产
		中央政府投资	地方政府投资	企业和私人投资	利用外资	银行贷款	其他投资							
甘肃双塔水库除险加固工程	15307	12246	3061					15307		10308		2061	2061	
大中型病险水闸除险加固	6083	4855	1228					6083		5285	5285	1237	1842	1237
永昌县金川河工农渠首泄洪闸	2535	2017	518					2535		2535	2535	53	53	53
肃州区马营河渠首闸除险加固工程	2563	2050	513					2563		1962	1962	1184	1184	1184
肃州区红山河青稞地排砂闸除险加固工程	985	788	197					985		788	788		605	
山洪灾害防治工程	8193	6922	1268				4	8180		7457	5403	7457	7276	3576
兰州市山洪灾害防治项目2017	371	371						371		371		371	300	
嘉峪关市山洪灾害防治项目2017	37	37						37		37		37	37	
金昌市山洪灾害防治项目2017	5		5					5		5		5	5	
金川区山洪灾害防治2017项目(第二批)	17	16	1					17		17	17	17	17	17
永昌县山洪灾害防治项目2017	34	34						34		34		34	34	
白银市山洪灾害防治项目2017	346	205	141					346		346	346	346	346	346
天水市2017年山洪灾害防治项目	10	10						10		10	10	10	10	10
秦州区山洪灾害防治项目2017	19	19						19		19	19	19	19	19
麦积区山洪灾害防治项目2017	290	290						290		290	290	290	290	290
清水县山洪灾害防治项目2017	237	195	42					237		237	237	237	237	237
秦安县山洪灾害防治项目2017	156	156						156		156	156	156	156	156
甘谷县山洪灾害防治项目2017	186	132	54					186		186		186	186	
武山县山洪灾害防治项目2017	240	192	48					240		240	240	240	240	240
张家川县山洪灾害防治项目2017	172	130	42					159		172	172	172	172	172
凉州区山洪灾害防治项目2017	10	10						10		10	10	10	10	
古浪县山洪灾害防治项目2017	13	13						13		13		13	13	
天祝县山洪灾害防治项目2017	120	120						120		120	120	120	107	
甘州区山洪灾害防治2017	154	154						154		154	154	154	131	154
肃南县山洪灾害防治2017	31	31	0					31		29	13	29	9	13
民乐县山洪灾害防治2017	81	67	14					81		81		81	67	
临泽县山洪灾害防治2017	54	54						54		54	50	54	15	50
高台县山洪灾害防治2017	23	22					1	23		23	23	23	22	23
山丹县山洪灾害防治2017	64	64						64		64	40	64	64	40

2-2 续表

单位：万元

项目名称	项目计划总投资	按资金来源分						实际需要总投资	其中：移民征地安置费	累计完成投资	累计新增固定资产	本年完成投资额	本年完成投资额（按财务支出核算）	本年新增固定资产
		中央政府投资	地方政府投资	企业和私人投资	利用外资	银行贷款	其他投资							
平凉山洪灾害防治项目2017	733	472	261					733		733	733	733	733	733
酒泉市山洪灾害防治项目2017	627	627						627		627	627	627	627	627
庆阳市山洪灾害防治项目2017	857	617	240					857		857		857	857	
安定区山洪灾害防治项目2017	8	8						8		8	8	8	8	
通渭县山洪灾害防治项目2017	124	124						124		124		124	124	
陇西县山洪灾害防治工程2017	121	121						121		121	121	121	121	
渭源县山洪灾害防治项目2017	57	12	45					57		57	57	57	57	
临洮县山洪灾害治理项目2017	94	59	35					94		94	94	94	94	
漳县山洪灾害防治项目2017	132	132						132		132		132	132	
岷县山洪灾害防治项目2017	187	142	45					187		130	120	130	130	
陇南市山洪灾害防治项目2017	1062	1062						1062		447	447	447	447	
临夏州山洪灾害防治项目2017	470	396	71				3	470		449	449	449	449	449
甘南州山洪灾害防治项目2017	892	668	224					892		851	851	851	851	
甘肃省防办山洪灾害防治项目2017	160	160						160		160		160	160	
其他防洪项目	130313	4779	3076			121448	1009	130313		39132	31728	38713	32068	30272
城关区2017河道综合整治	160		160					160		160		160	160	
城关区大砂沟洪道永新集团段防洪抢险	304		304					304		304	238	304	304	238
嘉峪关讨赖河生态治理洪水槽防冲刷加固	900		900					900		804	804	804	804	804
金昌市国防工业基地蓄洪生态治理	95285					95285		95285		7003		7003	358	
会宁县康家河综合治理工程	2813	650				2163		2813		650	650	650	650	650
天水市藉河生态综合治理一期续建工程	24000					24000		24000		24000	24000	24000	24000	24000
礼县西汉水浅水低坝缓流防冲工程	922		922					922		922	922	922	922	922
临夏县15扶贫搬迁韩集镇姚川点防洪治理	761	761						761		761	650	343	343	343
临夏县北塬乡塬头路钱家村排水工程	185		185					185		185	122	185	185	122
临夏县漓水名都小区防洪治理工程	399						399	399		399	399	399	399	311
永靖县城北新村防洪排洪治理工程	2272	2168	104					2272		2272	2272	2272	2272	2272
和政县马家堡镇尕河堤防工程	50						50	50		50	50	50	50	50
东乡县卜楞沟泥石流灾害治理项目	500		500					500		100	100	100	100	
东乡县唐王镇塔石沟泥石流综合治理项目	1200	1200						1200		960	960	960	960	

2-2 续表

单位：万元

项目名称	项目计划总投资	按资金来源分						实际需要总投资	其中：移民征地安置费	累计完成投资	累计新增固定资产	本年完成投资额	本年完成投资额（按财务支出核算）	本年新增固定资产
		中央政府投资	地方政府投资	企业和私人投资	利用外资	银行贷款	其他投资							
积石山县易地搬迁安置点河堤工程2016	560						560	560		560	560	560	560	560
灌溉除涝项目	1362720	645051	247501	2341	14842	335022	117963	1348777	113720	959876	712733	415237	363732	363732
灌区建设工程	124574	97719	22053				4802	124574		121691	115495	18377	18638	18638
永昌县东河灌区续建配套节水改造	21534	16487	5047					21534		21534	21534	2134	2134	2134
永昌县西河灌区续建配套节水改造	24443	18795	5648					24443		24043	24043	4118	4118	4118
甘州区大满灌区续建配套节水改造	9174	7339	1835					9174		9024	9024	2485	1151	1151
甘州区西浚灌区续建配套节水改造	5826	4661	1165					5826		5626	5626	2165	917	917
民乐县大堵麻灌区续建配套节水改造	16843	13374	3469					16843		16543	16543	2700	2160	2160
临泽县梨园河灌区续建配套节水改造	7918	6334	1584					7918		7918	7115	555	3036	3036
山丹县马营河灌区续建配套节水改造	23512	18710					4802	23512		22712	17319	3734	4636	4636
肃州区洪临灌区续建配套与节水改造	15324	12019	3305					15324		14291	14291	486	486	486
节水灌溉工程	57444	16516	13207	400	14842	4093	8386	57044		50357	50195	32448	32612	32612
榆中县小型农田水利建设项目2017	732		732					732		534	532	534	534	534
平川区旱坪川灌区农业综合开发	1800	1400	400					1400						
靖远县靖乐渠灌区农业综合开发	1400	1000	320				80	1400		950	880	890	469	469
凉州区以色列政府贷款农田水利建设项目	3040				3040			3040		3040	3040	3040	3040	3040
民勤县以色列政府贷款农田水利建设	4833		4833					4833		4833	4833	4833	4833	4833
古浪县以色列政府贷款农田水利建设	4093					4093		4093		4093	4093	4093	4093	4093
高台县罗城灌区农业综合开发2017	1400	1000	400					1400		1400	1400	1070	1070	1070
高台县六坝灌区农业综合开发2017	1400	1000	400					1400		462	462	462	425	425
庄浪县水洛河灌区节水配套改造项目	1400	1000	400					1400		1400	1400	1050	1050	1050
静宁县东峡灌区农业综合开发	1400	1000	400					1400		1400	1400	210	1400	1400
肃州区清水河灌区节水农业综合开发	1400		1000	400				1400		78	78	78	78	78
金塔县以色列政府贷款农田水利建设	3644				3644			3644		3600	3600	3600	3600	3600
金塔县黑河灌区农业综合开发项目	490	350	140					490		400	310	400	350	350
玉门市以色列政府贷款农田水利建设项目	3703		241		3462			3703		3703	3703	3703	3703	3703
敦煌市以色列政府贷款农田水利建设	4696				4696			4696		4452	4452	4452	3960	3960
合水县扶贫高效节水灌溉项目	503		502				1	503		503	503	503	478	478
正宁县西坡镇月南村樱桃园灌溉工程	289		289					289		289	289	289	289	289

2-2 续表

单位：万元

项目名称	项目计划总投资	投资金来源分：中央政府投资	地方政府投资	企业和私人投资	利用外资	银行贷款	其他投资	实际需要总投资	其中：移民征地安置费	累计完成投资	累计新增固定资产	本年完成投资额	本年完成投资额（按财务支出核算）	本年新增固定资产
石羊河流域重点治理（省景电）2013	19821	8766	2830				8225	19821		17820	17820	3001	3001	3001
玉门市花海灌区农业综合开发	1400	1000	320				80	1400		1400	1400	240	240	
小型农田水利建设	237607	163482	55564	1940		8251	8369	229285	945	212069	205315	186766	157101	170042
七里河区农田水利设施维修养护项目2017	39	39						39		39		39	39	
西固区高效节水灌溉项目2017	1955	1086	869					1955		1955	1955	1955	1955	1955
西固区农田水利设施维修养护项目2017	120	120						120		120		120	120	
永登县高效节水项目坪城乡灌溉工程	5787	740	5047					5787	672	5787	5787	5787	3090	5787
永登县高效节水项目柳树镇红砂川村	172	116	56					172		172	172	172	52	172
皋兰县年高效节水项目2017	850	750	100					850		750	750	750	750	750
皋兰县农田水利设施维修养护项目2017	147	60	87					147		147	147	147	147	147
榆中县高效节水灌溉项目2017	5575	1326	4249					5575		5575	5575	5575	1866	5575
榆中县农田水利设施维修养护项目2017	65	65						65		65		65	65	
嘉峪关市节水灌溉及维修养护2017	3590	2726	491	373				3590		3590	3590	3590	3590	3590
金川区农业水价综合改革建设（第二批）	360	360						360		330	330	330	330	330
金川区农田水利设施建设（第二批）2017	3779	2591	1188					3779		3779	3779	3779	3779	3779
金川区农田水利设施建设2017	1875	1000	875					1875		1875	1875	1875	1875	1875
永昌县小型农田水利设施建设2017	1675	1000	530				145	1675		1675	1675	1675	1150	1675
永昌县农业水价综合改革2017	100	100						100		100		100	100	
永昌县高效节水灌溉新增2017	18087	9855	1950			6282		9855		5435	5435	5435	3081	5435
永昌县中央财政维修养护2017	150	150						150		150		150	150	
白银市靖会灌区水利工程设施维修养护	210	210						210		210	210	210	210	210
白银市兴电灌区水利工程设施维修养护	210	210						210		210	210	210	30	210
白银区五小水利工程2016	1500	1000	500					1500		1500	1500	300	1444	300
白银区高效节水灌溉项目	550	383	127				40	550		383	383	383	383	383
白银区水利工程设施维修养护项目	48	48								48	48	48	48	48
平川区农业水价项目	900	900						900		260	260	260	200	260
平川区高效节水灌溉项目	895	748	147					895		895	895	895	895	895
平川区水利工程设施维修养护项目	80	80						80		80	80	80	50	80
靖远县高效节水灌溉项目	2194	1467	288				439	2194		1974	1956	1974	1446	1956

2-2 续表

单位：万元

项 目 名 称	项目计划总投资	按资金来源分						实际需要总投资	其中：移民征地安置费	累计完成投资	累计新增固定资产	本年完成投资额	本年完成投资额（按财务支出核算）	本年新增固定资产
		中央政府投资	地方政府投资	企业和私人投资	利用外资	银行贷款	其他投资							
靖远县水利工程设施维修养护项目	70	70						70		70	66	70	62	66
会宁县水利工程设施维修养护项目	55	55						55		55	54	55	55	54
会宁县高效节水灌溉项目	1930	1541	302				87	1930	945	1930	1802	1930	1930	1802
景泰县小型农田水利设施补助	500	500						500		500	500	170	170	170
景泰县水利工程设施维护项目	151	150	1					151		137	137	137	137	137
景泰县高效节水灌溉项目	2403	1876	368	159				2403		2163	2163	2163	2163	2163
秦州区天水镇杨家湾高效节水灌溉工程2017	450	396	54					450	672	450	450	450	450	450
秦州区汪川镇杏树梁高效节水灌溉工程	1116	813	303					1116		1116	1116	1116	1116	1116
麦积区渭南镇南山高效节水灌溉工程2017	1236	1050	186					1236		1236	1236	1236	1236	1236
麦积区石佛镇盛龙高效节水灌溉工程2017	2339	1592	747					2339		2339	2339	2339	2339	2339
麦积区小型农田水利设施补助2016	1524	1100	424					1524		1524	1524	804	804	804
清水县王家山高效节水灌溉项目2017	554	450					104	554		450	450	450	450	450
秦安县高效节水灌溉项目2017	1533	1022	201				310	1533		1533	1533	1533	1533	1533
秦安县五小水利工程2016	1500	1000	500					1500		1500	1500	146	146	146
秦安县农田水利设施维修养护项目2017	110	110						110		110	110	110	110	110
甘谷县高效节水灌溉工程2017	1042	778	264					1042		1042	1042	1042	1042	1042
甘谷县水利工程维修养护项目2017	229		229					229		229	229	229	229	229
武山县高效节水灌溉项目2017	1121	552	569					1121		1121	1121	1121	1121	1121
武山县小型农田水利设施补助2016	500	500						500		500	500	31	31	31
武山县农业水价综合改革试点项目	510	500					10	510		510	510	510	510	510
武山县农田水利设施维修养护项目2017	40	40						40		40	40	40	40	40
张家川县高效节水灌溉项目2017	925	830	95					925		578	578	578	578	578
凉州区水利工程养护维修项目2017	160	160						160		144	144	144	160	
凉州区高效节水灌溉发展项目2017	17540	13175	2586				1779	17540		17540	17540	17540	8603	17540
凉州区农业水价综合改革项目2017	1950	1950						1950		1765	1765	1765	423	
民勤县节水增效高效节水灌溉项目2017	9286	7762	1524					9286		9286	9286	9286	9286	9286
民勤县农业水价综合改革项目2017	1150	1150						1150		1150	1150	1150	1150	
民勤县中央财政农田水利设施建设2017	1500	1000	500					1500		1500	1500	1500	1500	1500
民勤县公益性水利工程维修养护2017	160	160						160		160	160	160	160	

2-2 续表

单位：万元

项目名称	项目计划总投资	投资金来源分						实际需要总投资	其中：移民征地安置费	累计完成投资	累计新增固定资产	本年完成投资额	本年完成投资额（按财务支出核算）	本年新增固定资产
		中央政府投资	地方政府投资	企业和私人投资	利用外资	银行贷款	其他投资							
古浪县中央财政小型农田水利建设项目	2678	2678						2678		2250		2250	2250	
古浪县节水增效高效节水灌溉项目2017	4403	3681	722					4403		4403	4403	4403	4403	4403
古浪县中央财政农田水利设施建设2017	1500	1000	500					1500		1500	1500	1500	1500	1500
古浪县农业水价综合改革试点2017	860	860						860		860	860	860	860	
古浪县农田水利设施维修养护2017	80	80						80		64		64	64	
天祝县节水增效高效节水灌溉项目2017	2422	2001					421	2422		2422	2422	2422	1856	2422
天祝县农业水价综合改革试点项目2017	1000	900					100	1000		1000	1000	1000	752	1000
张掖市水利维修养护2017	250	250						250		250	250	250	250	
甘州区高效节水灌溉2017	9378	6364	3014					9378		9378	9378	9378	6734	9378
甘州区农田水利和水价改革2017	1540	1540						1540		1420	1420	1420	1366	
甘州区水利维修养护2017	100	100						100		100	100	100	100	100
肃南县农田水利和水价改革2017	1428	900	528					1428		459	459	459	429	
肃南县水利维修养护2017	95		95					95		95	95	95	90	95
民乐县2017小型农田水利建设（七）	1030	600	300				130	1030		1030	1030	1030	900	1030
民乐县农田水利和水价改革2017	1091	1090					1	1091		1091	980	1091	1090	980
民乐县水利工程维修养护2017	166	130	36					166		166	106	166	166	106
临泽县农田水利和水价改革2017	630	630						630		460	460	460	15	
临泽县高效节水灌溉2017	1470	1020	200				250	1470		1470	1376	1470	1196	1376
高台县小型农田水利设施补助2016	1134	1000					134	1134		1134	1134	64	325	64
高台县2017高效节水灌溉	1674	1141	224				309	1674		1674	1674	1674	1460	1674
高台县2017小型农田水利建设（七）	1754	1000	500				254	1754		1754	1754	1754	1460	1754
高台县农田水利和水价改革2017	2270	1970	300					2270		1735	1735	1735	1710	1735
山丹县高效节水灌溉2017	2000	1255	546				199	2000		2000	1800	2000	1468	1800
山丹县农田水利和水价改革2017	1001	900	101					1001		900	720	900	1	
山丹马场小型农田水利重点县2016	1382	800	400	182				1382		1382	1243	278	585	278
山丹县高效节水灌溉2016	2131	1200	800				131	2131		2131	1885	192	797	192
山丹县高效节水灌溉2017（二）	1895	1140	650				105	1895		1140	900	1140	1	
山丹县小型农田水利设施补助2016	1356	1000		356				1356		1356	1306	356	1240	240
山丹县2015年新增农田水利设施建设2016	2105	1000	900				205	2105		2105	1986	210	1122	210

2-2 续表

单位：万元

项目名称	项目计划总投资	投资金来源分						实际需要总投资	其中：移民征地安置费	累计完成投资	累计新增固定资产	本年完成投资额	本年完成投资额（按财务支出核算）	本年新增固定资产
		中央政府投资	地方政府投资	企业和私人投资	利用外资	银行贷款	其他投资							
山丹马场高效节水灌溉2016	1570	400	300	870				1570		1570	1413	765	798	688
山丹县小型农田水利建设2017	1975	1000	800				175	1975		1975	1777	1975	1487	1777
山丹县小型农田水利重点县2016	2897	1700	1100				97	2897		2897	2797	175	904	175
崆峒区农业水价改革及节水灌溉2017	1666	1372	171				123	1666		1666	1666	1666	1666	1666
泾川县五小水利工程2016	1500	1000	500					1500		1500	1500	40	40	40
泾川县农田水利设施建设项目2017	1568		1568					1568		1350		1350	552	
泾川县高效节水灌溉项目2017	740	549	191					740		740	740	740	364	740
灵台县五小水利工程2016	1500	1000	500					1500	50	1500	1500	220	220	220
灵台县高效节水灌溉项目2017	3420	2859	561					3420		3420	3420	3420	3420	3420
灵台县农田水利设施维修养护项目(第二批)	110	110						110		110	110	110	110	110
崇信县高效节水灌溉项目2017	1379	1044	65				270	1379		793	793	793	793	793
华亭县农田水利设施维修及节水2017	1661	1110	551					1661		1661	1661	1661	1661	1661
庄浪县农田水利设施维修养护及节水灌溉	1070	657	413					1070		1070	1070	1070	1070	1070
庄浪县小型农田水利设施补助2016	812	800	12					812		812	812	156	156	156
静宁县高效节水灌溉项目2017	979	677	302					979		979	979	979	979	979
静宁县农田水利工程维修养护项目（第二批）	45		45					45		45	45	45	45	
酒泉市公益性工程维修养护项目2017	180	180						180		180	180	180	162	180
肃州区节水灌溉和水价改革2017	10556	7292	3264					10556		7161	7161	7161	6485	7161
金塔县节水灌溉和水价改革2017	2813	1930	572				311	2772		2731	2731	2731	2365	2731
瓜州县节水灌溉和水价改革2017	3096	2426	670					3096		3096	3096	3096	2796	3096
肃北县水价改革和维修养护2017	165	150	15					165		142	142	142	142	142
阿克塞县水价改革和维修养护2017	160	150	10					160		160	160	160	160	160
玉门市节水灌溉和水价改革2017	8714	6386	1436				893	8714		8714	8714	8714	7550	8714
敦煌市水利工程维修养护2017	100		100					100		52	52	52	47	52
敦煌市农业水价综合改革2017	410	410						410		370	307	370	288	
西峰区高效节水灌溉项目2017	1746	1003	197				546	1746		1746	1746	1746	1746	1746
庆城县高效节水及维修养护2017	1132	785	347					1132		1132	1132	1132	1132	1132
环县高效节水及维修养护2017	1119	702	417					1119	80	1119	1119	1119	1119	1119
华池县高效节水及维修养护2017	1088	725	363					1088		1088	1088	1088	1088	1088

2-2 续表

单位：万元

项目名称	项目计划总投资	投资金来源分						实际需要总投资	其中：移民征地安置费	累计完成投资	累计新增固定资产	本年完成投资额	本年完成投资额（按财务支出核算）	本年新增固定资产
		中央政府投资	地方政府投资	企业和私人投资	利用外资	银行贷款	其他投资							
合水县高效节水灌溉项目2017	949	752	148	870			49	949		949	949	949	901	949
正宁县高效节水灌溉项目2017	815	517	298					815		815	815	815	815	815
宁县高效节水及水价改革2017	3701	3353	239				109	3701	143	2205	2205	2205	2205	2205
镇原县高效节水灌溉项目2017	3299	2678	621					3299		3003	3003	3003	3003	3003
定西市香泉地下井计量设施维修养护2017	110	110						110		110		110	110	
安定区引洮一期支渠及田间配套改建2017	127	127						127		127	127	127	127	
安定区地下井计量设施维修养护项目2017	193	193						193		193	193	193	193	
通渭县锦屏水库灌区维修项目2017	55	55						55		55	55	55	55	55
通渭县民尧大河滩康家岙小型水库维修	170	170						170		170	170	170	170	170
陇西县灌溉维修养护工程2017	302	302						302		302	302	302	302	302
渭源县峡口水库维修项目2017	151	150	1					151		136	95	136	34	95
渭源县石门灌区维修养护项目2017	339	330	9					339		306	252	306	119	252
临洮县高效节水灌溉项目2017	2940	2458	482					2940		2940	2940	2940	1076	2940
临洮县小型水利工程建设项目2017	320	320						320		320	320	320	320	320
武都区农田水利维修养护2017	160	160						160		160	160	160	160	160
武都区高效节水灌溉项目2017	1314	915	399					1314		1314	1314	1314	1314	1314
宕昌县贫困村基础设施建设灌溉工程	1969					1969		1969		1969	1969	1969	1969	1969
西和县高效节水灌溉工程2017	718	600	118					718		718	718	718	718	718
礼县高效节水项目2017	2043	1505	538					2043		2043	2043	2043	2043	2043
徽县农村饮水工程（农田水利）2017	1539	1539						1539		800	800	800	800	
临夏市农田水利维修养护工程2017	600	200	400					600		180	180	180	180	180
永靖县1-5万亩灌区改造2016	615	400	210				5	615		615	615	59	59	59
广河县小型农田水利设施补助2016	558	500	58					558		558	558	58	58	58
广河县五小水利工程2016	1512	1000	512					1512		1512	1512	42	42	42
和政县高效节水灌溉工程2017	350	252	49				49	350		350	350	350	350	350
和政县水利维修养护项目第二批2017	65	65						65		65	65	65	65	65
和政县五小水利工程2016	1509	1000	500				9	1509		1509	1509	75	75	75
卓尼县农田水利维修工程2017	215	190	25					215		215	215	215	215	215
舟曲县农田水利设施维修2017	200	200						200		181.	181	181	181	

2-2　续表

单位：万元

项　目　名　称	项目计划总投资	投资金来源分 中央政府投资	地方政府投资	企业和私人投资	利用外资	银行贷款	其他投资	实际需要总投资	其中：移民征地安置费	累计完成投资	累计新增固定资产	本年完成投资额	本年完成投资额（按财务支出核算）	本年新增固定资产
舟曲县五小水利工程2016	750	500	250					750		750	750	35	35	35
玛曲县农田水利设施维修及节水2017	797	681	116					797		647	647	647	394	
省农垦山丹农场小型农田水利重点县2016	1279	500	200				579	1279		1279	1279	256	420	256
省景电灌区维修养护2017年项目（第二批）	400	400						400		380	380	380	380	380
省疏管局农田水利维修养护2017	300	300						300		300		300	300	
兰州新区高效节水灌溉2016	1750	1000	750					1750		1600	1600			
水库工程	537510	105847	78670			302022	50971	536459	112289	340201	141420	83925	78424	10018
景泰县正路工业园区调蓄水库工程	7153		7153					7153	1703	5171	4841	2800	1486	2800
秦州区关峡水库	7274	4500	2774					7274		6000	6000	3600	3600	
秦安县西小河小湾河水库	8378	5200	1615			1563		8378		5200	5200	640	640	
张家川县富川水库（抗旱规划内）	12541	5684	6857					12541		9194	9194	2238	2238	
民勤县红崖水库加高扩建工程	45600	27390	18210					45600		43700		18700	18700	
民乐县山城河水库	13545	7916				5629		13545	787	6300	6300	2180	1744	
山丹县白石崖水库(抗旱规划内)	14112	5685	2000				6427	14112		10510	8932	7500		
崆峒区北杨涧水库（抗旱规划内）	9881	5685				4196		9881	1999	9881	9881	2647	2647	2647
泾川县朱家涧水库（抗旱规划内）	12095	8226					3869	12095		9226	9226	1000	1000	
灵台县新集水库工程	114522					114522		114522	37553	17168	17168	8668	8668	
崇信县关河水库（抗旱规划内）	7668	6591	1077					7668		6591	6591			
庄浪县花崖河水库（抗旱规划内）	9057	5685					3372	9057		9057	9057	2022	2022	
阿克塞县红柳湾抗旱调蓄水库工程	4771					4771		4771		4571	4571	4571	4571	4571
庆阳市巴家嘴水库新增调蓄(五台山水库)	20643					16500	4143	20643	4070	12144		3000	3000	
庆阳市莲花寺水库及供水工程	31326	6600				21000	3726	31326	15674	23104		3450	3450	
庆阳市小盘河水库及供水工程	105824					80000	25824	105824	38297	57957		8200	8200	
庆城县纸坊沟水库（抗旱规划内）	6825	5685	1140					6825		6825	6825	175	175	
成县磨坝峡（水源水库）工程	28572		7626			20946		28572		27999	27999	1800	1800	
康乐县鸣鹿水库（抗旱规划）	14610	11000					3610	14610	2664	9540	9540	4740	4740	
兰州新区2号3号石门沟水库工程	46894		14000			32894		46894	6107	46894	94	1994	5742	
兰州新区生态灌溉7号单体湖调蓄工程	16218		16218					15168	3435	13168		4000	4000	
泵站工程	290388	228886	37516				23986	288138	17	152613	131517	33633	24734	30277

2-2 续表

单位：万元

项目名称	项目计划总投资	投资金来源分 中央政府投资	地方政府投资	企业和私人投资	利用外资	银行贷款	其他投资	实际需要总投资	其中：移民征地安置费	累计完成投资	累计新增固定资产	本年完成投资额	本年完成投资额（按财务支出核算）	本年新增固定资产
兰州市大砂沟泵站更新改造工程	9600	7400	2200					9600		9225	9225	3375	1620	3375
七里河区西津灌区大型泵站更新改造	17848	11134	6714					17848		6437		1125	620	
兰州市工农坪泵站更新改造工程	5354	4283	1071					5354		5354	5354	161	161	161
兰州市榆中三电泵站更新改造工程	25562	20450	5112					25562		23806	23806	3450	700	3450
白银市靖会泵站更新改造工程	50872	40698	10174					48622	17	17100	15820	4300	4300	4300
白银市兴电泵站更新改造工程	34291	27433	6858					34291		16700	12800	3900	3000	3900
靖远县中堡泵站更新改造工程	3125	2500					625	3125		2500	2500	2500	394	2400
靖远县刘川泵站更新改造工程	11455	9164	2291					11455		8500	636	664	280	636
景泰县中泉泵站更新改造工程	9796	7837	1959					9796		9796	8181	2496	1997	2496
平凉市白庙泵站更新改造工程	5681	4545	1136					5681		3443	3443	2103	2103	
甘肃省景电泵站更新改造工程	116803	93442					23361	116803		49752	49752	9559	9559	9559
其他灌溉除涝项目	115198	32601	40491	1		20656	21448	113277	469	82946	68791	60088	52224	39388
城关区皋兰山灌区东、西盘渠改造工程	499		499					499		35		35	35	
七里河区2017一事一议项目	1263		774	1			487			1262		1262	1262	
七里河区2017乡镇实施水利工程项目	1197		1197					1197		1078		1078	1078	
榆中县三电东干十五支渠小康营上水工程	4392		4392					4392		4392	4392	4392	4150	4392
榆中县三电东干末级泵站改建工程	2924		2924					2924		2924	2924	2924	2924	2924
嘉峪关新城镇高标准基本农田建设项目	500		500					500		200	200	200	200	200
嘉峪关农业综合开发高标准农田建设2017	755	606	149					755		755	755	755	755	755
白银市兴电灌区渠道维修工程	1000		1000					1000						
靖远县刘川易地扶贫搬迁项目供水工程	12340					9900	2440	12340		2050	2000	2050	1600	2000
靖远县东湾大坝电灌渠道维修养护工程	100		100					100		100	95	100	78	95
景泰县精准扶贫寺滩引水工程	13572						13572	13572	258	8000	6500	8000	4000	6500
景泰县草窝滩镇排水工程	2100		2100					2100		2100	2100	1600	944	1600
景泰县财政涉农资金支持贫困村水利设施	6053					6053		6053		5100	5064	5100	3221	5064
景泰县千亿斤粮食生产能力建设项目	1450	1160	290					1450		1300	922	1300	984	922
秦安县农田水利设施建设项目2017	1549		1500				49	1549		1549	1549	1549	1549	1549
凉州区国土部门高标准农田建设(水利部分)	3130	3130						3130		3130	3130	3130	3130	3130
凉州区新增1000亿斤粮田间工程建设	990	990						990		990	990	990	990	990

2-2　续表

单位：万元

项　目　名　称	项目计划总投资	按资金来源分						实际需要总投资	其中：移民征地安置费	累计完成投资	累计新增固定资产	本年完成投资额	本年完成投资额（按财务支出核算）	本年新增固定资产
		中央政府投资	地方政府投资	企业和私人投资	利用外资	银行贷款	其他投资							
古浪县黄花滩总干二支渠（管）工程	2022					2022		2022		1560		1560	1560	
古浪县生态移民黄花滩灌区调蓄水池	4177		2086			2091		4177		3906	3906	3906	3906	
古浪县黄花滩北一、二支渠(管)工程	5343		5343					4800		4800	4800	4800	4800	
古浪县农田灌溉设施维修2017	200		200					200		160		160	160	
肃州区洪临灌区渠道量测水设施项目	349		349					349		260	260	260	260	
瓜州县疏勒河移民乡镇斗渠改造	900		900					900		900	900	900	900	900
肃北县农村环境整治渠系维修改造一期	590					590		590		291	291	291	291	291
敦煌市党河灌区西干渠改建工程	930		930					815		815	681	713	415	681
临夏市刘临路支渠改建工程	281						281	281		281	281	281	281	281
临夏市南川灌区引水枢纽及总干渠改造工程	809	200	609					809		250	250	250	250	250
永靖县刘盐八地质灾害灌区节水改造工程	22135	22135						22135		19130	19130	130	130	130
永靖县刘盐八库区库岸治理工程（一期）	2221	2000					221	2221		1230	1230	1230	1230	1230
永靖县盐锅峡党川3村灌溉设施应急修复	206	205					1	206	1	191	191	191	191	191
永靖县红柳台电灌改扩建工程	4715	350					4365	4715	211	4300	4300	4000	4000	4000
东乡县2016年东塬乡高标准农田建设	983	700	280				3	983		983	983	983	983	983
东乡县2016年赵家乡高标准农田建	331	215	86				30	331		331	331	331	331	331
东乡县年坪庄乡高标准农田建设2017	1274	910	364					1274		637	637	637	637	
兰州新区南部生态绿化2#供水管线工程	7696		7696					7696		6756		3800	3800	
兰州新区引大东二干十七支渠改造工程	6223		6223					6223		1200		1200	1200	
供水项目	3240940	761501	1429959	24828		935488	89164	3259829	44178	2073530	1085230	528266	455904	195419
引水（调水）工程	2979542	744632	1304078	24300		861091	45440	3000732	43059	1852962	874164	338098	288991	33087
兰州市水源地建设工程	596712		180000			416712		596712		558570	558570	78570	64290	
榆中县青城灌溉水源工程	2354		2354					2354		2194		680	680	
引洮供水一期榆中县配套工程	82678		13738	2800		46140	20000	103868	15797	70482	48517	21865	21865	
引洮一期工程会宁北部供水工程	87556	52000	35556					87556		76000	73000			
肃北县马鬃山镇供水工程	97004	30000	11952	21500		19266	14286	97004	88	34500	34500	9500	9500	9500
庆阳市盐环定扬黄续建工程调概算	4611		3500			1111		4611		3000	3000			
两当县徐杨河引水工程（一期）	3150					3150		3150		150		150	150	
积石山引水工程	43000	19300	15000			5000	3700	43000	374	43000	43000	5890	5890	5890

2-2 续表

单位：万元

项目名称	项目计划总投资	按资金来源分						实际需要总投资	其中：移民征地安置费	累计完成投资	累计新增固定资产	本年完成投资额	本年完成投资额（按财务支出核算）	本年新增固定资产
		中央政府投资	地方政府投资	企业和私人投资	利用外资	银行贷款	其他投资							
临夏州引黄济临供水工程	71454	34000	20000			10000	7454	71454		66506	66506	17697	11462	17697
甘南州引洮（博）济合供水工程	63970	22700	32316			8954		63970		42971	42971	12802	12802	
玛曲县县城引水工程	7996	6432	1564					7996	320	4100	4100			
甘肃引洮供水一期工程	501602	258200	243402					501602	11760	501721		6084	6952	
甘肃引洮供水二期工程	730609	322000	307609			101000		730609		318463		130355	109683	
引洮供水二期配套城乡供水工程	538695		377087			161608		538695		21220		21220	12432	
天水市城区引洮供水工程	148150		60000			88150		148150	14720	110085		33285	33285	
农村饮水安全巩固提升工程建设	154626	13600	88905			28584	23537	154664	403	134713	133392	134713	122970	132240
西固区农村饮水安全巩固提升工程2017	495	36	459					537		426	426	426	141	426
永登县农村饮水安全巩固提升工程2017	1547	713	834					1547	45	1547	1547	1547	769	1547
皋兰县农村饮水安全巩固提升2017	833	61	772					829		829	829	829	581	829
榆中县农村饮水安全巩固提升工程2017	1558	114	1444					1558		1558	1558	1558	192	1558
永昌县农村饮水安全巩固提升2017	466	34	432					466		466	466	466	258	466
白银区农村饮水安全巩固提升2017	913	67	846					913		200	200	200	200	200
平川区农村饮水安全巩固提升2017	131	131						131		131	131	131	131	131
靖远县农村饮水安全巩固提升2017	2732	114	1300				1318	2732		114	114	114	10	
会宁县农村饮水安全巩固提升2017	6218	454					5764	6218		6218	5968	6218	6218	5968
景泰县农村饮水安全巩固提升2017	4232	309					3923	4232		2865	2685	2865	309	2685
秦州区农村饮水安全巩固提升工程2017	2083	152	1931					2083		2083	2083	2083	2083	2083
麦积区农村供水巩固提升工程2017	4395	277	4118					4395		4395	4395	4395	4395	4395
清水县农村饮水安全巩固提升工程2017	2003	136	1867					2003		2003	2003	2003	2003	2003
秦安县农村饮水安全巩固提升工程2017	3199	233	2856				110	3199		3199	3199	3199	3199	3199
甘谷县农村饮水安全巩固提升工程2017	2694	196	2498					2694		2694	2694	2694	2694	2694
武山县农村饮水安全巩固提升工程2017	1608	163	1445					1608		1608	1608	1608	1608	1608
张家川县农村饮水安全巩固提升工程2017	382	32	254				96	382		382	382	382	382	382
凉州区农村饮水安全巩固提升工程2017	3508	256	200				3052	3508		3508	3508	3508	256	3508
民勤县农村饮水安全巩固提升工程2017	5800	423	5377					5800		5800	5800	5800	5800	5800
古浪县农村饮水安全巩固提升2017	584	584						584		584	584	584	584	584
天祝县农村饮水安全巩固提升工程2017	2568	52					2516	2568		708	708	708	52	708

2-2 续表

单位：万元

项目名称	项目计划总投资	按资金来源分						实际需要总投资	其中：移民征地安置费	累计完成投资	累计新增固定资产	本年完成投资额	本年完成投资额（按财务支出核算）	本年新增固定资产
		中央政府投资	地方政府投资	企业和私人投资	利用外资	银行贷款	其他投资							
甘州区农村饮水安全巩固提升2017	1273	92	681				500	1273		1009	1009	1009	912	
肃南县农村饮水安全巩固提升2017	825	71	754					825		711	711	711	697	711
民乐县农村饮水安全巩固提升2017	800	58	449				293	800		800	757	800	800	757
山丹县农村饮水安全巩固提升2017	1006	73					933	1006		1006	905	1006	73	905
崆峒区年农村饮水安全巩固提升2017	755	55	700					755		755	755	755	755	755
泾川县北部农村饮水安全巩固提升工程	335	82	253					335		335	335	335	82	335
灵台县农村饮水安全巩固提升工程2017	1128	82	1046					1128		1128	1128	1128	1128	1128
崇信县农村饮水安全巩固提升工程2017	1538	112	96			1330		1538		1442	1442	1442	1442	1442
华亭县牛舌堡水厂巩固提升工程	354	37	317					354		354	354	354	354	354
庄浪县农村饮水安全项目2017	1093	80	1013					1093		1093	1093	1093	1093	1093
静宁县农村饮水安全巩固提升工程2017	2631	192	2439					2631		2631	2631	2631	2631	2631
肃州区农村饮水巩固提升2017	102	73	29					102		102	102	102	102	102
金塔县农村饮水安全巩固提升2017	188	31	157					188		188	188	188	35	188
瓜州县农村饮水安全巩固提升2017	483	35	448					483		483	483	483	483	483
肃北县农村饮水安全提升工程2017	85	6				79		85		85	85	85	85	85
阿克塞县农村饮水安全巩固提升2017	176	13	163					176		50		50	50	
玉门市农村饮水安全巩固提升工程2017	505	37	468					505		505	505	505	505	505
敦煌市农村饮水安全巩固提升2017	225	19	206					225		203	203	203	19	203
西峰区农村饮水安全巩固提升工程2017	490	36	454					490		490	490	490	236	490
庆城县农村饮水安全巩固提升工程2017	7757	566	7191					7757		5869	5869	5869	5869	5869
环县农村饮水安全巩固提升工程2017	8251	82	8169					8251	300	8251	8251	8251	8251	8251
华池县农村饮水安全巩固提升工程2017	5352	790	4562					5352		5352	5352	5352	5352	5352
合水县农村饮水安全巩固提升工程2017	1253	91	1162					1253		1253	1253	1253	1127	1253
正宁县农村饮水安全巩固提升工程2017	484	35	449					484		484	484	484	484	484
宁县农村饮水安全巩固提升工程2017	1865	136	1729					1865	58	1865	1865	1865	1865	1865
镇原县农村饮水安全巩固提升工程2017	2460	180	2280					2460		2460	2460	2460	2460	2460
通渭县年农村饮水安全巩固提升2017	888	398					490	888		888	888	888	888	888
陇西县农村饮水安全巩固提升工程2017	5011	511	3000				1500	5011		5011	5011	5011	5011	5011
渭源县农村饮水安全巩固提升工程2017	5103	350	4753					5103		5103	5103	5103	5103	5103

2-2 续表

单位：万元

项目名称	项目计划总投资	按资金来源分：中央政府投资	地方政府投资	企业和私人投资	利用外资	银行贷款	其他投资	实际需要总投资	其中：移民征地安置费	累计完成投资	累计新增固定资产	本年完成投资额	本年完成投资额（按财务支出核算）	本年新增固定资产
临洮县农村饮水安全巩固提升工程2017	9988	835	9153					9988		5328	5328	5328	5328	5328
漳县农村饮水安全巩固提升工程2017	189	189						189		189	189	189	155	189
武都区农村饮水安全巩固提升工程2017	2987	215	2772					2987		2987	2987	2987	2987	2987
宕昌县农村饮水安全巩固提升2017	3753	274	3479					3753		3753	3753	3753	3753	3753
成县农村饮水安全巩固提升工程2017	2576	188	2388					2576		2576	2576	2576	2576	2576
文县农村饮水安全巩固提升工程2017	2853	208					2645	2853		2853	2853	2853	2853	2853
西和县农村饮水安全巩固提升工程	8162	595				7567		8162		8162	8162	8162	8162	8162
礼县农村饮水安全巩固提升工程2017	3837	516				3321		3837		3837	3837	3837	3837	3837
两当县农村饮水安全巩固提升2017	2304	105				2199		2304		2304	2304	2304	2304	2304
徽县农村饮水安全巩固提升2017	5139	179				4960		5139		5139	5139	5139	5139	5139
康乐县农村饮水安全巩固提升工程2017	3523	277				3023	223	3523		3153	3153	3153	3153	3153
永靖县农村饮水安全巩固提升工程2017	518	518						518		518		518	518	
和政县农村饮水安全巩固提升工程2017	6418	313				6105		6418		800	800	800	800	800
积石山县农村饮水安全巩固提升2017	218	218						218		218	218	218	218	218
合作市农村饮水安全巩固提升2017	417	15	402					417		292	292	292	263	263
临潭县农村饮水安全巩固提升2017	254	19	235					254		254	254	254	254	254
卓尼县农村饮水安全巩固提升2017	203	14	189					203		203	203	203	203	203
舟曲县农村饮水安全巩固提升2017	188	14					174	188		188	188	188	188	188
迭部县农村饮水安全巩固提升2017	171	12	159					171		171	171	171	171	171
玛曲县农村饮水安全巩固提升2017	125	9	116					125		125	125	125	90	125
碌曲县农村饮水安全巩固提升2017	188	9	179					188		188	9	188	9	9
夏河县农村饮水安全巩固提升2017	250	18	232					250		250	250	250	250	250
抗旱工程	1115	519				596		1115		549	549	77	77	47
会宁县郭城驿镇抗旱应急水源工程	596					596		596		30	30	30	30	
泾川县抗旱应急水源引调提水项目	519	519						519		519	519	47	47	47
其他供水工程	105657	2750	36976			45216	20187	103318	715	85306	77126	55378	43866	30045
皋兰县山字墩水库-县城段输水管道改造	4486		3007	528		1479		4486		4486	4486	2486	1713	2486
金昌市城市应急备用水源	9560					9560		9560		2306		1306	436	

2-2 续表

单位：万元

项目名称	项目计划总投资	投资金来源分						实际需要总投资	其中：移民征地安置费	累计完成投资	累计新增固定资产	本年完成投资额	本年完成投资额（按财务支出核算）	本年新增固定资产
		中央政府投资	地方政府投资	企业和私人投资	利用外资	银行贷款	其他投资							
张家川县东峡水库城区供水设施改造工程	212		212					212		212		212	212	
古浪县黄花滩移民点自来水供应服务站	149					149		149		149	149	149	149	
古浪县绿洲生态移民搬迁财力补助供水	2426					2426		2426		2426	2426	2426	2426	
古浪县古丰乡西山堡村收缩安置点供水	121		121					121		121	121	121	121	121
古浪黄花滩1、2、8、9移民点养殖区供水	1082					1082		1082		1082	1082	1082	1082	
古浪县绿洲生态移民小城镇供水工程	4086					4086		4086		4086	4086	4086	4086	
庆城县小型扶贫水利项目2017	551	551						551		551	551	551	551	551
环县县级自筹水利建设项目2017	6331		6331					6331	650	6331	6331	6331	6331	6331
合水县农业综合开发建设项目2017	1316	940	376					1316		1316	1316	1316	1250	1316
正宁县精准扶贫农村饮水安全工程2017	675		675					675		675	675	675	675	675
镇原县小型水利工程2017	1697	59	1638					1697		1697	1697	1697	1697	1697
武都区坪垭藏族乡整乡易地搬迁饮水工程	490					490		490		490	490	490	490	490
武都区供水扩建工程	9648		9648					9648		9648	9648	4840	4840	4840
宕昌县贫困村社基础设施建设饮水安全	4760					4760		4760		4760	4760	4760	4760	4760
康县贫困村基础设施建设饮水安全工程	2130					2130		2130		2130	2130	2130	2130	2130
永靖县精准脱贫农村饮水安全补充工程	715		715					715	18	715	715	715	715	715
和政县新庄中良村吓沟等3社饮水工程	35						35	35		35	35	35	35	35
东乡县中部农村饮水安全巩固提升一期	4931						4931	4931						
东乡县农村供水骨干调蓄工程北部片区	849		525				324	849		300	300	300	300	
东乡县农村管网延伸改造16-17扶贫饮水	1668		1668					1668		600	600	600	600	
东乡县布楞沟流域农村供水改造工程	528			528				528		240	240	240	240	
积石山县易地搬迁安置点人饮工程2016	240						240	240		170	170	170	170	
积石山县小型集中及分散供水改造工程	4038						4038	4038		182	182	182	182	
积石山县城区供水水源改扩建工程	7082	1200				4500	1382	7082		7082	7082	2482	2482	2482
武威市黄羊土门组团供水项目杂木河供水	26438		4000			13200	9238	26438		26438	26438	12138	4200	
华亭县安口镇应急引水工程	1355					1355		1355		1358		1358	378	
兰州新区职教园区景观水系供水工程	2656		2656					2300		2300	1416	2300	1416	1416
兰州新区城际铁路沿线绿化项目水利工程	5404		5404					3420	47	3420		200	200	

2-2 续表

单位：万元

项目名称	项目计划总投资	投资金来源分						实际需要总投资	其中：移民征地安置费	累计完成投资	累计新增固定资产	本年完成投资额	本年完成投资额（按财务支出核算）	本年新增固定资产
		中央政府投资	地方政府投资	企业和私人投资	利用外资	银行贷款	其他投资							
水务项目	136832	9807	16211			76410	34405	136835	9557	93085	56426	58390	57351	32986
自来水厂建设	21208		6500			14708		21208	4914	17423	4315	4517	6988	2715
庄浪县南坪水厂改扩建及管网工程	1600					1600		1600		1600	1600	100	100	
华池县自来水厂管网改造工程	6500		6500					6500		2715	2715	2715	2715	2715
崆峒区韩家沟水厂供水工程（一期）	9942					9942		9942	4914	9942		1342	1373	
山丹县第二给水厂建设工程	3166					3166		3166		3166		360	2800	
城镇供水管线建设	71640	350	2400			49513	19377	71642	4643	45070	37170	31230	31230	15330
天水市藉口水厂至西十里供水管道工程	17929					17929		17929	3748	17929	17929	8829	8829	8829
清水县城区供水工程	12041		2000			5000	5041	12041	895	9871	9871	5971	5971	5971
清水县城区自来水管网扩建工程	1707	350	400			950	7	1709		1370	1370	530	530	530
古浪县大靖镇供水改扩建工程	25634					25634		25634		8000	8000	8000	8000	
庆城县城区供水输水管道工程（环县段）	14330						14330	14330		7900		7900	7900	
污水处理工程建设	43984	9457	7311			12190	15027	43984		30592	14940	22642	19133	14940
平凉市天雨污水处理厂提标改造扩建工程	10793					9093	1700	10793		2900		2900	2500	
华池县乡镇河道污水收集建设工程	1238		1238					1238		1238	1238	1238	1238	1238
镇原县巴家咀上游截污及三岔镇雨污分流	13702	8197	5505					13702		13702	13702	13702	13702	13702
民勤红沙岗污水处理厂及中水回用贮水池	16577	750				2500	13327	16577		11605		4055	1500	
华亭县城区生活污水处理厂中水回用项目	747		150			597		747		747		747	192	
临洮县污水处理厂配套管网工程	927	510	417					927		400				
非常规水资源利用项目	642					642		642		321	321	321	321	321
雨水集用	642					642		642		321	321	321	321	321
礼县农村饮水安全集雨水窖工程	642					642		642		321	321	321	321	321
水电开发利用	12613	4111	299	5299		2904		12613		9920	7999	7112	7036	5281
水电增效扩容	12613	4111	299	5299		2904		12613		9920	7999	7112	7036	5281
永昌县头坝二号水电站增效扩容改造	1310	624		686				1310		879		244	244	
肃州区丰乐河水电站增效扩容及生态修复	534	130		404				534		534	534	534	534	534
金塔县解放村水电站增效扩容改造	614	229		385				614		614	614	465	465	465
肃北县拉排一级水电站增效扩容及生态修复	1686	531		51		1104		1686		1686	1635	1262	1262	1262

2-2 续表

单位：万元

项目名称	项目计划总投资	按资金来源分						实际需要总投资	其中：移民征地安置费	累计完成投资	累计新增固定资产	本年完成投资额	本年完成投资额（按财务支出核算）	本年新增固定资产
		中央政府投资	地方政府投资	企业和私人投资	利用外资	银行贷款	其他投资							
敦煌市党河水电站增效扩容改造	1831	548		1283				1831		1831	1103	1428	1324	1103
敦煌市南湖店水电站增效扩容改造	816	232		584				816		816	553	644	671	553
成县飞龙峡水电站增效扩容及生态修复	75	75						75		75	75	75	75	
文县肖家山水电站增效扩容及生态修复	115	115						115		115	115	115	115	307
文县哈南水电站增效扩容及生态修复	307	22		285				307		307	307	307	307	
礼县大滩水电站增效扩容改造工程	33	33						33		52	52	33	33	
礼县红崖二级水电站河流生态修复工程	6	6						6		9	9	6	6	
礼县红崖二级水电站增效扩容改造项目	37	37						37		57	57	37	37	
礼县大滩水电站河流生态修复工程	5	5						5		8	8	5	5	
和政县闫蔡坪水电站增效扩容改造	465	208		257				465		465	465	385	385	385
舟曲县驼骆坝水电站增效扩容及生态修复	1933	424		310		1200		1933		120	120	120	120	
舟曲县插岗一级水电站增效扩容及生态修复	1274	294		380		600		1274		780	780	780	780	
夏河县白土坡水电站	1572	598	299	675				1572		1572	1572	672	672	672
水保及生态保护	304752	162267	90823	800		22165	28698	301368	124	221103	173137	145716	137258	115697
水土流失治理	65363	50146	7165				8052	63684		61557	59181	53477	43313	43361
榆中县病险淤地坝除险加固工程2017	200	160	40					200		200	200	200	200	182
榆中县坡耕地水土流失综合治理工程2017	625	500	125					625		502	459	502	168	459
嘉峪关讨赖河南岸水土保持提升工程	330		330					330		330	330	330	330	330
平川区水土保持项目	200	200						200		88	88	88	80	88
靖远县省级水土保持补偿费建设项目	75		75					75						
靖远县北湾镇水土保持项目2016	600	420	18				162	600		438	420	438	417	420
会宁县坡耕地水土流失综合治理2017	625	500					125	625		625	625	625	625	625
会宁县水土保持重点建设2017	1429	1000	43				386	1429		1429	1376	1429	1429	1376
景泰县国家水土保持重点工程	429	300	14				115	429		256	256	256	164	256
秦州区坡耕地水土流失综合治理工程2017	1251	1000	251					1251		1251	1251	1251	1251	1251
麦积区水土保持重点工程2017	300	300						300		300	300	300	300	300
清水县水土保持重点工程2017	286	200	56				30	286		286	93	286	286	93
清水县坡耕地水土流失综合治理工程2017	93700	750750	97				90	937		937	251	937	937	251

2-2 续表

单位：万元

项目名称	项目计划总投资	投资金来源分						实际需要总投资	其中：移民征地安置费	累计完成投资	累计新增固定资产	本年完成投资额	本年完成投资额（按财务支出核算）	本年新增固定资产
		中央政府投资	地方政府投资	企业和私人投资	利用外资	银行贷款	其他投资							
秦安县水土保持重点工程2017甘谷县坡耕地	400	400						400		400	400	400	400	400
水土流失综合治理2017	937	750	187					937		899	899	899	899	899
武山县坡耕地水土流失综合治理工程2017	937	750	187					937		909	909	909	909	909
张家川县水土保持重点工程2017	429	300	14				115	429		429	429	429	429	429
浪县水土保持重点治理项目2017	200	200						200		163	163	163	163	163
天祝县2017年水土保持重点工程	200	200						200		200	200	200	186	200
肃南县水土保持重点工程2017	286	200	86					286		277	277	277	113	277
崆峒区坡耕地水土流失治理2017	625	500					125	625		625	625	625	512	625
崆峒区农业综合开发黄土高原保护2017	1050	750	300					1050		842	842	842	623	
泾川县农业综合开发黄土高原保护2017	1069	750	300				19	1069		851	851	851	733	851
泾川县病险淤地坝除险加固工程2017	275	220	55					275		275	275	275	275	
灵台县农业综合开发黄土高原保护2017	1053	750	300				3	1053		970	970	970	912	970
灵台县坡耕地水土流失治理2017	625	500					125	625		575	575	575	427	575
崇信县农业综合开发黄土高原保护2017	1053	750	300				3	1053		906	906	906	841	906
崇信县坡耕地水土流失治理2017	625	500					125	625		625	625	625	542	625
崇信县病险淤地坝除险加固工程2017	110	88	22					110		110	110	110	110	
华亭县水土保持重点工程2017	421	295					126	421		421	421	421	166	421
庄浪县水土保持重点建设工程2017	1000	700	31				269	1000		1000	1000	1000	696	1000
庄浪县病险淤地坝除险加固工程2017	485	388	97					485		485	485	485	380	
静宁县坡耕地水土流失治理2016	1250	1000					250	1250		1250	1250		700	
静宁县坡耕地水土流失治理2017	1251	1000					251	1251		1251	1251	1251	300	1251
西峰区农业综合开发黄土高原保护2017	1413	1000	400				13	1413		1056	1056	1056	660	1056
西峰区病险淤地坝除险加固工程2017	105	84	21					105		105	105	105	90	
西峰区病险淤地坝除险加固工程2016	180	144	36					180		180	180	60	102	
庆城县坡耕地水土流失治理2017	937	750					187	937		937	937	937	656	937
庆城县病险淤地坝除险加固工程2016	115	92	23					115		115	115	21	17	
庆城县病险淤地坝除险加固工程2017	320	256	64					320		320	320	320	256	
环县病险淤地坝除险加固工程2016	3401250	272	68					340		340	340	39	39	

2-2 续表

单位：万元

项目名称	项目计划总投资	按资金来源分						实际需要总投资	其中：移民征地安置费	累计完成投资	累计新增固定资产	本年完成投资额	本年完成投资额（按财务支出核算）	本年新增固定资产
		中央政府投资	地方政府投资	企业和私人投资	利用外资	银行贷款	其他投资							
环县坡耕地水土流失治理2016	1250	1000					250	1250		1250	1250			
环县坡耕地水土流失治理2017	1250	1000					250	1250		1250	1250	1250	900	1250
环县病险淤地坝除险加固工程2017	584	467	117					584		584	584	584	371	
华池县坡耕地水土流失治理2017	625	500					125	625		625	625	625	568	625
华池县病险淤地坝除险加固工程2017	280	224	56					280		280	280	280	280	
合水县水土保持重点建设工程2017	857	600	27				230	857		857	857	857	630	857
合水县农业综合开发黄土高原保护2017	701	500	200				1	701		590	590	590	443	590
合水县水土保持重点建设工程2016（一）	786	550					236	786		786	786		78	
合水县病险淤地坝除险加固工程2017	340	272	68					340		340	340	340	324	
正宁县水土保持重点建设工程2016（一）	786	550					236	786		786	786			
正宁县水土保持重点建设工程2017	857	600	27				230	857		857	857	857	500	857
正宁县农业综合开发黄土高原保护2017	703	500	200				3	703		522	522	522	400	522
正宁县病险淤地坝除险加固工程2016	110	88	22					110		110	110	10	10	
正宁县病险淤地坝除险加固工程2017	240	192	48					240		240		240	182	
宁县水土保持重点建设工程2017	857	600	27				230	857		857	857	857	627	857
宁县农业综合开发黄土高原保护2017	734	500	200				34	734		601	601	601	210	601
宁县水土保持重点建设工程2016（一）	786	550					236	786		786	786			
宁县病险淤地坝除险加固工程2017	215	172	6				37	215		215	215	215	178	
镇原县水土保持重点建设工程2016（一）	1000	700					300	1000		1000	1000		105	
镇原县坡耕地水土流失治理2016	1250	1000					250	1250		1250	1250			
镇原县水土保持重点建设工程2016（二）	357	250	10				97	357		357	357		125	
镇原县坡耕地水土流失治理2017	1250	1000					250	1250		1250	1250	1250	620	1250
镇原县水土保持重点建设工程2017	1000	700	31				269	1000		1000	1000	1000	598	1000
镇原县病险淤地坝除险加固工程2017	375	300	75					375		375	375	375	300	
安定区坡耕地水土流失综合治理工程2017	753	750	3					753		753		753	753	
安定区病险淤地坝除险加固工程2017	420	348	29				43	420		420	420	420	420	
安定区水土保持重点建设工程2017	513	491	22					513		513	513	513	513	
通渭县坡耕地水土流失综合治理2017	1251	1000	251					1000		1151	1151	1151	900	1151

2-2 续表

单位：万元

项目名称	项目计划总投资	投资金来源分						实际需要总投资	其中：移民征地安置费	累计完成投资	累计新增固定资产	本年完成投资额	本年完成投资额（按财务支出核算）	本年新增固定资产
		中央政府投资	地方政府投资	企业和私人投资	利用外资	银行贷款	其他投资							
通渭县病险淤地坝除险加固工程2017	196	196						196		196		196	196	
陇西县水土保持重点建设工程2017	1429	1000	43				386			1429	1429	1429	970	1429
陇西县病险淤地坝除险加固工程2017	230	184					46	230		230	230	230	230	
陇西县坡耕地水土流失综合治理2017	1251	1000					251	1251		1131	1131	1131	810	1131
渭源县病险淤地坝除险加固工程2017	240	192	7				41	240		194		194	139	
渭源县国家水土保持重点工程2017	429	300	14				115	429		269	269	269	210	269
临洮县水土保持重点建设工程2017	1000	1000						1000		1000	1000	1000	1000	1000
临洮县坡耕地水土流失综合治理2017	1251	1000	251					1251		1181	1181	1181	930	1181
临洮县病险淤地坝除险加固工程2017	208	208						208		208	208	208	208	208
漳县病险淤地坝除险加固工程2017	288	288						288		288	288	288	288	288
漳县坡耕地水土流失综合治理工程2017	625	500	125					625		625	625	625	503	503
岷县国家水土保持重点工程2017	571	400	18				153	571		413	413	413	242	413
武都区水土保持重点工程2017	429	300					129	429		429	429	429	429	429
宕昌县水土保持重点工程2017	286	200					86	286		286	286	286	286	286
成县水土保持重点工程2017	571	400					171	571		533	533	533	270	533
康县国家水土保持重点工程2017	571	400	171					571		517	517	517	517	517
文县国家水土保持重点工程2017	286	200	86					286		286	286	286	286	286
西和县坡耕地水土流失综合治理工程2017	937	750	187					937		786	786	786	786	
礼县坡耕地水土流失综合治理工程2017	937	750	187					937		841	841	841	841	
两当县国家水土保持重点工程2017	571	400	171					571		535	535	535	535	535
徽县坡耕地水土流失综合治理工程2017	625	500	125					625		563	563	563	563	
临夏县县坡耕地水土流失综合治理工程	937	750					187	937		937	937	937	300	937
康乐县坡耕地水土流失治理工程2017	937	750					187	937		856	856	856	669	669
广河县坡耕地水土流失综合治理2017	937	750					187	937		937	937	937	600	937
和政县第二批国家水土保持重点工程2017	400	400						400		400	400	400	400	400
东乡县国家水土保持重点建设工程2017	1429	1000	429					1429		1429	1429	1429	900	1429
东乡县坡耕地水土流失综合治理2017	1250	1000					250	1250		1250	1250	1250	800	1250
临潭县小流域综合治理项目2017	286	200	86					286		186	186	186	186	186

2-2 续表

单位：万元

项目名称	项目计划总投资	按资金来源分						实际需要总投资	其中：移民征地安置费	累计完成投资	累计新增固定资产	本年完成投资额	本年完成投资额（按财务支出核算）	本年新增固定资产
		中央政府投资	地方政府投资	企业和私人投资	利用外资	银行贷款	其他投资							
卓尼县相俄项目区流域治理2017	150	105	6				39	150		97	97	97	97	97
舟曲县水土保持治理工程2017	571	400	171					571		506	506	506	506	506
迭部县水土保持尼傲乡巴藏项目区2017	429	300	129					429		261	261	261	261	261
流域生态综合治理	95471	76375	19096					93771		74777	33465	20756	23532	16081
敦煌水资源规划项目水保（酒泉市）2017	3708	2967	741					3708		3708	3250	3708	2865	3250
敦煌水资源规划项目（酒泉市）2016	14002	11201	2801					14002		10294	10294	725	8165	725
敦煌水资源规划项目（敦煌市）2016	8100	6480	1620					6400		6400	5550	1201	1810	1200
敦煌水资源规划项目（敦煌市）2017	13754	11002	2752					13754		9862	9111	9862	6730	9111
敦煌水资源规划项目（疏勒河）2017	8998	7198	1800					8998		3465	3465	3465	2167	
敦煌水资源规划项目（疏勒河）2016	21648	17318	4330					21648		18311	1795	1795	1795	1795
敦煌水资源规划项目（疏勒河）2015	25261	20209	5052					25261		22737				
河湖连通工程	11107	10500	607					11107		8400	8400	8400	8400	4500
会宁县河湖水系连通项目	4500	4500						4500		4500	4500	4500	4500	4500
庄浪县店峡沟与竹林寺水库河库连通工程	3607	3000	607					3607		1500	1500	1500	1500	
宕昌县鹅嫚沟综合治理工程	3000	3000						3000		2400	2400	2400	2400	
其他环境水利项目	132811	25246	63955	800		22165	20645	132806	124	76369	72091	63083	62013	51755
凉州区水环境综合治理工程	24781	9914	14867					24777		1897		1897	1897	
民勤县红崖山库区生态环境治理工程	622	22	600					622		600	600	600	600	
古浪山水林田湖生态修复南泥沟水库治理	100	100						100		100	100	100	100	
天祝县山水林田湖生态保护修复工程	11587	5056	6531					11587		5000	5000	5000	3740	5000
张掖市祁连山生态保护监控信息系统工程	3150	3150						3150		2100	2100	2100	2100	
平凉市崆峒水库至大岔河段河道生态治理	1000		1000					1000		1000	1000	250	788	
崇信县□河流域水环境治理工程	12350	4460					7890	12350		378		378	378	
肃州区四坝海子生态治理项目2017	3436		3436					3436		2000		2000	2000	
玉门市引水入城玉渊湖扩建工程	2317		2317					2317	93	2317	2317	2317	1969	2317
庆城县城区段河道水面工程	14165					14165		14165		14165	14165	14165	14165	14165
武都滨江步道改造工程工程	4881		4881					4881		4881	4881	4210	4210	4210
临夏市大夏河风情线综合治理工程	15633		15633					15633		9900	9900			

2-2 续表

单位：万元

项目名称	项目计划总投资	投资金来源分						实际需要总投资	其中：移民征地安置费	累计完成投资	累计新增固定资产	本年完成投资额	本年完成投资额（按财务支出核算）	本年新增固定资产
		中央政府投资	地方政府投资	企业和私人投资	利用外资	银行贷款	其他投资							
临夏市国土实施水保项目	167	162					5	167		167	167	167	167	167
临夏市南干刘家桥至环城西路污水治理	516		516					516		516	516	516	516	516
临夏市大夏河三十里风情线综合治理二期	6486		6486					6486	31	6486	6486	6486	6486	6486
临夏市大夏河一大桥至罗家湾综合治理二期	3514		3514					3514		3514	3514	3514	3514	3514
临夏县大夏河城区段综合治理工程二期	731						731	731		731	731	366	366	363
康乐县洮河三岔河片区水污染治理一期	11916		500	800		8000	2616	11916		8900	8900	7300	7300	7300
和政县林业实施水保项目	800						800	800		800	800	800	800	800
和政县大南岔河水生态修复工程	7743						7743	7743		4000	4000	4000	4000	
东乡县国土、农发、农牧实施水保项目	3675		3675					3675		3675	3675	3675	3675	3675
积石山县国土、林业、农牧实施水保项目	3243	2382					861	3243		3243	3243	3243	3243	3243
机构能力建设专项	41299	30997	10302					37153		31898	31898	3975	3596	
水文设施及能力建设	41299	30997	10302					37153		31898	31898	3975	3596	
省疏管局斗口水量计量设施更新改造	1791	1000	791					1791		1495	1495	1495	1495	
甘肃水资源监控能力建设二期	2872	2173	699					2872		1903	1903	1530	1187	
甘肃省水资源监测能力（一期）建设工程	1806	1204	602					1806		350	350	350	329	
甘肃省大江大河水文监测（一期）建设工程	3134	2089	1045					3134		600	600	600	585	
甘肃省中小河流水文监测系统建设项目	31696	24531	7165					27550		27550	27550			
移民项目	3592	2191	1398				4	3592		3555	3555	3555	3008	2630
永昌县大中型水库移民后期扶持2017	546	212	334					546		546	546	546	546	308
张家川县小型水库后期扶持项目2017	70		70					70		70	70	70	70	70
凉州区大中型水库移民后期扶持项目2017	423	239	184					423		423	423	423	112	239
民勤县大中型水库移民后期扶持2017	328	209	119					328		328	328	328	328	
古浪县水利水电移民后期扶持2017	116	116						116		79	79	79	79	
天祝县大中型水库移民后期扶持项目2017	96	26	65				4	96		96	96	96	90	
金塔县库区移民项目2017	632	632						632		632	632	632	402	632
瓜州县大中型水库移民后期扶持项目	1302	756	545					1302		1302	1302	1302	1302	1302
正宁县小型水库移民后期扶持工程2017	40		40					40		40	40	40	40	40
康县库区移民后期扶持阳坝供水水源工程	40		40					40		40	40	40	40	40

2-3 2017 年水利建设项目累计安排投资

单位：万元

项目名称	累计安排投资	中央政府投资				地方政府投资				利用外资	企业和私人投资	国内贷款	债券	其他投资
		小计	预算内拨款	中央财政水利专项资金	其他资金	小计	省级政府投资	地市级政府投资	县级政府投资					
甘　肃	4427150	1843421	1346488	426372	70561	1265665	678409	281165	306091	306091	23723	1109884	51931	106759
防洪项目	752220	445690	327277	109574	8839	140875	41582	41240	58053	58053		151428		14228
堤防工程	82668	6471	1761		4710	10067	9040		1027	1027		65325		805
会宁县苦水河河畔羊肉市场段综合治理	2042											2042		
清水县牛头河柳湾段河道综合治理工程	550	550	550											
古浪县大靖河红柳湾段防洪治理工程	1680					1680	1680							
天祝县2017年农牧村护田护村工程	1910	1910			1910									
天祝县南阳山6、7#移民点应急防洪工程	1740					1000	1000							740
天祝县炭山岭城镇防洪工程	2800	2800			2800									
张掖市黑河城区段治理工程（一期工程）	48000											48000		
华池县新区一中段河道治理续建工程	356					356			356	356				
武都区坪垭藏族乡整乡易地搬迁河堤工程	1419					1419	800		619	619				
武都区黄坪乡河堤工程	743											743		
宕昌县贫困村基础设施建设堤防工程	6782											6782		
康县平洛镇龙坝村安置点堤防及护坡工程	80					80	80							
康县贫困村基础设施及搬迁点堤防工程	4043					80	80					3963		
西和县建档立卡贫困村堤防工程	3796											3796		
合作市那吾乡精准扶贫暨生态小康村防洪	600					600	600							
卓尼县洮河麻路一段至亚当段防洪	1276	1211	1211											65
卓尼县车巴河流域防洪治理项目	3852					3852	3800		52	52				
迭部县卡坝乡尼吉巴防洪工程	1000					1000	1000							
大江大湖治理	342688	239070	239070			50918		28307	22611	22611		52700		
黄河甘肃段防洪工程（兰州市）	170881	118181	118181									52700		
黄河甘肃段防洪工程（白银市）	95513	67206	67206			28307		28307						
黄河甘肃段防洪工程（临夏州）	40642	28597	28597			12045			12045	12045				
黄河甘肃段防洪工程（甘南州）	35652	25086	25086			10566			10566	10566				
重要支流治理	130096	79067	79067			44995	6591	10398	28006	28006				6034
湟水兰州市红古段防洪治理工程	6000	3600	3600			2400		1308	1092	1092				
永登县庄浪河东干渠首至寺滩泵站防洪	4615	2769	2769			1846		923	923	923				

2-3 续表

单位：万元

项目名称	累计安排投资	中央政府投资				地方政府投资				利用外资	企业和私人投资	国内贷款	债券	其他投资
		小计	预算内拨款	中央财政水利专项资金	其他资金	小计	省级政府投资	地市级政府投资	县级政府投资					
靖远县祖厉河庄口至罗家湾段防洪工程	3545	2127	2127			1418			1418					
会宁县祖厉河柴门乡张家湾至郭城镇防洪	6252	3751	3751											2501
葫芦河秦安县李河至刘沟村段治理工程	3180	1908	1908			1272			1272					
天祝县华藏寺至界牌段防洪治理工程2017	664	398	398			266	266							0
甘州区黑河分洪溢流堰至国道312线防洪	3150	1890	1890			1260		1260						
临泽县铁路桥至暖泉段防洪治理	5487	3293	3293			2194			2194					
高台西腰墩水库至刘家深湖水库河道防洪	3075	1845	1845			1230			1230					
平凉市泾河吴老沟至平镇桥河堤治理	2264	1361	1361			903		903						
平凉市泾河大岔河至吴老沟河堤治理2017	4008	2405	2405			1603		1603						
崆峒区泾河马莲沟至南阳涧河段防洪	2770	1662	1662											1108
崆峒区泾河南阳涧河至信河段防洪治理	2970	1782	1782			1188	1188							
泾川县泾河蔡家咀至长庆桥段防洪治理	3442	2065	2065			1377		1377						
泾川县泾河百泉渡槽至水泉寺大桥段防洪	2500	1500	1500			1000		1000						
泾川县泾河罗汉洞至洪河口段河堤治理	1963	1630	1630			333	333							
庄浪县葫芦河刘家湾至新庄沟段河堤治理	2597	1558	1558			1039			1039					
静宁县葫芦河狗娃河口至胡家河段河堤治理	2841	1705	1705											1136
静宁县葫芦河闫庙至仁大段防洪治理2017	1247	749	749			498			498					
肃州区讨赖河祁家沟至古城村防洪2017	2509	1505	1505			1004			1004					
金塔县黑河常丰至中丰村段防洪工程	1722	1033	1033			689			689					
金塔县黑河大墩门至夹墩湾村段防洪	2905	1743	1743			1162			1162					
金塔县黑河二杰至沙门子村段防洪治理	2385	1431	1431			954			954					
西峰区蒲河石嘴子至毛家寺段防洪	2608	1565	1565			1043			1043					
环县马莲河韩洼子至陈沟桥段防洪	2799	1679	1679			1120			1120					
环县山城洪德至汪旗段防洪	3022	1813	1813			1209			1209					
环县五里屯桥至河对坡段防洪	723	434	434			289			289					
蒲河宁县庄里至叶王川段防洪治理工程	2496	1590	1590			906	906							
临洮县玉井段防洪治理工程2017	2311	1387	1387			924	924							
武都区白龙江干流鹿坝绸子坝段堤防2017	2358	1454	1454			904			904					
武都区白龙江干流角弓镇汉王镇堤防2017	2191	1315	1315			876			876					

2-3 续表

单位：万元

项目名称	累计安排投资	中央政府投资				地方政府投资				利用外资	企业和私人投资	国内贷款	债券	其他投资
		小计	预算内拨款	中央财政水利专项资金	其他资金	小计	省级政府投资	地市级政府投资	县级政府投资					
文县石坊乡东峪口至大渡坝河道治理工程	413	248	248			165	165							
西和县郭家坝至昌河坝段防洪工程	2369	1393	1393			976			976					
礼县祁山至蒙张段防洪治理工程2017	4433	2660	2660			1773		1773						
礼县蒙张至磨石咀段防洪治理工程2017	698	447	447			251		251						
临夏市大夏河干流祁牟段堤防工程	823	494	494			329			329					
临夏县大夏河干流祁牟至刘家峡水库防洪	872	548	548			324			324					
永靖县湟水干流白川至二房段河堤工程	2628	1726	1726											902
东乡县大夏河折桥至刘家峡水库堤防	1549	1162	1162											387
合作市洮河重要支流治理	3950	2370	2370			1580	1580							
临潭县洮河段防洪2017	2323	1394	1394			929			929					
临潭县洮河干流洮滨防洪堤工程	2001	1200	1200			801	801							
卓尼县洮河干流纳浪段防洪工程2017	339	204	204			135	135							
舟曲县沿川坝段河道治理2017	733	440	440			293	293							
迭部县麻古村至白云段河道治理工程2017	4905	2943	2943			1962			1962					
碌曲县洮河干流城郊段至双岔段防洪治理	4470	2682	2682			1788			1788					
夏河县垂子合大桥至阿一山大桥段治理	1741	1059	1059			682			682					
夏河县大夏河王格尔塘至曲奥段治理	5250	3150	3150			2100			2100					
中小河流治理	128482	102647		102647		20374	15779	1375	3220					5461
榆中县宛川河兴隆峡河道治理工程	200					200		200						
永昌县东大河河流治理	2396	1917		1917		479			479					
白银区西大沟（城区段）护岸工程	1861	1550		1550		311	311							
会宁县东河会师段护岸工程	1146	750		750		183	183							213
秦州区藉河普岔沟至关子段堤防工程	1609	1287		1287		322			322					
秦州区峁水河杨家寺段堤防工程	1992	1594		1594		398	319		79					
清水县后川河王店至王峡段堤防治理工程	648	518		518										130
秦安县清水河五营赵洼大桥至仁义大桥堤防	1732	1250		1250		386	386							96
武山县山丹河滩歌乡元崖至下街堤防工程	1269	750		750		519	415		104					
武山县大南河沿安至四门段堤防工程	1269	750		750		519	415		104					
张家川县清水河西川至马河段治理工程	993	750		750		243	243							

2-3 续表

单位：万元

项目名称	累计安排投资	中央政府投资				地方政府投资				利用外资	企业和私人投资	国内贷款	债券	其他投资
		小计	预算内拨款	中央财政水利专项资金	其他资金	小计	省级政府投资	地市级政府投资	县级政府投资					
张家川县清水河峡口至汪堡段治理工程	1049	750		750		299	299							
凉州区西营河北沙河段防洪治理2017	2856	1500		1500		457	457							899
古浪县古浪河朱家庄-龙泉寺段治理	1620	1150		1150		470	470							
天祝县金强河打柴沟至岔口驿段河道治理	2831	2265		2265										566
甘州区大瓷窑河沙井段河道防洪治理工程	1586	1586		1586										
肃南县隆畅河治理工程补充项目2017	1275	1020		1020		255			255					
肃南县摆浪河河道治理工程	1735	1388		1388		347			347					
民乐县洪水河六坝段河道治理工程2017	1483	1186		1186		297	237		59					
民乐县大堵麻河李寨段河道治理工程2017	1561	1249		1249		312	250		62					
民乐县苏油口至黑崖头村段河道治理2017	1336	1069		1069		267	214		53					
泾川县汭河十里沟至枣林段河堤治理	2370	2370		2370										
泾川县黑河荒场至茜家沟河堤治理工程	1730	1384		1384		346	346							
泾川县洪河河堤治理工程	1296	1080		1080		216	216							
灵台县达溪河县城至百里段河堤治理	2613	2168		2168		445	418		27					
灵台县黑河东门至景家庄段河堤治理	2432	1946		1946		486	389		97					
灵台县达溪河县城至安家庄段河堤治理	2610	2175		2175		435	435							
灵台县黑河安家沟沟口至杜家沟沟口段河堤	230					230			230					
崇信县汭河（九功渠首至野雀沟）河堤治理	2378	2378		2378										
崇信县黑河河堤治理工程	1961	1961		1961										
庄浪县北洛河良邑郭魏至石家窑防洪	2094	1842		1842		252	252							
肃州区中小河流治理项目2017	5260	4208		4208		1052		1052						
玉门市石油河和平营田段河道治理工程	2747	2198		2198		549	440		109					
庆城县柔远河张沟至贾桥护岸工程	2637	2110		2110		527	422		105					
华池县柔远河白家川段护岸工程	2497	1998		1998		499	400		99					
合水县固城河丑家川段护岸工程	2675	2140		2140		428	428							107
宁县中小河流治理项目2017	4933	3946		3946		987	789		198					
镇原县中小河流治理项目2017	7869	6295		6295		1574	1259		315					
定西市关川河小碱沟治理工程2017	1979	1583		1583		396	317	79						
定西市关川河大碱沟治理工程2017	1100	580		580		220	176	44						300

2-3 续表

单位：万元

项目名称	累计安排投资	中央政府投资				地方政府投资				利用外资	企业和私人投资	国内贷款	债券	其他投资
		小计	预算内拨款	中央财政水利专项资金	其他资金	小计	省级政府投资	地市级政府投资	县级政府投资					
通渭县碧玉牛洛河至小河子堤防2017	1050	1050		1050										
通渭县南河陇川蔡家铺村堤防工程2017	1125	1125		1125										
通渭县牛谷河平襄镇店子堤防工程2017	1050	1050		1050										
陇西县西河治理工程2017	1774	1774		1774										
渭源县莲峰河杨家咀至浦川断堤防2017	2209	1767		1767		442	353		89					
漳县漳河韩家庄至三岔段堤防工程2017	2624	1066		1066										1558
漳县漳河三岔至东桥段堤防工程2017	2426	934		934										1492
岷县迭藏河秦许上阿阳至马烨仓堤防2017	1668	1390		1390		278	278							
宕昌县理川河流域治理项目2017	1274	978		978		296	296							
宕昌县理川河流域治理补充项目2017	2476	1730		1730		746	746							
西和县太石河治理工程2017	1497	1037		1037		460	460							
西和县漾水河治理工程2017	2040	1583		1583		457	457							
礼县永坪河石咀至平泉堤防工程2017	2146	1717		1717		429	343		86					
康乐县苏家集苏集段堤防工程2017	750	750		750										
广河县巴谢河甘坪段堤防工程	502	402		402										100
合作市德吾录河卡加防洪工程	922	768		768		154	154							
合作市格河多合儿防洪工程	1070	892		892		178	178							
临潭县斜藏沟治理工程	2608	2173		2173		435	435							
临潭县羊沙河下河段治理工程	1294	1078		1078		216	216							
卓尼县羊沙河恰盖防洪工程	1480	1480		1480										
卓尼县石窖沟藏巴哇防洪工程	850	850		850										
舟曲县拱坝河堤防工程	2840	2367		2367		473	473							
舟曲县中小河流治理项目2017	2000	2000		2000										
迭部县阿夏流域治理工程	2021	1684		1684		337	337							
夏河县博拉河博拉段防洪工程2017	1047	1047		1047										
夏河县格河段防洪工程2017	1047	1047		1047										
甘肃疏勒河灌区三道沟河道治理	2834	2267		2267		567	567							
大中型病险水库除险加固	14142	1874	1874			8968	8968							1300
高台县小海子水库除险加固2017	3300					2000	2000							1300

2-3 续表

单位：万元

项目名称	累计安排投资	中央政府投资				地方政府投资				利用外资	企业和私人投资	国内贷款	债券	其他投资
		小计	预算内拨款	中央财政水利专项资金	其他资金	小计	省级政府投资	地市级政府投资	县级政府投资					
甘肃双塔水库除险加固工程	10842	1874	1874			6968	6968					2000		
大中型病险水闸除险加固	6083	4855	4855			1228			1228					
永昌县金川河工农渠首泄洪闸	2535	2017	2017			518			518					
肃州区红山河青稞地排砂闸除险加固工程	985	788	788			197			197					
肃州区马营河渠首闸除险加固工程	2563	2050	2050			513			513					
山洪灾害防治工程	8193	6927		6927		1249	1204		45					18
兰州市山洪灾害防治项目2017	371	371		371										
嘉峪关市山洪灾害防治项目2017	37	37		37										
金昌市山洪灾害防治项目2017	5	5		5										
金川区山洪灾害防治2017项目(第二批)	17	16		16		1			1					
永昌县山洪灾害防治项目2017	34	34		34										
白银市山洪灾害防治项目2017	346	205		205		141	141							
天水市2017年山洪灾害防治项目	10	10		10										
秦州区山洪灾害防治项目2017	19	19		19										
麦积区山洪灾害防治项目2017	290	290		290										
清水县山洪灾害防治项目2017	237	195		195		42	42							
秦安县山洪灾害防治项目2017	156	156		156										
甘谷县山洪灾害防治项目2017	186	132		132		54	42		12					
武山县山洪灾害防治项目2017	240	192		192		48	42		6					
张家川县山洪灾害防治项目2017	172	130		130		42	42							
凉州区山洪灾害防治项目2017	10	10		10										
古浪县山洪灾害防治项目2017	13	13		13										
天祝县山洪灾害防治项目2017	120	120		120										
甘州区山洪灾害防治2017	154	154		154										
肃南县山洪灾害防治2017	31	31		31		0			0					
民乐县山洪灾害防治2017	81	67		67										14
临泽县山洪灾害防治2017	54	54		54										
高台县山洪灾害防治2017	23	22		22										1
山丹县山洪灾害防治2017	64	64		64										

2-3 续表

单位：万元

项目名称	累计安排投资	中央政府投资				地方政府投资				利用外资	企业和私人投资	国内贷款	债券	其他投资
		小计	预算内拨款	中央财政水利专项资金	其他资金	小计	省级政府投资	地市级政府投资	县级政府投资					
平凉山洪灾害防治项目2017	733	472		472		261	235		26					
酒泉市山洪灾害防治项目2017	627	627		627										
庆阳市山洪灾害防治项目2017	857	617		617		240	240							
安定区山洪灾害防治项目2017	8	8		8										
通渭县山洪灾害防治项目2017	124	124		124										
陇西县山洪灾害防治工程2017	121	121		121										
渭源县山洪灾害防治项目2017	57	12		12		45	45							
临洮县山洪灾害治理项目2017	94	59		59		35	35							
漳县山洪灾害防治项目2017	132	132		132										
岷县山洪灾害防治项目2017	187	142		142		45	45							
陇南市山洪灾害防治项目2017	1062	1062		1062										
临夏州山洪灾害防治项目2017	470	396		396		71	71							3
甘南州山洪灾害防治项目2017	892	668		668		224	224							
甘肃省防办山洪灾害防治项目2017	160	160		160										
其他防洪项目	39868	4779	650		4129	3076		1160	1916			31402		610
城关区2017河道综合整治	160					160		160						
城关区大砂沟洪道永新集团段防洪抢险	304					304		100	204					
嘉峪关讨赖河生态治理洪水槽防冲刷加固	900					900		900						
金昌市国防工业基地蓄洪生态治理	7003											7003		
会宁县康家河综合治理工程	650	650	650											
天水市藉河生态综合治理一期续建工程	24000											24000		
礼县西汉水浅水低坝缓流防冲工程	922					922			922					
临夏县北塬乡塬头路钱家村排水工程	185					185			185					
临夏县漓水名都小区防洪治理工程	399											399		
临夏县15扶贫搬迁韩集镇姚川点防洪治理	761	761			761									
永靖县城北新村防洪排洪治理工程	2272	2168			2168	104			104					
和政县马家堡镇尕河堤防工程	50													50
东乡县卜楞沟泥石流灾害治理项目	500					500			500					
东乡县唐王镇塔石沟泥石流综合治理项目	1200	1200			1200									

2-3 续表

单位：万元

项目名称	累计安排投资	中央政府投资				地方政府投资				利用外资	企业和私人投资	国内贷款	债券	其他投资
		小计	预算内拨款	中央财政水利专项资金	其他资金	小计	省级政府投资	地市级政府投资	县级政府投资					
积石山县易地搬迁安置点河堤工程2016	560													560
灌溉除涝项目	1045567	568300	268109	268277	31913	239915	89271	64558	86087	23723	1980	173809	8000	29840
灌区建设工程	124574	97719	97719			22672	580		22092					4183
永昌县西河灌区续建配套节水改造	24443	18795	18795			5648			5648					
永昌县东河灌区续建配套节水改造	21534	16487	16487			5047			5047					
甘州区西浚灌区续建配套节水改造	5826	4661	4661			1165			1165					
甘州区大满灌区续建配套节水改造	9174	7339	7339			1835			1835					
民乐县大堵麻灌区续建配套节水改造	16843	13374	13374			3469			3469					
临泽县梨园河灌区续建配套节水改造	7918	6334	6334			1584			1584					
山丹县马营河灌区续建配套节水改造	23512	18710	18710			619	580		39					4183
肃州区洪临灌区续建配套与节水改造	15324	12019	12019			3305			3305					
节水灌溉工程	55242	15966	8766	7200		15551	9049	5116	1386	23723				1
榆中县小型农田水利建设项目2017	732					732		36	696					
平川区旱坪川灌区农业综合开发	660	500		500		160	160							
靖远县靖乐渠灌区农业综合开发	1320	1000		1000		320	320							
凉州区以色列政府贷款农田水利建设项目	3040									3040				
民勤县以色列政府贷款农田水利建设	4833									4833				
古浪县以色列政府贷款农田水利建设	4093									4093				
高台县六坝灌区农业综合开发2017	1400	1000		1000		400	320		80					
高台县罗城灌区农业综合开发2017	1400	1000		1000		400	320		80					
庄浪县水洛河灌区节水配套改造项目	1400	1000		1000		400	400							
静宁县东峡灌区农业综合开发	1400	1000		1000		400	400							
肃州区清水河灌区节水农业综合开发	462	350		350		112	112							
金塔县黑河灌区农业综合开发项目	490	350		350		140	140							
金塔县以色列政府贷款农田水利建设	3600									3600				
玉门市以色列政府贷款农田水利建设项目	3703					241			241	3462				
敦煌市以色列政府贷款农田水利建设	4696									4696				
合水县扶贫高效节水灌溉项目	503					502	502							1
正宁县西坡镇月南村樱桃园灌溉工程	289					289			289					

2-3 续表

单位：万元

项目名称	累计安排投资	中央政府投资				地方政府投资				利用外资	企业和私人投资	国内贷款	债券	其他投资
		小计	预算内拨款	中央财政水利专项资金	其他资金	小计	省级政府投资	地市级政府投资	县级政府投资					
石羊河流域重点治理（省景电）2013	19821	8766	8766			11055	6055	5000						
玉门市花海灌区农业综合开发	1400	1000		1000		400	320	80						
小型农田水利建设	237063	163179		163179		54755	31502	4951	18302		1980	8076		9072
七里河区农田水利设施维修养护项目2017	39	39		39										
西固区高效节水灌溉项目2017	1955	1086		1086		869	213	264	392					
西固区农田水利设施维修养护项目2017	120	120		120										
永登县高效节水项目柳树镇红砂川村	172	116		116		56	28	20	8					
永登县高效节水项目坪城乡灌溉工程	5787	740		740		5047	140	3340	1567					
皋兰县年高效节水项目2017	850	750		750		100		100						
皋兰县农田水利设施维修养护项目2017	147	60		60		87		87						
榆中县高效节水灌溉项目2017	5575	1326		1326		4249	261	340	3648					
榆中县农田水利设施维修养护项目2017	65	65		65										
嘉峪关市节水灌溉及维修养护2017	3590	2726		2726		491	441	50			373			
金川区农田水利设施建设（第二批）2017	3779	2591		2591		683	509		174					505
金川区农业水价综合改革建设（第二批）	360	360		360										
金川区农田水利设施建设2017	1875	1000		1000		659	500		159					216
永昌县高效节水灌溉新增2017	18087	9855		9855		1950	1950					6107		175
永昌县小型农田水利设施建设2017	1675	1000		1000		530	500		30					145
永昌县农业水价综合改革2017	100	100		100										
永昌县中央财政维修养护2017	150	150		150										
白银市靖会灌区水利工程设施维修养护	210	210		210										
白银市兴电灌区水利工程设施维修养护	210	210		210										
白银区五小水利工程2016	1500	1000		1000		500	500							
白银区高效节水灌溉项目	550	383		383		127	76		51		40			
白银区水利工程设施维修养护项目	48	48		48										
平川区农业水价项目	900	900		900										
平川区高效节水灌溉项目	895	748		748		147	147							
平川区水利工程设施维修养护项目	80	80		80										
靖远县高效节水灌溉项目	2194	1467		1467		288	288							439

2-3 续表

单位：万元

项目名称	累计安排投资	中央政府投资				地方政府投资				利用外资	企业和私人投资	国内贷款	债券	其他投资
		小计	预算内拨款	中央财政水利专项资金	其他资金	小计	省级政府投资	地市级政府投资	县级政府投资					
靖远县水利工程设施维修养护项目	70	70		70										
会宁县水利工程设施维修养护项目	55	55		55										
会宁县高效节水灌溉项目	1930	1541		1541		302	302							87
景泰县高效节水灌溉项目	2403	1876		1876		368	368				159			
景泰县小型农田水利设施补助	500	500		500										
景泰县水利工程设施维护项目	151	150		150		1			1					
秦州区天水镇杨家湾高效节水灌溉工程2017	450	396		396		54			54					
秦州区汪川镇杏树梁高效节水灌溉工程	1116	813		813		303			303					
麦积区石佛镇盛龙高效节水灌溉工程2017	2339	1592		1592		747	313		434					
麦积区小型农田水利设施补助2016	1524	1100		1100		424	150		274					
麦积区渭南镇南山高效节水灌溉工程2017	1236	1050		1050		186			186					
清水县王家山高效节水灌溉项目2017	554	450		450										104
秦安县五小水利工程2016	1500	1000		1000		500	500							
秦安县高效节水灌溉项目2017	1533	1022		1022		201	201							310
秦安县农田水利设施维修养护项目2017	110	110		110										
甘谷县高效节水灌溉工程2017	1042	778		778		264	153		111					
甘谷县水利工程维修养护项目2017	229					229	70		159					
武山县农业水价综合改革试点项目	510	500		500										10
武山县小型农田水利设施补助2016	500	500		500										
武山县高效节水灌溉项目2017	1121	552		552		569	108		461					
武山县农田水利设施维修养护项目2017	40	40		40										
张家川县高效节水灌溉项目2017	578	483		483		95	95							
凉州区高效节水灌溉发展项目2017	17540	13175		13175		2586	2586							1779
凉州区农业水价综合改革项目2017	1950	1950		1950										
凉州区水利工程养护维修项目2017	160	160		160										
民勤县公益性水利工程维修养护2017	160	160		160										
民勤县农业水价综合改革项目2017	1150	1150		1150										
民勤县中央财政农田水利设施建设2017	1500	1000		1000		500	500							
民勤县节水增效高效节水灌溉项目2017	9286	7762		7762		1524	1524							

2-3 续表

单位：万元

项目名称	累计安排投资	中央政府投资				地方政府投资				利用外资	企业和私人投资	国内贷款	债券	其他投资
		小计	预算内拨款	中央财政水利专项资金	其他资金	小计	省级政府投资	地市级政府投资	县级政府投资					
古浪县中央财政小型农田水利建设项目	2678	2678		2678										
古浪县节水增效高效节水灌溉项目2017	4403	3681		3681		722	722							
古浪县中央财政农田水利设施建设2017	1500	1000		1000		500	500							
古浪县农业水价综合改革试点2017	860	860		860										
古浪县农田水利设施维修养护2017	80	80		80										
天祝县农业水价综合改革试点项目2017	1000	900		900										100
天祝县节水增效高效节水灌溉项目2017	2422	2001		2001										421
张掖市水利维修养护2017	250	250		250										
甘州区高效节水灌溉2017	9378	6364		6364		3014	1249		1765					
甘州区农田水利和水价改革2017	1540	1540		1540										
甘州区水利维修养护2017	100	100		100										
肃南县农田水利和水价改革2017	1428	900		900		528	150		378					
肃南县水利维修养护2017	95					95	90		5					
民乐县2017小型农田水利建设（七）	1030	600		600		300	300							130
民乐县农田水利和水价改革2017	1091	1090		1090										1
民乐县水利工程维修养护2017	166	130		130		36			36					
临泽县农田水利和水价改革2017	630	630		630										
临泽县高效节水灌溉2017	1470	1020		1020		200	200							250
高台县2017高效节水灌溉	1674	1141		1141		224	224							309
高台县小型农田水利设施补助2016	1134	1000		1000										134
高台县2017小型农田水利建设（七）	1754	1000		1000		500	500							254
高台县农田水利和水价改革2017	2270	1970		1970		300	300							
山丹县小型农田水利建设2017	1975	1000		1000		800	500		300					175
山丹县高效节水灌溉2016	2131	1200		1200		800	600		200					131
山丹县2015年新增农田水利设施建设2016	2105	1000		1000		900	500		400					205
山丹县小型农田水利重点县2016	2897	1700		1700		1100	900		200					97
山丹马场高效节水灌溉2016	1570	400		400		300	300				870			
山丹马场小型农田水利重点县2016	1382	800		800		400	400				182			
山丹县小型农田水利设施补助2016	1356	1000		1000							356			

2-3 续表

单位：万元

项目名称	累计安排投资	中央政府投资				地方政府投资				利用外资	企业和私人投资	国内贷款	债券	其他投资
		小计	预算内拨款	中央财政水利专项资金	其他资金	小计	省级政府投资	地市级政府投资	县级政府投资					
山丹县农田水利和水价改革2017	1001	900		900		101	100		1					
山丹县高效节水灌溉2017	2000	1255		1255		546	246		300					199
山丹县高效节水灌溉2017（二）	1895	1140		1140		650	550		100					105
崆峒区农业水价改革及节水灌溉2017	1666	1372		1372		171	171							123
泾川县五小水利工程2016	1500	1000		1000		500	500							
泾川县农田水利设施建设项目2017	1568					1568	1500		68					
泾川县高效节水灌溉项目2017	740	549		549		191	108		83					
灵台县高效节水灌溉项目2017	3420	2859		2859		561	561							
灵台县五小水利工程2016	1500	1000		1000		500	500							
灵台县农田水利设施维修养护项目(第二批)	110	110		110										
崇信县高效节水灌溉项目2017	1183	1044		1044		56	52		4					83
华亭县农田水利设施维修及节水2017	1661	1110		1110		551	188		363					
庄浪县农田水利设施维修养护及节水灌溉	1070	657		657		413	107		306					
庄浪县小型农田水利设施补助2016	812	800		800		12			12					
静宁县高效节水灌溉项目2017	979	677		677		302	133		169					
静宁县农田水利工程维修养护项目（第二批）	45	45		45										
酒泉市公益性工程维修养护项目2017	180	180		180										
肃州区节水灌溉和水价改革2017	10556	7292		7292		3264			3264					
金塔县节水灌溉和水价改革2017	2813	1930		1930		572	500		72					311
瓜州县节水灌溉和水价改革2017	3096	2426		2426		670	329		341					
肃北县水价改革和维修养护2017	165	150		150		15			15					
阿克塞县水价改革和维修养护2017	160	150		150		10			10					
玉门市节水灌溉和水价改革2017	8714	6386		6386		1436	1339		97					893
敦煌市农业水价综合改革2017	410	410		410										
敦煌市水利工程维修养护2017	100					100	100							
西峰区高效节水灌溉项目2017	1746	1003		1003		197	197							546
庆城县高效节水及维修养护2017	1132	785		785		347	144		203					
环县高效节水及维修养护2017	1119	702		702		417	148		269					
华池县高效节水及维修养护2017	1088	725		725		363	113		250					

2-3 续表

单位：万元

项目名称	累计安排投资	中央政府投资				地方政府投资				利用外资	企业和私人投资	国内贷款	债券	其他投资
		小计	预算内拨款	中央财政水利专项资金	其他资金	小计	省级政府投资	地市级政府投资	县级政府投资					
合水县高效节水灌溉项目2017	949	752		752		148	148							49
正宁县高效节水灌溉项目2017	815	517		517		298	101		197					
宁县高效节水及水价改革2017	3701	3353		3353		239	228		11					109
镇原县高效节水灌溉项目2017	3299	2678		2678		587	291		296					34
定西市香泉地下井计量设施维修养护2017	110	110		110										
安定区引洮一期支渠及田间配套改建2017	127	127		127										
安定区地下井计量设施维修养护项目2017	193	193		193										
通渭县锦屏水库灌区维修项目2017	55	55		55										
通渭县民尧大河滩康家岻小型水库维修	170	170		170										
陇西县灌溉维修养护工程2017	302	302		302										
渭源县峡口水库维修项目2017	151	150		150		1			1					
渭源县石门灌区维修养护项目2017	339	330		330		9			9					
临洮县高效节水灌溉项目2017	2940	2458		2458		482	482							
临洮县小型水利工程建设项目2017	320	320		320										
武都区农田水利维修养护2017	160	160		160										
武都区高效节水灌溉项目2017	1314	915		915		399	180		219					
宕昌县贫困村基础设施建设灌溉工程	1969											1969		
西和县高效节水灌溉工程2017	718	600		600		118	118							
礼县高效节水项目2017	2043	1505		1505		538	295		243					
徽县农村饮水工程（农田水利）2017	1539	1539		1539										
临夏市农田水利维修养护工程2017	600	200		200		400		400						
永靖县1-5万亩灌区改造2016	615	400		400		210	200		10					5
广河县五小水利工程2016	1512	1000		1000		512	500		12					
广河县小型农田水利设施补助2016	558	500		500		58			58					
和政县五小水利工程2016	1509	1000		1000		500	500							9
和政县水利维修养护项目第二批2017	65	65		65										
和政县高效节水灌溉工程2017	350	252		252		49	49							49
卓尼县农田水利维修工程2017	215	190		190		25			25					
舟曲县农田水利设施维修2017	200	200		200										

2-3 续表

单位：万元

项目名称	累计安排投资	中央政府投资				地方政府投资				利用外资	企业和私人投资	国内贷款	债券	其他投资
		小计	预算内拨款	中央财政水利专项资金	其他资金	小计	省级政府投资	地市级政府投资	县级政府投资					
舟曲县五小水利工程2016	750	500		500		250	250							
玛曲县农田水利设施维修及节水2017	797	681		681		116	116							
省农垦山丹农场小型农田水利重点县2016	1279	500		500		200	200							579
省景电灌区维修养护2017年项目（第二批）	400	400		400										
省疏管局农田水利维修养护2017	300	300		300										
兰州新区高效节水灌溉2016	1750	1000		1000		750	400	350						
水库工程	361626	124100	27390	75157	21553	68156	32192	23428	12536			159289		10080
景泰县正路工业园区调蓄水库工程	6653					2000			2000			1000		3653
秦州区关峡水库	6570	4500		4500		2070			2070					
秦安县西小河小湾河水库	5200	5200		5200										
张家川县富川水库（抗旱规划内）	10256	5684		5684		4572	3692		880					
民勤县红崖水库加高扩建工程	45600	27390	27390			18210	11000	7210						
民乐县山城河水库	7916	7916		7916										
山丹县白石崖水库(抗旱规划内)	14112	5685		5685		2000	2000							6427
崆峒区北杨涧水库（抗旱规划内）	9881	5685		5685								4196		
泾川县朱家涧水库（抗旱规划内）	9226	8226		8226								1000		
灵台县新集水库工程	32600					1500	1500					31100		
崇信县关河水库（抗旱规划内）	6591	6591		6591										
庄浪县花崖河水库（抗旱规划内）	9057	5685		5685								3372		
阿克塞县红柳湾抗旱调蓄水库工程	4771											4771		
庆阳市巴家嘴水库新增调蓄(五台山水库)	13000											13000		
庆阳市小盘河水库及供水工程	58200											58200		
庆阳市莲花寺水库及供水工程	23450	3300		3300								20150		
庆城县纸坊沟水库（抗旱规划内）	6825	5685		5685		1140			1140					
成县磨坝峡（水源水库）工程	27999	21553			21553	6446			6446					
康乐县鸣鹿水库（抗旱规划）	11000	11000		11000										
兰州新区2号3号石门沟水库工程	36500					14000	14000					22500		
兰州新区生态灌溉7号单体湖调蓄工程	16218					16218		16218						
泵站工程	168492	134234	134234			33279	10015	16294	6970					979

2-3 续表

单位：万元

项目名称	累计安排投资	中央政府投资				地方政府投资				利用外资	企业和私人投资	国内贷款	债券	其他投资
		小计	预算内拨款	中央财政水利专项资金	其他资金	小计	省级政府投资	地市级政府投资	县级政府投资					
兰州市大砂沟泵站更新改造工程	9600	7400	7400			2200		2200						
七里河区西津灌区大型泵站更新改造	7038	5350	5350			1688		844	844					
兰州市工农坪泵站更新改造工程	5354	4283	4283			1071		535	536					
兰州市榆中三电泵站更新改造工程	24564	19650	19650			3935		3835	100					979
白银市靖会泵站更新改造工程	21375	17100	17100			4275		4275						
白银市兴电泵站更新改造工程	21375	17100	17100			4275		4275						
靖远县刘川泵站更新改造工程	10625	8500	8500			2125			2125					
靖远县中堡泵站更新改造工程	3125	2500	2500			625			625					
景泰县中泉泵站更新改造工程	9796	7837	7837			1959		80	1879					
平凉市白庙泵站更新改造工程	4304	3443	3443			861			861					
甘肃省景电泵站更新改造工程	51336	41071	41071			10265	10015	250						
其他灌溉除涝项目	98570	33101		22741	10360	45501	5933	14768	24800			6444	8000	5525
城关区皋兰山灌区东、西盘渠改造工程	499					499		300	199					
七里河区2017一事一议项目	1262					774	426	178	171					487
七里河区2017乡镇实施水利工程项目	1197					1197			1197					
榆中县三电东干十五支渠小康营上水工程	4392					4392			4392					
榆中县三电东干末级泵站改建工程	2924					2924			2924					
嘉峪关农业综合开发高标准农田建设2017	755	606		606		149	127	22						
嘉峪关新城镇高标准基本农田建设项目	500	500			500									
白银市兴电灌区渠道维修工程	1000					1000	1000							
靖远县刘川易地扶贫搬迁项目供水工程	2050											2050		
靖远县东湾大坝电灌渠道维修养护工程	100					100	100							
景泰县千亿斤粮食生产能力建设项目	1450	1160			1160	290			290					
景泰县精准扶贫寺滩引水工程	8000												8000	
景泰县财政涉农资金支持贫困村水利设施	6053					6053			6053					
景泰县草窝滩镇排水工程	2100					2100	1500		600					
秦安县农田水利设施建设项目2017	1549					1500	1500							49
凉州区国土部门高标准农田建设(水利部分)	3130	3130			3130									
凉州区新增1000亿斤粮田间工程建设	990	990			990									

2-3　续表

单位：万元

项目名称	累计安排投资	中央政府投资				地方政府投资				利用外资	企业和私人投资	国内贷款	债券	其他投资
		小计	预算内拨款	中央财政水利专项资金	其他资金	小计	省级政府投资	地市级政府投资	县级政府投资					
古浪县黄花滩总干二支渠（管）工程	2022											2022		
古浪县黄花滩北一、二支渠(管)工程	4800					4800			4800					
古浪县生态移民黄花滩灌区调蓄水池	4177					2086			2086			2091		
古浪县农田灌溉设施维修2017	200					200			200					
肃州区洪临灌区渠道量测水设施项目	349					349		349						
瓜州县疏勒河移民乡镇斗渠改造	900					900			900					
肃北县农村环境整治渠系维修改造一期	590													590
敦煌市党河灌区西干渠改建工程	930					930	500		430					
临夏市刘临路支渠改建工程	281											281		
临夏市南川灌区引水枢纽及总干渠改造工程	809	200			200	609	50		559					
永靖县刘盐八地质灾害灌区节水改造工程	22135	22135		22135										
永靖县刘盐八库区库岸治理工程（一期）	2000	2000			2000									
永靖县盐锅峡党川3村灌溉设施应急修复	206	205			205									1
永靖县红柳台电灌改扩建工程	4715	350			350									4365
东乡县2016年赵家乡高标准农田建	331	215			215	86	86							30
东乡县2016年东塬乡高标准农田建设	983	700			700	280	280							3
东乡县年坪庄乡高标准农田建设2017	1274	910			910	364	364							
兰州新区南部生态绿化2#供水管线工程	7696					7696		7696						
兰州新区引大东二干十七支渠改造工程	6223					6223		6223						
供水项目	2201350	629501	626232	519	2750	795810	520328	170175	105307		16328	687546	41931	30234
引水（调水）工程	1904352	612632	612632			679457	507708	158269	13480		15800	562763	33000	700
兰州市水源地建设工程	560000					138350		138350				421650		
引洮供水一期榆中县配套工程	68038					13738	7590	3100	3048		2800	31500	20000	
榆中县青城灌溉水源工程	1766					1766			1766					
引洮一期工程会宁北部供水工程	83056	52000	52000			31056	24000	7056						
肃北县马鬃山镇供水工程	34500					6952			6952		13000	14548		
庆阳市盐环定扬黄续建工程调概算	4611					3500	3000	500				1111		
两当县徐杨河引水工程（一期）	150					150			150					
积石山引水工程	43000	19300	19300			15000	15000					5000	3000	700

2-3 续表

单位：万元

项目名称	累计安排投资	中央政府投资				地方政府投资				利用外资	企业和私人投资	国内贷款	债券	其他投资
		小计	预算内拨款	中央财政水利专项资金	其他资金	小计	省级政府投资	地市级政府投资	县级政府投资					
临夏州引黄济临供水工程	66863	34000	34000			22863	19000	3863					10000	
甘南州引洮（博）济合供水工程	63970	22700	22700			32316	32316					8954		
玛曲县县城引水工程	7996	6432	6432			1564			1564					
甘肃引洮供水一期工程	502102	258200	258200			243902	238502	5400						
甘肃引洮供水二期工程	330000	220000	220000			110000	110000							
天水市城区引洮供水工程	91300					41300	41300					50000		
引洮供水二期配套城乡供水工程	47000					17000	17000					30000		
农村饮水安全巩固提升工程建设	144732	13600	13600			78377	6080	3846	68451			29240		23515
西固区农村饮水安全巩固提升工程2017	426	36	36			390		390						
永登县农村饮水安全巩固提升工程2017	1547	713	713			834		545	289					
皋兰县农村饮水安全巩固提升2017	829	61	61			768		468	300					
榆中县农村饮水安全巩固提升工程2017	1558	114	114			1444		390	1054					
永昌县农村饮水安全巩固提升2017	466	34	34			432			432					
白银区农村饮水安全巩固提升2017	913	67	67			846			846					
平川区农村饮水安全巩固提升2017	131	131	131											
靖远县农村饮水安全巩固提升2017	1414	114	114			1300	1300							
会宁县农村饮水安全巩固提升2017	6218	454	454											5764
景泰县农村饮水安全巩固提升2017	4232	309	309											3923
秦州区农村饮水安全巩固提升工程2017	2083	152	152			1931			1931					
麦积区农村供水巩固提升工程2017	4395	277	277			4118			4118					
清水县农村饮水安全巩固提升工程2017	2003	136	136			1867	1867							
秦安县农村饮水安全巩固提升工程2017	3199	233	233			2856			2856					110
甘谷县农村饮水安全巩固提升工程2017	2694	196	196			2498			2498					
武山县农村饮水安全巩固提升工程2017	1608	163	163			1445			1445					
张家川县农村饮水安全巩固提升工程2017	382	32	32			254	254							96
凉州区农村饮水安全巩固提升工程2017	3508	256	256			3252			3252					
民勤县农村饮水安全巩固提升工程2017	5800	423	423			5377			5377					
古浪县农村饮水安全巩固提升2017	584	584	584											
天祝县农村饮水安全巩固提升工程2017	708	52	52											656

2-3 续表

单位：万元

项目名称	累计安排投资	中央政府投资				地方政府投资				利用外资	企业和私人投资	国内贷款	债券	其他投资
		小计	预算内拨款	中央财政水利专项资金	其他资金	小计	省级政府投资	地市级政府投资	县级政府投资					
甘州区农村饮水安全巩固提升2017	1273	92	92			681	681							500
肃南县农村饮水安全巩固提升2017	825	71	71			754			754					
民乐县农村饮水安全巩固提升2017	800	58	58			449	449							293
山丹县农村饮水安全巩固提升2017	1006	73	73											933
崆峒区年农村饮水安全巩固提升2017	755	55	55			700			700					
泾川县北部农村饮水安全巩固提升工程	335	82	82			253		253						
灵台县农村饮水安全巩固提升工程2017	1128	82	82			1046			1046					
崇信县农村饮水安全巩固提升工程2017	1442	112	112									1330		
华亭县牛舌堡水厂巩固提升工程	354	37	37			317			317					
庄浪县农村饮水安全项目2017	1093	80	80			1013			1013					
静宁县农村饮水安全巩固提升工程2017	2631	192	192			2439			2439					
肃州区农村饮水巩固提升2017	102	73	73			29			29					
金塔县农村饮水安全巩固提升2017	188	31	31			157			157					
瓜州县农村饮水安全巩固提升2017	483	35	35			448			448					
肃北县农村饮水安全提升工程2017	85	6	6											79
阿克塞县农村饮水安全巩固提升2017	176	13	13									163		
玉门市农村饮水安全巩固提升工程2017	505	37	37			468			468					
敦煌市农村饮水安全巩固提升2017	225	19	19			206			206					
西峰区农村饮水安全巩固提升工程2017	490	36	36			454		200	254					
庆城县农村饮水安全巩固提升工程2017	5869	566	566			5303		190	5113					
环县农村饮水安全巩固提升工程2017	8251	82	82			8169		260	7909					
华池县农村饮水安全巩固提升工程2017	5352	790	790			4562		90	4472					
合水县农村饮水安全巩固提升工程2017	1253	91	91			1162		120	1042					
正宁县农村饮水安全巩固提升工程2017	484	35	35			449		170	279					
宁县农村饮水安全巩固提升工程2017	1865	136	136			1729	1339	390						
镇原县农村饮水安全巩固提升工程2017	2460	180	180			2180		380	1800					100
通渭县年农村饮水安全巩固提升2017	888	398	398			490			490					
陇西县农村饮水安全巩固提升工程2017	5011	511	511			3000			3000					1500

2-3 续表

单位：万元

项目名称	累计安排投资	中央政府投资				地方政府投资				利用外资	企业和私人投资	国内贷款	债券	其他投资
		小计	预算内拨款	中央财政水利专项资金	其他资金	小计	省级政府投资	地市级政府投资	县级政府投资					
渭源县农村饮水安全巩固提升工程2017	5103	350	350			4753			4753					
临洮县农村饮水安全巩固提升工程2017	5328	835	835											4493
漳县农村饮水安全巩固提升工程2017	189	189	189											
武都区农村饮水安全巩固提升工程2017	2987	215	215									2772		
宕昌县农村饮水安全巩固提升2017	3753	274	274			3479			3479					
成县农村饮水安全巩固提升工程2017	2576	188	188			2388			2388					
文县农村饮水安全巩固提升工程2017	2853	208	208											2645
西和县农村饮水安全巩固提升工程	8162	595	595									7567		
礼县农村饮水安全巩固提升工程2017	3837	516	516									3321		
两当县农村饮水安全巩固提升2017	2304	105	105											2199
徽县农村饮水安全巩固提升2017	5139	179	179									4960		
康乐县农村饮水安全巩固提升工程2017	3523	277	277									3023		223
永靖县农村饮水安全巩固提升工程2017	518	518	518											
和政县农村饮水安全巩固提升工程2017	6418	313	313									6105		
积石山县农村饮水安全巩固提升2017	218	218	218											
合作市农村饮水安全巩固提升2017	417	15	15			402			402					
临潭县农村饮水安全巩固提升2017	254	19	19			235			235					
卓尼县农村饮水安全巩固提升2017	203	14	14			189	189							
舟曲县农村饮水安全巩固提升2017	188	14	14			174			174					
迭部县农村饮水安全巩固提升2017	171	12	12			159			159					
玛曲县农村饮水安全巩固提升2017	125	9	9			116			116					
碌曲县农村饮水安全巩固提升2017	188	9	9			179			179					
夏河县农村饮水安全巩固提升2017	250	18	18			232			232					
抗旱工程	549	519		519								30		
会宁县郭城驿镇抗旱应急水源工程	30											30		
泾川县抗旱应急水源引调提水项目	519	519		519										
其他供水工程	151716	2750			2750	37976	6540	8060	23377		528	95513	8931	6019
皋兰县山字墩水库-县城段输水管道改造	4486					3007			3007			1479		

2-3 续表

单位：万元

项目名称	累计安排投资	中央政府投资				地方政府投资				利用外资	企业和私人投资	国内贷款	债券	其他投资
		小计	预算内拨款	中央财政水利专项资金	其他资金	小计	省级政府投资	地市级政府投资	县级政府投资					
金昌市城市应急备用水源	5212											212	4000	1000
张家川县东峡水库城区供水设施改造工程	212					212			212					
古浪县黄花滩移民点自来水供应服务站	149											149		
古浪县古丰乡西山堡村收缩安置点供水	121					121			121					
古浪县绿洲生态移民搬迁财力补助供水	2426											2426		
古浪县绿洲生态移民小城镇供水工程	4086											4086		
古浪黄花滩1、2、8、9移民点养殖区供水	1082											1082		
庆城县小型扶贫水利项目2017	551	551			551									
环县县级自筹水利建设项目2017	6331					6331			6331					
合水县农业综合开发建设项目2017	1316	940			940	376	376							
正宁县精准扶贫农村饮水安全工程2017	675					675			675					
镇原县小型水利工程2017	1697	59			59	1638			1638					
武都区坪垭藏族乡整乡易地搬迁饮水工程	490											490		
武都区供水扩建工程	9648					9648			9648					
宕昌县贫困村社基础设施建设饮水安全	4760											4760		
康县贫困村基础设施建设饮水安全工程	2130											2130		
永靖县精准脱贫农村饮水安全补充工程	715					715			715					
和政县新庄中良村吓沟等3社饮水工程	35													35
东乡县中部农村饮水安全巩固提升一期	4931												4931	
东乡县农村供水骨干调蓄工程北部片区	849					525	496		29					324
东乡县布楞沟流域农村供水改造工程	528										528			
东乡县农村管网延伸改造16-17扶贫饮水	1668					1668	1668							
积石山县小型集中及分散供水改造工程	4038													4038
积石山县易地搬迁安置点人饮工程2016	240													240
积石山县城区供水水源改扩建工程	7082	1200			1200	1000			1000			4500		382
武威市黄羊土门组团供水项目杂木河供水	77200					4000	4000					73200		
华亭县安口镇应急引水工程	1000											1000		
兰州新区城际铁路沿线绿化项目水利工程	5404					5404		5404						

2-3 续表

单位：万元

项目名称	累计安排投资	中央政府投资				地方政府投资				利用外资	企业和私人投资	国内贷款	债券	其他投资
		小计	预算内拨款	中央财政水利专项资金	其他资金	小计	省级政府投资	地市级政府投资	县级政府投资					
兰州新区职教园区景观水系供水工程	2656					2656		2656						
水务项目	106594	10287	860	750	8677	18051	4490		13561			72459		5797
自来水厂建设	20580	480			480	6500			6500			13600		
庄浪县南坪水厂改扩建及管网工程	1600											1600		
华池县自来水厂管网改造工程	6500					6500			6500					
崆峒区韩家沟水厂供水工程（一期）	9680	480			480							9200		
山丹县第二给水厂建设工程	2800											2800		
城镇供水管线建设	46676	350	350			4400	4400					36879		5047
天水市藉口水厂至西十里供水管道工程	17929											17929		
清水县城区供水工程	12041					2000	2000					5000		5041
清水县城区自来水管网扩建工程	1707	350	350			400	400					950		7
古浪县大靖镇供水改扩建工程	8000											8000		
庆城县城区供水输水管道工程（环县段）	7000					2000	2000					5000		
污水处理工程建设	39337	9457	510	750	8197	7151	90		7061			21980		750
平凉市天雨污水处理厂提标改造扩建工程	5380											5380		
华池县乡镇河道污水收集建设工程	1238					1238			1238					
镇原县巴家咀上游截污及三岔镇雨污分流	13702	8197			8197	5505			5505					
民勤红沙岗污水处理厂及中水回用贮水池	17600	750		750								16100		750
华亭县城区生活污水处理厂中水回用项目	590					90	90					500		
临洮县污水处理厂配套管网工程	827	510	510			317			317					
非常规水资源利用项目	642											642		
雨水集用	642											642		
礼县农村饮水安全集雨水窖工程	642											642		
水电开发利用	10560	3742		3742							5714	1104		
水电增效扩容	10560	3742		3742							5714	1104		
永昌县头坝二号水电站增效扩容改造	1310	624		624							686			
肃州区丰乐河水电站增效扩容及生态修复	534	130		130							404			
金塔县解放村水电站增效扩容改造	614	229		229							385			

2-3 续表

单位：万元

项目名称	累计安排投资	中央政府投资				地方政府投资				利用外资	企业和私人投资	国内贷款	债券	其他投资
		小计	预算内拨款	中央财政水利专项资金	其他资金	小计	省级政府投资	地市级政府投资	县级政府投资					
肃北县拉排一级水电站增效扩容及生态修复	1686	531		531							51	1104		
敦煌市党河水电站增效扩容改造	1831	548		548							1283			
敦煌市南湖店水电站增效扩容改造	816	232		232							584			
成县飞龙峡水电站增效扩容及生态修复	75	75		75										
文县哈南水电站增效扩容及生态修复	307	22		22							285			
文县肖家山水电站增效扩容及生态修复	115	115		115										
礼县红崖二级水电站河流生态修复工程	22	22		22										
礼县大滩水电站增效扩容改造工程	126	126		126										
礼县大滩水电站河流生态修复工程	19	19		19										
礼县红崖二级水电站增效扩容改造项目	140	140		140										
和政县闫蔡坪水电站增效扩容改造	465	135		135							330			
舟曲县插岗一级水电站增效扩容及生态修复	780	108		108							672			
舟曲县驼骆坝水电站增效扩容及生态修复	148	148		148										
夏河县白土坡水电站	1572	538		538							1034			
水保及生态保护	269540	155057	98529	38146	18382	61186	12911	5192	43083		1745	22895	2000	26656
水土流失治理	65527	50146	22500	27646		7762	2615	1440	3707					7619
榆中县坡耕地水土流失综合治理工程2017	625	500	500			125		50	75					
榆中县病险淤地坝除险加固工程2017	200	160		160		40	6		34					
嘉峪关讨赖河南岸水土保持提升工程	330					330	140	190						
平川区水土保持项目	200	200		200										
靖远县省级水土保持补偿费建设项目	75					75	75							
靖远县北湾镇水土保持项目2016	600	420		420		18	18							162
会宁县坡耕地水土流失综合治理2017	625	500	500			125			125					
会宁县水土保持重点建设2017	1429	1000		1000		43	43							386
景泰县国家水土保持重点工程	429	300		300		14	14							115
秦州区坡耕地水土流失综合治理工程2017	1251	1000	1000			251			251					
麦积区水土保持重点工程2017	300	300		300										
清水县水土保持重点工程2017	286	200		200		56	10		46					30

2-3 续表

单位：万元

项目名称	累计安排投资	中央政府投资				地方政府投资				利用外资	企业和私人投资	国内贷款	债券	其他投资
		小计	预算内拨款	中央财政水利专项资金	其他资金	小计	省级政府投资	地市级政府投资	县级政府投资					
清水县坡耕地水土流失综合治理工程2017	937	750	750			97			97					90
秦安县水土保持重点工程2017	400	400		400										
甘谷县坡耕地水土流失综合治理2017	937	750	750			187			187					
武山县坡耕地水土流失综合治理工程2017	937	750	750			187		65	122					
张家川县水土保持重点工程2017	429	300		300		14	14							115
古浪县水土保持重点治理项目2017	200	200		200										
天祝县2017年水土保持重点工程	200	200		200										
肃南县水土保持重点工程2017	286	200		200		86			86					
崆峒区农业综合开发黄土高原保护2017	1050	750		750		300	240	30	30					
崆峒区坡耕地水土流失治理2017	625	500	500											125
泾川县农业综合开发黄土高原保护2017	1069	750		750		300	240		60					19
泾川县病险淤地坝除险加固工程2017	275	220		220		55	7		48					
灵台县农业综合开发黄土高原保护2017	1053	750		750		300	240		60					3
灵台县坡耕地水土流失治理2017	625	500	500											125
崇信县坡耕地水土流失治理2017	625	500	500											125
崇信县农业综合开发黄土高原保护2017	1053	750		750		300	240		60					3
崇信县病险淤地坝除险加固工程2017	110	88		88		22			22					
华亭县水土保持重点工程2017	421	295		295										126
庄浪县水土保持重点建设工程2017	1000	700		700		31	31							269
庄浪县病险淤地坝除险加固工程2017	485	388		388		97	11		86					
静宁县坡耕地水土流失治理2017	1251	1000	1000											251
静宁县坡耕地水土流失治理2016	1250	1000	1000											250
西峰区农业综合开发黄土高原保护2017	1413	1000		1000		400	320	40	40					13
西峰区病险淤地坝除险加固工程2017	105	84		84		21			21					
西峰区病险淤地坝除险加固工程2016	180	144		144		36			36					
庆城县坡耕地水土流失治理2017	937	750	750											187
庆城县病险淤地坝除险加固工程2016	115	92		92		23			23					
庆城县病险淤地坝除险加固工程2017	320	256		256		64	10		54					

2-3 续表

单位：万元

项目名称	累计安排投资	中央政府投资				地方政府投资				利用外资	企业和私人投资	国内贷款	债券	其他投资
		小计	预算内拨款	中央财政水利专项资金	其他资金	小计	省级政府投资	地市级政府投资	县级政府投资					
环县病险淤地坝除险加固工程2016	340	272		272		68			68					
环县坡耕地水土流失治理2016	1250	1000	1000											250
环县坡耕地水土流失治理2017	1250	1000	1000											250
环县病险淤地坝除险加固工程2017	584	467		467		117	13		104					
华池县坡耕地水土流失治理2017	625	500	500											125
华池县病险淤地坝除险加固工程2017	280	224		224		56	7		49					
合水县水土保持重点建设工程2016（一）	786	550		550										236
合水县农业综合开发黄土高原保护2017	701	500		500		200	200							1
合水县水土保持重点建设工程2017	857	600		600		59	27		32					199
合水县病险淤地坝除险加固工程2017	340	272		272		68	8		60					
正宁县农业综合开发黄土高原保护2017	703	500		500		200	160		40					3
正宁县水土保持重点建设工程2016（一）	786	550		550										236
正宁县水土保持重点建设工程2017	857	600		600		27	27							230
正宁县病险淤地坝除险加固工程2017	240	192		192		48	7		41					
正宁县病险淤地坝除险加固工程2016	110	88		88		22			22					
宁县农业综合开发黄土高原保护2017	734	500		500		200	200							34
宁县水土保持重点建设工程2017	857	600		600		27	27							230
宁县水土保持重点建设工程2016（一）	786	550		550										236
宁县病险淤地坝除险加固工程2017	215	172		172		6	6							37
镇原县水土保持重点建设工程2016（一）	1000	700		700										300
镇原县水土保持重点建设工程2016（二）	357	250		250		10	10							97
镇原县坡耕地水土流失治理2016	1250	1000	1000											250
镇原县坡耕地水土流失治理2017	1250	1000	1000											250
镇原县水土保持重点建设工程2017	1000	700		700		31	31							269
镇原县病险淤地坝除险加固工程2017	375	300		300		75	9		66					
安定区坡耕地水土流失综合治理工程2017	937	750	750			187		187						
安定区水土保持重点建设工程2017	513	491		491		22	22							
安定区病险淤地坝除险加固工程2017	420	348		348		29	10		19					43

2-3 续表

单位：万元

项目名称	累计安排投资	中央政府投资				地方政府投资				利用外资	企业和私人投资	国内贷款	债券	其他投资
		小计	预算内拨款	中央财政水利专项资金	其他资金	小计	省级政府投资	地市级政府投资	县级政府投资					
通渭县病险淤地坝除险加固工程2017	196	196		196										
通渭县坡耕地水土流失综合治理2017	1251	1000	1000			251		251						
陇西县水土保持重点建设工程2017	1429	1000		1000		43	43							386
陇西县坡耕地水土流失综合治理2017	1251	1000	1000			251		251						
陇西县病险淤地坝除险加固工程2017	230	184		184		6	6							40
渭源县病险淤地坝除险加固工程2017	240	192		192		7	7							41
渭源县国家水土保持重点工程2017	429	300		300		14	14							115
临洮县水土保持重点建设工程2017	1000	1000		1000										
临洮县坡耕地水土流失综合治理2017	1251	1000	1000			251		251						
临洮县病险淤地坝除险加固工程2017	208	208		208										
漳县坡耕地水土流失综合治理工程2017	625	500	500			125		125						
漳县病险淤地坝除险加固工程2017	288	288		288										
岷县国家水土保持重点工程2017	571	400		400		18	18							153
武都区水土保持重点工程2017	429	300		300										129
宕昌县水土保持重点工程2017	286	200		200										86
成县水土保持重点工程2017	551	400		400										151
康县国家水土保持重点工程2017	571	400		400		171	23		148					
文县国家水土保持重点工程2017	286	200		200		86	10		76					
西和县坡耕地水土流失综合治理工程2017	937	750	750			187			187					
礼县坡耕地水土流失综合治理工程2017	937	750	750			187			187					
两当县国家水土保持重点工程2017	571	400		400		171	23		148					
徽县坡耕地水土流失综合治理工程2017	625	500	500			125			125					
临夏县县坡耕地水土流失综合治理工程	937	750	750											187
康乐县坡耕地水土流失治理工程2017	937	750	750											187
广河县坡耕地水土流失综合治理2017	937	750	750											187
和政县第二批国家水土保持重点工程2017	400	400		400										
东乡县坡耕地水土流失综合治理2017	1250	1000	1000											250
东乡县国家水土保持重点建设工程2017	1429	1000		1000		429			429					

2-3 续表

单位：万元

项目名称	累计安排投资	中央政府投资				地方政府投资				利用外资	企业和私人投资	国内贷款	债券	其他投资
		小计	预算内拨款	中央财政水利专项资金	其他资金	小计	省级政府投资	地市级政府投资	县级政府投资					
临潭县小流域综合治理项目2017	286	200		200		86	10		76					
卓尼县相俄项目区流域治理2017	150	105		105		6	6							39
舟曲县水土保持治理工程2017	571	400		400		171	18		153					
迭部县水土保持尼傲乡巴藏项目区2017	429	300		300		129	14		115					
流域生态综合治理	89465	71569	71569			17896	9696	2752	5448					
敦煌水资源规划项目（酒泉市）2016	10294	8234	8234			2060	823		1237					
敦煌水资源规划项目水保（酒泉市）2017	3708	2967	2967			741			741					
敦煌水资源规划项目（敦煌市）2016	8100	6480	6480			1620	648		972					
敦煌水资源规划项目（敦煌市）2017	13754	11002	11002			2752		2752						
敦煌水资源规划项目（疏勒河）2017	7539	6031	6031			1508	1508							
敦煌水资源规划项目（疏勒河）2015	25261	20209	20209			5052	5052							
敦煌水资源规划项目（疏勒河）2016	20809	16646	16646			4163	1665		2498					
河湖连通工程	10500	10500		10500										
会宁县河湖水系连通项目	4500	4500		4500										
庄浪县店峡沟与竹林寺水库河库连通工程	3000	3000		3000										
宕昌县鹅嫚沟综合治理工程	3000	3000		3000										
其他环境水利项目	104048	22842	4460		18382	35528	600	1000	33928		1745	22895	2000	19038
凉州区水环境综合治理工程	9774	9634			9634	140			140					
民勤县红崖山库区生态环境治理工程	622	22			22	600	600							
古浪山水林田湖生态修复南泥沟水库治理	100	100			100									
天祝县山水林田湖生态保护修复工程	5000	3877			3877									1123
张掖市祁连山生态保护监控信息系统工程	3150	2205			2205						945			
平凉市崆峒水库至大岔河段河道生态治理	1000					1000		1000						
崇信县汭河流域水环境治理工程	12350	4460	4460											7890
肃州区四坝海子生态治理项目2017	2000					2000			2000					
玉门市引水入城玉渊湖扩建工程	2317					2317			2317					
庆城县城区段河道水面工程	14165											14165		
武都滨江步道改造工程工程	4881					4881			4881					

2-3 续表

单位：万元

项目名称	累计安排投资	中央政府投资				地方政府投资				利用外资	企业和私人投资	国内贷款	债券	其他投资
		小计	预算内拨款	中央财政水利专项资金	其他资金	小计	省级政府投资	地市级政府投资	县级政府投资					
临夏市大夏河三十里风情线综合治理二期	6486					6486			6486					
临夏市南千刘家桥至环城西路污水治理	516					516			516					
临夏市大夏河风情线综合治理工程	9900					9900			9900					
临夏市国土实施水保项目	167	162			162									5
临夏市大夏河一大桥至罗家湾综合治理二期	3514					3514			3514					
临夏县大夏河城区段综合治理工程二期	731											731		
康乐县洮河三岔河片区水污染治理一期	11916					500			500		800	8000	2000	616
和政县林业实施水保项目	800													800
和政县大南岔河水生态修复工程	7743													7743
东乡县国土、农发、农牧实施水保项目	3675					3675			3675					
积石山县国土、林业、农牧实施水保项目	3243	2382			2382									861
机构能力建设专项	37085	28654	25481	3173		8431	8431							
水文设施及能力建设	37085	28654	25481	3173		8431	8431							
省疏管局斗口水量计量设施更新改造	1791	1000		1000		791	791							
甘肃水资源监控能力建设二期	2173	2173		2173										
甘肃省水资源监测能力（一期）建设工程	525	350	350			175	175							
甘肃省大江大河水文监测（一期）建设工程	900	600	600			300	300							
甘肃省中小河流水文监测系统建设项目	31696	24531	24531			7165	7165							
移民项目	3592	2191		2191		1398	1398							4
永昌县大中型水库移民后期扶持2017	546	212		212		334	334							
张家川县小型水库后期扶持项目2017	70					70	70							
凉州区大中型水库移民后期扶持项目2017	423	239		239		184	184							
民勤县大中型水库移民后期扶持2017	328	209		209		119	119							
古浪县水利水电移民后期扶持2017	116	116		116										
天祝县大中型水库移民后期扶持项目2017	96	26		26		65	65							4
金塔县库区移民项目2017	632	632		632										
瓜州县大中型水库移民后期扶持项目	1302	756		756		545	545							
正宁县小型水库移民后期扶持工程2017	40					40	40							
康县库区移民后期扶持阳坝供水水源工程	40					40	40							

2-4　2017 年水利建设项目累计到位资金

单位：万元

项目名称	累计到位投资	中央政府投资				地方政府投资				利用外资	企业和私人投资	国内贷款	债券	其他投资
		小计	预算内拨款	中央财政水利专项资金	其他资金	小计	省级政府投资	地市级政府投资	县级政府投资					
甘　　肃	4067835	1838883	1344033	424289	70561	1049753	602560	212180	235014	23723	21800	1040118	27000	66557
防洪项目	680821	443401	325432	109130	8839	81187	35276	8747	37164			148890		7343
堤防工程	82078	6471	1761		4710	10015	9040		975			64788		805
会宁县苦水河河畔羊肉市场段综合治理	1504											1504		
清水县牛头河柳湾段河道综合治理工程	550	550	550											
古浪县大靖河红柳湾段防洪治理工程	1680					1680	1680							
天祝县2017年农牧村护田护村工程	1910	1910			1910									
天祝县南阳山6、7#移民点应急防洪工程	1740					1000	1000							740
天祝县炭山岭城镇防洪工程	2800	2800			2800									
张掖市黑河城区段治理工程（一期工程）	48000											48000		
华池县新区一中段河道治理续建工程	356					356			356					
武都区坪垭藏族乡整乡易地搬迁河堤工程	1419					1419	800		619					
武都区黄坪乡河堤工程	743											743		
宕昌县贫困村基础设施建设堤防工程	6782											6782		
康县平洛镇龙坝村安置点堤防及护坡工程	80					80	80							
康县贫困村基础设施及搬迁点堤防工程	4043					80	80					3963		
西和县建档立卡贫困村堤防工程	3796											3796		
合作市那吾乡精准扶贫暨生态小康村防洪	600					600	600							
卓尼县洮河麻路一段至亚当段防洪	1276	1211	1211											65
卓尼县车巴河流域防洪治理项目	3800					3800	3800							
迭部县卡坝乡尼吉巴防洪工程	1000					1000	1000							
大江大湖治理	307412	239070	239070			15642			15642			52700		
黄河甘肃段防洪工程（兰州市）	170881	118181	118181									52700		
黄河甘肃段防洪工程（白银市）	67206	67206	67206											
黄河甘肃段防洪工程（临夏州）	34997	28597	28597			6400			6400					
黄河甘肃段防洪工程（甘南州）	34328	25086	25086			9242			9242					
重要支流治理	102258	77222	77222			24134	2023	7012	15099					902
湟水兰州市红古段防洪治理工程	6000	3600	3600			2400		1308	1092					
永登县庄浪河东干渠首至寺滩泵站防洪	4615	2769	2769			1846		923	923					

2-4 续表

单位：万元

项目名称	累计到位投资	中央政府投资				地方政府投资				利用外资	企业和私人投资	国内贷款	债券	其他投资
		小计	预算内拨款	中央财政水利专项资金	其他资金	小计	省级政府投资	地市级政府投资	县级政府投资					
靖远县祖厉河庄口至罗家湾段防洪工程	3545	2127	2127			1418			1418					
会宁县祖厉河柴门乡张家湾至郭城镇防洪	1906	1906	1906											
葫芦河秦安县李河至刘沟村段治理工程	3180	1908	1908			1272			1272					
天祝县华藏寺至界牌段防洪治理工程2017	664	398	398			266	266							
甘州区黑河分洪溢流堰至国道312线防洪	3150	1890	1890			1260		1260						
临泽县铁路桥至暖泉段防洪治理	5487	3293	3293			2194			2194					
高台西腰墩水库至刘家深湖水库河道防洪	1845	1845	1845											
平凉市泾河吴老沟至平镇桥河堤治理	1361	1361	1361											
平凉市泾河大岔河至吴老沟河堤治理2017	3902	2405	2405			1497		1497						
崆峒区泾河马莲沟至南阳涧河段防洪	1662	1662	1662											
崆峒区泾河南阳涧河至信河段防洪治理	1782	1782	1782											
泾川县泾河蔡家咀至长庆桥段防洪治理	2065	2065	2065											
泾川县泾河百泉渡槽至水泉寺大桥段防洪	1500	1500	1500											
泾川县泾河罗汉洞至洪河口段河堤治理	1963	1630	1630			333	333							
庄浪县葫芦河刘家湾至新庄沟段河堤治理	1558	1558	1558											
静宁县葫芦河狗娃河口至胡家河段河堤治理	1705	1705	1705											
静宁县葫芦河闫庙至仁大段防洪治理2017	749	749	749											
肃州区讨赖河祁家沟至古城村防洪2017	2509	1505	1505			1004			1004					
金塔县黑河常丰至中丰村段防洪工程	1722	1033	1033			689			689					
金塔县黑河大墩门至夹墩湾村段防洪	2905	1743	1743			1162			1162					
金塔县黑河二杰至沙门子村段防洪治理	2385	1431	1431			954			954					
西峰区蒲河石咀子至毛家寺段防洪	1565	1565	1565											
环县马莲河韩洼子至陈沟桥段防洪	2648	1679	1679			969			969					
环县山城洪德至汪旗段防洪	1813	1813	1813											
环县五里屯桥至河对坡段防洪	723	434	434			289			289					
蒲河宁县庄里至叶王川段防洪治理工程	1590	1590	1590											
临洮县玉井段防洪治理工程2017	2311	1387	1387			924	924							
武都区白龙江干流鹿坝绸子坝段堤防2017	2358	1454	1454			904			904					
武都区白龙江干流角弓镇汉王镇堤防2017	2191	1315	1315			876			876					

2-4 续表

单位：万元

项目名称	累计到位投资	中央政府投资				地方政府投资				利用外资	企业和私人投资	国内贷款	债券	其他投资
		小计	预算内拨款	中央财政水利专项资金	其他资金	小计	省级政府投资	地市级政府投资	县级政府投资					
文县石坊乡东峪口至大渡坝河道治理工程	413	248	248			165	165							
西和县郭家坝至昌河坝段防洪工程	1393	1393	1393											
礼县祁山至蒙张段防洪治理工程2017	4433	2660	2660			1773		1773						
礼县蒙张至磨石咀段防洪治理工程2017	698	447	447			251		251						
临夏市大夏河干流祁牟段堤防工程	594	494	494			100			100					
临夏县大夏河干流祁牟至刘家峡水库防洪	872	548	548			324			324					
永靖县湟水干流白川至二房段河堤工程	2628	1726	1726											902
东乡县大夏河折桥至刘家峡水库堤防	1162	1162	1162											
合作市洮河重要支流治理	2370	2370	2370											
临潭县洮河段防洪2017	2323	1394	1394			929			929					
临潭县洮河干流洮滨防洪堤工程	1400	1200	1200			200	200							
卓尼县洮河干流纳浪段防洪工程2017	339	204	204			135	135							
舟曲县沿川坝段河道治理2017	440	440	440											
迭部县麻古村至白云段河道治理工程2017	2943	2943	2943											
碌曲县洮河干流城郊段至双岔段防洪治理	2682	2682	2682											
夏河县垂子合大桥至阿一山大桥段治理	1059	1059	1059											
夏河县大夏河王格尔塘至曲奥段治理	3150	3150	3150											
中小河流治理	126055	102203		102203		18841	15009	1375	2457					5011
榆中县宛川河兴隆峡河道治理工程	200					200		200						
永昌县东大河河流治理	2396	1917		1917		479			479					
白银区西大沟（城区段）护岸工程	1861	1550		1550		311	311							
会宁县东河会师段护岸工程	933	750		750		183	183							
秦州区藉河普岔沟至关子段堤防工程	1609	1287		1287		322			322					
秦州区峁水河杨家寺段堤防工程	1992	1594		1594		398	319		79					
清水县后川河王店至王峡段堤防治理工程	518	518		518										
秦安县清水河五营赵洼大桥至仁义大桥堤防	1732	1250		1250		386	386							96
武山县山丹河滩歌乡元崖至下街堤防工程	1269	750		750		519	415		104					
武山县大南河沿安至四门段堤防工程	1269	750		750		519	415		104					
张家川县清水河西川至马河段治理工程	993	750		750		243	243							

2-4 续表

单位：万元

项目名称	累计到位投资	中央政府投资				地方政府投资				利用外资	企业和私人投资	国内贷款	债券	其他投资
		小计	预算内拨款	中央财政水利专项资金	其他资金	小计	省级政府投资	地市级政府投资	县级政府投资					
张家川县清水河峡口至汪堡段治理工程	1049	750		750		299	299							
凉州区西营河北沙河段防洪治理2017	2856	1500		1500		457	457							899
古浪县古浪河朱家庄-龙泉寺段治理	1620	1150		1150		470	470							
天祝县金强河打柴沟至岔口驿段河道治理	2831	2265		2265										566
甘州区大瓷窑河沙井段河道防洪治理工程	1586	1586		1586										
肃南县隆畅河治理工程补充项目2017	1265	1020		1020		245			245					
肃南县摆浪河河道治理工程	1444	1388		1388		56			56					
民乐县洪水河六坝段河道治理工程2017	1186	1186		1186										
民乐县大堵麻河李寨段河道治理工程2017	1249	1249		1249										
民乐县苏油口至黑崖头村段河道治理2017	1069	1069		1069										
泾川县汭河十里沟至枣林段河堤治理	2370	2370		2370										
泾川县黑河荒场至茜家沟河堤治理工程	1661	1384		1384		277	277							
泾川县洪河河堤治理工程	1296	1080		1080		216	216							
灵台县达溪河县城至百里段河堤治理	2613	2168		2168		445	418		27					
灵台县黑河东门至景家庄段河堤治理	2432	1946		1946		486	389		97					
灵台县达溪河县城至安家庄段河堤治理	2610	2175		2175		435	435							
灵台县黑河安家沟沟口至杜家沟沟口段河堤	230					230			230					
崇信县□河（九功渠首至野雀沟）河堤治理	2378	2378		2378										
崇信县黑河河堤治理工程	1961	1961		1961										
庄浪县北洛河良邑郭魏至石家窑防洪	2094	1842		1842		252	252							
肃州区中小河流治理项目2017	5260	4208		4208		1052		1052						
玉门市石油河和平营田段河道治理工程	2747	2198		2198		549	440		109					
庆城县柔远河张沟至贾桥护岸工程	2637	2110		2110		527	422		105					
华池县柔远河白家川段护岸工程	2497	1998		1998		499	400		99					
合水县固城河丑家川段护岸工程	2568	2140		2140		428	428							
宁县中小河流治理项目2017	4735	3946		3946		789	789							
镇原县中小河流治理项目2017	7869	6295		6295		1574	1259		315					
定西市关川河小碱沟治理工程2017	1979	1583		1583		396	317	79						
定西市关川河大碱沟治理工程2017	1100	580		580		220	176	44						300

2-4 续表

单位：万元

项目名称	累计到位投资	中央政府投资				地方政府投资				利用外资	企业和私人投资	国内贷款	债券	其他投资
		小计	预算内拨款	中央财政水利专项资金	其他资金	小计	省级政府投资	地市级政府投资	县级政府投资					
通渭县碧玉牛洛河至小河子堤防2017	1050	1050		1050										
通渭县南河陇川蔡家铺村堤防工程2017	1125	1125		1125										
通渭县牛谷河平襄镇店子堤防工程2017	1050	1050		1050										
陇西县西河治理工程2017	1774	1774		1774										
渭源县莲峰河杨家咀至浦川断堤防2017	2120	1767		1767		353	353							
漳县漳河韩家庄至三岔段堤防工程2017	2624	1066		1066										1558
漳县漳河三岔至东桥段堤防工程2017	2426	934		934										1492
岷县迭藏河秦许上阿阳至马烨仓堤防2017	1668	1390		1390		278	278							
宕昌县理川河流域治理项目2017	1274	978		978		296	296							
宕昌县理川河流域治理补充项目2017	2476	1730		1730		746	746							
西和县太石河治理工程2017	1497	1037		1037		460	460							
西和县漾水河治理工程2017	2040	1583		1583		457	457							
礼县永坪河石咀至平泉堤防工程2017	2146	1717		1717		429	343		86					
康乐县苏家集苏集段堤防工程2017	750	750		750										
广河县巴谢河甘坪段堤防工程	502	402		402										100
合作市德吾录河卡加防洪工程	922	768		768		154	154							
合作市格河多合儿防洪工程	1070	892		892		178	178							
临潭县斜藏沟治理工程	2608	2173		2173		435	435							
临潭县羊沙河下河段治理工程	1294	1078		1078		216	216							
卓尼县羊沙河恰盖防洪工程	1206	1206		1206										
卓尼县石窖沟藏巴哇防洪工程	680	680		680										
舟曲县拱坝河堤防工程	2840	2367		2367		473	473							
舟曲县中小河流治理项目2017	2000	2000		2000										
迭部县阿夏流域治理工程	2021	1684		1684		337	337							
夏河县博拉河博拉段防洪工程2017	1047	1047		1047										
夏河县格河段防洪工程2017	1047	1047		1047										
甘肃疏勒河灌区三道沟河道治理	2834	2267		2267		567	567							
大中型病险水库除险加固	9874	1874	1874			8000	8000							
高台县小海子水库除险加固2017	1500					1500	1500							

2-4 续表

单位：万元

项目名称	累计到位投资	中央政府投资				地方政府投资				利用外资	企业和私人投资	国内贷款	债券	其他投资
		小计	预算内拨款	中央财政水利专项资金	其他资金	小计	省级政府投资	地市级政府投资	县级政府投资					
甘肃双塔水库除险加固工程	8374	1874	1874			6500	6500							
大中型病险水闸除险加固	5886	4855	4855			1031			1031					
永昌县金川河工农渠首泄洪闸	2535	2017	2017			518			518					
肃州区红山河青稞地排砂闸除险加固工程	788	788	788											
肃州区马营河渠首闸除险加固工程	2563	2050	2050			513			513					
山洪灾害防治工程	8190	6927		6927		1248	1204		44					15
兰州市山洪灾害防治项目2017	371	371		371										
嘉峪关市山洪灾害防治项目2017	37	37		37										
金昌市山洪灾害防治项目2017	5	5		5										
金川区山洪灾害防治2017项目(第二批)	17	16		16		1			1					
永昌县山洪灾害防治项目2017	34	34		34										
白银市山洪灾害防治项目2017	346	205		205		141	141							
天水市2017年山洪灾害防治项目	10	10		10										
秦州区山洪灾害防治项目2017	19	19		19										
麦积区山洪灾害防治项目2017	290	290		290										
清水县山洪灾害防治项目2017	237	195		195		42	42							
秦安县山洪灾害防治项目2017	156	156		156										
甘谷县山洪灾害防治项目2017	186	132		132		54	42		12					
武山县山洪灾害防治项目2017	240	192		192		48	42		6					
张家川县山洪灾害防治项目2017	172	130		130		42	42							
凉州区山洪灾害防治项目2017	10	10		10										
古浪县山洪灾害防治项目2017	13	13		13										
天祝县山洪灾害防治项目2017	120	120		120										
甘州区山洪灾害防治2017	154	154		154										
肃南县山洪灾害防治2017	31	31		31										
民乐县山洪灾害防治2017	81	67		67										14
临泽县山洪灾害防治2017	54	54		54										
高台县山洪灾害防治2017	23	22		22										1
山丹县山洪灾害防治2017	64	64		64										

2-4 续表

单位：万元

项目名称	累计到位投资	中央政府投资				地方政府投资				利用外资	企业和私人投资	国内贷款	债券	其他投资
		小计	预算内拨款	中央财政水利专项资金	其他资金	小计	省级政府投资	地市级政府投资	县级政府投资					
平凉山洪灾害防治项目2017	733	472		472		261	235		26					
酒泉市山洪灾害防治项目2017	627	627		627										
庆阳市山洪灾害防治项目2017	857	617		617		240	240							
安定区山洪灾害防治项目2017	8	8		8										
通渭县山洪灾害防治项目2017	124	124		124										
陇西县山洪灾害防治工程2017	121	121		121										
渭源县山洪灾害防治项目2017	57	12		12		45	45							
临洮县山洪灾害治理项目2017	94	59		59		35	35							
漳县山洪灾害防治项目2017	132	132		132										
岷县山洪灾害防治项目2017	187	142		142		45	45							
陇南市山洪灾害防治项目2017	1062	1062		1062										
临夏州山洪灾害防治项目2017	467	396		396		71	71							
甘南州山洪灾害防治项目2017	892	668		668		224	224							
甘肃省防办山洪灾害防治项目2017	160	160		160										
其他防洪项目	39068	4779	650		4129	2276		360	1916			31402		610
城关区2017河道综合整治	160					160		160						
城关区大砂沟洪道永新集团段防洪抢险	304					304		100	204					
嘉峪关讨赖河生态治理洪水槽防冲刷加固	100					100		100						
金昌市国防工业基地蓄洪生态治理	7003											7003		
会宁县康家河综合治理工程	650	650	650											
天水市藉河生态综合治理一期续建工程	24000											24000		
礼县西汉水浅水低坝缓流防冲工程	922					922			922					
临夏县北塬乡塬头路钱家村排水工程	185					185			185					
临夏县漓水名都小区防洪治理工程	399											399		
临夏县15扶贫搬迁韩集镇姚川点防洪治理	761	761			761									
永靖县城北新村防洪排洪治理工程	2272	2168			2168	104			104					
和政县马家堡镇尕河堤防工程	50													50
东乡县卜楞沟泥石流灾害治理项目	500					500			500					
东乡县唐王镇塔石沟泥石流综合治理项目	1200	1200			1200									

2-4 续表

单位：万元

项目名称	累计到位投资	中央政府投资				地方政府投资				利用外资	企业和私人投资	国内贷款	债券	其他投资
		小计	预算内拨款	中央财政水利专项资金	其他资金	小计	省级政府投资	地市级政府投资	县级政府投资					
积石山县易地搬迁安置点河堤工程2016	560													560
灌溉除涝项目	960082	567650	268109	267627	31913	192115	84863	40689	66564	23723	1533	156789	4000	14271
灌区建设工程	117186	97719	97719			18972	580		18392					495
永昌县西河灌区续建配套节水改造	24043	18795	18795			5248			5248					
永昌县东河灌区续建配套节水改造	21534	16487	16487			5047			5047					
甘州区西浚灌区续建配套节水改造	4661	4661	4661											
甘州区大满灌区续建配套节水改造	7339	7339	7339											
民乐县大堵麻灌区续建配套节水改造	16543	13374	13374			3169			3169					
临泽县梨园河灌区续建配套节水改造	7918	6334	6334			1584			1584					
山丹县马营河灌区续建配套节水改造	19824	18710	18710			619	580		39					495
肃州区洪临灌区续建配套与节水改造	15324	12019	12019			3305			3305					
节水灌溉工程	52223	15316	8766	6550		13182	6760	5116	1306	23723				1
榆中县小型农田水利建设项目2017	732					732		36	696					
平川区旱坪川灌区农业综合开发	580	500		500		80	80							
靖远县靖乐渠灌区农业综合开发	1320	1000		1000		320	320							
凉州区以色列政府贷款农田水利建设项目	3040									3040				
民勤县以色列政府贷款农田水利建设	4833									4833				
古浪县以色列政府贷款农田水利建设	4093									4093				
高台县六坝灌区农业综合开发2017	462	350		350		112	112							
高台县罗城灌区农业综合开发2017	1400	1000		1000		400	320		80					
庄浪县水洛河灌区节水配套改造项目	1400	1000		1000		400	400							
静宁县东峡灌区农业综合开发	1400	1000		1000		400	400							
肃州区清水河灌区节水农业综合开发	462	350		350		112	112							
金塔县黑河灌区农业综合开发项目	490	350		350		140	140							
金塔县以色列政府贷款农田水利建设	3600									3600				
玉门市以色列政府贷款农田水利建设项目	3703					241			241	3462				
敦煌市以色列政府贷款农田水利建设	4696									4696				
合水县扶贫高效节水灌溉项目	503					502	502							1
正宁县西坡镇月南村樱桃园灌溉工程	289					289			289					

2-4 续表

单位：万元

项目名称	累计到位投资	中央政府投资				地方政府投资				利用外资	企业和私人投资	国内贷款	债券	其他投资
		小计	预算内拨款	中央财政水利专项资金	其他资金	小计	省级政府投资	地市级政府投资	县级政府投资					
石羊河流域重点治理（省景电）2013	17820	8766	8766			9054	4054	5000						
玉门市花海灌区农业综合开发	1400	1000		1000		400	320	80						
小型农田水利建设	222122	163179		163179		46880	30952	4801	11127		1533	969		8560
七里河区农田水利设施维修养护项目2017	39	39		39										
西固区高效节水灌溉项目2017	1955	1086		1086		869	213	264	392					
西固区农田水利设施维修养护项目2017	120	120		120										
永登县高效节水项目柳树镇红砂川村	164	116		116		48	28	20						
永登县高效节水项目坪城乡灌溉工程	4220	740		740		3480	140	3340						
皋兰县年高效节水项目2017	850	750		750		100		100						
皋兰县农田水利设施维修养护项目2017	147	60		60		87		87						
榆中县高效节水灌溉项目2017	2127	1326		1326		801	261	340	200					
榆中县农田水利设施维修养护项目2017	65	65		65										
嘉峪关市节水灌溉及维修养护2017	3590	2726		2726		491	441	50			373			
金川区农田水利设施建设（第二批）2017	3779	2591		2591		683	509		174					505
金川区农业水价综合改革建设（第二批）	360	360		360										
金川区农田水利设施建设2017	1875	1000		1000		659	500		159					216
永昌县高效节水灌溉新增2017	11970	9855		9855		1950	1950							165
永昌县小型农田水利设施建设2017	1675	1000		1000		530	500		30					145
永昌县农业水价综合改革2017	100	100		100										
永昌县中央财政维修养护2017	150	150		150										
白银市靖会灌区水利工程设施维修养护	210	210		210										
白银市兴电灌区水利工程设施维修养护	210	210		210										
白银区五小水利工程2016	1500	1000		1000		500	500							
白银区高效节水灌溉项目	499	383		383		76	76				40			
白银区水利工程设施维修养护项目	48	48		48										
平川区农业水价项目	900	900		900										
平川区高效节水灌溉项目	895	748		748		147	147							
平川区水利工程设施维修养护项目	80	80		80										
靖远县高效节水灌溉项目	1974	1467		1467		288	288							219

2-4 续表

单位：万元

项目名称	累计到位投资	中央政府投资				地方政府投资				利用外资	企业和私人投资	国内贷款	债券	其他投资
		小计	预算内拨款	中央财政水利专项资金	其他资金	小计	省级政府投资	地市级政府投资	县级政府投资					
靖远县水利工程设施维修养护项目	70	70		70										
会宁县水利工程设施维修养护项目	55	55		55										
会宁县高效节水灌溉项目	1930	1541		1541		302	302							87
景泰县高效节水灌溉项目	2387	1876		1876		368	368				143			
景泰县小型农田水利设施补助	500	500		500										
景泰县水利工程设施维护项目	150	150		150										
秦州区天水镇杨家湾高效节水灌溉工程2017	450	396		396		54			54					
秦州区汪川镇杏树梁高效节水灌溉工程	1116	813		813		303			303					
麦积区石佛镇盛龙高效节水灌溉工程2017	2339	1592		1592		747	313		434					
麦积区小型农田水利设施补助2016	1524	1100		1100		424	150		274					
麦积区渭南镇南山高效节水灌溉工程2017	1236	1050		1050		186			186					
清水县王家山高效节水灌溉项目2017	450	450		450										
秦安县五小水利工程2016	1500	1000		1000		500	500							
秦安县高效节水灌溉项目2017	1533	1022		1022		201	201							310
秦安县农田水利设施维修养护项目2017	110	110		110										
甘谷县高效节水灌溉工程2017	1042	778		778		264	153		111					
甘谷县水利工程维修养护项目2017	229					229	70		159					
武山县农业水价综合改革试点项目	510	500		500										10
武山县小型农田水利设施补助2016	500	500		500										
武山县高效节水灌溉项目2017	1121	552		552		569	108		461					
武山县农田水利设施维修养护项目2017	40	40		40										
张家川县高效节水灌溉项目2017	578	483		483		95	95							
凉州区高效节水灌溉发展项目2017	17540	13175		13175		2586	2586							1779
凉州区农业水价综合改革项目2017	1950	1950		1950										
凉州区水利工程养护维修项目2017	160	160		160										
民勤县公益性水利工程维修养护2017	160	160		160										
民勤县农业水价综合改革项目2017	1150	1150		1150										
民勤县中央财政农田水利设施建设2017	1500	1000		1000		500	500							
民勤县节水增效高效节水灌溉项目2017	9286	7762		7762		1524	1524							

2-4 续表

单位：万元

项目名称	累计到位投资	中央政府投资				地方政府投资				利用外资	企业和私人投资	国内贷款	债券	其他投资
		小计	预算内拨款	中央财政水利专项资金	其他资金	小计	省级政府投资	地市级政府投资	县级政府投资					
古浪县中央财政小型农田水利建设项目	2678	2678		2678										
古浪县节水增效高效节水灌溉项目2017	4403	3681		3681		722	722							
古浪县中央财政农田水利设施建设2017	1500	1000		1000		500	500							
古浪县农业水价综合改革试点2017	860	860		860										
古浪县农田水利设施维修养护2017	80	80		80										
天祝县农业水价综合改革试点项目2017	1000	900		900										100
天祝县节水增效高效节水灌溉项目2017	2422	2001		2001										421
张掖市水利维修养护2017	250	250		250										
甘州区高效节水灌溉2017	9378	6364		6364		3014	1249		1765					
甘州区农田水利和水价改革2017	1540	1540		1540										
甘州区水利维修养护2017	100	100		100										
肃南县农田水利和水价改革2017	1088	900		900		188	150		38					
肃南县水利维修养护2017	90					90	90							
民乐县2017小型农田水利建设（七）	1030	600		600		300	300							130
民乐县农田水利和水价改革2017	1091	1090		1090										1
民乐县水利工程维修养护2017	166	130		130		36			36					
临泽县农田水利和水价改革2017	630	630		630										
临泽县高效节水灌溉2017	1470	1020		1020		200	200							250
高台县2017高效节水灌溉	1674	1141		1141		224	224							309
高台县小型农田水利设施补助2016	1134	1000		1000										134
高台县2017小型农田水利建设（七）	1754	1000		1000		500	500							254
高台县农田水利和水价改革2017	2270	1970		1970		300	300							
山丹县小型农田水利建设2017	1690	1000		1000		515	500		15					175
山丹县高效节水灌溉2016	2035	1200		1200		704	600		104					131
山丹县2015年新增农田水利设施建设2016	1894	1000		1000		689	500		189					205
山丹县小型农田水利重点县2016	2729	1700		1700		932	900		32					97
山丹马场高效节水灌溉2016	1310	400		400		300	300				610			
山丹马场小型农田水利重点县2016	1327	800		800		400	400				127			
山丹县小型农田水利设施补助2016	1240	1000		1000							240			

2-4 续表

单位：万元

项目名称	累计到位投资	中央政府投资				地方政府投资				利用外资	企业和私人投资	国内贷款	债券	其他投资
		小计	预算内拨款	中央财政水利专项资金	其他资金	小计	省级政府投资	地市级政府投资	县级政府投资					
山丹县农田水利和水价改革2017	1000	900		900		100	100							
山丹县高效节水灌溉2017	1715	1255		1255		261	246		15					199
山丹县高效节水灌溉2017（二）	1140	1140		1140										
崆峒区农业水价改革及节水灌溉2017	1666	1372		1372		171	171							123
泾川县五小水利工程2016	1500	1000		1000		500	500							
泾川县农田水利设施建设项目2017	1500					1500	1500							
泾川县高效节水灌溉项目2017	740	549		549		191	108		83					
灵台县高效节水灌溉项目2017	3420	2859		2859		561	561							
灵台县五小水利工程2016	1500	1000		1000		500	500							
灵台县农田水利设施维修养护项目(第二批)	110	110		110										
崇信县高效节水灌溉项目2017	1183	1044		1044		56	52		4					83
华亭县农田水利设施维修及节水2017	1661	1110		1110		551	188		363					
庄浪县农田水利设施维修养护及节水灌溉	1070	657		657		413	107		306					
庄浪县小型农田水利设施补助2016	812	800		800		12			12					
静宁县高效节水灌溉项目2017	979	677		677		302	133		169					
静宁县农田水利工程维修养护项目（第二批）	45	45		45										
酒泉市公益性工程维修养护项目2017	180	180		180										
肃州区节水灌溉和水价改革2017	10556	7292		7292		3264			3264					
金塔县节水灌溉和水价改革2017	2813	1930		1930		572	500		72					311
瓜州县节水灌溉和水价改革2017	3096	2426		2426		670	329		341					
肃北县水价改革和维修养护2017	165	150		150		15			15					
阿克塞县水价改革和维修养护2017	160	150		150		10			10					
玉门市节水灌溉和水价改革2017	8714	6386		6386		1436	1339		97					893
敦煌市农业水价综合改革2017	410	410		410										
敦煌市水利工程维修养护2017	100					100	100							
西峰区高效节水灌溉项目2017	1746	1003		1003		197	197							546
庆城县高效节水及维修养护2017	1132	785		785		347	144		203					
环县高效节水及维修养护2017	895	702		702		193	148		45					
华池县高效节水及维修养护2017	1088	725		725		363	113		250					

2-4 续表

单位：万元

项目名称	累计到位投资	中央政府投资				地方政府投资				利用外资	企业和私人投资	国内贷款	债券	其他投资
		小计	预算内拨款	中央财政水利专项资金	其他资金	小计	省级政府投资	地市级政府投资	县级政府投资					
合水县高效节水灌溉项目2017	949	752		752		148	148							49
正宁县高效节水灌溉项目2017	815	517		517		298	101		197					
宁县高效节水及水价改革2017	3616	3353		3353		228	228							35
镇原县高效节水灌溉项目2017	3003	2678		2678		291	291							34
定西市香泉地下井计量设施维修养护2017	110	110		110										
安定区引洮一期支渠及田间配套改建2017	127	127		127										
安定区地下井计量设施维修养护项目2017	193	193		193										
通渭县锦屏水库灌区维修项目2017	55	55		55										
通渭县民尧大河滩康家岻小型水库维修	170	170		170										
陇西县灌溉维修养护工程2017	302	302		302										
渭源县峡口水库维修项目2017	150	150		150										
渭源县石门灌区维修养护项目2017	330	330		330										
临洮县高效节水灌溉项目2017	2940	2458		2458		482	482							
临洮县小型水利工程建设项目2017	320	320		320										
武都区农田水利维修养护2017	160	160		160										
武都区高效节水灌溉项目2017	1314	915		915		399	180		219					
宕昌县贫困村基础设施建设灌溉工程	1969											1969		
西和县高效节水灌溉工程2017	718	600		600		118	118							
礼县高效节水项目2017	2043	1505		1505		538	295		243					
徽县农村饮水工程（农田水利）2017	1539	1539		1539										
临夏市农田水利维修养护工程2017	600	200		200		400		400						
永靖县 1 万 ~ 5 万亩灌区改造 2016	615	400		400		210	200		10					5
广河县五小水利工程2016	1512	1000		1000		512	500		12					
广河县小型农田水利设施补助2016	558	500		500		58			58					
和政县五小水利工程2016	1509	1000		1000		500	500							9
和政县水利维修养护项目第二批2017	65	65		65										
和政县高效节水灌溉工程2017	350	252		252		49	49							49
卓尼县农田水利维修工程2017	215	190		190		25			25					
舟曲县农田水利设施维修2017	200	200		200										

2-4 续表

单位：万元

项目名称	累计到位投资	中央政府投资				地方政府投资				利用外资	企业和私人投资	国内贷款	债券	其他投资
		小计	预算内拨款	中央财政水利专项资金	其他资金	小计	省级政府投资	地市级政府投资	县级政府投资					
舟曲县五小水利工程2016	750	500		500		250	250							
玛曲县农田水利设施维修及节水2017	797	681		681		116	116							
省农垦山丹农场小型农田水利重点县2016	1279	500		500		200	200							579
省景电灌区维修养护2017年项目（第二批）	400	400		400										
省疏管局农田水利维修养护2017	300	300		300										
兰州新区高效节水灌溉2016	1600	1000		1000		600	400	200						
水库工程	338308	124100	27390	75157	21553	62418	32172	17710	12536			151789		
景泰县正路工业园区调蓄水库工程	3000					2000			2000			1000		
秦州区关峡水库	6570	4500		4500		2070			2070					
秦安县西小河小湾河水库	5200	5200		5200										
张家川县富川水库（抗旱规划内）	10236	5684		5684		4552	3672		880					
民勤县红崖水库加高扩建工程	45600	27390	27390			18210	11000	7210						
民乐县山城河水库	7916	7916		7916										
山丹县白石崖水库(抗旱规划内)	7685	5685		5685		2000	2000							
崆峒区北杨涧水库（抗旱规划内）	9881	5685		5685								4196		
泾川县朱家涧水库（抗旱规划内）	9226	8226		8226								1000		
灵台县新集水库工程	25100					1500	1500					23600		
崇信县关河水库（抗旱规划内）	6591	6591		6591										
庄浪县花崖河水库（抗旱规划内）	9057	5685		5685								3372		
阿克塞县红柳湾抗旱调蓄水库工程	4771											4771		
庆阳市巴家嘴水库新增调蓄(五台山水库)	13000											13000		
庆阳市小盘河水库及供水工程	58200											58200		
庆阳市莲花寺水库及供水工程	23450	3300		3300								20150		
庆城县纸坊沟水库（抗旱规划内）	6825	5685		5685		1140			1140					
成县磨坝峡（水源水库）工程	27999	21553			21553	6446			6446					
康乐县鸣鹿水库（抗旱规划）	11000	11000		11000										
兰州新区2号3号石门沟水库工程	36500					14000	14000					22500		
兰州新区生态灌溉7号单体湖调蓄工程	10500					10500		10500						
泵站工程	152614	134234	134234			17904	8466	7282	2156					476

2-4 续表

单位：万元

项目名称	累计到位投资	中央政府投资				地方政府投资				利用外资	企业和私人投资	国内贷款	债券	其他投资
		小计	预算内拨款	中央财政水利专项资金	其他资金	小计	省级政府投资	地市级政府投资	县级政府投资					
兰州市大砂沟泵站更新改造工程	9600	7400	7400			2200		2200						
七里河区西津灌区大型泵站更新改造	6663	5350	5350			1313		744	569					
兰州市工农坪泵站更新改造工程	5354	4283	4283			1071		535	536					
兰州市榆中三电泵站更新改造工程	23649	19650	19650			3523		3473	50					476
白银市靖会泵站更新改造工程	17100	17100	17100											
白银市兴电泵站更新改造工程	17100	17100	17100											
靖远县刘川泵站更新改造工程	8666	8500	8500			166			166					
靖远县中堡泵站更新改造工程	3125	2500	2500			625			625					
景泰县中泉泵站更新改造工程	7917	7837	7837			80		80						
平凉市白庙泵站更新改造工程	3653	3443	3443			210			210					
甘肃省景电泵站更新改造工程	49787	41071	41071			8716	8466	250						
其他灌溉除涝项目	77629	33101		22741	10360	32759	5933	5780	21046			3031	4000	4738
城关区皋兰山灌区东、西盘渠改造工程	499					499		300	199					
七里河区2017一事一议项目	774					774	426	178	171					
七里河区2017乡镇实施水利工程项目	1078					1078			1078					
榆中县三电东干十五支渠小康营上水工程	4150					4150			4150					
榆中县三电东干末级泵站改建工程	2924					2924			2924					
嘉峪关农业综合开发高标准农田建设2017	755	606		606		149	127	22						
嘉峪关新城镇高标准基本农田建设项目	500	500			500									
白银市兴电灌区渠道维修工程	1000					1000	1000							
靖远县刘川易地扶贫搬迁项目供水工程	2050											2050		
靖远县东湾大坝电灌渠道维修养护工程	100					100	100							
景泰县千亿斤粮食生产能力建设项目	1300	1160			1160	140			140					
景泰县精准扶贫寺滩引水工程	4000												4000	
景泰县财政涉农资金支持贫困村水利设施	6053					6053			6053					
景泰县草窝滩镇排水工程	1500					1500	1500							
秦安县农田水利设施建设项目2017	1549					1500	1500							49
凉州区国土部门高标准农田建设(水利部分)	3130	3130			3130									
凉州区新增1000亿斤粮田间工程建设	990	990			990									

2-4 续表

单位：万元

项目名称	累计到位投资	中央政府投资				地方政府投资				利用外资	企业和私人投资	国内贷款	债券	其他投资
		小计	预算内拨款	中央财政水利专项资金	其他资金	小计	省级政府投资	地市级政府投资	县级政府投资					
古浪县黄花滩总干二支渠（管）工程												700		
古浪县黄花滩北一、二支渠(管)工程	2830					2830			2830					
古浪县生态移民黄花滩灌区调蓄水池	2786					2086			2086					
古浪县农田灌溉设施维修2017	200					200			200					
肃州区洪临灌区渠道量测水设施项目	280					280		280						
瓜州县疏勒河移民乡镇斗渠改造	900					900			900					
肃北县农村环境整治渠系维修改造一期	291											281		291
敦煌市党河灌区西干渠改建工程	815					815	500		315					
临夏市刘临路支渠改建工程	281													
临夏市南川灌区引水枢纽及总干渠改造工程	250	200			200	50	50							
永靖县刘盐八地质灾害灌区节水改造工程	22135	22135		22135										
永靖县刘盐八库区库岸治理工程（一期）	2000	2000			2000									
永靖县盐锅峡党川3村灌溉设施应急修复	206	205			205									1
永靖县红柳台电灌改扩建工程	4715	350			350									4365
东乡县2016年赵家乡高标准农田建	331	215			215	86	86							30
东乡县2016年东塬乡高标准农田建设	983	700			700	280	280							3
东乡县年坪庄乡高标准农田建设2017	1274	910			910	364	364							
兰州新区南部生态绿化2#供水管线工程	4000					4000		4000				656848		
兰州新区引大东二干十七支渠改造工程	1000					1000		1000				593448		
供水项目	2059915	629501	626232	519	2750	716357	465912	157674	92771		13000	387400	21000	23208
引水（调水）工程	1843387	612632	612632			610007	453292	149613	7102		13000	51500	13000	1300
兰州市水源地建设工程	525750					138350		138350						
引洮供水一期榆中县配套工程	66890					15390	13390	2000						
榆中县青城灌溉水源工程												14548		
引洮一期工程会宁北部供水工程	76000	52000	52000			24000	24000							
肃北县马鬃山镇供水工程	34500					6952			6952		13000			
庆阳市盐环定扬黄续建工程调概算	3000					3000	3000					5000		
两当县徐杨河引水工程（一期）	150					150			150					
积石山引水工程	43000	19300	19300			15000	15000						3000	700

2-4 续表

单位：万元

项目名称	累计到位投资	中央政府投资				地方政府投资				利用外资	企业和私人投资	国内贷款	债券	其他投资
		小计	预算内拨款	中央财政水利专项资金	其他资金	小计	省级政府投资	地市级政府投资	县级政府投资					
临夏州引黄济临供水工程	66863	34000	34000			22863	19000	3863					10000	
甘南州引洮（博）济合供水工程	50200	22700	22700			27500	27500							
玛曲县县城引水工程	6432	6432	6432											
甘肃引洮供水一期工程	502102	258200	258200			243902	238502	5400						
甘肃引洮供水二期工程	374600	220000	220000			54600	54600					100000		
天水市城区引洮供水工程	76900					41300	41300					35000		600
引洮供水二期配套城乡供水工程	17000					17000	17000							
农村饮水安全巩固提升工程建设	131654	13600	13600			72219	6080	3846	62293			29240		16595
西固区农村饮水安全巩固提升工程2017	426	36	36			390		390						
永登县农村饮水安全巩固提升工程2017	1547	713	713			834		545	289					
皋兰县农村饮水安全巩固提升2017	829	61	61			768		468	300					
榆中县农村饮水安全巩固提升工程2017	1304	114	114			1190		390	800					
永昌县农村饮水安全巩固提升2017	466	34	34			432			432					
白银区农村饮水安全巩固提升2017	200	67	67			133			133					
平川区农村饮水安全巩固提升2017	131	131	131											
靖远县农村饮水安全巩固提升2017	1414	114	114			1300	1300							
会宁县农村饮水安全巩固提升2017	454	454	454											
景泰县农村饮水安全巩固提升2017	4232	309	309											3923
秦州区农村饮水安全巩固提升工程2017	2083	152	152			1931			1931					
麦积区农村供水巩固提升工程2017	4395	277	277			4118			4118					
清水县农村饮水安全巩固提升工程2017	2003	136	136			1867	1867							
秦安县农村饮水安全巩固提升工程2017	3199	233	233			2856			2856					110
甘谷县农村饮水安全巩固提升工程2017	2694	196	196			2498			2498					
武山县农村饮水安全巩固提升工程2017	1608	163	163			1445			1445					
张家川县农村饮水安全巩固提升工程2017	382	32	32			254	254							96
凉州区农村饮水安全巩固提升工程2017	3508	256	256			3252			3252					
民勤县农村饮水安全巩固提升工程2017	5800	423	423			5377			5377					
古浪县农村饮水安全巩固提升2017	584	584	584											
天祝县农村饮水安全巩固提升工程2017	708	52	52											656

2-4 续表

单位：万元

项目名称	累计到位投资	中央政府投资				地方政府投资				利用外资	企业和私人投资	国内贷款	债券	其他投资
		小计	预算内拨款	中央财政水利专项资金	其他资金	小计	省级政府投资	地市级政府投资	县级政府投资					
甘州区农村饮水安全巩固提升2017	1273	92	92			681	681							500
肃南县农村饮水安全巩固提升2017	790	71	71			719			719					
民乐县农村饮水安全巩固提升2017	800	58	58			449	449							293
山丹县农村饮水安全巩固提升2017	73	73	73											
崆峒区年农村饮水安全巩固提升2017	755	55	55			700			700					
泾川县北部农村饮水安全巩固提升工程	335	82	82			253		253						
灵台县农村饮水安全巩固提升工程2017	1128	82	82			1046			1046					
崇信县农村饮水安全巩固提升工程2017	1442	112	112									1330		
华亭县牛舌堡水厂巩固提升工程	354	37	37			317			317					
庄浪县农村饮水安全项目2017	1093	80	80			1013			1013					
静宁县农村饮水安全巩固提升工程2017	2631	192	192			2439			2439					
肃州区农村饮水巩固提升2017	102	73	73			29			29					
金塔县农村饮水安全巩固提升2017	188	31	31			157			157					
瓜州县农村饮水安全巩固提升2017	483	35	35			448			448					
肃北县农村饮水安全提升工程2017	85	6	6											79
阿克塞县农村饮水安全巩固提升2017	176	13	13									163		
玉门市农村饮水安全巩固提升工程2017	505	37	37			468			468					
敦煌市农村饮水安全巩固提升2017	225	19	19			206			206					
西峰区农村饮水安全巩固提升工程2017	236	36	36			200		200						
庆城县农村饮水安全巩固提升工程2017	5869	566	566			5303		190	5113					
环县农村饮水安全巩固提升工程2017	3349	82	82			3267		260	3007					
华池县农村饮水安全巩固提升工程2017	5352	790	790			4562		90	4472					
合水县农村饮水安全巩固提升工程2017	1253	91	91			1162		120	1042					
正宁县农村饮水安全巩固提升工程2017	484	35	35			449		170	279					
宁县农村饮水安全巩固提升工程2017	1865	136	136			1729	1339	390						
镇原县农村饮水安全巩固提升工程2017	2460	180	180			2180		380	1800					100
通渭县年农村饮水安全巩固提升2017	888	398	398			490			490					
陇西县农村饮水安全巩固提升工程2017	5011	511	511			3000			3000					1500
渭源县农村饮水安全巩固提升工程2017	5103	350	350			4753			4753					

2-4 续表

单位：万元

项目名称	累计到位投资	中央政府投资				地方政府投资				利用外资	企业和私人投资	国内贷款	债券	其他投资
		小计	预算内拨款	中央财政水利专项资金	其他资金	小计	省级政府投资	地市级政府投资	县级政府投资					
临洮县农村饮水安全巩固提升工程2017	5328	835	835											4493
漳县农村饮水安全巩固提升工程2017	189	189	189											
武都区农村饮水安全巩固提升工程2017	2987	215	215									2772		
宕昌县农村饮水安全巩固提升2017	3753	274	274			3479			3479					
成县农村饮水安全巩固提升工程2017	2576	188	188			2388			2388					
文县农村饮水安全巩固提升工程2017	2853	208	208											2645
西和县农村饮水安全巩固提升工程	8162	595	595									7567		
礼县农村饮水安全巩固提升工程2017	3837	516	516									3321		
两当县农村饮水安全巩固提升2017	2304	105	105											2199
徽县农村饮水安全巩固提升2017	5139	179	179									4960		
康乐县农村饮水安全巩固提升工程2017	3300	277	277									3023		
永靖县农村饮水安全巩固提升工程2017	518	518	518											
和政县农村饮水安全巩固提升工程2017	6418	313	313									6105		
积石山县农村饮水安全巩固提升2017	218	218	218											
合作市农村饮水安全巩固提升2017	417	15	15			402			402					
临潭县农村饮水安全巩固提升2017	254	19	19			235			235					
卓尼县农村饮水安全巩固提升2017	203	14	14			189	189							
舟曲县农村饮水安全巩固提升2017	188	14	14			174			174					
迭部县农村饮水安全巩固提升2017	171	12	12			159			159					
玛曲县农村饮水安全巩固提升2017	125	9	9			116			116					
碌曲县农村饮水安全巩固提升2017	188	9	9			179			179					
夏河县农村饮水安全巩固提升2017	250	18	18			232			232					
抗旱工程	519	519		519										
会宁县郭城驿镇抗旱应急水源工程														
泾川县抗旱应急水源引调提水项目	519	519		519										
其他供水工程	84354	2750			2750	34131	6540	4214	23377			34160	8000	5313
皋兰县山字墩水库–县城段输水管道改造	4486					3007			3007			1479		
金昌市城市应急备用水源	5212											212	4000	1000

2-4 续表

单位：万元

项目名称	累计到位投资	中央政府投资				地方政府投资				利用外资	企业和私人投资	国内贷款	债券	其他投资
		小计	预算内拨款	中央财政水利专项资金	其他资金	小计	省级政府投资	地市级政府投资	县级政府投资					
张家川县东峡水库城区供水设施改造工程	212					212			212					
古浪县黄花滩移民点自来水供应服务站	149											149		
古浪县古丰乡西山堡村收缩安置点供水	121					121			121					
古浪县绿洲生态移民搬迁财力补助供水	2426											2426		
古浪县绿洲生态移民小城镇供水工程	4086											4086		
古浪黄花滩1、2、8、9移民点养殖区供水	1082											1082		
庆城县小型扶贫水利项目2017	551	551			551									
环县县级自筹水利建设项目2017	6331					6331			6331					
合水县农业综合开发建设项目2017	1316	940			940	376	376							
正宁县精准扶贫农村饮水安全工程2017	675					675			675					
镇原县小型水利工程2017	1697	59			59	1638			1638					
武都区坪垭藏族乡整乡易地搬迁饮水工程	490											490		
武都区供水扩建工程	9648					9648			9648					
宕昌县贫困村社基础设施建设饮水安全	4760											4760		
康县贫困村基础设施建设饮水安全工程	2130											2130		
永靖县精准脱贫农村饮水安全补充工程	715					715			715					
和政县新庄中良村吓沟等3社饮水工程	35													35
东乡县中部农村饮水安全巩固提升一期	4000												4000	
东乡县农村供水骨干调蓄工程北部片区	525					525	496		29					
东乡县布楞沟流域农村供水改造工程														
东乡县农村管网延伸改造16-17扶贫饮水	1668					1668	1668							
积石山县小型集中及分散供水改造工程	4038													4038
积石山县易地搬迁安置点人饮工程2016	240													240
积石山县城区供水水源改扩建工程	3347	1200			1200	1000			1000			1147		
武威市黄羊土门组团供水项目杂木河供水	19200					4000	4000					15200		
华亭县安口镇应急引水工程	1000											1000		
兰州新区城际铁路沿线绿化项目水利工程	3300					3300		3300						
兰州新区职教园区景观水系供水工程	914					914		914						

2-4 续表

单位：万元

项目名称	累计到位投资	中央政府投资				地方政府投资				利用外资	企业和私人投资	国内贷款	债券	其他投资
		小计	预算内拨款	中央财政水利专项资金	其他资金	小计	省级政府投资	地市级政府投资	县级政府投资					
水务项目	81056	10287	1610		8677	13949	4490		9459			52949		3871
自来水厂建设	16795	480			480	2715			2715			13600		
庄浪县南坪水厂改扩建及管网工程	1600											1600		
华池县自来水厂管网改造工程	2715					2715			2715					
崆峒区韩家沟水厂供水工程（一期）	9680	480			480							9200		
山丹县第二给水厂建设工程	2800											2800		
城镇供水管线建设	38970	350	350			4400	4400					30349		3871
天水市藉口水厂至西十里供水管道工程	17929											17929		
清水县城区供水工程	9871					2000	2000					4000		3871
清水县城区自来水管网扩建工程	1370	350	350			400	400					620		
古浪县大靖镇供水改扩建工程	4000											4000		
庆城县城区供水输水管道工程（环县段）	5800					2000	2000					3800		
污水处理工程建设	25290	9457	1260		8197	6834	90		6744			9000		
平凉市天雨污水处理厂提标改造扩建工程	1700											1700		
华池县乡镇河道污水收集建设工程	1238					1238			1238					
镇原县巴家咀上游截污及三岔镇雨污分流	13702	8197			8197	5505			5505					
民勤红沙岗污水处理厂及中水回用贮水池	7550	750	750									6800		
华亭县城区生活污水处理厂中水回用项目	590					90	90					500		
临洮县污水处理厂配套管网工程	510	510	510											
非常规水资源利用项目	642											642		
雨水集用	642											642		
礼县农村饮水安全集雨水窖工程	642											642		
水电开发利用	10129	3503		3503							5522	1104		
水电增效扩容	10129	3503		3503							5522	1104		
永昌县头坝二号水电站增效扩容改造	879	385		385							494			
肃州区丰乐河水电站增效扩容及生态修复	534	130		130							404			
金塔县解放村水电站增效扩容改造	614	229		229							385			
肃北县拉排一级水电站增效扩容及生态修复	1686	531		531							51	1104		

2-4　续表

单位：万元

项目名称	累计到位投资	中央政府投资				地方政府投资				利用外资	企业和私人投资	国内贷款	债券	其他投资
		小计	预算内拨款	中央财政水利专项资金	其他资金	小计	省级政府投资	地市级政府投资	县级政府投资					
敦煌市党河水电站增效扩容改造	1831	548		548							1283			
敦煌市南湖店水电站增效扩容改造	816	232		232							584			
成县飞龙峡水电站增效扩容及生态修复	75	75		75										
文县哈南水电站增效扩容及生态修复	307	22		22							285			
文县肖家山水电站增效扩容及生态修复	115	115		115										
礼县红崖二级水电站河流生态修复工程	22	22		22										
礼县大滩水电站增效扩容改造工程	126	126		126										
礼县大滩水电站河流生态修复工程	19	19		19										
礼县红崖二级水电站增效扩容改造项目	140	140		140										
和政县闫蔡坪水电站增效扩容改造	465	135		135							330			
舟曲县插岗一级水电站增效扩容及生态修复	780	108		108							672			
舟曲县驼骆坝水电站增效扩容及生态修复	148	148		148										
夏河县白土坡水电站	1572	538		538							1034			
水保及生态保护	239725	153697	97169	38146	18382	41529	7403	5070	29056		1745	22895	2000	17859
水土流失治理	63920	50146	22500	27646		7062	2615	1318	3129					6712
榆中县坡耕地水土流失综合治理工程2017	500	500	500											
榆中县病险淤地坝除险加固工程2017	166	160		160		6	6							
嘉峪关讨赖河南岸水土保持提升工程	258					258	140	118						
平川区水土保持项目	200	200		200										
靖远县省级水土保持补偿费建设项目	75					75	75							
靖远县北湾镇水土保持项目2016	438	420		420		18	18							
会宁县坡耕地水土流失综合治理2017	500	500	500											
会宁县水土保持重点建设2017	1043	1000		1000		43	43							
景泰县国家水土保持重点工程	314	300		300		14	14							
秦州区坡耕地水土流失综合治理工程2017	1251	1000	1000			251			251					
麦积区水土保持重点工程2017	300	300		300										
清水县水土保持重点工程2017	286	200		200		56	10		46					30
清水县坡耕地水土流失综合治理工程2017	937	750	750			97			97					90

2-4 续表

单位：万元

项目名称	累计到位投资	中央政府投资				地方政府投资				利用外资	企业和私人投资	国内贷款	债券	其他投资
		小计	预算内拨款	中央财政水利专项资金	其他资金	小计	省级政府投资	地市级政府投资	县级政府投资					
秦安县水土保持重点工程2017	400	400		400										
甘谷县坡耕地水土流失综合治理2017	899	750	750			149			149					
武山县坡耕地水土流失综合治理工程2017	937	750	750			187		65	122					
张家川县水土保持重点工程2017	429	300		300		14	14							115
古浪县水土保持重点治理项目2017	200	200		200										
天祝县2017年水土保持重点工程	200	200		200										
肃南县水土保持重点工程2017	277	200		200		77			77					
崆峒区农业综合开发黄土高原保护2017	1050	750		750		300	240	30	30					
崆峒区坡耕地水土流失治理2017	625	500	500											125
泾川县农业综合开发黄土高原保护2017	1065	750		750		300	240		60					15
泾川县病险淤地坝除险加固工程2017	275	220		220		55	7		48					
灵台县农业综合开发黄土高原保护2017	1016	750		750		263	240		23					3
灵台县坡耕地水土流失治理2017	625	500	500											125
崇信县坡耕地水土流失治理2017	625	500	500											125
崇信县农业综合开发黄土高原保护2017	1053	750		750		300	240		60					3
崇信县病险淤地坝除险加固工程2017	110	88		88		22			22					
华亭县水土保持重点工程2017	421	295		295										126
庄浪县水土保持重点建设工程2017	1000	700		700		31	31							269
庄浪县病险淤地坝除险加固工程2017	485	388		388		97	11		86					
静宁县坡耕地水土流失治理2017	1251	1000	1000											251
静宁县坡耕地水土流失治理2016	1250	1000	1000											250
西峰区农业综合开发黄土高原保护2017	1400	1000		1000		400	320	40	40					
西峰区病险淤地坝除险加固工程2017	105	84		84		21			21					
西峰区病险淤地坝除险加固工程2016	180	144		144		36			36					
庆城县坡耕地水土流失治理2017	937	750	750											187
庆城县病险淤地坝除险加固工程2016	115	92		92		23			23					
庆城县病险淤地坝除险加固工程2017	320	256		256		64	10		54					
环县病险淤地坝除险加固工程2016	340	272		272		68			68					

2-4 续表

单位：万元

项目名称	累计到位投资	中央政府投资				地方政府投资				利用外资	企业和私人投资	国内贷款	债券	其他投资
		小计	预算内拨款	中央财政水利专项资金	其他资金	小计	省级政府投资	地市级政府投资	县级政府投资					
环县坡耕地水土流失治理2016	1250	1000	1000											250
环县坡耕地水土流失治理2017	1250	1000	1000											250
环县病险淤地坝除险加固工程2017	480	467		467		13	13							
华池县坡耕地水土流失治理2017	625	500	500											125
华池县病险淤地坝除险加固工程2017	280	224		224		56	7		49					
合水县水土保持重点建设工程2016（一）	786	550		550										236
合水县农业综合开发黄土高原保护2017	701	500		500		200	200							1
合水县水土保持重点建设工程2017	857	600		600		59	27		32					199
合水县病险淤地坝除险加固工程2017	340	272		272		68	8		60					
正宁县农业综合开发黄土高原保护2017	703	500		500		200	160		40					3
正宁县水土保持重点建设工程2016（一）	786	550		550										236
正宁县水土保持重点建设工程2017	857	600		600		27	27							230
正宁县病险淤地坝除险加固工程2017	199	192		192		7	7							
正宁县病险淤地坝除险加固工程2016	110	88		88		22			22					
宁县农业综合开发黄土高原保护2017	700	500		500		200	200							
宁县水土保持重点建设工程2017	857	600		600		27	27							230
宁县水土保持重点建设工程2016（一）	786	550		550										236
宁县病险淤地坝除险加固工程2017	178	172		172		6	6							
镇原县水土保持重点建设工程2016（一）	1000	700		700										300
镇原县水土保持重点建设工程2016（二）	357	250		250		10	10							97
镇原县坡耕地水土流失治理2016	1250	1000	1000											250
镇原县坡耕地水土流失治理2017	1250	1000	1000											250
镇原县水土保持重点建设工程2017	1000	700		700		31	31							269
镇原县病险淤地坝除险加固工程2017	375	300		300		75	9		66					
安定区坡耕地水土流失综合治理工程2017	937	750	750			187		187						
安定区水土保持重点建设工程2017	513	491		491		22	22							
安定区病险淤地坝除险加固工程2017	420	348		348		29	10		19					43
通渭县病险淤地坝除险加固工程2017	196	196		196										

2-4 续表

单位：万元

项目名称	累计到位投资	中央政府投资				地方政府投资				利用外资	企业和私人投资	国内贷款	债券	其他投资
		小计	预算内拨款	中央财政水利专项资金	其他资金	小计	省级政府投资	地市级政府投资	县级政府投资					
通渭县坡耕地水土流失综合治理2017	1251	1000	1000			251		251						
陇西县水土保持重点建设工程2017	1429	1000		1000		43	43							386
陇西县坡耕地水土流失综合治理2017	1251	1000	1000			251		251						
陇西县病险淤地坝除险加固工程2017	230	184		184		6	6							40
渭源县病险淤地坝除险加固工程2017	199	192		192		7	7							
渭源县国家水土保持重点工程2017	314	300		300		14	14							
临洮县水土保持重点建设工程2017	1000	1000		1000										
临洮县坡耕地水土流失综合治理2017	1251	1000	1000			251		251						
临洮县病险淤地坝除险加固工程2017	208	208		208										
漳县坡耕地水土流失综合治理工程2017	625	500	500			125		125						
漳县病险淤地坝除险加固工程2017	288	288		288										
岷县国家水土保持重点工程2017	571	400		400		18	18							153
武都区水土保持重点工程2017	429	300		300										129
宕昌县水土保持重点工程2017	286	200		200										86
成县水土保持重点工程2017	551	400		400										151
康县国家水土保持重点工程2017	571	400		400		171	23		148					
文县国家水土保持重点工程2017	286	200		200		86	10		76					
西和县坡耕地水土流失综合治理工程2017	937	750	750			187			187					
礼县坡耕地水土流失综合治理工程2017	937	750	750			187			187					
两当县国家水土保持重点工程2017	571	400		400		171	23		148					
徽县坡耕地水土流失综合治理工程2017	625	500	500			125			125					
临夏县县坡耕地水土流失综合治理工程	937	750	750											187
康乐县坡耕地水土流失治理工程2017	937	750	750											187
广河县坡耕地水土流失综合治理2017	937	750	750											187
和政县第二批国家水土保持重点工程2017	400	400		400										
东乡县坡耕地水土流失综合治理2017	1250	1000	1000											250
东乡县国家水土保持重点建设工程2017	1429	1000		1000		429			429					
临潭县小流域综合治理项目2017	286	200		200		86	10		76					

2-4　续表

单位：万元

项目名称	累计到位投资	中央政府投资				地方政府投资				利用外资	企业和私人投资	国内贷款	债券	其他投资
		小计	预算内拨款	中央财政水利专项资金	其他资金	小计	省级政府投资	地市级政府投资	县级政府投资					
卓尼县相俄项目区流域治理2017	150	105		105		6	6							39
舟曲县水土保持治理工程2017	571	400		400		171	18		153					
迭部县水土保持尼傲乡巴藏项目区2017	314	300		300		14	14							
流域生态综合治理	79895	70209	70209			9686	4188	2752	2746					
敦煌水资源规划项目（酒泉市）2016	10294	8234	8234			2060	823		1237					
敦煌水资源规划项目水保（酒泉市）2017	3708	2967	2967			741			741					
敦煌水资源规划项目（敦煌市）2016	6400	5120	5120			1280	512		768					
敦煌水资源规划项目（敦煌市）2017	13754	11002	11002			2752		2752						
敦煌水资源规划项目（疏勒河）2017	6031	6031	6031											
敦煌水资源规划项目（疏勒河）2015	21397	20209	20209			1188	1188							
敦煌水资源规划项目（疏勒河）2016	18311	16646	16646			1665	1665							
河湖连通工程	10500	10500		10500										
会宁县河湖水系连通项目	4500	4500		4500										
庄浪县店峡沟与竹林寺水库河库连通工程	3000	3000		3000										
宕昌县鹅嫚沟综合治理工程	3000	3000		3000										
其他环境水利项目	85410	22842	4460		18382	24781	600	1000	23181		1745	22895	2000	11148
凉州区水环境综合治理工程	9774	9634			9634	140			140					
民勤县红崖山库区生态环境治理工程	622	22			22	600	600							
古浪山水林田湖生态修复南泥沟水库治理	100	100			100									
天祝县山水林田湖生态保护修复工程	5000	3877			3877									1123
张掖市祁连山生态保护监控信息系统工程	3150	2205			2205						945			
平凉市崆峒水库至大岔河段河道生态治理	1000					1000		1000						
崇信县□河流域水环境治理工程	4460	4460	4460											
肃州区四坝海子生态治理项目2017	2000					2000			2000					
玉门市引水入城玉渊湖扩建工程	2317					2317			2317					
庆城县城区段河道水面工程	14165											14165		
武都滨江步道改造工程工程	4881					4881			4881					
临夏市大夏河三十里风情线综合治理二期	1518					1518			1518					

2-4　续表

单位：万元

项目名称	累计到位投资	中央政府投资				地方政府投资				利用外资	企业和私人投资	国内贷款	债券	其他投资
		小计	预算内拨款	中央财政水利专项资金	其他资金	小计	省级政府投资	地市级政府投资	县级政府投资					
临夏市南干刘家桥至环城西路污水治理	350					350			350					
临夏市大夏河风情线综合治理工程	4800					4800			4800					
临夏市国土实施水保项目	167	162			162									5
临夏市大夏河一大桥至罗家湾综合治理二期	3000					3000			3000					
临夏县大夏河城区段综合治理工程二期	731											731		
康乐县洮河三岔河片区水污染治理一期	11916					500			500		800	8000	2000	616
和政县林业实施水保项目	800													800
和政县大南岔河水生态修复工程	7743													7743
东乡县国土、农发、农牧实施水保项目	3675					3675			3675					
积石山县国土、林业、农牧实施水保项目	3243	2382			2382									861
机构能力建设专项	31873	28654	25481	3173		3219	3219							
水文设施及能力建设	31873	28654	25481	3173		3219	3219							
省疏管局斗口水量计量设施更新改造	1200	1000		1000		200	200							
甘肃水资源监控能力建设二期	2173	2173		2173										
甘肃省水资源监测能力（一期）建设工程	350	350	350											
甘肃省大江大河水文监测（一期）建设工程	600	600	600											
甘肃省中小河流水文监测系统建设项目	27550	24531	24531			3019	3019							
移民项目	3592	2191		2191		1398	1398							4
永昌县大中型水库移民后期扶持2017	546	212		212		334	334							
张家川县小型水库后期扶持项目2017	70					70	70							
凉州区大中型水库移民后期扶持项目2017	423	239		239		184	184							
民勤县大中型水库移民后期扶持2017	328	209		209		119	119							
古浪县水利水电移民后期扶持2017	116	116		116										
天祝县大中型水库移民后期扶持项目2017	96	26		26		65	65							4
金塔县库区移民项目2017	632	632		632										
瓜州县大中型水库移民后期扶持项目	1302	756		756		545	545							
正宁县小型水库移民后期扶持工程2017	40					40	40							
康县库区移民后期扶持阳坝供水水源工程	40					40	40							

2-5 2017 年水利建设项目累计完成投资

单位：万元

项目名称	累计完成投资	中央政府投资				地方政府投资				利用外资	企业和私人投资	国内贷款	债券	其他投资
		小计	预算内拨款	中央财政水利专项资金	其他资金	小计	省级政府投资	地市级政府投资	县级政府投资					
甘　　肃	4042017	1783006	1323370	400464	59171	1041866	570963	212226	258677	23479	21520	1060177	22306	89664
防洪项目	648729	430397	317188	106420	6789	76014	36034	7746	32234			131968		10350
堤防工程	70569	3770	870		2900	9771	8796		975			56288		740
会宁县苦水河河畔羊肉市场段综合治理	1504											1504		
清水县牛头河柳湾段河道综合治理工程	550	550	550											
古浪县大靖河红柳湾段防洪治理工程	1680					1680	1680							
天祝县2017年农牧村护田护村工程	1400	1400			1400									
天祝县南阳山6、7#移民点应急防洪工程	1740					1000	1000							740
天祝县炭山岭城镇防洪工程	1500	1500			1500									
张掖市黑河城区段治理工程（一期工程）	39500											39500		
华池县新区一中段河道治理续建工程	356					356			356					
武都区坪垭藏族乡整乡易地搬迁河堤工程	1419					1419	800		619					
武都区黄坪乡河堤工程	743											743		
宕昌县贫困村基础设施建设堤防工程	6782											6782		
康县平洛镇龙坝村安置点堤防及护坡工程	80					80	80							
康县贫困村基础设施及搬迁点堤防工程	4043					80	80					3963		
西和县建档立卡贫困村堤防工程	3796											3796		
合作市那吾乡精准扶贫暨生态小康村防洪	556					556	556							
卓尼县洮河麻路一段至亚当段防洪	320	320	320											
卓尼县车巴河流域防洪治理项目	3600					3600	3600							
迭部县卡坝乡尼吉巴防洪工程	1000					1000	1000							
大江大湖治理	299993	239070	239070			15075			15075			44278		1570
黄河甘肃段防洪工程（兰州市）	162459	118181	118181									44278		
黄河甘肃段防洪工程（白银市）	67206	67206	67206											
黄河甘肃段防洪工程（临夏州）	36000	28597	28597			5833			5833					1570
黄河甘肃段防洪工程（甘南州）	34328	25086	25086			9242			9242					
重要支流治理	90861	69957	69957			18694	1888	5507	11299					2210
湟水兰州市红古段防洪治理工程	4900	3600	3600			1300		1300						
永登县庄浪河东干渠首至寺滩泵站防洪	4385	2769	2769			1616		923	693					

2-5 续表

单位：万元

项目名称	累计完成投资	中央政府投资				地方政府投资				利用外资	企业和私人投资	国内贷款	债券	其他投资
		小计	预算内拨款	中央财政水利专项资金	其他资金	小计	省级政府投资	地市级政府投资	县级政府投资					
靖远县祖历河庄口至罗家湾段防洪工程	2127	2127	2127											
会宁县祖厉河柴门乡张家湾至郭城镇防洪	3176	1906	1906											1270
葫芦河秦安县李河至刘沟村段治理工程	3180	1908	1908			1272			1272					
天祝县华藏寺至界牌段防洪治理工程2017	664	398	398			266	266							0
甘州区黑河分洪溢流堰至国道312线防洪	1740	480	480			1260		1260						
临泽县铁路桥至暖泉段防洪治理	5487	3293	3293			2194			2194					
高台西腰墩水库至刘家深湖水库河道防洪	2140	1845	1845			295			295					
平凉市泾河吴老沟至平镇桥河堤治理	1276	1276	1276											
平凉市泾河大岔河至吴老沟河堤治理2017	1258	1258	1258											
崆峒区泾河马莲沟至南阳涧河段防洪	1662	1662	1662											
崆峒区泾河南阳涧河至信河段防洪治理	1426	1426	1426											
泾川县泾河蔡家咀至长庆桥段防洪治理	1400	1400	1400											
泾川县泾河百泉渡槽至水泉寺大桥段防洪	1000	1000	1000											
泾川县泾河罗汉洞至洪河口段河堤治理	1963	1630	1630			333	333							
庄浪县葫芦河刘家湾至新庄沟段河堤治理	1402	1402	1402											
静宁县葫芦河狗娃河口至胡家河段河堤治理	1705	1705	1705											
静宁县葫芦河闫庙至仁大段防洪治理2017	749	749	749											
肃州区讨赖河祁家沟至古城村防洪2017	1131	1131	1131											
金塔县黑河常丰至中丰村段防洪工程	1722	1033	1033			689			689					
金塔县黑河大墩门至夹墩湾村段防洪	2905	1743	1743			1162			1162					
金塔县黑河二杰至沙门子村段防洪治理	2385	1431	1431			954			954					
西峰区蒲河石咀子至毛家寺段防洪	1565	1565	1565											
环县马莲河韩洼子至陈沟桥段防洪	2759	1679	1679			1080			1080					
环县山城洪德至汪旗段防洪	2418	1813	1813			605			605					
环县五里屯桥至河对坡段防洪	723	434	434			289			289					
蒲河宁县庄里至叶王川段防洪治理工程	1590	1590	1590											
临洮县玉井段防洪治理工程2017	2311	1387	1387			924	924							
武都区白龙江干流鹿坝绸子坝段堤防2017	2358	1454	1454			904			904					
武都区白龙江干流角弓镇汉王镇堤防2017	2191	1315	1315			876			876					

2-5 续表

单位：万元

项目名称	累计完成投资	中央政府投资				地方政府投资				利用外资	企业和私人投资	国内贷款	债券	其他投资
		小计	预算内拨款	中央财政水利专项资金	其他资金	小计	省级政府投资	地市级政府投资	县级政府投资					
文县石坊乡东峪口至大渡坝河道治理工程	413	248	248			165	165							
西和县郭家坝至昌河坝段防洪工程	1393	1393	1393											
礼县祁山至蒙张段防洪治理工程2017	4433	2660	2660			1773		1773						
礼县蒙张至磨石咀段防洪治理工程2017	698	447	447			251		251						
临夏市大夏河干流祁牟段堤防工程	594	494	494			100			100					
临夏县大夏河干流祁牟至刘家峡水库防洪	734	548	548			186			186					
永靖县湟水干流白川至二房段河堤工程	2628	1726	1726											902
东乡县大夏河折桥至刘家峡水库堤防	1200	1162	1162											38
合作市洮河重要支流治理	2370	2370	2370											
临潭县洮河段防洪2017	1116	1116	1116											
临潭县洮河干流洮滨防洪堤工程	1400	1200	1200			200	200							
卓尼县洮河干流纳浪段防洪工程2017	200	200	200											
舟曲县沿川坝段河道治理2017	50	50	50											
迭部县麻古村至白云段河道治理工程2017	2354	2354	2354											
碌曲县洮河干流城郊段至双岔段防洪治理	1370	1370	1370											
夏河县垂子合大桥至阿一山大桥段治理	1059	1059	1059											
夏河县大夏河王格尔塘至曲奥段治理	3150	3150	3150											
中小河流治理	123624	100123		100123		18297	14316	1175	2806					5204
榆中县宛川河兴隆峡河道治理工程														
永昌县东大河河流治理	2396	1917		1917		479			479					
白银区西大沟（城区段）护岸工程	300	300		300										
会宁县东河会师段护岸工程	1146	750		750		183	183							213
秦州区耤河普岔沟至关子段堤防工程	1609	1287		1287		322			322					
秦州区峁水河杨家寺段堤防工程	1992	1594		1594		398	319		79					
清水县后川河王店至王峡段堤防治理工程	518	518		518										
秦安县清水河五营赵洼大桥至仁义大桥堤防	1732	1250		1250		386	386							96
武山县山丹河滩歌乡元崖至下街堤防工程	1112	750		750		362	258		104					
武山县大南河沿安至四门段堤防工程	1024	750		750		274	170		104					
张家川县清水河西川至马河段治理工程	993	750		750		243	243							

2-5 续表

单位：万元

项目名称	累计完成投资	中央政府投资				地方政府投资				利用外资	企业和私人投资	国内贷款	债券	其他投资
		小计	预算内拨款	中央财政水利专项资金	其他资金	小计	省级政府投资	地市级政府投资	县级政府投资					
张家川县清水河峡口至汪堡段治理工程	1049	750		750		299	299							
凉州区西营河北沙河段防洪治理2017	2856	1500		1500		457	457							899
古浪县古浪河朱家庄–龙泉寺段治理	1620	1150		1150		470	470							
天祝县金强河打柴沟至岔口驿段河道治理	2831	2265		2265										566
甘州区大瓷窑河沙井段河道防洪治理工程	1586	1586		1586										
肃南县隆畅河治理工程补充项目2017	1265	1020		1020		245			245					
肃南县摆浪河河道治理工程	1735	1388		1388		347			347					
民乐县洪水河六坝段河道治理工程2017	1483	1186		1186		297	237		59					
民乐县大堵麻河李寨段河道治理工程2017	1561	1249		1249		312	250		62					
民乐县苏油口至黑崖头村段河道治理2017	1336	1069		1069		267	214		53					
泾川县汭河十里沟至枣林段河堤治理	2370	2370		2370										
泾川县黑河荒场至茜家沟河堤治理工程	1661	1384		1384		277	277							
泾川县洪河河堤治理工程	1296	1080		1080		216	216							
灵台县达溪河县城至百里段河堤治理	2613	2168		2168		445	418		27					
灵台县黑河东门至景家庄段河堤治理	2432	1946		1946		486	389		97					
灵台县达溪河县城至安家庄段河堤治理	2610	2175		2175		435	435							
灵台县黑河安家沟沟口至杜家沟沟口段河堤	230					230			230					
崇信县□河（九功渠首至野雀沟）河堤治理	2378	2378		2378										
崇信县黑河河堤治理工程	1961	1961		1961										
庄浪县北洛河良邑郭魏至石家窑防洪	2094	1842		1842		252	252							
肃州区中小河流治理项目2017	5260	4208		4208		1052		1052						
玉门市石油河和平营田段河道治理工程	2747	2198		2198		549	440		109					
庆城县柔远河张沟至贾桥护岸工程	2637	2110		2110		527	422		105					
华池县柔远河白家川段护岸工程	2497	1998		1998		499	400		99					
合水县固城河丑家川段护岸工程	2435	2140		2140		295	295							
宁县中小河流治理项目2017	4933	3946		3946		987	789		198					300
镇原县中小河流治理项目2017	7554	6295		6295		1259	1259							
定西市关川河小碱沟治理工程2017	1979	1583		1583		396	317	79						
定西市关川河大碱沟治理工程2017	1100	580		580		220	176	44						

2-5 续表

单位：万元

项目名称	累计完成投资	中央政府投资				地方政府投资				利用外资	企业和私人投资	国内贷款	债券	其他投资
		小计	预算内拨款	中央财政水利专项资金	其他资金	小计	省级政府投资	地市级政府投资	县级政府投资					
通渭县碧玉牛洛河至小河子堤防2017	1050	1050		1050										
通渭县南河陇川蔡家铺村堤防工程2017	1125	1125		1125										
通渭县牛谷河平襄镇店子堤防工程2017	1050	1050		1050										
陇西县西河治理工程2017	1774	1774		1774										
渭源县莲峰河杨家咀至浦川断堤防2017	1850	1767		1767		83	83							
漳县漳河韩家庄至三岔段堤防工程2017	2624	1066		1066										1558
漳县漳河三岔至东桥段堤防工程2017	2426	934		934										1492
岷县迭藏河秦许上阿阳至马烨仓堤防2017	810	810		810										
宕昌县理川河流域治理项目2017	1274	978		978		296	296							
宕昌县理川河流域治理补充项目2017	2476	1730		1730		746	746							
西和县太石河治理工程2017	1497	1037		1037		460	460							
西和县漾水河治理工程2017	2040	1583		1583		457	457							
礼县永坪河石咀至平泉堤防工程2017	2146	1717		1717		429	343		86					
康乐县苏家集苏集段堤防工程2017	750	750		750										
广河县巴谢河甘坪段堤防工程	482	402		402										80
合作市德吾录河卡加防洪工程	922	768		768		154	154							
合作市格河多合儿防洪工程	1070	892		892		178	178							
临潭县斜藏沟治理工程	2608	2173		2173		435	435							
临潭县羊沙河下河段治理工程	1294	1078		1078		216	216							
卓尼县羊沙河恰盖防洪工程	1206	1206		1206										
卓尼县石窑沟藏巴哇防洪工程	680	680		680										
舟曲县拱坝河堤防工程	2840	2367		2367		473	473							
舟曲县中小河流治理项目2017	1750	1750		1750										
迭部县阿夏流域治理工程	2021	1684		1684		337	337							
夏河县博拉河博拉段防洪工程2017	1047	1047		1047										
夏河县格河段防洪工程2017	1047	1047		1047		67								
甘肃疏勒河灌区三道沟河道治理	2834	2267		2267		9934	567							
大中型病险水库除险加固	11808	1874	1874			1500	9934							
高台县小海子水库除险加固2017	1500						1500							

2-5 续表

单位：万元

项目名称	累计完成投资	中央政府投资				地方政府投资				利用外资	企业和私人投资	国内贷款	债券	其他投资
		小计	预算内拨款	中央财政水利专项资金	其他资金	小计	省级政府投资	地市级政府投资	县级政府投资					
甘肃双塔水库除险加固工程	10308	1874	1874			8434	8434							
大中型病险水闸除险加固	5285	4767	4767			518			518					
永昌县金川河工农渠首泄洪闸	2535	2017	2017			518			518					
肃州区红山河青稞地排砂闸除险加固工程	788	788	788											
肃州区马营河渠首闸除险加固工程	1962	1962	1962											
山洪灾害防治工程	7457	6297		6297		1145	1101		44					15
兰州市山洪灾害防治项目2017	371	371		371										
嘉峪关市山洪灾害防治项目2017	37	37		37										
金昌市山洪灾害防治项目2017	5	5		5										
金川区山洪灾害防治2017项目(第二批)	17	16		16		1			1					
永昌县山洪灾害防治项目2017	34	34		34										
白银市山洪灾害防治项目2017	346	205		205		141	141							
天水市2017年山洪灾害防治项目	10	10		10										
秦州区山洪灾害防治项目2017	19	19		19										
麦积区山洪灾害防治项目2017	290	290		290										
清水县山洪灾害防治项目2017	237	195		195		42	42							
秦安县山洪灾害防治项目2017	156	156		156										
甘谷县山洪灾害防治项目2017	186	132		132		54	42		12					
武山县山洪灾害防治项目2017	240	192		192		48	42		6					
张家川县山洪灾害防治项目2017	172	130		130		42	42							
凉州区山洪灾害防治项目2017	10	10		10										
古浪县山洪灾害防治项目2017	13	13		13										
天祝县山洪灾害防治项目2017	120	120		120										
甘州区山洪灾害防治2017	154	154		154										
肃南县山洪灾害防治2017	29	29		29										
民乐县山洪灾害防治2017	81	67		67										14
临泽县山洪灾害防治2017	54	54		54										
高台县山洪灾害防治2017	23	22		22										1
山丹县山洪灾害防治2017	64	64		64										

2-5 续表

单位：万元

项目名称	累计完成投资	中央政府投资				地方政府投资				利用外资	企业和私人投资	国内贷款	债券	其他投资
		小计	预算内拨款	中央财政水利专项资金	其他资金	小计	省级政府投资	地市级政府投资	县级政府投资					
平凉山洪灾害防治项目2017	733	472		472		261	235		26					
酒泉市山洪灾害防治项目2017	627	627		627										
庆阳市山洪灾害防治项目2017	857	617		617		240	240							
安定区山洪灾害防治项目2017	8	8		8										
通渭县山洪灾害防治项目2017	124	124		124										
陇西县山洪灾害防治工程2017	121	121		121										
渭源县山洪灾害防治项目2017	57	12		12		45	45							
临洮县山洪灾害治理项目2017	94	59		59		35	35							
漳县山洪灾害防治项目2017	132	132		132										
岷县山洪灾害防治项目2017	130	130		130										
陇南市山洪灾害防治项目2017	447	447		447										
临夏州山洪灾害防治项目2017	449	395		395		54	54							
甘南州山洪灾害防治项目2017	851	668		668		183	183							
甘肃省防办山洪灾害防治项目2017	160	160		160										
其他防洪项目	39132	4539	650		3889	2580		1064	1516			31402		610
城关区2017河道综合整治	160					160		160						
城关区大砂沟洪道永新集团段防洪抢险	304					304		100	204					
嘉峪关讨赖河生态治理洪水槽防冲刷加固	804					804		804						
金昌市国防工业基地蓄洪生态治理	7003											7003		
会宁县康家河综合治理工程	650	650	650											
天水市藉河生态综合治理一期续建工程	24000											24000		
礼县西汉水浅水低坝缓流防冲工程	922					922			922					
临夏县北塬乡塬头路钱家村排水工程	185					185			185					
临夏县漓水名都小区防洪治理工程	399											399		
临夏县15扶贫搬迁韩集镇姚川点防洪治理	761	761			761									
永靖县城北新村防洪排洪治理工程	2272	2168			2168	104			104					
和政县马家堡镇尕河堤防工程	50													50
东乡县卜楞沟泥石流灾害治理项目	100					100			100					
东乡县唐王镇塔石沟泥石流综合治理项目	960	960			960									

2-5 续表

单位：万元

项目名称	累计完成投资	中央政府投资				地方政府投资				利用外资	企业和私人投资	国内贷款	债券	其他投资
		小计	预算内拨款	中央财政水利专项资金	其他资金	小计	省级政府投资	地市级政府投资	县级政府投资					
积石山县易地搬迁安置点河堤工程2016	560													560
灌溉除涝项目	959876	547828	266980	250292	30555	195032	79354	42490	73188	23479	1957	150157	8000	33422
灌区建设工程	121691	96990	96990			21318	580		20738					3383
永昌县西河灌区续建配套节水改造	24043	18795	18795			5248			5248					
永昌县东河灌区续建配套节水改造	21534	16487	16487			5047			5047					
甘州区西浚灌区续建配套节水改造	5626	4661	4661			965			965					
甘州区大满灌区续建配套节水改造	9024	7339	7339			1685			1685					
民乐县大堵麻灌区续建配套节水改造	16543	13374	13374			3169			3169					
临泽县梨园河灌区续建配套节水改造	7918	6334	6334			1584			1584					
山丹县马营河灌区续建配套节水改造	22712	18710	18710			619	580		39					3383
肃州区洪临灌区续建配套与节水改造	14291	11290	11290			3001			3001					
节水灌溉工程	50357	14264	8766	5498		12612	6388	5116	1108	23479				1
榆中县小型农田水利建设项目2017	534					534		36	498					
平川区旱坪川灌区农业综合开发														
靖远县靖乐渠灌区农业综合开发	950	720		720		230	230							
凉州区以色列政府贷款农田水利建设项目	3040									3040				
民勤县以色列政府贷款农田水利建设	4833									4833				
古浪县以色列政府贷款农田水利建设	4093									4093				
高台县六坝灌区农业综合开发2017	462	350		350		112	112							
高台县罗城灌区农业综合开发2017	1400	1000		1000		400	320		80					
庄浪县水洛河灌区节水配套改造项目	1400	1000		1000		400	400							
静宁县东峡灌区农业综合开发	1400	1000		1000		400	400							
肃州区清水河灌区节水农业综合开发	78	78		78										
金塔县黑河灌区农业综合开发项目	400	350		350		50	50							
金塔县以色列政府贷款农田水利建设	3600									3600				
玉门市以色列政府贷款农田水利建设项目	3703					241			241	3462				
敦煌市以色列政府贷款农田水利建设	4452									4452				
合水县扶贫高效节水灌溉项目	503					502	502							1
正宁县西坡镇月南村樱桃园灌溉工程	289					289			289					

2-5　续表

单位：万元

项目名称	累计完成投资	中央政府投资				地方政府投资				利用外资	企业和私人投资	国内贷款	债券	其他投资
		小计	预算内拨款	中央财政水利专项资金	其他资金	小计	省级政府投资	地市级政府投资	县级政府投资					
石羊河流域重点治理（省景电）2013	17820	8766	8766			9054	4054	5000						
玉门市花海灌区农业综合开发	1400	1000		1000		400	320	80						
小型农田水利建设	212069	152977		152977		46604	28257	4301	14047		1957	1969		8560
七里河区农田水利设施维修养护项目2017	39	39		39										
西固区高效节水灌溉项目2017	1955	1086		1086		869	213	264	392					
西固区农田水利设施维修养护项目2017	120	120		120										
永登县高效节水项目柳树镇红砂川村	172	116		116		56	28	20	8					
永登县高效节水项目坪城乡灌溉工程	5787	740		740		5047	140	3340	1567					
皋兰县年高效节水项目2017	750	750		750										
皋兰县农田水利设施维修养护项目2017	147	60		60		87		87						
榆中县高效节水灌溉项目2017	5575	1326		1326		4249	261	340	3648					
榆中县农田水利设施维修养护项目2017	65	65		65										
嘉峪关市节水灌溉及维修养护2017	3590	2726		2726		491	441	50			373			
金川区农田水利设施建设（第二批）2017	3779	2591		2591		683	509		174					505
金川区农业水价综合改革建设（第二批）	330	330		330										
金川区农田水利设施建设2017	1875	1000		1000		659	500		159					216
永昌县高效节水灌溉新增2017	5435	5052		5052		218	218							165
永昌县小型农田水利设施建设2017	1675	1000		1000		530	500		30					145
永昌县农业水价综合改革2017	100	100		100										
永昌县中央财政维修养护2017	150	150		150										
白银市靖会灌区水利工程设施维修养护	210	210		210										
白银市兴电灌区水利工程设施维修养护	210	210		210										
白银区五小水利工程2016	1500	1000		1000		500	500							
白银区高效节水灌溉项目	383	299		299		51	51				33			
白银区水利工程设施维修养护项目	48	48		48										
平川区农业水价项目	260	260		260										
平川区高效节水灌溉项目	895	748		748		147	147							
平川区水利工程设施维修养护项目	80	80		80										
靖远县高效节水灌溉项目	1974	1467		1467		288	288							219

2-5 续表

单位：万元

项目名称	累计完成投资	中央政府投资				地方政府投资				利用外资	企业和私人投资	国内贷款	债券	其他投资
		小计	预算内拨款	中央财政水利专项资金	其他资金	小计	省级政府投资	地市级政府投资	县级政府投资					
靖远县水利工程设施维修养护项目	70	70		70										
会宁县水利工程设施维修养护项目	55	55		55										
会宁县高效节水灌溉项目	1930	1930		1541		302	302							87
景泰县高效节水灌溉项目	2163	2163		1876		144	144				143			
景泰县小型农田水利设施补助	500	500		500										
景泰县水利工程设施维护项目	137	137		137										
秦州区天水镇杨家湾高效节水灌溉工程2017	450	450		396		54			54					
秦州区汪川镇杏树梁高效节水灌溉工程	1116	1116		813		303			303					
麦积区石佛镇盛龙高效节水灌溉工程2017	2339	2339		1592		747	313		434					
麦积区小型农田水利设施补助2016	1524	1524		1100		424	150		274					
麦积区渭南镇南山高效节水灌溉工程2017	1236	1236		1050		186			186					
清水县王家山高效节水灌溉项目2017	450	450		450										
秦安县五小水利工程2016	1500	1500		1000		500	500							
秦安县高效节水灌溉项目2017	1533	1533		1022		201	201							310
秦安县农田水利设施维修养护项目2017	110	110		110										
甘谷县高效节水灌溉工程2017	1042	1042		778		264	153		111					
甘谷县水利工程维修养护项目2017	229	229				229	70		159					
武山县农业水价综合改革试点项目	510	510		500										10
武山县小型农田水利设施补助2016	500	500		500										
武山县高效节水灌溉项目2017	1121	1121		552		569	108		461					
武山县农田水利设施维修养护项目2017	40	40		40										
张家川县高效节水灌溉项目2017	578	578		483		95	95							
凉州区高效节水灌溉发展项目2017	17540	17540		13175		2586	2586							1779
凉州区农业水价综合改革项目2017	1765	1765		1765										
凉州区水利工程养护维修项目2017	144	144		144										
民勤县公益性水利工程维修养护2017	160	160		160		500								
民勤县农业水价综合改革项目2017	1150	1150		1150		1524								
民勤县中央财政农田水利设施建设2017	1500	1500		1000			500							
民勤县节水增效高效节水灌溉项目2017	9286	9286		7762			1524							

2-5 续表

单位：万元

项目名称	累计完成投资	中央政府投资				地方政府投资				利用外资	企业和私人投资	国内贷款	债券	其他投资
		小计	预算内拨款	中央财政水利专项资金	其他资金	小计	省级政府投资	地市级政府投资	县级政府投资					
古浪县中央财政小型农田水利建设项目	2250	2250		2250										
古浪县节水增效高效节水灌溉项目2017	4403	3681		3681		722	722							
古浪县中央财政农田水利设施建设2017	1500	1000		1000		500	500							
古浪县农业水价综合改革试点2017	860	860		860										
古浪县农田水利设施维修养护2017	64	64		64										
天祝县农业水价综合改革试点项目2017	1000	900		900										100
天祝县节水增效高效节水灌溉项目2017	2422	2001		2001										421
张掖市水利维修养护2017	250	250		250										
甘州区高效节水灌溉2017	9378	6364		6364		3014	3014		1765					
甘州区农田水利和水价改革2017	1420	1420		1420										
甘州区水利维修养护2017	100	100		100										
肃南县农田水利和水价改革2017	459	309		309		188	188							
肃南县水利维修养护2017	95					90	90		5					
民乐县2017小型农田水利建设（七）	1030	600		600		300	300							130
民乐县农田水利和水价改革2017	1091	1090		1090										1
民乐县水利工程维修养护2017	166	130		130		36	36		36					
临泽县农田水利和水价改革2017	460	460		460										
临泽县高效节水灌溉2017	1470	1020		1020		200	200							250
高台县2017高效节水灌溉	1674	1141		1141		224	224							309
高台县小型农田水利设施补助2016	1134	1000		1000										134
高台县2017小型农田水利建设（七）	1754	1000		1000		500	500							254
高台县农田水利和水价改革2017	1735	1735		1735		300	300							
山丹县小型农田水利建设2017	1975	1000		1000		515	515		300					175
山丹县高效节水灌溉2016	2131	1200		1200		704	704		200					131
山丹县2015年新增农田水利设施建设2016	2105	1000		1000		689	689		400					205
山丹县小型农田水利重点县2016	2897	1700		1700		932	932		200					97
山丹马场高效节水灌溉2016	1570	400		400		300	300				870			
山丹马场小型农田水利重点县2016	1382	800		800		400	400				182			
山丹县小型农田水利设施补助2016	1356	1000		1000							356			

2-5 续表

单位：万元

项目名称	累计完成投资	中央政府投资				地方政府投资				利用外资	企业和私人投资	国内贷款	债券	其他投资
		小计	预算内拨款	中央财政水利专项资金	其他资金	小计	省级政府投资	地市级政府投资	县级政府投资					
山丹县农田水利和水价改革2017		900		900										
山丹县高效节水灌溉2017		1255		1255		546	246		300					199
山丹县高效节水灌溉2017（二）		1140		1140										
崆峒区农业水价改革及节水灌溉2017		1372		1372		171	171							123
泾川县五小水利工程2016		1000		1000		500	500							
泾川县农田水利设施建设项目2017	100					1350	1350							
泾川县高效节水灌溉项目2017	421	549		549		191	108		83					
灵台县高效节水灌溉项目2017		2859		2859		561	561							
灵台县五小水利工程2016		1000		1000		500	500							
灵台县农田水利设施维修养护项目(第二批)		110		110										
崇信县高效节水灌溉项目2017		654		654		56	52		4					83
华亭县农田水利设施维修及节水2017		1110		1110		551	188		363					
庄浪县农田水利设施维修养护及节水灌溉		657		657		413	107		306					
庄浪县小型农田水利设施补助2016	130	800		800		12			12					
静宁县高效节水灌溉项目2017	1	677		677		302	133		169					
静宁县农田水利工程维修养护项目（第二批）		45		45										
酒泉市公益性工程维修养护项目2017		180		180										
肃州区节水灌溉和水价改革2017	250	7161		7161										
金塔县节水灌溉和水价改革2017	309	1920		1920		500	500							311
瓜州县节水灌溉和水价改革2017	134	2426		2426		670	329		341					
肃北县水价改革和维修养护2017	254	142		142										
阿克塞县水价改革和维修养护2017		150		150		10			10					
玉门市节水灌溉和水价改革2017	175	6386		6386		1436	1339		97					893
敦煌市农业水价综合改革2017	131	370		370										
敦煌市水利工程维修养护2017	205					52	52							
西峰区高效节水灌溉项目2017	97	1003		1003		197	197							546
庆城县高效节水及维修养护2017		785		785		347	144		203					
环县高效节水及维修养护2017		702		702		417	148		269					
华池县高效节水及维修养护2017		725		725		363	113		250					

2-5 续表

单位：万元

项目名称	累计完成投资	中央政府投资				地方政府投资				利用外资	企业和私人投资	国内贷款	债券	其他投资
		小计	预算内拨款	中央财政水利专项资金	其他资金	小计	省级政府投资	地市级政府投资	县级政府投资					
合水县高效节水灌溉项目2017	949	949		752		148	148							49
正宁县高效节水灌溉项目2017	815	815		517		298	101		197					
宁县高效节水及水价改革2017	2205	2205		1931		239	228		11					35
镇原县高效节水灌溉项目2017	3003	3003		2678		291	291							34
定西市香泉地下井计量设施维修养护2017	110	110		110										
安定区引洮一期支渠及田间配套改建2017	127	127		127										
安定区地下井计量设施维修养护项目2017	193	193		193										
通渭县锦屏水库灌区维修项目2017	55	55		55										
通渭县民尧大河滩康家岻小型水库维修	170	170		170										
陇西县灌溉维修养护工程2017	302	302		302										
渭源县峡口水库维修项目2017	136	136		136										
渭源县石门灌区维修养护项目2017	306	306		306										
临洮县高效节水灌溉项目2017	2940	2940		2458		482	482							
临洮县小型水利工程建设项目2017	320	320		320										
武都区农田水利维修养护2017	160	160		160										
武都区高效节水灌溉项目2017	1314	1314		915		399	180		219					
宕昌县贫困村基础设施建设灌溉工程	1969	1969										1969		
西和县高效节水灌溉工程2017	718	718		600		118	118							
礼县高效节水项目2017	2043	2043		1505		538	295		243					
徽县农村饮水工程（农田水利）2017	800	800		800										
临夏市农田水利维修养护工程2017	180	180		180				400						
永靖县1-5万亩灌区改造2016	615	615		400		210	200		10					5
广河县五小水利工程2016	1512	1512		1000		512	500		12					
广河县小型农田水利设施补助2016	558	558		500		58			58					
和政县五小水利工程2016	1509	1509		1000		500	500							9
和政县水利维修养护项目第二批2017	65	65		65										
和政县高效节水灌溉工程2017	350	350		252		49	49							49
卓尼县农田水利维修工程2017	215	215		190		25			25					
舟曲县农田水利设施维修2017	181	181		181										

2-5 续表

单位：万元

项目名称	累计完成投资	中央政府投资				地方政府投资				利用外资	企业和私人投资	国内贷款	债券	其他投资
		小计	预算内拨款	中央财政水利专项资金	其他资金	小计	省级政府投资	地市级政府投资	县级政府投资					
舟曲县五小水利工程2016	750	500		500		250	250							
玛曲县农田水利设施维修及节水2017	647	647		647										
省农垦山丹农场小型农田水利重点县2016	1279	500		500		200	200							579
省景电灌区维修养护2017年项目（第二批）	380	380		380										
省疏管局农田水利维修养护2017	300	300		300										
兰州新区高效节水灌溉2016	1600	1000		1000		600	400	200						
水库工程	340201	121024	27390	72081	21553	61574	31130	18478	11966			142206		15396
景泰县正路工业园区调蓄水库工程	5171					2000			2000			1000		2171
秦州区关峡水库	6000	4500		4500		1500			1500					
秦安县西小河小湾河水库	5200	5200		5200										
张家川县富川水库（抗旱规划内）	9194	5684		5684		3510	2630		880					
民勤县红崖水库加高扩建工程	43700	27390	27390			16310	11000	5310						
民乐县山城河水库	6300	6300		6300										
山丹县白石崖水库(抗旱规划内)	10510	5685		5685		2000	2000							2825
崆峒区北杨涧水库（抗旱规划内）	9881	5685		5685								4196		
泾川县朱家涧水库（抗旱规划内）	9226	8226		8226								1000		
灵台县新集水库工程	17168					1500	1500					15668		
崇信县关河水库（抗旱规划内）	6591	6591		6591										
庄浪县花崖河水库（抗旱规划内）	9057	5685		5685								3372		
阿克塞县红柳湾抗旱调蓄水库工程	4571											4571		
庆阳市巴家嘴水库新增调蓄(五台山水库)	12144											12144		
庆阳市小盘河水库及供水工程	57957											57957		
庆阳市莲花寺水库及供水工程	23104	3300		3300								19804		
庆城县纸坊沟水库（抗旱规划内）	6825	5685		5685		1140			1140					
成县磨坝峡（水源水库）工程	27999	21553			21553	6446			6446					
康乐县鸣鹿水库（抗旱规划）	9540	9540		9540										
兰州新区2号3号石门沟水库工程	46894					14000	14000					22494		10400
兰州新区生态灌溉7号单体湖调蓄工程	13168					13168		13168						
泵站工程	152613	133834	133834			17509	8431	6144	2934					1270

2-5 续表

单位：万元

项目名称	累计完成投资	中央政府投资				地方政府投资				利用外资	企业和私人投资	国内贷款	债券	其他投资
		小计	预算内拨款	中央财政水利专项资金	其他资金	小计	省级政府投资	地市级政府投资	县级政府投资					
兰州市大砂沟泵站更新改造工程	9225	7400	7400			1825		1825						
七里河区西津灌区大型泵站更新改造	6437	5350	5350			1087		618	469					
兰州市工农坪泵站更新改造工程	5354	4283	4283			1071		535	536					
兰州市榆中三电泵站更新改造工程	23806	19650	19650			2886		2836	50					1270
白银市靖会泵站更新改造工程	17100	17100	17100											
白银市兴电泵站更新改造工程	16700	16700	16700											
靖远县刘川泵站更新改造工程	8500	8500	8500											
靖远县中堡泵站更新改造工程	2500	2500	2500											
景泰县中泉泵站更新改造工程	9796	7837	7837			1959		80	1879					
平凉市白庙泵站更新改造工程	3443	3443	3443											
甘肃省景电泵站更新改造工程	49752	41071	41071			8681	8431	250						
其他灌溉除涝项目	82946	28738		19736	9002	35415	4569	8451	22395			5982	8000	4811
城关区皋兰山灌区东、西盘渠改造工程	35					35		35						
七里河区2017一事一议项目	1262					774	426	178	171					487
七里河区2017乡镇实施水利工程项目	1078					1078			1078					
榆中县三电东干十五支渠小康营上水工程	4392					4392			4392					
榆中县三电东干末级泵站改建工程	2924					2924			2924					
嘉峪关农业综合开发高标准农田建设2017	755	606		606		149	127	22						
嘉峪关新城镇高标准基本农田建设项目	200	200			200									
白银市兴电灌区渠道维修工程														
靖远县刘川易地扶贫搬迁项目供水工程	2050											2050		
靖远县东湾大坝电灌渠道维修养护工程	100					100	100							
景泰县千亿斤粮食生产能力建设项目	1300	1160			1160	140			140					
景泰县精准扶贫寺滩引水工程	8000												8000	
景泰县财政涉农资金支持贫困村水利设施	5100					5100			5100					
景泰县草窝滩镇排水工程	2100					2100	1500		600					
秦安县农田水利设施建设项目2017	1549					1500	1500							49
凉州区国土部门高标准农田建设(水利部分)	3130	3130			3130									
凉州区新增1000亿斤粮田间工程建设	990	990			990									

2-5 续表

单位：万元

项目名称	累计完成投资	中央政府投资				地方政府投资				利用外资	企业和私人投资	国内贷款	债券	其他投资
		小计	预算内拨款	中央财政水利专项资金	其他资金	小计	省级政府投资	地市级政府投资	县级政府投资					
古浪县黄花滩总干二支渠（管）工程												2560		
古浪县黄花滩北一、二支渠(管)工程	2830					4800			4800					
古浪县生态移民黄花滩灌区调蓄水池	2786					1815			1815			2091		
古浪县农田灌溉设施维修2017	200					160			160					
肃州区洪临灌区渠道量测水设施项目	280					260		260						
瓜州县疏勒河移民乡镇斗渠改造	900					900			900					
肃北县农村环境整治渠系维修改造一期	291													291
敦煌市党河灌区西干渠改建工程	815					815	500		315					
临夏市刘临路支渠改建工程	281											281		
临夏市南川灌区引水枢纽及总干渠改造工程	250	200			200	50	50							
永靖县刘盐八地质灾害灌区节水改造工程	22135	19130		19130										
永靖县刘盐八库区库岸治理工程（一期）	2000	1230			1230									
永靖县盐锅峡党川3村灌溉设施应急修复	206	190			190									1
永靖县红柳台电灌改扩建工程	4715	350			350									3950
东乡县2016年赵家乡高标准农田建	331	215			215	86	86							30
东乡县2016年东塬乡高标准农田建设	983	700			700	280	280							3
东乡县年坪庄乡高标准农田建设2017	1274	637			637									
兰州新区南部生态绿化2#供水管线工程	4000					6756		6756						
兰州新区引大东二干十七支渠改造工程	1000					1200		1200						
供水项目	2059915	626837	623568	519	2750	703268	439326	159822	104120		13240	689258	14306	26621
引水（调水）工程	1843387	609968	609968			590834	427282	150256	13296		13000	622981	13000	3179
兰州市水源地建设工程	525750					138350		138350				420220		
引洮供水一期榆中县配套工程	66890					18590	11590	3000	4000			49413		2479
榆中县青城灌溉水源工程						2194			2194					
引洮一期工程会宁北部供水工程	76000	52000	52000			24000	24000							
肃北县马鬃山镇供水工程	34500					6952			6952		13000	14548		
庆阳市盐环定扬黄续建工程调概算	3000					3000	3000							
两当县徐杨河引水工程（一期）	150					150			150					
积石山引水工程	43000	19300	19300			15000	15000					5000	3000	700

2-5 续表

单位：万元

项目名称	累计完成投资	中央政府投资				地方政府投资				利用外资	企业和私人投资	国内贷款	债券	其他投资
		小计	预算内拨款	中央财政水利专项资金	其他资金	小计	省级政府投资	地市级政府投资	县级政府投资					
临夏州引黄济临供水工程	66506	34000	34000			22506	19000	3506					10000	
甘南州引洮（博）济合供水工程	42971	22700	22700			20271	20271							
玛曲县县城引水工程	4100	4100	4100											
甘肃引洮供水一期工程	501721	258200	258200			243521	238121	5400						
甘肃引洮供水二期工程	318463	219668	219668			38000	38000					60795		
天水市城区引洮供水工程	110085					41300	41300					68785		
引洮供水二期配套城乡供水工程	21220					17000	17000					4220		
农村饮水安全巩固提升工程建设	134713	13600	13600			76090	4768	3846	67476			23350		21673
西固区农村饮水安全巩固提升工程2017	426	36	36			390		390						
永登县农村饮水安全巩固提升工程2017	1547	713	713			834		545	289					
皋兰县农村饮水安全巩固提升2017	829	61	61			768		468	300					
榆中县农村饮水安全巩固提升工程2017	1558	114	114			1444		390	1054					
永昌县农村饮水安全巩固提升2017	466	34	34			432			432					
白银区农村饮水安全巩固提升2017	200	67	67			133			133					
平川区农村饮水安全巩固提升2017	131	131	131											
靖远县农村饮水安全巩固提升2017	114	114	114											
会宁县农村饮水安全巩固提升2017	6218	454	454											5764
景泰县农村饮水安全巩固提升2017	2865	309	309											2556
秦州区农村饮水安全巩固提升工程2017	2083	152	152			1931			1931					
麦积区农村供水巩固提升工程2017	4395	277	277			4118			4118					
清水县农村饮水安全巩固提升工程2017	2003	136	136			1867	1867							
秦安县农村饮水安全巩固提升工程2017	3199	233	233			2856			2856					110
甘谷县农村饮水安全巩固提升工程2017	2694	196	196			2498			2498					
武山县农村饮水安全巩固提升工程2017	1608	163	163			1445			1445					
张家川县农村饮水安全巩固提升工程2017	382	32	32			254	254							96
凉州区农村饮水安全巩固提升工程2017	3508	256	256			3252			3252					
民勤县农村饮水安全巩固提升工程2017	5800	423	423			5377			5377					
古浪县农村饮水安全巩固提升2017	584	584	584											
天祝县农村饮水安全巩固提升工程2017	708	52	52											656

2-5　续表

单位：万元

项目名称	累计完成投资	中央政府投资				地方政府投资				利用外资	企业和私人投资	国内贷款	债券	其他投资
		小计	预算内拨款	中央财政水利专项资金	其他资金	小计	省级政府投资	地市级政府投资	县级政府投资					
甘州区农村饮水安全巩固提升2017	1009	92	92			670	670							247
肃南县农村饮水安全巩固提升2017	711	71	71			640			640					
民乐县农村饮水安全巩固提升2017	800	58	58			449	449							293
山丹县农村饮水安全巩固提升2017	1006	73	73											933
崆峒区年农村饮水安全巩固提升2017	755	55	55			700			700					
泾川县北部农村饮水安全巩固提升工程	335	82	82			253		253						
灵台县农村饮水安全巩固提升工程2017	1128	82	82			1046			1046					
崇信县农村饮水安全巩固提升工程2017	1442	112	112									1330		
华亭县牛舌堡水厂巩固提升工程	354	37	37			317			317					
庄浪县农村饮水安全项目2017	1093	80	80			1013			1013					
静宁县农村饮水安全巩固提升工程2017	2631	192	192			2439			2439					
肃州区农村饮水巩固提升2017	102	73	73			29			29					
金塔县农村饮水安全巩固提升2017	188	31	31			157			157					
瓜州县农村饮水安全巩固提升2017	483	35	35			448			448					
肃北县农村饮水安全提升工程2017	85	6	6											79
阿克塞县农村饮水安全巩固提升2017	50	13	13									37		
玉门市农村饮水安全巩固提升工程2017	505	37	37			468			468					
敦煌市农村饮水安全巩固提升2017	203	19	19			184			184					
西峰区农村饮水安全巩固提升工程2017	490	36	36			454		200	254					
庆城县农村饮水安全巩固提升工程2017	5869	566	566			5303		190	5113					
环县农村饮水安全巩固提升工程2017	8251	82	82			8169		260	7909					
华池县农村饮水安全巩固提升工程2017	5352	790	790			4562		90	4472					
合水县农村饮水安全巩固提升工程2017	1253	91	91			1162		120	1042					
正宁县农村饮水安全巩固提升工程2017	484	35	35			449		170	279					
宁县农村饮水安全巩固提升工程2017	1865	136	136			1729	1339	390						
镇原县农村饮水安全巩固提升工程2017	2460	180	180			2180		380	1800					100
通渭县年农村饮水安全巩固提升2017	888	398	398			490			490					
陇西县农村饮水安全巩固提升工程2017	5011	511	511			3000			3000					1500
渭源县农村饮水安全巩固提升工程2017	5103	350	350			4753			4753					

2-5 续表

单位：万元

项目名称	累计完成投资	中央政府投资				地方政府投资				利用外资	企业和私人投资	国内贷款	债券	其他投资
		小计	预算内拨款	中央财政水利专项资金	其他资金	小计	省级政府投资	地市级政府投资	县级政府投资					
临洮县农村饮水安全巩固提升工程2017	5328	835	835											4493
漳县农村饮水安全巩固提升工程2017	189	189	189											
武都区农村饮水安全巩固提升工程2017	2987	215	215									2772		
宕昌县农村饮水安全巩固提升2017	3753	274	274			3479			3479					
成县农村饮水安全巩固提升工程2017	2576	188	188			2388			2388					
文县农村饮水安全巩固提升工程2017	2853	208	208											2645
西和县农村饮水安全巩固提升工程	8162	595	595									7567		
礼县农村饮水安全巩固提升工程2017	3837	516	516									3321		
两当县农村饮水安全巩固提升2017	2304	105	105											2199
徽县农村饮水安全巩固提升2017	5139	179	179									4960		
康乐县农村饮水安全巩固提升工程2017	3153	277	277									2876		
永靖县农村饮水安全巩固提升工程2017	518	518	518											
和政县农村饮水安全巩固提升工程2017	800	313	313									487		
积石山县农村饮水安全巩固提升2017	218	218	218											
合作市农村饮水安全巩固提升2017	292	15	15			277			277					
临潭县农村饮水安全巩固提升2017	254	19	19			235			235					
卓尼县农村饮水安全巩固提升2017	203	14	14			189	189							
舟曲县农村饮水安全巩固提升2017	188	14	14			174			174					
迭部县农村饮水安全巩固提升2017	171	12	12			159			159					
玛曲县农村饮水安全巩固提升2017	125	9	9			116			116					
碌曲县农村饮水安全巩固提升2017	188	9	9			179			179					
夏河县农村饮水安全巩固提升2017	250	18	18			232			232					
抗旱工程	549	519		519								30		
会宁县郭城驿镇抗旱应急水源工程	30											30		
泾川县抗旱应急水源引调提水项目	519	519		519										
其他供水工程	85306	2750			2750	36344	7276	5720	23348		240	42897	1306	1769
皋兰县山字墩水库-县城段输水管道改造	4486					3007			3007			1479		
金昌市城市应急备用水源	2306												1306	1000

2-5 续表

单位：万元

项目名称	累计完成投资	中央政府投资				地方政府投资				利用外资	企业和私人投资	国内贷款	债券	其他投资
		小计	预算内拨款	中央财政水利专项资金	其他资金	小计	省级政府投资	地市级政府投资	县级政府投资					
张家川县东峡水库城区供水设施改造工程	212					212			212					
古浪县黄花滩移民点自来水供应服务站	149											149		
古浪县古丰乡西山堡村收缩安置点供水	121					121			121					
古浪县绿洲生态移民搬迁财力补助供水	2426											2426		
古浪县绿洲生态移民小城镇供水工程	4086											4086		
古浪黄花滩1、2、8、9移民点养殖区供水	1082											1082		
庆城县小型扶贫水利项目2017	551	551			551									
环县县级自筹水利建设项目2017	6331					6331			6331					
合水县农业综合开发建设项目2017	1316	940			940	376	376							
正宁县精准扶贫农村饮水安全工程2017	675					675			675					
镇原县小型水利工程2017	1697	59			59	1638			1638					
武都区坪垭藏族乡整乡易地搬迁饮水工程	490											490		
武都区供水扩建工程	9648					9648			9648					
宕昌县贫困村社基础设施建设饮水安全	4760											4760		
康县贫困村基础设施建设饮水安全工程	2130											2130		
永靖县精准脱贫农村饮水安全补充工程	715					715			715					
和政县新庄中良村吓沟等3社饮水工程	35													35
东乡县中部农村饮水安全巩固提升一期														
东乡县农村供水骨干调蓄工程北部片区	300					300	300							
东乡县布楞沟流域农村供水改造工程	240										240			
东乡县农村管网延伸改造16-17扶贫饮水	600					600	600							
积石山县小型集中及分散供水改造工程	182													182
积石山县易地搬迁安置点人饮工程2016	170													170
积石山县城区供水水源改扩建工程	7082	1200			1200	1000			1000			4500		382
武威市黄羊土门组团供水项目杂木河供水	26438					6000	6000					20438		
华亭县安口镇应急引水工程	1358											1358		
兰州新区城际铁路沿线绿化项目水利工程	3420					3420		3420						
兰州新区职教园区景观水系供水工程	2300					2300		2300						

2-5 续表

单位：万元

项目名称	累计完成投资	中央政府投资				地方政府投资				利用外资	企业和私人投资	国内贷款	债券	其他投资
		小计	预算内拨款	中央财政水利专项资金	其他资金	小计	省级政府投资	地市级政府投资	县级政府投资					
水务项目	93085	10177	1500		8677	13949	4490		9459			65089		3871
自来水厂建设	17423	480			480	2715			2715			14228		
庄浪县南坪水厂改扩建及管网工程	1600											1600		
华池县自来水厂管网改造工程	2715					2715			2715					
崆峒区韩家沟水厂供水工程（一期）	9942	480			480							9462		
山丹县第二给水厂建设工程	3166											3166		
城镇供水管线建设	45070	350	350			4400	4400					36449		3871
天水市藉口水厂至西十里供水管道工程	17929											17929		
清水县城区供水工程	9871					2000	2000					4000		3871
清水县城区自来水管网扩建工程	1370	350	350			400	400					620		
古浪县大靖镇供水改扩建工程	8000											8000		
庆城县城区供水输水管道工程（环县段）	7900					2000	2000					5900		
污水处理工程建设	30592	9347	1150		8197	6834	90		6744			14412		
平凉市天雨污水处理厂提标改造扩建工程	2900											2900		
华池县乡镇河道污水收集建设工程	1238					1238			1238					
镇原县巴家咀上游截污及三岔镇雨污分流	13702	8197			8197	5505			5505					
民勤红沙岗污水处理厂及中水回用贮水池	11605	750	750									10855		
华亭县城区生活污水处理厂中水回用项目	747					90	90					657		
临洮县污水处理厂配套管网工程	400	400	400											
非常规水资源利用项目	321											321		
雨水集用	321											321		
礼县农村饮水安全集雨水窖工程	321											321		
水电开发利用	9920	3294		3294							5522	1104		
水电增效扩容	9920	3294		3294							5522	1104		
永昌县头坝二号水电站增效扩容改造	879	385		385							494			
肃州区丰乐河水电站增效扩容及生态修复	534	130		130							404			
金塔县解放村水电站增效扩容改造	614	229		229							385			
肃北县拉排一级水电站增效扩容及生态修复	1686	531		531							51	1104		

2-5 续表

单位：万元

项目名称	累计完成投资	中央政府投资				地方政府投资				利用外资	企业和私人投资	国内贷款	债券	其他投资
		小计	预算内拨款	中央财政水利专项资金	其他资金	小计	省级政府投资	地市级政府投资	县级政府投资					
敦煌市党河水电站增效扩容改造	1831	548		548							1283			
敦煌市南湖店水电站增效扩容改造	816	232		232							584			
成县飞龙峡水电站增效扩容及生态修复	75	75		75										
文县哈南水电站增效扩容及生态修复	307	22		22							285			
文县肖家山水电站增效扩容及生态修复	115	115		115										
礼县红崖二级水电站河流生态修复工程	9	9		9										
礼县大滩水电站增效扩容改造工程	52	52		52										
礼县大滩水电站河流生态修复工程	8	8		8										
礼县红崖二级水电站增效扩容改造项目	57	57		57										
和政县闫蔡坪水电站增效扩容改造	465	135		135							330			
舟曲县插岗一级水电站增效扩容及生态修复	780	108		108							672			
舟曲县驼骆坝水电站增效扩容及生态修复	120	120		120										
夏河县白土坡水电站	1572	538		538							1034			
水保及生态保护	221103	133937	88654	34883	10400	48690	6846	2167	39677		800	22279		15396
水土流失治理	61557	48256	21772	26483		6250	2079	1167	3003					7051
榆中县坡耕地水土流失综合治理工程2017	502	402	402			100		50	50					
榆中县病险淤地坝除险加固工程2017	200	160		160		40	6		34					
嘉峪关讨赖河南岸水土保持提升工程	330					330	140	190						
平川区水土保持项目	88	88		88										
靖远县省级水土保持补偿费建设项目														
靖远县北湾镇水土保持项目2016	438	420		420		18	18							
会宁县坡耕地水土流失综合治理2017	625	500	500			125			125					
会宁县水土保持重点建设2017	1429	1000		1000		43	43							386
景泰县国家水土保持重点工程	256	245		245		12	12							
秦州区坡耕地水土流失综合治理工程2017	1251	1000	1000			251			251					
麦积区水土保持重点工程2017	300	300		300										
清水县水土保持重点工程2017	286	200		200		56	10		46					30
清水县坡耕地水土流失综合治理工程2017	937	750	750			97			97					90

2-5 续表

单位：万元

项目名称	累计完成投资	中央政府投资				地方政府投资				利用外资	企业和私人投资	国内贷款	债券	其他投资
		小计	预算内拨款	中央财政水利专项资金	其他资金	小计	省级政府投资	地市级政府投资	县级政府投资					
秦安县水土保持重点工程2017	400	400		400										
甘谷县坡耕地水土流失综合治理2017	899	750	750			149			149					
武山县坡耕地水土流失综合治理工程2017	909	750	750			159		47	112					
张家川县水土保持重点工程2017	429	300		300		14	14							115
古浪县水土保持重点治理项目2017	163	163		163										
天祝县2017年水土保持重点工程	200	200		200										
肃南县水土保持重点工程2017	277	200		200		77			77					
崆峒区农业综合开发黄土高原保护2017	842	618		618		224	224							
崆峒区坡耕地水土流失治理2017	625	500	500											125
泾川县农业综合开发黄土高原保护2017	851	645		645		191	151		40					15
泾川县病险淤地坝除险加固工程2017	275	220		220		55	7		48					
灵台县农业综合开发黄土高原保护2017	970	713		713		254	231		23					3
灵台县坡耕地水土流失治理2017	575	450	450											125
崇信县坡耕地水土流失治理2017	625	500	500											125
崇信县农业综合开发黄土高原保护2017	906	750		750		156	156							
崇信县病险淤地坝除险加固工程2017	110	88		88		22			22					
华亭县水土保持重点工程2017	421	295		295										126
庄浪县水土保持重点建设工程2017	1000	700		700		31	31							269
庄浪县病险淤地坝除险加固工程2017	485	388		388		97	11		86					
静宁县坡耕地水土流失治理2017	1251	1000	1000											251
静宁县坡耕地水土流失治理2016	1250	1000	1000											250
西峰区农业综合开发黄土高原保护2017	1056	800		800		256	256							
西峰区病险淤地坝除险加固工程2017	105	84		84		21			21					
西峰区病险淤地坝除险加固工程2016	180	144		144		36			36					
庆城县坡耕地水土流失治理2017	937	750	750											187
庆城县病险淤地坝除险加固工程2016	115	92		92		23			23					
庆城县病险淤地坝除险加固工程2017	320	256		256		64	10		54					
环县病险淤地坝除险加固工程2016	340	272		272		68			68					

2-5 续表

单位：万元

项目名称	累计完成投资	中央政府投资				地方政府投资				利用外资	企业和私人投资	国内贷款	债券	其他投资
		小计	预算内拨款	中央财政水利专项资金	其他资金	小计	省级政府投资	地市级政府投资	县级政府投资					
环县坡耕地水土流失治理2016	1250	1000	1000											250
环县坡耕地水土流失治理2017	1250	1000	1000											250
环县病险淤地坝除险加固工程2017	584	467		467		117	13		104					
华池县坡耕地水土流失治理2017	625	500	500											125
华池县病险淤地坝除险加固工程2017	280	224		224		56	7		49					
合水县水土保持重点建设工程2016（一）	786	550		550										236
合水县农业综合开发黄土高原保护2017	590	430		430		160	160							
合水县水土保持重点建设工程2017	857	600		600		59	27		32					199
合水县病险淤地坝除险加固工程2017	340	272		272		68	8		60					
正宁县农业综合开发黄土高原保护2017	522	400		400		122	122							
正宁县水土保持重点建设工程2016（一）	786	550		550										236
正宁县水土保持重点建设工程2017	857	600		600		27	27							230
正宁县病险淤地坝除险加固工程2017	240	192		192		48	7		41					
正宁县病险淤地坝除险加固工程2016	110	88		88		22			22					
宁县农业综合开发黄土高原保护2017	601	481		481		120	120							
宁县水土保持重点建设工程2017	857	600		600		27	27							230
宁县水土保持重点建设工程2016（一）	786	550		550										236
宁县病险淤地坝除险加固工程2017	215	172		172		6	6							37
镇原县水土保持重点建设工程2016（一）	1000	700		700										300
镇原县水土保持重点建设工程2016（二）	357	250		250		10	10							97
镇原县坡耕地水土流失治理2016	1250	1000	1000											250
镇原县坡耕地水土流失治理2017	1250	1000	1000											250
镇原县水土保持重点建设工程2017	1000	700		700		31	31							269
镇原县病险淤地坝除险加固工程2017	375	300		300		75	9		66					
安定区坡耕地水土流失综合治理工程2017	753	750	750			3		3						
安定区水土保持重点建设工程2017	513	491		491		22	22							
安定区病险淤地坝除险加固工程2017	420	348		348		29	10		19					43
通渭县病险淤地坝除险加固工程2017	196	196		196										

2-5 续表

单位：万元

项目名称	累计完成投资	中央政府投资				地方政府投资				利用外资	企业和私人投资	国内贷款	债券	其他投资
		小计	预算内拨款	中央财政水利专项资金	其他资金	小计	省级政府投资	地市级政府投资	县级政府投资					
通渭县坡耕地水土流失综合治理2017	1151	900	900			251		251						
陇西县水土保持重点建设工程2017	1429	1000		1000		43	43							386
陇西县坡耕地水土流失综合治理2017	1131	881	881			250		250						
陇西县病险淤地坝除险加固工程2017	230	184		184		6	6							40
渭源县病险淤地坝除险加固工程2017	194	187		187		7	7							
渭源县国家水土保持重点工程2017	269	255		255		14	14							
临洮县水土保持重点建设工程2017	1000	1000		1000										
临洮县坡耕地水土流失综合治理2017	1181	930	930			251		251						
临洮县病险淤地坝除险加固工程2017	208	208		208										
漳县坡耕地水土流失综合治理工程2017	625	500	500			125		125						
漳县病险淤地坝除险加固工程2017	288	288		288										
岷县国家水土保持重点工程2017	413	287		287		10	10							116
武都区水土保持重点工程2017	429	300		300										129
宕昌县水土保持重点工程2017	286	200		200										86
成县水土保持重点工程2017	533	382		382										151
康县国家水土保持重点工程2017	517	368		368		149	23		126					
文县国家水土保持重点工程2017	286	200		200		86	10		76					
西和县坡耕地水土流失综合治理工程2017	786	661	661			125			125					
礼县坡耕地水土流失综合治理工程2017	841	680	680			161			161					
两当县国家水土保持重点工程2017	535	380		380		155	23		132					
徽县坡耕地水土流失综合治理工程2017	563	450	450			113			113					
临夏县县坡耕地水土流失综合治理工程	937	750	750											187
康乐县坡耕地水土流失治理工程2017	856	669	669											187
广河县坡耕地水土流失综合治理2017	937	750	750											187
和政县第二批国家水土保持重点工程2017	400	400		400										
东乡县坡耕地水土流失综合治理2017	1250	1000	1000											250
东乡县国家水土保持重点建设工程2017	1429	1000		1000		429			429					
临潭县小流域综合治理项目2017	186	186		186										

2-5 续表

单位：万元

项目名称	累计完成投资	中央政府投资				地方政府投资				利用外资	企业和私人投资	国内贷款	债券	其他投资
		小计	预算内拨款	中央财政水利专项资金	其他资金	小计	省级政府投资	地市级政府投资	县级政府投资					
卓尼县相俄项目区流域治理2017	97	97		97										
舟曲县水土保持治理工程2017	506	400		400		106	18		88					
迭部县水土保持尼傲乡巴藏项目区2017	261	261		261										
流域生态综合治理	74777	66503	66503			6934	4188		2746					1340
敦煌水资源规划项目（酒泉市）2016	10294	8234	8234			2060	823		1237					
敦煌水资源规划项目水保（酒泉市）2017	3708	2967	2967			741			741					
敦煌水资源规划项目（敦煌市）2016	6400	5120	5120			1280	512		768					
敦煌水资源规划项目（敦煌市）2017	9862	9862	9862											
敦煌水资源规划项目（疏勒河）2017	3465	3465	3465											
敦煌水资源规划项目（疏勒河）2015	22737	20209	20209			1188	1188							1340
敦煌水资源规划项目（疏勒河）2016	18311	16646	16646			1665	1665							
河湖连通工程	8400	8400		8400										
会宁县河湖水系连通项目	4500	4500		4500										
庄浪县店峡沟与竹林寺水库河库连通工程	1500	1500		1500										
宕昌县鹅嫚沟综合治理工程	2400	2400		2400										
其他环境水利项目	76369	10778	378		10400	35507	578	1000	33928		800	22279		7005
凉州区水环境综合治理工程	1897	1757			1757	140			140					
民勤县红崖山库区生态环境治理工程	600	22			22	578	578							
古浪山水林田湖生态修复南泥沟水库治理	100	100			100									
天祝县山水林田湖生态保护修复工程	5000	3877			3877									1123
张掖市祁连山生态保护监控信息系统工程	2100	2100			2100									
平凉市崆峒水库至大岔河段河道生态治理	1000					1000		1000						
崇信县□河流域水环境治理工程	378	378	378											
肃州区四坝海子生态治理项目2017	2000					2000			2000					
玉门市引水入城玉渊湖扩建工程	2317					2317			2317					
庆城县城区段河道水面工程	14165											14165		
武都滨江步道改造工程工程	4881					4881			4881					
临夏市大夏河三十里风情线综合治理二期	6486					6486			6486					

2-5 续表

单位：万元

项目名称	累计完成投资	中央政府投资				地方政府投资				利用外资	企业和私人投资	国内贷款	债券	其他投资
		小计	预算内拨款	中央财政水利专项资金	其他资金	小计	省级政府投资	地市级政府投资	县级政府投资					
临夏市南干刘家桥至环城西路污水治理	516					516			516					
临夏市大夏河风情线综合治理工程	9900					9900			9900					
临夏市国土实施水保项目	167	162			162									5
临夏市大夏河一大桥至罗家湾综合治理二期	3514					3514			3514					
临夏县大夏河城区段综合治理工程二期	731											731		
康乐县洮河三岔河片区水污染治理一期	8900					500			500		800	7384		216
和政县林业实施水保项目	800													800
和政县大南岔河水生态修复工程	4000													4000
东乡县国土、农发、农牧实施水保项目	3675					3675			3675					
积石山县国土、林业、农牧实施水保项目	3243	2382			2382									861
机构能力建设专项	31898	28384	25481	2903		3514	3514							
水文设施及能力建设	31898	28384	25481	2903		3514	3514							
省疏管局斗口水量计量设施更新改造	1495	1000		1000		495	495							
甘肃水资源监控能力建设二期	1903	1903		1903										
甘肃省水资源监测能力（一期）建设工程	350	350	350											
甘肃省大江大河水文监测（一期）建设工程	600	600	600											
甘肃省中小河流水文监测系统建设项目	27550	24531	24531			3019	3019							
移民项目	3555	2153		2153		1398	1398							4
永昌县大中型水库移民后期扶持2017	546	212		212		334	334							
张家川县小型水库后期扶持项目2017	70					70	70							
凉州区大中型水库移民后期扶持项目2017	423	239		239		184	184							
民勤县大中型水库移民后期扶持2017	328	209		209		119	119							
古浪县水利水电移民后期扶持2017	79	79		79										
天祝县大中型水库移民后期扶持项目2017	96	26		26		65	65							4
金塔县库区移民项目2017	632	632		632										
瓜州县大中型水库移民后期扶持项目	1302	756		756		545	545							
正宁县小型水库移民后期扶持工程2017	40					40	40							
康县库区移民后期扶持阳坝供水水源工程	40					40	40							

2-6 2017年水利建设项目计划投资

单位：万元

项目名称	本年计划投资	中央政府投资				地方政府投资				利用外资	企业和私人投资	国内贷款	债券	其他投资
		小计	预算内拨款	中央财政水利专项资金	其他资金	小计	省级政府投资	地市级政府投资	县级政府投资					
甘肃	1574796	630035	312313	269928	47794	473743	175556	86357	211830	23723	5939	348334	17700	75321
防洪项目	375630	212358	125727	78211	8421	79649	23088	19029	37532			75555		8068
堤防工程	34051	6471	1761		4710	4396	4040		356			22380		805
会宁县苦水河河畔羊肉市场段综合治理	1096											1096		
清水县牛头河柳湾段河道综合治理工程	550	550	550											
古浪县大靖河红柳湾段防洪治理工程	1680					1680	1680							
天祝县2017年农牧村护田护村工程	1910	1910			1910									
天祝县南阳山6、7#移民点应急防洪工程	1740					1000	1000							740
天祝县炭山岭城镇防洪工程	2800	2800			2800									
张掖市黑河城区段治理工程（一期工程）	6000											6000		
华池县新区—中段河道治理续建工程	356					356			356					
武都区坪垭藏族乡整乡易地搬迁河堤工程	800					800	800							
武都区黄坪乡河堤工程	743											743		
宕昌县贫困村基础设施建设堤防工程	6782											6782		
康县平洛镇龙坝村安置点堤防及护坡工程	80					80	80							
康县贫困村基础设施及搬迁点堤防工程	4043					80	80					3963		
西和县建档立卡贫困村堤防工程	3796											3796		
合作市那吾乡精准扶贫暨生态小康村防洪	400					400	400							
卓尼县洮河麻路一段至亚当段防洪	1276	1211	1211											65
卓尼县车巴河流域防洪治理项目														
迭部县卡坝乡尼吉巴防洪工程														
大江大湖治理	109764	69070	69070			18918		8307	10611			21776		
黄河甘肃段防洪工程（兰州市）	55957	34181	34181									21776		
黄河甘肃段防洪工程（白银市）	23513	15206	15206			8307		8307						
黄河甘肃段防洪工程（临夏州）	16642	10597	10597			6045			6045					
黄河甘肃段防洪工程（甘南州）	13652	9086	9086			4566			4566					
重要支流治理	85100	51100	51100			32730	3195	8187	21348					1270
湟水兰州市红古段防洪治理工程														
永登县庄浪河东干渠首至寺滩泵站防洪	4615	2769	2769			1846		923	923					

2-6 续表

单位：万元

项目名称	本年计划投资	中央政府投资				地方政府投资				利用外资	企业和私人投资	国内贷款	债券	其他投资
		小计	预算内拨款	中央财政水利专项资金	其他资金	小计	省级政府投资	地市级政府投资	县级政府投资					
靖远县祖厉河庄口至罗家湾段防洪工程	3545	2127	2127			1418			1418					
会宁县祖厉河柴门乡张家湾至郭城镇防洪	3176	1906	1906											1270
葫芦河秦安县李河至刘沟村段治理工程	1156	693	693			463			463					
天祝县华藏寺至界牌段防洪治理工程2017	664	398	398			266	266							0
甘州区黑河分洪溢流堰至国道312线防洪	3150	1890	1890			1260		1260						
临泽县铁路桥至暖泉段防洪治理	5487	3293	3293			2194			2194					
高台西腰墩水库至刘家深湖水库河道防洪	1842	1105	1105			737			737					
平凉市泾河吴老沟至平镇桥河堤治理														
平凉市泾河大岔河至吴老沟河堤治理2017	4008	2405	2405			1603		1603						
崆峒区泾河马莲沟至南阳涧河段防洪														
崆峒区泾河南阳涧河至信河段防洪治理	2970	1782	1782			1188	1188							
泾川县泾河蔡家咀至长庆桥段防洪治理	3442	2065	2065			1377		1377						
泾川县泾河百泉渡槽至水泉寺大桥段防洪	2500	1500	1500			1000		1000						
泾川县泾河罗汉洞至洪河口段河堤治理														
庄浪县葫芦河刘家湾至新庄沟段河堤治理	2597	1558	1558			1039			1039					
静宁县葫芦河狗娃河口至胡家河段河堤治理														
静宁县葫芦河闫庙至仁大段防洪治理2017	1247	749	749			498			498					
肃州区讨赖河祁家沟至古城村防洪2017	2509	1505	1505			1004			1004					
金塔县黑河常丰至中丰村段防洪工程	1722	1033	1033			689			689					
金塔县黑河大墩门至夹墩湾村段防洪	2905	1743	1743			1162			1162					
金塔县黑河二杰至沙门子村段防洪治理	2385	1431	1431			954			954					
西峰区蒲河石咀子至毛家寺段防洪	2608	1565	1565			1043			1043					
环县马莲河韩洼子至陈沟桥段防洪	727	436	436			291			291					
环县山城洪德至汪旗段防洪	3022	1813	1813			1209			1209					
环县五里屯桥至河对坡段防洪	723	434	434			289			289					
蒲河宁县庄里至叶王川段防洪治理工程														
临洮县玉井段防洪治理工程2017	2311	1387	1387			924	924							
武都区白龙江干流鹿坝绸子坝段堤防2017	2358	1454	1454			904			904					
武都区白龙江干流角弓镇汉王镇堤防2017	2191	1315	1315			876			876					

2-6 续表

单位：万元

项目名称	本年计划投资	中央政府投资				地方政府投资				利用外资	企业和私人投资	国内贷款	债券	其他投资
		小计	预算内拨款	中央财政水利专项资金	其他资金	小计	省级政府投资	地市级政府投资	县级政府投资					
文县石坊乡东峪口至大渡坝河道治理工程	413	248	248			165	165							
西和县郭家坝至昌河坝段防洪工程	2369	1393	1393			976			976					
礼县祁山至蒙张段防洪治理工程2017	4433	2660	2660			1773		1773						
礼县蒙张至磨石咀段防洪治理工程2017	698	447	447			251		251						
临夏市大夏河干流祁牟段堤防工程														
临夏县大夏河干流祁牟至刘家峡水库防洪														
永靖县湟水干流白川至二房段河堤工程														
东乡县大夏河折桥至刘家峡水库堤防														
合作市洮河重要支流治理	557	333	333			224	224							
临潭县洮河段防洪2017	2323	1394	1394			929			929					
临潭县洮河干流洮滨防洪堤工程														
卓尼县洮河干流纳浪段防洪工程2017	339	204	204			135	135							
舟曲县沿川坝段河道治理2017	733	440	440			293	293							
迭部县麻古村至白云段河道治理工程2017	4905	2943	2943			1962			1962					
碌曲县洮河干流城郊段至双岔段防洪治理	4470	2682	2682			1788			1788					
夏河县垂子合大桥至阿一山大桥段治理														
夏河县大夏河王格尔塘至曲奥段治理														
中小河流治理	95143	71284		71284		18494	14181	1375	2938					5365
榆中县宛川河兴隆峡河道治理工程	200					200		200						
永昌县东大河河流治理	2396	1917		1917		479			479					
白银区西大沟（城区段）护岸工程	1861	1550		1550		311	311							
会宁县东河会师段护岸工程	1146	750		750		183	183							213
秦州区藉河普岔沟至关子段堤防工程	1609	1287		1287		322			322					
秦州区峁水河杨家寺段堤防工程	1992	1594		1594		398	319		79					
清水县后川河王店至王峡段堤防治理工程	648	518		518										130
秦安县清水河五营赵洼大桥至仁义大桥堤防	1636	1250		1250		386	386							
武山县山丹河滩歌乡元崖至下街堤防工程	1269	750		750		519	415		104					
武山县大南河沿安至四门段堤防工程	1269	750		750		519	415		104					
张家川县清水河西川至马河段治理工程	993	750		750		243	243							

2-6 续表

单位：万元

项目名称	本年计划投资	中央政府投资				地方政府投资				利用外资	企业和私人投资	国内贷款	债券	其他投资
		小计	预算内拨款	中央财政水利专项资金	其他资金	小计	省级政府投资	地市级政府投资	县级政府投资					
张家川县清水河峡口至汪堡段治理工程	1049	750		750		299	299							
凉州区西营河北沙河段防洪治理2017	2856	1500		1500		457	457							899
古浪县古浪河朱家庄-龙泉寺段治理	1620	1150		1150		470	470							
天祝县金强河打柴沟至岔口驿段河道治理	2831	2265		2265										566
甘州区大瓷窑河沙井段河道防洪治理工程	1586	1586		1586										
肃南县隆畅河治理工程补充项目2017	520	520		520										
肃南县摆浪河河道治理工程	1735	1388		1388		347			347					
民乐县洪水河六坝段河道治理工程2017	1483	1186		1186		297	237		59					
民乐县大堵麻河李寨段河道治理工程2017	1561	1249		1249		312	250		62					
民乐县苏油口至黑崖头村段河道治理2017	1336	1069		1069		267	214		53					
泾川县汭河十里沟至枣林段河堤治理														
泾川县黑河荒场至茜家沟河堤治理工程	346					346	346							
泾川县洪河河堤治理工程	216					216	216							
灵台县达溪河县城至百里段河堤治理														
灵台县黑河东门至景家庄段河堤治理	486					486	389		97					
灵台县达溪河县城至安家庄段河堤治理	435					435	435							
灵台县黑河安家沟沟口至杜家沟沟口段河堤	230					230			230					
崇信县□河（九功渠首至野雀沟）河堤治理														
崇信县黑河河堤治理工程														
庄浪县北洛河良邑郭魏至石家窑防洪	252					252	252							
肃州区中小河流治理项目2017	5260	4208		4208		1052		1052						
玉门市石油河和平营田段河道治理工程	2747	2198		2198		549	440		109					
庆城县柔远河张沟至贾桥护岸工程	2637	2110		2110		527	422		105					
华池县柔远河白家川段护岸工程	2497	1998		1998		499	400		99					
合水县固城河丑家川段护岸工程	2675	2140		2140		428	428							107
宁县中小河流治理项目2017	4933	3946		3946		987	789		198					
镇原县中小河流治理项目2017	7869	6295		6295		1574	1259		315					
定西市关川河小碱沟治理工程2017	1979	1583		1583		396	317	79						
定西市关川河大碱沟治理工程2017	1100	580		580		220	176	44						300

2-6 续表

单位：万元

项目名称	本年计划投资	中央政府投资				地方政府投资				利用外资	企业和私人投资	国内贷款	债券	其他投资
		小计	预算内拨款	中央财政水利专项资金	其他资金	小计	省级政府投资	地市级政府投资	县级政府投资					
通渭县碧玉牛洛河至小河子堤防2017	1050	1050		1050										
通渭县南河陇川蔡家铺村堤防工程2017	1125	1125		1125										
通渭县牛谷河平襄镇店子堤防工程2017	1050	1050		1050										
陇西县西河治理工程2017	1774	1774		1774										
渭源县莲峰河杨家咀至浦川断堤防2017	2209	1767		1767		442	353		89					
漳县漳河韩家庄至三岔段堤防工程2017	2624	1066		1066										1558
漳县漳河三岔至东桥段堤防工程2017	2426	934		934										1492
岷县迭藏河秦许上阿阳至马烨仓堤防2017	1668	1390		1390		278	278							
宕昌县理川河流域治理项目2017	1274	978		978		296	296							
宕昌县理川河流域治理补充项目2017	2476	1730		1730		746	746							
西和县太石河治理工程2017	1497	1037		1037		460	460							
西和县漾水河治理工程2017	2040	1583		1583		457	457							
礼县永坪河石咀至平泉堤防工程2017	2146	1717		1717		429	343		86					
康乐县苏家集苏集段堤防工程2017	750	750		750										
广河县巴谢河甘坪段堤防工程	502	402		402										100
合作市德吾录河卡加防洪工程	154					154	154							
合作市格河多合儿防洪工程														
临潭县斜藏沟治理工程														
临潭县羊沙河下河段治理工程	216					216	216							
卓尼县羊沙河恰盖防洪工程														
卓尼县石窖沟藏巴哇防洪工程														
舟曲县拱坝河堤防工程	473					473	473							
舟曲县中小河流治理项目2017	2000	2000		2000										
迭部县阿夏流域治理工程	337					337	337							
夏河县博拉河博拉段防洪工程2017	1047	1047		1047										
夏河县格河段防洪工程2017	1047	1047		1047										
甘肃疏勒河灌区三道沟河道治理														
大中型病险水库除险加固	2342	1874	1874			468	468							
高台县小海子水库除险加固2017														

2-6 续表

单位：万元

项目名称	本年计划投资	中央政府投资				地方政府投资				利用外资	企业和私人投资	国内贷款	债券	其他投资
		小计	预算内拨款	中央财政水利专项资金	其他资金	小计	省级政府投资	地市级政府投资	县级政府投资					
甘肃双塔水库除险加固工程	2342	1874	1874			468	468							
大中型病险水闸除险加固	1590	1272	1272			318			318					
永昌县金川河工农渠首泄洪闸														
肃州区红山河青稞地排砂闸除险加固工程														
肃州区马营河渠首闸除险加固工程	1590	1272	1272			318			318					
山洪灾害防治工程	8193	6927		6927		1249	1204		45					18
兰州市山洪灾害防治项目2017	371	371		371										
嘉峪关市山洪灾害防治项目2017	37	37		37										
金昌市山洪灾害防治项目2017	5	5		5										
金川区山洪灾害防治2017项目(第二批)	17	16		16		1			1					
永昌县山洪灾害防治项目2017	34	34		34										
白银市山洪灾害防治项目2017	346	205		205		141	141							
天水市2017年山洪灾害防治项目	10	10		10										
秦州区山洪灾害防治项目2017	19	19		19										
麦积区山洪灾害防治项目2017	290	290		290										
清水县山洪灾害防治项目2017	237	195		195		42	42							
秦安县山洪灾害防治项目2017	156	156		156										
甘谷县山洪灾害防治项目2017	186	132		132		54	42		12					
武山县山洪灾害防治项目2017	240	192		192		48	42		6					
张家川县山洪灾害防治项目2017	172	130		130		42	42							
凉州区山洪灾害防治项目2017	10	10		10										
古浪县山洪灾害防治项目2017	13	13		13										
天祝县山洪灾害防治项目2017	120	120		120										
甘州区山洪灾害防治2017	154	154		154										
肃南县山洪灾害防治2017	31	31		31		0			0					
民乐县山洪灾害防治2017	81	67		67										14
临泽县山洪灾害防治2017	54	54		54										
高台县山洪灾害防治2017	23	22		22										1
山丹县山洪灾害防治2017	64	64		64										

2-6 续表

单位：万元

项目名称	本年计划投资	中央政府投资				地方政府投资				利用外资	企业和私人投资	国内贷款	债券	其他投资
		小计	预算内拨款	中央财政水利专项资金	其他资金	小计	省级政府投资	地市级政府投资	县级政府投资					
平凉山洪灾害防治项目2017	733	472		472		261	235		26					
酒泉市山洪灾害防治项目2017	627	627		627										
庆阳市山洪灾害防治项目2017	857	617		617		240	240							
安定区山洪灾害防治项目2017	8	8		8										
通渭县山洪灾害防治项目2017	124	124		124										
陇西县山洪灾害防治工程2017	121	121		121										
渭源县山洪灾害防治项目2017	57	12		12		45	45							
临洮县山洪灾害治理项目2017	94	59		59		35	35							
漳县山洪灾害防治项目2017	132	132		132										
岷县山洪灾害防治项目2017	187	142		142		45	45							
陇南市山洪灾害防治项目2017	1062	1062		1062										
临夏州山洪灾害防治项目2017	470	396		396		71	71							3
甘南州山洪灾害防治项目2017	892	668		668		224	224							
甘肃省防办山洪灾害防治项目2017	160	160		160										
其他防洪项目	39446	4361	650		3711	3076		1160	1916			31399		610
城关区2017河道综合整治	160					160		160						
城关区大砂沟洪道永新集团段防洪抢险	304					304		100	204					
嘉峪关讨赖河生态治理洪水槽防冲刷加固	900					900		900						
金昌市国防工业基地蓄洪生态治理	7000											7000		
会宁县康家河综合治理工程	650	650	650											
天水市藉河生态综合治理一期续建工程	24000											24000		
礼县西汉水浅水低坝缓流防冲工程	922					922			922					
临夏县北塬乡塬头路钱家村排水工程	185					185			185					
临夏县漓水名都小区防洪治理工程	399											399		
临夏县15扶贫搬迁韩集镇姚川点防洪治理	343	343			343									
永靖县城北新村防洪排洪治理工程	2272	2168			2168	104			104					
和政县马家堡镇尕河堤防工程	50													50
东乡县卜楞沟泥石流灾害治理项目	500					500			500					
东乡县唐王镇塔石沟泥石流综合治理项目	1200	1200			1200									

2-6 续表

单位：万元

项目名称	本年计划投资	中央政府投资				地方政府投资				利用外资	企业和私人投资	国内贷款	债券	其他投资
		小计	预算内拨款	中央财政水利专项资金	其他资金	小计	省级政府投资	地市级政府投资	县级政府投资					
积石山县易地搬迁安置点河堤工程2016	560													560
灌溉除涝项目	418350	220306	58076	150985	11245	105063	31869	24469	48726	23723	556	43163	8000	17537
灌区建设工程	18653	14922	14922			2931			2931					800
永昌县西河灌区续建配套节水改造	4000	3200	3200			800			800					
永昌县东河灌区续建配套节水改造	2134	1707	1707			427			427					
甘州区西浚灌区续建配套节水改造	2000	1600	1600			400			400					
甘州区大满灌区续建配套节水改造	2000	1600	1600			400			400					
民乐县大堵麻灌区续建配套节水改造	3000	2400	2400			600			600					
临泽县梨园河灌区续建配套节水改造														
山丹县马营河灌区续建配套节水改造	4000	3200	3200											800
肃州区洪临灌区续建配套与节水改造	1519	1215	1215			304			304					
节水灌溉工程	29293	2800		2800		2768	1426	36	1306	23723				1
榆中县小型农田水利建设项目2017	732					732		36	696					
平川区旱坪川灌区农业综合开发	330	250		250		80	80							
靖远县靖乐渠灌区农业综合开发	990	750		750		240	240							
凉州区以色列政府贷款农田水利建设项目	3040									3040				
民勤县以色列政府贷款农田水利建设	4833									4833				
古浪县以色列政府贷款农田水利建设	4093									4093				
高台县六坝灌区农业综合开发2017	462	350		350		112	112							
高台县罗城灌区农业综合开发2017	1070	750		750		320	240		80					
庄浪县水洛河灌区节水配套改造项目														
静宁县东峡灌区农业综合开发														
肃州区清水河灌区节水农业综合开发	462	350		350		112	112							
金塔县黑河灌区农业综合开发项目	490	350		350		140	140							
金塔县以色列政府贷款农田水利建设	3600									3600				
玉门市以色列政府贷款农田水利建设项目	3703					241			241	3462				
敦煌市以色列政府贷款农田水利建设	4696									4696				
合水县扶贫高效节水灌溉项目	503					502	502							1
正宁县西坡镇月南村樱桃园灌溉工程	289					289			289					

2-6 续表

单位：万元

项目名称	本年计划投资	中央政府投资				地方政府投资				利用外资	企业和私人投资	国内贷款	债券	其他投资
		小计	预算内拨款	中央财政水利专项资金	其他资金	小计	省级政府投资	地市级政府投资	县级政府投资					
石羊河流域重点治理（省景电）2013														
玉门市花海灌区农业综合开发														
小型农田水利建设	207091	144279		144279		46052	24302	4601	17149		556	8076		8127
七里河区农田水利设施维修养护项目2017	39	39		39										
西固区高效节水灌溉项目2017	1955	1086		1086		869	213	264	392					
西固区农田水利设施维修养护项目2017	120	120		120										
永登县高效节水项目柳树镇红砂川村	172	116		116		56	28	20	8					
永登县高效节水项目坪城乡灌溉工程	5787	740		740		5047	140	3340	1567					
皋兰县年高效节水项目2017	850	750		750		100		100						
皋兰县农田水利设施维修养护项目2017	147	60		60		87		87						
榆中县高效节水灌溉项目2017	5575	1326		1326		4249	261	340	3648					
榆中县农田水利设施维修养护项目2017	65	65		65										
嘉峪关市节水灌溉及维修养护2017	3590	2726		2726		491	441	50			373			
金川区农田水利设施建设（第二批）2017	3779	2591		2591		683	509		174					505
金川区农业水价综合改革建设（第二批）	360	360		360										
金川区农田水利设施建设2017	1875	1000		1000		659	500		159					216
永昌县高效节水灌溉新增2017	18087	9855		9855		1950	1950					6107		175
永昌县小型农田水利设施建设2017	1675	1000		1000		530	500		30					145
永昌县农业水价综合改革2017	100	100		100										
永昌县中央财政维修养护2017	150	150		150										
白银市靖会灌区水利工程设施维修养护	210	210		210										
白银市兴电灌区水利工程设施维修养护	210	210		210										
白银区五小水利工程2016														
白银区高效节水灌溉项目	550	383		383		127	76		51		40			
白银区水利工程设施维修养护项目	48	48		48										
平川区农业水价项目	900	900		900										
平川区高效节水灌溉项目	895	748		748		147	147							
平川区水利工程设施维修养护项目	80	80		80										
靖远县高效节水灌溉项目	2194	1467		1467		288	288							439

2-6 续表

单位：万元

项目名称	本年计划投资	中央政府投资				地方政府投资				利用外资	企业和私人投资	国内贷款	债券	其他投资
		小计	预算内拨款	中央财政水利专项资金	其他资金	小计	省级政府投资	地市级政府投资	县级政府投资					
靖远县水利工程设施维修养护项目	70	70		70										
会宁县水利工程设施维修养护项目	55	55		55										
会宁县高效节水灌溉项目	1930	1541		1541		302	302							87
景泰县高效节水灌溉项目	2387	1876		1876		368	368				143			
景泰县小型农田水利设施补助														
景泰县水利工程设施维护项目	151	150		150		1			1					
秦州区天水镇杨家湾高效节水灌溉工程2017	450	396		396		54			54					
秦州区汪川镇杏树梁高效节水灌溉工程	1116	813		813		303			303					
麦积区石佛镇盛龙高效节水灌溉工程2017	2339	1592		1592		747	313		434					
麦积区小型农田水利设施补助2016														
麦积区渭南镇南山高效节水灌溉工程2017	1236	1050		1050		186			186					
清水县王家山高效节水灌溉项目2017	450	450		450										
秦安县五小水利工程2016														
秦安县高效节水灌溉项目2017	1533	1022		1022		201	201							310
秦安县农田水利设施维修养护项目2017	110	110		110										
甘谷县高效节水灌溉工程2017	1042	778		778		264	153		111					
甘谷县水利工程维修养护项目2017	229					229	70		159					
武山县农业水价综合改革试点项目	510	500		500										10
武山县小型农田水利设施补助2016														
武山县高效节水灌溉项目2017	1121	552		552		569	108		461					
武山县农田水利设施维修养护项目2017	40	40		40										
张家川县高效节水灌溉项目2017	578	483		483		95	95							
凉州区高效节水灌溉发展项目2017	17540	13175		13175		2586	2586							1779
凉州区农业水价综合改革项目2017	1950	1950		1950										
凉州区水利工程养护维修项目2017	160	160		160										
民勤县公益性水利工程维修养护2017	160	160		160										
民勤县农业水价综合改革项目2017	1150	1150		1150										
民勤县中央财政农田水利设施建设2017	1500	1000		1000		500	500							
民勤县节水增效高效节水灌溉项目2017	9286	7762		7762		1524	1524							

2-6 续表

单位：万元

项目名称	本年计划投资	中央政府投资				地方政府投资				利用外资	企业和私人投资	国内贷款	债券	其他投资
		小计	预算内拨款	中央财政水利专项资金	其他资金	小计	省级政府投资	地市级政府投资	县级政府投资					
古浪县中央财政小型农田水利建设项目	2678	2678		2678										
古浪县节水增效高效节水灌溉项目2017	4403	3681		3681		722	722							
古浪县中央财政农田水利设施建设2017	1500	1000		1000		500	500							
古浪县农业水价综合改革试点2017	860	860		860										
古浪县农田水利设施维修养护2017	80	80		80										
天祝县农业水价综合改革试点项目2017	1000	900		900										100
天祝县节水增效高效节水灌溉项目2017	2422	2001		2001										421
张掖市水利维修养护2017	250	250		250										
甘州区高效节水灌溉2017	9378	6364		6364		3014	1249		1765					
甘州区农田水利和水价改革2017	1540	1540		1540										
甘州区水利维修养护2017	100	100		100										
肃南县农田水利和水价改革2017	1428	900		900		528	150		378					
肃南县水利维修养护2017	95					95	90		5					
民乐县2017小型农田水利建设（七）	1030	600		600		300	300							130
民乐县农田水利和水价改革2017	1091	1090		1090										1
民乐县水利工程维修养护2017	166	130		130		36			36					
临泽县农田水利和水价改革2017	630	630		630										
临泽县高效节水灌溉2017	1470	1020		1020		200	200							250
高台县2017高效节水灌溉	1674	1141		1141		224	224							309
高台县小型农田水利设施补助2016	64													64
高台县2017小型农田水利建设（七）	1754	1000		1000		500	500							254
高台县农田水利和水价改革2017	1970	1970		1970										
山丹县小型农田水利建设2017	1975	1000		1000		800	500		300					175
山丹县高效节水灌溉2016														
山丹县2015年新增农田水利设施建设2016														
山丹县小型农田水利重点县2016														
山丹马场高效节水灌溉2016														
山丹马场小型农田水利重点县2016														
山丹县小型农田水利设施补助2016														

2-6 续表

单位：万元

项目名称	本年计划投资	中央政府投资				地方政府投资				利用外资	企业和私人投资	国内贷款	债券	其他投资
		小计	预算内拨款	中央财政水利专项资金	其他资金	小计	省级政府投资	地市级政府投资	县级政府投资					
山丹县农田水利和水价改革2017	1001	900		900		101	100		1					
山丹县高效节水灌溉2017	2000	1255		1255		546	246		300					199
山丹县高效节水灌溉2017（二）	1895	1140		1140		650	550		100					105
崆峒区农业水价改革及节水灌溉2017	1666	1372		1372		171	171							123
泾川县五小水利工程2016														
泾川县农田水利设施建设项目2017	1568					1568	1500		68					
泾川县高效节水灌溉项目2017	740	549		549		191	108		83					
灵台县高效节水灌溉项目2017	3420	2859		2859		561	561							
灵台县五小水利工程2016														
灵台县农田水利设施维修养护项目(第二批)	110	110		110										
崇信县高效节水灌溉项目2017	1183	1044		1044		56	52		4					83
华亭县农田水利设施维修及节水2017	1661	1110		1110		551	188		363					
庄浪县农田水利设施维修养护及节水灌溉	1070	657		657		413	107		306					
庄浪县小型农田水利设施补助2016	12					12			12					
静宁县高效节水灌溉项目2017	979	677		677		302	133		169					
静宁县农田水利工程维修养护项目（第二批）	45	45		45										
酒泉市公益性工程维修养护项目2017	180	180		180										
肃州区节水灌溉和水价改革2017	10556	7292		7292		3264			3264					
金塔县节水灌溉和水价改革2017	2813	1930		1930		572	500		72					311
瓜州县节水灌溉和水价改革2017	3096	2426		2426		670	329		341					
肃北县水价改革和维修养护2017	165	150		150		15			15					
阿克塞县水价改革和维修养护2017	160	150		150		10			10					
玉门市节水灌溉和水价改革2017	8714	6386		6386		1436	1339		97					893
敦煌市农业水价综合改革2017	410	410		410										
敦煌市水利工程维修养护2017	100					100	100							
西峰区高效节水灌溉项目2017	1746	1003		1003		197	197							546
庆城县高效节水及维修养护2017	1132	785		785		347	144		203					
环县高效节水及维修养护2017	1119	702		702		417	148		269					
华池县高效节水及维修养护2017	1088	725		725		363	113		250					

2-6 续表

单位：万元

项目名称	本年计划投资	中央政府投资				地方政府投资				利用外资	企业和私人投资	国内贷款	债券	其他投资
		小计	预算内拨款	中央财政水利专项资金	其他资金	小计	省级政府投资	地市级政府投资	县级政府投资					
合水县高效节水灌溉项目2017	949	752		752		148	148							49
正宁县高效节水灌溉项目2017	815	517		517		298	101		197					
宁县高效节水及水价改革2017	3701	3353		3353		239	228		11					109
镇原县高效节水灌溉项目2017	3299	2678		2678		587	291		296					34
定西市香泉地下井计量设施维修养护2017	110	110		110										
安定区引洮一期支渠及田间配套改建2017	127	127		127										
安定区地下井计量设施维修养护项目2017	193	193		193										
通渭县锦屏水库灌区维修项目2017	55	55		55										
通渭县民尧大河滩康家岻小型水库维修	170	170		170										
陇西县灌溉维修养护工程2017	302	302		302										
渭源县峡口水库维修项目2017	151	150		150		1			1					
渭源县石门灌区维修养护项目2017	339	330		330		9			9					
临洮县高效节水灌溉项目2017	2940	2458		2458		482	482							
临洮县小型水利工程建设项目2017	320	320		320										
武都区农田水利维修养护2017	160	160		160										
武都区高效节水灌溉项目2017	1314	915		915		399	180		219					
宕昌县贫困村基础设施建设灌溉工程	1969											1969		
西和县高效节水灌溉工程2017	718	600		600		118	118							
礼县高效节水项目2017	2043	1505		1505		538	295		243					
徽县农村饮水工程（农田水利）2017	1539	1539		1539										
临夏市农田水利维修养护工程2017	600	200		200		400		400						
永靖县 1 万 ~ 5 万亩灌区改造 2016														
广河县五小水利工程2016														
广河县小型农田水利设施补助2016														
和政县五小水利工程2016														
和政县水利维修养护项目第二批2017	65	65		65										
和政县高效节水灌溉工程2017	350	252		252		49	49							49
卓尼县农田水利维修工程2017	215	190		190		25			25					
舟曲县农田水利设施维修2017	200	200		200										

2-6 续表

单位：万元

项目名称	本年计划投资	中央政府投资				地方政府投资				利用外资	企业和私人投资	国内贷款	债券	其他投资
		小计	预算内拨款	中央财政水利专项资金	其他资金	小计	省级政府投资	地市级政府投资	县级政府投资					
舟曲县五小水利工程2016														
玛曲县农田水利设施维修及节水2017	797	681		681		116	116							
省农垦山丹农场小型农田水利重点县2016	256													256
省景电灌区维修养护2017年项目（第二批）	400	400		400										
省疏管局农田水利维修养护2017	300	300		300										
兰州新区高效节水灌溉2016														
水库工程	64966	17490	12390	3300	1800	15180	3500	10910	770			28643		3653
景泰县正路工业园区调蓄水库工程	3653													3653
秦州区关峡水库	770					770			770					
秦安县西小河小湾河水库														
张家川县富川水库（抗旱规划内）														
民勤县红崖水库加高扩建工程	20600	12390	12390			8210	2000	6210						
民乐县山城河水库														
山丹县白石崖水库(抗旱规划内)														
崆峒区北杨涧水库（抗旱规划内）														
泾川县朱家涧水库（抗旱规划内）	1000											1000		
灵台县新集水库工程	9000					1500	1500					7500		
崇信县关河水库（抗旱规划内）														
庄浪县花崖河水库（抗旱规划内）	2022											2022		
阿克塞县红柳湾抗旱调蓄水库工程	4771											4771		
庆阳市巴家嘴水库新增调蓄(五台山水库)	3000											3000		
庆阳市小盘河水库及供水工程	8200											8200		
庆阳市莲花寺水库及供水工程	3450	3300		3300								150		
庆城县纸坊沟水库（抗旱规划内）														
成县磨坝峡（水源水库）工程	1800	1800			1800									
康乐县鸣鹿水库（抗旱规划）														
兰州新区2号3号石门沟水库工程	2000											2000		
兰州新区生态灌溉7号单体湖调蓄工程	4700					4700		4700						
泵站工程	38455	30764	30764			7691	2000	3750	1941					

2-6 续表

单位：万元

项 目 名 称	本年计划投资	中央政府投资				地方政府投资				利用外资	企业和私人投资	国内贷款	债券	其他投资
		小计	预算内拨款	中央财政水利专项资金	其他资金	小计	省级政府投资	地市级政府投资	县级政府投资					
兰州市大砂沟泵站更新改造工程	3750	3000	3000			750		750						
七里河区西津灌区大型泵站更新改造	1250	1000	1000			250		125	125					
兰州市工农坪泵站更新改造工程														
兰州市榆中三电泵站更新改造工程	3625	2900	2900			725		725						
白银市靖会泵站更新改造工程	5375	4300	4300			1075		1075						
白银市兴电泵站更新改造工程	5375	4300	4300			1075		1075						
靖远县刘川泵站更新改造工程	830	664	664			166			166					
靖远县中堡泵站更新改造工程	3125	2500	2500			625			625					
景泰县中泉泵站更新改造工程	2496	1997	1997			499			499					
平凉市白庙泵站更新改造工程	2629	2103	2103			526			526					
甘肃省景电泵站更新改造工程	10000	8000	8000			2000	2000							
其他灌溉除涝项目	59891	10051		606	9445	30442	641	5171	24629			6444	8000	4955
城关区皋兰山灌区东、西盘渠改造工程	499					499		300	199					
七里河区2017一事一议项目														
七里河区2017乡镇实施水利工程项目	1197					1197			1197					
榆中县三电东干十五支渠小康营上水工程	4392					4392			4392					
榆中县三电东干末级泵站改建工程	2924					2924			2924					
嘉峪关农业综合开发高标准农田建设2017	755	606		606		149	127	22						
嘉峪关新城镇高标准基本农田建设项目	500	500			500									
白银市兴电灌区渠道维修工程														
靖远县刘川易地扶贫搬迁项目供水工程	2050											2050		
靖远县东湾大坝电灌渠道维修养护工程	100					100	100							
景泰县千亿斤粮食生产能力建设项目	1450	1160			1160	290			290					
景泰县精准扶贫寺滩引水工程	8000												8000	
景泰县财政涉农资金支持贫困村水利设施	6053					6053			6053					
景泰县草窝滩镇排水工程	600					600			600					
秦安县农田水利设施建设项目2017														
凉州区国土部门高标准农田建设(水利部分)	3130	3130			3130									
凉州区新增1000亿斤粮田间工程建设	990	990			990									

2-6 续表

单位：万元

项目名称	本年计划投资	中央政府投资				地方政府投资				利用外资	企业和私人投资	国内贷款	债券	其他投资
		小计	预算内拨款	中央财政水利专项资金	其他资金	小计	省级政府投资	地市级政府投资	县级政府投资					
古浪县黄花滩总干二支渠（管）工程	2022											2022		
古浪县黄花滩北一、二支渠(管)工程	4800					4800			4800					
古浪县生态移民黄花滩灌区调蓄水池	4177					2086			2086			2091		
古浪县农田灌溉设施维修2017	200					200			200					
肃州区洪临灌区渠道量测水设施项目	349					349		349						
瓜州县疏勒河移民乡镇斗渠改造	900					900			900					
肃北县农村环境整治渠系维修改造一期	590													590
敦煌市党河灌区西干渠改建工程	430					430			430					
临夏市刘临路支渠改建工程	281											281		
临夏市南川灌区引水枢纽及总干渠改造工程	809	200			200	609	50		559					
永靖县刘盐八地质灾害灌区节水改造工程														
永靖县刘盐八库区库岸治理工程（一期）	2000	2000			2000									
永靖县盐锅峡党川3村灌溉设施应急修复	206	205			205									1
永靖县红柳台电灌改扩建工程	4715	350			350									4365
东乡县2016年赵家乡高标准农田建														
东乡县2016年东塬乡高标准农田建设														
东乡县年坪庄乡高标准农田建设2017	1274	910			910	364	364							
兰州新区南部生态绿化2#供水管线工程	3000					3000		3000						
兰州新区引大东二干十七支渠改造工程	1500					1500		1500						
供水项目	533765	85150	83600		1550	235647	111742	38685	85220		300	179250	9700	23717
引水（调水）工程	343285	70000	70000			136906	103990	31000	1916			130379	6000	
兰州市水源地建设工程	80000					29000		29000				51000		
引洮供水一期榆中县配套工程	29569					4690	2690	2000				24879		
榆中县青城灌溉水源工程	1766					1766			1766					
引洮一期工程会宁北部供水工程														
肃北县马鬃山镇供水工程	9500											9500		
庆阳市盐环定扬黄续建工程调概算														
两当县徐杨河引水工程（一期）	150					150			150					
积石山引水工程														

2-6 续表

单位：万元

项目名称	本年计划投资	中央政府投资				地方政府投资				利用外资	企业和私人投资	国内贷款	债券	其他投资
		小计	预算内拨款	中央财政水利专项资金	其他资金	小计	省级政府投资	地市级政府投资	县级政府投资					
临夏州引黄济临供水工程	11000					5000	5000						6000	
甘南州引洮（博）济合供水工程	10000					10000	10000							
玛曲县县城引水工程														
甘肃引洮供水一期工程														
甘肃引洮供水二期工程	130000	70000	70000			60000	60000							
天水市城区引洮供水工程	24300					9300	9300					15000		
引洮供水二期配套城乡供水工程	47000					17000	17000					30000		
农村饮水安全巩固提升工程建设	140239	13600	13600			78377	6080	3846	68451			29240		19022
西固区农村饮水安全巩固提升工程2017	426	36	36			390		390						
永登县农村饮水安全巩固提升工程2017	1547	713	713			834		545	289					
皋兰县农村饮水安全巩固提升2017	829	61	61			768		468	300					
榆中县农村饮水安全巩固提升工程2017	1558	114	114			1444		390	1054					
永昌县农村饮水安全巩固提升2017	466	34	34			432			432					
白银区农村饮水安全巩固提升2017	913	67	67			846			846					
平川区农村饮水安全巩固提升2017	131	131	131											
靖远县农村饮水安全巩固提升2017	1414	114	114			1300	1300							
会宁县农村饮水安全巩固提升2017	6218	454	454											5764
景泰县农村饮水安全巩固提升2017	4232	309	309											3923
秦州区农村饮水安全巩固提升工程2017	2083	152	152			1931			1931					
麦积区农村供水巩固提升工程2017	4395	277	277			4118			4118					
清水县农村饮水安全巩固提升工程2017	2003	136	136			1867	1867							
秦安县农村饮水安全巩固提升工程2017	3199	233	233			2856			2856					110
甘谷县农村饮水安全巩固提升工程2017	2694	196	196			2498			2498					
武山县农村饮水安全巩固提升工程2017	1608	163	163			1445			1445					
张家川县农村饮水安全巩固提升工程2017	382	32	32			254	254							96
凉州区农村饮水安全巩固提升工程2017	3508	256	256			3252			3252					
民勤县农村饮水安全巩固提升工程2017	5800	423	423			5377			5377					
古浪县农村饮水安全巩固提升2017	584	584	584											
天祝县农村饮水安全巩固提升工程2017	708	52	52											656

2-6 续表

单位：万元

项目名称	本年计划投资	中央政府投资				地方政府投资				利用外资	企业和私人投资	国内贷款	债券	其他投资
		小计	预算内拨款	中央财政水利专项资金	其他资金	小计	省级政府投资	地市级政府投资	县级政府投资					
甘州区农村饮水安全巩固提升2017	1273	92	92			681	681							500
肃南县农村饮水安全巩固提升2017	825	71	71			754			754					
民乐县农村饮水安全巩固提升2017	800	58	58			449	449							293
山丹县农村饮水安全巩固提升2017	1006	73	73											933
崆峒区年农村饮水安全巩固提升2017	755	55	55			700			700					
泾川县北部农村饮水安全巩固提升工程	335	82	82			253		253						
灵台县农村饮水安全巩固提升工程2017	1128	82	82			1046			1046					
崇信县农村饮水安全巩固提升工程2017	1442	112	112									1330		
华亭县牛舌堡水厂巩固提升工程	354	37	37			317			317					
庄浪县农村饮水安全项目2017	1093	80	80			1013			1013					
静宁县农村饮水安全巩固提升工程2017	2631	192	192			2439			2439					
肃州区农村饮水巩固提升2017	102	73	73			29			29					
金塔县农村饮水安全巩固提升2017	188	31	31			157			157					
瓜州县农村饮水安全巩固提升2017	483	35	35			448			448					
肃北县农村饮水安全提升工程2017	85	6	6											79
阿克塞县农村饮水安全巩固提升2017	176	13	13									163		
玉门市农村饮水安全巩固提升工程2017	505	37	37			468			468					
敦煌市农村饮水安全巩固提升2017	225	19	19			206			206					
西峰区农村饮水安全巩固提升工程2017	490	36	36			454		200	254					
庆城县农村饮水安全巩固提升工程2017	5869	566	566			5303		190	5113					
环县农村饮水安全巩固提升工程2017	8251	82	82			8169		260	7909					
华池县农村饮水安全巩固提升工程2017	5352	790	790			4562		90	4472					
合水县农村饮水安全巩固提升工程2017	1253	91	91			1162		120	1042					
正宁县农村饮水安全巩固提升工程2017	484	35	35			449		170	279					
宁县农村饮水安全巩固提升工程2017	1865	136	136			1729	1339	390						
镇原县农村饮水安全巩固提升工程2017	2460	180	180			2180		380	1800					100
通渭县年农村饮水安全巩固提升2017	888	398	398			490			490					
陇西县农村饮水安全巩固提升工程2017	5011	511	511			3000			3000					1500
渭源县农村饮水安全巩固提升工程2017	5103	350	350			4753			4753					

2-6 续表

单位：万元

项目名称	本年计划投资	中央政府投资				地方政府投资				利用外资	企业和私人投资	国内贷款	债券	其他投资
		小计	预算内拨款	中央财政水利专项资金	其他资金	小计	省级政府投资	地市级政府投资	县级政府投资					
临洮县农村饮水安全巩固提升工程2017	835	835	835											
漳县农村饮水安全巩固提升工程2017	189	189	189											
武都区农村饮水安全巩固提升工程2017	2987	215	215									2772		
宕昌县农村饮水安全巩固提升2017	3753	274	274			3479			3479					
成县农村饮水安全巩固提升工程2017	2576	188	188			2388			2388					
文县农村饮水安全巩固提升工程2017	2853	208	208											2645
西和县农村饮水安全巩固提升工程	8162	595	595									7567		
礼县农村饮水安全巩固提升工程2017	3837	516	516									3321		
两当县农村饮水安全巩固提升2017	2304	105	105											2199
徽县农村饮水安全巩固提升2017	5139	179	179									4960		
康乐县农村饮水安全巩固提升工程2017	3523	277	277									3023		223
永靖县农村饮水安全巩固提升工程2017	518	518	518											
和政县农村饮水安全巩固提升工程2017	6418	313	313									6105		
积石山县农村饮水安全巩固提升2017	218	218	218											
合作市农村饮水安全巩固提升2017	417	15	15			402			402					
临潭县农村饮水安全巩固提升2017	254	19	19			235			235					
卓尼县农村饮水安全巩固提升2017	203	14	14			189	189							
舟曲县农村饮水安全巩固提升2017	188	14	14			174			174					
迭部县农村饮水安全巩固提升2017	171	12	12			159			159					
玛曲县农村饮水安全巩固提升2017	125	9	9			116			116					
碌曲县农村饮水安全巩固提升2017	188	9	9			179			179					
夏河县农村饮水安全巩固提升2017	250	18	18			232			232					
抗旱工程	30											30		
会宁县郭城驿镇抗旱应急水源工程	30											30		
泾川县抗旱应急水源引调提水项目														
其他供水工程	50210	1550			1550	20365	1672	3839	14853		300	19601	3700	4695
皋兰县山字墩水库-县城段输水管道改造	2486					1007			1007			1479		
金昌市城市应急备用水源	1200												1200	

2-6 续表

单位：万元

项目名称	本年计划投资	中央政府投资				地方政府投资				利用外资	企业和私人投资	国内贷款	债券	其他投资
		小计	预算内拨款	中央财政水利专项资金	其他资金	小计	省级政府投资	地市级政府投资	县级政府投资					
张家川县东峡水库城区供水设施改造工程	212					212			212					
古浪县黄花滩移民点自来水供应服务站	149											149		
古浪县古丰乡西山堡村收缩安置点供水	121					121			121					
古浪县绿洲生态移民搬迁财力补助供水	2426											2426		
古浪县绿洲生态移民小城镇供水工程	4086											4086		
古浪黄花滩1、2、8、9移民点养殖区供水	1082											1082		
庆城县小型扶贫水利项目2017	551	551			551									
环县县级自筹水利建设项目2017	6331					6331			6331					
合水县农业综合开发建设项目2017	1316	940			940	376	376							
正宁县精准扶贫农村饮水安全工程2017	675					675			675					
镇原县小型水利工程2017	1697	59			59	1638			1638					
武都区坪垭藏族乡整乡易地搬迁饮水工程	490											490		
武都区供水扩建工程	4840					4840			4840					
宕昌县贫困村社基础设施建设饮水安全	4760											4760		
康县贫困村基础设施建设饮水安全工程	2130											2130		
永靖县精准脱贫农村饮水安全补充工程														
和政县新庄中良村吓沟等3社饮水工程	35													35
东乡县中部农村饮水安全巩固提升一期	2500												2500	
东乡县农村供水骨干调蓄工程北部片区	525					525	496		29					
东乡县布楞沟流域农村供水改造工程	300										300			
东乡县农村管网延伸改造16-17扶贫饮水	800					800	800							
积石山县小型集中及分散供水改造工程	4038													4038
积石山县易地搬迁安置点人饮工程2016	240													240
积石山县城区供水水源改扩建工程	382													382
武威市黄羊土门组团供水项目杂木河供水	2000											2000		
华亭县安口镇应急引水工程	1000											1000		
兰州新区城际铁路沿线绿化项目水利工程	1183					1183		1183						
兰州新区职教园区景观水系供水工程	2656					2656		2656						

2-6 续表

单位：万元

项目名称	本年计划投资	中央政府投资				地方政府投资				利用外资	企业和私人投资	国内贷款	债券	其他投资
		小计	预算内拨款	中央财政水利专项资金	其他资金	小计	省级政府投资	地市级政府投资	县级政府投资					
水务项目	59591	8197			8197	15334	2090		13244			34089		1971
自来水厂建设	7080					6500			6500			580		
庄浪县南坪水厂改扩建及管网工程	100											100		
华池县自来水厂管网改造工程	6500					6500			6500					
崆峒区韩家沟水厂供水工程（一期）	480											480		
山丹县第二给水厂建设工程														
城镇供水管线建设	29800					2000	2000					25829		1971
天水市藉口水厂至西十里供水管道工程	8829											8829		
清水县城区供水工程	5971											4000		1971
清水县城区自来水管网扩建工程														
古浪县大靖镇供水改扩建工程	8000											8000		
庆城县城区供水输水管道工程（环县段）	7000					2000	2000					5000		
污水处理工程建设	22710	8197			8197	6834	90		6744			7680		
平凉市天雨污水处理厂提标改造扩建工程	5380											5380		
华池县乡镇河道污水收集建设工程	1238					1238			1238					
镇原县巴家咀上游截污及三岔镇雨污分流	13702	8197			8197	5505			5505					
民勤红沙岗污水处理厂及中水回用贮水池	1800											1800		
华亭县城区生活污水处理厂中水回用项目	590					90	90					500		
临洮县污水处理厂配套管网工程														
非常规水资源利用项目	642											642		
雨水集用	642											642		
礼县农村饮水安全集雨水窖工程	642											642		
水电开发利用	6453	1211		1211							4138	1104		
水电增效扩容	6453	1211		1211							4138	1104		
永昌县头坝二号水电站增效扩容改造	244	100		100							144			
肃州区丰乐河水电站增效扩容及生态修复	534	130		130							404			
金塔县解放村水电站增效扩容改造	465	80		80							385			
肃北县拉排一级水电站增效扩容及生态修复	1262	107		107							51	1104		

2-6 续表

单位：万元

项目名称	本年计划投资	中央政府投资				地方政府投资				利用外资	企业和私人投资	国内贷款	债券	其他投资
		小计	预算内拨款	中央财政水利专项资金	其他资金	小计	省级政府投资	地市级政府投资	县级政府投资					
敦煌市党河水电站增效扩容改造	1428	145		145							1283			
敦煌市南湖店水电站增效扩容改造	644	60		60							584			
成县飞龙峡水电站增效扩容及生态修复	75	75		75										
文县哈南水电站增效扩容及生态修复	307	22		22							285			
文县肖家山水电站增效扩容及生态修复	115	115		115										
礼县红崖二级水电站河流生态修复工程	6	6		6										
礼县大滩水电站增效扩容改造工程	33	33		33										
礼县大滩水电站河流生态修复工程	5	5		5										
礼县红崖二级水电站增效扩容改造项目	37	37		37										
和政县闫蔡坪水电站增效扩容改造	370	40		40							330			
舟曲县插岗一级水电站增效扩容及生态修复	780	108		108							672			
舟曲县驼骆坝水电站增效扩容及生态修复	148	148		148										
夏河县白土坡水电站														
水保及生态保护	172349	96872	43960	34530	18382	35977	4695	4174	27108		945	14530		24024
水土流失治理	56652	43530	19500	24030		7519	2587	1422	3510					5603
榆中县坡耕地水土流失综合治理工程2017	625	500	500			125		50	75					
榆中县病险淤地坝除险加固工程2017	200	160		160		40	6		34					
嘉峪关讨赖河南岸水土保持提升工程	330					330	140	190						
平川区水土保持项目	200	200		200										
靖远县省级水土保持补偿费建设项目	75					75	75							
靖远县北湾镇水土保持项目2016														
会宁县坡耕地水土流失综合治理2017	625	500	500			125			125					
会宁县水土保持重点建设2017	1429	1000		1000		43	43							386
景泰县国家水土保持重点工程	429	300		300		14	14							115
秦州区坡耕地水土流失综合治理工程2017	1251	1000	1000			251			251					
麦积区水土保持重点工程2017	300	300		300										
清水县水土保持重点工程2017	286	200		200		56	10		46					30
清水县坡耕地水土流失综合治理工程2017	937	750	750			97			97					90

2-6 续表

单位：万元

项目名称	本年计划投资	中央政府投资				地方政府投资				利用外资	企业和私人投资	国内贷款	债券	其他投资
		小计	预算内拨款	中央财政水利专项资金	其他资金	小计	省级政府投资	地市级政府投资	县级政府投资					
秦安县水土保持重点工程2017	400	400		400										
甘谷县坡耕地水土流失综合治理2017	899	750	750			149			149					
武山县坡耕地水土流失综合治理工程2017	909	750	750			159		47	112					
张家川县水土保持重点工程2017	429	300		300		14	14							115
古浪县水土保持重点治理项目2017	200	200		200										
天祝县2017年水土保持重点工程	200	200		200										
肃南县水土保持重点工程2017	286	200		200		86			86					
崆峒区农业综合开发黄土高原保护2017	1050	750		750		300	240	30	30					
崆峒区坡耕地水土流失治理2017	625	500	500											125
泾川县农业综合开发黄土高原保护2017	1069	750		750		300	240		60					19
泾川县病险淤地坝除险加固工程2017	275	220		220		55	7		48					
灵台县农业综合开发黄土高原保护2017	1053	750		750		300	240		60					3
灵台县坡耕地水土流失治理2017	625	500	500											125
崇信县坡耕地水土流失治理2017	625	500	500											125
崇信县农业综合开发黄土高原保护2017	1053	750		750		300	240		60					3
崇信县病险淤地坝除险加固工程2017	110	88		88		22			22					
华亭县水土保持重点工程2017	421	295		295										126
庄浪县水土保持重点建设工程2017	1000	700		700		31	31							269
庄浪县病险淤地坝除险加固工程2017	485	388		388		97	11		86					
静宁县坡耕地水土流失治理2017	1251	1000	1000											251
静宁县坡耕地水土流失治理2016														
西峰区农业综合开发黄土高原保护2017	1413	1000		1000		400	320	40	40					13
西峰区病险淤地坝除险加固工程2017	105	84		84		21			21					
西峰区病险淤地坝除险加固工程2016														
庆城县坡耕地水土流失治理2017	937	750	750											187
庆城县病险淤地坝除险加固工程2016														
庆城县病险淤地坝除险加固工程2017	320	256		256		64	10		54					
环县病险淤地坝除险加固工程2016														

2-6 续表

单位：万元

项目名称	本年计划投资	中央政府投资				地方政府投资				利用外资	企业和私人投资	国内贷款	债券	其他投资
		小计	预算内拨款	中央财政水利专项资金	其他资金	小计	省级政府投资	地市级政府投资	县级政府投资					
环县坡耕地水土流失治理2016														
环县坡耕地水土流失治理2017	1250	1000	1000											250
环县病险淤地坝除险加固工程2017	584	467		467		117	13		104					
华池县坡耕地水土流失治理2017	625	500	500											125
华池县病险淤地坝除险加固工程2017	280	224		224		56	7		49					
合水县水土保持重点建设工程2016（一）														
合水县农业综合开发黄土高原保护2017	701	500		500		200	200							1
合水县水土保持重点建设工程2017	857	600		600		59	27		32					199
合水县病险淤地坝除险加固工程2017	340	272		272		68	8		60					
正宁县农业综合开发黄土高原保护2017	703	500		500		200	160		40					3
正宁县水土保持重点建设工程2016（一）														
正宁县水土保持重点建设工程2017	857	600		600		27	27							230
正宁县病险淤地坝除险加固工程2017	240	192		192		48	7		41					
正宁县病险淤地坝除险加固工程2016														
宁县农业综合开发黄土高原保护2017	734	500		500		200	200							34
宁县水土保持重点建设工程2017	857	600		600		27	27							230
宁县水土保持重点建设工程2016（一）														
宁县病险淤地坝除险加固工程2017	215	172		172		6	6							37
镇原县水土保持重点建设工程2016（一）														
镇原县水土保持重点建设工程2016（二）														
镇原县坡耕地水土流失治理2016														
镇原县坡耕地水土流失治理2017	1250	1000	1000											250
镇原县水土保持重点建设工程2017	1000	700		700		31	31							269
镇原县病险淤地坝除险加固工程2017	375	300		300		75	9		66					
安定区坡耕地水土流失综合治理工程2017	937	750	750			187		187						
安定区水土保持重点建设工程2017	513	491		491		22	22							
安定区病险淤地坝除险加固工程2017	420	348		348		29	10		19					43
通渭县病险淤地坝除险加固工程2017	196	196		196										

2-6 续表

单位：万元

项目名称	本年计划投资	中央政府投资				地方政府投资				利用外资	企业和私人投资	国内贷款	债券	其他投资
		小计	预算内拨款	中央财政水利专项资金	其他资金	小计	省级政府投资	地市级政府投资	县级政府投资					
通渭县坡耕地水土流失综合治理2017	1251	1000	1000			251		251						
陇西县水土保持重点建设工程2017	1429	1000		1000		43	43							386
陇西县坡耕地水土流失综合治理2017	1251	1000	1000			251		251						
陇西县病险淤地坝除险加固工程2017	230	184		184		6	6							40
渭源县病险淤地坝除险加固工程2017	240	192		192		7	7							41
渭源县国家水土保持重点工程2017	429	300		300		14	14							115
临洮县水土保持重点建设工程2017	1000	1000		1000										
临洮县坡耕地水土流失综合治理2017	1251	1000	1000			251		251						
临洮县病险淤地坝除险加固工程2017	208	208		208										
漳县坡耕地水土流失综合治理工程2017	625	500	500			125		125						
漳县病险淤地坝除险加固工程2017	288	288		288										
岷县国家水土保持重点工程2017	571	400		400		18	18							153
武都区水土保持重点工程2017	429	300		300										129
宕昌县水土保持重点工程2017	286	200		200										86
成县水土保持重点工程2017	551	400		400										151
康县国家水土保持重点工程2017	571	400		400		171	23		148					
文县国家水土保持重点工程2017	286	200		200		86	10		76					
西和县坡耕地水土流失综合治理工程2017	937	750	750			187			187					
礼县坡耕地水土流失综合治理工程2017	937	750	750			187			187					
两当县国家水土保持重点工程2017	571	400		400		171	23		148					
徽县坡耕地水土流失综合治理工程2017	625	500	500			125			125					
临夏县县坡耕地水土流失综合治理工程	937	750	750											187
康乐县坡耕地水土流失治理工程2017	937	750	750											187
广河县坡耕地水土流失综合治理2017	937	750	750											187
和政县第二批国家水土保持重点工程2017	400	400		400										
东乡县坡耕地水土流失综合治理2017	1250	1000	1000											250
东乡县国家水土保持重点建设工程2017	1429	1000		1000		429			429					
临潭县小流域综合治理项目2017	286	200		200		86	10		76					

2-6 续表

单位：万元

项目名称	本年计划投资	中央政府投资				地方政府投资				利用外资	企业和私人投资	国内贷款	债券	其他投资
		小计	预算内拨款	中央财政水利专项资金	其他资金	小计	省级政府投资	地市级政府投资	县级政府投资					
卓尼县相俄项目区流域治理2017	150	105		105		6	6							39
舟曲县水土保持治理工程2017	571	400		400		171	18		153					
迭部县水土保持尼傲乡巴藏项目区2017	429	300		300		129	14		115					
流域生态综合治理	25001	20000	20000			5001	1508	2752	741					
敦煌水资源规划项目（酒泉市）2016														
敦煌水资源规划项目水保（酒泉市）2017	3708	2967	2967			741			741					
敦煌水资源规划项目（敦煌市）2016														
敦煌水资源规划项目（敦煌市）2017	13754	11002	11002			2752		2752						
敦煌水资源规划项目（疏勒河）2017	7539	6031	6031			1508	1508							
敦煌水资源规划项目（疏勒河）2015														
敦煌水资源规划项目（疏勒河）2016														
河湖连通工程	10500	10500		10500										
会宁县河湖水系连通项目	4500	4500		4500										
庄浪县店峡沟与竹林寺水库河库连通工程	3000	3000		3000										
宕昌县鹅嫚沟综合治理工程	3000	3000		3000										
其他环境水利项目	80196	22842	4460		18382	23457	600		22857		945	14530		18422
凉州区水环境综合治理工程	9774	9634			9634	140			140					
民勤县红崖山库区生态环境治理工程	622	22			22	600	600							
古浪山水林田湖生态修复南泥沟水库治理	100	100			100									
天祝县山水林田湖生态保护修复工程	5000	3877			3877									1123
张掖市祁连山生态保护监控信息系统工程	3150	2205			2205						945			
平凉市崆峒水库至大岔河段河道生态治理														
崇信县□河流域水环境治理工程	12350	4460	4460											7890
肃州区四坝海子生态治理项目2017	2000					2000			2000					
玉门市引水入城玉渊湖扩建工程	2317					2317			2317					
庆城县城区段河道水面工程	14165											14165		
武都滨江步道改造工程工程	4210					4210			4210					
临夏市大夏河三十里风情线综合治理二期	6486					6486			6486					

2-6 续表

单位：万元

项目名称	本年计划投资	中央政府投资				地方政府投资				利用外资	企业和私人投资	国内贷款	债券	其他投资
		小计	预算内拨款	中央财政水利专项资金	其他资金	小计	省级政府投资	地市级政府投资	县级政府投资					
临夏市南干刘家桥至环城西路污水治理	516					516			516					
临夏市大夏河风情线综合治理工程														
临夏市国土实施水保项目	167	162			162									5
临夏市大夏河一大桥至罗家湾综合治理二期	3514					3514			3514					
临夏县大夏河城区段综合治理工程二期	366											366		
康乐县洮河三岔河片区水污染治理一期														
和政县林业实施水保项目	800													800
和政县大南岔河水生态修复工程	7743													7743
东乡县国土、农发、农牧实施水保项目	3675					3675			3675					
积石山县国土、林业、农牧实施水保项目	3243	2382			2382									861
机构能力建设专项	4425	3750	950	2800		675	675							
水文设施及能力建设	4425	3750	950	2800		675	675							
省疏管局斗口水量计量设施更新改造	1200	1000		1000		200	200							
甘肃水资源监控能力建设二期	1800	1800		1800										
甘肃省水资源监测能力（一期）建设工程	525	350	350			175	175							
甘肃省大江大河水文监测（一期）建设工程	900	600	600			300	300							
甘肃省中小河流水文监测系统建设项目														
移民项目	3592	2191		2191		1398	1398							4
永昌县大中型水库移民后期扶持2017	546	212		212		334	334							
张家川县小型水库后期扶持项目2017	70					70	70							
凉州区大中型水库移民后期扶持项目2017	423	239		239		184	184							
民勤县大中型水库移民后期扶持2017	328	209		209		119	119							
古浪县水利水电移民后期扶持2017	116	116		116										
天祝县大中型水库移民后期扶持项目2017	96	26		26		65	65							4
金塔县库区移民项目2017	632	632		632										
瓜州县大中型水库移民后期扶持项目	1302	756		756		545	545							
正宁县小型水库移民后期扶持工程2017	40					40	40							
康县库区移民后期扶持阳坝供水水源工程	40					40	40							

2-7　2017 年水利建设项目到位资金

单位：万元

项目名称	本年到位投资	中央政府投资				地方政府投资				利用外资	企业和私人投资	国内贷款	债券	其他投资
		小计	预算内拨款	中央财政水利专项资金	其他资金	小计	省级政府投资	地市级政府投资	县级政府投资					
甘　肃	1422306	625142	312313	267758	45071	393111	169558	59737	163816	23723	7773	301742	20000	50814
防洪项目	319034	207440	125727	75461	6253	48654	21595	6179	20880			56563		6377
堤防工程	33987	6471	1761		4710	4396	4040		356			22380		740
会宁县苦水河河畔羊肉市场段综合治理	1096											1096		
清水县牛头河柳湾段河道综合治理工程	550	550	550											
古浪县大靖河红柳湾段防洪治理工程	1680					1680	1680							
天祝县2017年农牧村护田护村工程	1910	1910			1910									
天祝县南阳山6、7#移民点应急防洪工程	1740					1000	1000							740
天祝县炭山岭城镇防洪工程	2800	2800			2800									
张掖市黑河城区段治理工程（一期工程）	6000											6000		
华池县新区一中段河道治理续建工程	356					356			356					
武都区坪垭藏族乡整乡易地搬迁河堤工程	800					800	800							
武都区黄坪乡河堤工程	743											743		
宕昌县贫困村基础设施建设堤防工程	6782											6782		
康县平洛镇龙坝村安置点堤防及护坡工程	80					80	80							
康县贫困村基础设施及搬迁点堤防工程	4043					80	80					3963		
西和县建档立卡贫困村堤防工程	3796											3796		
合作市那吾乡精准扶贫暨生态小康村防洪	400					400	400							
卓尼县洮河麻路一段至亚当段防洪	1211	1211	1211											
卓尼县车巴河流域防洪治理项目														
迭部县卡坝乡尼吉巴防洪工程														
大江大湖治理	78001	69070	69070			6150			6150			2781		
黄河甘肃段防洪工程（兰州市）	36962	34181	34181									2781		
黄河甘肃段防洪工程（白银市）	15206	15206	15206											
黄河甘肃段防洪工程（临夏州）	16597	10597	10597			6000			6000					
黄河甘肃段防洪工程（甘南州）	9236	9086	9086			150			150					
重要支流治理	67561	51100	51100			16461	1490	4444	10527					
湟水兰州市红古段防洪治理工程														
永登县庄浪河东干渠首至寺滩泵站防洪	4615	2769	2769			1846		923	923					

2-7 续表

单位：万元

项目名称	本年到位投资	中央政府投资				地方政府投资				利用外资	企业和私人投资	国内贷款	债券	其他投资
		小计	预算内拨款	中央财政水利专项资金	其他资金	小计	省级政府投资	地市级政府投资	县级政府投资					
靖远县祖历河庄口至罗家湾段防洪工程	2127	2127	2127											
会宁县祖厉河柴门乡张家湾至郭城镇防洪	1906	1906	1906											
葫芦河秦安县李河至刘沟村段治理工程	1156	693	693			463			463					
天祝县华藏寺至界牌段防洪治理工程2017	664	398	398			266	266							
甘州区黑河分洪溢流堰至国道312线防洪	1890	1890	1890											
临泽县铁路桥至暖泉段防洪治理	5487	3293	3293			2194			2194					
高台西腰墩水库至刘家深湖水库河道防洪	1105	1105	1105											
平凉市泾河吴老沟至平镇桥河堤治理														
平凉市泾河大岔河至吴老沟河堤治理2017	3902	2405	2405			1497		1497						
崆峒区泾河马莲沟至南阳涧河段防洪														
崆峒区泾河南阳涧河至信河段防洪治理	1782	1782	1782											
泾川县泾河蔡家咀至长庆桥段防洪治理	2065	2065	2065											
泾川县泾河百泉渡槽至水泉寺大桥段防洪	1500	1500	1500											
泾川县泾河罗汉洞至洪河口段河堤治理														
庄浪县葫芦河刘家湾至新庄沟段河堤治理	1558	1558	1558											
静宁县葫芦河狗娃河口至胡家河段河堤治理														
静宁县葫芦河闫庙至仁大段防洪治理2017	749	749	749											
肃州区讨赖河祁家沟至古城村防洪2017	2509	1505	1505			1004			1004					
金塔县黑河常丰至中丰村段防洪工程	1722	1033	1033			689			689					
金塔县黑河大墩门至夹墩湾村段防洪	2905	1743	1743			1162			1162					
金塔县黑河二杰至沙门子村段防洪治理	2385	1431	1431			954			954					
西峰区蒲河石咀子至毛家寺段防洪	1565	1565	1565											
环县马莲河韩洼子至陈沟桥段防洪	576	436	436			140			140					
环县山城洪德至汪旗段防洪	1813	1813	1813											
环县五里屯桥至河对坡段防洪	723	434	434			289			289					
蒲河宁县庄里至叶王川段防洪治理工程														
临洮县玉井段防洪治理工程2017	2311	1387	1387			924	924							
武都区白龙江干流鹿坝绸子坝段堤防2017	2358	1454	1454			904			904					
武都区白龙江干流角弓镇汉王镇堤防2017	2191	1315	1315			876			876					

2-7 续表

单位：万元

项目名称	本年到位投资	中央政府投资				地方政府投资				利用外资	企业和私人投资	国内贷款	债券	其他投资
		小计	预算内拨款	中央财政水利专项资金	其他资金	小计	省级政府投资	地市级政府投资	县级政府投资					
文县石坊乡东峪口至大渡坝河道治理工程	413	248	248			165	165							
西和县郭家坝至昌河坝段防洪工程	1393	1393	1393											
礼县祁山至蒙张段防洪治理工程2017	4433	2660	2660			1773		1773						
礼县蒙张至磨石咀段防洪治理工程2017	698	447	447			251		251						
临夏市大夏河干流祁牟段堤防工程														
临夏县大夏河干流祁牟至刘家峡水库防洪														
永靖县湟水干流白川至二房段河堤工程														
东乡县大夏河折桥至刘家峡水库堤防														
合作市洮河重要支流治理	333	333	333											
临潭县洮河段防洪2017	2323	1394	1394			929			929					
临潭县洮河干流洮滨防洪堤工程														
卓尼县洮河干流纳浪段防洪工程2017	339	204	204			135	135							
舟曲县沿川坝段河道治理2017	440	440	440											
迭部县麻古村至白云段河道治理工程2017	2943	2943	2943											
碌曲县洮河干流城郊段至双岔段防洪治理	2682	2682	2682											
夏河县垂子合大桥至阿一山大桥段治理														
夏河县大夏河王格尔塘至曲奥段治理														
中小河流治理	90518	68534		68534		16973	13978	1375	1620					5011
榆中县宛川河兴隆峡河道治理工程	200					200		200						
永昌县东大河河流治理	1917	1917		1917										
白银区西大沟（城区段）护岸工程	1861	1550		1550		311	311							
会宁县东河会师段护岸工程	933	750		750		183	183							
秦州区藉河普岔沟至关子段堤防工程	1609	1287		1287		322			322					
秦州区峁水河杨家寺段堤防工程	1992	1594		1594		398	319		79					
清水县后川河王店至王峡段堤防治理工程	518	518		518										
秦安县清水河五营赵洼大桥至仁义大桥堤防	982	500		500		386	386							96
武山县山丹河滩歌乡元崖至下街堤防工程	1269	750		750		519	415		104					
武山县大南河沿安至四门段堤防工程	1269	750		750		519	415		104					
张家川县清水河西川至马河段治理工程	993	750		750		243	243							

2-7 续表

单位：万元

项目名称	本年到位投资	中央政府投资				地方政府投资				利用外资	企业和私人投资	国内贷款	债券	其他投资
		小计	预算内拨款	中央财政水利专项资金	其他资金	小计	省级政府投资	地市级政府投资	县级政府投资					
张家川县清水河峡口至汪堡段治理工程	1049	750		750		299	299							
凉州区西营河北沙河段防洪治理2017	2856	1500		1500		457	457							899
古浪县古浪河朱家庄-龙泉寺段治理	1620	1150		1150		470	470							
天祝县金强河打柴沟至岔口驿段河道治理	2831	2265		2265										566
甘州区大瓷窑河沙井段河道防洪治理工程	1586	1586		1586										
肃南县隆畅河治理工程补充项目2017	520	520		520										
肃南县摆浪河河道治理工程	1444	1388		1388		56			56					
民乐县洪水河六坝段河道治理工程2017	1186	1186		1186										
民乐县大堵麻河李寨段河道治理工程2017	1249	1249		1249										
民乐县苏油口至黑崖头村段河道治理2017	1069	1069		1069										
泾川县汭河十里沟至枣林段河堤治理														
泾川县黑河荒场至茜家沟河堤治理工程	277					277	277							
泾川县洪河河堤治理工程	216					216	216							
灵台县达溪河县城至百里段河堤治理														
灵台县黑河东门至景家庄段河堤治理	486					486	389		97					
灵台县达溪河县城至安家庄段河堤治理	435					435	435							
灵台县黑河安家沟沟口至杜家沟沟口段河堤	230					230			230					
崇信县□河（九功渠首至野雀沟）河堤治理														
崇信县黑河河堤治理工程														
庄浪县北洛河良邑郭魏至石家窑防洪	252					252	252							
肃州区中小河流治理项目2017	5260	4208		4208		1052		1052						
玉门市石油河和平营田段河道治理工程	2747	2198		2198		549	440		109					
庆城县柔远河张沟至贾桥护岸工程	2637	2110		2110		527	422		105					
华池县柔远河白家川段护岸工程	2497	1998		1998		499	400		99					
合水县固城河丑家川段护岸工程	2568	2140		2140		428	428							
宁县中小河流治理项目2017	4735	3946		3946		789	789							
镇原县中小河流治理项目2017	7869	6295		6295		1574	1259		315					
定西市关川河小碱沟治理工程2017	1979	1583		1583		396	317	79						
定西市关川河大碱沟治理工程2017	1100	580		580		220	176	44						300

2-7 续表

单位：万元

项目名称	本年到位投资	中央政府投资				地方政府投资				利用外资	企业和私人投资	国内贷款	债券	其他投资
		小计	预算内拨款	中央财政水利专项资金	其他资金	小计	省级政府投资	地市级政府投资	县级政府投资					
通渭县碧玉牛洛河至小河子堤防2017	1050	1050		1050										
通渭县南河陇川蔡家铺村堤防工程2017	1125	1125		1125										
通渭县牛谷河平襄镇店子堤防工程2017	1050	1050		1050										
陇西县西河治理工程2017	1774	1774		1774										
渭源县莲峰河杨家咀至浦川断堤防2017	2120	1767		1767		353	353							
漳县漳河韩家庄至三岔段堤防工程2017	2624	1066		1066										1558
漳县漳河三岔至东桥段堤防工程2017	2426	934		934										1492
岷县迭藏河秦许上阿阳至马烨仓堤防2017	1668	1390		1390		278	278							
宕昌县理川河流域治理项目2017	1274	978		978		296	296							
宕昌县理川河流域治理补充项目2017	2476	1730		1730		746	746							
西和县太石河治理工程2017	1497	1037		1037		460	460							
西和县漾水河治理工程2017	2040	1583		1583		457	457							
礼县永坪河石咀至平泉堤防工程2017	2060	1717		1717		343	343							
康乐县苏家集苏集段堤防工程2017	750	750		750										
广河县巴谢河甘坪段堤防工程	502	402		402										100
合作市德吾录河卡加防洪工程	154					154	154							
合作市格河多合儿防洪工程														
临潭县斜藏沟治理工程														
临潭县羊沙河下河段治理工程	216					216	216							
卓尼县羊沙河恰盖防洪工程														
卓尼县石窖沟藏巴哇防洪工程														
舟曲县拱坝河堤防工程	473					473	473							
舟曲县中小河流治理项目2017														
迭部县阿夏流域治理工程	337					337	337							
夏河县博拉河博拉段防洪工程2017	1047	1047		1047										
夏河县格河段防洪工程2017	1047	1047		1047										
甘肃疏勒河灌区三道沟河道治理	567					567	567							
大中型病险水库除险加固	2774	1874	1874			900	900							
高台县小海子水库除险加固2017	900					900	900							

2-7 续表

单位：万元

项目名称	本年到位投资	中央政府投资				地方政府投资				利用外资	企业和私人投资	国内贷款	债券	其他投资
		小计	预算内拨款	中央财政水利专项资金	其他资金	小计	省级政府投资	地市级政府投资	县级政府投资					
甘肃双塔水库除险加固工程	1874	1874	1874											
大中型病险水闸除险加固	1643	1272	1272			371			371					
永昌县金川河工农渠首泄洪闸	53					53			53					
肃州区红山河青稞地排砂闸除险加固工程														
肃州区马营河渠首闸除险加固工程	1590	1272	1272			318			318					
山洪灾害防治工程	8173	6927		6927		1231	1187		44					15
兰州市山洪灾害防治项目2017	371	371		371										
嘉峪关市山洪灾害防治项目2017	37	37		37										
金昌市山洪灾害防治项目2017	5	5		5										
金川区山洪灾害防治2017项目(第二批)	17	16		16		1			1					
永昌县山洪灾害防治项目2017	34	34		34										
白银市山洪灾害防治项目2017	346	205		205		141	141							
天水市2017年山洪灾害防治项目	10	10		10										
秦州区山洪灾害防治项目2017	19	19		19										
麦积区山洪灾害防治项目2017	290	290		290										
清水县山洪灾害防治项目2017	237	195		195		42	42							
秦安县山洪灾害防治项目2017	156	156		156										
甘谷县山洪灾害防治项目2017	186	132		132		54	42		12					
武山县山洪灾害防治项目2017	240	192		192		48	42		6					
张家川县山洪灾害防治项目2017	172	130		130		42	42							
凉州区山洪灾害防治项目2017	10	10		10										
古浪县山洪灾害防治项目2017	13	13		13										
天祝县山洪灾害防治项目2017	120	120		120										
甘州区山洪灾害防治2017	154	154		154										
肃南县山洪灾害防治2017	31	31		31										
民乐县山洪灾害防治2017	81	67		67										14
临泽县山洪灾害防治2017	54	54		54										
高台县山洪灾害防治2017	23	22		22										1
山丹县山洪灾害防治2017	64	64		64										

2-7 续表

单位：万元

项目名称	本年到位投资	中央政府投资				地方政府投资				利用外资	企业和私人投资	国内贷款	债券	其他投资
		小计	预算内拨款	中央财政水利专项资金	其他资金	小计	省级政府投资	地市级政府投资	县级政府投资					
平凉山洪灾害防治项目2017	733	472		472		261	235		26					
酒泉市山洪灾害防治项目2017	627	627		627										
庆阳市山洪灾害防治项目2017	857	617		617		240	240							
安定区山洪灾害防治项目2017	8	8		8										
通渭县山洪灾害防治项目2017	124	124		124										
陇西县山洪灾害防治工程2017	121	121		121										
渭源县山洪灾害防治项目2017	57	12		12		45	45							
临洮县山洪灾害治理项目2017	94	59		59		35	35							
漳县山洪灾害防治项目2017	132	132		132										
岷县山洪灾害防治项目2017	187	142		142		45	45							
陇南市山洪灾害防治项目2017	1062	1062		1062										
临夏州山洪灾害防治项目2017	450	396		396		54	54							
甘南州山洪灾害防治项目2017	892	668		668		224	224							
甘肃省防办山洪灾害防治项目2017	160	160		160										
其他防洪项目	36377	2193	650		1543	2172		360	1812			31402		610
城关区2017河道综合整治	160					160		160						
城关区大砂沟洪道永新集团段防洪抢险	304					304		100	204					
嘉峪关讨赖河生态治理洪水槽防冲刷加固	100					100		100						
金昌市国防工业基地蓄洪生态治理	7003											7003		
会宁县康家河综合治理工程	650	650	650											
天水市藉河生态综合治理一期续建工程	24000											24000		
礼县西汉水浅水低坝缓流防冲工程	922					922			922					
临夏县北塬乡塬头路钱家村排水工程	185					185			185					
临夏县漓水名都小区防洪治理工程	399											399		
临夏县15扶贫搬迁韩集镇姚川点防洪治理	343	343			343									
永靖县城北新村防洪排洪治理工程														
和政县马家堡镇尕河堤防工程	50													50
东乡县卜楞沟泥石流灾害治理项目	500					500			500					
东乡县唐王镇塔石沟泥石流综合治理项目	1200	1200			1200									

2-7 续表

单位：万元

项目名称	本年到位投资	中央政府投资				地方政府投资				利用外资	企业和私人投资	国内贷款	债券	其他投资
		小计	预算内拨款	中央财政水利专项资金	其他资金	小计	省级政府投资	地市级政府投资	县级政府投资					
积石山县易地搬迁安置点河堤工程2016	560													560
灌溉除涝项目	366515	220331	58076	151565	10690	80094	31919	13477	34698	23723	1218	28790	4000	8357
灌区建设工程	17105	14922	14922			1688			1688					495
永昌县西河灌区续建配套节水改造	4118	3200	3200			918			918					
永昌县东河灌区续建配套节水改造	2134	1707	1707			427			427					
甘州区西浚灌区续建配套节水改造	1600	1600	1600											
甘州区大满灌区续建配套节水改造	1600	1600	1600											
民乐县大堵麻灌区续建配套节水改造	2400	2400	2400											
临泽县梨园河灌区续建配套节水改造														
山丹县马营河灌区续建配套节水改造	3734	3200	3200			39			39					495
肃州区洪临灌区续建配套与节水改造	1519	1215	1215			304			304					
节水灌溉工程	32343	3550		3550		5068	1726	2036	1306	23723				1
榆中县小型农田水利建设项目2017	732					732		36	696					
平川区旱坪川灌区农业综合开发	330	250		250		80	80							
靖远县靖乐渠灌区农业综合开发	990	750		750		240	240							
凉州区以色列政府贷款农田水利建设项目	3040									3040				
民勤县以色列政府贷款农田水利建设	4833									4833				
古浪县以色列政府贷款农田水利建设	4093									4093				
高台县六坝灌区农业综合开发2017	462	350		350		112	112							
高台县罗城灌区农业综合开发2017	1070	750		750		320	240		80					
庄浪县水洛河灌区节水配套改造项目	1050	750		750		300	300							
静宁县东峡灌区农业综合开发														
肃州区清水河灌区节水农业综合开发	462	350		350		112	112							
金塔县黑河灌区农业综合开发项目	490	350		350		140	140							
金塔县以色列政府贷款农田水利建设	3600									3600				
玉门市以色列政府贷款农田水利建设项目	3703					241			241	3462				
敦煌市以色列政府贷款农田水利建设	4696									4696				
合水县扶贫高效节水灌溉项目	503					502	502							1
正宁县西坡镇月南村樱桃园灌溉工程	289					289			289					

2-7 续表

单位：万元

项目名称	本年到位投资	中央政府投资				地方政府投资				利用外资	企业和私人投资	国内贷款	债券	其他投资
		小计	预算内拨款	中央财政水利专项资金	其他资金	小计	省级政府投资	地市级政府投资	县级政府投资					
石羊河流域重点治理（省景电）2013	2000					2000		2000						
玉门市花海灌区农业综合开发														
小型农田水利建设	193777	144109		144109		38910	24052	4601	17149		1218	1969		7570
七里河区农田水利设施维修养护项目2017	39	39		39										
西固区高效节水灌溉项目2017	1955	1086		1086		869	213	264	392					
西固区农田水利设施维修养护项目2017	120	120		120										
永登县高效节水项目柳树镇红砂川村	164	116		116		48	28	20	8					
永登县高效节水项目坪城乡灌溉工程	4220	740		740		3480	140	3340	1567					
皋兰县年高效节水项目2017	850	750		750		100		100						
皋兰县农田水利设施维修养护项目2017	147	60		60		87		87						
榆中县高效节水灌溉项目2017	2127	1326		1326		801	261	340	3648					
榆中县农田水利设施维修养护项目2017	65	65		65										
嘉峪关市节水灌溉及维修养护2017	3590	2726		2726		491	441	50			373			
金川区农田水利设施建设（第二批）2017	3779	2591		2591		683	509		174					505
金川区农业水价综合改革建设（第二批）	360	360		360										
金川区农田水利设施建设2017	1875	1000		1000		659	500		159					216
永昌县高效节水灌溉新增2017	11970	9855		9855		1950	1950							165
永昌县小型农田水利设施建设2017	1675	1000		1000		530	500		30					145
永昌县农业水价综合改革2017	100	100		100										
永昌县中央财政维修养护2017	150	150		150										
白银市靖会灌区水利工程设施维修养护	210	210		210										
白银市兴电灌区水利工程设施维修养护	210	210		210										
白银区五小水利工程2016														
白银区高效节水灌溉项目	499	383		383		76	76		51		40			
白银区水利工程设施维修养护项目	48	48		48										
平川区农业水价项目	900	900		900										
平川区高效节水灌溉项目	895	748		748		147	147							
平川区水利工程设施维修养护项目	80	80		80										
靖远县高效节水灌溉项目	1755	1467		1467		288	288							

2-7 续表

单位：万元

项目名称	本年到位投资	中央政府投资				地方政府投资				利用外资	企业和私人投资	国内贷款	债券	其他投资
		小计	预算内拨款	中央财政水利专项资金	其他资金	小计	省级政府投资	地市级政府投资	县级政府投资					
靖远县水利工程设施维修养护项目	70	70		70										
会宁县水利工程设施维修养护项目	55	55		55										
会宁县高效节水灌溉项目	1930	1541		1541		302	302							87
景泰县高效节水灌溉项目	2387	1876		1876		368	368				143			
景泰县小型农田水利设施补助														
景泰县水利工程设施维护项目	150	150		150										
秦州区天水镇杨家湾高效节水灌溉工程2017	450	396		396		54			54					
秦州区汪川镇杏树梁高效节水灌溉工程	1116	813		813		303			303					
麦积区石佛镇盛龙高效节水灌溉工程2017	2339	1592		1592		747	313		434					
麦积区小型农田水利设施补助2016														
麦积区渭南镇南山高效节水灌溉工程2017	1236	1050		1050		186			186					
清水县王家山高效节水灌溉项目2017	450	450		450										
秦安县五小水利工程2016														
秦安县高效节水灌溉项目2017	1533	1022		1022		201	201							310
秦安县农田水利设施维修养护项目2017	110	110		110										
甘谷县高效节水灌溉工程2017	1042	778		778		264	153		111					
甘谷县水利工程维修养护项目2017	229					229	70		159					
武山县农业水价综合改革试点项目	510	500		500										10
武山县小型农田水利设施补助2016														
武山县高效节水灌溉项目2017	1121	552		552		569	108		461					
武山县农田水利设施维修养护项目2017	40	40		40										
张家川县高效节水灌溉项目2017	578	483		483		95	95							
凉州区高效节水灌溉发展项目2017	17540	13175		13175		2586	2586							1779
凉州区农业水价综合改革项目2017	1950	1950		1950										
凉州区水利工程养护维修项目2017	160	160		160										
民勤县公益性水利工程维修养护2017	160	160		160										
民勤县农业水价综合改革项目2017	1150	1150		1150										
民勤县中央财政农田水利设施建设2017	1500	1000		1000		500	500							
民勤县节水增效高效节水灌溉项目2017	9286	7762		7762		1524	1524							

2-7 续表

单位：万元

项目名称	本年到位投资	中央政府投资				地方政府投资				利用外资	企业和私人投资	国内贷款	债券	其他投资
		小计	预算内拨款	中央财政水利专项资金	其他资金	小计	省级政府投资	地市级政府投资	县级政府投资					
古浪县中央财政小型农田水利建设项目	2678	2678		2678										
古浪县节水增效高效节水灌溉项目2017	4403	3681		3681		722	722							
古浪县中央财政农田水利设施建设2017	1500	1000		1000		500	500							
古浪县农业水价综合改革试点2017	860	860		860										
古浪县农田水利设施维修养护2017	80	80		80										
天祝县农业水价综合改革试点项目2017	1000	900		900										100
天祝县节水增效高效节水灌溉项目2017	2422	2001		2001										421
张掖市水利维修养护2017	250	250		250										
甘州区高效节水灌溉2017	9378	6364		6364		3014	1249		1765					
甘州区农田水利和水价改革2017	1540	1540		1540										
甘州区水利维修养护2017	100	100		100										
肃南县农田水利和水价改革2017	1088	900		900		188	150		38					
肃南县水利维修养护2017	90					90	90							
民乐县2017小型农田水利建设（七）	1030	600		600		300	300							130
民乐县农田水利和水价改革2017	1091	1090		1090										1
民乐县水利工程维修养护2017	166	130		130		36			36					
临泽县农田水利和水价改革2017	460	460		460										
临泽县高效节水灌溉2017	1470	1020		1020		200	200							250
高台县2017高效节水灌溉	1674	1141		1141		224	224							309
高台县小型农田水利设施补助2016	134													134
高台县2017小型农田水利建设（七）	1754	1000		1000		500	500							254
高台县农田水利和水价改革2017	2270	1970		1970		300	300							
山丹县小型农田水利建设2017	1690	1000		1000		515	500		15					175
山丹县高效节水灌溉2016	96					96			96					
山丹县2015年新增农田水利设施建设2016														
山丹县小型农田水利重点县2016	7					7			7					
山丹马场高效节水灌溉2016	350										350			
山丹马场小型农田水利重点县2016	72										72			
山丹县小型农田水利设施补助2016	240										240			

2-7　续表

单位：万元

项目名称	本年到位投资	中央政府投资				地方政府投资				利用外资	企业和私人投资	国内贷款	债券	其他投资
		小计	预算内拨款	中央财政水利专项资金	其他资金	小计	省级政府投资	地市级政府投资	县级政府投资					
山丹县农田水利和水价改革2017	1000	900		900		100	100							
山丹县高效节水灌溉2017	1715	1255		1255		261	246		15					199
山丹县高效节水灌溉2017（二）	1140	1140		1140										
崆峒区农业水价改革及节水灌溉2017	1666	1372		1372		171	171							123
泾川县五小水利工程2016														
泾川县农田水利设施建设项目2017	1500					1500	1500							
泾川县高效节水灌溉项目2017	740	549		549		191	108		83					
灵台县高效节水灌溉项目2017	3420	2859		2859		561	561							
灵台县五小水利工程2016														
灵台县农田水利设施维修养护项目(第二批)	110	110		110										
崇信县高效节水灌溉项目2017	1183	1044		1044		56	52		4					83
华亭县农田水利设施维修及节水2017	1661	1110		1110		551	188		363					
庄浪县农田水利设施维修养护及节水灌溉	764	657		657		107	107							
庄浪县小型农田水利设施补助2016	12					12			12					
静宁县高效节水灌溉项目2017	979	677		677		302	133		169					
静宁县农田水利工程维修养护项目（第二批）	45	45		45										
酒泉市公益性工程维修养护项目2017	180	180		180										
肃州区节水灌溉和水价改革2017	10556	7292		7292		3264			3264					
金塔县节水灌溉和水价改革2017	2813	1930		1930		572	500		72					311
瓜州县节水灌溉和水价改革2017	3096	2426		2426		670	329		341					
肃北县水价改革和维修养护2017	165	150		150		15			15					
阿克塞县水价改革和维修养护2017	160	150		150		10			10					
玉门市节水灌溉和水价改革2017	8714	6386		6386		1436	1339		97					893
敦煌市农业水价综合改革2017	410	410		410										
敦煌市水利工程维修养护2017	100					100	100							
西峰区高效节水灌溉项目2017	1746	1003		1003		197	197							546
庆城县高效节水及维修养护2017	1132	785		785		347	144		203					
环县高效节水及维修养护2017	895	702		702		193	148		45					
华池县高效节水及维修养护2017	1088	725		725		363	113		250					

2-7 续表

单位：万元

项目名称	本年到位投资	中央政府投资				地方政府投资				利用外资	企业和私人投资	国内贷款	债券	其他投资
		小计	预算内拨款	中央财政水利专项资金	其他资金	小计	省级政府投资	地市级政府投资	县级政府投资					
合水县高效节水灌溉项目2017	949	752		752		148	148							49
正宁县高效节水灌溉项目2017	815	517		517		298	101		197					
宁县高效节水及水价改革2017	3616	3353		3353		228	228							35
镇原县高效节水灌溉项目2017	3003	2678		2678		291	291							34
定西市香泉地下井计量设施维修养护2017	110	110		110										
安定区引洮一期支渠及田间配套改建2017	127	127		127										
安定区地下井计量设施维修养护项目2017	193	193		193										
通渭县锦屏水库灌区维修项目2017	55	55		55										
通渭县民尧大河滩康家岇小型水库维修	170	170		170										
陇西县灌溉维修养护工程2017	302	302		302										
渭源县峡口水库维修项目2017	150	150		150										
渭源县石门灌区维修养护项目2017	330	330		330										
临洮县高效节水灌溉项目2017	2940	2458		2458		482	482							
临洮县小型水利工程建设项目2017	320	320		320										
武都区农田水利维修养护2017	160	160		160										
武都区高效节水灌溉项目2017	1314	915		915		399	180		219					
宕昌县贫困村基础设施建设灌溉工程	1969											1969		
西和县高效节水灌溉工程2017	718	600		600		118	118							
礼县高效节水项目2017	2043	1505		1505		538	295		243					
徽县农村饮水工程（农田水利）2017	1539	1539		1539										
临夏市农田水利维修养护工程2017	600	200		200		400		400						
永靖县1万～5万亩灌区改造 2016														
广河县五小水利工程2016	12					12			12					
广河县小型农田水利设施补助2016														
和政县五小水利工程2016														
和政县水利维修养护项目第二批2017	65	65		65										
和政县高效节水灌溉工程2017	350	252		252		49	49							49
卓尼县农田水利维修工程2017	215	190		190		25			25					
舟曲县农田水利设施维修2017	200	200		200										

2-7 续表

单位：万元

项目名称	本年到位投资	中央政府投资				地方政府投资				利用外资	企业和私人投资	国内贷款	债券	其他投资
		小计	预算内拨款	中央财政水利专项资金	其他资金	小计	省级政府投资	地市级政府投资	县级政府投资					
舟曲县五小水利工程2016														
玛曲县农田水利设施维修及节水2017	797	681		681		116	116							
省农垦山丹农场小型农田水利重点县2016	256													256
省景电灌区维修养护2017年项目（第二批）	400	400		400										
省疏管局农田水利维修养护2017	300	300		300										
兰州新区高效节水灌溉2016														
水库工程	49550	17490	12390	3300	1800	8270	3500	4000	770			23790		
景泰县正路工业园区调蓄水库工程														
秦州区关峡水库	770					770			770					
秦安县西小河小湾河水库														
张家川县富川水库（抗旱规划内）														
民勤县红崖水库加高扩建工程	18390	12390	12390			6000	2000	4000						
民乐县山城河水库														
山丹县白石崖水库(抗旱规划内)														
崆峒区北杨涧水库（抗旱规划内）	2647											2647		
泾川县朱家涧水库（抗旱规划内）	1000											1000		
灵台县新集水库工程	1500					1500	1500							
崇信县关河水库（抗旱规划内）														
庄浪县花崖河水库（抗旱规划内）	2022											2022		
阿克塞县红柳湾抗旱调蓄水库工程	4771											4771		
庆阳市巴家嘴水库新增调蓄(五台山水库)	3000											3000		
庆阳市小盘河水库及供水工程	8200											8200		
庆阳市莲花寺水库及供水工程	3450	3300		3300								150		
庆城县纸坊沟水库（抗旱规划内）														
成县磨坝峡（水源水库）工程	1800	1800			1800									
康乐县鸣鹿水库（抗旱规划）														
兰州新区2号3号石门沟水库工程	2000											2000		
兰州新区生态灌溉7号单体湖调蓄工程														
泵站工程	34002	30764	30764			3238	2000	1238						

2-7 续表

单位：万元

项目名称	本年到位投资	中央政府投资				地方政府投资				利用外资	企业和私人投资	国内贷款	债券	其他投资
		小计	预算内拨款	中央财政水利专项资金	其他资金	小计	省级政府投资	地市级政府投资	县级政府投资					
兰州市大砂沟泵站更新改造工程	3750	3000	3000			750		750						
七里河区西津灌区大型泵站更新改造	1125	1000	1000			125		125						
兰州市工农坪泵站更新改造工程														
兰州市榆中三电泵站更新改造工程	3263	2900	2900			363		363						
白银市靖会泵站更新改造工程	4300	4300	4300											
白银市兴电泵站更新改造工程	4300	4300	4300											
靖远县刘川泵站更新改造工程	664	664	664											
靖远县中堡泵站更新改造工程	2500	2500	2500											
景泰县中泉泵站更新改造工程	1997	1997	1997											
平凉市白庙泵站更新改造工程	2103	2103	2103											
甘肃省景电泵站更新改造工程	10000	8000	8000			2000	2000							
其他灌溉除涝项目	39737	9496		606	8890	22920	641	1602	20677			3031	4000	291
城关区皋兰山灌区东、西盘渠改造工程	300					300		300						
七里河区2017一事一议项目														
七里河区2017乡镇实施水利工程项目	1078					1078			1078					
榆中县三电东干十五支渠小康营上水工程	4150					4150			4150					
榆中县三电东干末级泵站改建工程	2924					2924			2924					
嘉峪关农业综合开发高标准农田建设2017	755	606		606		149	127	22						
嘉峪关新城镇高标准基本农田建设项目	500	500			500									
白银市兴电灌区渠道维修工程														
靖远县刘川易地扶贫搬迁项目供水工程	2050											2050		
靖远县东湾大坝电灌渠道维修养护工程	100					100	100							
景泰县千亿斤粮食生产能力建设项目	1300	1160			1160	140			140					
景泰县精准扶贫寺滩引水工程	4000												4000	
景泰县财政涉农资金支持贫困村水利设施	6053					6053			6053					
景泰县草窝滩镇排水工程														
秦安县农田水利设施建设项目2017														
凉州区国土部门高标准农田建设(水利部分)	3130	3130			3130									
凉州区新增1000亿斤粮田间工程建设	990	990			990									

2-7 续表

单位：万元

项目名称	本年到位投资	中央政府投资				地方政府投资				利用外资	企业和私人投资	国内贷款	债券	其他投资
		小计	预算内拨款	中央财政水利专项资金	其他资金	小计	省级政府投资	地市级政府投资	县级政府投资					
古浪县黄花滩总干二支渠（管）工程														
古浪县黄花滩北一、二支渠(管)工程	2830					2830			2830					
古浪县生态移民黄花滩灌区调蓄水池	2786					2086			2086			700		
古浪县农田灌溉设施维修2017	200					200			200					
肃州区洪临灌区渠道量测水设施项目	280					280		280						
瓜州县疏勒河移民乡镇斗渠改造	900					900			900					
肃北县农村环境整治渠系维修改造一期	291													291
敦煌市党河灌区西干渠改建工程	315					315			315					
临夏市刘临路支渠改建工程	281											281		
临夏市南川灌区引水枢纽及总干渠改造工程	250	200			200	50	50							
永靖县刘盐八地质灾害灌区节水改造工程														
永靖县刘盐八库区库岸治理工程（一期）	2000	2000			2000									
永靖县盐锅峡党川3村灌溉设施应急修复														
永靖县红柳台电灌改扩建工程														
东乡县2016年赵家乡高标准农田建														
东乡县2016年东塬乡高标准农田建设														
东乡县年坪庄乡高标准农田建设2017	1274	910			910	364	364							
兰州新区南部生态绿化2#供水管线工程														
兰州新区引大东二干十七支渠改造工程	1000					1000		1000						
供水项目	512589	85150	83600		1550	222471	109210	35761	77500			174553	14000	16415
引水（调水）工程	333240	70000	70000			131740	100590	31000	150			125500	6000	
兰州市水源地建设工程	80000					29000		29000				51000		
引洮供水一期榆中县配套工程	4690					4690	2690	2000						
榆中县青城灌溉水源工程														
引洮一期工程会宁北部供水工程														
肃北县马鬃山镇供水工程	9500											9500		
庆阳市盐环定扬黄续建工程调概算														
两当县徐杨河引水工程（一期）	150					150			150					
积石山引水工程														

2-7 续表

单位：万元

项目名称	本年到位投资	中央政府投资				地方政府投资				利用外资	企业和私人投资	国内贷款	债券	其他投资
		小计	预算内拨款	中央财政水利专项资金	其他资金	小计	省级政府投资	地市级政府投资	县级政府投资					
临夏州引黄济临供水工程	11000					5000	5000						6000	
甘南州引洮（博）济合供水工程	12000					12000	12000							
玛曲县县城引水工程														
甘肃引洮供水一期工程														
甘肃引洮供水二期工程	174600	70000	70000			54600	54600					50000		
天水市城区引洮供水工程	24300					9300	9300					15000		
引洮供水二期配套城乡供水工程	17000					17000	17000							
农村饮水安全巩固提升工程建设	127161	13600	13600			72219	6080	3846	62293			29240		12102
西固区农村饮水安全巩固提升工程2017	426	36	36			390		390						
永登县农村饮水安全巩固提升工程2017	1547	713	713			834		545	289					
皋兰县农村饮水安全巩固提升2017	829	61	61			768		468	300					
榆中县农村饮水安全巩固提升工程2017	1304	114	114			1190		390	800					
永昌县农村饮水安全巩固提升2017	466	34	34			432			432					
白银区农村饮水安全巩固提升2017	200	67	67			133			133					
平川区农村饮水安全巩固提升2017	131	131	131											
靖远县农村饮水安全巩固提升2017	1414	114	114			1300	1300							
会宁县农村饮水安全巩固提升2017	454	454	454											
景泰县农村饮水安全巩固提升2017	4232	309	309											3923
秦州区农村饮水安全巩固提升工程2017	2083	152	152			1931			1931					
麦积区农村供水巩固提升工程2017	4395	277	277			4118			4118					
清水县农村饮水安全巩固提升工程2017	2003	136	136			1867	1867							
秦安县农村饮水安全巩固提升工程2017	3199	233	233			2856			2856					110
甘谷县农村饮水安全巩固提升工程2017	2694	196	196			2498			2498					
武山县农村饮水安全巩固提升工程2017	1608	163	163			1445			1445					
张家川县农村饮水安全巩固提升工程2017	382	32	32			254	254							96
凉州区农村饮水安全巩固提升工程2017	3508	256	256			3252			3252					
民勤县农村饮水安全巩固提升工程2017	5800	423	423			5377			5377					
古浪县农村饮水安全巩固提升2017	584	584	584											
天祝县农村饮水安全巩固提升工程2017	708	52	52											656

2-7 续表

单位：万元

项目名称	本年到位投资	中央政府投资				地方政府投资				利用外资	企业和私人投资	国内贷款	债券	其他投资
		小计	预算内拨款	中央财政水利专项资金	其他资金	小计	省级政府投资	地市级政府投资	县级政府投资					
甘州区农村饮水安全巩固提升2017	1273	92	92			681	681							500
肃南县农村饮水安全巩固提升2017	790	71	71			719			719					
民乐县农村饮水安全巩固提升2017	800	58	58			449	449							293
山丹县农村饮水安全巩固提升2017	73	73	73											
崆峒区年农村饮水安全巩固提升2017	755	55	55			700			700					
泾川县北部农村饮水安全巩固提升工程	335	82	82			253		253						
灵台县农村饮水安全巩固提升工程2017	1128	82	82			1046			1046					
崇信县农村饮水安全巩固提升工程2017	1442	112	112									1330		
华亭县牛舌堡水厂巩固提升工程	354	37	37			317			317					
庄浪县农村饮水安全项目2017	1093	80	80			1013			1013					
静宁县农村饮水安全巩固提升工程2017	2631	192	192			2439			2439					
肃州区农村饮水巩固提升2017	102	73	73			29			29					
金塔县农村饮水安全巩固提升2017	188	31	31			157			157					
瓜州县农村饮水安全巩固提升2017	483	35	35			448			448					
肃北县农村饮水安全提升工程2017	85	6	6											79
阿克塞县农村饮水安全巩固提升2017	176	13	13									163		
玉门市农村饮水安全巩固提升工程2017	505	37	37			468			468					
敦煌市农村饮水安全巩固提升2017	225	19	19			206			206					
西峰区农村饮水安全巩固提升工程2017	236	36	36			200		200						
庆城县农村饮水安全巩固提升工程2017	5869	566	566			5303		190	5113					
环县农村饮水安全巩固提升工程2017	3349	82	82			3267		260	3007					
华池县农村饮水安全巩固提升工程2017	5352	790	790			4562		90	4472					
合水县农村饮水安全巩固提升工程2017	1253	91	91			1162		120	1042					
正宁县农村饮水安全巩固提升工程2017	484	35	35			449		170	279					
宁县农村饮水安全巩固提升工程2017	1865	136	136			1729	1339	390						
镇原县农村饮水安全巩固提升工程2017	2460	180	180			2180		380	1800					100
通渭县年农村饮水安全巩固提升2017	888	398	398			490			490					
陇西县农村饮水安全巩固提升工程2017	5011	511	511			3000			3000					1500
渭源县农村饮水安全巩固提升工程2017	5103	350	350			4753			4753					

2-7 续表

单位：万元

项目名称	本年到位投资	中央政府投资				地方政府投资				利用外资	企业和私人投资	国内贷款	债券	其他投资
		小计	预算内拨款	中央财政水利专项资金	其他资金	小计	省级政府投资	地市级政府投资	县级政府投资					
临洮县农村饮水安全巩固提升工程2017	835	835	835											
漳县农村饮水安全巩固提升工程2017	189	189	189											
武都区农村饮水安全巩固提升工程2017	2987	215	215									2772		
宕昌县农村饮水安全巩固提升2017	3753	274	274			3479			3479					
成县农村饮水安全巩固提升工程2017	2576	188	188			2388			2388					
文县农村饮水安全巩固提升工程2017	2853	208	208											2645
西和县农村饮水安全巩固提升工程	8162	595	595									7567		
礼县农村饮水安全巩固提升工程2017	3837	516	516									3321		
两当县农村饮水安全巩固提升2017	2304	105	105											2199
徽县农村饮水安全巩固提升2017	5139	179	179									4960		
康乐县农村饮水安全巩固提升工程2017	3300	277	277									3023		
永靖县农村饮水安全巩固提升工程2017	518	518	518											
和政县农村饮水安全巩固提升工程2017	6418	313	313									6105		
积石山县农村饮水安全巩固提升2017	218	218	218											
合作市农村饮水安全巩固提升2017	417	15	15			402			402					
临潭县农村饮水安全巩固提升2017	254	19	19			235			235					
卓尼县农村饮水安全巩固提升2017	203	14	14			189	189							
舟曲县农村饮水安全巩固提升2017	188	14	14			174			174					
迭部县农村饮水安全巩固提升2017	171	12	12			159			159					
玛曲县农村饮水安全巩固提升2017	125	9	9			116			116					
碌曲县农村饮水安全巩固提升2017	188	9	9			179			179					
夏河县农村饮水安全巩固提升2017	250	18	18			232			232					
抗旱工程														
会宁县郭城驿镇抗旱应急水源工程														
泾川县抗旱应急水源引调提水项目														
其他供水工程	52188	1550			1550	18512	2540	914	15057		300	19813	8000	4313
皋兰县山字墩水库–县城段输水管道改造	2486					1007			1007			1479		
金昌市城市应急备用水源	4212											212	4000	

2-7 续表

单位：万元

项目名称	本年到位投资	中央政府投资				地方政府投资				利用外资	企业和私人投资	国内贷款	债券	其他投资
		小计	预算内拨款	中央财政水利专项资金	其他资金	小计	省级政府投资	地市级政府投资	县级政府投资					
张家川县东峡水库城区供水设施改造工程	212					212			212					
古浪县黄花滩移民点自来水供应服务站	149											149		
古浪县古丰乡西山堡村收缩安置点供水	121					121			121					
古浪县绿洲生态移民搬迁财力补助供水	2426											2426		
古浪县绿洲生态移民小城镇供水工程	4086											4086		
古浪黄花滩1、2、8、9移民点养殖区供水	1082											1082		
庆城县小型扶贫水利项目2017	551	551			551									
环县县级自筹水利建设项目2017	6331					6331			6331					
合水县农业综合开发建设项目2017	1316	940			940	376	376							
正宁县精准扶贫农村饮水安全工程2017	675					675			675					
镇原县小型水利工程2017	1697	59			59	1638			1638					
武都区坪垭藏族乡整乡易地搬迁饮水工程	490											490		
武都区供水扩建工程	4840					4840			4840					
宕昌县贫困村社基础设施建设饮水安全	4760											4760		
康县贫困村基础设施建设饮水安全工程	2130											2130		
永靖县精准脱贫农村饮水安全补充工程														
和政县新庄中良村吓沟等3社饮水工程	35													35
东乡县中部农村饮水安全巩固提升一期	4000												4000	
东乡县农村供水骨干调蓄工程北部片区	525					525	496		29					
东乡县布楞沟流域农村供水改造工程														
东乡县农村管网延伸改造16-17扶贫饮水	1668					1668	1668							
积石山县小型集中及分散供水改造工程	4038													4038
积石山县易地搬迁安置点人饮工程2016	240													240
积石山县城区供水水源改扩建工程	204					204			204					
武威市黄羊土门组团供水项目杂木河供水	2000											2000		
华亭县安口镇应急引水工程	1000											1000		
兰州新区城际铁路沿线绿化项目水利工程														
兰州新区职教园区景观水系供水工程	914					914		914						

2-7 续表

单位：万元

项目名称	本年到位投资	中央政府投资				地方政府投资				利用外资	企业和私人投资	国内贷款	债券	其他投资
		小计	预算内拨款	中央财政水利专项资金	其他资金	小计	省级政府投资	地市级政府投资	县级政府投资					
水务项目	44876	8197			8197	11549	2090		9459			21259		3871
自来水厂建设	2815					2715			2715			100		
庄浪县南坪水厂改扩建及管网工程	100											100		
华池县自来水厂管网改造工程	2715					2715			2715					
崆峒区韩家沟水厂供水工程（一期）														
山丹县第二给水厂建设工程														
城镇供水管线建设	23030					2000	2000					17159		3871
天水市藉口水厂至西十里供水管道工程	8829											8829		
清水县城区供水工程	3871													3871
清水县城区自来水管网扩建工程	530											530		
古浪县大靖镇供水改扩建工程	4000											4000		
庆城县城区供水输水管道工程（环县段）	5800					2000	2000					3800		
污水处理工程建设	19030	8197			8197	6834	90		6744			4000		
平凉市天雨污水处理厂提标改造扩建工程	1700											1700		
华池县乡镇河道污水收集建设工程	1238					1238			1238					
镇原县巴家咀上游截污及三岔镇雨污分流	13702	8197			8197	5505			5505					
民勤红沙岗污水处理厂及中水回用贮水池	1800											1800		
华亭县城区生活污水处理厂中水回用项目	590					90	90					500		
临洮县污水处理厂配套管网工程														
非常规水资源利用项目	642											642		
雨水集用	642											642		
礼县农村饮水安全集雨水窖工程	642											642		
水电开发利用	7125	1211		1211							4810	1104		
水电增效扩容	7125	1211		1211							4810	1104		
永昌县头坝二号水电站增效扩容改造	244	100		100							144			
肃州区丰乐河水电站增效扩容及生态修复	534	130		130							404			
金塔县解放村水电站增效扩容改造	465	80		80							385			
肃北县拉排一级水电站增效扩容及生态修复	1262	107		107							51	1104		

2-7 续表

单位：万元

项目名称	本年到位投资	中央政府投资				地方政府投资				利用外资	企业和私人投资	国内贷款	债券	其他投资
		小计	预算内拨款	中央财政水利专项资金	其他资金	小计	省级政府投资	地市级政府投资	县级政府投资					
敦煌市党河水电站增效扩容改造	1428	145		145							1283			
敦煌市南湖店水电站增效扩容改造	644	60		60							584			
成县飞龙峡水电站增效扩容及生态修复	75	75		75										
文县哈南水电站增效扩容及生态修复	307	22		22							285			
文县肖家山水电站增效扩容及生态修复	115	115		115										
礼县红崖二级水电站河流生态修复工程	6	6		6										
礼县大滩水电站增效扩容改造工程	33	33		33										
礼县大滩水电站河流生态修复工程	5	5		5										
礼县红崖二级水电站增效扩容改造项目	37	37		37										
和政县闫蔡坪水电站增效扩容改造	370	40		40							330			
舟曲县插岗一级水电站增效扩容及生态修复	780	108		108							672			
舟曲县驼骆坝水电站增效扩容及生态修复	148	148		148										
夏河县白土坡水电站	672										672			
水保及生态保护	164023	96872	43960	34530	18382	28787	3187	4320	21280		1745	18830	2000	15789
水土流失治理	55122	43530	19500	24030		6734	2587	1318	2829					4858
榆中县坡耕地水土流失综合治理工程2017	500	500	500											
榆中县病险淤地坝除险加固工程2017	166	160		160		6	6							
嘉峪关讨赖河南岸水土保持提升工程	258					258	140	118						
平川区水土保持项目	200	200		200										
靖远县省级水土保持补偿费建设项目	75					75	75							
靖远县北湾镇水土保持项目2016														
会宁县坡耕地水土流失综合治理2017	500	500	500											
会宁县水土保持重点建设2017	1043	1000		1000		43	43							
景泰县国家水土保持重点工程	314	300		300		14	14							
秦州区坡耕地水土流失综合治理工程2017	1251	1000	1000			251			251					
麦积区水土保持重点工程2017	300	300		300										
清水县水土保持重点工程2017	286	200		200		56	10		46					30
清水县坡耕地水土流失综合治理工程2017	937	750	750			97			97					90

2-7 续表

单位：万元

项目名称	本年到位投资	中央政府投资				地方政府投资				利用外资	企业和私人投资	国内贷款	债券	其他投资
		小计	预算内拨款	中央财政水利专项资金	其他资金	小计	省级政府投资	地市级政府投资	县级政府投资					
秦安县水土保持重点工程2017	400	400		400										
甘谷县坡耕地水土流失综合治理2017	899	750	750			149			149					
武山县坡耕地水土流失综合治理工程2017	937	750	750			187		65	122					
张家川县水土保持重点工程2017	429	300		300		14	14							115
古浪县水土保持重点治理项目2017	200	200		200										
天祝县2017年水土保持重点工程	200	200		200										
肃南县水土保持重点工程2017	277	200		200		77			77					
崆峒区农业综合开发黄土高原保护2017	1050	750		750		300	240	30	30					
崆峒区坡耕地水土流失治理2017	625	500	500											125
泾川县农业综合开发黄土高原保护2017	1065	750		750		300	240		60					15
泾川县病险淤地坝除险加固工程2017	275	220		220		55	7		48					
灵台县农业综合开发黄土高原保护2017	1016	750		750		263	240		23					3
灵台县坡耕地水土流失治理2017	625	500	500											125
崇信县坡耕地水土流失治理2017	625	500	500											125
崇信县农业综合开发黄土高原保护2017	1053	750		750		300	240		60					3
崇信县病险淤地坝除险加固工程2017	110	88		88		22			22					
华亭县水土保持重点工程2017	421	295		295										126
庄浪县水土保持重点建设工程2017	1000	700		700		31	31							269
庄浪县病险淤地坝除险加固工程2017	399	388		388		11	11							
静宁县坡耕地水土流失治理2017	1251	1000	1000											251
静宁县坡耕地水土流失治理2016														
西峰区农业综合开发黄土高原保护2017	1400	1000		1000		400	320	40	40					
西峰区病险淤地坝除险加固工程2017	105	84		84		21			21					
西峰区病险淤地坝除险加固工程2016														
庆城县坡耕地水土流失治理2017	937	750	750											187
庆城县病险淤地坝除险加固工程2016														
庆城县病险淤地坝除险加固工程2017	320	256		256		64	10		54					
环县病险淤地坝除险加固工程2016														

2-7 续表

单位：万元

项目名称	本年到位投资	中央政府投资				地方政府投资				利用外资	企业和私人投资	国内贷款	债券	其他投资
		小计	预算内拨款	中央财政水利专项资金	其他资金	小计	省级政府投资	地市级政府投资	县级政府投资					
环县坡耕地水土流失治理2016														
环县坡耕地水土流失治理2017	1250	1000	1000											250
环县病险淤地坝除险加固工程2017	480	467		467		13	13							
华池县坡耕地水土流失治理2017	625	500	500											125
华池县病险淤地坝除险加固工程2017	280	224		224		56	7		49					
合水县水土保持重点建设工程2016（一）														
合水县农业综合开发黄土高原保护2017	701	500		500		200	200							1
合水县水土保持重点建设工程2017	857	600		600		59	27		32					199
合水县病险淤地坝除险加固工程2017	340	272		272		68	8		60					
正宁县农业综合开发黄土高原保护2017	703	500		500		200	160		40					3
正宁县水土保持重点建设工程2016（一）														
正宁县水土保持重点建设工程2017	857	600		600		27	27							230
正宁县病险淤地坝除险加固工程2017	199	192		192		7	7							
正宁县病险淤地坝除险加固工程2016														
宁县农业综合开发黄土高原保护2017	700	500		500		200	200							
宁县水土保持重点建设工程2017	857	600		600		27	27							230
宁县水土保持重点建设工程2016（一）														
宁县病险淤地坝除险加固工程2017	178	172		172		6	6							
镇原县水土保持重点建设工程2016（一）														
镇原县水土保持重点建设工程2016（二）														
镇原县坡耕地水土流失治理2016														
镇原县坡耕地水土流失治理2017	1250	1000	1000											250
镇原县水土保持重点建设工程2017	1000	700		700		31	31							269
镇原县病险淤地坝除险加固工程2017	375	300		300		75	9		66					
安定区坡耕地水土流失综合治理工程2017	937	750	750			187		187						
安定区水土保持重点建设工程2017	513	491		491		22	22							
安定区病险淤地坝除险加固工程2017	420	348		348		29	10		19					43
通渭县病险淤地坝除险加固工程2017	196	196		196										

2-7 续表

单位：万元

项目名称	本年到位投资	中央政府投资				地方政府投资				利用外资	企业和私人投资	国内贷款	债券	其他投资
		小计	预算内拨款	中央财政水利专项资金	其他资金	小计	省级政府投资	地市级政府投资	县级政府投资					
通渭县坡耕地水土流失综合治理2017	1251	1000	1000			251		251						
陇西县水土保持重点建设工程2017	1429	1000		1000		43	43							386
陇西县坡耕地水土流失综合治理2017	1251	1000	1000			251		251						
陇西县病险淤地坝除险加固工程2017	230	184		184		6	6							40
渭源县病险淤地坝除险加固工程2017	199	192		192		7	7							
渭源县国家水土保持重点工程2017	314	300		300		14	14							
临洮县水土保持重点建设工程2017	1000	1000		1000										
临洮县坡耕地水土流失综合治理2017	1251	1000	1000			251		251						
临洮县病险淤地坝除险加固工程2017	208	208		208										
漳县坡耕地水土流失综合治理工程2017	625	500	500			125		125						
漳县病险淤地坝除险加固工程2017	288	288		288										
岷县国家水土保持重点工程2017	571	400		400		18	18							153
武都区水土保持重点工程2017	429	300		300										129
宕昌县水土保持重点工程2017	286	200		200										86
成县水土保持重点工程2017	551	400		400										151
康县国家水土保持重点工程2017	571	400		400		171	23		148					
文县国家水土保持重点工程2017	286	200		200		86	10		76					
西和县坡耕地水土流失综合治理工程2017	937	750	750			187			187					
礼县坡耕地水土流失综合治理工程2017	937	750	750			187			187					
两当县国家水土保持重点工程2017	571	400		400		171	23		148					
徽县坡耕地水土流失综合治理工程2017	625	500	500			125			125					
临夏县县坡耕地水土流失综合治理工程	937	750	750											187
康乐县坡耕地水土流失治理工程2017	937	750	750											187
广河县坡耕地水土流失综合治理2017	937	750	750											187
和政县第二批国家水土保持重点工程2017	400	400		400										
东乡县坡耕地水土流失综合治理2017	1250	1000	1000											250
东乡县国家水土保持重点建设工程2017	1429	1000		1000		429			429					
临潭县小流域综合治理项目2017	286	200		200		86	10		76					

2-7　续表

单位：万元

项目名称	本年到位投资	中央政府投资				地方政府投资				利用外资	企业和私人投资	国内贷款	债券	其他投资
		小计	预算内拨款	中央财政水利专项资金	其他资金	小计	省级政府投资	地市级政府投资	县级政府投资					
卓尼县相俄项目区流域治理2017	150	105		105		6	6							39
舟曲县水土保持治理工程2017	506	400		400		106	18		88					
迭部县水土保持尼傲乡巴藏项目区2017	314	300		300		14	14							
流域生态综合治理	23493	20000	20000			3493		2752	741					
敦煌水资源规划项目（酒泉市）2016														
敦煌水资源规划项目水保（酒泉市）2017	3708	2967	2967			741			741					
敦煌水资源规划项目（敦煌市）2016														
敦煌水资源规划项目（敦煌市）2017	13754	11002	11002			2752		2752						
敦煌水资源规划项目（疏勒河）2017	6031	6031	6031											
敦煌水资源规划项目（疏勒河）2015														
敦煌水资源规划项目（疏勒河）2016														
河湖连通工程	10500	10500		10500										
会宁县河湖水系连通项目	4500	4500		4500										
庄浪县店峡沟与竹林寺水库河库连通工程	3000	3000		3000										
宕昌县鹅嫚沟综合治理工程	3000	3000		3000										
其他环境水利项目	74908	22842	4460		18382	18560	600	250	17710		1745	18830	2000	10932
凉州区水环境综合治理工程	9774	9634			9634	140			140					
民勤县红崖山库区生态环境治理工程	622	22			22	600	600							
古浪山水林田湖生态修复南泥沟水库治理	100	100			100									
天祝县山水林田湖生态保护修复工程	5000	3877			3877									1123
张掖市祁连山生态保护监控信息系统工程	3150	2205			2205						945			
平凉市崆峒水库至大岔河段河道生态治理	250					250		250						
崇信县□河流域水环境治理工程	4460	4460	4460											
肃州区四坝海子生态治理项目2017	2000					2000			2000					
玉门市引水入城玉渊湖扩建工程	2317					2317			2317					
庆城县城区段河道水面工程	14165											14165		
武都滨江步道改造工程工程	4210					4210			4210					
临夏市大夏河三十里风情线综合治理二期	1518					1518			1518					

2-7 续表

单位：万元

项目名称	本年到位投资	中央政府投资				地方政府投资				利用外资	企业和私人投资	国内贷款	债券	其他投资
		小计	预算内拨款	中央财政水利专项资金	其他资金	小计	省级政府投资	地市级政府投资	县级政府投资					
临夏市南干刘家桥至环城西路污水治理	350					350			350					
临夏市大夏河风情线综合治理工程														
临夏市国土实施水保项目	167	162			162									5
临夏市大夏河一大桥至罗家湾综合治理二期	3000					3000			3000					
临夏县大夏河城区段综合治理工程二期	366											366		
康乐县洮河三岔河片区水污染治理一期	8000					500			500		800	4300	2000	400
和政县林业实施水保项目	800													800
和政县大南岔河水生态修复工程	7743													7743
东乡县国土、农发、农牧实施水保项目	3675					3675			3675					
积石山县国土、林业、农牧实施水保项目	3243	2382			2382									861
机构能力建设专项	3950	3750	950	2800		200	200							
水文设施及能力建设	3950	3750	950	2800		200	200							
省疏管局斗口水量计量设施更新改造	1200	1000		1000		200	200							
甘肃水资源监控能力建设二期	1800	1800		1800										
甘肃省水资源监测能力（一期）建设工程	350	350	350											
甘肃省大江大河水文监测（一期）建设工程	600	600	600											
甘肃省中小河流水文监测系统建设项目														
移民项目	3552	2191		2191		1358	1358							4
永昌县大中型水库移民后期扶持2017	546	212		212		334	334							
张家川县小型水库后期扶持项目2017	70					70	70							
凉州区大中型水库移民后期扶持项目2017	423	239		239		184	184							
民勤县大中型水库移民后期扶持2017	328	209		209		119	119							
古浪县水利水电移民后期扶持2017	116	116		116										
天祝县大中型水库移民后期扶持项目2017	96	26		26		65	65							4
金塔县库区移民项目2017	632	632		632										
瓜州县大中型水库移民后期扶持项目	1302	756		756		545	545							
正宁县小型水库移民后期扶持工程2017	40					40	40							
康县库区移民后期扶持阳坝供水水源工程														

2-8　2017 年水利建设项目完成投资

单位：万元

项目名称	本年完成投资	中央政府投资				地方政府投资				利用外资	企业和私人投资	国内贷款	债券	其他投资
		小计	预算内拨款	中央财政水利专项资金	其他资金	小计	省级政府投资	地市级政府投资	县级政府投资					
甘　肃	1500799	603891	298098	268473	37319	422184	166917	69026	186241	23479	7703	360111	15306	68125
防洪项目	338228	199909	118038	75501	6371	47117	20441	6546	20129			81460		9742
堤防工程	33918	3770	870		2900	4028	3672		356			25380		740
会宁县苦水河河畔羊肉市场段综合治理	1096											1096		
清水县牛头河柳湾段河道综合治理工程	550	550	550											
古浪县大靖河红柳湾段防洪治理工程	1680					1680	1680							
天祝县2017年农牧村护田护村工程	1400	1400			1400									
天祝县南阳山6、7#移民点应急防洪工程	1740					1000	1000							740
天祝县炭山岭城镇防洪工程	1500	1500			1500									
张掖市黑河城区段治理工程（一期工程）	9000											9000		
华池县新区一中段河道治理续建工程	356					356			356					
武都区坪垭藏族乡整乡易地搬迁河堤工程	800					800	800							
武都区黄坪乡河堤工程	743											743		
宕昌县贫困村基础设施建设堤防工程	6782											6782		
康县平洛镇龙坝村安置点堤防及护坡工程	80					80	80							
康县贫困村基础设施及搬迁点堤防工程	4043					80	80					3963		
西和县建档立卡贫困村堤防工程	3796											3796		
合作市那吾乡精准扶贫暨生态小康村防洪	32					32	32							
卓尼县洮河麻路一段至亚当段防洪	320	320	320											
卓尼县车巴河流域防洪治理项目														
迭部县卡坝乡尼吉巴防洪工程														
大江大湖治理	101442	69540	69540			6224			6224			24678		1000
黄河甘肃段防洪工程（兰州市）	58859	34181	34181									24678		
黄河甘肃段防洪工程（白银市）	15206	15206	15206											
黄河甘肃段防洪工程（临夏州）	13600	11067	11067			1533			1533					1000
黄河甘肃段防洪工程（甘南州）	13777	9086	9086			4691			4691					
重要支流治理	61129	43920	43920			15037	1355	4307	9375					2172
湟水兰州市红古段防洪治理工程	100					100		100						
永登县庄浪河东干渠首至寺滩泵站防洪	4385	2769	2769			1616		923	693					

2-8 续表

单位：万元

项目名称	本年完成投资	中央政府投资				地方政府投资				利用外资	企业和私人投资	国内贷款	债券	其他投资
		小计	预算内拨款	中央财政水利专项资金	其他资金	小计	省级政府投资	地市级政府投资	县级政府投资					
靖远县祖厉河庄口至罗家湾段防洪工程	2127	2127	2127											
会宁县祖厉河柴门乡张家湾至郭城镇防洪	3176	1906	1906											1270
葫芦河秦安县李河至刘沟村段治理工程	1156	693	693			463			463					
天祝县华藏寺至界牌段防洪治理工程2017	664	398	398			266	266							0
甘州区黑河分洪溢流堰至国道312线防洪	1740	480	480			1260		1260						
临泽县铁路桥至暖泉段防洪治理	5487	3293	3293			2194			2194					
高台西腰墩水库至刘家深湖水库河道防洪	1400	1105	1105			295			295					
平凉市泾河吴老沟至平镇桥河堤治理														
平凉市泾河大岔河至吴老沟河堤治理2017	1258	1258	1258											
崆峒区泾河马莲沟至南阳涧河段防洪														
崆峒区泾河南阳涧河至信河段防洪治理	1426	1426	1426											
泾川县泾河蔡家咀至长庆桥段防洪治理	1400	1400	1400											
泾川县泾河百泉渡槽至水泉寺大桥段防洪	1000	1000	1000											
泾川县泾河罗汉洞至洪河口段河堤治理														
庄浪县葫芦河刘家湾至新庄沟段河堤治理	1402	1402	1402											
静宁县葫芦河狗娃河口至胡家河段河堤治理														
静宁县葫芦河闫庙至仁大段防洪治理2017	749	749	749											
肃州区讨赖河祁家沟至古城村防洪2017	1131	1131	1131											
金塔县黑河常丰至中丰村段防洪工程	1722	1033	1033			689			689					
金塔县黑河大墩门至夹墩湾村段防洪	2905	1743	1743			1162			1162					
金塔县黑河二杰至沙门子村段防洪治理	2385	1431	1431			954			954					
西峰区蒲河石咀子至毛家寺段防洪	1565	1565	1565											
环县马莲河韩洼子至陈沟桥段防洪	687	436	436			251			251					
环县山城洪德至汪旗段防洪	2418	1813	1813			605			605					
环县五里屯桥至河对坡段防洪	723	434	434			289			289					
蒲河宁县庄里至叶王川段防洪治理工程														
临洮县玉井段防洪治理工程2017	2311	1387	1387			924	924							
武都区白龙江干流鹿坝绸子坝段堤防2017	2358	1454	1454			904			904					
武都区白龙江干流角弓镇汉王镇堤防2017	2191	1315	1315			876			876					

2-8 续表

单位：万元

项目名称	本年完成投资	中央政府投资				地方政府投资				利用外资	企业和私人投资	国内贷款	债券	其他投资
		小计	预算内拨款	中央财政水利专项资金	其他资金	小计	省级政府投资	地市级政府投资	县级政府投资					
文县石坊乡东峪口至大渡坝河道治理工程	413	248	248			165	165							
西和县郭家坝至昌河坝段防洪工程	1393	1393	1393											
礼县祁山至蒙张段防洪治理工程2017	4433	2660	2660			1773		1773						
礼县蒙张至磨石咀段防洪治理工程2017	698	447	447			251		251						
临夏市大夏河干流祁牟段堤防工程														
临夏县大夏河干流祁牟至刘家峡水库防洪														
永靖县湟水干流白川至二房段河堤工程	902													902
东乡县大夏河折桥至刘家峡水库堤防														
合作市洮河重要支流治理	333	333	333											
临潭县洮河段防洪2017	1116	1116	1116											
临潭县洮河干流洮滨防洪堤工程														
卓尼县洮河干流纳浪段防洪工程2017	200	200	200											
舟曲县沿川坝段河道治理2017	50	50	50											
迭部县麻古村至白云段河道治理工程2017	2354	2354	2354											
碌曲县洮河干流城郊段至双岔段防洪治理	1370	1370	1370											
夏河县垂子合大桥至阿一山大桥段治理														
夏河县大夏河王格尔塘至曲奥段治理														
中小河流治理	91371	69204		69204		16963	13227	1175	2561					5204
榆中县宛川河兴隆峡河道治理工程														
永昌县东大河河流治理	2396	1917		1917		479			479					
白银区西大沟（城区段）护岸工程	300	300		300										
会宁县东河会师段护岸工程	1146	750		750		183	183							213
秦州区藉河普岔沟至关子段堤防工程	1609	1287		1287		322			322					
秦州区峁水河杨家寺段堤防工程	1992	1594		1594		398	319		79					
清水县后川河王店至王峡段堤防治理工程	518	518		518										
秦安县清水河五营赵洼大桥至仁义大桥堤防	1732	1250		1250		386	386							96
武山县山丹河滩歌乡元崖至下街堤防工程	1112	750		750		362	258		104					
武山县大南河沿安至四门段堤防工程	1024	750		750		274	170		104					
张家川县清水河西川至马河段治理工程	993	750		750		243	243							

2-8 续表

单位：万元

项目名称	本年完成投资	中央政府投资				地方政府投资				利用外资	企业和私人投资	国内贷款	债券	其他投资
		小计	预算内拨款	中央财政水利专项资金	其他资金	小计	省级政府投资	地市级政府投资	县级政府投资					
张家川县清水河峡口至汪堡段治理工程	1049	750		750		299	299							
凉州区西营河北沙河段防洪治理2017	2856	1500		1500		457	457							899
古浪县古浪河朱家庄-龙泉寺段治理	1620	1150		1150		470	470							
天祝县金强河打柴沟至岔口驿段河道治理	2831	2265		2265										566
甘州区大瓷窑河沙井段河道防洪治理工程	1586	1586		1586										
肃南县隆畅河治理工程补充项目2017	520	520		520										
肃南县摆浪河河道治理工程	1735	1388		1388		347			347					
民乐县洪水河六坝段河道治理工程2017	1483	1186		1186		297	237		59					
民乐县大堵麻河李寨段河道治理工程2017	1561	1249		1249		312	250		62					
民乐县苏油口至黑崖头村段河道治理2017	1336	1069		1069		267	214		53					
泾川县汭河十里沟至枣林段河堤治理														
泾川县黑河荒场至茜家沟河堤治理工程	277					277	277							
泾川县洪河河堤治理工程	216					216	216							
灵台县达溪河县城至百里段河堤治理	27					27			27					
灵台县黑河东门至景家庄段河堤治理	486					486	389		97					
灵台县达溪河县城至安家庄段河堤治理	435					435	435							
灵台县黑河安家沟沟口至杜家沟沟口段河堤	230					230			230					
崇信县□河（九功渠首至野雀沟）河堤治理														
崇信县黑河河堤治理工程														
庄浪县北洛河良邑郭魏至石家窑防洪	252					252	252							
肃州区中小河流治理项目2017	5260	4208		4208		1052		1052						
玉门市石油河和平营田段河道治理工程	2747	2198		2198		549	440		109					
庆城县柔远河张沟至贾桥护岸工程	2637	2110		2110		527	422		105					
华池县柔远河白家川段护岸工程	2497	1998		1998		499	400		99					
合水县固城河丑家川段护岸工程	2435	2140		2140		295	295							
宁县中小河流治理项目2017	4933	3946		3946		987	789		198					
镇原县中小河流治理项目2017	7554	6295		6295		1259	1259							
定西市关川河小碱沟治理工程2017	1979	1583		1583		396	317	79						
定西市关川河大碱沟治理工程2017	1100	580		580		220	176	44						300

2-8　续表

单位：万元

项　目　名　称	本年完成投资	中央政府投资				地方政府投资				利用外资	企业和私人投资	国内贷款	债券	其他投资
		小计	预算内拨款	中央财政水利专项资金	其他资金	小计	省级政府投资	地市级政府投资	县级政府投资					
通渭县碧玉牛洛河至小河子堤防2017	1050	1050		1050										
通渭县南河陇川蔡家铺村堤防工程2017	1125	1125		1125										
通渭县牛谷河平襄镇店子堤防工程2017	1050	1050		1050										
陇西县西河治理工程2017	1774	1774		1774										
渭源县莲峰河杨家咀至浦川断堤防2017	1850	1767		1767		83	83							
漳县漳河韩家庄至三岔段堤防工程2017	2624	1066		1066										1558
漳县漳河三岔至东桥段堤防工程2017	2426	934		934										1492
岷县迭藏河秦许上阿阳至马烨仓堤防2017	810	810		1390										
宕昌县理川河流域治理项目2017	1274	978		978		296	296							
宕昌县理川河流域治理补充项目2017	2476	1730		1730		746	746							
西和县太石河治理工程2017	1497	1037		1037		460	460							
西和县漾水河治理工程2017	2040	1583		1583		457	457							
礼县永坪河石咀至平泉堤防工程2017	2146	1717		1717		429	343		86					
康乐县苏家集苏集段堤防工程2017	750	750		750										
广河县巴谢河甘坪段堤防工程	482	402		402										80
合作市德吾录河卡加防洪工程	154					154	154							
合作市格河多合儿防洪工程														
临潭县斜藏沟治理工程														
临潭县羊沙河下河段治理工程	216					216	216							
卓尼县羊沙河恰盖防洪工程														
卓尼县石窖沟藏巴哇防洪工程														
舟曲县拱坝河堤防工程	473					473	473							
舟曲县中小河流治理项目2017	1750	1750		2000										
迭部县阿夏流域治理工程	337					337	337							
夏河县博拉河博拉段防洪工程2017	1047	1047		1047										
夏河县格河段防洪工程2017	1047	1047		1047										
甘肃疏勒河灌区三道沟河道治理	509					509	509							
大中型病险水库除险加固	2961	1874	1874			1087	1087							
高台县小海子水库除险加固2017	900					900	900							

2-8 续表

单位：万元

项目名称	本年完成投资	中央政府投资				地方政府投资				利用外资	企业和私人投资	国内贷款	债券	其他投资
		小计	预算内拨款	中央财政水利专项资金	其他资金	小计	省级政府投资	地市级政府投资	县级政府投资					
甘肃双塔水库除险加固工程	2061	1874	1874			187	187							
大中型病险水闸除险加固	1237	1184	1184			53			53					
永昌县金川河工农渠首泄洪闸	53					53			53					
肃州区红山河青稞地排砂闸除险加固工程														
肃州区马营河渠首闸除险加固工程	1184	1184	1184											
山洪灾害防治工程	7457	6297		6297		1145	1101		44					15
兰州市山洪灾害防治项目2017	371	371		371										
嘉峪关市山洪灾害防治项目2017	37	37		37										
金昌市山洪灾害防治项目2017	5	5		5										
金川区山洪灾害防治2017项目(第二批)	17	16		16		1			1					
永昌县山洪灾害防治项目2017	34	34		34										
白银市山洪灾害防治项目2017	346	205		205		141	141							
天水市2017年山洪灾害防治项目	10	10		10										
秦州区山洪灾害防治项目2017	19	19		19										
麦积区山洪灾害防治项目2017	290	290		290										
清水县山洪灾害防治项目2017	237	195		195		42	42							
秦安县山洪灾害防治项目2017	156	156		156										
甘谷县山洪灾害防治项目2017	186	132		132		54	42		12					
武山县山洪灾害防治项目2017	240	192		192		48	42		6					
张家川县山洪灾害防治项目2017	172	130		130		42	42							
凉州区山洪灾害防治项目2017	10	10		10										
古浪县山洪灾害防治项目2017	13	13		13										
天祝县山洪灾害防治项目2017	120	120		120										
甘州区山洪灾害防治2017	154	154		154										
肃南县山洪灾害防治2017	29	29		29										
民乐县山洪灾害防治2017	81	67		67										14
临泽县山洪灾害防治2017	54	54		54										
高台县山洪灾害防治2017	23	22		22										1
山丹县山洪灾害防治2017	64	64		64										

2-8 续表

单位：万元

项目名称	本年完成投资	中央政府投资				地方政府投资				利用外资	企业和私人投资	国内贷款	债券	其他投资
		小计	预算内拨款	中央财政水利专项资金	其他资金	小计	省级政府投资	地市级政府投资	县级政府投资					
平凉山洪灾害防治项目2017	733	472		472		261	235		26					
酒泉市山洪灾害防治项目2017	627	627		627										
庆阳市山洪灾害防治项目2017	857	617		617		240	240							
安定区山洪灾害防治项目2017	8	8		8										
通渭县山洪灾害防治项目2017	124	124		124										
陇西县山洪灾害防治工程2017	121	121		121										
渭源县山洪灾害防治项目2017	57	12		12		45	45							
临洮县山洪灾害治理项目2017	94	59		59		35	35							
漳县山洪灾害防治项目2017	132	132		132										
岷县山洪灾害防治项目2017	130	130		130										
陇南市山洪灾害防治项目2017	447	447		447										
临夏州山洪灾害防治项目2017	449	395		395		54	54							
甘南州山洪灾害防治项目2017	851	668		668		183	183							
甘肃省防办山洪灾害防治项目2017	160	160		160										
其他防洪项目	38713	4121	650		3471	2580		1064	1516			31402		610
城关区2017河道综合整治	160					160		160						
城关区大砂沟洪道永新集团段防洪抢险	304					304		100	204					
嘉峪关讨赖河生态治理洪水槽防冲刷加固	804					804		804						
金昌市国防工业基地蓄洪生态治理	7003											7003		
会宁县康家河综合治理工程	650	650	650											
天水市藉河生态综合治理一期续建工程	24000											24000		
礼县西汉水浅水低坝缓流防冲工程	922					922			922					
临夏县北塬乡塬头路钱家村排水工程	185					185			185					
临夏县漓水名都小区防洪治理工程	399											399		
临夏县15扶贫搬迁韩集镇姚川点防洪治理	343	343			343									
永靖县城北新村防洪排洪治理工程	2272	2168			2168	104			104					
和政县马家堡镇尕河堤防工程	50													50
东乡县卜楞沟泥石流灾害治理项目	100					100			100					
东乡县唐王镇塔石沟泥石流综合治理项目	960	960			960									

2-8 续表

单位：万元

项目名称	本年完成投资	中央政府投资				地方政府投资				利用外资	企业和私人投资	国内贷款	债券	其他投资
		小计	预算内拨款	中央财政水利专项资金	其他资金	小计	省级政府投资	地市级政府投资	县级政府投资					
积石山县易地搬迁安置点河堤工程2016	560													560
灌溉除涝项目	415237	223005	56947	155256	10802	102775	36444	22073	44258	23479	1852	39223	8000	16901
灌区建设工程	18377	14193	14193			3689			3689					495
永昌县西河灌区续建配套节水改造	4118	3200	3200			918			918					
永昌县东河灌区续建配套节水改造	2134	1707	1707			427			427					
甘州区西浚灌区续建配套节水改造	2165	1600	1600			565			565					
甘州区大满灌区续建配套节水改造	2485	1600	1600			885			885					
民乐县大堵麻灌区续建配套节水改造	2700	2400	2400			300			300					
临泽县梨园河灌区续建配套节水改造	555					555			555					
山丹县马营河灌区续建配套节水改造	3734	3200	3200			39			39					495
肃州区洪临灌区续建配套与节水改造	486	486	486											
节水灌溉工程	32448	2948		2948		6019	1794	3117	1108	23479				1
榆中县小型农田水利建设项目2017	534					534		36	498					
平川区旱坪川灌区农业综合开发														
靖远县靖乐渠灌区农业综合开发	890	670		670		220	220							
凉州区以色列政府贷款农田水利建设项目	3040									3040				
民勤县以色列政府贷款农田水利建设	4833									4833				
古浪县以色列政府贷款农田水利建设	4093									4093				
高台县六坝灌区农业综合开发2017	462	350		350		112	112							
高台县罗城灌区农业综合开发2017	1070	750		750		320	240		80					
庄浪县水洛河灌区节水配套改造项目	1050	750		750		300	300							
静宁县东峡灌区农业综合开发	210					210	210							
肃州区清水河灌区节水农业综合开发	78	78		78										
金塔县黑河灌区农业综合开发项目	400	350		350		50	50							
金塔县以色列政府贷款农田水利建设	3600									3600				
玉门市以色列政府贷款农田水利建设项目	3703					241			241	3462				
敦煌市以色列政府贷款农田水利建设	4452									4452				
合水县扶贫高效节水灌溉项目	503					502	502							1
正宁县西坡镇月南村樱桃园灌溉工程	289					289			289					

2-8 续表

单位：万元

项目名称	本年完成投资	中央政府投资				地方政府投资				利用外资	企业和私人投资	国内贷款	债券	其他投资
		小计	预算内拨款	中央财政水利专项资金	其他资金	小计	省级政府投资	地市级政府投资	县级政府投资					
石羊河流域重点治理（省景电）2013	3001					3001		3001						
玉门市花海灌区农业综合开发	240					240	160	80						
小型农田水利建设	186766	134834		134834		40355	22475	4101	13779		1852	1969		7755
七里河区农田水利设施维修养护项目2017	39	39		39										
西固区高效节水灌溉项目2017	1955	1086		1086		869	213	264	392					
西固区农田水利设施维修养护项目2017	120	120		120										
永登县高效节水项目柳树镇红砂川村	172	116		116		56	28	20	8					
永登县高效节水项目坪城乡灌溉工程	5787	740		740		5047	140	3340	1567					
皋兰县年高效节水项目2017	750	750		750										
皋兰县农田水利设施维修养护项目2017	147	60		60		87		87						
榆中县高效节水灌溉项目2017	5575	1326		1326		4249	261	340	3648					
榆中县农田水利设施维修养护项目2017	65	65		65										
嘉峪关市节水灌溉及维修养护2017	3590	2726		2726		491	441	50			373			
金川区农田水利设施建设（第二批）2017	3779	2591		2591		683	509		174					505
金川区农业水价综合改革建设（第二批）	330	330		330										
金川区农田水利设施建设2017	1875	1000		1000		659	500		159					216
永昌县高效节水灌溉新增2017	5435	5052		5052		218	218							165
永昌县小型农田水利设施建设2017	1675	1000		1000		530	500		30					145
永昌县农业水价综合改革2017	100	100		100										
永昌县中央财政维修养护2017	150	150		150										
白银市靖会灌区水利工程设施维修养护	210	210		210										
白银市兴电灌区水利工程设施维修养护	210	210		210										
白银区五小水利工程2016	300					300	300							
白银区高效节水灌溉项目	383	299		299		51	51				33			
白银区水利工程设施维修养护项目	48	48		48										
平川区农业水价项目	260	260		260										
平川区高效节水灌溉项目	895	748		748		147	147							
平川区水利工程设施维修养护项目	80	80		80										
靖远县高效节水灌溉项目	1974	1467		1467		288	288							219

2-8 续表

单位：万元

项目名称	本年完成投资	中央政府投资				地方政府投资				利用外资	企业和私人投资	国内贷款	债券	其他投资
		小计	预算内拨款	中央财政水利专项资金	其他资金	小计	省级政府投资	地市级政府投资	县级政府投资					
靖远县水利工程设施维修养护项目	70	70		70										
会宁县水利工程设施维修养护项目	55	55		55										
会宁县高效节水灌溉项目	1930	1541		1541		302	302							87
景泰县高效节水灌溉项目	2163	1876		1876		144	144				143			
景泰县小型农田水利设施补助	170	170		170										
景泰县水利工程设施维护项目	137	137		137										
秦州区天水镇杨家湾高效节水灌溉工程2017	450	396		396		54			54					
秦州区汪川镇杏树梁高效节水灌溉工程	1116	813		813		303			303					
麦积区石佛镇盛龙高效节水灌溉工程2017	2339	1592		1592		747	313		434					
麦积区小型农田水利设施补助2016	804	380		380		424	150		274					
麦积区渭南镇南山高效节水灌溉工程2017	1236	1050		1050		186			186					
清水县王家山高效节水灌溉项目2017	450	450		450										
秦安县五小水利工程2016	146					146	146							
秦安县高效节水灌溉项目2017	1533	1022		1022		201	201							310
秦安县农田水利设施维修养护项目2017	110	110		110										
甘谷县高效节水灌溉工程2017	1042	778		778		264	153		111					
甘谷县水利工程维修养护项目2017	229					229	70		159					
武山县农业水价综合改革试点项目	510	500		500										10
武山县小型农田水利设施补助2016	31	31		31										
武山县高效节水灌溉项目2017	1121	552		552		569	108		461					
武山县农田水利设施维修养护项目2017	40	40		40										
张家川县高效节水灌溉项目2017	578	483		483		95	95							
凉州区高效节水灌溉发展项目2017	17540	13175		13175		2586	2586							1779
凉州区农业水价综合改革项目2017	1765	1765		1765										
凉州区水利工程养护维修项目2017	144	144		144										
民勤县公益性水利工程维修养护2017	160	160		160										
民勤县农业水价综合改革项目2017	1150	1150		1150										
民勤县中央财政农田水利设施建设2017	1500	1000		1000		500	500							
民勤县节水增效高效节水灌溉项目2017	9286	7762		7762		1524	1524							

2-8 续表

单位：万元

项目名称	本年完成投资	中央政府投资				地方政府投资				利用外资	企业和私人投资	国内贷款	债券	其他投资
		小计	预算内拨款	中央财政水利专项资金	其他资金	小计	省级政府投资	地市级政府投资	县级政府投资					
古浪县中央财政小型农田水利建设项目	2250	2250		2250										
古浪县节水增效高效节水灌溉项目2017	4403	3681		3681		722	722							
古浪县中央财政农田水利设施建设2017	1500	1000		1000		500	500							
古浪县农业水价综合改革试点2017	860	860		860										
古浪县农田水利设施维修养护2017	64	64		64										
天祝县农业水价综合改革试点项目2017	1000	900		900										100
天祝县节水增效高效节水灌溉项目2017	2422	2001		2001										421
张掖市水利维修养护2017	250	250		250										
甘州区高效节水灌溉2017	9378	6364		6364		3014	1249		1765					
甘州区农田水利和水价改革2017	1420	1420		1420										
甘州区水利维修养护2017	100	100		100										
肃南县农田水利和水价改革2017	459	309		309		150	150							
肃南县水利维修养护2017	95					95	90		5					
民乐县2017小型农田水利建设（七）	1030	600		600		300	300							130
民乐县农田水利和水价改革2017	1091	1090		1090										1
民乐县水利工程维修养护2017	166	130		130		36			36					
临泽县农田水利和水价改革2017	460	460		460										
临泽县高效节水灌溉2017	1470	1020		1020		200	200							250
高台县2017高效节水灌溉	1674	1141		1141		224	224							309
高台县小型农田水利设施补助2016	64													64
高台县2017小型农田水利建设（七）	1754	1000		1000		500	500							254
高台县农田水利和水价改革2017	1735	1735		1735										
山丹县小型农田水利建设2017	1975	1000		1000		800	500		300					175
山丹县高效节水灌溉2016	192					192			192					
山丹县2015年新增农田水利设施建设2016	210					175			175					35
山丹县小型农田水利重点县2016	175					175			175					
山丹马场高效节水灌溉2016	765										765			
山丹马场小型农田水利重点县2016	278					96	96				182			
山丹县小型农田水利设施补助2016	356										356			

2-8 续表

单位：万元

项目名称	本年完成投资	中央政府投资				地方政府投资				利用外资	企业和私人投资	国内贷款	债券	其他投资
		小计	预算内拨款	中央财政水利专项资金	其他资金	小计	省级政府投资	地市级政府投资	县级政府投资					
山丹县农田水利和水价改革2017	900	900		900										
山丹县高效节水灌溉2017	2000	1255		1255		546	246		300					199
山丹县高效节水灌溉2017（二）	1140	1140		1140										
崆峒区农业水价改革及节水灌溉2017	1666	1372		1372		171	171							123
泾川县五小水利工程2016	40					40	40							
泾川县农田水利设施建设项目2017	1350					1350	1350							
泾川县高效节水灌溉项目2017	740	549		549		191	108		83					
灵台县高效节水灌溉项目2017	3420	2859		2859		561	561							
灵台县五小水利工程2016	220					220	220							
灵台县农田水利设施维修养护项目(第二批)	110	110		110										
崇信县高效节水灌溉项目2017	793	654		654		56	52		4					83
华亭县农田水利设施维修及节水2017	1661	1110		1110		551	188		363					
庄浪县农田水利设施维修养护及节水灌溉	1070	657		657		413	107		306					
庄浪县小型农田水利设施补助2016	156	144		144		12			12					
静宁县高效节水灌溉项目2017	979	677		677		302	133		169					
静宁县农田水利工程维修养护项目（第二批）	45	45		45										
酒泉市公益性工程维修养护项目2017	180	180		180										
肃州区节水灌溉和水价改革2017	7161	7161		7161										
金塔县节水灌溉和水价改革2017	2731	1920		1920		500	500							311
瓜州县节水灌溉和水价改革2017	3096	2426		2426		670	329		341					
肃北县水价改革和维修养护2017	142	142		142										
阿克塞县水价改革和维修养护2017	160	150		150		10			10					
玉门市节水灌溉和水价改革2017	8714	6386		6386		1436	1339		97					893
敦煌市农业水价综合改革2017	370	370		370										
敦煌市水利工程维修养护2017	52					52	52							
西峰区高效节水灌溉项目2017	1746	1003		1003		197	197							546
庆城县高效节水及维修养护2017	1132	785		785		347	144		203					
环县高效节水及维修养护2017	1119	702		702		417	148		269					
华池县高效节水及维修养护2017	1088	725		725		363	113		250					

2-8 续表

单位：万元

项目名称	本年完成投资	中央政府投资				地方政府投资				利用外资	企业和私人投资	国内贷款	债券	其他投资
		小计	预算内拨款	中央财政水利专项资金	其他资金	小计	省级政府投资	地市级政府投资	县级政府投资					
合水县高效节水灌溉项目2017	949	752		752		148	148							49
正宁县高效节水灌溉项目2017	815	517		517		298	101		197					
宁县高效节水及水价改革2017	2205	1931		1931		239	228		11					35
镇原县高效节水灌溉项目2017	3003	2678		2678		291	291							34
定西市香泉地下井计量设施维修养护2017	110	110		110										
安定区引洮一期支渠及田间配套改建2017	127	127		127										
安定区地下井计量设施维修养护项目2017	193	193		193										
通渭县锦屏水库灌区维修项目2017	55	55		55										
通渭县民尧大河滩康家岻小型水库维修	170	170		170										
陇西县灌溉维修养护工程2017	302	302		302										
渭源县峡口水库维修项目2017	136	136		136										
渭源县石门灌区维修养护项目2017	306	306		306										
临洮县高效节水灌溉项目2017	2940	2458		2458		482	482							
临洮县小型水利工程建设项目2017	320	320		320										
武都区农田水利维修养护2017	160	160		160										
武都区高效节水灌溉项目2017	1314	915		915		399	180		219					
宕昌县贫困村基础设施建设灌溉工程	1969											1969		
西和县高效节水灌溉工程2017	718	600		600		118	118							
礼县高效节水项目2017	2043	1505		1505		538	295		243					
徽县农村饮水工程（农田水利）2017	800	800		800										
临夏市农田水利维修养护工程2017	180	180		180										
永靖县 1 万～5 万亩灌区改造 2016	59	32		32		27	26		1					0
广河县五小水利工程2016	42					42	30		12					
广河县小型农田水利设施补助2016	58					58			58					
和政县五小水利工程2016	75					75	75							
和政县水利维修养护项目第二批2017	65	65		65										
和政县高效节水灌溉工程2017	350	252		252		49	49							49
卓尼县农田水利维修工程2017	215	190		190		25			25					
舟曲县农田水利设施维修2017	181	181		181										

2-8 续表

单位：万元

项目名称	本年完成投资	中央政府投资				地方政府投资				利用外资	企业和私人投资	国内贷款	债券	其他投资
		小计	预算内拨款	中央财政水利专项资金	其他资金	小计	省级政府投资	地市级政府投资	县级政府投资					
舟曲县五小水利工程2016	35					35	35							
玛曲县农田水利设施维修及节水2017	647	647		647										
省农垦山丹农场小型农田水利重点县2016	256													256
省景电灌区维修养护2017年项目（第二批）	380	380		380										
省疏管局农田水利维修养护2017	300	300		300										
兰州新区高效节水灌溉2016														
水库工程	83925	30928	12390	16738	1800	17586	6650	8310	2626			31272		4139
景泰县正路工业园区调蓄水库工程	2800					966			966			520		1314
秦州区关峡水库	3600	2100		2100		1500			1500					
秦安县西小河小湾河水库	640	640		640										
张家川县富川水库（抗旱规划内）	2238	1088		1088		1150	1150							
民勤县红崖水库加高扩建工程	18700	12390	12390			6310	2000	4310						
民乐县山城河水库	2180	2180		2180										
山丹县白石崖水库(抗旱规划内)	7500	2675		2675		2000	2000							2825
崆峒区北杨涧水库（抗旱规划内）	2647											2647		
泾川县朱家涧水库（抗旱规划内）	1000											1000		
灵台县新集水库工程	8668					1500	1500					7168		
崇信县关河水库（抗旱规划内）														
庄浪县花崖河水库（抗旱规划内）	2022											2022		
阿克塞县红柳湾抗旱调蓄水库工程	4571											4571		
庆阳市巴家嘴水库新增调蓄(五台山水库)	3000											3000		
庆阳市小盘河水库及供水工程	8200											8200		
庆阳市莲花寺水库及供水工程	3450	3300		3300								150		
庆城县纸坊沟水库（抗旱规划内）	175	15		15		160			160					
成县磨坝峡（水源水库）工程	1800	1800			1800									
康乐县鸣鹿水库（抗旱规划）	4740	4740		4740										
兰州新区2号3号石门沟水库工程	1994											1994		
兰州新区生态灌溉7号单体湖调蓄工程	4000					4000		4000						
泵站工程	33633	30364	30364			3269	1559	1050	660					

2-8 续表

单位：万元

项目名称	本年完成投资	中央政府投资				地方政府投资				利用外资	企业和私人投资	国内贷款	债券	其他投资
		小计	预算内拨款	中央财政水利专项资金	其他资金	小计	省级政府投资	地市级政府投资	县级政府投资					
兰州市大砂沟泵站更新改造工程	3375	3000	3000			375		375						
七里河区西津灌区大型泵站更新改造	1125	1000	1000			125		125						
兰州市工农坪泵站更新改造工程	161					161			161					
兰州市榆中三电泵站更新改造工程	3450	2900	2900			550		550						
白银市靖会泵站更新改造工程	4300	4300	4300											
白银市兴电泵站更新改造工程	3900	3900	3900											
靖远县刘川泵站更新改造工程	664	664	664											
靖远县中堡泵站更新改造工程	2500	2500	2500											
景泰县中泉泵站更新改造工程	2496	1997	1997			499			499					
平凉市白庙泵站更新改造工程	2103	2103	2103											
甘肃省景电泵站更新改造工程	9559	8000	8000			1559	1559							
其他灌溉除涝项目	60088	9738		736	9002	31857	3967	5495	22395			5982	8000	4511
城关区皋兰山灌区东、西盘渠改造工程	35					35		35						
七里河区2017一事一议项目	1262					774	426	178	171					487
七里河区2017乡镇实施水利工程项目	1078					1078			1078					
榆中县三电东干十五支渠小康营上水工程	4392					4392			4392					
榆中县三电东干末级泵站改建工程	2924					2924			2924					
嘉峪关农业综合开发高标准农田建设2017	755	606		606		149	127	22						
嘉峪关新城镇高标准基本农田建设项目	200	200			200									
白银市兴电灌区渠道维修工程														
靖远县刘川易地扶贫搬迁项目供水工程	2050											2050		
靖远县东湾大坝电灌渠道维修养护工程	100					100	100							
景泰县千亿斤粮食生产能力建设项目	1300	1160			1160	140			140					
景泰县精准扶贫寺滩引水工程	8000												8000	
景泰县财政涉农资金支持贫困村水利设施	5100					5100			5100					
景泰县草窝滩镇排水工程	1600					1600	1000		600					
秦安县农田水利设施建设项目2017	1549					1500	1500							49
凉州区国土部门高标准农田建设(水利部分)	3130	3130			3130									
凉州区新增1000亿斤粮田间工程建设	990	990			990									

2-8 续表

单位：万元

项目名称	本年完成投资	中央政府投资				地方政府投资				利用外资	企业和私人投资	国内贷款	债券	其他投资
		小计	预算内拨款	中央财政水利专项资金	其他资金	小计	省级政府投资	地市级政府投资	县级政府投资					
古浪县黄花滩总干二支渠（管）工程	1560											1560		
古浪县黄花滩北一、二支渠(管)工程	4800					4800			4800					
古浪县生态移民黄花滩灌区调蓄水池	3906					2086			1815			2091		
古浪县农田灌溉设施维修2017	160					200			160					
肃州区洪临灌区渠道量测水设施项目	260					349		260						
瓜州县疏勒河移民乡镇斗渠改造	900					900			900					
肃北县农村环境整治渠系维修改造一期	291													291
敦煌市党河灌区西干渠改建工程	713					430	398		315					
临夏市刘临路支渠改建工程	281											281		
临夏市南川灌区引水枢纽及总干渠改造工程	250	200			200	609	50							
永靖县刘盐八地质灾害灌区节水改造工程	130	130		130										
永靖县刘盐八库区库岸治理工程（一期）	1230	1230			1230									
永靖县盐锅峡党川3村灌溉设施应急修复	191	190			190									1
永靖县红柳台电灌改扩建工程	4000	350			350									3650
东乡县2016年赵家乡高标准农田建	331	215			215		86							30
东乡县2016年东塬乡高标准农田建设	983	700			700		280							3
东乡县年坪庄乡高标准农田建设2017	637	637			637	364								
兰州新区南部生态绿化2#供水管线工程	3800					3000		3800						
兰州新区引大东二干十七支渠改造工程	1200					1500		1200						
供水项目	528266	87251	85654	47	1550	235647	102110	38989	84050		240	182699	7306	25621
引水（调水）工程	338098	72054	72054			136906	94066	32643	830			129326	6000	3179
兰州市水源地建设工程	78570					29000		29000				49570		
引洮供水一期榆中县配套工程	21865					4690	2690	2000				14696		2479
榆中县青城灌溉水源工程	680					1766			680					
引洮一期工程会宁北部供水工程														
肃北县马鬃山镇供水工程	9500											9500		
庆阳市盐环定扬黄续建工程调概算														
两当县徐杨河引水工程（一期）	150					150			150					
积石山引水工程	5890						190					5000		700

2-8 续表

单位：万元

项目名称	本年完成投资	中央政府投资				地方政府投资				利用外资	企业和私人投资	国内贷款	债券	其他投资
		小计	预算内拨款	中央财政水利专项资金	其他资金	小计	省级政府投资	地市级政府投资	县级政府投资					
临夏州引黄济临供水工程	17697	2054	2054			9643	8000	1643					6000	
甘南州引洮（博）济合供水工程	12802					12802	12802							
玛曲县县城引水工程														
甘肃引洮供水一期工程	6084					6084	6084							
甘肃引洮供水二期工程	130355	70000	70000			38000	38000					22355		
天水市城区引洮供水工程	33285					9300	9300					23985		
引洮供水二期配套城乡供水工程	21220					17000	17000					4220		
农村饮水安全巩固提升工程建设	134713	13600	13600			76090	4768	3846	67476			23350		21673
西固区农村饮水安全巩固提升工程2017	426	36	36			390		390						
永登县农村饮水安全巩固提升工程2017	1547	713	713			834		545	289					
皋兰县农村饮水安全巩固提升2017	829	61	61			768		468	300					
榆中县农村饮水安全巩固提升工程2017	1558	114	114			1444		390	1054					
永昌县农村饮水安全巩固提升2017	466	34	34			432			432					
白银区农村饮水安全巩固提升2017	200	67	67			133			133					
平川区农村饮水安全巩固提升2017	131	131	131											
靖远县农村饮水安全巩固提升2017	114	114	114											
会宁县农村饮水安全巩固提升2017	6218	454	454											5764
景泰县农村饮水安全巩固提升2017	2865	309	309											2556
秦州区农村饮水安全巩固提升工程2017	2083	152	152			1931			1931					
麦积区农村供水巩固提升工程2017	4395	277	277			4118			4118					
清水县农村饮水安全巩固提升工程2017	2003	136	136			1867	1867							
秦安县农村饮水安全巩固提升工程2017	3199	233	233			2856			2856					110
甘谷县农村饮水安全巩固提升工程2017	2694	196	196			2498			2498					
武山县农村饮水安全巩固提升工程2017	1608	163	163			1445			1445					
张家川县农村饮水安全巩固提升工程2017	382	32	32			254	254							96
凉州区农村饮水安全巩固提升工程2017	3508	256	256			3252			3252					
民勤县农村饮水安全巩固提升工程2017	5800	423	423			5377			5377					
古浪县农村饮水安全巩固提升2017	584	584	584											
天祝县农村饮水安全巩固提升工程2017	708	52	52											656

2-8 续表

单位：万元

项目名称	本年完成投资	中央政府投资				地方政府投资				利用外资	企业和私人投资	国内贷款	债券	其他投资
		小计	预算内拨款	中央财政水利专项资金	其他资金	小计	省级政府投资	地市级政府投资	县级政府投资					
甘州区农村饮水安全巩固提升2017	1009	92	92			670	670							247
肃南县农村饮水安全巩固提升2017	711	71	71			640			640					
民乐县农村饮水安全巩固提升2017	800	58	58			449	449							293
山丹县农村饮水安全巩固提升2017	1006	73	73											933
崆峒区年农村饮水安全巩固提升2017	755	55	55			700			700					
泾川县北部农村饮水安全巩固提升工程	335	82	82			253		253						
灵台县农村饮水安全巩固提升工程2017	1128	82	82			1046			1046					
崇信县农村饮水安全巩固提升工程2017	1442	112	112									1330		
华亭县牛舌堡水厂巩固提升工程	354	37	37			317			317					
庄浪县农村饮水安全项目2017	1093	80	80			1013			1013					
静宁县农村饮水安全巩固提升工程2017	2631	192	192			2439			2439					
肃州区农村饮水巩固提升2017	102	73	73			29			29					
金塔县农村饮水安全巩固提升2017	188	31	31			157			157					
瓜州县农村饮水安全巩固提升2017	483	35	35			448			448					
肃北县农村饮水安全提升工程2017	85	6	6											79
阿克塞县农村饮水安全巩固提升2017	50	13	13									37		
玉门市农村饮水安全巩固提升工程2017	505	37	37			468			468					
敦煌市农村饮水安全巩固提升2017	203	19	19			184			184					
西峰区农村饮水安全巩固提升工程2017	490	36	36			454		200	254					
庆城县农村饮水安全巩固提升工程2017	5869	566	566			5303		190	5113					
环县农村饮水安全巩固提升工程2017	8251	82	82			8169		260	7909					
华池县农村饮水安全巩固提升工程2017	5352	790	790			4562		90	4472					
合水县农村饮水安全巩固提升工程2017	1253	91	91			1162		120	1042					
正宁县农村饮水安全巩固提升工程2017	484	35	35			449		170	279					
宁县农村饮水安全巩固提升工程2017	1865	136	136			1729	1339	390						
镇原县农村饮水安全巩固提升工程2017	2460	180	180			2180		380	1800					100
通渭县年农村饮水安全巩固提升2017	888	398	398			490			490					
陇西县农村饮水安全巩固提升工程2017	5011	511	511			3000			3000					1500
渭源县农村饮水安全巩固提升工程2017	5103	350	350			4753			4753					

2-8 续表

单位：万元

项目名称	本年完成投资	中央政府投资				地方政府投资				利用外资	企业和私人投资	国内贷款	债券	其他投资
		小计	预算内拨款	中央财政水利专项资金	其他资金	小计	省级政府投资	地市级政府投资	县级政府投资					
临洮县农村饮水安全巩固提升工程2017	5328	835	835											4493
漳县农村饮水安全巩固提升工程2017	189	189	189											
武都区农村饮水安全巩固提升工程2017	2987	215	215									2772		
宕昌县农村饮水安全巩固提升2017	3753	274	274			3479			3479					
成县农村饮水安全巩固提升工程2017	2576	188	188			2388			2388					
文县农村饮水安全巩固提升工程2017	2853	208	208											2645
西和县农村饮水安全巩固提升工程	8162	595	595									7567		
礼县农村饮水安全巩固提升工程2017	3837	516	516									3321		
两当县农村饮水安全巩固提升2017	2304	105	105											2199
徽县农村饮水安全巩固提升2017	5139	179	179									4960		
康乐县农村饮水安全巩固提升工程2017	3153	277	277									2876		
永靖县农村饮水安全巩固提升工程2017	518	518	518											
和政县农村饮水安全巩固提升工程2017	800	313	313									487		
积石山县农村饮水安全巩固提升2017	218	218	218											
合作市农村饮水安全巩固提升2017	292	15	15			277			277					
临潭县农村饮水安全巩固提升2017	254	19	19			235			235					
卓尼县农村饮水安全巩固提升2017	203	14	14			189	189							
舟曲县农村饮水安全巩固提升2017	188	14	14			174			174					
迭部县农村饮水安全巩固提升2017	171	12	12			159			159					
玛曲县农村饮水安全巩固提升2017	125	9	9			116			116					
碌曲县农村饮水安全巩固提升2017	188	9	9			179			179					
夏河县农村饮水安全巩固提升2017	250	18	18			232			232					
抗旱工程	77	47		47								30		
会宁县郭城驿镇抗旱应急水源工程	30											30		
泾川县抗旱应急水源引调提水项目	47	47		47										
其他供水工程	55378	1550			1550	21520	3276	2500	15744		240	29993	1306	769
皋兰县山字墩水库-县城段输水管道改造	2486					1007			1007			1479		
金昌市城市应急备用水源	1306												1306	

2-8 续表

单位：万元

项目名称	本年完成投资	中央政府投资				地方政府投资				利用外资	企业和私人投资	国内贷款	债券	其他投资
		小计	预算内拨款	中央财政水利专项资金	其他资金	小计	省级政府投资	地市级政府投资	县级政府投资					
张家川县东峡水库城区供水设施改造工程	212					212			212					
古浪县黄花滩移民点自来水供应服务站	149											149		
古浪县古丰乡西山堡村收缩安置点供水	121					121			121					
古浪县绿洲生态移民搬迁财力补助供水	2426											2426		
古浪县绿洲生态移民小城镇供水工程	4086											4086		
古浪黄花滩1、2、8、9移民点养殖区供水	1082											1082		
庆城县小型扶贫水利项目2017	551	551			551									
环县县级自筹水利建设项目2017	6331					6331			6331					
合水县农业综合开发建设项目2017	1316	940			940	376	376							
正宁县精准扶贫农村饮水安全工程2017	675					675			675					
镇原县小型水利工程2017	1697	59			59	1638			1638					
武都区坪垭藏族乡整乡易地搬迁饮水工程	490											490		
武都区供水扩建工程	4840					4840			4840					
宕昌县贫困村社基础设施建设饮水安全	4760											4760		
康县贫困村基础设施建设饮水安全工程	2130											2130		
永靖县精准脱贫农村饮水安全补充工程	715					715			715					
和政县新庄中良村吓沟等3社饮水工程	35													35
东乡县中部农村饮水安全巩固提升一期														
东乡县农村供水骨干调蓄工程北部片区	300					300	300							
东乡县布楞沟流域农村供水改造工程	240										240			
东乡县农村管网延伸改造16-17扶贫饮水	600					600	600							
积石山县小型集中及分散供水改造工程	182													182
积石山县易地搬迁安置点人饮工程2016	170													170
积石山县城区供水水源改扩建工程	2482					204			204			1896		382
武威市黄羊土门组团供水项目杂木河供水	12138					2000	2000					10138		
华亭县安口镇应急引水工程	1358											1358		
兰州新区城际铁路沿线绿化项目水利工程	200					200		200						
兰州新区职教园区景观水系供水工程	2300					2300		2300						

2-8 续表

单位：万元

项目名称	本年完成投资	中央政府投资				地方政府投资				利用外资	企业和私人投资	国内贷款	债券	其他投资
		小计	预算内拨款	中央财政水利专项资金	其他资金	小计	省级政府投资	地市级政府投资	县级政府投资					
水务项目	58390	8197			8197	11549	2090		9459			34773		3871
自来水厂建设	4517					2715			2715			1802		
庄浪县南坪水厂改扩建及管网工程	100											100		
华池县自来水厂管网改造工程	2715					2715			2715					
崆峒区韩家沟水厂供水工程（一期）	1342											1342		
山丹县第二给水厂建设工程	360											360		
城镇供水管线建设	31230					2000	2000					25359		3871
天水市藉口水厂至西十里供水管道工程	8829											8829		
清水县城区供水工程	5971											2100		3871
清水县城区自来水管网扩建工程	530											530		
古浪县大靖镇供水改扩建工程	8000											8000		
庆城县城区供水输水管道工程（环县段）	7900					2000	2000					5900		
污水处理工程建设	22642	8197			8197	6834	90		6744			7612		
平凉市天雨污水处理厂提标改造扩建工程	2900											2900		
华池县乡镇河道污水收集建设工程	1238					1238			1238					
镇原县巴家咀上游截污及三岔镇雨污分流	13702	8197			8197	5505			5505					
民勤红沙岗污水处理厂及中水回用贮水池	4055											4055		
华亭县城区生活污水处理厂中水回用项目	747					90	90					657		
临洮县污水处理厂配套管网工程														
非常规水资源利用项目	321											321		
雨水集用	321											321		
礼县农村饮水安全集雨水窖工程	321											321		
水电开发利用	7112	1198		1198							4810	1104		
水电增效扩容	7112	1198		1198							4810	1104		
永昌县头坝二号水电站增效扩容改造	244	100		100							144			
肃州区丰乐河水电站增效扩容及生态修复	534	130		130							404			
金塔县解放村水电站增效扩容改造	465	80		80							385			
肃北县拉排一级水电站增效扩容及生态修复	1262	107		107							51	1104		

2-8 续表

单位：万元

项目名称	本年完成投资	中央政府投资				地方政府投资				利用外资	企业和私人投资	国内贷款	债券	其他投资
		小计	预算内拨款	中央财政水利专项资金	其他资金	小计	省级政府投资	地市级政府投资	县级政府投资					
敦煌市党河水电站增效扩容改造	1428	145		145							1283			
敦煌市南湖店水电站增效扩容改造	644	60		60							584			
成县飞龙峡水电站增效扩容及生态修复	75	75		75										
文县哈南水电站增效扩容及生态修复	307	22		22							285			
文县肖家山水电站增效扩容及生态修复	115	115		115										
礼县红崖二级水电站河流生态修复工程	6	6		6										
礼县大滩水电站增效扩容改造工程	33	33		33										
礼县大滩水电站河流生态修复工程	5	5		5										
礼县红崖二级水电站增效扩容改造项目	37	37		37										
和政县闫蔡坪水电站增效扩容改造	385	55		55							330			
舟曲县插岗一级水电站增效扩容及生态修复	780	108		108							672			
舟曲县驼骆坝水电站增效扩容及生态修复	120	120		120										
夏河县白土坡水电站	672										672			
水保及生态保护	145716	78698	36510	31788	10400	33702	3939	1417	28346		800	20530		11986
水土流失治理	53477	42160	18772	23388		6120	2069	1167	2883					5197
榆中县坡耕地水土流失综合治理工程2017	502	402	402			100		50	50					
榆中县病险淤地坝除险加固工程2017	200	160		160		40	6		34					
嘉峪关讨赖河南岸水土保持提升工程	330					330	140	190						
平川区水土保持项目	88	88		88										
靖远县省级水土保持补偿费建设项目														
靖远县北湾镇水土保持项目2016	438	420		420		18	18							
会宁县坡耕地水土流失综合治理2017	625	500	500			125			125					
会宁县水土保持重点建设2017	1429	1000		1000		43	43							386
景泰县国家水土保持重点工程	256	245		245		12	12							
秦州区坡耕地水土流失综合治理工程2017	1251	1000	1000			251			251					
麦积区水土保持重点工程2017	300	300		300										
清水县水土保持重点工程2017	286	200		200		56	10		46					30
清水县坡耕地水土流失综合治理工程2017	937	750	750			97			97					90

2-8 续表

单位：万元

项目名称	本年完成投资	中央政府投资				地方政府投资				利用外资	企业和私人投资	国内贷款	债券	其他投资
		小计	预算内拨款	中央财政水利专项资金	其他资金	小计	省级政府投资	地市级政府投资	县级政府投资					
秦安县水土保持重点工程2017	400	400		400										
甘谷县坡耕地水土流失综合治理2017	899	750	750			149			149					
武山县坡耕地水土流失综合治理工程2017	909	750	750			159		47	112					
张家川县水土保持重点工程2017	429	300		300		14	14							115
古浪县水土保持重点治理项目2017	163	163		163										
天祝县2017年水土保持重点工程	200	200		200										
肃南县水土保持重点工程2017	277	200		200		77			77					
崆峒区农业综合开发黄土高原保护2017	842	618		618		224	224							
崆峒区坡耕地水土流失治理2017	625	500	500											125
泾川县农业综合开发黄土高原保护2017	851	645		645		191	151		40					15
泾川县病险淤地坝除险加固工程2017	275	220		220		55	7		48					
灵台县农业综合开发黄土高原保护2017	970	713		713		254	231		23					3
灵台县坡耕地水土流失治理2017	575	450	450											125
崇信县坡耕地水土流失治理2017	625	500	500											125
崇信县农业综合开发黄土高原保护2017	906	750		750		156	156							
崇信县病险淤地坝除险加固工程2017	110	88		88		22			22					
华亭县水土保持重点工程2017	421	295		295										126
庄浪县水土保持重点建设工程2017	1000	700		700		31	31							269
庄浪县病险淤地坝除险加固工程2017	485	388		388		97	11		86					
静宁县坡耕地水土流失治理2017	1251	1000	1000											251
静宁县坡耕地水土流失治理2016														
西峰区农业综合开发黄土高原保护2017	1056	800		800		256	256							
西峰区病险淤地坝除险加固工程2017	105	84		84		21			21					
西峰区病险淤地坝除险加固工程2016	60	44		44		16			16					
庆城县坡耕地水土流失治理2017	937	750	750											187
庆城县病险淤地坝除险加固工程2016	21	17		17		4			4					
庆城县病险淤地坝除险加固工程2017	320	256		256		64	10		54					
环县病险淤地坝除险加固工程2016	39	32		32		7			7					

2-8 续表

单位：万元

项目名称	本年完成投资	中央政府投资				地方政府投资				利用外资	企业和私人投资	国内贷款	债券	其他投资
		小计	预算内拨款	中央财政水利专项资金	其他资金	小计	省级政府投资	地市级政府投资	县级政府投资					
环县坡耕地水土流失治理2016														
环县坡耕地水土流失治理2017	1250	1000	1000											250
环县病险淤地坝除险加固工程2017	584	467		467		117	13		104					
华池县坡耕地水土流失治理2017	625	500	500											125
华池县病险淤地坝除险加固工程2017	280	224		224		56	7		49					
合水县水土保持重点建设工程2016（一）														
合水县农业综合开发黄土高原保护2017	590	430		430		160	160							
合水县水土保持重点建设工程2017	857	600		600		59	27		32					199
合水县病险淤地坝除险加固工程2017	340	272		272		68	8		60					
正宁县农业综合开发黄土高原保护2017	522	400		400		122	122							
正宁县水土保持重点建设工程2016（一）														
正宁县水土保持重点建设工程2017	857	600		600		27	27							230
正宁县病险淤地坝除险加固工程2017	240	192		192		48	7		41					
正宁县病险淤地坝除险加固工程2016	10	8		8		2			2					
宁县农业综合开发黄土高原保护2017	601	481		481		120	120							
宁县水土保持重点建设工程2017	857	600		600		27	27							230
宁县水土保持重点建设工程2016（一）														
宁县病险淤地坝除险加固工程2017	215	172		172		6	6							37
镇原县水土保持重点建设工程2016（一）														
镇原县水土保持重点建设工程2016（二）														
镇原县坡耕地水土流失治理2016														
镇原县坡耕地水土流失治理2017	1250	1000	1000											250
镇原县水土保持重点建设工程2017	1000	700		700		31	31							269
镇原县病险淤地坝除险加固工程2017	375	300		300		75	9		66					
安定区坡耕地水土流失综合治理工程2017	753	750	750			3		3						
安定区水土保持重点建设工程2017	513	491		491		22	22							
安定区病险淤地坝除险加固工程2017	420	348		348		29	10		19					43
通渭县病险淤地坝除险加固工程2017	196	196		196										

2-8 续表

单位：万元

项目名称	本年完成投资	中央政府投资				地方政府投资				利用外资	企业和私人投资	国内贷款	债券	其他投资
		小计	预算内拨款	中央财政水利专项资金	其他资金	小计	省级政府投资	地市级政府投资	县级政府投资					
通渭县坡耕地水土流失综合治理2017	1151	900	900			251		251						
陇西县水土保持重点建设工程2017	1429	1000		1000		43	43							386
陇西县坡耕地水土流失综合治理2017	1131	881	881			250		250						
陇西县病险淤地坝除险加固工程2017	230	184		184		6	6							40
渭源县病险淤地坝除险加固工程2017	194	187		187		7	7							
渭源县国家水土保持重点工程2017	269	255		255		14	14							
临洮县水土保持重点建设工程2017	1000	1000		1000										
临洮县坡耕地水土流失综合治理2017	1181	930	930			251		251						
临洮县病险淤地坝除险加固工程2017	208	208		208										
漳县坡耕地水土流失综合治理工程2017	625	500	500			125		125						
漳县病险淤地坝除险加固工程2017	288	288		288										
岷县国家水土保持重点工程2017	413	287		287		10	10							116
武都区水土保持重点工程2017	429	300		300										129
宕昌县水土保持重点工程2017	286	200		200										86
成县水土保持重点工程2017	533	382		382										151
康县国家水土保持重点工程2017	517	368		368		149	23		126					
文县国家水土保持重点工程2017	286	200		200		86	10		76					
西和县坡耕地水土流失综合治理工程2017	786	661	661			125			125					
礼县坡耕地水土流失综合治理工程2017	841	680	680			161			161					
两当县国家水土保持重点工程2017	535	380		380		155	23		132					
徽县坡耕地水土流失综合治理工程2017	563	450	450			113			113					
临夏县县坡耕地水土流失综合治理工程	937	750	750											187
康乐县坡耕地水土流失治理工程2017	856	669	669											187
广河县坡耕地水土流失综合治理2017	937	750	750											187
和政县第二批国家水土保持重点工程2017	400	400		400										
东乡县坡耕地水土流失综合治理2017	1250	1000	1000											250
东乡县国家水土保持重点建设工程2017	1429	1000		1000		429			429					
临潭县小流域综合治理项目2017	186	186		186										

2-8 续表

单位：万元

项目名称	本年完成投资	中央政府投资				地方政府投资				利用外资	企业和私人投资	国内贷款	债券	其他投资
		小计	预算内拨款	中央财政水利专项资金	其他资金	小计	省级政府投资	地市级政府投资	县级政府投资					
卓尼县相俄项目区流域治理2017	97	97		97										
舟曲县水土保持治理工程2017	506	400		400		106	18		88					
迭部县水土保持尼傲乡巴藏项目区2017	261	261		261										
流域生态综合治理	20756	17359	17359			3397	1291		2106					
敦煌水资源规划项目（酒泉市）2016	725	67	67			658	58		600					
敦煌水资源规划项目水保（酒泉市）2017	3708	2967	2967			741			741					
敦煌水资源规划项目（敦煌市）2016	1201	436	436			765			765					
敦煌水资源规划项目（敦煌市）2017	9862	9862	9862											
敦煌水资源规划项目（疏勒河）2017	3465	3465	3465											
敦煌水资源规划项目（疏勒河）2015														
敦煌水资源规划项目（疏勒河）2016	1795	562	562			1233	1233							
河湖连通工程	8400	8400		8400										
会宁县河湖水系连通项目	4500	4500		4500										
庄浪县店峡沟与竹林寺水库河库连通工程	1500	1500		1500										
宕昌县鹅嫚沟综合治理工程	2400	2400		2400										
其他环境水利项目	63083	10778	378		10400	24185	578	250	23357		800	20530		6789
凉州区水环境综合治理工程	1897	1757			1757	140			140					
民勤县红崖山库区生态环境治理工程	600	22			22	578	578							
古浪山水林田湖生态修复南泥沟水库治理	100	100			100									
天祝县山水林田湖生态保护修复工程	5000	3877			3877									1123
张掖市祁连山生态保护监控信息系统工程	2100	2100			2100									
平凉市崆峒水库至大岔河段河道生态治理	250					250		250						
崇信县□河流域水环境治理工程	378	378	378											
肃州区四坝海子生态治理项目2017	2000					2000			2000					
玉门市引水入城玉渊湖扩建工程	2317					2317			2317					
庆城县城区段河道水面工程	14165											14165		
武都滨江步道改造工程工程	4210					4210			4210					
临夏市大夏河三十里风情线综合治理二期	6486					6486			6486					

2-8 续表

单位：万元

项目名称	本年完成投资	中央政府投资				地方政府投资				利用外资	企业和私人投资	国内贷款	债券	其他投资
		小计	预算内拨款	中央财政水利专项资金	其他资金	小计	省级政府投资	地市级政府投资	县级政府投资					
临夏市南干刘家桥至环城西路污水治理	516					516			516					
临夏市大夏河风情线综合治理工程														
临夏市国土实施水保项目	167	162			162									5
临夏市大夏河一大桥至罗家湾综合治理二期	3514					3514			3514					
临夏县大夏河城区段综合治理工程二期	366											366		
康乐县洮河三岔河片区水污染治理一期	7300					500			500		800	6000		
和政县林业实施水保项目	800													800
和政县大南岔河水生态修复工程	4000													4000
东乡县国土、农发、农牧实施水保项目	3675					3675			3675					
积石山县国土、林业、农牧实施水保项目	3243	2382			2382									861
机构能力建设专项	3975	3480	950	2530		495	495							
水文设施及能力建设	3975	3480	950	2530		495	495							
省疏管局斗口水量计量设施更新改造	1495	1000		1000		495	495							
甘肃水资源监控能力建设二期	1530	1530		1530										
甘肃省水资源监测能力（一期）建设工程	350	350	350											
甘肃省大江大河水文监测（一期）建设工程	600	600	600											
甘肃省中小河流水文监测系统建设项目														
移民项目	3555	2153		2153		1398	1398							4
永昌县大中型水库移民后期扶持2017	546	212		212		334	334							
张家川县小型水库后期扶持项目2017	70					70	70							
凉州区大中型水库移民后期扶持项目2017	423	239		239		184	184							
民勤县大中型水库移民后期扶持2017	328	209		209		119	119							
古浪县水利水电移民后期扶持2017	79	79		79										
天祝县大中型水库移民后期扶持项目2017	96	26		26		65	65							4
金塔县库区移民项目2017	632	632		632										
瓜州县大中型水库移民后期扶持项目	1302	756		756		545	545							
正宁县小型水库移民后期扶持工程2017	40					40	40							
康县库区移民后期扶持阳坝供水水源工程	40					40	40							

2-9 2017 年水利建设项目完成投资（按市县分）

单位：万元

项目名称	本年完成投资	中央政府投资				地方政府投资				利用外资	企业和私人投资	国内贷款	债券	其他投资
		小计	预算内拨款	中央财政水利专项资金	其他资金	小计	省级政府投资	地市级政府投资	县级政府投资					
甘肃省	1500799	603891	298098	268473	37319	422184	166917	69026	186241	23479	7703	360111	15306	68125
兰州市	205789	50008	45176	4833		62391	3764	39476	19152			90423		2966
兰州市直	141175	37552	37181	371		29375		29375				74248		
黄河甘肃段防洪工程（兰州市）	58859	34181	34181									24678		
兰州市山洪灾害防治项目2017	371	371		371										
兰州市大砂沟泵站更新改造工程	3375	3000	3000			375		375						
兰州市水源地建设工程	78570					29000		29000				49570		
城关区	499					499		295	204					
城关区2017河道综合整治	160					160		160						
城关区大砂沟洪道永新集团段防洪抢险	304					304		100	204					
城关区皋兰山灌区东、西盘渠改造工程	35					35		35						
七里河区	3504	1039	1000	39		1977	426	303	1249					487
七里河区农田水利设施维修养护项目2017	39	39		39										
七里河区西津灌区大型泵站更新改造	1125	1000	1000			125		125						
七里河区2017一事一议项目	1262					774	426	178	171					487
七里河区2017乡镇实施水利工程项目	1078					1078			1078					
西固区	2662	1242	36	1206		1420	213	654	553					
西固区农田水利设施维修养护项目2017	120	120		120										
西固区高效节水灌溉项目2017	1955	1086		1086		869	213	264	392					
兰州市工农坪泵站更新改造工程	161					161			161					
西固区农村饮水安全巩固提升工程2017	426	36	36			390		390						
红古区	100					100		100						
湟水兰州市红古段防洪治理工程	100					100		100						
永登县	11891	4338	3482	856		7553	168	4828	2557					
永登县庄浪河东干渠首至寺滩泵站防洪	4385	2769	2769			1616		923	693					
永登县高效节水项目坪城乡灌溉工程	5787	740		740		5047	140	3340	1567					
永登县高效节水项目柳树镇红砂川村	172	116		116		56	28	20	8					
永登县农村饮水安全巩固提升工程2017	1547	713	713			834		545	289					
皋兰县	4212	871	61	810		1862		555	1307			1479		

2-9 续表

单位：万元

项目名称	本年完成投资	中央政府投资				地方政府投资				利用外资	企业和私人投资	国内贷款	债券	其他投资
		小计	预算内拨款	中央财政水利专项资金	其他资金	小计	省级政府投资	地市级政府投资	县级政府投资					
皋兰县农田水利设施维修养护项目2017	147	60		60		87		87						
皋兰县年高效节水项目2017	750	750		750										
皋兰县农村饮水安全巩固提升2017	829	61	61			768		468	300					
皋兰县山字墩水库-县城段输水管道改造	2486					1007			1007		1479			
榆中县	41746	4967	3416	1551		19604	2957	3366	13281		14696			2479
榆中县宛川河兴隆峡河道治理工程														
榆中县小型农田水利建设项目2017	534					534		36	498					
榆中县高效节水灌溉项目2017	5575	1326		1326		4249	261	340	3648					
榆中县农田水利设施维修养护项目2017	65	65		65										
兰州市榆中三电泵站更新改造工程	3450	2900	2900			550		550						
榆中县三电东干十五支渠小康营上水工程	4392					4392			4392					
榆中县三电东干末级泵站改建工程	2924					2924			2924					
榆中县青城灌溉水源工程	680					680			680					
引洮供水一期榆中县配套工程	21865					4690	2690	2000			14696			2479
榆中县农村饮水安全巩固提升工程2017	1558	114	114			1444		390	1054					
榆中县坡耕地水土流失综合治理工程2017	502	402	402			100		50	50					
榆中县病险淤地坝除险加固工程2017	200	160		160		40	6		34					
嘉峪关市	5716	3569		3369	200	1774	708	1066		373				
嘉峪关市山洪灾害防治项目2017	37	37		37										
嘉峪关讨赖河生态治理洪水槽防冲刷加固	804					804		804						
嘉峪关市节水灌溉及维修养护2017	3590	2726		2726		491	441	50		373				
嘉峪关新城镇高标准基本农田建设项目	200	200			200									
嘉峪关农业综合开发高标准农田建设2017	755	606		606		149	127	22						
嘉峪关讨赖河南岸水土保持提升工程	330					330	140	190						
金昌市	31667	17448	4941	12507		4734	2061		2673	144	7003	1306	1306	1031
金昌市直	8314	5		5							7003	1306	1306	
金昌市山洪灾害防治项目2017	5	5		5										
金昌市国防工业基地蓄洪生态治理	7003										7003			
金昌市城市应急备用水源	1306											1306	1306	

2-9 续表

单位：万元

项目名称	本年完成投资	中央政府投资				地方政府投资				利用外资	企业和私人投资	国内贷款	债券	其他投资
		小计	预算内拨款	中央财政水利专项资金	其他资金	小计	省级政府投资	地市级政府投资	县级政府投资					
金川区	6001	3937				1343	1009		334					721
金川区山洪灾害防治2017项目(第二批)	17	16				1			1					
金川区农业水价综合改革建设（第二批）	330	330												
金川区农田水利设施建设2017	1875	1000				659	500		159					216
金川区农田水利设施建设（第二批）2017	3779	2591				683	509		174					505
永昌县	17352	13506	4941	4941		3391	1052		2339		144			310
永昌县东大河河流治理	2396	1917				479			479					
永昌县金川河工农渠首泄洪闸	53					53			53					
永昌县山洪灾害防治项目2017	34	34												
永昌县西河灌区续建配套节水改造	4118	3200	3200	3200		918			918					
永昌县东河灌区续建配套节水改造	2134	1707	1707	1707		427			427					
永昌县农业水价综合改革2017	100	100												
永昌县小型农田水利设施建设2017	1675	1000				530	500		30					145
永昌县高效节水灌溉新增2017	5435	5052				218	218							165
永昌县中央财政维修养护2017	150	150												
永昌县农村饮水安全巩固提升2017	466	34	34	34		432			432					
永昌县头坝二号水电站增效扩容改造	244	100									144			
永昌县大中型水库移民后期扶持2017	546	212				334	334							
白银市	85526	51333	34825	34825	1160	10511	2948		7563		176	3696	8000	11809
白银市直	24172	24031	23406	23406		141	141							
黄河甘肃段防洪工程（白银市）	15206	15206	15206	15206										
白银市山洪灾害防治项目2017	346	205				141	141							
白银市靖会灌区水利工程设施维修养护	210	210												
白银市兴电灌区水利工程设施维修养护	210	210												
白银市靖会泵站更新改造工程	4300	4300	4300	4300										
白银市兴电泵站更新改造工程	3900	3900	3900	3900										
白银市兴电灌区渠道维修工程														
白银区	1231	714	67	67		484	351		133		33			
白银区西大沟（城区段）护岸工程	300	300												

2-9 续表

单位：万元

项目名称	本年完成投资	中央政府投资				地方政府投资				利用外资	企业和私人投资	国内贷款	债券	其他投资
		小计	预算内拨款	中央财政水利专项资金	其他资金	小计	省级政府投资	地市级政府投资	县级政府投资					
白银区高效节水灌溉项目	383	299		299		51	51				33			
白银区五小水利工程2016	300					300	300							
白银区水利工程设施维修养护项目	48	48		48										
白银区农村饮水安全巩固提升2017	200	67	67			133			133					
平川区	1454	1307	131	1176		147	147							
平川区旱坪川灌区农业综合开发														
平川区高效节水灌溉项目	895	748		748		147	147							
平川区农业水价项目	260	260		260										
平川区水利工程设施维修养护项目	80	80		80										
平川区农村饮水安全巩固提升2017	131	131	131											
平川区水土保持项目	88	88		88										
靖远县	10927	8032	5405	2627		626	626					2050		219
靖远县祖历河庄口至罗家湾段防洪工程	2127	2127	2127											
靖远县靖乐渠灌区农业综合开发	890	670		670		220	220							
靖远县高效节水灌溉项目	1974	1467		1467		288	288							219
靖远县水利工程设施维修养护项目	70	70		70										
靖远县刘川泵站更新改造工程	664	664	664											
靖远县中堡泵站更新改造工程	2500	2500	2500											
靖远县刘川易地扶贫搬迁项目供水工程	2050											2050		
靖远县东湾大坝电灌渠道维修养护工程	100					100	100							
靖远县农村饮水安全巩固提升2017	114	114	114											
靖远县省级水土保持补偿费建设项目														
靖远县北湾镇水土保持项目2016	438	420		420		18	18							
会宁县	20854	11356	3510	7846		653	528		125			1126		7720
会宁县苦水河河畔羊肉市场段综合治理	1096											1096		
会宁县祖厉河柴门乡张家湾至郭城镇防洪	3176	1906	1906											1270
会宁县东河会师段护岸工程	1146	750		750		183	183							213
会宁县康家河综合治理工程	650	650	650											
会宁县水利工程设施维修养护项目	55	55		55										

2-9 续表

单位：万元

项目名称	本年完成投资	中央政府投资				地方政府投资				利用外资	企业和私人投资	国内贷款	债券	其他投资
		小计	预算内拨款	中央财政水利专项资金	其他资金	小计	省级政府投资	地市级政府投资	县级政府投资					
会宁县高效节水灌溉项目	1930	1541		1541		302	302							87
引洮一期工程会宁北部供水工程														
会宁县农村饮水安全巩固提升2017	6218	454	454											5764
会宁县郭城驿镇抗旱应急水源工程	30											30		
会宁县水土保持重点建设2017	1429	1000		1000		43	43							386
会宁县坡耕地水土流失综合治理2017	625	500	500			125			125					
会宁县河湖水系连通项目	4500	4500		4500										
景泰县	26887	5893	2306	2427	1160	8460	1155		7305		143	520	8000	3870
景泰县水利工程设施维护项目	137	137		137										
景泰县小型农田水利设施补助	170	170		170										
景泰县高效节水灌溉项目	2163	1876		1876		144	144				143			
景泰县正路工业园区调蓄水库工程	2800					966			966			520		1314
景泰县中泉泵站更新改造工程	2496	1997	1997			499			499					
景泰县财政涉农资金支持贫困村水利设施	5100					5100			5100					
景泰县草窝滩镇排水工程	1600					1600	1000		600					
景泰县千亿斤粮食生产能力建设项目	1300	1160			1160	140			140					
景泰县精准扶贫寺滩引水工程	8000												8000	
景泰县农村饮水安全巩固提升2017	2865	309	309											2556
景泰县国家水土保持重点工程	256	245		245		12	12							
天水市	94193	27680	5682	21998		26277	7944	47	18286			35459		4777
天水市直	8839	10		10								8829		
天水市2017年山洪灾害防治项目	10	10		10										
天水市藉口水厂至西十里供水管道工程	8829											8829		
秦州区	36120	7361	1152	6209		4759	319		4440			24000		
秦州区藉河普岔沟至关子段堤防工程	1609	1287		1287		322			322					
秦州区峁水河杨家寺段堤防工程	1992	1594		1594		398	319		79					
秦州区山洪灾害防治项目2017	19	19		19										
天水市藉河生态综合治理一期续建工程	24000								4			24000		
秦州区天水镇杨家湾高效节水灌溉工程2017	450	396		396		54								

2-9 续表

单位：万元

项目名称	本年完成投资	中央政府投资				地方政府投资				利用外资	企业和私人投资	国内贷款	债券	其他投资
		小计	预算内拨款	中央财政水利专项资金	其他资金	小计	省级政府投资	地市级政府投资	县级政府投资					
秦州区汪川镇杏树梁高效节水灌溉工程	1116	813		813		303			303					
秦州区关峡水库	3600	2100		2100		1500			1500					
秦州区农村饮水安全巩固提升工程2017	2083	152	152			1931			1931					
秦州区坡耕地水土流失综合治理工程2017	1251	1000	1000			251			251					
麦积区	9364	3889	277	3612		5475	463		5012					
麦积区山洪灾害防治项目2017	290	290		290										
麦积区渭南镇南山高效节水灌溉工程2017	1236	1050		1050		186			186					
麦积区小型农田水利设施补助2016	804	380		380		424	150		274					
麦积区石佛镇盛龙高效节水灌溉工程2017	2339	1592		1592		747	313		434					
麦积区农村供水巩固提升工程2017	4395	277	277			4118			4118					
麦积区水土保持重点工程2017	300	300		300										
清水县	11482	2799	1436	1363		2062	1919		143			2630		3991
清水县牛头河柳湾段河道综合治理工程	550	550	550											
清水县后川河王店至王峡段堤防治理工程	518	518		518										
清水县山洪灾害防治项目2017	237	195		195		42	42							
清水县王家山高效节水灌溉项目2017	450	450		450										
清水县农村饮水安全巩固提升工程2017	2003	136	136			1867	1867							
清水县城区供水工程	5971											2100		3871
清水县城区自来水管网扩建工程	530											530		
清水县水土保持重点工程2017	286	200		200		56	10	47	46					30
清水县坡耕地水土流失综合治理工程2017	937	750	750			97			97					90
秦安县	10621	4504	926	3578		5552	2233		3319					565
葫芦河秦安县李河至刘沟村段治理工程	1156	693	693			463			463					
秦安县清水河五营赵洼大桥至仁义大桥堤防	1732	1250		1250		386	386							96
秦安县山洪灾害防治项目2017	156	156		156										
秦安县农田水利设施维修养护项目2017	110	110		110										
秦安县高效节水灌溉项目2017	1533	1022		1022		201	201							310
秦安县五小水利工程2016	146					146	146							
秦安县西小河小湾河水库	640	640		640										

2-9 续表

单位：万元

项目名称	本年完成投资	中央政府投资				地方政府投资				利用外资	企业和私人投资	国内贷款	债券	其他投资
		小计	预算内拨款	中央财政水利专项资金	其他资金	小计	省级政府投资	地市级政府投资	县级政府投资					
秦安县农田水利设施建设项目2017	1549					1500	1500							49
秦安县农村饮水安全巩固提升工程2017	3199	233	233			2856			2856					110
秦安县水土保持重点工程2017	400	400		400										
甘谷县	5049	1856	946	910		3193	265		2928					
甘谷县山洪灾害防治项目2017	186	132		132		54	42		12					
甘谷县高效节水灌溉工程2017	1042	778		778		264	153		111					
甘谷县水利工程维修养护项目2017	229					229	70		159					
甘谷县农村饮水安全巩固提升工程2017	2694	196	196			2498			2498					
甘谷县坡耕地水土流失综合治理2017	899	750	750			149			149					
武山县	6595	3728	913	2815		2857	578	47	2232					10
武山县大南河沿安至四门段堤防工程	1024	750		750		274	170		104					
武山县山丹河滩歌乡元崖至下街堤防工程	1112	750		750		362	258		104					
武山县山洪灾害防治项目2017	240	192		192		48	42		6					
武山县高效节水灌溉项目2017	1121	552		552		569	108		461					
武山县农业水价综合改革试点项目	510	500		500										10
武山县小型农田水利设施补助2016	31	31		31										
武山县农田水利设施维修养护项目2017	40	40		40										
武山县农村饮水安全巩固提升工程2017	1608	163	163			1445			1445					
武山县坡耕地水土流失综合治理工程2017	909	750	750			159		47	112					
张家川县	6123	3533	32	3501		2379	2167		212					211
张家川县清水河西川至马河段治理工程	993	750		750		243	243							
张家川县清水河峡口至汪堡段治理工程	1049	750		750		299	299							
张家川县山洪灾害防治项目2017	172	130		130		42	42							
张家川县高效节水灌溉项目2017	578	483		483		95	95							
张家川县富川水库（抗旱规划内）	2238	1088		1088		1150	1150							
张家川县农村饮水安全巩固提升工程2017	382	32	32			254	254							96
张家川县东峡水库城区供水设施改造工程	212					212			212					
张家川县水土保持重点工程2017	429	300		300		140	14							115
张家川县小型水库后期扶持项目2017	70						70							

2-9 续表

单位：万元

项目名称	本年完成投资	中央政府投资				地方政府投资				利用外资	企业和私人投资	国内贷款	债券	其他投资
		小计	预算内拨款	中央财政水利专项资金	其他资金	小计	省级政府投资	地市级政府投资	县级政府投资					
武威市	139038	68765	14103	41886	12776	32626	12652	4310	15664	11965		19393		6289
凉州区	35302	22966	256	16833	5877	6619	3227		3392	3040				2678
凉州区西营河北沙河段防洪治理2017	2856	1500		1500		457	457							899
凉州区山洪灾害防治项目2017	10	10		10										
凉州区以色列政府贷款农田水利建设项目	3040									3040				
凉州区高效节水灌溉发展项目2017	17540	13175		13175		2586	2586							1779
凉州区农业水价综合改革项目2017	1765	1765		1765										
凉州区水利工程养护维修项目2017	144	144		144										
凉州区国土部门高标准农田建设(水利部分)	3130	3130			3130									
凉州区新增1000亿斤粮田间工程建设	990	990			990									
凉州区农村饮水安全巩固提升工程2017	3508	256	256			3252			3252					
凉州区水环境综合治理工程	1897	1757			1757	140			140					
凉州区大中型水库移民后期扶持项目2017	423	239		239		184	184							
民勤县	42357	23116	12813	10281	22	14408	4721	4310	5377	4833				
民勤县以色列政府贷款农田水利建设	4833									4833				
民勤县公益性水利工程维修养护2017	160	160		160										
民勤县节水增效高效节水灌溉项目2017	9286	7762		7762		1524	1524							
民勤县中央财政农田水利设施建设2017	1500	1000		1000		500	500							
民勤县农业水价综合改革项目2017	1150	1150		1150										
民勤县红崖水库加高扩建工程	18700	12390	12390			6310	2000	4310						
民勤县农村饮水安全巩固提升工程2017	5800	423	423			5377			5377					
民勤县红崖山库区生态环境治理工程	600	22			22	578	578							
民勤县大中型水库移民后期扶持2017	328	209		209		119	119							
古浪县	43697	9944	584	9260	100	10268	3372		6896	4093		19393		
古浪县大靖河红柳湾段防洪治理工程	1680					1680	1680							
古浪县古浪河朱家庄-龙泉寺段治理	1620	1150		1150		470	470							
古浪县山洪灾害防治项目2017	13	13		13										
古浪县以色列政府贷款农田水利建设	4093									4093				
古浪县中央财政农田水利设施建设2017	1500	1000		1000		500	500							

2-9 续表

单位：万元

项目名称	本年完成投资	中央政府投资				地方政府投资				利用外资	企业和私人投资	国内贷款	债券	其他投资
		小计	预算内拨款	中央财政水利专项资金	其他资金	小计	省级政府投资	地市级政府投资	县级政府投资					
古浪县节水增效高效节水灌溉项目2017	4403	3681		3681		722	722							
古浪县中央财政小型农田水利建设项目	2250	2250		2250										
古浪县农业水价综合改革试点2017	860	860		860										
古浪县农田水利设施维修养护2017	64	64		64										
古浪县黄花滩北一、二支渠(管)工程	4800					4800			4800					
古浪县黄花滩总干二支渠（管）工程	1560											1560		
古浪县生态移民黄花滩灌区调蓄水池	3906					1815			1815			2091		
古浪县农田灌溉设施维修2017	160					160			160					
古浪县农村饮水安全巩固提升2017	584	584	584											
古浪县绿洲生态移民小城镇供水工程	4086											4086		
古浪县绿洲生态移民搬迁财力补助供水	2426											2426		
古浪黄花滩1、2、8、9移民点养殖区供水	1082											1082		
古浪县古丰乡西山堡村收缩安置点供水	121					121			121					
古浪县黄花滩移民点自来水供应服务站	149											149		
古浪县大靖镇供水改扩建工程	8000											8000		
古浪县水土保持重点治理项目2017	163	163		163										
古浪山水林田湖生态修复南泥沟水库治理	100	100			100									
古浪县水利水电移民后期扶持2017	79	79		79										
天祝县	17682	12740	450	5512	6777	1331	1331							3611
天祝县南阳山6、7#移民点应急防洪工程	1740					1000	1000							740
天祝县炭山岭城镇防洪工程	1500	1500			1500									
天祝县2017年农牧村护田护村工程	1400	1400			1400									
天祝县华藏寺至界牌段防洪治理工程2017	664	398	398			266	266							0
天祝县金强河打柴沟至岔口驿段河道治理	2831	2265		2265										566
天祝县山洪灾害防治项目2017	120	120		120										
天祝县农业水价综合改革试点项目2017	1000	900		900										100
天祝县节水增效高效节水灌溉项目2017	2422	2001		2001										421
天祝县农村饮水安全巩固提升工程2017	708	52	52											656
天祝县2017年水土保持重点工程	200	200		200										

2-9 续表

单位：万元

项目名称	本年完成投资	中央政府投资				地方政府投资				利用外资	企业和私人投资	国内贷款	债券	其他投资
		小计	预算内拨款	中央财政水利专项资金	其他资金	小计	省级政府投资	地市级政府投资	县级政府投资					
天祝县山水林田湖生态保护修复工程	5000	3877			3877									1123
天祝县大中型水库移民后期扶持项目2017	96	26		26		65	65							4
张掖市	85045	49529	13972	33457	2100	18986	8626	1260	9100		1303	9000		6227
张掖市直	13090	2830	480	250	2100	1260		1260				9000		
张掖市黑河城区段治理工程（一期工程）	9000											9000		
甘州区黑河分洪溢流堰至国道312线防洪	1740	480	480			1260		1260						
张掖市水利维修养护2017	250	250		250										
张掖市祁连山生态保护监控信息系统工程	2100	2100			2100									
甘州区	18297	12916	3292	9624		5134	1919		3215					247
甘州区大瓷窑河沙井段河道防洪治理工程	1586	1586		1586										
甘州区山洪灾害防治2017	154	154		154										
甘州区西浚灌区续建配套节水改造	2165	1600	1600			565			565					
甘州区大满灌区续建配套节水改造	2485	1600	1600			885			885					
甘州区农田水利和水价改革2017	1420	1420		1420										
甘州区高效节水灌溉2017	9378	6364		6364		3014	1249		1765					
甘州区水利维修养护2017	100	100		100										
甘州区农村饮水安全巩固提升2017	1009	92	92			670	670							247
肃南县	3826	2517	71	2446		1309	240		1069					
肃南县隆畅河治理工程补充项目2017	520	520		520										
肃南县摆浪河河道治理工程	1735	1388		1388		347			347					
肃南县山洪灾害防治2017	29	29		29										
肃南县农田水利和水价改革2017	459	309		309		150	150							
肃南县水利维修养护2017	95					95	90		5					
肃南县农村饮水安全巩固提升2017	711	71	71			640			640					
肃南县水土保持重点工程2017	277	200		200		77			77					
民乐县	12428	10029	2458	7571		1961	1450		511					438
民乐县洪水河六坝段河道治理工程2017	1483	1186		1186		297	237		59					
民乐县苏油口至黑崖头村段河道治理2017	1336	1069		1069		267	214		53					
民乐县大堵麻河李寨段河道治理工程2017	1561	1249		1249		312	250		62					

2-9 续表

单位：万元

项目名称	本年完成投资	中央政府投资				地方政府投资				利用外资	企业和私人投资	国内贷款	债券	其他投资
		小计	预算内拨款	中央财政水利专项资金	其他资金	小计	省级政府投资	地市级政府投资	县级政府投资					
民乐县山洪灾害防治2017	81	67		67										14
民乐县大堵麻灌区续建配套节水改造	2700	2400	2400			300			300					
民乐县农田水利和水价改革2017	1091	1090		1090										1
民乐县2017小型农田水利建设（七）	1030	600		600		300	300							130
民乐县水利工程维修养护2017	166	130		130		36			36					
民乐县山城河水库	2180	2180		2180										
民乐县农村饮水安全巩固提升2017	800	58	58			449	449							293
临泽县	8026	4827	3293	1534		2949	200		2749					250
临泽县铁路桥至暖泉段防洪治理	5487	3293	3293			2194			2194					
临泽县山洪灾害防治2017	54	54		54										
临泽县梨园河灌区续建配套节水改造	555					555			555					
临泽县农田水利和水价改革2017	460	460		460										
临泽县高效节水灌溉2017	1470	1020		1020		200	200							250
高台县	9083	6103	1105	4998		2351	1976		375					629
高台西腰墩水库至刘家深湖水库河道防洪	1400	1105	1105			295			295					
高台县小海子水库除险加固2017	900					900	900							
高台县山洪灾害防治2017	23	22		22										1
高台县罗城灌区农业综合开发2017	1070	750		750		320	240		80					
高台县六坝灌区农业综合开发2017	462	350		350		112	112							
高台县2017小型农田水利建设（七）	1754	1000		1000		500	500							254
高台县2017高效节水灌溉	1674	1141		1141		224	224							309
高台县小型农田水利设施补助2016	64													64
高台县农田水利和水价改革2017	1735	1735		1735										
山丹县	20296	10307	3273	7034		4023	2842		1181		1303			4663
山丹县山洪灾害防治2017	64	64		64										
山丹县马营河灌区续建配套节水改造	3734	3200	3200			39			39					495
山丹马场高效节水灌溉2016	765										765			
山丹县小型农田水利重点县2016	175					175			175					
山丹马场小型农田水利重点县2016	278					96	96				182			

2-9 续表

单位：万元

项目名称	本年完成投资	中央政府投资				地方政府投资				利用外资	企业和私人投资	国内贷款	债券	其他投资
		小计	预算内拨款	中央财政水利专项资金	其他资金	小计	省级政府投资	地市级政府投资	县级政府投资					
山丹县高效节水灌溉2016	192					192			192					
山丹县高效节水灌溉2017（二）	1140	1140		1140										
山丹县2015年新增农田水利设施建设2016	210					175			175					35
山丹县小型农田水利设施补助2016	356										356			
山丹县农田水利和水价改革2017	900	900		900										
山丹县高效节水灌溉2017	2000	1255		1255		546	246		300					199
山丹县小型农田水利建设2017	1975	1000		1000		800	500		300					175
山丹县白石崖水库(抗旱规划内)	7500	2675		2675		2000	2000							2825
山丹县农村饮水安全巩固提升2017	1006	73	73											933
平凉市	61690	28169	12806	15363		15109	7555	503	7051			17167		1245
平凉市直	2241	1730	1258	472		511	235	250	26					
平凉市泾河吴老沟至平镇桥河堤治理														
平凉市泾河大岔河至吴老沟河堤治理2017	1258	1258	1258											
平凉山洪灾害防治项目2017	733	472		472		261	235		26					
平凉市崆峒水库至大岔河段河道生态治理	250					250		250						
崆峒区	12964	6074	4084	1990		1095	395		700			5547		248
崆峒区泾河南阳涧河至信河段防洪治理	1426	1426	1426											
崆峒区泾河马莲沟至南阳涧河段防洪														
崆峒区农业水价改革及节水灌溉2017	1666	1372		1372		171	171							123
崆峒区北杨涧水库（抗旱规划内）	2647											2647		
平凉市白庙泵站更新改造工程	2103	2103	2103											
崆峒区年农村饮水安全巩固提升2017	755	55	55			700			700					
平凉市天雨污水处理厂提标改造扩建工程	2900											2900		
崆峒区农业综合开发黄土高原保护2017	842	618		618		224	224							
崆峒区坡耕地水土流失治理2017	625	500	500											125
泾川县	7531	3943	2482	1461		2574	2149	253	171			1000		15
泾川县泾河罗汉洞至洪河口段河堤治理														
泾川县泾河百泉渡槽至水泉寺大桥段防洪	1000	1000	1000											
泾川县泾河蔡家咀至长庆桥段防洪治理	1400	1400	1400											

2-9 续表

单位：万元

项目名称	本年完成投资	中央政府投资				地方政府投资				利用外资	企业和私人投资	国内贷款	债券	其他投资
		小计	预算内拨款	中央财政水利专项资金	其他资金	小计	省级政府投资	地市级政府投资	县级政府投资					
泾川县汭河十里沟至枣林段河堤治理														
泾川县洪河河堤治理工程	216					216	216							
泾川县黑河荒场至茜家沟河堤治理工程	277					277	277							
泾川县五小水利工程2016	40					40	40							
泾川县农田水利设施建设项目2017	1350					1350	1350							
泾川县高效节水灌溉项目2017	740	549		549		191	108		83					
泾川县朱家涧水库（抗旱规划内）	1000											1000		
泾川县北部农村饮水安全巩固提升工程	335	82	82			253		253						
泾川县抗旱应急水源引调提水项目	47	47		47										
泾川县农业综合开发黄土高原保护2017	851	645		645		191	151		40					15
泾川县病险淤地坝除险加固工程2017	275	220		220		55	7		48					
灵台县	16269	4214	532	3682		4759	3336		1423			7168		128
灵台县黑河东门至景家庄段河堤治理	486					486	389		97					
灵台县达溪河县城至安家庄段河堤治理	435					435	435							
灵台县达溪河县城至百里段河堤治理	27					27			27					
灵台县黑河安家沟沟口至杜家沟沟口段河堤	230					230			230					
灵台县高效节水灌溉项目2017	3420	2859		2859		561	561							
灵台县五小水利工程2016	220					220	220							
灵台县农田水利设施维修养护项目(第二批)	110	110		110										
灵台县新集水库工程	8668					1500	1500					7168		
灵台县农村饮水安全巩固提升工程2017	1128	82	82			1046			1046					
灵台县坡耕地水土流失治理2017	575	450	450											125
灵台县农业综合开发黄土高原保护2017	970	713		713		254	231		23					3
崇信县	4254	2482	990	1492		234	208		26			1330		208
崇信县黑河河堤治理工程														
崇信县汭河（九功渠首至野雀沟）河堤治理														
崇信县高效节水灌溉项目2017	793	654		654		56	52		4					83
崇信县关河水库（抗旱规划内）														
崇信县农村饮水安全巩固提升工程2017	1442	112	112									1330		

2-9 续表

单位：万元

项目名称	本年完成投资	中央政府投资				地方政府投资				利用外资	企业和私人投资	国内贷款	债券	其他投资
		小计	预算内拨款	中央财政水利专项资金	其他资金	小计	省级政府投资	地市级政府投资	县级政府投资					
崇信县农业综合开发黄土高原保护2017	906	750		750		156	156							
崇信县坡耕地水土流失治理2017	625	500	500											125
崇信县病险淤地坝除险加固工程2017	110	88		88		22			22					
崇信县汭河流域水环境治理工程	378	378	378											
华亭县	2436	1442	37	1405		868	188		680					126
华亭县农田水利设施维修及节水2017	1661	1110		1110		551	188		363					
华亭县牛舌堡水厂巩固提升工程	354	37	37			317			317					
华亭县水土保持重点工程2017	421	295		295										126
庄浪县	10130	5621	1482	4139		2118	701		1417			2122		269
庄浪县葫芦河刘家湾至新庄沟段河堤治理	1402	1402	1402											
庄浪县北洛河良邑郭魏至石家窑防洪	252					252	252							
庄浪县水洛河灌区节水配套改造项目	1050	750		750		300	300							
庄浪县小型农田水利设施补助2016	156	144		144		12			12					
庄浪县农田水利设施维修养护及节水灌溉	1070	657		657		413	107		306					
庄浪县花崖河水库（抗旱规划内）	2022											2022		
庄浪县农村饮水安全项目2017	1093	80	80			1013			1013					
庄浪县南坪水厂改扩建及管网工程	100											100		
庄浪县水土保持重点建设工程2017	1000	700		700		31	31							269
庄浪县病险淤地坝除险加固工程2017	485	388		388		97	11		86					
庄浪县店峡沟与竹林寺水库河库连通工程	1500	1500		1500										
静宁县	5865	2663	1941	722		2951	343		2608					251
静宁县葫芦河狗娃河口至胡家河段河堤治理														
静宁县葫芦河闫庙至仁大段防洪治理2017	749	749	749											
静宁县东峡灌区农业综合开发	210					210	210							
静宁县高效节水灌溉项目2017	979	677		677		302	133		169					
静宁县农田水利工程维修养护项目（第二批）	45	45		45										
静宁县农村饮水安全巩固提升工程2017	2631	192	192			2439			2439					
静宁县坡耕地水土流失治理2016														
静宁县坡耕地水土流失治理2017	1251	1000	1000											251

2-9 续表

单位：万元

项目名称	本年完成投资	中央政府投资				地方政府投资				利用外资	企业和私人投资	国内贷款	债券	其他投资
		小计	预算内拨款	中央财政水利专项资金	其他资金	小计	省级政府投资	地市级政府投资	县级政府投资					
酒泉市	97218	48660	20554	28106		17551	3711	1312	12527	11514	2707	15212		1574
酒泉市直	5240	3841	3034	807		1399	58		1341					
酒泉市山洪灾害防治项目2017	627	627		627										
酒泉市公益性工程维修养护项目2017	180	180		180										
敦煌水资源规划项目水保（酒泉市）2017	3708	2967	2967			741			741					
敦煌水资源规划项目（酒泉市）2016	725	67	67			658	58		600					
肃州区	18196	14451	2874	11577		3341		1312	2029		404			
肃州区讨赖河祁家沟至古城村防洪2017	1131	1131	1131											
肃州区中小河流治理项目2017	5260	4208		4208		1052		1052						
肃州区红山河青稞地排砂闸除险加固工程														
肃州区马营河渠首闸除险加固工程	1184	1184	1184											
肃州区洪临灌区续建配套与节水改造	486	486	486											
肃州区清水河灌区节水农业综合开发	78	78		78										
肃州区节水灌溉和水价改革2017	7161	7161		7161										
肃州区洪临灌区渠道量测水设施项目	260					260		260						
肃州区农村饮水巩固提升2017	102	73	73			29			29					
肃州区丰乐河水电站增效扩容及生态修复	534	130		130							404			
肃州区四坝海子生态治理项目2017	2000					2000			2000					
金塔县	15029	7220	4238	2982		3512	550		2962	3600	385			311
金塔县黑河二杰至沙门子村段防洪治理	2385	1431	1431			954			954					
金塔县黑河大墩门至夹墩湾村段防洪	2905	1743	1743			1162			1162					
金塔县黑河常丰至中丰村段防洪工程	1722	1033	1033			689			689					
金塔县以色列政府贷款农田水利建设	3600									3600				
金塔县黑河灌区农业综合开发项目	400	350		350		50	50							
金塔县节水灌溉和水价改革2017	2731	1920		1920		500	500							311
金塔县农村饮水安全巩固提升2017	188	31	31			157			157					
金塔县解放村水电站增效扩容改造	465	80		80							385			
金塔县库区移民项目2017	632	632		632										
瓜州县	5780	3217	35	3182		2563	874		1689					

2-9 续表

单位：万元

项目名称	本年完成投资	中央政府投资				地方政府投资				利用外资	企业和私人投资	国内贷款	债券	其他投资
		小计	预算内拨款	中央财政水利专项资金	其他资金	小计	省级政府投资	地市级政府投资	县级政府投资					
瓜州县节水灌溉和水价改革2017	3096	2426		2426		670	329		341					
瓜州县疏勒河移民乡镇斗渠改造	900					900			900					
瓜州县农村饮水安全巩固提升2017	483	35	35			448			448					
瓜州县大中型水库移民后期扶持项目	1302	756		756		545	545							
肃北县	11280	255	6	249							51	10604		370
肃北县水价改革和维修养护2017	142	142		142										
肃北县农村环境整治渠系维修改造一期	291													291
肃北县马鬃山镇供水工程	9500											9500		
肃北县农村饮水安全提升工程2017	85	6	6											79
肃北县拉排一级水电站增效扩容及生态修复	1262	107		107							51	1104		
阿克县	4781	163	13	150		10			10			4608		
阿克塞县水价改革和维修养护2017	160	150		150		10			10					
阿克塞县红柳湾抗旱调蓄水库工程	4571											4571		
阿克塞县农村饮水安全巩固提升2017	50	13	13									37		
玉门市	17987	8621	37	8584		5011	1779		3232	3462				893
玉门市石油河和平营田段河道治理工程	2747	2198		2198		549	440		109					
玉门市以色列政府贷款农田水利建设项目	3703					241			241	3462				
玉门市节水灌溉和水价改革2017	8714	6386		6386		1436	1339		97					893
玉门市农村饮水安全巩固提升工程2017	505	37	37			468			468					
玉门市引水入城玉渊湖扩建工程	2317					2317			2317					
敦煌市	18924	10892	10317	575		1714	450		1264	4452	1866			
敦煌市以色列政府贷款农田水利建设	4452									4452				
敦煌市水利工程维修养护2017	52					52	52							
敦煌市农业水价综合改革2017	370	370		370										
敦煌市党河灌区西干渠改建工程	713					713	398		315					
敦煌市农村饮水安全巩固提升2017	203	19	19			184			184					
敦煌市党河水电站增效扩容改造	1428	145		145							1283			
敦煌市南湖店水电站增效扩容改造	644	60		60							584			
敦煌水资源规划项目（敦煌市）2017	9862	9862	9862											

2-9　续表

单位：万元

项目名称	本年完成投资	中央政府投资				地方政府投资				利用外资	企业和私人投资	国内贷款	债券	其他投资
		小计	预算内拨款	中央财政水利专项资金	其他资金	小计	省级政府投资	地市级政府投资	县级政府投资					
敦煌水资源规划项目（敦煌市）2016	1201	436	436			765			765					
庆阳市	143679	55353	9414	36193	9747	54369	9861	1800	42707			31415		2542
庆阳市直	15507	3917		3917		240	240					11350		
庆阳市山洪灾害防治项目2017	857	617		617		240	240							
庆阳市小盘河水库及供水工程	8200											8200		
庆阳市巴家嘴水库新增调蓄(五台山水库)	3000											3000		
庆阳市莲花寺水库及供水工程	3450	3300		3300								150		
庆阳市盐环定扬黄续建工程调概算														
西峰区	5021	3532	1601	1931		944	453	200	291					546
西峰区蒲河石嘴子至毛家寺段防洪	1565	1565	1565											
西峰区高效节水灌溉项目2017	1746	1003		1003		197	197							546
西峰区农村饮水安全巩固提升工程2017	490	36	36			454		200	254					
西峰区农业综合开发黄土高原保护2017	1056	800		800		256	256							
西峰区病险淤地坝除险加固工程2016	60	44		44		16			16					
西峰区病险淤地坝除险加固工程2017	105	84		84		21			21					
庆城县	33707	5050	1316	3183	551	8406	2576	190	5640			20065		187
庆城县柔远河张沟至贾桥护岸工程	2637	2110		2110		527	422		105					
庆城县高效节水及维修养护2017	1132	785		785		347	144		203					
庆城县纸坊沟水库（抗旱规划内）	175	15		15		160			160					
庆城县农村饮水安全巩固提升工程2017	5869	566	566			5303		190	5113					
庆城县小型扶贫水利项目2017	551	551			551									
庆城县城区供水输水管道工程（环县段）	7900					2000	2000					5900		
庆城县坡耕地水土流失治理2017	937	750	750											187
庆城县病险淤地坝除险加固工程2017	320	256		256		64	10		54					
庆城县病险淤地坝除险加固工程2016	21	17		17		4			4					
庆城县城区段河道水面工程	14165											14165		
环县	21403	4966	3765	1201		16187	161	260	15766					250
环县五里屯桥至河对坡段防洪	723	434	434			289			289					
环县山城洪德至汪旗段防洪	2418	1813	1813			605			605					

2-9 续表

单位：万元

项目名称	本年完成投资	中央政府投资				地方政府投资				利用外资	企业和私人投资	国内贷款	债券	其他投资
		小计	预算内拨款	中央财政水利专项资金	其他资金	小计	省级政府投资	地市级政府投资	县级政府投资					
环县马莲河韩洼子至陈沟桥段防洪	687	436	436			251			251					
环县高效节水及维修养护2017	1119	702		702		417	148		269					
环县农村饮水安全巩固提升工程2017	8251	82	82			8169		260	7909					
环县县级自筹水利建设项目2017	6331					6331			6331					
环县病险淤地坝除险加固工程2016	39	32		32		7			7					
环县坡耕地水土流失治理2016														
环县坡耕地水土流失治理2017	1250	1000	1000											250
环县病险淤地坝除险加固工程2017	584	467		467		117	13		104					
华池县	14150	4237	1290	2947		9788	520	90	9178					125
华池县新区—中段河道治理续建工程	356					356			356					
华池县柔远河白家川段护岸工程	2497	1998		1998		499	400		99					
华池县高效节水及维修养护2017	1088	725		725		363	113		250					
华池县农村饮水安全巩固提升工程2017	5352	790	790			4562		90	4472					
华池县自来水厂管网改造工程	2715					2715			2715					
华池县乡镇河道污水收集建设工程	1238					1238			1238					
华池县坡耕地水土流失治理2017	625	500	500											125
华池县病险淤地坝除险加固工程2017	280	224		224		56	7		49					
合水县	8243	5225	91	4194	940	2769	1516	120	1133					249
合水县固城河丑家川段护岸工程	2435	2140		2140		295	295							
合水县扶贫高效节水灌溉项目	503					502	502							1
合水县高效节水灌溉项目2017	949	752		752		148	148							49
合水县农村饮水安全巩固提升工程2017	1253	91	91			1162		120	1042					
合水县农业综合开发建设项目2017	1316	940			940	376	376							
合水县农业综合开发黄土高原保护2017	590	430		430		160	160							
合水县水土保持重点建设工程2017	857	600		600		59	27		32					199
合水县水土保持重点建设工程2016（一）														
合水县病险淤地坝除险加固工程2017	340	272		272		68	8		60					
正宁县	3930	1752	35	1717		1948	297	170	1482					230
正宁县西坡镇月南村樱桃园灌溉工程	289					289			289					

2-9 续表

单位：万元

项目名称	本年完成投资	中央政府投资				地方政府投资				利用外资	企业和私人投资	国内贷款	债券	其他投资
		小计	预算内拨款	中央财政水利专项资金	其他资金	小计	省级政府投资	地市级政府投资	县级政府投资					
正宁县高效节水灌溉项目2017	815	517		517		298			197					
正宁县农村饮水安全巩固提升工程2017	484	35	35			449	170		279					
正宁县精准扶贫农村饮水安全工程2017	675					675			675					
正宁县农业综合开发黄土高原保护2017	522	400		400		122								
正宁县水土保持重点建设工程2017	857	600		600		27								230
正宁县水土保持重点建设工程2016（一）														
正宁县病险淤地坝除险加固工程2017	240	192		192		48			41					
正宁县病险淤地坝除险加固工程2016	10	8		8		2			2					
正宁县小型水库移民后期扶持工程2017	40					40								
宁县	10676	7266	136	7130		3108	390		209					302
蒲河宁县庄里至叶王川段防洪治理工程														
宁县中小河流治理项目2017	4933	3946		3946		987			198					
宁县高效节水及水价改革2017	2205	1931		1931		239			11					35
宁县农村饮水安全巩固提升工程2017	1865	136	136			1729	390							
宁县农业综合开发黄土高原保护2017	601	481		481		120								
宁县水土保持重点建设工程2016（一）														
宁县水土保持重点建设工程2017	857	600		600		27								230
宁县病险淤地坝除险加固工程2017	215	172		172		6								37
镇原县	31042	19409	1180	9973	8256	10980	380		9010					653
镇原县中小河流治理项目2017	7554	6295		6295		1259								
镇原县高效节水灌溉项目2017	3003	2678		2678		291								34
镇原县农村饮水安全巩固提升工程2017	2460	180	180			2180	380		1800					100
镇原县小型水利工程2017	1697	59			59	1638			1638					
镇原县巴家咀上游截污及三岔镇雨污分流	13702	8197			8197	5505			5505					
镇原县坡耕地水土流失治理2017	1250	1000	1000											250
镇原县水土保持重点建设工程2017	1000	700		700		31								269
镇原县坡耕地水土流失治理2016														
镇原县水土保持重点建设工程2016（一）														
镇原县水土保持重点建设工程2016（二）														

2-9 续表

单位：万元

项目名称	本年完成投资	中央政府投资				地方政府投资				利用外资	企业和私人投资	国内贷款	债券	其他投资
		小计	预算内拨款	中央财政水利专项资金	其他资金	小计	省级政府投资	地市级政府投资	县级政府投资					
镇原县病险淤地坝除险加固工程2017	375	300		300		75	9		66					
定西市	49944	28578	7631	20947		11439	2174	1004	8262					9928
定西市直	3189	2273		2273		616	493	123						300
定西市关川河小碱沟治理工程2017	1979	1583		1583		396	317	79						
定西市关川河大碱沟治理工程2017	1100	580		580		220	176	44						300
定西市香泉地下井计量设施维修养护2017	110	110		110										
安定区	2015	1917	750	1167		55	32	3	19					43
安定区山洪灾害防治项目2017	8	8		8										
安定区引洮一期支渠及田间配套改建2017	127	127		127										
安定区地下井计量设施维修养护项目2017	193	193		193										
安定区水土保持重点建设工程2017	513	491		491		22	22							
安定区坡耕地水土流失综合治理工程2017	753	750	750			3		3						
安定区病险淤地坝除险加固工程2017	420	348		348		29	10		19					43
通渭县	5809	5068	1298	3770		741		251	490					
通渭县牛谷河平襄镇店子堤防工程2017	1050	1050		1050										
通渭县南河陇川蔡家铺村堤防工程2017	1125	1125		1125										
通渭县碧玉牛洛河至小河子堤防2017	1050	1050		1050										
通渭县山洪灾害防治项目2017	124	124		124										
通渭县民尧大河滩康家岔小型水库维修	170	170		170										
通渭县锦屏水库灌区维修项目2017	55	55		55										
通渭县年农村饮水安全巩固提升2017	888	398	398			490			490					
通渭县病险淤地坝除险加固工程2017	196	196		196										
通渭县坡耕地水土流失综合治理2017	1151	900	900			251		251						
陇西县	9998	4773	1392	3381		3299	49	250	3000					1926
陇西县西河治理工程2017	1774	1774		1774										
陇西县山洪灾害防治工程2017	121	121		121										
陇西县灌溉维修养护工程2017	302	302		302										
陇西县农村饮水安全巩固提升工程2017	5011	511	511			3000			3000					1500

2-9 续表

单位：万元

项目名称	本年完成投资	中央政府投资				地方政府投资				利用外资	企业和私人投资	国内贷款	债券	其他投资
		小计	预算内拨款	中央财政水利专项资金	其他资金	小计	省级政府投资	地市级政府投资	县级政府投资					
陇西县坡耕地水土流失综合治理2017	1131	881	881			250		250						
陇西县水土保持重点建设工程2017	1429	1000		1000		43	43							386
陇西县病险淤地坝除险加固工程2017	230	184		184		6	6							40
渭源县	7915	3013	350	2663		4902	149		4753					
渭源县莲峰河杨家咀至浦川断堤防2017	1850	1767		1767		83	83							
渭源县山洪灾害防治项目2017	57	12		12		45	45							
渭源县石门灌区维修养护项目2017	306	306		306										
渭源县峡口水库维修项目2017	136	136		136										
渭源县农村饮水安全巩固提升工程2017	5103	350	350			4753			4753					
渭源县病险淤地坝除险加固工程2017	194	187		187		7	7							
渭源县国家水土保持重点工程2017	269	255		255		14	14							
临洮县	13382	7197	3152	4045		1692	1441	251						4493
临洮县玉井段防洪治理工程2017	2311	1387	1387			924	924							
临洮县山洪灾害治理项目2017	94	59		59		35	35							
临洮县高效节水灌溉项目2017	2940	2458		2458		482	482							
临洮县小型水利工程建设项目2017	320	320		320										
临洮县农村饮水安全巩固提升工程2017	5328	835	835											4493
临洮县坡耕地水土流失综合治理2017	1181	930	930			251		251						
临洮县水土保持重点建设工程2017	1000	1000		1000										
临洮县病险淤地坝除险加固工程2017	208	208		208										
漳县	6284	3109	689	2420		125		125						3050
漳县漳河三岔至东桥段堤防工程2017	2426	934		934										1492
漳县漳河韩家庄至三岔段堤防工程2017	2624	1066		1066										1558
漳县山洪灾害防治项目2017	132	132		132										
漳县农村饮水安全巩固提升工程2017	189	189	189											
漳县坡耕地水土流失综合治理工程2017	625	500	500			125		125						
漳县病险淤地坝除险加固工程2017	288	288		288										
岷县	1353	1227		1227		10	10							116

2-9 续表

单位：万元

项目名称	本年完成投资	中央政府投资				地方政府投资				利用外资	企业和私人投资	国内贷款	债券	其他投资
		小计	预算内拨款	中央财政水利专项资金	其他资金	小计	省级政府投资	地市级政府投资	县级政府投资					
岷县迭藏河秦许上阿阳至马烨仓堤防2017	810	810		810										
岷县山洪灾害防治项目2017	130	130		130										
岷县国家水土保持重点工程2017	413	287		287		10	10							116
陇南市	103640	29383	11588	15995	1800	25189	4116	2024	19049		285	43574		5211
武都区	20521	4359	2984	1375		12029	980		11049			4005		129
武都区坪垭藏族乡整乡易地搬迁河堤工程	800					800	800							
武都区黄坪乡河堤工程	743											743		
武都区白龙江干流鹿坝绸子坝段堤防2017	2358	1454	1454			904			904					
武都区白龙江干流角弓镇汉王镇堤防2017	2191	1315	1315			876			876					
武都区农田水利维修养护2017	160	160		160										
武都区高效节水灌溉项目2017	1314	915		915		399	180		219					
武都区农村饮水安全巩固提升工程2017	2987	215	215									2772		
武都区坪垭藏族乡整乡易地搬迁饮水工程	490											490		
武都区供水扩建工程	4840					4840			4840					
武都区水土保持重点工程2017	429	300		300										129
武都滨江步道改造工程工程	4210					4210			4210					
宕昌县	23701	5582	274	5308		4521	1042		3479			13511		86
宕昌县贫困村基础设施建设堤防工程	6782											6782		
宕昌县理川河流域治理项目2017	1274	978		978		296	296							
宕昌县理川河流域治理补充项目2017	2476	1730		1730		746	746							
宕昌县贫困村基础设施建设灌溉工程	1969											1969		
宕昌县农村饮水安全巩固提升2017	3753	274	274			3479			3479					
宕昌县贫困村社基础设施建设饮水安全	4760											4760		
宕昌县水土保持重点工程2017	286	200		200										86
宕昌县鹅嫚沟综合治理工程	2400	2400		2400										
成县	4984	2445	188	457	1800	2388			2388					151
成县磨坝峡（水源水库）工程	1800	1800			1800									
成县农村饮水安全巩固提升工程2017	2576	188	188			2388			2388					

2-9 续表

单位：万元

项目名称	本年完成投资	中央政府投资				地方政府投资				利用外资	企业和私人投资	国内贷款	债券	其他投资
		小计	预算内拨款	中央财政水利专项资金	其他资金	小计	省级政府投资	地市级政府投资	县级政府投资					
成县飞龙峡水电站增效扩容及生态修复	75	75		75										
成县水土保持重点工程2017	533	382		382										151
康县	6810	368		368		349	223		126			6093		
康县贫困村基础设施及搬迁点堤防工程	4043					80	80					3963		
康县平洛镇龙坝村安置点堤防及护坡工程	80					80	80							
康县贫困村基础设施建设饮水安全工程	2130											2130		
康县国家水土保持重点工程2017	517	368		368		149	23		126					
康县库区移民后期扶持阳坝供水水源工程	40					40	40							
文县	3974	793	456	337		251	175		76		285			2645
文县石坊乡东峪口至大渡坝河道治理工程	413	248	248			165	165							
文县农村饮水安全巩固提升工程2017	2853	208	208											2645
文县哈南水电站增效扩容及生态修复	307	22		22							285			
文县肖家山水电站增效扩容及生态修复	115	115		115										
文县国家水土保持重点工程2017	286	200		200		86	10		76					
西和县	18392	5869	2649	3220		1160	1035		125			11363		
西和县建档立卡贫困村堤防工程	3796											3796		
西和县郭家坝至昌河坝段防洪工程	1393	1393	1393											
西和县漾水河治理工程2017	2040	1583		1583		457	457							
西和县太石河治理工程2017	1497	1037		1037		460	460							
西和县高效节水灌溉工程2017	718	600		600		118	118							
西和县农村饮水安全巩固提升工程	8162	595	595									7567		
西和县坡耕地水土流失综合治理工程2017	786	661	661			125			125					
礼县	15322	7606	4303	3303		4074	638	2024	1412			3642		
礼县祁山至蒙张段防洪治理工程2017	4433	2660	2660			1773		1773						
礼县蒙张至磨石咀段防洪治理工程2017	698	447	447			251		251						
礼县永坪河石咀至平泉堤防工程2017	2146	1717		1717		429	343		86					
礼县西汉水浅水低坝缓流防冲工程	922					922			922					
礼县高效节水项目2017	2043	1505		1505		538	295		243					

2-9 续表

单位：万元

项目名称	本年完成投资	中央政府投资				地方政府投资				利用外资	企业和私人投资	国内贷款	债券	其他投资
		小计	预算内拨款	中央财政水利专项资金	其他资金	小计	省级政府投资	地市级政府投资	县级政府投资					
礼县农村饮水安全巩固提升工程2017	3837	516	516									3321		
礼县农村饮水安全集雨水窖工程	321											321		
礼县大滩水电站河流生态修复工程	5	5		5										
礼县红崖二级水电站河流生态修复工程	6	6		6										
礼县大滩水电站增效扩容改造工程	33	33		33										
礼县红崖二级水电站增效扩容改造项目	37	37		37										
礼县坡耕地水土流失综合治理工程2017	841	680	680			161			161					
两当县	2989	485	105	380		305	23		282					2199
两当县徐杨河引水工程（一期）	150					150			150					
两当县农村饮水安全巩固提升2017	2304	105	105											2199
两当县国家水土保持重点工程2017	535	380		380		155	23		132					
徽县	6501	1429	629	800		113			113			4960		
徽县农村饮水工程（农田水利）2017	800	800		800										
徽县农村饮水安全巩固提升2017	5139	179	179									4960		
徽县坡耕地水土流失综合治理工程2017	563	450	450			113			113					
陇南市直	447	447		447										
陇南市山洪灾害防治项目2017	447	447		447										
临夏回族自治州	103914	35553	17616	8401	9537	29415	9740	1643	18032		1370	17305	6000	14271
临夏市	11393	542		180	362	10565	50		10515			281		5
临夏市大夏河干流祁牟段堤防工程														
临夏市农田水利维修养护工程2017	180	180		180										
临夏市刘临路支渠改建工程	281											281		
临夏市南川灌区引水枢纽及总干渠改造工程	250	200			200	50	50							
临夏市大夏河三十里风情线综合治理二期	6486					6486			6486					
临夏市国土实施水保项目	167	162			162									5
临夏市南干刘家桥至环城西路污水治理	516					516			516					
临夏市大夏河风情线综合治理工程														
临夏市大夏河一大桥至罗家湾综合治理二期	3514					3514			3514					

2-9 续表

单位：万元

项目名称	本年完成投资	中央政府投资				地方政府投资				利用外资	企业和私人投资	国内贷款	债券	其他投资
		小计	预算内拨款	中央财政水利专项资金	其他资金	小计	省级政府投资	地市级政府投资	县级政府投资					
临夏县	2230	1093	750		343	185			185			765		187
临夏县大夏河干流祁牟至刘家峡水库防洪														
临夏县漓水名都小区防洪治理工程	399											399		
临夏县北塬乡塬头路钱家村排水工程	185					185			185					
临夏县15扶贫搬迁韩集镇姚川点防洪治理	343	343			343									
临夏县县坡耕地水土流失综合治理工程	937	750	750											187
临夏县大夏河城区段综合治理工程二期	366											366		
康乐县	16799	6436	946	5490		500			500		800	8876		187
康乐县苏家集苏集段堤防工程2017	750	750		750										
康乐县鸣鹿水库（抗旱规划）	4740	4740		4740										
康乐县农村饮水安全巩固提升工程2017	3153	277	277									2876		
康乐县坡耕地水土流失治理工程2017	856	669	669											187
康乐县洮河三岔河片区水污染治理一期	7300					500			500		800	6000		
永靖县	10017	4618	518	162	3938	846	26		820					4553
永靖县湟水干流白川至二房段河堤工程	902													902
永靖县城北新村防洪排洪治理工程	2272	2168			2168	104			104					
永靖县 1 万～ 5 万亩灌区改造 2016	59	32		32		27	26		1					0
永靖县刘盐八库区库岸治理工程（一期）	1230	1230			1230								6000	
永靖县刘盐八地质灾害灌区节水改造工程	130	130		130										
永靖县盐锅峡党川3村灌溉设施应急修复	191	190			190									1
永靖县红柳台电灌改扩建工程	4000	350			350									3650
永靖县农村饮水安全巩固提升工程2017	518	518	518											
永靖县精准脱贫农村饮水安全补充工程	715					715			715					
广河县	1519	1152	750	402		100	30		70					267
广河县巴谢河甘坪段堤防工程	482	402		402										80
广河县小型农田水利设施补助2016	58					58			58					
广河县五小水利工程2016	42					42	30		12					
广河县坡耕地水土流失综合治理2017	937	750	750											187

2-9 续表

单位：万元

项目名称	本年完成投资	中央政府投资				地方政府投资				利用外资	企业和私人投资	国内贷款	债券	其他投资
		小计	预算内拨款	中央财政水利专项资金	其他资金	小计	省级政府投资	地市级政府投资	县级政府投资					
和政县	6960	1085	313	772		124	124				330	487		4934
和政县马家堡镇尕河堤防工程	50													50
和政县水利维修养护项目第二批2017	65	65		65										
和政县五小水利工程2016	75					75	75							
和政县高效节水灌溉工程2017	350	252		252		49	49							49
和政县农村饮水安全巩固提升工程2017	800	313	313									487		
和政县新庄中良村吓沟等3社饮水工程	35													35
和政县闫蔡坪水电站增效扩容改造	385	55		55							330			
和政县第二批国家水土保持重点工程2017	400	400		400										
和政县林业实施水保项目	800													800
和政县大南岔河水生态修复工程	4000													4000
东乡族县	10505	4512	1000	1000	2512	5470	1266		4204		240			283
东乡县大夏河折桥至刘家峡水库堤防														
东乡县卜楞沟泥石流灾害治理项目	100					100			100					
东乡县唐王镇塔石沟泥石流综合治理项目	960	960			960									
东乡县年坪庄乡高标准农田建设2017	637	637			637									
东乡县2016年赵家乡高标准农田建	331	215			215	86	86							30
东乡县2016年东塬乡高标准农田建设	983	700			700	280	280							3
东乡县中部农村饮水安全巩固提升一期														
东乡县农村供水骨干调蓄工程北部片区	300					300	300							
东乡县农村管网延伸改造16、17扶贫饮水 永靖县1万～5万亩灌区改造2016	600					600	600							
东乡县布楞沟流域农村供水改造工程	240										240			
东乡县国家水土保持重点建设工程2017	1429	1000		1000		429			429					
东乡县坡耕地水土流失综合治理2017	1250	1000	1000											250
东乡县国土、农发、农牧实施水保项目	3675					3675			3675					
积石山县	12745	2600	218		2382	394	190		204			6896		2855
积石山县易地搬迁安置点河堤工程2016	560													560
积石山引水工程	5890					190	190					5000		700

2-9 续表

单位：万元

项目名称	本年完成投资	中央政府投资				地方政府投资				利用外资	企业和私人投资	国内贷款	债券	其他投资
		小计	预算内拨款	中央财政水利专项资金	其他资金	小计	省级政府投资	地市级政府投资	县级政府投资					
积石山县农村饮水安全巩固提升2017	218	218	218											
积石山县小型集中及分散供水改造工程	182													182
积石山县易地搬迁安置点人饮工程2016	170													170
积石山县城区供水水源改扩建工程	2482					204			204			1896		382
积石山县国土、林业、农牧实施水保项目	3243	2382			2382									861
临夏州直	31746	13516	13121	395		11230	8054	1643	1533				6000	1000
黄河甘肃段防洪工程（临夏州）	13600	11067	11067			1533			1533					1000
临夏州山洪灾害防治项目2017	449	395		395		54	54							
临夏州引黄济临供水工程	17697	2054	2054			9643	8000	1643					6000	
甘南藏族自治州	43600	21641	14939	6702		20615	14439		6176		1344			
合作市	13613	348	348			13265	12988		277					
合作市那吾乡精准扶贫暨生态小康村防洪	32					32	32							
合作市洮河重要支流治理	333	333	333											
合作市格河多合儿防洪工程														
合作市德吾录河卡加防洪工程	154					154	154							
甘南州引洮（博）济合供水工程	12802					12802	12802							
合作市农村饮水安全巩固提升2017	292	15	15			277			277					
临潭县	1772	1321	1135	186		451	216		235					
临潭县洮河段防洪2017	1116	1116	1116											
临潭县洮河干流洮滨防洪堤工程														
临潭县羊沙河下河段治理工程	216					216	216							
临潭县斜藏沟治理工程														
临潭县农村饮水安全巩固提升2017	254	19	19			235			235					
临潭县小流域综合治理项目2017	186	186		186										
卓尼县	1035	821	534	287		214	189		25					
卓尼县车巴河流域防洪治理项目														
卓尼县洮河麻路一段至亚当段防洪	320	320	320											
卓尼县洮河干流纳浪段防洪工程2017	200	200	200											

2-9 续表

单位：万元

项目名称	本年完成投资	中央政府投资				地方政府投资				利用外资	企业和私人投资	国内贷款	债券	其他投资
		小计	预算内拨款	中央财政水利专项资金	其他资金	小计	省级政府投资	地市级政府投资	县级政府投资					
卓尼县石窖沟藏巴哇防洪工程														
卓尼县羊沙河恰盖防洪工程														
卓尼县农田水利维修工程2017	215	190		190		25			25					
卓尼县农村饮水安全巩固提升2017	203	14	14			189	189							
卓尼县相俄项目区流域治理2017	97	97		97										
舟曲县	4083	2623	64	2559		788	526		262		672			
舟曲县沿川坝段河道治理2017	50	50	50											
舟曲县拱坝河堤防工程	473					473	473							
舟曲县中小河流治理项目2017	1750	1750		1750										
舟曲县农田水利设施维修2017	181	181		181										
舟曲县五小水利工程2016	35					35	35							
舟曲县农村饮水安全巩固提升2017	188	14	14			174			174					
舟曲县驼骆坝水电站增效扩容及生态修复	120	120		120										
舟曲县插岗一级水电站增效扩容及生态修复	780	108		108							672			
舟曲县水土保持治理工程2017	506	400		400		106	18		88					
迭部县	3123	2627	2366	261		496	337		159					
迭部县卡坝乡尼吉巴防洪工程														
迭部县麻古村至白云段河道治理工程2017	2354	2354	2354											
迭部县阿夏流域治理工程	337					337	337							
迭部县农村饮水安全巩固提升2017	171	12	12			159			159					
迭部县水土保持尼傲乡巴藏项目区2017	261	261		261										
玛曲县	14549	9742	9095	647		4807			4807					
黄河甘肃段防洪工程（甘南州）	13777	9086	9086			4691			4691					
玛曲县农田水利设施维修及节水2017	647	647		647										
玛曲县县城引水工程														
玛曲县农村饮水安全巩固提升2017	125	9	9			116			116					
碌曲县	1558	1379	1379			179			179					
碌曲县洮河干流城郊段至双岔段防洪治理	1370	1370	1370											

2-9 续表

单位：万元

项目名称	本年完成投资	中央政府投资				地方政府投资				利用外资	企业和私人投资	国内贷款	债券	其他投资
		小计	预算内拨款	中央财政水利专项资金	其他资金	小计	省级政府投资	地市级政府投资	县级政府投资					
碌曲县农村饮水安全巩固提升2017	188	9	9			179			179					
夏河县	3016	2112	18	2094		232			232		672			
夏河县大夏河王格尔塘至曲奥段治理														
夏河县垂子合大桥至阿一山大桥段治理														
夏河县格河段防洪工程2017	1047	1047		1047										
夏河县博拉河博拉段防洪工程2017	1047	1047		1047										
夏河县农村饮水安全巩固提升2017	250	18	18			232			232					
夏河县白土坡水电站	672										672			
甘南州直	851	668		668		183	183							
甘南州山洪灾害防治项目2017	851	668		668		183	183							
甘肃省直属	250139	88221	84851	3370		91198	76617	14581				70464		256
省农垦	256													256
省农垦山丹农场小型农田水利重点县2016	256													256
省景电管理局	12940	8380	8000	380		4560	1559	3001						
石羊河流域重点治理（省景电）2013	3001					3001		3001						
省景电灌区维修养护2017年项目（第二批）	380	380		380										
甘肃省景电泵站更新改造工程	9559	8000	8000			1559	1559							
省疏勒河管理局	9865	7201	5901	1300		2664	2584	80						
甘肃疏勒河灌区三道沟河道治理	509					509	509							
甘肃双塔水库除险加固工程	2061	1874	1874			187	187							
玉门市花海灌区农业综合开发	240					240	160	80						
省疏管局农田水利维修养护2017	300	300		300										
敦煌水资源规划项目（疏勒河）2017	3465	3465	3465											
敦煌水资源规划项目（疏勒河）2015														
敦煌水资源规划项目（疏勒河）2016	1795	562	562			1233	1233							
省疏管局斗口水量计量设施更新改造	1495	1000		1000		495	495							
省引洮管理局	6084					6084	6084							
甘肃引洮供水一期工程	6084					6084	6084							

2-9 续表

单位：万元

项目名称	本年完成投资	中央政府投资				地方政府投资				利用外资	企业和私人投资	国内贷款	债券	其他投资
		小计	预算内拨款	中央财政水利专项资金	其他资金	小计	省级政府投资	地市级政府投资	县级政府投资					
省直属其他	208544	71690	70000	1690		66390	66390					70464		
甘肃省防办山洪灾害防治项目2017	160	160		160										
兰州新区2号3号石门沟水库工程	1994											1994		
甘肃引洮供水二期工程	130355	70000	70000			38000	38000					22355		
天水市城区引洮供水工程	33285					9300	9300					23985		
引洮供水二期配套城乡供水工程	21220					17000	17000					4220		
武威市黄羊土门组团供水项目杂木河供水	12138					2000	2000					10138		
华亭县安口镇应急引水工程	1358											1358		
崆峒区韩家沟水厂供水工程（一期）	1342											1342		
山丹县第二给水厂建设工程	360											360		
民勤红沙岗污水处理厂及中水回用贮水池	4055											4055		
临洮县污水处理厂配套管网工程														
华亭县城区生活污水处理厂中水回用项目	747					90	90					657		
甘肃水资源监控能力建设二期	1530	1530		1530										
兰州新区农林水务局	11500					11500		11500						
兰州新区高效节水灌溉2016														
兰州新区生态灌溉7号单体湖调蓄工程	4000					4000		4000						
兰州新区南部生态绿化2#供水管线工程	3800					3800		3800						
兰州新区引大东二干十七支渠改造工程	1200					1200		1200						
兰州新区职教园区景观水系供水工程	2300					2300		2300						
兰州新区城际铁路沿线绿化项目水利工程	200					200		200						
省水文局	950	950	950											
甘肃省大江大河水文监测（一期）建设工程	600	600	600											
甘肃省中小河流水文监测系统建设项目														
甘肃省水资源监测能力（一期）建设工程	350	350	350											

2-10 2017 年水利建设项目完成投资（项目分类）

单位：万元

项目分类		本年完成投资	中央政府投资				地方政府投资				利用外资	企业和私人投资	国内贷款	其中：国家专项建设基金	债券	其他投资
			小计	预算内拨款	中央财政水利专项资金	其他资金	小计	省级政府投资	地市级政府投资	县级政府投资						
甘肃		1500799	603891	298098	268473	37319	422184	166917	69026	186241	23479	7703	360111	2620	15306	68125
建设性质	新建	1336141	524963	239702	250591	34669	363071	157377	59250	146444	23479	3710	346821	2620	15306	58791
	扩建	47175	14677	13520	807	350	21454	2000	4310	15144		3204	1634			6206
	改建	110025	57954	44876	10778	2300	36513	6439	5466	24609		788	11656			3113
	单纯购置	7457	6297		6297		1145	1101		44						15
建设阶段	本年正式施工	1493341	597594	298098	262176	37319	421039	165816	69026	186197	23479	7703	360111	2620	15306	68110
	单纯购置	7457	6297		6297		1145	1101		44						15
隶属关系	省（区、市）属	220389	88221	84851	3370		81608	74527	7081				50560			
	地区（市）属	299288	96256	83324	10632	2300	71491	24043	41217	6231		373	122562		7306	1300
	县（区、市）属	981122	419413	129923	254471	35019	269085	68347	20728	180010	23479	7330	186989	2620	8000	66825
项目规模	大中型	304188	126445	126445			81140	47830	33310				96603			
	小型	1189153	471149	171653	262176	37319	339899	117986	35716	186197	23479	7703	263508	2620	15306	68110
	其他	7457	6297		6297		1145	1101		44						15
所属流域	黄河流域	1028148	382303	225059	130024	27221	316453	132608	58974	124872		2219	261873	2620	14000	51300
	长江流域	117472	39154	14018	23336	1800	28727	5298	2024	21405		957	43574			5060
	西北诸河流域	355179	182433	59021	115113	8299	77003	29011	8028	39964	23479	4527	54664		1306	11766
是否重大	否	1231925	437768	131975	268473	37319	367961	126917	64716	176328	23479	7703	313078	2620	15306	66630
	是	268874	166123	166123			54223	40000	4310	9913			47033			1495
是否受益贫困村	否	896729	363548	158364	182723	22461	229788	68896	53687	107206	23479	6505	229837	2100	7306	36265
	是	604069	240342	139734	85750	14858	192396	98021	15339	79035		1197	130274	520	8000	31860

2-11　2017 年水利建设项目完成投资（按投资构成分）

单位：万元

项目类型	本年完成投资	按投资构成分				
		建筑工程	安装工程	设备工器具购置	其他投资	其中：移民征地安置费
甘　肃	1500799	1128973	136854	95584	139387	39126
防洪项目	338228	296738	2887	6390	32212	2659
堤防工程	33918	31925	520		1473	
大江大湖治理	101442	88311			13131	1895
重要支流治理	61129	54761	1156	220	4992	253
中小河流治理	91371	84703	891	678	5099	255
大中型病险水库除险加固	2961	2461			500	
大中型病险水闸除险加固	1237	1237				
山洪灾害防治工程	7457	410	280	5392	1375	
其他防洪项目	38713	32931	40	100	5642	256
灌溉除涝项目	415237	266086	60450	57881	30819	6127
灌区建设工程	18377	16961	183	280	953	
节水灌溉工程	32448	13108	8719	9653	968	
小型农田水利建设	186766	108192	37227	29455	11892	895
水库工程	83925	73384	2400	358	7783	4745
泵站工程	33633	13597	6080	11387	2569	17
其他灌溉除涝项目	60088	40844	5842	6748	6654	469
供水项目	528266	387710	62176	17240	61139	29241
引水（调水）工程	338098	257665	36164	1042	43227	25614
农村饮水安全巩固提升	134713	99324	15515	9916	9958	484
抗旱工程	77	47			30	
其他供水工程	55378	30674	10497	6282	7924	3143
水务项目	58390	46211	2386	5482	4311	976
自来水厂建设	4517	3389	575	235	318	
城镇供水管线建设	31230	26281	550	1549	2850	976
污水处理工程建设	22642	16541	1261	3698	1142	
非常规水资源利用项目	321	321				
雨水集用	321	321				
水电开发利用	7112	3168	371	2824	748	
水电增效扩容	7112	3168	371	2824	748	
水保及生态保护	145716	124083	7739	4685	9208	124
水土流失治理	53477	52159	63		1256	
流域生态综合治理	20756	12571	458	3726	4001	
河湖连通工程	8400	7700	400	300		
其他环境水利项目	63083	51653	6818	660	3952	124
机构能力建设专项	3975	1720	807	1076	372	
水文设施及能力建设	3975	1720	807	1076	372	
移民项目	3555	2936	37	5	577	

2-12　2017 年水利建设项目完成投资（按投资用途分）

单位：万元

项目类型	本年完成投资	按用途分									本年完成投资（按财务支出核算）	本年新增固定资产
		防洪	灌溉	除涝	供水	发电	水保及生态	机构能力建设	前期工作	其他		
甘　　肃	1500799	323419	333999	4315	625623	6899	119566	3411	7191	76377	1319470	959060
防洪项目	338228	307548	5089	2154	53		11885	878	4844	5777	291264	311377
堤防工程	33918	24918					9000				31281	33918
大江大湖治理	101442	99562					1880				84754	101442
重要支流治理	61129	57220		2127			75	173	566	968	48312	51966
中小河流治理	91371	90812		27			31		426	76	82770	88067
大中型病险水库除险加固	2961		2699							262	2961	900
大中型病险水闸除险加固	1237		1184		53						1842	1237
山洪灾害防治工程	7457	5052						390		2016	7276	3576
其他防洪项目	38713	29984	1206				899	315	3853	2456	32068	30272
灌溉除涝项目	415237	2561	318917	2161	67235		142	53	687	23480	363732	295348
灌区建设工程	18377		15892	2161			12			312	18638	13727
节水灌溉工程	32448		32073		114		60	33	158	10	32612	31896
小型农田水利建设	186766	2037	170958		10260		10	20	118	3363	157101	170042
水库工程	83925		25142		48193		25			10565	78424	10018
泵站工程	33633		31530		2103						24734	30277
其他灌溉除涝项目	60088	524	43322		6566		35		411	9230	52224	39388
供水项目	528266	5762	662		508965		3515		1168	8193	455904	195419
引水（调水）工程	338098	721			330446		3371			3560	288991	33087
农村饮水安全巩固提升	134713				131129		74		328	3182	122970	132240
抗旱工程	77				47				30		77	47
其他供水工程	55378	5041	662		47343		70		810	1451	43866	30045
水务项目	58390				40549					17840	57351	32986
自来水厂建设	4517				4517						6988	2715
城镇供水管线建设	31230				31230						31230	15330
污水处理工程建设	22642				4802					17840	19133	14940
非常规水资源利用项目	321				321						321	321
雨水集用	321				321						321	321
水电开发利用	7112					6899	213				7036	5281
水电增效扩容	7112					6899	213				7036	5281
水保及生态保护	145716	7287	7345		8420		103556		491	18617	137258	115697
水土流失治理	53477	288					52970		94	126	43313	43361
流域生态综合治理	20756	602	6745		6920		5427		397	664	23532	16081
河湖连通工程	8400	4500			1500		2400				8400	4500
其他环境水利项目	63083	1897	600				42759			17827	62013	51755
机构能力建设专项	3975		1454					2480		41	3596	
水文设施及能力建设	3975		1454					2480		41	3596	
移民项目	3555	260	532		80		254			2428	3008	2630

2-13　2017 年水利建设项目计划、到位、完成

单位：万元

项　目　名　称	本年计划投资		本年到位投资		本年完成投资	
	小计	其中：中央	小计	其中：中央	小计	其中：中央
甘　　肃	1574796	630035	1422306	625142	1500799	603891
防洪项目	375630	212358	319034	207440	338228	199909
堤防工程	34051	6471	33987	6471	33918	3770
会宁县苦水河河畔羊肉市场段综合治理	1096		1096		1096	
清水县牛头河柳湾段河道综合治理工程	550	550	550	550	550	550
古浪县大靖河红柳湾段防洪治理工程	1680		1680		1680	
天祝县2017年农牧村护田护村工程	1910	1910	1910	1910	1400	1400
天祝县南阳山6、7#移民点应急防洪工程	1740		1740		1740	
天祝县炭山岭城镇防洪工程	2800	2800	2800	2800	1500	1500
张掖市黑河城区段治理工程（一期工程）	6000		6000		9000	
华池县新区一中段河道治理续建工程	356		356		356	
武都区坪垭藏族乡整乡易地搬迁河堤工程	800		800		800	
武都区黄坪乡河堤工程	743		743		743	
宕昌县贫困村基础设施建设堤防工程	6782		6782		6782	
康县平洛镇龙坝村安置点堤防及护坡工程	80		80		80	
康县贫困村基础设施及搬迁点堤防工程	4043		4043		4043	
西和县建档立卡贫困村堤防工程	3796		3796		3796	
合作市那吾乡精准扶贫暨生态小康村防洪	400		400		32	
卓尼县洮河麻路一段至亚当段防洪	1276	1211	1211	1211	320	320
卓尼县车巴河流域防洪治理项目						
迭部县卡坝乡尼吉巴防洪工程						
大江大湖治理	109764	69070	78001	69070	101442	69540
黄河甘肃段防洪工程（兰州市）	55957	34181	36962	34181	58859	34181
黄河甘肃段防洪工程（白银市）	23513	15206	15206	15206	15206	15206
黄河甘肃段防洪工程（临夏州）	16642	10597	16597	10597	13600	11067
黄河甘肃段防洪工程（甘南州）	13652	9086	9236	9086	13777	9086
重要支流治理	85100	51100	67561	51100	61129	43920
湟水兰州市红古段防洪治理工程					100	
永登县庄浪河东干渠首至寺滩泵站防洪	4615	2769	4615	2769	4385	2769
靖远县祖历河庄口至罗家湾段防洪工程	3545	2127	2127	2127	2127	2127
会宁县祖厉河柴门乡张家湾至郭城镇防洪	3176	1906	1906	1906	3176	1906
葫芦河秦安县李河至刘沟村段治理工程	1156	693	1156	693	1156	693
天祝县华藏寺至界牌段防洪治理工程2017	664	398	664	398	664	398
甘州区黑河分洪溢流堰至国道312线防洪	3150	1890	1890	1890	1740	480
临泽县铁路桥至暖泉段防洪治理	5487	3293	5487	3293	5487	3293
高台西腰墩水库至刘家深湖水库河道防洪	1842	1105	1105	1105	1400	1105
平凉市泾河吴老沟至平镇桥河堤治理						
平凉市泾河大岔河至吴老沟河堤治理2017	4008	2405	3902	2405	1258	1258
崆峒区泾河马莲沟至南阳涧河段防洪						
崆峒区泾河南阳涧河至信河段防洪治理	2970	1782	1782	1782	1426	1426
泾川县泾河蔡家咀至长庆桥段防洪治理	3442	2065	2065	2065	1400	1400
泾川县泾河百泉渡槽至水泉寺大桥段防洪	2500	1500	1500	1500	1000	1000
泾川县泾河罗汉洞至洪河口段河堤治理						

2-13 续表

单位：万元

项 目 名 称	本年计划投资		本年到位投资		本年完成投资	
	小计	其中：中央	小计	其中：中央	小计	其中：中央
庄浪县葫芦河刘家湾至新庄沟段河堤治理	2597	1558	1558	1558	1402	1402
静宁县葫芦河狗娃河口至胡家河段河堤治理						
静宁县葫芦河闫庙至仁大段防洪治理2017	1247	749	749	749	749	749
肃州区讨赖河祁家沟至古城村防洪2017	2509	1505	2509	1505	1131	1131
金塔县黑河常丰至中丰村段防洪工程	1722	1033	1722	1033	1722	1033
金塔县黑河大墩门至夹墩湾村段防洪	2905	1743	2905	1743	2905	1743
金塔县黑河二杰至沙门子村段防洪治理	2385	1431	2385	1431	2385	1431
西峰区蒲河石咀子至毛家寺段防洪	2608	1565	1565	1565	1565	1565
环县马莲河韩洼子至陈沟桥段防洪	727	436	576	436	687	436
环县山城洪德至汪旗段防洪	3022	1813	1813	1813	2418	1813
环县五里屯桥至河对坡段防洪	723	434	723	434	723	434
蒲河宁县庄里至叶王川段防洪治理工程						
临洮县玉井段防洪治理工程2017	2311	1387	2311	1387	2311	1387
武都区白龙江干流鹿坝绸子坝段堤防2017	2358	1454	2358	1454	2358	1454
武都区白龙江干流角弓镇汉王镇堤防2017	2191	1315	2191	1315	2191	1315
文县石坊乡东峪口至大渡坝河道治理工程	413	248	413	248	413	248
西和县郭家坝至昌河坝段防洪工程	2369	1393	1393	1393	1393	1393
礼县祁山至蒙张段防洪治理工程2017	4433	2660	4433	2660	4433	2660
礼县蒙张至磨石咀段防洪治理工程2017	698	447	698	447	698	447
临夏市大夏河干流祁牟段堤防工程						
临夏县大夏河干流祁牟至刘家峡水库防洪						
永靖县湟水干流白川至二房段河堤工程					902	
东乡县大夏河折桥至刘家峡水库堤防						
合作市洮河重要支流治理	557	333	333	333	333	333
临潭县洮河段防洪2017	2323	1394	2323	1394	1116	1116
临潭县洮河干流洮滨防洪堤工程						
卓尼县洮河干流纳浪段防洪工程2017	339	204	339	204	200	200
舟曲县沿川坝段河道治理2017	733	440	440	440	50	50
迭部县麻古村至白云段河道治理工程2017	4905	2943	2943	2943	2354	2354
碌曲县洮河干流城郊段至双岔段防洪治理	4470	2682	2682	2682	1370	1370
夏河县垂子合大桥至阿一山大桥段治理						
夏河县大夏河王格尔塘至曲奥段治理						
中小河流治理	95143	71284	90518	68534	91371	69204
榆中县宛川河兴隆峡河道治理工程	200		200			
永昌县东大河河流治理	2396	1917	1917	1917	2396	1917
白银区西大沟（城区段）护岸工程	1861	1550	1861	1550	300	300
会宁县东河会师段护岸工程	1146	750	933	750	1146	750
秦州区藉河普岔沟至关子段堤防工程	1609	1287	1609	1287	1609	1287
秦州区峁水河杨家寺段堤防工程	1992	1594	1992	1594	1992	1594
清水县后川河王店至王峡段堤防治理工程	648	518	518	518	518	518
秦安县清水河五营赵洼大桥至仁义大桥堤防	1636	1250	982	500	1732	1250
武山县山丹河滩歌乡元崖至下街堤防工程	1269	750	1269	750	1112	750
武山县大南河沿安至四门段堤防工程	1269	750	1269	750	1024	750

2-13 续表

单位：万元

项目名称	本年计划投资		本年到位投资		本年完成投资	
	小计	其中：中央	小计	其中：中央	小计	其中：中央
张家川县清水河西川至马河段治理工程	993	750	993	750	993	750
张家川县清水河峡口至汪堡段治理工程	1049	750	1049	750	1049	750
凉州区西营河北沙河段防洪治理2017	2856	1500	2856	1500	2856	1500
古浪县古浪河朱家庄-龙泉寺段治理	1620	1150	1620	1150	1620	1150
天祝县金强河打柴沟至岔口驿段河道治理	2831	2265	2831	2265	2831	2265
甘州区大瓷窑河沙井段河道防洪治理工程	1586	1586	1586	1586	1586	1586
肃南县隆畅河治理工程补充项目2017	520	520	520	520	520	520
肃南县摆浪河河道治理工程	1735	1388	1444	1388	1735	1388
民乐县洪水河六坝段河道治理工程2017	1483	1186	1186	1186	1483	1186
民乐县大堵麻河李寨段河道治理工程2017	1561	1249	1249	1249	1561	1249
民乐县苏油口至黑崖头村段河道治理2017	1336	1069	1069	1069	1336	1069
泾川县汭河十里沟至枣林段河堤治理						
泾川县黑河荒场至茜家沟河堤治理工程	346		277		277	
泾川县洪河河堤治理工程	216		216		216	
灵台县达溪河县城至百里段河堤治理					27	
灵台县黑河东门至景家庄段河堤治理	486		486		486	
灵台县达溪河县城至安家庄段河堤治理	435		435		435	
灵台县黑河安家沟沟口至杜家沟沟口段河堤	230		230		230	
崇信县□河（九功渠首至野雀沟）河堤治理						
崇信县黑河河堤治理工程						
庄浪县北洛河良邑郭魏至石家窑防洪	252		252		252	
肃州区中小河流治理项目2017	5260	4208	5260	4208	5260	4208
玉门市石油河和平营田段河道治理工程	2747	2198	2747	2198	2747	2198
庆城县柔远河张沟至贾桥护岸工程	2637	2110	2637	2110	2637	2110
华池县柔远河白家川段护岸工程	2497	1998	2497	1998	2497	1998
合水县固城河丑家川段护岸工程	2675	2140	2568	2140	2435	2140
宁县中小河流治理项目2017	4933	3946	4735	3946	4933	3946
镇原县中小河流治理项目2017	7869	6295	7869	6295	7554	6295
定西市关川河小碱沟治理工程2017	1979	1583	1979	1583	1979	1583
定西市关川河大碱沟治理工程2017	1100	580	1100	580	1100	580
通渭县碧玉牛洛河至小河子堤防2017	1050	1050	1050	1050	1050	1050
通渭县南河陇川蔡家铺村堤防工程2017	1125	1125	1125	1125	1125	1125
通渭县牛谷河平襄镇店子堤防工程2017	1050	1050	1050	1050	1050	1050
陇西县西河治理工程2017	1774	1774	1774	1774	1774	1774
渭源县莲峰河杨家咀至浦川断堤防2017	2209	1767	2120	1767	1850	1767
漳县漳河韩家庄至三岔段堤防工程2017	2624	1066	2624	1066	2624	1066
漳县漳河三岔至东桥段堤防工程2017	2426	934	2426	934	2426	934
岷县迭藏河秦许上阿阳至马烨仓堤防2017	1668	1390	1668	1390	810	810
宕昌县理川河流域治理项目2017	1274	978	1274	978	1274	978
宕昌县理川河流域治理补充项目2017	2476	1730	2476	1730	2476	1730
西和县太石河治理工程2017	1497	1037	1497	1037	1497	1037
西和县漾水河治理工程2017	2040	1583	2040	1583	2040	1583
礼县永坪河石咀至平泉堤防工程2017	2146	1717	2060	1717	2146	1717

2-13 续表

单位：万元

项 目 名 称	本年计划投资		本年到位投资		本年完成投资	
	小计	其中：中央	小计	其中：中央	小计	其中：中央
康乐县苏家集苏集段堤防工程2017	750	750	750	750	750	750
广河县巴谢河甘坪段堤防工程	502	402	502	402	482	402
合作市德吾录河卡加防洪工程	154		154		154	
合作市格河多合儿防洪工程						
临潭县斜藏沟治理工程						
临潭县羊沙河下河段治理工程	216		216		216	
卓尼县羊沙河恰盖防洪工程						
卓尼县石窖沟藏巴哇防洪工程						
舟曲县拱坝河堤防工程	473		473		473	
舟曲县中小河流治理项目2017	2000	2000			1750	1750
迭部县阿夏流域治理工程	337		337		337	
夏河县博拉河博拉段防洪工程2017	1047	1047	1047	1047	1047	1047
夏河县格河段防洪工程2017	1047	1047	1047	1047	1047	1047
甘肃疏勒河灌区三道沟河道治理			567		509	
大中型病险水库除险加固	2342	1874	2774	1874	2961	1874
高台县小海子水库除险加固2017			900		900	
甘肃双塔水库除险加固工程	2342	1874	1874	1874	2061	1874
大中型病险水闸除险加固	1590	1272	1643	1272	1237	1184
永昌县金川河工农渠首泄洪闸			53		53	
肃州区红山河青稞地排砂闸除险加固工程						
肃州区马营河渠首闸除险加固工程	1590	1272	1590	1272	1184	1184
山洪灾害防治工程	8193	6927	8173	6927	7457	6297
兰州市山洪灾害防治项目2017	371	371	371	371	371	371
嘉峪关市山洪灾害防治项目2017	37	37	37	37	37	37
金昌市山洪灾害防治项目2017	5	5	5	5	5	5
金川区山洪灾害防治2017项目(第二批)	17	16	17	16	17	16
永昌县山洪灾害防治项目2017	34	34	34	34	34	34
白银市山洪灾害防治项目2017	346	205	346	205	346	205
天水市2017年山洪灾害防治项目	10	10	10	10	10	10
秦州区山洪灾害防治项目2017	19	19	19	19	19	19
麦积区山洪灾害防治项目2017	290	290	290	290	290	290
清水县山洪灾害防治项目2017	237	195	237	195	237	195
秦安县山洪灾害防治项目2017	156	156	156	156	156	156
甘谷县山洪灾害防治项目2017	186	132	186	132	186	132
武山县山洪灾害防治项目2017	240	192	240	192	240	192
张家川县山洪灾害防治项目2017	172	130	172	130	172	130
凉州区山洪灾害防治项目2017	10	10	10	10	10	10
古浪县山洪灾害防治项目2017	13	13	13	13	13	13
天祝县山洪灾害防治项目2017	120	120	120	120	120	120
甘州区山洪灾害防治2017	154	154	154	154	154	154
肃南县山洪灾害防治2017	31	31	31	31	29	29
民乐县山洪灾害防治2017	81	67	81	67	81	67
临泽县山洪灾害防治2017	54	54	54	54	54	54

2-13　续表

单位：万元

项　目　名　称	本年计划投资		本年到位投资		本年完成投资	
	小计	其中：中央	小计	其中：中央	小计	其中：中央
高台县山洪灾害防治2017	23	22	23	22	23	22
山丹县山洪灾害防治2017	64	64	64	64	64	64
平凉山洪灾害防治项目2017	733	472	733	472	733	472
酒泉市山洪灾害防治项目2017	627	627	627	627	627	627
庆阳市山洪灾害防治项目2017	857	617	857	617	857	617
安定区山洪灾害防治项目2017	8	8	8	8	8	8
通渭县山洪灾害防治项目2017	124	124	124	124	124	124
陇西县山洪灾害防治工程2017	121	121	121	121	121	121
渭源县山洪灾害防治项目2017	57	12	57	12	57	12
临洮县山洪灾害治理项目2017	94	59	94	59	94	59
漳县山洪灾害防治项目2017	132	132	132	132	132	132
岷县山洪灾害防治项目2017	187	142	187	142	130	130
陇南市山洪灾害防治项目2017	1062	1062	1062	1062	447	447
临夏州山洪灾害防治项目2017	470	396	450	396	449	395
甘南州山洪灾害防治项目2017	892	668	892	668	851	668
甘肃省防办山洪灾害防治项目2017	160	160	160	160	160	160
其他防洪项目	39446	4361	36377	2193	38713	4121
城关区2017河道综合整治	160		160		160	
城关区大砂沟洪道永新集团段防洪抢险	304		304		304	
嘉峪关讨赖河生态治理洪水槽防冲刷加固	900		100		804	
金昌市国防工业基地蓄洪生态治理	7000		7003		7003	
会宁县康家河综合治理工程	650	650	650	650	650	650
天水市藉河生态综合治理一期续建工程	24000		24000		24000	
礼县西汉水浅水低坝缓流防冲工程	922		922		922	
临夏县北塬乡塬头路钱家村排水工程	185		185		185	
临夏县漓水名都小区防洪治理工程	399		399		399	
临夏县15扶贫搬迁韩集镇姚川点防洪治理	343	343	343	343	343	343
永靖县城北新村防洪排洪治理工程	2272	2168			2272	2168
和政县马家堡镇尕河堤防工程	50		50		50	
东乡县卜楞沟泥石流灾害治理项目	500		500		100	
东乡县唐王镇塔石沟泥石流综合治理项目	1200	1200	1200	1200	960	960
积石山县易地搬迁安置点河堤工程2016	560		560		560	
灌溉除涝项目	418350	220306	366515	220331	415237	223005
灌区建设工程	18653	14922	17105	14922	18377	14193
永昌县西河灌区续建配套节水改造	4000	3200	4118	3200	4118	3200
永昌县东河灌区续建配套节水改造	2134	1707	2134	1707	2134	1707
甘州区西浚灌区续建配套节水改造	2000	1600	1600	1600	2165	1600
甘州区大满灌区续建配套节水改造	2000	1600	1600	1600	2485	1600
民乐县大堵麻灌区续建配套节水改造	3000	2400	2400	2400	2700	2400
临泽县梨园河灌区续建配套节水改造					555	
山丹县马营河灌区续建配套节水改造	4000	3200	3734	3200	3734	3200
肃州区洪临灌区续建配套与节水改造	1519	1215	1519	1215	486	486
节水灌溉工程	29293	2800	32343	3550	32448	2948

2-13 续表

单位：万元

项目名称	本年计划投资		本年到位投资		本年完成投资	
	小计	其中：中央	小计	其中：中央	小计	其中：中央
榆中县小型农田水利建设项目2017	732		732		534	
平川区旱坪川灌区农业综合开发	330	250	330	250		
靖远县靖乐渠灌区农业综合开发	990	750	990	750	890	670
凉州区以色列政府贷款农田水利建设项目	3040		3040		3040	
民勤县以色列政府贷款农田水利建设	4833		4833		4833	
古浪县以色列政府贷款农田水利建设	4093		4093		4093	
高台县六坝灌区农业综合开发2017	462	350	462	350	462	350
高台县罗城灌区农业综合开发2017	1070	750	1070	750	1070	750
庄浪县水洛河灌区节水配套改造项目			1050	750	1050	750
静宁县东峡灌区农业综合开发					210	
肃州区清水河灌区节水农业综合开发	462	350	462	350	78	78
金塔县黑河灌区农业综合开发项目	490	350	490	350	400	350
金塔县以色列政府贷款农田水利建设	3600		3600		3600	
玉门市以色列政府贷款农田水利建设项目	3703		3703		3703	
敦煌市以色列政府贷款农田水利建设	4696		4696		4452	
合水县扶贫高效节水灌溉项目	503		503		503	
正宁县西坡镇月南村樱桃园灌溉工程	289		289		289	
石羊河流域重点治理（省景电）2013			2000		3001	
玉门市花海灌区农业综合开发					240	
小型农田水利建设	207091	144279	193777	144109	186766	134834
七里河区农田水利设施维修养护项目2017	39	39	39	39	39	39
西固区高效节水灌溉项目2017	1955	1086	1955	1086	1955	1086
西固区农田水利设施维修养护项目2017	120	120	120	120	120	120
永登县高效节水项目柳树镇红砂川村	172	116	164	116	172	116
永登县高效节水项目坪城乡灌溉工程	5787	740	4220	740	5787	740
皋兰县年高效节水项目2017	850	750	850	750	750	750
皋兰县农田水利设施维修养护项目2017	147	60	147	60	147	60
榆中县高效节水灌溉项目2017	5575	1326	2127	1326	5575	1326
榆中县农田水利设施维修养护项目2017	65	65	65	65	65	65
嘉峪关市节水灌溉及维修养护2017	3590	2726	3590	2726	3590	2726
金川区农田水利设施建设（第二批）2017	3779	2591	3779	2591	3779	2591
金川区农业水价综合改革建设（第二批）	360	360	360	360	330	330
金川区农田水利设施建设2017	1875	1000	1875	1000	1875	1000
永昌县高效节水灌溉新增2017	18087	9855	11970	9855	5435	5052
永昌县小型农田水利设施建设2017	1675	1000	1675	1000	1675	1000
永昌县农业水价综合改革2017	100	100	100	100	100	100
永昌县中央财政维修养护2017	150	150	150	150	150	150
白银市靖会灌区水利工程设施维修养护	210	210	210	210	210	210
白银市兴电灌区水利工程设施维修养护	210	210	210	210	210	210
白银区五小水利工程2016					300	
白银区高效节水灌溉项目	550	383	499	383	383	299
白银区水利工程设施维修养护项目	48	48	48	48	48	48
平川区农业水价项目	900	900	900	900	260	260

2-13 续表

单位：万元

项目名称	本年计划投资		本年到位投资		本年完成投资	
	小计	其中：中央	小计	其中：中央	小计	其中：中央
平川区高效节水灌溉项目	895	748	895	748	895	748
平川区水利工程设施维修养护项目	80	80	80	80	80	80
靖远县高效节水灌溉项目	2194	1467	1755	1467	1974	1467
靖远县水利工程设施维修养护项目	70	70	70	70	70	70
会宁县水利工程设施维修养护项目	55	55	55	55	55	55
会宁县高效节水灌溉项目	1930	1541	1930	1541	1930	1541
景泰县高效节水灌溉项目	2387	1876	2387	1876	2163	1876
景泰县小型农田水利设施补助					170	170
景泰县水利工程设施维护项目	151	150	150	150	137	137
秦州区天水镇杨家湾高效节水灌溉工程2017	450	396	450	396	450	396
秦州区汪川镇杏树梁高效节水灌溉工程	1116	813	1116	813	1116	813
麦积区石佛镇盛龙高效节水灌溉工程2017	2339	1592	2339	1592	2339	1592
麦积区小型农田水利设施补助2016					804	380
麦积区渭南镇南山高效节水灌溉工程2017	1236	1050	1236	1050	1236	1050
清水县王家山高效节水灌溉项目2017	450	450	450	450	450	450
秦安县五小水利工程2016					146	
秦安县高效节水灌溉项目2017	1533	1022	1533	1022	1533	1022
秦安县农田水利设施维修养护项目2017	110	110	110	110	110	110
甘谷县高效节水灌溉工程2017	1042	778	1042	778	1042	778
甘谷县水利工程维修养护项目2017	229		229		229	
武山县农业水价综合改革试点项目	510	500	510	500	510	500
武山县小型农田水利设施补助2016					31	31
武山县高效节水灌溉项目2017	1121	552	1121	552	1121	552
武山县农田水利设施维修养护项目2017	40	40	40	40	40	40
张家川县高效节水灌溉项目2017	578	483	578	483	578	483
凉州区高效节水灌溉发展项目2017	17540	13175	17540	13175	17540	13175
凉州区农业水价综合改革项目2017	1950	1950	1950	1950	1765	1765
凉州区水利工程养护维修项目2017	160	160	160	160	144	144
民勤县公益性水利工程维修养护2017	160	160	160	160	160	160
民勤县农业水价综合改革项目2017	1150	1150	1150	1150	1150	1150
民勤县中央财政农田水利设施建设2017	1500	1000	1500	1000	1500	1000
民勤县节水增效高效节水灌溉项目2017	9286	7762	9286	7762	9286	7762
古浪县中央财政小型农田水利建设项目	2678	2678	2678	2678	2250	2250
古浪县节水增效高效节水灌溉项目2017	4403	3681	4403	3681	4403	3681
古浪县中央财政农田水利设施建设2017	1500	1000	1500	1000	1500	1000
古浪县农业水价综合改革试点2017	860	860	860	860	860	860
古浪县农田水利设施维修养护2017	80	80	80	80	64	64
天祝县农业水价综合改革试点项目2017	1000	900	1000	900	1000	900
天祝县节水增效高效节水灌溉项目2017	2422	2001	2422	2001	2422	2001
张掖市水利维修养护2017	250	250	250	250	250	250
甘州区高效节水灌溉2017	9378	6364	9378	6364	9378	6364
甘州区农田水利和水价改革2017	1540	1540	1540	1540	1420	1420
甘州区水利维修养护2017	100	100	100	100	100	100

2-13 续表

单位：万元

项 目 名 称	本年计划投资		本年到位投资		本年完成投资	
	小计	其中：中央	小计	其中：中央	小计	其中：中央
肃南县农田水利和水价改革2017	1428	900	1088	900	459	309
肃南县水利维修养护2017	95		90		95	
民乐县2017小型农田水利建设（七）	1030	600	1030	600	1030	600
民乐县农田水利和水价改革2017	1091	1090	1091	1090	1091	1090
民乐县水利工程维修养护2017	166	130	166	130	166	130
临泽县农田水利和水价改革2017	630	630	460	460	460	460
临泽县高效节水灌溉2017	1470	1020	1470	1020	1470	1020
高台县2017高效节水灌溉	1674	1141	1674	1141	1674	1141
高台县小型农田水利设施补助2016	64		134		64	
高台县2017小型农田水利建设（七）	1754	1000	1754	1000	1754	1000
高台县农田水利和水价改革2017	1970	1970	2270	1970	1735	1735
山丹县小型农田水利建设2017	1975	1000	1690	1000	1975	1000
山丹县高效节水灌溉2016			96		192	
山丹县2015年新增农田水利设施建设2016					210	
山丹县小型农田水利重点县2016			7		175	
山丹马场高效节水灌溉2016			350		765	
山丹马场小型农田水利重点县2016			72		278	
山丹县小型农田水利设施补助2016			240		356	
山丹县农田水利和水价改革2017	1001	900	1000	900	900	900
山丹县高效节水灌溉2017	2000	1255	1715	1255	2000	1255
山丹县高效节水灌溉2017（二）	1895	1140	1140	1140	1140	1140
崆峒区农业水价改革及节水灌溉2017	1666	1372	1666	1372	1666	1372
泾川县五小水利工程2016					40	
泾川县农田水利设施建设项目2017	1568		1500		1350	
泾川县高效节水灌溉项目2017	740	549	740	549	740	549
灵台县高效节水灌溉项目2017	3420	2859	3420	2859	3420	2859
灵台县五小水利工程2016					220	
灵台县农田水利设施维修养护项目(第二批)	110	110	110	110	110	110
崇信县高效节水灌溉项目2017	1183	1044	1183	1044	793	654
华亭县农田水利设施维修及节水2017	1661	1110	1661	1110	1661	1110
庄浪县农田水利设施维修养护及节水灌溉	1070	657	764	657	1070	657
庄浪县小型农田水利设施补助2016	12		12		156	144
静宁县高效节水灌溉项目2017	979	677	979	677	979	677
静宁县农田水利工程维修养护项目（第二批）	45	45	45	45	45	45
酒泉市公益性工程维修养护项目2017	180	180	180	180	180	180
肃州区节水灌溉和水价改革2017	10556	7292	10556	7292	7161	7161
金塔县节水灌溉和水价改革2017	2813	1930	2813	1930	2731	1920
瓜州县节水灌溉和水价改革2017	3096	2426	3096	2426	3096	2426
肃北县水价改革和维修养护2017	165	150	165	150	142	142
阿克塞县水价改革和维修养护2017	160	150	160	150	160	150
玉门市节水灌溉和水价改革2017	8714	6386	8714	6386	8714	6386
敦煌市农业水价综合改革2017	410	410	410	410	370	370
敦煌市水利工程维修养护2017	100		100		52	

2-13 续表

单位：万元

项目名称	本年计划投资		本年到位投资		本年完成投资	
	小计	其中：中央	小计	其中：中央	小计	其中：中央
西峰区高效节水灌溉项目2017	1746	1003	1746	1003	1746	1003
庆城县高效节水及维修养护2017	1132	785	1132	785	1132	785
环县高效节水及维修养护2017	1119	702	895	702	1119	702
华池县高效节水及维修养护2017	1088	725	1088	725	1088	725
合水县高效节水灌溉项目2017	949	752	949	752	949	752
正宁县高效节水灌溉项目2017	815	517	815	517	815	517
宁县高效节水及水价改革2017	3701	3353	3616	3353	2205	1931
镇原县高效节水灌溉项目2017	3299	2678	3003	2678	3003	2678
定西市香泉地下井计量设施维修养护2017	110	110	110	110	110	110
安定区引洮一期支渠及田间配套改建2017	127	127	127	127	127	127
安定区地下井计量设施维修养护项目2017	193	193	193	193	193	193
通渭县锦屏水库灌区维修项目2017	55	55	55	55	55	55
通渭县民尧大河滩康家岖小型水库维修	170	170	170	170	170	170
陇西县灌溉维修养护工程2017	302	302	302	302	302	302
渭源县峡口水库维修项目2017	151	150	150	150	136	136
渭源县石门灌区维修养护项目2017	339	330	330	330	306	306
临洮县高效节水灌溉项目2017	2940	2458	2940	2458	2940	2458
临洮县小型水利工程建设项目2017	320	320	320	320	320	320
武都区农田水利维修养护2017	160	160	160	160	160	160
武都区高效节水灌溉项目2017	1314	915	1314	915	1314	915
宕昌县贫困村基础设施建设灌溉工程	1969		1969		1969	
西和县高效节水灌溉工程2017	718	600	718	600	718	600
礼县高效节水项目2017	2043	1505	2043	1505	2043	1505
徽县农村饮水工程（农田水利）2017	1539	1539	1539	1539	800	800
临夏市农田水利维修养护工程2017	600	200	600	200	180	180
永靖县1-5万亩灌区改造2016					59	32
广河县五小水利工程2016			12		42	
广河县小型农田水利设施补助2016					58	
和政县五小水利工程2016					75	
和政县水利维修养护项目第二批2017	65	65	65	65	65	65
和政县高效节水灌溉工程2017	350	252	350	252	350	252
卓尼县农田水利维修工程2017	215	190	215	190	215	190
舟曲县农田水利设施维修2017	200	200	200	200	181	181
舟曲县五小水利工程2016					35	
玛曲县农田水利设施维修及节水2017	797	681	797	681	647	647
省农垦山丹农场小型农田水利重点县2016	256		256		256	
省景电灌区维修养护2017年项目（第二批）	400	400	400	400	380	380
省疏管局农田水利维修养护2017	300	300	300	300	300	300
兰州新区高效节水灌溉2016						
水库工程	64966	17490	49550	17490	83925	30928
景泰县正路工业园区调蓄水库工程	3653				2800	
秦州区关峡水库	770		770		3600	2100
秦安县西小河小湾河水库					640	640

2-13 续表

单位：万元

项目名称	本年计划投资		本年到位投资		本年完成投资	
	小计	其中：中央	小计	其中：中央	小计	其中：中央
张家川县富川水库（抗旱规划内）					2238	1088
民勤县红崖水库加高扩建工程	20600	12390	18390	12390	18700	12390
民乐县山城河水库					2180	2180
山丹县白石崖水库(抗旱规划内)					7500	2675
崆峒区北杨涧水库（抗旱规划内）			2647		2647	
泾川县朱家涧水库（抗旱规划内）	1000		1000		1000	
灵台县新集水库工程	9000		1500		8668	
崇信县关河水库（抗旱规划内）						
庄浪县花崖河水库（抗旱规划内）	2022		2022		2022	
阿克塞县红柳湾抗旱调蓄水库工程	4771		4771		4571	
庆阳市巴家嘴水库新增调蓄(五台山水库)	3000		3000		3000	
庆阳市小盘河水库及供水工程	8200		8200		8200	
庆阳市莲花寺水库及供水工程	3450	3300	3450	3300	3450	3300
庆城县纸坊沟水库（抗旱规划内）					175	15
成县磨坝峡（水源水库）工程	1800	1800	1800	1800	1800	1800
康乐县鸣鹿水库（抗旱规划）					4740	4740
兰州新区2号3号石门沟水库工程	2000		2000		1994	
兰州新区生态灌溉7号单体湖调蓄工程	4700				4000	
泵站工程	38455	30764	34002	30764	33633	30364
兰州市大砂沟泵站更新改造工程	3750	3000	3750	3000	3375	3000
七里河区西津灌区大型泵站更新改造	1250	1000	1125	1000	1125	1000
兰州市工农坪泵站更新改造工程					161	
兰州市榆中三电泵站更新改造工程	3625	2900	3263	2900	3450	2900
白银市靖会泵站更新改造工程	5375	4300	4300	4300	4300	4300
白银市兴电泵站更新改造工程	5375	4300	4300	4300	3900	3900
靖远县刘川泵站更新改造工程	830	664	664	664	664	664
靖远县中堡泵站更新改造工程	3125	2500	2500	2500	2500	2500
景泰县中泉泵站更新改造工程	2496	1997	1997	1997	2496	1997
平凉市白庙泵站更新改造工程	2629	2103	2103	2103	2103	2103
甘肃省景电泵站更新改造工程	10000	8000	10000	8000	9559	8000
其他灌溉除涝项目	59891	10051	39737	9496	60088	9738
城关区皋兰山灌区东、西盘渠改造工程	499		300		35	
七里河区2017一事一议项目					1262	
七里河区2017乡镇实施水利工程项目	1197		1078		1078	
榆中县三电东干十五支渠小康营上水工程	4392		4150		4392	
榆中县三电东干末级泵站改建工程	2924		2924		2924	
嘉峪关农业综合开发高标准农田建设2017	755	606	755	606	755	606
嘉峪关新城镇高标准基本农田建设项目	500	500	500	500	200	200
白银市兴电灌区渠道维修工程						
靖远县刘川易地扶贫搬迁项目供水工程	2050		2050		2050	
靖远县东湾大坝电灌渠道维修养护工程	100		100		100	
景泰县千亿斤粮食生产能力建设项目	1450	1160	1300	1160	1300	1160
景泰县精准扶贫寺滩引水工程	8000		4000		8000	

2-13 续表

单位：万元

项目名称	本年计划投资		本年到位投资		本年完成投资	
	小计	其中：中央	小计	其中：中央	小计	其中：中央
景泰县财政涉农资金支持贫困村水利设施	6053		6053		5100	
景泰县草窝滩镇排水工程	600				1600	
秦安县农田水利设施建设项目2017					1549	
凉州区国土部门高标准农田建设(水利部分)	3130	3130	3130	3130	3130	3130
凉州区新增1000亿斤粮田间工程建设	990	990	990	990	990	990
古浪县黄花滩总干二支渠（管）工程	2022				1560	
古浪县黄花滩北一、二支渠(管)工程	4800		2830		4800	
古浪县生态移民黄花滩灌区调蓄水池	4177		2786		3906	
古浪县农田灌溉设施维修2017	200		200		160	
肃州区洪临灌区渠道量测水设施项目	349		280		260	
瓜州县疏勒河移民乡镇斗渠改造	900		900		900	
肃北县农村环境整治渠系维修改造一期	590		291		291	
敦煌市党河灌区西干渠改建工程	430		315		713	
临夏市刘临路支渠改建工程	281		281		281	
临夏市南川灌区引水枢纽及总干渠改造工程	809	200	250	200	250	200
永靖县刘盐八地质灾害灌区节水改造工程					130	130
永靖县刘盐八库区库岸治理工程（一期）	2000	2000	2000	2000	1230	1230
永靖县盐锅峡党川3村灌溉设施应急修复	206	205			191	190
永靖县红柳台电灌改扩建工程	4715	350			4000	350
东乡县2016年赵家乡高标准农田建					331	215
东乡县2016年东塬乡高标准农田建设					983	700
东乡县年坪庄乡高标准农田建设2017	1274	910	1274	910	637	637
兰州新区南部生态绿化2#供水管线工程	3000				3800	
兰州新区引大东二干十七支渠改造工程	1500		1000		1200	
供水项目	533765	85150	512589	85150	528266	87251
引水（调水）工程	343285	70000	333240	70000	338098	72054
兰州市水源地建设工程	80000		80000		78570	
引洮供水一期榆中县配套工程	29569		4690		21865	
榆中县青城灌溉水源工程	1766				680	
引洮一期工程会宁北部供水工程						
肃北县马鬃山镇供水工程	9500		9500		9500	
庆阳市盐环定扬黄续建工程调概算						
两当县徐杨河引水工程（一期）	150		150		150	
积石山引水工程					5890	
临夏州引黄济临供水工程	11000		11000		17697	2054
甘南州引洮（博）济合供水工程	10000		12000		12802	
玛曲县县城引水工程						
甘肃引洮供水一期工程					6084	
甘肃引洮供水二期工程	130000	70000	174600	70000	130355	70000
天水市城区引洮供水工程	24300		24300		33285	
引洮供水二期配套城乡供水工程	47000		17000		21220	
农村饮水安全巩固提升工程建设	140239	13600	127161	13600	134713	13600
西固区农村饮水安全巩固提升工程2017	426	36	426	36	426	36

2-13 续表

单位：万元

项 目 名 称	本年计划投资		本年到位投资		本年完成投资	
	小计	其中：中央	小计	其中：中央	小计	其中：中央
永登县农村饮水安全巩固提升工程2017	1547	713	1547	713	1547	713
皋兰县农村饮水安全巩固提升2017	829	61	829	61	829	61
榆中县农村饮水安全巩固提升工程2017	1558	114	1304	114	1558	114
永昌县农村饮水安全巩固提升2017	466	34	466	34	466	34
白银区农村饮水安全巩固提升2017	913	67	200	67	200	67
平川区农村饮水安全巩固提升2017	131	131	131	131	131	131
靖远县农村饮水安全巩固提升2017	1414	114	1414	114	114	114
会宁县农村饮水安全巩固提升2017	6218	454	454	454	6218	454
景泰县农村饮水安全巩固提升2017	4232	309	4232	309	2865	309
秦州区农村饮水安全巩固提升工程2017	2083	152	2083	152	2083	152
麦积区农村供水巩固提升工程2017	4395	277	4395	277	4395	277
清水县农村饮水安全巩固提升工程2017	2003	136	2003	136	2003	136
秦安县农村饮水安全巩固提升工程2017	3199	233	3199	233	3199	233
甘谷县农村饮水安全巩固提升工程2017	2694	196	2694	196	2694	196
武山县农村饮水安全巩固提升工程2017	1608	163	1608	163	1608	163
张家川县农村饮水安全巩固提升工程2017	382	32	382	32	382	32
凉州区农村饮水安全巩固提升工程2017	3508	256	3508	256	3508	256
民勤县农村饮水安全巩固提升工程2017	5800	423	5800	423	5800	423
古浪县农村饮水安全巩固提升2017	584	584	584	584	584	584
天祝县农村饮水安全巩固提升工程2017	708	52	708	52	708	52
甘州区农村饮水安全巩固提升2017	1273	92	1273	92	1009	92
肃南县农村饮水安全巩固提升2017	825	71	790	71	711	71
民乐县农村饮水安全巩固提升2017	800	58	800	58	800	58
山丹县农村饮水安全巩固提升2017	1006	73	73	73	1006	73
崆峒区年农村饮水安全巩固提升2017	755	55	755	55	755	55
泾川县北部农村饮水安全巩固提升工程	335	82	335	82	335	82
灵台县农村饮水安全巩固提升工程2017	1128	82	1128	82	1128	82
崇信县农村饮水安全巩固提升工程2017	1442	112	1442	112	1442	112
华亭县牛舌堡水厂巩固提升工程	354	37	354	37	354	37
庄浪县农村饮水安全项目2017	1093	80	1093	80	1093	80
静宁县农村饮水安全巩固提升工程2017	2631	192	2631	192	2631	192
肃州区农村饮水巩固提升2017	102	73	102	73	102	73
金塔县农村饮水安全巩固提升2017	188	31	188	31	188	31
瓜州县农村饮水安全巩固提升2017	483	35	483	35	483	35
肃北县农村饮水安全提升工程2017	85	6	85	6	85	6
阿克塞县农村饮水安全巩固提升2017	176	13	176	13	50	13
玉门市农村饮水安全巩固提升工程2017	505	37	505	37	505	37
敦煌市农村饮水安全巩固提升2017	225	19	225	19	203	19
西峰区农村饮水安全巩固提升工程2017	490	36	236	36	490	36
庆城县农村饮水安全巩固提升工程2017	5869	566	5869	566	5869	566
环县农村饮水安全巩固提升工程2017	8251	82	3349	82	8251	82
华池县农村饮水安全巩固提升工程2017	5352	790	5352	790	5352	790
合水县农村饮水安全巩固提升工程2017	1253	91	1253	91	1253	91

2-13 续表

单位：万元

项 目 名 称	本年计划投资		本年到位投资		本年完成投资	
	小计	其中：中央	小计	其中：中央	小计	其中：中央
正宁县农村饮水安全巩固提升工程2017	484	35	484	35	484	35
宁县农村饮水安全巩固提升工程2017	1865	136	1865	136	1865	136
镇原县农村饮水安全巩固提升工程2017	2460	180	2460	180	2460	180
通渭县年农村饮水安全巩固提升2017	888	398	888	398	888	398
陇西县农村饮水安全巩固提升工程2017	5011	511	5011	511	5011	511
渭源县农村饮水安全巩固提升工程2017	5103	350	5103	350	5103	350
临洮县农村饮水安全巩固提升工程2017	835	835	835	835	5328	835
漳县农村饮水安全巩固提升工程2017	189	189	189	189	189	189
武都区农村饮水安全巩固提升工程2017	2987	215	2987	215	2987	215
宕昌县农村饮水安全巩固提升2017	3753	274	3753	274	3753	274
成县农村饮水安全巩固提升工程2017	2576	188	2576	188	2576	188
文县农村饮水安全巩固提升工程2017	2853	208	2853	208	2853	208
西和县农村饮水安全巩固提升工程	8162	595	8162	595	8162	595
礼县农村饮水安全巩固提升工程2017	3837	516	3837	516	3837	516
两当县农村饮水安全巩固提升2017	2304	105	2304	105	2304	105
徽县农村饮水安全巩固提升2017	5139	179	5139	179	5139	179
康乐县农村饮水安全巩固提升工程2017	3523	277	3300	277	3153	277
永靖县农村饮水安全巩固提升工程2017	518	518	518	518	518	518
和政县农村饮水安全巩固提升工程2017	6418	313	6418	313	800	313
积石山县农村饮水安全巩固提升2017	218	218	218	218	218	218
合作市农村饮水安全巩固提升2017	417	15	417	15	292	15
临潭县农村饮水安全巩固提升2017	254	19	254	19	254	19
卓尼县农村饮水安全巩固提升2017	203	14	203	14	203	14
舟曲县农村饮水安全巩固提升2017	188	14	188	14	188	14
迭部县农村饮水安全巩固提升2017	171	12	171	12	171	12
玛曲县农村饮水安全巩固提升2017	125	9	125	9	125	9
碌曲县农村饮水安全巩固提升2017	188	9	188	9	188	9
夏河县农村饮水安全巩固提升2017	250	18	250	18	250	18
抗旱工程	30				77	47
会宁县郭城驿镇抗旱应急水源工程	30				30	
泾川县抗旱应急水源引调提水项目					47	47
其他供水工程	50210	1550	52188	1550	55378	1550
皋兰县山字墩水库-县城段输水管道改造	2486		2486		2486	
金昌市城市应急备用水源	1200		4212		1306	
张家川县东峡水库城区供水设施改造工程	212		212		212	
古浪县黄花滩移民点自来水供应服务站	149		149		149	
古浪县古丰乡西山堡村收缩安置点供水	121		121		121	
古浪县绿洲生态移民搬迁财力补助供水	2426		2426		2426	
古浪县绿洲生态移民小城镇供水工程	4086		4086		4086	
古浪黄花滩1、2、8、9移民点养殖区供水	1082		1082		1082	
庆城县小型扶贫水利项目2017	551	551	551	551	551	551
环县县级自筹水利建设项目2017	6331		6331		6331	
合水县农业综合开发建设项目2017	1316	940	1316	940	1316	940

2-13 续表

单位：万元

项目名称	本年计划投资		本年到位投资		本年完成投资	
	小计	其中：中央	小计	其中：中央	小计	其中：中央
正宁县精准扶贫农村饮水安全工程2017	675		675		675	
镇原县小型水利工程2017	1697	59	1697	59	1697	59
武都区坪垭藏族乡整乡易地搬迁饮水工程	490		490		490	
武都区供水扩建工程	4840		4840		4840	
宕昌县贫困村社基础设施建设饮水安全	4760		4760		4760	
康县贫困村基础设施建设饮水安全工程	2130		2130		2130	
永靖县精准脱贫农村饮水安全补充工程					715	
和政县新庄中良村吓沟等3社饮水工程	35		35		35	
东乡县中部农村饮水安全巩固提升一期	2500		4000			
东乡县农村供水骨干调蓄工程北部片区	525		525		300	
东乡县布楞沟流域农村供水改造工程	300				240	
东乡县农村管网延伸改造16-17扶贫饮水	800		1668		600	
积石山县小型集中及分散供水改造工程	4038		4038		182	
积石山县易地搬迁安置点人饮工程2016	240		240		170	
积石山县城区供水水源改扩建工程	382		204		2482	
武威市黄羊土门组团供水项目杂木河供水	2000		2000		12138	
华亭县安口镇应急引水工程	1000		1000		1358	
兰州新区城际铁路沿线绿化项目水利工程	1183				200	
兰州新区职教园区景观水系供水工程	2656		914		2300	
水务项目	59591	8197	44876	8197	58390	8197
自来水厂建设	7080		2815		4517	
庄浪县南坪水厂改扩建及管网工程	100		100		100	
华池县自来水厂管网改造工程	6500		2715		2715	
崆峒区韩家沟水厂供水工程（一期）	480				1342	
山丹县第二给水厂建设工程					360	
城镇供水管线建设	29800		23030		31230	
天水市藉口水厂至西十里供水管道工程	8829		8829		8829	
清水县城区供水工程	5971		3871		5971	
清水县城区自来水管网扩建工程			530		530	
古浪县大靖镇供水改扩建工程	8000		4000		8000	
庆城县城区供水输水管道工程（环县段）	7000		5800		7900	
污水处理工程建设	22710	8197	19030	8197	22642	8197
平凉市天雨污水处理厂提标改造扩建工程	5380		1700		2900	
华池县乡镇河道污水收集建设工程	1238		1238		1238	
镇原县巴家咀上游截污及三岔镇雨污分流	13702	8197	13702	8197	13702	8197
民勤红沙岗污水处理厂及中水回用贮水池	1800		1800		4055	
华亭县城区生活污水处理厂中水回用项目	590		590		747	
临洮县污水处理厂配套管网工程						
非常规水资源利用项目	642		642		321	
雨水集用	642		642		321	
礼县农村饮水安全集雨水窖工程	642		642		321	
水电开发利用	6453	1211	7125	1211	7112	1198
水电增效扩容	6453	1211	7125	1211	7112	1198

2-13 续表

单位：万元

项目名称	本年计划投资		本年到位投资		本年完成投资	
	小计	其中：中央	小计	其中：中央	小计	其中：中央
永昌县头坝二号水电站增效扩容改造	244	100	244	100	244	100
肃州区丰乐河水电站增效扩容及生态修复	534	130	534	130	534	130
金塔县解放村水电站增效扩容改造	465	80	465	80	465	80
肃北县拉排一级水电站增效扩容及生态修复	1262	107	1262	107	1262	107
敦煌市党河水电站增效扩容改造	1428	145	1428	145	1428	145
敦煌市南湖店水电站增效扩容改造	644	60	644	60	644	60
成县飞龙峡水电站增效扩容及生态修复	75	75	75	75	75	75
文县哈南水电站增效扩容及生态修复	307	22	307	22	307	22
文县肖家山水电站增效扩容及生态修复	115	115	115	115	115	115
礼县红崖二级水电站河流生态修复工程	6	6	6	6	6	6
礼县大滩水电站增效扩容改造工程	33	33	33	33	33	33
礼县大滩水电站河流生态修复工程	5	5	5	5	5	5
礼县红崖二级水电站增效扩容改造项目	37	37	37	37	37	37
和政县闫蔡坪水电站增效扩容改造	370	40	370	40	385	55
舟曲县插岗一级水电站增效扩容及生态修复	780	108	780	108	780	108
舟曲县驼骆坝水电站增效扩容及生态修复	148	148	148	148	120	120
夏河县白土坡水电站			672		672	
水保及生态保护	172349	96872	164023	96872	145716	78698
水土流失治理	56652	43530	55122	43530	53477	42160
榆中县坡耕地水土流失综合治理工程2017	625	500	500	500	502	402
榆中县病险淤地坝除险加固工程2017	200	160	166	160	200	160
嘉峪关讨赖河南岸水土保持提升工程	330		258		330	
平川区水土保持项目	200	200	200	200	88	88
靖远县省级水土保持补偿费建设项目	75		75			
靖远县北湾镇水土保持项目2016					438	420
会宁县坡耕地水土流失综合治理2017	625	500	500	500	625	500
会宁县水土保持重点建设2017	1429	1000	1043	1000	1429	1000
景泰县国家水土保持重点工程	429	300	314	300	256	245
秦州区坡耕地水土流失综合治理工程2017	1251	1000	1251	1000	1251	1000
麦积区水土保持重点工程2017	300	300	300	300	300	300
清水县水土保持重点工程2017	286	200	286	200	286	200
清水县坡耕地水土流失综合治理工程2017	937	750	937	750	937	750
秦安县水土保持重点工程2017	400	400	400	400	400	400
甘谷县坡耕地水土流失综合治理2017	899	750	899	750	899	750
武山县坡耕地水土流失综合治理工程2017	909	750	937	750	909	750
张家川县水土保持重点工程2017	429	300	429	300	429	300
古浪县水土保持重点治理项目2017	200	200	200	200	163	163
天祝县2017年水土保持重点工程	200	200	200	200	200	200
肃南县水土保持重点工程2017	286	200	277	200	277	200
崆峒区农业综合开发黄土高原保护2017	1050	750	1050	750	842	618
崆峒区坡耕地水土流失治理2017	625	500	625	500	625	500
泾川县农业综合开发黄土高原保护2017	1069	750	1065	750	851	645
泾川县病险淤地坝除险加固工程2017	275	220	275	220	275	220

2-13 续表

单位：万元

项目名称	本年计划投资		本年到位投资		本年完成投资	
	小计	其中：中央	小计	其中：中央	小计	其中：中央
灵台县农业综合开发黄土高原保护2017	1053	750	1016	750	970	713
灵台县坡耕地水土流失治理2017	625	500	625	500	575	450
崇信县坡耕地水土流失治理2017	625	500	625	500	625	500
崇信县农业综合开发黄土高原保护2017	1053	750	1053	750	906	750
崇信县病险淤地坝除险加固工程2017	110	88	110	88	110	88
华亭县水土保持重点工程2017	421	295	421	295	421	295
庄浪县水土保持重点建设工程2017	1000	700	1000	700	1000	700
庄浪县病险淤地坝除险加固工程2017	485	388	399	388	485	388
静宁县坡耕地水土流失治理2017	1251	1000	1251	1000	1251	1000
静宁县坡耕地水土流失治理2016						
西峰区农业综合开发黄土高原保护2017	1413	1000	1400	1000	1056	800
西峰区病险淤地坝除险加固工程2017	105	84	105	84	105	84
西峰区病险淤地坝除险加固工程2016					60	44
庆城县坡耕地水土流失治理2017	937	750	937	750	937	750
庆城县病险淤地坝除险加固工程2016					21	17
庆城县病险淤地坝除险加固工程2017	320	256	320	256	320	256
环县病险淤地坝除险加固工程2016					39	32
环县坡耕地水土流失治理2016						
环县坡耕地水土流失治理2017	1250	1000	1250	1000	1250	1000
环县病险淤地坝除险加固工程2017	584	467	480	467	584	467
华池县坡耕地水土流失治理2017	625	500	625	500	625	500
华池县病险淤地坝除险加固工程2017	280	224	280	224	280	224
合水县水土保持重点建设工程2016（一）						
合水县农业综合开发黄土高原保护2017	701	500	701	500	590	430
合水县水土保持重点建设工程2017	857	600	857	600	857	600
合水县病险淤地坝除险加固工程2017	340	272	340	272	340	272
正宁县农业综合开发黄土高原保护2017	703	500	703	500	522	400
正宁县水土保持重点建设工程2016（一）						
正宁县水土保持重点建设工程2017	857	600	857	600	857	600
正宁县病险淤地坝除险加固工程2017	240	192	199	192	240	192
正宁县病险淤地坝除险加固工程2016					10	8
宁县农业综合开发黄土高原保护2017	734	500	700	500	601	481
宁县水土保持重点建设工程2017	857	600	857	600	857	600
宁县水土保持重点建设工程2016（一）						
宁县病险淤地坝除险加固工程2017	215	172	178	172	215	172
镇原县水土保持重点建设工程2016（一）						
镇原县水土保持重点建设工程2016（二）						
镇原县坡耕地水土流失治理2016						
镇原县坡耕地水土流失治理2017	1250	1000	1250	1000	1250	1000
镇原县水土保持重点建设工程2017	1000	700	1000	700	1000	700
镇原县病险淤地坝除险加固工程2017	375	300	375	300	375	300
安定区坡耕地水土流失综合治理工程2017	937	750	937	750	753	750
安定区水土保持重点建设工程2017	513	491	513	491	513	491

2-13　续表

单位：万元

项　目　名　称	本年计划投资		本年到位投资		本年完成投资	
	小计	其中：中央	小计	其中：中央	小计	其中：中央
安定区病险淤地坝除险加固工程2017	420	348	420	348	420	348
通渭县病险淤地坝除险加固工程2017	196	196	196	196	196	196
通渭县坡耕地水土流失综合治理2017	1251	1000	1251	1000	1151	900
陇西县水土保持重点建设工程2017	1429	1000	1429	1000	1429	1000
陇西县坡耕地水土流失综合治理2017	1251	1000	1251	1000	1131	881
陇西县病险淤地坝除险加固工程2017	230	184	230	184	230	184
渭源县病险淤地坝除险加固工程2017	240	192	199	192	194	187
渭源县国家水土保持重点工程2017	429	300	314	300	269	255
临洮县水土保持重点建设工程2017	1000	1000	1000	1000	1000	1000
临洮县坡耕地水土流失综合治理2017	1251	1000	1251	1000	1181	930
临洮县病险淤地坝除险加固工程2017	208	208	208	208	208	208
漳县坡耕地水土流失综合治理工程2017	625	500	625	500	625	500
漳县病险淤地坝除险加固工程2017	288	288	288	288	288	288
岷县国家水土保持重点工程2017	571	400	571	400	413	287
武都区水土保持重点工程2017	429	300	429	300	429	300
宕昌县水土保持重点工程2017	286	200	286	200	286	200
成县水土保持重点工程2017	551	400	551	400	533	382
康县国家水土保持重点工程2017	571	400	571	400	517	368
文县国家水土保持重点工程2017	286	200	286	200	286	200
西和县坡耕地水土流失综合治理工程2017	937	750	937	750	786	661
礼县坡耕地水土流失综合治理工程2017	937	750	937	750	841	680
两当县国家水土保持重点工程2017	571	400	571	400	535	380
徽县坡耕地水土流失综合治理工程2017	625	500	625	500	563	450
临夏县县坡耕地水土流失综合治理工程	937	750	937	750	937	750
康乐县坡耕地水土流失治理工程2017	937	750	937	750	856	669
广河县坡耕地水土流失综合治理2017	937	750	937	750	937	750
和政县第二批国家水土保持重点工程2017	400	400	400	400	400	400
东乡县坡耕地水土流失综合治理2017	1250	1000	1250	1000	1250	1000
东乡县国家水土保持重点建设工程2017	1429	1000	1429	1000	1429	1000
临潭县小流域综合治理项目2017	286	200	286	200	186	186
卓尼县相俄项目区流域治理2017	150	105	150	105	97	97
舟曲县水土保持治理工程2017	571	400	506	400	506	400
迭部县水土保持尼傲乡巴藏项目区2017	429	300	314	300	261	261
流域生态综合治理	25001	20000	23493	20000	20756	17359
敦煌水资源规划项目（酒泉市）2016					725	67
敦煌水资源规划项目水保（酒泉市）2017	3708	2967	3708	2967	3708	2967
敦煌水资源规划项目（敦煌市）2016					1201	436
敦煌水资源规划项目（敦煌市）2017	13754	11002	13754	11002	9862	9862
敦煌水资源规划项目（疏勒河）2017	7539	6031	6031	6031	3465	3465
敦煌水资源规划项目（疏勒河）2015						
敦煌水资源规划项目（疏勒河）2016					1795	562
河湖连通工程	10500	10500	10500	10500	8400	8400
会宁县河湖水系连通项目	4500	4500	4500	4500	4500	4500

2-13　续表

单位：万元

项　目　名　称	本年计划投资		本年到位投资		本年完成投资	
	小计	其中：中央	小计	其中：中央	小计	其中：中央
庄浪县店峡沟与竹林寺水库河库连通工程	3000	3000	3000	3000	1500	1500
宕昌县鹅嫚沟综合治理工程	3000	3000	3000	3000	2400	2400
其他环境水利项目	80196	22842	74908	22842	63083	10778
凉州区水环境综合治理工程	9774	9634	9774	9634	1897	1757
民勤县红崖山库区生态环境治理工程	622	22	622	22	600	22
古浪山水林田湖生态修复南泥沟水库治理	100	100	100	100	100	100
天祝县山水林田湖生态保护修复工程	5000	3877	5000	3877	5000	3877
张掖市祁连山生态保护监控信息系统工程	3150	2205	3150	2205	2100	2100
平凉市崆峒水库至大岔河段河道生态治理			250		250	
崇信县□河流域水环境治理工程	12350	4460	4460	4460	378	378
肃州区四坝海子生态治理项目2017	2000		2000		2000	
玉门市引水入城玉渊湖扩建工程	2317		2317		2317	
庆城县城区段河道水面工程	14165		14165		14165	
武都滨江步道改造工程工程	4210		4210		4210	
临夏市大夏河三十里风情线综合治理二期	6486		1518		6486	
临夏市南干刘家桥至环城西路污水治理	516		350		516	
临夏市大夏河风情线综合治理工程						
临夏市国土实施水保项目	167	162	167	162	167	162
临夏市大夏河一大桥至罗家湾综合治理二期	3514		3000		3514	
临夏县大夏河城区段综合治理工程二期	366		366		366	
康乐县洮河三岔河片区水污染治理一期			8000		7300	
和政县林业实施水保项目	800		800		800	
和政县大南岔河水生态修复工程	7743		7743		4000	
东乡县国土、农发、农牧实施水保项目	3675		3675		3675	
积石山县国土、林业、农牧实施水保项目	3243	2382	3243	2382	3243	2382
机构能力建设专项	4425	3750	3950	3750	3975	3480
水文设施及能力建设	4425	3750	3950	3750	3975	3480
省疏管局斗口水量计量设施更新改造	1200	1000	1200	1000	1495	1000
甘肃水资源监控能力建设二期	1800	1800	1800	1800	1530	1530
甘肃省水资源监测能力（一期）建设工程	525	350	350	350	350	350
甘肃省大江大河水文监测（一期）建设工程	900	600	600	600	600	600
甘肃省中小河流水文监测系统建设项目						
移民项目	3592	2191	3552	2191	3555	2153
永昌县大中型水库移民后期扶持2017	546	212	546	212	546	212
张家川县小型水库后期扶持项目2017	70		70		70	
凉州区大中型水库移民后期扶持项目2017	423	239	423	239	423	239
民勤县大中型水库移民后期扶持2017	328	209	328	209	328	209
古浪县水利水电移民后期扶持2017	116	116	116	116	79	79
天祝县大中型水库移民后期扶持项目2017	96	26	96	26	96	26
金塔县库区移民项目2017	632	632	632	632	632	632
瓜州县大中型水库移民后期扶持项目	1302	756	1302	756	1302	756
正宁县小型水库移民后期扶持工程2017	40		40		40	
康县库区移民后期扶持阳坝供水水源工程	40				40	

2-14 2017 年水利建设项目效益（建设规模）

项目类型	建设规模													
	水库总库容（亿米³）	耕地灌溉面积（万亩）	发电装机容量（千千瓦）	供水能力（万吨/日）	改善灌溉面积（万亩）	新建及加固堤防长度（千米）	水保治理面积（万亩）	当年解决国家建档立卡饮水安全问题 涉及村（个）	涉及户（户）	涉及人口（万人）	节水灌溉面积（万亩）	渠道防渗长度（千米）	河道整治长度（千米）	改善或恢复库容（万米³）
甘肃	815	62.452	66.860	411.648	449.130	1890.865	190.300	1426	153471	66.4702	214.749	1425.248	738.002	1494.300
防洪项目	484				52.520	1865.530	0.907					1.450	715.117	476.000
堤防工程	675					164.347							39.942	
大江大湖治理	522					305.491							54.100	
重要支流治理	857				0.730	488.961							254.010	
中小河流治理						893.292							361.089	
大中型病险水库除险加固	240				46.430									476.000
大中型病险水闸除险加固	10				5.360									
其他防洪项目	40					13.439	0.907					1.450	5.976	
灌溉除涝项目	10676	11.672		9.158	361.651	8.141	0.012				177.005	1392.928	0.580	
灌区建设工程					56.640						29.000	365.821		
节水灌溉工程	4933			0.058	34.840		0.012				7.717	132.493		
小型农田水利建设	2205	4.092		3.825	61.047	4.078					138.383	194.245	0.580	
水库工程	1865	1.280		5.275	2.080									
泵站工程	601				178.250									
其他灌溉除涝项目		6.300			28.794	4.063					1.905	700.369		
供水项目	857	50.780		384.774	4.279			1389	153006	66.2602	0.544		2.900	
引水（调水）工程	215	50.780		352.970	3.140									
农村饮水安全巩固提升工程建设	31042			7.157				1313	149028	64.6187				
抗旱工程	7554			0.100										
其他供水工程	3003			24.547	1.139			76	3978	1.6415	0.544		2.900	
水务项目	2460			12.210										
自来水厂建设	1697			4.040										
城镇供水管线建设	13702			7.350										
污水处理工程建设	12501.770			0.820										
非常规水资源利用项目				0.010				37	465	0.2100				
雨水集用	0.098			0.010				37	465	0.2100				
水电开发利用			66.860				0.001							
水电增效扩容			66.860				0.001							
水保及生态保护				5.490	30.500	16.080	189.380				37.200	15.650	19.405	1018.300
水土流失治理						0.140	119.840							
流域生态综合治理				5.000	30.500	11.600	36.890				37.200	14.630	3.400	
河湖连通工程				0.490									1.065	
其他环境水利项目						4.340	32.650					1.020	14.940	1018.300
移民项目				0.006	0.180	1.114						15.220		

2-15　2017 年水利建设项目效益（累计新增）

项目类型	累计新增生产能力或效益													
	水库总库容（亿米³）	耕地灌溉面积（万亩）	发电装机容量（千千瓦）	供水能力（万吨/日）	改善灌溉面积（万亩）	新建及加固堤防长度（千米）	水保治理面积（万亩）	当年解决国家建档立卡饮水安全问题 涉及村（个）	涉及户（户）	涉及人口（万人）	节水灌溉面积（万亩）	渠道防渗长度（千米）	河道整治长度（千米）	改善或恢复库容（万米³）
甘　肃	0.245	12.542	56.540	69.498	269.245	1438.199	165.616	1291	123934	50.454	199.007	1216.884	616.321	476.000
防洪项目					6.060	1415.265							595.336	476.000
堤防工程						126.594							13.922	
大江大湖治理						283.320							51.800	
重要支流治理					0.700	336.487							244.480	
中小河流治理						655.484							279.394	
大中型病险水库除险加固														476.000
大中型病险水闸除险加固					5.360									
其他防洪项目						13.380							5.740	
灌溉除涝项目	0.245	9.962		4.183	230.876	6.620	0.012				163.455	1197.554	0.580	
灌区建设工程					56.560						29.000	344.480		
节水灌溉工程				0.058	26.920		0.012				7.557	95.550		
小型农田水利建设		4.092		3.825	41.210	3.690					124.993	159.190	0.580	
水库工程	0.245			0.300										
泵站工程					88.030									
其他灌溉除涝项目		5.870			18.156	2.930					1.905	598.334		
供水项目		2.580		54.584	3.139			1273	123702	50.344	0.412		2.900	
引水（调水）工程		2.580		36.270	2.000									
农村饮水安全巩固提升工程建设				6.957				1197	119724	48.702				
抗旱工程				0.100										
其他供水工程				11.257	1.139			76	3978	1.642	0.412		2.900	
水务项目				5.720										
自来水厂建设				1.500										
城镇供水管线建设				3.400										
污水处理工程建设				0.820										
非常规水资源利用项目				0.005				18	232	0.110				
雨水集用				0.005				18	232	0.110				
水电开发利用			56.540				0.001							
水电增效扩容			56.540				0.001							
水保及生态保护				5.000	28.990	15.200	165.603				35.140	4.110	17.505	
水土流失治理						0.140	101.843							
流域生态综合治理				5.000	28.990	11.600	36.890				35.140	3.090	1.500	
河湖连通工程													1.065	
其他环境水利项目						3.460	26.870					1.020	14.940	
移民项目				0.006	0.180	1.114						15.220		

2-16 2017年水利建设项目效益（本年新增）

项目类型	本年新增生产能力或效益													
	水库总库容（亿米³）	耕地灌溉面积（万亩）	发电装机容量（千千瓦）	供水能力（万吨/日）	改善灌溉面积（万亩）	新建及加固堤防长度（千米）	水保治理面积（万亩）	当年解决国家建档立卡饮水安全问题 涉及村（个）	涉及户（户）	涉及人口（万人）	节水灌溉面积（万亩）	渠道防渗长度（千米）	河道整治长度（千米）	改善或恢复库容（万米³）
甘肃	0.047	9.962	56.490	59.938	149.225	950.484	134.597	1291	123934	50.454	132.503	907.419	471.780	286.000
防洪项目					4.960	927.550	0.100						455.795	286.000
堤防工程						114.064							12.222	
大江大湖治理						99.208							17.420	
重要支流治理					0.700	229.384							176.010	
中小河流治理						471.514							244.403	
大中型病险水库除险加固														286.000
大中型病险水闸除险加固					4.260									
其他防洪项目						13.380	0.100						5.740	
灌溉除涝项目	0.047	9.962		3.883	142.946	6.620	0.012				121.513	888.089	0.580	
灌区建设工程					13.220							106.880		
节水灌溉工程				0.058	25.420		0.012				7.557	23.685		
小型农田水利建设		4.092		3.825	38.960	3.690					112.051	159.190	0.580	
水库工程	0.047													
泵站工程					48.990									
其他灌溉除涝项目		5.870			16.356	2.930					1.905	598.334		
供水项目				47.554	1.139			1273	123702	50.344			2.900	
引水（调水）工程				31.420										
农村饮水安全巩固提升工程建设				6.957				1197	119724	48.702				
抗旱工程				0.100										
其他供水工程				9.077	1.139			76	3978	1.642			2.900	
水务项目				3.490										
自来水厂建设														
城镇供水管线建设				2.670										
污水处理工程建设				0.820										
非常规水资源利用项目				0.005				18	232	0.110				
雨水集用				0.005				18	232	0.110				
水电开发利用			56.490				0.001							
水电增效扩容			56.490				0.001							
水保及生态保护				5.000		15.200	134.484				10.990	4.110	12.505	
水土流失治理						0.140	87.234							
流域生态综合治理				5.000		11.600	20.380				10.990	3.090	1.500	
河湖连通工程													1.065	
其他环境水利项目						3.460	26.870					1.020	9.940	
移民项目				0.006	0.180	1.114						15.220		

2-17 2017年水利建设项目效益（按市县分）

项目名称	效益名称	建设规模	本年施工规模		累计新增效益	
			小计	其中：本年新开工	小计	其中：本年新增
甘肃						
兰州市						
城关区2017河道综合整治	河道整治长度（千米）	0.236	0.236	0.236		
城关区大砂沟洪道永新集团段防洪抢险	河道整治长度（千米）	0.260	0.260	0.260	0.260	0.260
城关区皋兰山灌区东、西盘渠改造工程						
皋兰县年高效节水项目2017	节水灌溉面积（万亩）	0.200	0.200	0.200	0.200	0.200
皋兰县农村饮水安全巩固提升2017	涉及贫困人口（万人）	1.480	1.480	1.480	1.480	1.480
	涉及贫困户（户）	4186	4186	4186	4186	4186
	涉及贫困村（个）	10	10	10	10	10
	供水能力（万吨/日）	0.146	0.146	0.146	0.146	0.146
皋兰县农田水利设施维修养护项目2017	渠道防渗长度（千米）	8.050	8.050	8.050	8.050	8.050
皋兰县山字墩水库-县城段输水管道改造	供水能力（万吨/日）	2.900	2.900	2.900	2.900	2.900
黄河甘肃段防洪工程（兰州市）	新建及加固堤防长度（千米）	58.350	2.978	2.978	56.070	2.978
	河道整治长度（千米）	54.100	17.420	17.420	51.800	17.420
兰州市大砂沟泵站更新改造工程	改善灌溉面积（万亩）	13.060	8.060	8.060	3.000	3.000
兰州市工农坪泵站更新改造工程	改善灌溉面积（万亩）	2.500	0.800	0.800	1.800	0.800
兰州市山洪灾害防治项目2017						
兰州市水源地建设工程	供水能力（万吨/日）	75.890	75.890	75.890		
兰州市榆中三电泵站更新改造工程	改善灌溉面积（万亩）	15.000	1.000	1.000	14.000	1.000
七里河区2017乡镇实施水利工程项目						
七里河区2017一事一议项目						
七里河区农田水利设施维修养护项目2017						
七里河区西津灌区大型泵站更新改造	改善灌溉面积（万亩）	3.000				
西固区高效节水灌溉项目2017	节水灌溉面积（万亩）	1.330	1.330	1.330	1.330	1.330
西固区农村饮水安全巩固提升工程2017	涉及贫困人口（万人）	0.350	0.350	0.350	0.350	0.350
	涉及贫困户（户）	1159	1159	1159	1159	1159
	涉及贫困村（个）	3	3	3	3	3
西固区农田水利设施维修养护项目2017						
引洮供水一期榆中县配套工程	供水能力（万吨/日）	3.500				
永登县高效节水项目柳树镇红砂川村	节水灌溉面积（万亩）	0.100	0.100	0.100	0.100	0.100
永登县高效节水项目坪城乡灌溉工程	节水灌溉面积（万亩）	0.700	0.700	0.700	0.700	0.700
永登县农村饮水安全巩固提升工程2017	涉及贫困人口（万人）	0.087	0.087	0.087	0.087	0.087
	涉及贫困户（户）	242	242	242	242	242
	涉及贫困村（个）	3	3	3	3	3
永登县庄浪河东干渠首至寺滩泵站防洪	新建及加固堤防长度（千米）	26.690	25.600	25.600	25.600	25.600
	改善灌溉面积（万亩）	0.730	0.700	0.700	0.700	0.700
榆中县病险淤地坝除险加固工程2017						
榆中县高效节水灌溉项目2017	改善灌溉面积（万亩）	0.800	0.800	0.800	0.800	0.800
榆中县农村饮水安全巩固提升工程2017	涉及贫困人口（万人）	0.131	0.131	0.131	0.131	0.131
	涉及贫困村（个）	10	10	10	10	10
榆中县农田水利设施维修养护项目2017						
榆中县坡耕地水土流失综合治理工程2017	水保治理面积（万亩）	0.417	0.335	0.335	0.335	0.335
榆中县青城灌溉水源工程	改善灌溉面积（万亩）	1.140				

2-17 续表

项目名称	效益名称	建设规模	本年施工规模		累计新增效益	
			小计	其中：本年新开工	小计	其中：本年新增
榆中县三电东干末级泵站改建工程	改善灌溉面积（万亩）	1.000	1.000	1.000	1.000	1.000
榆中县三电东干十五支渠小康营上水工程	改善灌溉面积（万亩）	1.470	1.470	1.470	1.470	1.470
榆中县宛川河兴隆峡河道治理工程						
榆中县小型农田水利建设项目2017	水保治理面积（万亩）	0.012	0.012	0.012	0.012	0.012
	节水灌溉面积（万亩）	0.137	0.137	0.137	0.137	0.137
	改善灌溉面积（万亩）	0.600	0.400	0.400	0.400	0.400
湟水兰州市红古段防洪治理工程	新建及加固堤防长度（千米）	24.540	24.540	24.540	24.540	24.540
	河道整治长度（千米）	22.850	19.640	19.640	20.580	19.640
嘉峪关市						
嘉峪关农业综合开发高标准农田建设2017	改善灌溉面积（万亩）	0.556	0.556	0.556	0.556	0.556
嘉峪关市节水灌溉及维修养护2017	节水灌溉面积（万亩）	2.110	2.110	2.110	2.110	2.110
嘉峪关市山洪灾害防治项目2017						
嘉峪关讨赖河南岸水土保持提升工程	新建及加固堤防长度（千米）	0.140	0.140	0.140	0.140	0.140
	水保治理面积（万亩）	0.001	0.001	0.001	0.001	0.001
嘉峪关讨赖河生态治理洪水槽防冲刷加固	新建及加固堤防长度（千米）	0.400	0.400	0.400	0.400	0.400
嘉峪关新城镇高标准基本农田建设项目	渠道防渗长度（千米）	25.000	25.000	25.000	25.000	25.000
	耕地灌溉面积（万亩）	0.500	0.500	0.500	0.500	0.500
	改善灌溉面积（万亩）	0.500	0.500	0.500	0.500	0.500
金昌市						
金昌市城市应急备用水源	供水能力（万吨/日）	6.200	6.200	6.200		
金昌市国防工业基地蓄洪生态治理	新建及加固堤防长度（千米）	0.059				
	水库总库容（亿米^3）	0.098				
	水保治理面积（万亩）	0.907	0.100	0.100		
	渠道防渗长度（千米）	1.450				
金昌市山洪灾害防治项目2017						
金川区农田水利设施建设2017	节水灌溉面积（万亩）	1.473	1.473	1.473	1.473	1.473
	改善灌溉面积（万亩）	1.473	1.473	1.473	1.473	1.473
金川区农田水利设施建设（第二批）2017	节水灌溉面积（万亩）	2.400	2.400	2.400	2.400	2.400
	改善灌溉面积（万亩）	2.400	2.400	2.400	2.400	2.400
金川区农业水价综合改革建设（第二批）	节水灌溉面积（万亩）	17.890	17.890		17.890	17.890
金川区山洪灾害防治2017项目(第二批)						
永昌县大中型水库移民后期扶持2017	渠道防渗长度（千米）	3.170	3.170	3.170	3.170	3.170
永昌县东大河河流治理	新建及加固堤防长度（千米）	20.450	20.450	20.450	20.450	20.450
	河道整治长度（千米）	11.600	11.600	11.600	11.600	11.600
永昌县东河灌区续建配套节水改造	改善灌溉面积（万亩）	27.670	3.700	3.700	27.670	3.700
永昌县高效节水灌溉新增2017	节水灌溉面积（万亩）	8.060	8.060	1.830	1.830	1.830
永昌县金川河工农渠首泄洪闸						
永昌县农村饮水安全巩固提升2017	涉及贫困人口（万人）	0.030	0.030	0.030	0.030	0.030
	涉及贫困户（户）	95	95	95	95	95
	涉及贫困村（个）	4	4	4	4	4
永昌县农业水价综合改革2017						
永昌县山洪灾害防治项目2017						
永昌县头坝二号水电站增效扩容改造	发电装机容量（千千瓦）	4.800				

2-17 续表

项 目 名 称	效益名称	建设规模	本年施工规模		累计新增效益	
			小计	其中：本年新开工	小计	其中：本年新增
永昌县西河灌区续建配套节水改造	改善灌溉面积（万亩）	23.510	5.540	5.540	23.510	5.540
永昌县小型农田水利设施建设2017	节水灌溉面积（万亩）	1.210	1.210	1.210	1.210	1.210
永昌县中央财政维修养护2017						
白银市						
白银区高效节水灌溉项目	节水灌溉面积（万亩）	0.540	0.540	0.540	0.290	0.290
	改善灌溉面积（万亩）	0.540	0.540	0.540	0.290	0.290
白银区农村饮水安全巩固提升2017	涉及贫困人口（万人）	1.250	1.250	1.250	1.250	1.250
	涉及贫困户（户）	6408	6408	6408	6408	6408
	涉及贫困村（个）	58	58	58	58	58
白银区水利工程设施维修养护项目	改善灌溉面积（万亩）	0.700	0.700	0.700	0.700	0.700
白银区五小水利工程2016	改善灌溉面积（万亩）	1.220	1.220	1.220	1.220	1.220
白银区西大沟（城区段）护岸工程	新建及加固堤防长度（千米）	5.950	5.950	5.950	3.200	3.200
白银市靖会泵站更新改造工程	改善灌溉面积（万亩）	30.420	3.000	3.000	3.000	3.000
白银市靖会灌区水利工程设施维修养护	改善灌溉面积（万亩）	2.000	2.000	2.000	2.000	2.000
白银市山洪灾害防治项目2017						
白银市兴电泵站更新改造工程	改善灌溉面积（万亩）	30.180	30.180	30.180	30.180	30.180
白银市兴电灌区渠道维修工程	改善灌溉面积（万亩）	3.000				
白银市兴电灌区水利工程设施维修养护	改善灌溉面积（万亩）	1.880	1.880	1.880	1.880	1.880
黄河甘肃段防洪工程（白银市）	新建及加固堤防长度（千米）	110.281	35.350	34.600	107.550	35.350
会宁县东河会师段护岸工程	河道整治长度（千米）	0.200	0.200	0.200	0.200	0.200
会宁县高效节水灌溉项目	节水灌溉面积（万亩）	2.290	2.290	2.290	2.290	2.290
	改善灌溉面积（万亩）	2.290	2.290	2.290	2.290	2.290
会宁县郭城驿镇抗旱应急水源工程						
会宁县河湖水系连通项目	河道整治长度（千米）	1.065	1.065	1.065	1.065	1.065
会宁县康家河综合治理工程	河道整治长度（千米）	0.480	0.480	0.480	0.480	0.480
会宁县苦水河河畔羊肉市场段综合治理	新建及加固堤防长度（千米）	3.260	3.260	3.260	3.260	3.260
会宁县农村饮水安全巩固提升2017	涉及贫困人口（万人）	2.600	2.600	2.600	2.600	2.600
	涉及贫困户（户）	5768	5768	5768	5768	5768
	涉及贫困村（个）	20	20	20	20	20
会宁县坡耕地水土流失综合治理2017	水保治理面积（万亩）	0.705	0.705	0.705	0.705	0.705
会宁县水利工程设施维修养护项目	改善灌溉面积（万亩）	0.200	0.200	0.200	0.200	0.200
会宁县水土保持重点建设2017	水保治理面积（万亩）	4.350	4.350	4.350	4.350	4.350
会宁县祖厉河柴门乡张家湾至郭城镇防洪	河道整治长度（千米）	43.800	43.800	43.800	43.800	43.800
景泰县财政涉农资金支持贫困村水利设施	新建及加固堤防长度（千米）	1.815	1.815	1.815	1.815	1.815
	渠道防渗长度（千米）	300.035	198.000	198.000	198.000	198.000
	耕地灌溉面积（万亩）	4.670	4.670	4.670	4.670	4.670
景泰县草窝滩镇排水工程	改善灌溉面积（万亩）	3.400	2.200	2.200	3.400	2.200
景泰县高效节水灌溉项目	节水灌溉面积（万亩）	1.560	1.560	1.400	1.400	1.400
景泰县国家水土保持重点工程	水保治理面积（万亩）	1.500	1.200	1.200	1.200	1.200
景泰县精准扶贫寺滩引水工程	改善灌溉面积（万亩）	2.000	0.500	0.500	0.500	0.500
景泰县农村饮水安全巩固提升2017		1.600	1.600	1.600	1.600	1.600
	涉及贫困户（户）	4365	4365	4365	4365	4365
	涉及贫困村（个）	22	22	22	22	22

2-17 续表

项目名称	效益名称	建设规模	本年施工规模		累计新增效益	
			小计	其中：本年新开工	小计	其中：本年新增
景泰县千亿斤粮食生产能力建设项目	渠道防渗长度（千米）	95.040	95.040	95.040	95.040	95.040
	节水灌溉面积（万亩）	1.390	1.390	1.390	1.390	1.390
	改善灌溉面积（万亩）	1.390	1.390	1.390	1.380	1.380
景泰县水利工程设施维护项目	改善灌溉面积（万亩）	0.190	0.190	0.190	0.190	0.190
景泰县小型农田水利设施补助	渠道防渗长度（千米）	13.000	13.000	13.000	13.000	13.000
	节水灌溉面积（万亩）	0.200	0.200	0.200	0.200	0.200
景泰县正路工业园区调蓄水库工程	水库总库容（亿米^3）	0.029	0.029	0.029	0.029	0.029
景泰县中泉泵站更新改造工程	改善灌溉面积（万亩）	5.150	0.800	0.800	5.150	0.800
靖远县北湾镇水土保持项目2016	水保治理面积（万亩）	1.800	1.800	1.800	1.800	1.800
靖远县东湾大坝电灌渠道维修养护工程	改善灌溉面积（万亩）	0.420	0.420	0.420	0.420	0.420
靖远县高效节水灌溉项目	节水灌溉面积（万亩）	1.170	1.170	1.170	1.170	1.170
靖远县靖乐渠灌区农业综合开发	改善灌溉面积（万亩）	5.030	5.030	5.030	5.030	5.030
靖远县刘川泵站更新改造工程	改善灌溉面积（万亩）	6.800	6.800	6.800	6.800	6.800
靖远县刘川易地扶贫搬迁项目供水工程	耕地灌溉面积（万亩）	1.130	1.130	1.130	0.700	0.700
靖远县农村饮水安全巩固提升2017	涉及贫困人口（万人）	12.592	12.592	12.592		
	涉及贫困户（户）	21545	21545	21545		
	涉及贫困村（个）	31	31	31		
靖远县省级水土保持补偿费建设项目	水保治理面积（万亩）	6.000				
靖远县水利工程设施维修养护项目	改善灌溉面积（万亩）	0.370	0.370	0.370	0.370	0.370
靖远县中堡泵站更新改造工程	改善灌溉面积（万亩）	1.140	1.140	1.140	1.140	1.140
靖远县祖厉河庄口至罗家湾段防洪工程	新建及加固堤防长度（千米）	23.970	23.970	23.970	23.970	23.970
	河道整治长度（千米）	37.000	37.000	37.000	37.000	37.000
平川区高效节水灌溉项目	改善灌溉面积（万亩）	1.200	1.200	1.200	1.200	1.200
平川区旱坪川灌区农业综合开发	改善灌溉面积（万亩）	4.100				
平川区农村饮水安全巩固提升2017	涉及贫困人口（万人）	0.050	0.050	0.050	0.050	0.050
	涉及贫困户（户）	120	120	120	120	120
	涉及贫困村（个）	1	1	1	1	1
平川区农业水价项目	改善灌溉面积（万亩）	0.760	0.760	0.760	0.200	0.200
平川区水利工程设施维修养护项目	改善灌溉面积（万亩）	1.000	1.000	1.000	1.000	1.000
平川区水土保持项目	水保治理面积（万亩）	1.010	0.800	0.800	0.800	0.800
引洮一期工程会宁北部供水工程	供水能力（万吨/日）	4.850			4.850	
	耕地灌溉面积（万亩）	2.500			2.500	
	改善灌溉面积（万亩）	2.000			2.000	
天水市						
甘谷县高效节水灌溉工程2017	节水灌溉面积（万亩）	0.540	0.540	0.540	0.540	0.540
甘谷县农村饮水安全巩固提升工程2017	供水能力（万吨/日）	0.140	0.140	0.140	0.140	0.140
甘谷县坡耕地水土流失综合治理2017	水保治理面积（万亩）	0.660	0.660	0.660	0.660	0.660
甘谷县山洪灾害防治项目2017						
甘谷县水利工程维修养护项目2017	渠道防渗长度（千米）	0.302	0.302	0.302	0.302	0.302
	河道整治长度（千米）	0.580	0.580	0.580	0.580	0.580
葫芦河秦安县李河至刘沟村段治理工程	新建及加固堤防长度（千米）	7.900	2.900	2.900	7.900	2.900

2-17 续表

项目名称	效益名称	建设规模	本年施工规模		累计新增效益	
			小计	其中：本年新开工	小计	其中：本年新增
麦积区山洪灾害防治项目2017	涉及贫困人口（万人）	1.830	1.830	1.830	1.830	1.830
	涉及贫困户（户）	4831	4831	4831	4831	4831
	涉及贫困村（个）	13	13	13	13	13
	供水能力（万吨/日）	0.390	0.390	0.390	0.390	0.390
麦积区石佛镇盛龙高效节水灌溉工程2017						
麦积区水土保持重点工程2017	节水灌溉面积（万亩）	0.720	0.720	0.720	0.720	0.720
	水保治理面积（万亩）	1.500	1.500	1.500	1.500	1.500
麦积区渭南镇南山高效节水灌溉工程2017	节水灌溉面积（万亩）	0.550	0.550	0.550	0.550	0.550
	耕地灌溉面积（万亩）	0.550	0.550	0.550	0.550	0.550
麦积区小型农田水利设施补助2016	节水灌溉面积（万亩）	0.080	0.080	0.080	0.080	0.080
秦安县高效节水灌溉项目2017	节水灌溉面积（万亩）	0.820	0.820	0.820	0.820	0.820
秦安县农村饮水安全巩固提升工程2017	涉及贫困人口（万人）	0.936	0.936	0.936	0.936	0.936
	涉及贫困户（户）	2430	2430	2430	2430	2430
	涉及贫困村（个）	44	44	44	44	44
秦安县农田水利设施建设项目2017	节水灌溉面积（万亩）	0.515	0.515	0.515	0.515	0.515
秦安县农田水利设施维修养护项目2017	改善灌溉面积（万亩）	0.050	0.050	0.050	0.050	0.050
秦安县清水河五营赵洼大桥至仁义大桥堤防	新建及加固堤防长度（千米）	12.990	10.000	10.000	10.000	10.000
秦安县山洪灾害防治项目2017						
秦安县水土保持重点工程2017	水保治理面积（万亩）	0.530	0.530	0.530	0.530	0.530
秦安县五小水利工程2016	耕地灌溉面积（万亩）	0.560	0.560	0.560	0.560	0.560
秦安县西小河小湾河水库	水库总库容（亿米^3）	0.023				
秦州区关峡水库	水库总库容（亿米^3）	0.027				
	供水能力（万吨/日）	0.330				
秦州区藉河普岔沟至关子段堤防工程	新建及加固堤防长度（千米）	11.980	11.980	11.980	11.980	11.980
	河道整治长度（千米）	24.700	24.700	24.700	24.700	24.700
秦州区农村饮水安全巩固提升工程2017	涉及贫困人口（万人）	0.100	0.100	0.100	0.100	0.100
	涉及贫困户（户）	282	282	282	282	282
	涉及贫困村（个）	14	14	14	14	14
秦州区坡耕地水土流失综合治理工程2017	水保治理面积（万亩）	0.830	0.830	0.830	0.830	0.830
秦州区山洪灾害防治项目2017						
秦州区天水镇杨家湾高效节水灌溉工程2017	节水灌溉面积（万亩）	0.220	0.220	0.220	0.220	0.220
秦州区汪川镇杏树梁高效节水灌溉工程	节水灌溉面积（万亩）	0.540	0.540	0.540	0.540	0.540
秦州区峁水河杨家寺段堤防工程	新建及加固堤防长度（千米）	17.910	17.910	17.910	17.910	17.910
	河道整治长度（千米）	13.300	13.300	13.300	13.300	13.300
清水县城区供水工程	供水能力（万吨/日）	2.000	2.000	0.990	1.600	0.990
清水县城区自来水管网扩建工程	供水能力（万吨/日）	0.400	0.180	0.180	0.300	0.180
清水县后川河王店至王峡段堤防治理工程	新建及加固堤防长度（千米）	5.050	5.050	5.050	0.768	0.768
	河道整治长度（千米）	6.500	6.500	6.500		
清水县牛头河柳湾段河道综合治理工程	新建及加固堤防长度（千米）	2.719	2.719	2.719	2.719	2.719
	河道整治长度（千米）	2.422	2.422	2.422	2.422	2.422
清水县农村饮水安全巩固提升工程2017	涉及贫困人口（万人）	0.229	0.229	0.229	0.229	0.229
	涉及贫困户（户）	506	506	506	506	506
	涉及贫困村（个）	4	4	4	4	4
	供水能力（万吨/日）	0.100	0.100	0.100	0.100	0.100

2-17 续表

项目名称	效益名称	建设规模	本年施工规模		累计新增效益	
			小计	其中：本年新开工	小计	其中：本年新增
清水县坡耕地水土流失综合治理工程2017	水保治理面积（万亩）	0.819	0.819	0.819	0.819	0.819
清水县山洪灾害防治项目2017						
清水县水土保持重点工程2017	水保治理面积（万亩）	1.000	1.000	1.000	1.000	1.000
清水县王家山高效节水灌溉项目2017	节水灌溉面积（万亩）	0.250	0.250	0.250	0.050	0.050
天水市2017年山洪灾害防治项目						
天水市藉河生态综合治理一期续建工程	新建及加固堤防长度（千米）	8.000	8.000	8.000	8.000	8.000
天水市藉口水厂至西十里供水管道工程	供水能力（万吨/日）	1.500	1.500	1.500	1.500	1.500
武山县大南河沿安至四门段堤防工程	新建及加固堤防长度（千米）	18.600	9.000	9.000	9.000	9.000
武山县高效节水灌溉项目2017	节水灌溉面积（万亩）	0.440	0.440	0.440	0.440	0.440
武山县农村饮水安全巩固提升工程2017	涉及贫困人口（万人）	0.459	0.459	0.459	0.459	0.459
	涉及贫困户（户）	1034	1034	1034	1034	1034
	涉及贫困村（个）	4	4	4	4	4
武山县农田水利设施维修养护项目2017	改善灌溉面积（万亩）	0.050	0.050	0.050	0.050	0.050
武山县农业水价综合改革试点项目	改善灌溉面积（万亩）	1.440	1.440	1.440	1.440	1.440
武山县坡耕地水土流失综合治理工程2017	水保治理面积（万亩）	0.640	0.640	0.640	0.640	0.640
武山县山丹河滩歌乡元崖至下街堤防工程	新建及加固堤防长度（千米）	19.030	11.000	11.000	11.000	11.000
武山县山洪灾害防治项目2017						
武山县小型农田水利设施补助2016	节水灌溉面积（万亩）	0.183	0.030	0.030	0.183	0.030
张家川县东峡水库城区供水设施改造工程						
张家川县富川水库（抗旱规划内）	水库总库容（亿米^3）	0.050				
	供水能力（万吨/日）	0.730				
张家川县高效节水灌溉项目2017	改善灌溉面积（万亩）	0.350	0.350	0.350	0.350	0.350
张家川县农村饮水安全巩固提升工程2017	涉及贫困人口（万人）	0.219	0.219	0.219	0.219	0.219
	涉及贫困户（户）	495	495	495	495	495
	涉及贫困村（个）	8	8	8	8	8
张家川县清水河西川至马河段治理工程	新建及加固堤防长度（千米）	9.440	3.440	3.440	3.440	3.440
	河道整治长度（千米）	3.410	3.410	3.410	3.410	3.410
张家川县清水河峡口至汪堡段治理工程	新建及加固堤防长度（千米）	11.450	6.450	6.450	6.450	6.450
	河道整治长度（千米）	6.000	6.000	6.000	6.000	6.000
张家川县山洪灾害防治项目2017						
张家川县水土保持重点工程2017	水保治理面积（万亩）	1.500	1.500	1.500	1.500	1.500
张家川县小型水库后期扶持项目2017	新建及加固堤防长度（千米）	0.360	0.360	0.360	0.360	0.360
武威市						
古浪黄花滩1、2、8、9移民点养殖区供水						
古浪山水林田湖生态修复南泥沟水库治理						
古浪县大靖河红柳湾段防洪治理工程	新建及加固堤防长度（千米）	1.374	1.374	1.374	1.374	1.374
	河道整治长度（千米）	7.800	7.800	7.800	7.800	7.800
古浪县大靖镇供水改扩建工程						
古浪县古丰乡西山堡村收缩安置点供水	涉及贫困人口（万人）	0.040	0.040	0.040	0.040	0.040
	涉及贫困户（户）	103	103	103	103	103
	涉及贫困村（个）	1	1	1	1	1
古浪县古浪河朱家庄-龙泉寺段治理	新建及加固堤防长度（千米）	10.900	10.900	10.900	10.900	10.900
	河道整治长度（千米）	7.400	7.400	7.400	7.400	7.400
古浪县黄花滩北一、二支渠(管)工程						

2-17 续表

项目名称	效益名称	建设规模	本年施工规模		累计新增效益	
			小计	其中：本年新开工	小计	其中：本年新增
古浪县黄花滩移民点自来水供应服务站						
古浪县黄花滩总干二支渠（管）工程	改善灌溉面积（万亩）	0.800	0.800	0.800		
古浪县节水增效高效节水灌溉项目2017	节水灌溉面积（万亩）	3.098	3.098	3.098	3.098	3.098
古浪县绿洲生态移民搬迁财力补助供水						
古浪县绿洲生态移民小城镇供水工程	供水能力（万吨/日）	1.600	1.600	1.600	1.600	
古浪县农村饮水安全巩固提升2017	涉及贫困人口（万人）	0.080	0.080	0.080	0.080	0.080
	涉及贫困户（户）	218	218	218	218	218
	涉及贫困村（个）	6	6	6	6	6
古浪县农田灌溉设施维修2017						
古浪县农田水利设施维修养护2017						
古浪县农业水价综合改革试点2017						
古浪县山洪灾害防治项目2017						
古浪县生态移民黄花滩灌区调蓄水池						
古浪县水利水电移民后期扶持2017						
古浪县水土保持重点治理项目2017	水保治理面积（万亩）	10.005	10.005	0.700	0.700	0.700
古浪县以色列政府贷款农田水利建设	节水灌溉面积（万亩）	1.240	1.240	1.240	1.240	1.240
古浪县中央财政农田水利设施建设2017	节水灌溉面积（万亩）	1.027	1.027	1.027	1.027	1.027
古浪县中央财政小型农田水利建设项目	节水灌溉面积（万亩）	2.020	2.020	2.020		
凉州区大中型水库移民后期扶持项目2017	新建及加固堤防长度（千米）	0.754	0.754	0.754	0.754	0.754
	改善灌溉面积（万亩）	0.180	0.180	0.180	0.180	0.180
凉州区高效节水灌溉发展项目2017	节水灌溉面积（万亩）	14.500	14.500	14.500	14.500	14.500
凉州区国土部门高标准农田建设(水利部分)	渠道防渗长度（千米）	172.840	172.840	172.840	172.840	172.840
	改善灌溉面积（万亩）	2.650	2.650	2.650	2.650	2.650
凉州区农村饮水安全巩固提升工程2017	涉及贫困人口（万人）	1.290	1.290	1.290	1.290	1.290
	涉及贫困户（户）	3237	3237	3237	3237	3237
	涉及贫困村（个）	23	23	23	23	23
凉州区农业水价综合改革项目2017	改善灌溉面积（万亩）	16.380	16.380	16.380		
凉州区山洪灾害防治项目2017						
凉州区水环境综合治理工程	改善或恢复库容（万米^3）	1018.300	1018.300			
凉州区水利工程养护维修项目2017						
凉州区西营河北沙河段防洪治理2017	新建及加固堤防长度（千米）	21.368	21.368	21.368	21.368	21.368
	河道整治长度（千米）	25.470	25.470	25.470	25.470	25.470
凉州区新增1000亿斤粮田间工程建设	渠道防渗长度（千米）	99.270	99.270	99.270	99.270	99.270
	改善灌溉面积（万亩）	0.600	0.600	0.600	0.600	0.600
凉州区以色列政府贷款农田水利建设项目	节水灌溉面积（万亩）	1.170	1.170	1.170	1.170	1.170
民勤县大中型水库移民后期扶持2017						
民勤县公益性水利工程维修养护2017						
民勤县红崖山库区生态环境治理工程						
民勤县红崖水库加高扩建工程						
民勤县节水增效高效节水灌溉项目2017	节水灌溉面积（万亩）	6.190	6.190	6.190	6.190	6.190
民勤县农村饮水安全巩固提升工程2017	涉及贫困人口（万人）	0.110	0.110	0.110	0.110	0.110
民勤县农业水价综合改革项目2017						
民勤县以色列政府贷款农田水利建设	节水灌溉面积（万亩）	1.210	1.210	1.210	1.210	1.210

2-17　续表

项目名称	效益名称	建设规模	本年施工规模		累计新增效益	
			小计	其中：本年新开工	小计	其中：本年新增
民勤县中央财政农田水利设施建设2017	节水灌溉面积（万亩）	0.601	0.601	0.601	0.601	0.601
天祝县2017年农牧村护田护村工程	新建及加固堤防长度（千米）	31.610	15.200	15.200	15.200	15.200
	河道整治长度（千米）	21.340				
天祝县2017年水土保持重点工程	水保治理面积（万亩）	0.220	0.220	0.220	0.220	0.220
天祝县大中型水库移民后期扶持项目2017						
天祝县华藏寺至界牌段防洪治理工程2017	新建及加固堤防长度（千米）	3.755	3.755	3.755	3.755	3.755
	河道整治长度（千米）	3.030	3.030	3.030	3.030	3.030
天祝县节水增效高效节水灌溉项目2017	节水灌溉面积（万亩）	2.890	2.890	2.890	2.890	2.890
天祝县金强河打柴沟至岔口驿段河道治理	新建及加固堤防长度（千米）	22.749	22.749	22.749	22.749	22.749
天祝县南阳山6、7#移民点应急防洪工程	新建及加固堤防长度（千米）	5.056	5.056	5.056	5.056	5.056
天祝县农村饮水安全巩固提升工程2017	涉及贫困人口（万人）	0.434	0.130	0.130	0.130	0.130
	涉及贫困户（户）	1147	344	344	344	344
	涉及贫困村（个）	49	15	15	15	15
天祝县农业水价综合改革试点项目2017	渠道防渗长度（千米）	33.000	33.000	33.000	33.000	33.000
天祝县山洪灾害防治项目2017						
天祝县山水林田湖生态保护修复工程	新建及加固堤防长度（千米）	2.500	1.620	1.620	1.620	1.620
	水保治理面积（万亩）	14.290	8.510	8.510	8.510	8.510
天祝县炭山岭城镇防洪工程	新建及加固堤防长度（千米）	7.500	3.800	3.800	3.800	3.800
	河道整治长度（千米）	4.680				
张掖市						
甘州区大瓷窑河沙井段河道防洪治理工程	新建及加固堤防长度（千米）	18.280	18.280	18.280	18.280	18.280
甘州区大满灌区续建配套节水改造	渠道防渗长度（千米）	86.271	25.487	23.000	80.740	23.000
	改善灌溉面积（万亩）	0.210	0.190	0.190	0.190	0.190
甘州区高效节水灌溉2017	节水灌溉面积（万亩）	6.680	6.680	6.680	6.680	6.680
甘州区黑河分洪溢流堰至国道312线防洪	新建及加固堤防长度（千米）	3.470	1.500			
甘州区农村饮水安全巩固提升2017						
甘州区农田水利和水价改革2017						
甘州区山洪灾害防治2017						
甘州区水利维修养护2017	改善灌溉面积（万亩）	1.310	1.310	1.310	1.310	1.310
甘州区西浚灌区续建配套节水改造	渠道防渗长度（千米）	72.800	25.240	25.240	64.800	25.240
	改善灌溉面积（万亩）	1.020	0.960	0.960	0.960	0.960
高台西腰墩水库至刘家深湖水库河道防洪	新建及加固堤防长度（千米）	24.990	9.000	9.000	16.670	9.000
	河道整治长度（千米）	20.080	9.000	9.000	15.160	9.000
高台县2017高效节水灌溉	节水灌溉面积（万亩）	1.600	1.600	1.600	1.600	1.600
高台县2017小型农田水利建设（七）	节水灌溉面积（万亩）	1.400	1.400	1.400	1.400	1.400
高台县六坝灌区农业综合开发2017	渠道防渗长度（千米）	12.643	2.500	2.500	2.500	2.500
	改善灌溉面积（万亩）	5.400	1.780	1.780	1.780	1.780
高台县罗城灌区农业综合开发2017	渠道防渗长度（千米）	10.385	7.385	7.385	10.385	7.385
	改善灌溉面积（万亩）	6.910	5.410	5.410	6.910	5.410
高台县农田水利和水价改革2017	渠道防渗长度（千米）	45.040	12.000	12.000	12.000	12.000
高台县山洪灾害防治2017						
高台县小海子水库除险加固2017	改善或恢复库容（万米^3）	476.000	286.000	286.000	476.000	286.000
高台县小型农田水利设施补助2016	节水灌溉面积（万亩）	1.000	0.056	0.056	1.000	0.056

2-17 续表

项目名称	效益名称	建设规模	本年施工规模		累计新增效益	
			小计	其中：本年新开工	小计	其中：本年新增
临泽县高效节水灌溉2017	节水灌溉面积（万亩）	1.000	1.000	1.000	1.000	1.000
临泽县梨园河灌区续建配套节水改造	渠道防渗长度（千米）	97.110	6.810	6.810	97.110	6.810
	改善灌溉面积（万亩）	0.950	0.070	0.070	0.950	0.070
临泽县农田水利和水价改革2017						
临泽县山洪灾害防治2017						
临泽县铁路桥至暖泉段防洪治理	新建及加固堤防长度（千米）	29.570	29.570	29.570	29.570	29.570
	河道整治长度（千米）	15.610	15.610	15.610	15.610	15.610
民乐县2017小型农田水利建设（七）	节水灌溉面积（万亩）	1.000	1.000	1.000	1.000	1.000
民乐县大堵麻灌区续建配套节水改造	渠道防渗长度（千米）	28.030	26.030	26.030	26.030	26.030
	改善灌溉面积（万亩）	0.450	0.450	0.450	0.450	0.450
民乐县大堵麻河李寨段河道治理工程2017	新建及加固堤防长度（千米）	14.780	14.780	14.780	11.500	11.500
民乐县洪水河六坝段河道治理工程2017	新建及加固堤防长度（千米）	12.780	12.780	12.780	12.000	12.000
	河道整治长度（千米）	11.980	11.980	11.980	11.980	11.980
民乐县农村饮水安全巩固提升2017	涉及贫困人口（万人）	0.111	0.111	0.111	0.111	0.111
	涉及贫困户（户）	227	227	227	227	227
	涉及贫困村（个）	4	4	4	4	4
民乐县农田水利和水价改革2017	渠道防渗长度（千米）	23.290	23.290	23.290	23.290	23.290
	改善灌溉面积（万亩）	0.820	0.820	0.820		
民乐县山城河水库	水库总库容（亿米^3）	0.027				
	供水能力（万吨/日）	0.170				
	耕地灌溉面积（万亩）	1.280				
	改善灌溉面积（万亩）	1.280				
民乐县山洪灾害防治2017						
民乐县水利工程维修养护2017						
民乐县苏油口至黑崖头村段河道治理2017	新建及加固堤防长度（千米）	12.800	12.800	12.800	5.650	5.650
山丹马场高效节水灌溉2016	节水灌溉面积（万亩）	1.000	0.500	0.500	1.000	0.500
山丹马场小型农田水利重点县2016	节水灌溉面积（万亩）	1.000	0.200	0.200	1.000	0.200
山丹县2015年新增农田水利设施建设2016	节水灌溉面积（万亩）	1.620			1.620	
山丹县白石崖水库(抗旱规划内)	水库总库容（亿米^3）	0.048	0.048	0.048		
山丹县高效节水灌溉2016	节水灌溉面积（万亩）	1.780			1.780	
山丹县高效节水灌溉2017	节水灌溉面积（万亩）	1.410	1.410	1.410	1.410	1.410
山丹县高效节水灌溉2017（二）	节水灌溉面积（万亩）	1.520	1.520	1.520		
山丹县马营河灌区续建配套节水改造	渠道防渗长度（千米）	81.610	25.800	25.800	75.800	25.800
	改善灌溉面积（万亩）	1.080	0.560	0.560	1.080	0.560
山丹县农村饮水安全巩固提升2017	涉及贫困人口（万人）	0.337	0.337	0.337	0.337	0.337
	涉及贫困户（户）	882	882	882	882	882
	涉及贫困村（个）	2	2	2	2	2
山丹县农田水利和水价改革2017						
山丹县山洪灾害防治2017						
山丹县小型农田水利建设2017	节水灌溉面积（万亩）	1.520	1.520	1.520	1.520	1.520
山丹县小型农田水利设施补助2016	节水灌溉面积（万亩）	1.000	0.350	0.350	1.000	0.350
山丹县小型农田水利重点县2016	节水灌溉面积（万亩）	2.780			2.780	
肃南县摆浪河河道治理工程	新建及加固堤防长度（千米）	11.240	11.240	11.240	11.240	11.240

2-17 续表

项目名称	效益名称	建设规模	本年施工规模		累计新增效益	
			小计	其中：本年新开工	小计	其中：本年新增
肃南县隆畅河治理工程补充项目2017	新建及加固堤防长度（千米）	4.815	1.590	1.590	4.815	1.590
肃南县农村饮水安全巩固提升2017						
肃南县农田水利和水价改革2017						
肃南县山洪灾害防治2017						
肃南县水利维修养护2017	改善灌溉面积（万亩）	0.400	0.400	0.400	0.400	0.400
肃南县水土保持重点工程2017	水保治理面积（万亩）	1.000	1.000	1.000	1.000	1.000
张掖市黑河城区段治理工程（一期工程）	新建及加固堤防长度（千米）	5.050	1.200	1.200	5.050	1.200
	河道整治长度（千米）	2.500	0.800	0.800	2.500	0.800
张掖市祁连山生态保护监控信息系统工程						
张掖市水利维修养护2017						
平凉市						
崇信县汭河（九功渠首至野雀沟）河堤治理	新建及加固堤防长度（千米）	19.048				
	河道整治长度（千米）	10.633				
崇信县汭河流域水环境治理工程						
崇信县病险淤地坝除险加固工程2017						
崇信县高效节水灌溉项目2017	节水灌溉面积（万亩）	0.200	0.200	0.200	0.200	0.200
崇信县关河水库（抗旱规划内）	水库总库容（亿米^3）	0.022			0.022	
崇信县黑河河堤治理工程	新建及加固堤防长度（千米）	25.049				
	河道整治长度（千米）	20.762				
崇信县农村饮水安全巩固提升工程2017	涉及贫困人口（万人）	0.800	0.800	0.800	0.800	0.800
	涉及贫困户（户）	2021.000	2021.000	2021.000	2021.000	2021.000
	涉及贫困村（个）	6.000	6.000	6.000	6.000	6.000
崇信县农业综合开发黄土高原保护2017	水保治理面积（万亩）	0.234	0.234	0.234	0.234	0.234
崇信县坡耕地水土流失治理2017	水保治理面积（万亩）	0.465	0.465	0.465	0.465	0.465
华亭县牛舌堡水厂巩固提升工程	涉及贫困人口（万人）	1.230	1.230	1.230	1.230	1.230
	涉及贫困户（户）	3369	3369	3369	3369	3369
	涉及贫困村（个）	47	47	47	47	47
华亭县农田水利设施维修及节水2017	节水灌溉面积（万亩）	0.638	0.638	0.638	0.638	0.638
华亭县水土保持重点工程2017	水保治理面积（万亩）	1.470	1.470	1.470	1.470	1.470
静宁县东峡灌区农业综合开发						
静宁县高效节水灌溉项目2017	节水灌溉面积（万亩）	0.500	0.500	0.500	0.500	0.500
静宁县葫芦河狗娃河口至胡家河段河堤治理	新建及加固堤防长度（千米）	9.929			7.050	
静宁县葫芦河闫庙至仁大段防洪治理2017	新建及加固堤防长度（千米）	2.800	2.800	2.800	2.800	2.800
静宁县农村饮水安全巩固提升工程2017	涉及贫困人口（万人）	0.841	0.841	0.841	0.841	0.841
	涉及贫困户（户）	2001	2001	2001	2001	2001
	涉及贫困村（个）	14	14	14	14	14
	供水能力（万吨/日）	0.480	0.480	0.480	0.480	0.480
静宁县农田水利工程维修养护项目（第二批）						
静宁县坡耕地水土流失治理2016	水保治理面积（万亩）	0.998			0.998	
静宁县坡耕地水土流失治理2017	水保治理面积（万亩）	0.972	0.972	0.972	0.972	0.972
灵台县达溪河县城至安家庄段河堤治理	新建及加固堤防长度（千米）	18.000				
	河道整治长度（千米）	9.910	0.010		0.010	0.010
灵台县达溪河县城至百里段河堤治理	新建及加固堤防长度（千米）	18.000			18.000	
	河道整治长度（千米）	10.950	0.050		10.950	0.050

2-17 续表

项目名称	效益名称	建设规模	本年施工规模		累计新增效益	
			小计	其中：本年新开工	小计	其中：本年新增
灵台县高效节水灌溉项目2017	节水灌溉面积（万亩）	1.900	1.900	1.900	1.900	1.900
	耕地灌溉面积（万亩）	1.900	1.900	1.900	1.900	1.900
灵台县黑河安家沟沟口至杜家沟沟口段河堤	新建及加固堤防长度（千米）	1.293	1.293	1.293	1.293	1.293
灵台县黑河东门至景家庄段河堤治理	新建及加固堤防长度（千米）	19.530				
	河道整治长度（千米）	11.150				
灵台县农村饮水安全巩固提升工程2017	涉及贫困人口（万人）	0.800	0.800	0.800	0.800	0.800
	涉及贫困户（户）	2378	2378	2378	2378	2378
	涉及贫困村（个）	18	18	18	18	18
	供水能力（万吨/日）	0.080	0.080	0.080	0.080	0.080
灵台县农田水利设施维修养护项目(第二批)	改善灌溉面积（万亩）	0.200	0.200	0.200	0.200	0.200
灵台县农业综合开发黄土高原保护2017	水保治理面积（万亩）	0.210	0.210	0.210	0.210	0.210
灵台县坡耕地水土流失治理2017	水保治理面积（万亩）	0.617	0.617	0.617	0.617	0.617
灵台县五小水利工程2016	供水能力（万吨/日）	2.020	2.020	2.020	2.020	2.020
灵台县新集水库工程	水库总库容（亿米^3）	0.322				
	供水能力（万吨/日）	3.075				
	改善灌溉面积（万亩）	0.800				
平凉山洪灾害防治项目2017						
平凉市白庙泵站更新改造工程						
平凉市天雨污水处理厂提标改造扩建工程						
平凉市崆峒水库至大岔河段河道生态治理						
平凉市泾河大岔河至吴老沟河堤治理2017	新建及加固堤防长度（千米）	9.640				
平凉市泾河吴老沟至平镇桥河堤治理	新建及加固堤防长度（千米）	7.810	3.600	3.600	3.600	
庄浪县北洛河良邑郭魏至石家窑防洪	新建及加固堤防长度（千米）	21.000	1.500	1.500	21.000	1.000
庄浪县病险淤地坝除险加固工程2017						
庄浪县店峡沟与竹林寺水库河库连通工程	供水能力（万吨/日）	0.490				
庄浪县葫芦河刘家湾至新庄沟段河堤治理	新建及加固堤防长度（千米）	11.409	5.409	5.409	5.409	5.409
庄浪县花崖河水库（抗旱规划内）	水库总库容（亿米^3）	0.020	0.020	0.020		
	供水能力（万吨/日）	0.670	0.670	0.670		
庄浪县南坪水厂改扩建及管网工程						
庄浪县农村饮水安全项目2017	涉及贫困人口（万人）	1.495	1.495	1.495	1.495	1.495
	涉及贫困户（户）	3245	3245	3245	3245	
	涉及贫困村（个）	16	16	16	16	16
庄浪县农田水利设施维修养护及节水灌溉	节水灌溉面积（万亩）	0.410	0.410	0.410	0.410	0.410
	改善灌溉面积（万亩）	0.420	0.420	0.420	0.420	0.420
庄浪县水洛河灌区节水配套改造项目	改善灌溉面积（万亩）	1.810	1.810	1.810	1.810	1.810
庄浪县水土保持重点建设工程2017	水保治理面积（万亩）	3.000	3.000	3.000	3.000	3.000
庄浪县小型农田水利设施补助2016	节水灌溉面积（万亩）	0.400	0.200	0.200	0.400	0.200
崆峒区北杨涧水库（抗旱规划内）	水库总库容（亿米^3）	0.009	0.009	0.009	0.009	0.009
崆峒区年农村饮水安全巩固提升2017	涉及贫困人口（万人）	0.104	0.104	0.104	0.104	0.104
	涉及贫困户（户）	247	247	247	247	247
	涉及贫困村（个）	20	20	20	20	20

2-17　续表

项　目　名　称	效益名称	建设规模	本年施工规模		累计新增效益	
			小计	其中：本年新开工	小计	其中：本年新增
崆峒区农业水价改革及节水灌溉2017	节水灌溉面积（万亩）	0.420	0.420	0.420	0.420	0.420
	改善灌溉面积（万亩）	1.210	1.210	1.210	1.210	1.210
崆峒区农业综合开发黄土高原保护2017	水保治理面积（万亩）	0.110	0.110	0.110		
崆峒区坡耕地水土流失治理2017	水保治理面积（万亩）	0.480	0.480	0.480	0.480	0.480
崆峒区泾河马莲沟至南阳涧河段防洪	新建及加固堤防长度（千米）	8.440			6.933	
崆峒区泾河南阳涧河至信河段防洪治理						
泾川县汭河十里沟至枣林段河堤治理	新建及加固堤防长度（千米）	24.256			24.256	
泾川县北部农村饮水安全巩固提升工程	涉及贫困人口（万人）	0.050	0.050	0.050	0.050	0.050
	涉及贫困户（户）	152	152	152	152	152
	涉及贫困村（个）	8	8	8	8	8
泾川县病险淤地坝除险加固工程2017						
泾川县高效节水灌溉项目2017	节水灌溉面积（万亩）	0.440	0.440	0.440	0.440	0.440
泾川县黑河荒场至茜家沟河堤治理工程	新建及加固堤防长度（千米）	11.850				
泾川县洪河河堤治理工程	新建及加固堤防长度（千米）	8.830			8.830	
泾川县抗旱应急水源引调提水项目	供水能力（万吨/日）	0.100	0.100	0.100	0.100	0.100
泾川县农田水利设施建设项目2017	节水灌溉面积（万亩）	0.500				
泾川县农业综合开发黄土高原保护2017	水保治理面积（万亩）	0.023	0.023	0.023	0.023	0.023
泾川县五小水利工程2016	节水灌溉面积（万亩）	0.585	0.585	0.585	0.585	
泾川县朱家涧水库（抗旱规划内）	水库总库容（亿米^3）	0.030				
泾川县泾河百泉渡槽至水泉寺大桥段防洪	新建及加固堤防长度（千米）	31.818				
泾川县泾河蔡家咀至长庆桥段防洪治理	新建及加固堤防长度（千米）	11.860				
泾川县泾河罗汉洞至洪河口段河堤治理	新建及加固堤防长度（千米）	11.970			10.700	
酒泉市						
阿克塞县红柳湾抗旱调蓄水库工程	水库总库容（亿米^3）	0.009	0.009	0.009	0.009	0.009
阿克塞县农村饮水安全巩固提升2017						
阿克塞县水价改革和维修养护2017	渠道防渗长度（千米）	13.000	13.000	13.000	13.000	13.000
敦煌市党河灌区西干渠改建工程	渠道防渗长度（千米）	4.484	4.484	4.484	4.484	4.484
敦煌市党河水电站增效扩容改造	发电装机容量（千千瓦）	6.800	6.800	6.800	6.800	6.800
敦煌市南湖店水电站增效扩容改造	发电装机容量（千千瓦）	2.900	2.900	2.900	2.900	2.900
敦煌市农村饮水安全巩固提升2017	供水能力（万吨/日）	0.020	0.020	0.020	0.020	0.020
敦煌市农业水价综合改革2017						
敦煌市水利工程维修养护2017	渠道防渗长度（千米）	3.300	3.300	3.300	3.300	3.300
敦煌市以色列政府贷款农田水利建设	节水灌溉面积（万亩）	1.260	1.100	1.100	1.100	1.100
敦煌水资源规划项目（敦煌市）2016	新建及加固堤防长度（千米）	11.600	11.600	11.600	11.600	11.600
	渠道防渗长度（千米）	1.100	1.100	1.100	1.100	1.100
敦煌水资源规划项目（敦煌市）2017	供水能力（万吨/日）	5.000	5.000	5.000	5.000	5.000
敦煌水资源规划项目（酒泉市）2016	水保治理面积（万亩）	2.090			2.090	
	节水灌溉面积（万亩）	8.630	1.730	1.730	8.630	1.730
敦煌水资源规划项目水保（酒泉市）2017	水保治理面积（万亩）	3.150	3.150	3.150	3.150	3.150
瓜州县大中型水库移民后期扶持项目	渠道防渗长度（千米）	3.600	3.600	3.600	3.600	3.600
瓜州县节水灌溉和水价改革2017	节水灌溉面积（万亩）	2.998	2.998	2.998	2.998	2.998
瓜州县农村饮水安全巩固提升2017	供水能力（万吨/日）	0.050	0.050	0.050	0.050	0.050
瓜州县疏勒河移民乡镇斗渠改造	渠道防渗长度（千米）	3.700	3.700	3.700	3.700	3.700
金塔县黑河常丰至中丰村段防洪工程	新建及加固堤防长度（千米）	7.000	7.000	7.000	7.000	7.000

2-17 续表

项目名称	效益名称	建设规模	本年施工规模		累计新增效益	
			小计	其中：本年新开工	小计	其中：本年新增
金塔县黑河大墩门至夹墩湾村段防洪	河道整治长度（千米）	35.700	35.700	35.700	35.700	35.700
金塔县黑河二杰至沙门子村段防洪治理	河道整治长度（千米）	10.500	10.500	10.500	10.500	10.500
金塔县黑河灌区农业综合开发项目	渠道防渗长度（千米）	6.000	6.000	6.000	6.000	6.000
金塔县节水灌溉和水价改革2017	节水灌溉面积（万亩）	2.200	2.200	2.200	2.200	2.200
金塔县解放村水电站增效扩容改造	发电装机容量（千千瓦）	0.500	0.500	0.500	0.500	0.500
金塔县库区移民项目2017	渠道防渗长度（千米）	8.450	8.450	8.450	8.450	8.450
金塔县农村饮水安全巩固提升2017	供水能力（万吨/日）	0.030	0.030	0.030	0.030	0.030
金塔县以色列政府贷款农田水利建设	节水灌溉面积（万亩）	1.270	1.270	1.270	1.270	1.270
酒泉市公益性工程维修养护项目2017	改善灌溉面积（万亩）	0.100	0.100	0.100	0.100	0.100
酒泉市山洪灾害防治项目2017						
肃北县拉排一级水电站增效扩容及生态修复	水保治理面积（万亩）	0.001	0.001	0.001	0.001	0.001
	发电装机容量（千千瓦）	0.600	0.600	0.600	0.600	0.600
肃北县马鬃山镇供水工程	供水能力（万吨/日）	2.990	2.990	2.990	2.990	2.990
肃北县农村环境整治渠系维修改造一期	改善灌溉面积（万亩）	0.100	0.100	0.100	0.100	0.100
肃北县农村饮水安全提升工程2017	供水能力（万吨/日）	0.009	0.009	0.009	0.009	0.009
肃北县水价改革和维修养护2017	渠道防渗长度（千米）	4.600	4.600	4.600	4.600	4.600
	改善灌溉面积（万亩）	0.100	0.100	0.100	0.100	0.100
肃州区丰乐河水电站增效扩容及生态修复	发电装机容量（千千瓦）	2.800	2.800		2.800	2.800
肃州区洪临灌区渠道量测水设施项目						
肃州区洪临灌区续建配套与节水改造	节水灌溉面积（万亩）	29.000			29.000	
	改善灌溉面积（万亩）	1.750	1.750	1.750	1.750	1.750
肃州区红山河青稞地排砂闸除险加固工程	改善灌溉面积（万亩）	1.100			1.100	
肃州区节水灌溉和水价改革2017	改善灌溉面积（万亩）	10.780	10.780	10.780	10.780	10.780
肃州区马营河渠首闸除险加固工程	改善灌溉面积（万亩）	4.260	4.260	4.260	4.260	4.260
肃州区农村饮水巩固提升2017	供水能力（万吨/日）	0.050	0.050	0.050	0.050	0.050
肃州区清水河灌区节水农业综合开发	渠道防渗长度（千米）	21.600				
	改善灌溉面积（万亩）	10.990	10.990		10.990	10.990
肃州区四坝海子生态治理项目2017						
肃州区讨赖河祁家沟至古城村防洪2017	新建及加固堤防长度（千米）	19.390	19.390		19.390	19.390
肃州区中小河流治理项目2017	新建及加固堤防长度（千米）	40.873	40.873	40.873	40.873	40.873
玉门市节水灌溉和水价改革2017	渠道防渗长度（千米）	15.290	15.290	15.290	15.290	15.290
	节水灌溉面积（万亩）	8.830	8.830	8.830	8.830	8.830
玉门市农村饮水安全巩固提升工程2017	涉及贫困人口（万人）	0.045	0.045	0.045	0.045	0.045
	涉及贫困户（户）	23	23	23	23	23
	涉及贫困村（个）	1	1	1	1	1
	供水能力（万吨/日）	0.140	0.140	0.140	0.140	0.140
玉门市石油河和平营田段河道治理工程	新建及加固堤防长度（千米）	22.230	22.230	22.230	22.230	22.230
	河道整治长度（千米）	17.310	17.310	17.310	17.310	17.310
玉门市以色列政府贷款农田水利建设项目	节水灌溉面积（万亩）	1.210	1.210	1.210	1.210	1.210
玉门市引水入城玉渊湖扩建工程	水保治理面积（万亩）	0.600	0.600	0.600	0.600	0.600
庆阳市						
合水县病险淤地坝除险加固工程2017						
合水县扶贫高效节水灌溉项目	节水灌溉面积（万亩）	0.120	0.120	0.120	0.120	0.120
	供水能力（万吨/日）	0.058	0.058	0.058	0.058	0.058

2-17 续表

项目名称	效益名称	建设规模	本年施工规模		累计新增效益	
			小计	其中：本年新开工	小计	其中：本年新增
合水县高效节水灌溉项目2017	节水灌溉面积（万亩）	0.500	0.500	0.500	0.500	0.500
	供水能力（万吨/日）	0.065	0.065	0.065	0.065	0.065
合水县固城河丑家川段护岸工程	新建及加固堤防长度（千米）	7.620	7.620	7.620	7.620	7.620
	河道整治长度（千米）	10.400	10.400	10.400	10.400	10.400
合水县农村饮水安全巩固提升工程2017	涉及贫困人口（万人）	0.093	0.093	0.093	0.093	0.093
	涉及贫困户（户）	231	231	231	231	231
	涉及贫困村（个）	4	4	4	4	4
	供水能力（万吨/日）	0.082	0.082	0.082	0.082	0.082
合水县农业综合开发黄土高原保护2017	水保治理面积（万亩）	0.004	0.004	0.003	0.003	0.003
合水县农业综合开发建设项目2017	供水能力（万吨/日）	0.045	0.045	0.045	0.045	0.045
合水县水土保持重点建设工程2016(一)	水保治理面积（万亩）	2.355	2.355		2.355	
合水县水土保持重点建设工程2017	水保治理面积（万亩）	2.640	2.640	2.640	2.640	2.640
华池县病险淤地坝除险加固工程2017						
华池县高效节水及维修养护2017	节水灌溉面积（万亩）	0.382	0.382	0.382	0.382	0.382
	供水能力（万吨/日）	1.400	1.400	1.400	1.400	1.400
	耕地灌溉面积（万亩）	0.382	0.382	0.382	0.382	0.382
华池县农村饮水安全巩固提升工程2017	涉及贫困人口（万人）	0.013	0.013	0.013	0.013	0.013
	涉及贫困户（户）	42	42	42	42	42
	涉及贫困村（个）	5	5	5	5	5
	供水能力（万吨/日）	0.980	0.980	0.980	0.980	0.980
华池县坡耕地水土流失治理2017	水保治理面积（万亩）	0.852	0.852	0.852	0.852	0.852
华池县柔远河白家川段护岸工程	新建及加固堤防长度（千米）	5.900	5.900	5.900	5.900	5.900
	河道整治长度（千米）	19.900	19.900	19.900	19.900	19.900
华池县乡镇河道污水收集建设工程						
华池县新区一中段河道治理续建工程	新建及加固堤防长度（千米）	0.330	0.330	0.330	0.330	0.330
	河道整治长度（千米）	1.200	1.200	1.200	1.200	1.200
华池县自来水厂管网改造工程	供水能力（万吨/日）	0.840				
环县病险淤地坝除险加固工程2016						
环县病险淤地坝除险加固工程2017						
环县高效节水及维修养护2017	渠道防渗长度（千米）	1.950	1.950	1.950	1.950	1.950
	节水灌溉面积（万亩）	0.400	0.400	0.400	0.400	0.400
	改善灌溉面积（万亩）	0.600	0.600	0.600	0.600	0.600
环县马莲河韩洼子至陈沟桥段防洪	新建及加固堤防长度（千米）	9.610	2.090	2.090	9.120	2.090
	河道整治长度（千米）	7.800	1.730	1.730	7.500	1.730
环县农村饮水安全巩固提升工程2017	涉及贫困人口（万人）	0.643	0.643	0.343	0.643	0.643
	涉及贫困户（户）	1424	1424	1424	1424	1424
	涉及贫困村（个）	34	34	34	34	34
	供水能力（万吨/日）	0.105	0.105	0.105	0.105	0.105
环县坡耕地水土流失治理2016	水保治理面积（万亩）	1.752			1.752	
环县坡耕地水土流失治理2017	水保治理面积（万亩）	1.194	1.194	1.194	1.194	1.194
环县山城洪德至汪旗段防洪	新建及加固堤防长度（千米）	12.000	9.600	9.600	9.600	9.600
环县五里屯桥至河对坡段防洪	新建及加固堤防长度（千米）	5.640	2.820	2.820	2.820	2.820

2-17 续表

项目名称	效益名称	建设规模	本年施工规模		累计新增效益	
			小计	其中：本年新开工	小计	其中：本年新增
环县县级自筹水利建设项目2017	河道整治长度（千米）	2.900	2.900	2.900	2.900	2.900
	供水能力（万吨/日）	0.005	0.005	0.005	0.005	0.005
	改善灌溉面积（万亩）	0.600	0.600	0.600	0.600	0.600
宁县病险淤地坝除险加固工程2017						
宁县高效节水及水价改革2017	节水灌溉面积（万亩）	1.960	1.080	1.080	1.080	1.080
	改善灌溉面积（万亩）	0.400	0.400	0.400	0.400	0.400
宁县农村饮水安全巩固提升工程2017	涉及贫困人口（万人）	0.744	0.744	0.744	0.744	0.744
	涉及贫困户（户）	2103	2103	2103	2103	2103
	涉及贫困村（个）	7	7	7	7	7
	供水能力（万吨/日）	0.421	0.421	0.421	0.421	0.421
宁县农业综合开发黄土高原保护2017	水保治理面积（万亩）	0.004	0.004	0.003	0.003	0.003
宁县水土保持重点建设工程2016(一)	水保治理面积（万亩）	2.355	2.355		2.355	
宁县水土保持重点建设工程2017	水保治理面积（万亩）	2.550	2.550	2.550	2.550	2.550
宁县中小河流治理项目2017	新建及加固堤防长度（千米）	13.899	13.899	13.899	13.899	13.899
	河道整治长度（千米）	15.953	15.953	15.953	15.953	15.953
蒲河宁县庄里至叶王川段防洪治理工程	新建及加固堤防长度（千米）	7.670			4.600	
	河道整治长度（千米）	7.200			7.200	
庆城县病险淤地坝除险加固工程2016						
庆城县病险淤地坝除险加固工程2017						
庆城县城区段河道水面工程	水保治理面积（万亩）	0.640	0.640	0.640	0.640	0.640
庆城县城区供水输水管道工程（环县段）	供水能力（万吨/日）	3.450				
庆城县高效节水及维修养护2017	节水灌溉面积（万亩）	0.586	0.586	0.586	0.586	0.586
	供水能力（万吨/日）	0.300	0.300	0.300	0.300	0.300
庆城县农村饮水安全巩固提升工程2017	涉及贫困人口（万人）	0.286	0.286	0.286	0.286	0.286
	涉及贫困户（户）	634	634	634	634	634
	涉及贫困村（个）	23	23	23	23	23
	供水能力（万吨/日）	0.530	0.330	0.330	0.330	0.330
庆城县坡耕地水土流失治理2017	水保治理面积（万亩）	0.852	0.852	0.852	0.852	0.852
庆城县柔远河张沟至贾桥护岸工程	河道整治长度（千米）	15.720	15.720	15.720	15.720	15.720
庆城县小型扶贫水利项目2017	供水能力（万吨/日）	0.049	0.049	0.049	0.049	0.049
庆城县纸坊沟水库（抗旱规划内）	水库总库容（亿米^3）	0.032			0.032	
	供水能力（万吨/日）	0.300			0.300	
庆阳市巴家嘴水库新增调蓄(五台山水库)	水库总库容（亿米^3）	0.095				
庆阳市莲花寺水库及供水工程	水库总库容（亿米^3）	0.070				
庆阳市山洪灾害防治项目2017						
庆阳市小盘河水库及供水工程	水库总库容（亿米^3）	0.473				
庆阳市盐环定扬黄续建工程调概算	耕地灌溉面积（万亩）	0.080			0.080	
西峰区病险淤地坝除险加固工程2016						
西峰区病险淤地坝除险加固工程2017						
西峰区高效节水灌溉项目2017	节水灌溉面积（万亩）	0.800	0.800	0.800	0.800	0.800
	改善灌溉面积（万亩）	0.800	0.800	0.800	0.800	0.800
西峰区农村饮水安全巩固提升工程2017	供水能力（万吨/日）	0.025	0.025	0.025	0.025	0.025
西峰区农业综合开发黄土高原保护2017	水保治理面积（万亩）	0.031	0.031	0.024	0.024	0.024

2-17 续表

项目名称	效益名称	建设规模	本年施工规模		累计新增效益	
			小计	其中：本年新开工	小计	其中：本年新增
西峰区蒲河石嘴子至毛家寺段防洪	新建及加固堤防长度（千米）	7.980	4.790	4.790	4.790	4.790
镇原县巴家咀上游截污及三岔镇雨污分流	供水能力（万吨/日）	0.820	0.820	0.820	0.820	0.820
镇原县病险淤地坝除险加固工程2017						
镇原县高效节水灌溉项目2017	节水灌溉面积（万亩）	1.978	1.978	1.978	1.978	1.978
镇原县农村饮水安全巩固提升工程2017	涉及贫困人口（万人）	0.458	0.458	0.458	0.458	0.458
	涉及贫困户（户）	1018	1018	1018	1018	1018
	涉及贫困村（个）	34	34	34	34	34
	供水能力（万吨/日）	1.300	1.300	1.300	1.300	1.300
镇原县坡耕地水土流失治理2016	水保治理面积（万亩）	1.341			1.341	
镇原县坡耕地水土流失治理2017	水保治理面积（万亩）	1.176	1.176	1.176	1.176	1.176
镇原县水土保持重点建设工程2016（二）	水保治理面积（万亩）	1.071	1.071		1.071	
镇原县水土保持重点建设工程2016（一）	水保治理面积（万亩）	3.000	3.000		3.000	
镇原县水土保持重点建设工程2017	水保治理面积（万亩）	3.000	3.000	3.000	3.000	3.000
镇原县小型水利工程2017	供水能力（万吨/日）	0.010	0.010	0.010	0.010	0.010
	改善灌溉面积（万亩）	0.539	0.539	0.539	0.539	0.539
镇原县中小河流治理项目2017	新建及加固堤防长度（千米）	25.794	25.794	25.794	25.794	25.794
	河道整治长度（千米）	25.139	25.139	25.139	25.139	25.139
正宁县病险淤地坝除险加固工程2016						
正宁县病险淤地坝除险加固工程2017						
正宁县高效节水灌溉项目2017	节水灌溉面积（万亩）	0.344	0.344	0.344	0.344	0.344
正宁县精准扶贫农村饮水安全工程2017	涉及贫困人口（万人）	0.137	0.137	0.137	0.137	0.137
	涉及贫困户（户）	325	325	325	325	325
	涉及贫困村（个）	4	4	4	4	4
	供水能力（万吨/日）	0.174	0.174	0.174	0.174	0.174
正宁县农村饮水安全巩固提升工程201	涉及贫困人口（万人）	0.160	0.160	0.160	0.160	0.160
	涉及贫困户（户）	356	356	356	356	356
	涉及贫困村（个）	3	3	3	3	3
	供水能力（万吨/日）	0.089	0.089	0.089	0.089	0.089
正宁县农业综合开发黄土高原保护2017	水保治理面积（万亩）	0.004	0.003	0.003	0.003	0.003
正宁县水土保持重点建设工程2016（一）	水保治理面积（万亩）	2.355	2.355		2.355	
正宁县水土保持重点建设工程2017	水保治理面积（万亩）	2.550	2.550	2.550	2.550	2.550
正宁县西坡镇月南村樱桃园灌溉工程	节水灌溉面积（万亩）	0.100	0.100	0.100	0.100	0.100
正宁县小型水库移民后期扶持工程2017						
定西市						
安定区病险淤地坝除险加固工程2017	水库总库容（亿米^3）	0.030	0.023			
	水保治理面积（万亩）	0.020	0.020			
安定区地下井计量设施维修养护项目2017						
安定区坡耕地水土流失综合治理工程2017	水保治理面积（万亩）	1.120	1.120	1.120	1.120	
安定区山洪灾害防治项目2017						
安定区水土保持重点建设工程2017	水保治理面积（万亩）	2.100	2.100	2.100	2.100	
安定区引洮一期支渠及田间配套改建2017						
定西市关川河大碱沟治理工程2017						
定西市关川河小碱沟治理工程2017						
定西市香泉地下井计量设施维修养护2017						

2-17 续表

项目名称	效益名称	建设规模	本年施工规模		累计新增效益	
			小计	其中：本年新开工	小计	其中：本年新增
临洮县病险淤地坝除险加固工程2017	水保治理面积（万亩）	0.120	0.120	0.120	0.120	0.120
临洮县高效节水灌溉项目2017	节水灌溉面积（万亩）	1.960	1.960	1.960	1.960	1.960
	涉及贫困人口（万人）	2.320	2.320	2.320	2.320	2.320
临洮县农村饮水安全巩固提升工程2017	涉及贫困户（户）	6080	6080	6080	6080	6080
	涉及贫困村（个）	37	37	37	37	37
临洮县坡耕地水土流失综合治理2017	水保治理面积（万亩）	0.910	0.910	0.910	0.910	0.910
临洮县山洪灾害治理项目2017						
临洮县水土保持重点建设工程2017	水保治理面积（万亩）	4.350	4.350	4.350	4.350	4.350
临洮县小型水利工程建设项目2017	改善灌溉面积（万亩）	0.367	0.367	0.367	0.367	0.367
临洮县玉井段防洪治理工程2017	新建及加固堤防长度（千米）	5.200	5.200	5.200	5.200	5.200
陇西县病险淤地坝除险加固工程2017						
陇西县灌溉维修养护工程2017	改善灌溉面积（万亩）	0.060	0.060	0.060	0.060	0.060
	涉及贫困人口（万人）	5.120	5.120	5.120	5.120	5.120
陇西县农村饮水安全巩固提升工程2017	涉及贫困户（户）	13845	13845	13845	13845	13845
	涉及贫困村（个）	77	77	77	77	77
陇西县坡耕地水土流失综合治理2017	水保治理面积（万亩）	0.879	0.792	0.792	0.792	0.792
陇西县山洪灾害防治工程2017						
陇西县水土保持重点建设工程2017	水保治理面积（万亩）	4.350	4.350	4.350	4.350	4.350
陇西县西河治理工程2017	河道整治长度（千米）	16.861	16.861	16.861	16.861	16.861
通渭县碧玉牛洛河至小河子堤防2017	新建及加固堤防长度（千米）	14.959	5.360	5.360	5.360	5.360
通渭县病险淤地坝除险加固工程2017						
通渭县锦屏水库灌区维修项目2017	渠道防渗长度（千米）	13.200	13.200	13.200	13.200	13.200
通渭县民尧大河滩康家屲小型水库维修	耕地灌溉面积（万亩）	0.700	0.700	0.700	0.700	0.700
通渭县南河陇川蔡家铺村堤防工程2017	新建及加固堤防长度（千米）	18.327	6.650	6.650	6.650	6.650
	涉及贫困人口（万人）	2.350	2.350	2.350	2.350	2.350
通渭县年农村饮水安全巩固提升2017	涉及贫困户（户）	5130	5130	5130	5130	5130
	涉及贫困村（个）	38	38	38	38	38
	供水能力（万吨/日）	0.500	0.500	0.500	0.500	0.500
通渭县牛谷河平襄镇店子堤防工程2017	新建及加固堤防长度（千米）	16.050	6.050	6.050	6.050	6.050
通渭县坡耕地水土流失综合治理2017	水保治理面积（万亩）	1.240	1.240	1.240	1.240	1.240
通渭县山洪灾害防治项目2017						
渭源县病险淤地坝除险加固工程2017						
渭源县国家水土保持重点工程2017	水保治理面积（万亩）	1.500	1.500	1.500	1.000	1.000
渭源县莲峰河杨家咀至浦川断堤防2017	新建及加固堤防长度（千米）	22.720	22.720	19.320	19.320	19.320
	河道整治长度（千米）	3.500				
	涉及贫困人口（万人）	2.260	2.260	2.260	2.260	2.260
渭源县农村饮水安全巩固提升工程2017	涉及贫困户（户）	5371	5371	5371	5371	5371
	涉及贫困村（个）	38	38	38	38	38
	供水能力（万吨/日）	0.120	0.120	0.120	0.120	0.120
渭源县山洪灾害防治项目2017						
	新建及加固堤防长度（千米）	2.978	2.978	2.600	2.600	2.600
渭源县石门灌区维修养护项目2017	渠道防渗长度（千米）	0.240	0.240			
	改善灌溉面积（万亩）	1.000	1.000			

2-17 续表

项目名称	效益名称	建设规模	本年施工规模		累计新增效益	
			小计	其中：本年新开工	小计	其中：本年新增
渭源县峡口水库维修项目2017	新建及加固堤防长度（千米）	0.710	0.710	0.700	0.700	0.700
	改善灌溉面积（万亩）	0.020	0.020	0.020	0.020	0.020
漳县病险淤地坝除险加固工程2017	水保治理面积（万亩）	0.450	0.450		0.450	0.450
	涉及贫困人口（万人）	0.540	0.540	0.540	0.540	0.540
漳县农村饮水安全巩固提升工程2017	涉及贫困户（户）	1121	1121	1121	1121	1121
	涉及贫困村（个）	17	17	17	17	17
漳县坡耕地水土流失综合治理工程2017	水保治理面积（万亩）	2.460	2.460	2.460	2.460	2.460
漳县山洪灾害防治项目2017						
漳县漳河韩家庄至三岔段堤防工程2017	新建及加固堤防长度（千米）	18.000	10.150	10.150	10.150	10.150
漳县漳河三岔至东桥段堤防工程2017	新建及加固堤防长度（千米）	21.326	10.130	10.130	10.130	10.130
岷县迭藏河秦许上阿阳至马烨仓堤防2017	新建及加固堤防长度（千米）	12.930	4.700	4.700	4.700	4.700
岷县国家水土保持重点工程2017	水保治理面积（万亩）	2.000	1.650	1.650	1.650	1.650
岷县山洪灾害防治项目2017						
陇南市						
成县飞龙峡水电站增效扩容及生态修复						
成县磨坝峡（水源水库）工程	水库总库容（亿米^3）	0.170				
	涉及贫困人口（万人）	0.446	0.446	0.446	0.446	0.446
成县农村饮水安全巩固提升工程2017	涉及贫困户（户）	1253	1253	1253	1253	1253
	涉及贫困村（个）	32	32	32	32	32
	供水能力（万吨/日）	0.180	0.180	0.180	0.180	0.180
成县水土保持重点工程2017	水保治理面积（万亩）	1.900	1.900	1.900	1.900	1.900
	涉及贫困人口（万人）	1.494	1.294	1.294	1.294	1.294
徽县农村饮水安全巩固提升2017	涉及贫困户（户）	4195	3662	3662	3662	3662
	涉及贫困村（个）	58	50	50	50	50
徽县农村饮水工程（农田水利）2017						
徽县坡耕地水土流失综合治理工程2017	水保治理面积（万亩）	0.375	0.375	0.375	0.375	
康县国家水土保持重点工程2017	水保治理面积（万亩）	1.920	1.920	1.920	1.920	1.920
康县库区移民后期扶持阳坝供水水源工程	供水能力（万吨/日）	0.006	0.006	0.006	0.006	0.006
康县贫困村基础设施及搬迁点堤防工程	新建及加固堤防长度（千米）	30.921	30.921	30.921	30.921	30.921
	涉及贫困人口（万人）	0.406	0.406	0.406	0.406	0.406
康县贫困村基础设施建设饮水安全工程	涉及贫困户（户）	1079	1079	1079	1079	1079
	涉及贫困村（个）	36	36	36	36	36
	供水能力（万吨/日）	0.089	0.089	0.089	0.089	0.089
康县平洛镇龙坝村安置点堤防及护坡工程	新建及加固堤防长度（千米）	0.760	0.760	0.460	0.760	0.760
礼县大滩水电站河流生态修复工程						
礼县大滩水电站增效扩容改造工程						
礼县高效节水项目2017	节水灌溉面积（万亩）	1.000	1.000	1.000	1.000	1.000
礼县红崖二级水电站河流生态修复工程						
礼县红崖二级水电站增效扩容改造项目						
礼县蒙张至磨石咀段防洪治理工程2017	新建及加固堤防长度（千米）	2.950	2.950	2.950	2.950	2.950
	涉及贫困人口（万人）	1.707	1.707	1.707	1.707	1.707
礼县农村饮水安全巩固提升工程2017	涉及贫困户（户）	3896	3896	3896	3896	3896
	涉及贫困村（个）	59	59	59	59	59
	供水能力（万吨/日）	0.370	0.370	0.370	0.370	0.370

2-17 续表

项目名称	效益名称	建设规模	本年施工规模		累计新增效益	
			小计	其中：本年新开工	小计	其中：本年新增
礼县农村饮水安全集雨水窖工程	涉及贫困人口（万人）	0.210	0.210	0.110	0.110	0.110
	涉及贫困户（户）	465	465	232	232	232
	涉及贫困村（个）	37	37	18	18	18
	供水能力（万吨/日）	0.010	0.010	0.005	0.005	0.005
礼县坡耕地水土流失综合治理工程2017	水保治理面积（万亩）	0.630	0.630	0.630	0.630	
礼县祁山至蒙张段防洪治理工程2017	新建及加固堤防长度（千米）	17.030	17.030	10.220	10.220	10.220
礼县西汉水浅水低坝缓流防冲工程	河道整治长度（千米）	5.000	5.000	5.000	5.000	5.000
礼县永坪河石咀至平泉堤防工程2017	新建及加固堤防长度（千米）	14.980	14.980	14.980	14.980	14.980
两当县国家水土保持重点工程2017	水保治理面积（万亩）	1.900	1.900	1.900	1.900	1.900
两当县农村饮水安全巩固提升2017	涉及贫困人口（万人）	0.185	0.185	0.185	0.185	0.185
	涉及贫困户（户）	493	493	493	493	493
	涉及贫困村（个）	25	25	25	25	25
两当县徐杨河引水工程（一期）	供水能力（万吨/日）	0.600				
陇南市山洪灾害防治项目2017						
文县国家水土保持重点工程2017	水保治理面积（万亩）	1.000	1.000	1.000	1.000	1.000
文县哈南水电站增效扩容及生态修复	发电装机容量（千千瓦）	38.000	38.000	38.000	38.000	38.000
文县农村饮水安全巩固提升工程2017	涉及贫困人口（万人）	0.936	0.936	0.936	0.936	0.936
	涉及贫困村（个）	36	36	36	36	36
	供水能力（万吨/日）	0.120	0.120	0.120	0.120	0.120
文县石坊乡东峪口至大渡坝河道治理工程						
文县肖家山水电站增效扩容及生态修复						
武都滨江步道改造工程工程						
武都区白龙江干流角弓镇汉王镇堤防2017	新建及加固堤防长度（千米）	7.800	7.800	7.800	7.800	7.800
武都区白龙江干流鹿坝绸子坝段堤防2017	新建及加固堤防长度（千米）	4.520	4.520	4.520	4.520	4.520
武都区高效节水灌溉项目2017	节水灌溉面积（万亩）	0.730	0.730	0.730	0.730	0.730
武都区供水扩建工程	供水能力（万吨/日）	3.500	3.500	3.500	3.500	3.500
武都区黄坪乡河堤工程	新建及加固堤防长度（千米）	2.970	2.970	2.970	2.970	2.970
武都区农村饮水安全巩固提升工程2017	涉及贫困人口（万人）	1.450	1.450	1.450	1.450	1.450
	涉及贫困户（户）	3218	3218	3218	3218	3218
	涉及贫困村（个）	26	26	26	26	26
	供水能力（万吨/日）	0.200	0.200	0.200	0.200	0.200
武都区农田水利维修养护2017	新建及加固堤防长度（千米）	0.390	0.390	0.390	0.390	0.390
	改善灌溉面积（万亩）	0.070	0.070	0.070	0.070	0.070
武都区坪垭藏族乡整乡易地搬迁河堤工程	新建及加固堤防长度（千米）	2.200	2.200	2.200	2.200	2.200
武都区坪垭藏族乡整乡易地搬迁饮水工程	涉及贫困人口（万人）	0.620	0.620	0.620	0.620	0.620
	涉及贫困户（户）	1288	1288	1288	1288	1288
	涉及贫困村（个）	9	9	9	9	9
	供水能力（万吨/日）	0.055	0.055	0.055	0.055	0.055
武都区水土保持重点工程2017	水保治理面积（万亩）	1.500	1.500	1.500	1.500	1.500
西和县高效节水灌溉工程2017	节水灌溉面积（万亩）	0.400	0.400	0.400	0.400	0.400
	供水能力（万吨/日）	0.040	0.040	0.040	0.040	0.040
西和县郭家坝至昌河坝段防洪工程	新建及加固堤防长度（千米）	10.190	6.990	6.990	6.560	3.360
西和县建档立卡贫困村堤防工程	新建及加固堤防长度（千米）	22.214	22.214	22.214	22.214	22.214

2-17 续表

项目名称	效益名称	建设规模	本年施工规模		累计新增效益	
			小计	其中：本年新开工	小计	其中：本年新增
西和县农村饮水安全巩固提升工程	涉及贫困人口（万人）	3.310	3.310	3.310	3.310	3.310
	涉及贫困户（户）	7207	7207	7207	7207	7207
	涉及贫困村（个）	88	88	88	88	88
	供水能力（万吨/日）	0.500	0.500	0.500	0.500	0.500
西和县坡耕地水土流失综合治理工程2017	水保治理面积（万亩）	0.630	0.630	0.630	0.630	
西和县太石河治理工程2017	新建及加固堤防长度（千米）	15.470	6.970	6.970	12.000	3.500
西和县漾水河治理工程2017	新建及加固堤防长度（千米）	13.200	9.000	9.000	12.900	8.500
宕昌县鹅嫚沟综合治理工程						
宕昌县理川河流域治理补充项目2017	新建及加固堤防长度（千米）	8.600	8.600	8.600	8.600	8.600
宕昌县理川河流域治理项目2017	新建及加固堤防长度（千米）	15.440	15.440	15.440	15.440	15.440
宕昌县农村饮水安全巩固提升2017	涉及贫困人口（万人）	1.663	1.663	1.663	1.663	1.663
	涉及贫困户（户）	3794	3794	3794	3794	3794
	涉及贫困村（个）	50	50	50	50	50
宕昌县贫困村基础设施建设堤防工程	新建及加固堤防长度（千米）	21.520	21.520	21.520	21.520	21.520
宕昌县贫困村基础设施建设灌溉工程	改善灌溉面积（万亩）	0.580	0.580	0.580	0.580	0.580
宕昌县贫困村社基础设施建设饮水安全	涉及贫困人口（万人）	0.069	0.069	0.069	0.069	0.069
	涉及贫困户（户）	168	168	168	168	168
	涉及贫困村（个）	6	6	6	6	6
宕昌县水土保持重点工程2017	水保治理面积（万亩）	1.000	1.000	1.000	1.000	1.000
临夏回族自治州						
东乡县2016年东塬乡高标准农田建设	改善灌溉面积（万亩）	1.300	1.300	1.300	1.300	1.300
东乡县2016年赵家乡高标准农田建	改善灌溉面积（万亩）	0.800	0.800	0.800	0.800	0.800
东乡县卜楞沟泥石流灾害治理项目						
东乡县布楞沟流域农村供水改造工程						
东乡县大夏河折桥至刘家峡水库堤防	新建及加固堤防长度（千米）	6.500			3.900	
东乡县国家水土保持重点建设工程2017	水保治理面积（万亩）	4.350	4.350	4.350	4.350	4.350
东乡县国土、农发、农牧实施水保项目	水保治理面积（万亩）	8.200	8.200	8.200	8.200	8.200
东乡县年坪庄乡高标准农田建设2017						
东乡县农村供水骨干调蓄工程北部片区						
东乡县农村管网延伸改造16-17扶贫饮水						
东乡县坡耕地水土流失综合治理2017	水保治理面积（万亩）	1.070	1.070	1.070	1.070	1.070
东乡县唐王镇塔石沟泥石流综合治理项目						
东乡县中部农村饮水安全巩固提升一期						
广河县巴谢河甘坪段堤防工程	新建及加固堤防长度（千米）	2.800	2.800	2.800	2.300	2.300
广河县坡耕地水土流失综合治理2017	水保治理面积（万亩）	0.760	0.760	0.760	0.760	0.760
广河县五小水利工程2016	改善灌溉面积（万亩）	1.390	0.190	0.190	1.390	0.190
广河县小型农田水利设施补助2016	改善灌溉面积（万亩）	0.200	0.200	0.200	0.200	0.200
和政县大南岔河水生态修复工程						
和政县第二批国家水土保持重点工程2017	水保治理面积（万亩）	2.000	2.000	2.000	2.000	2.000
和政县高效节水灌溉工程2017	节水灌溉面积（万亩）	0.430	0.430	0.430	0.430	0.430
和政县林业实施水保项目	水保治理面积（万亩）	1.700	1.700	1.700	1.700	1.700
和政县马家堡镇尕河堤防工程	新建及加固堤防长度（千米）	0.700	0.700	0.700	0.700	0.700

2-17 续表

项目名称	效益名称	建设规模	本年施工规模		累计新增效益	
			小计	其中：本年新开工	小计	其中：本年新增
和政县农村饮水安全巩固提升工程2017	涉及贫困人口（万人）	1.540	0.540	0.540	0.540	0.540
	涉及贫困户（户）	3347	1245	1245	1245	1245
	涉及贫困村（个）	9	2	2	2	2
和政县水利维修养护项目第二批2017	改善灌溉面积（万亩）	0.300	0.300	0.300	0.300	0.300
和政县五小水利工程2016	节水灌溉面积（万亩）	0.300	0.020	0.020	0.300	0.020
	改善灌溉面积（万亩）	0.690	0.040	0.040	0.690	0.040
和政县新庄中良村吓沟等3社饮水工程	涉及贫困人口（万人）	0.010	0.010	0.010	0.010	0.010
	涉及贫困户（户）	16	16	16	16	16
	涉及贫困村（个）	1	1	1	1	1
和政县闫蔡坪水电站增效扩容改造	发电装机容量（千千瓦）	0.340	0.290	0.290	0.340	0.290
黄河甘肃段防洪工程（临夏州）	新建及加固堤防长度（千米）	45.700	21.500	21.500	40.600	21.500
积石山县城区供水水源改扩建工程	供水能力（万吨/日）	0.900	0.320	0.320	0.900	0.320
积石山县国土、林业、农牧实施水保项目	水保治理面积（万亩）	7.100	7.100	7.100	7.100	7.100
积石山县农村饮水安全巩固提升2017	涉及贫困人口（万人）	0.920	0.920	0.920	0.920	0.920
	涉及贫困户（户）	1881	1881	1881	1881	1881
	涉及贫困村（个）	51	51	51	51	51
积石山县小型集中及分散供水改造工程						
积石山县易地搬迁安置点河堤工程2016	新建及加固堤防长度（千米）	1.300	1.300	1.300	1.300	1.300
积石山县易地搬迁安置点人饮工程2016						
积石山引水工程	供水能力（万吨/日）	25.920	25.920	25.920	25.920	25.920
康乐县鸣鹿水库（抗旱规划）	水库总库容（亿米^3）	0.021				
康乐县农村饮水安全巩固提升工程2017	涉及贫困人口（万人）	0.870	0.870	0.870	0.870	0.870
	涉及贫困户（户）	1956	1956	1956	1956	1956
	涉及贫困村（个）	11	11	11	11	11
康乐县坡耕地水土流失治理工程2017	水保治理面积（万亩）	1.100	0.900	0.900	0.900	0.900
康乐县苏家集苏集段堤防工程2017	新建及加固堤防长度（千米）	15.350	7.500	7.500	7.500	7.500
康乐县洮河三岔河片区水污染治理一期	新建及加固堤防长度（千米）	1.010	1.010	1.010	1.010	1.010
	河道整治长度（千米）	2.240	2.240	2.240	2.240	2.240
临夏市大夏河风情线综合治理工程	河道整治长度（千米）	5.000			5.000	
临夏市大夏河干流祁牟段堤防工程	新建及加固堤防长度（千米）	3.440			3.440	
临夏市大夏河三十里风情线综合治理二期	新建及加固堤防长度（千米）	0.830	0.830	0.830	0.830	0.830
	河道整治长度（千米）	1.200	1.200	1.200	1.200	1.200
临夏市大夏河一大桥至罗家湾综合治理二期	河道整治长度（千米）	5.200	5.200	5.200	5.200	5.200
临夏市国土实施水保项目	水保治理面积（万亩）	0.120	0.120	0.120	0.120	0.120
临夏市刘临路支渠改建工程	改善灌溉面积（万亩）	0.130	0.130	0.130	0.130	0.130
临夏市南川灌区引水枢纽及总干渠改造工程	改善灌溉面积（万亩）	0.840	0.250	0.250	0.250	0.250
临夏市南干刘家桥至环城西路污水治理	渠道防渗长度（千米）	1.020	1.020	1.020	1.020	1.020
临夏市农田水利维修养护工程2017	改善灌溉面积（万亩）	0.300	0.090	0.090	0.090	0.090
临夏县15扶贫搬迁韩集镇姚川点防洪治理	新建及加固堤防长度（千米）	0.300	0.300	0.300	0.300	0.300
临夏县北塬乡塬头路钱家村排水工程						
临夏县大夏河城区段综合治理工程二期	河道整治长度（千米）	1.300	1.300	1.300	1.300	1.300
临夏县大夏河干流祁牟至刘家峡水库防洪	新建及加固堤防长度（千米）	3.100			3.100	
临夏县漓水名都小区防洪治理工程	新建及加固堤防长度（千米）	0.380	0.380	0.380	0.380	0.380

2-17 续表

项目名称	效益名称	建设规模	本年施工规模		累计新增效益	
			小计	其中：本年新开工	小计	其中：本年新增
临夏县县坡耕地水土流失综合治理工程	水保治理面积（万亩）	0.830	0.830	0.830	0.830	0.830
临夏州山洪灾害防治项目2017						
临夏州引黄济临供水工程	供水能力（万吨/日）	15.000		5.000	5.000	5.000
永靖县 1 万 ~ 5 万亩灌区改造 2016	改善灌溉面积（万亩）	0.600	0.200	0.200	0.200	0.200
永靖县城北新村防洪排洪治理工程	新建及加固堤防长度（千米）	2.300	2.300	2.300	2.300	2.300
永靖县红柳台电灌改扩建工程	改善灌溉面积（万亩）	1.300	1.000	1.000	1.000	1.000
	涉及贫困人口（万人）	0.360	0.360	0.360	0.360	0.360
永靖县精准脱贫农村饮水安全补充工程	涉及贫困户（户）	999	999	999	999	999
	涉及贫困村（个）	19	19	19	19	19
永靖县刘盐八地质灾害灌区节水改造工程	改善灌溉面积（万亩）	2.000	0.900	0.900	1.500	0.900
永靖县刘盐八库区库岸治理工程（一期）	新建及加固堤防长度（千米）	2.248	1.115	1.115	1.115	1.115
	涉及贫困人口（万人）	1.700				
永靖县农村饮水安全巩固提升工程2017	涉及贫困户（户）	4131				
	涉及贫困村（个）	32				
永靖县盐锅峡党川3村灌溉设施应急修复	改善灌溉面积（万亩）	0.800	0.600	0.600	0.600	0.600
永靖县湟水干流白川至二房段河堤工程	新建及加固堤防长度（千米）	13.800	3.000	3.000	13.800	3.000
甘南藏族自治州						
迭部县阿夏流域治理工程	新建及加固堤防长度（千米）	11.560			11.560	
	河道整治长度（千米）	10.741			10.741	
迭部县卡坝乡尼吉巴防洪工程						
迭部县麻古村至白云段河道治理工程2017	新建及加固堤防长度（千米）	12.760	8.500	8.500	8.500	8.500
	涉及贫困人口（万人）	0.210	0.210	0.210	0.210	0.210
迭部县农村饮水安全巩固提升2017	涉及贫困户（户）	401	401	401	401	401
	涉及贫困村（个）	11	11	11	11	11
迭部县水土保持尼傲乡巴藏项目区2017	水保治理面积（万亩）	1.500	1.390	1.390	1.390	1.390
甘南州山洪灾害防治项目2017						
甘南州引洮（博）济合供水工程	供水能力（万吨/日）	5.230				
合作市德吾录河卡加防洪工程	新建及加固堤防长度（千米）	8.410	1.350		8.080	1.350
合作市格河多合儿防洪工程	新建及加固堤防长度（千米）	8.700			8.660	
合作市那吾乡精准扶贫暨生态小康村防洪	新建及加固堤防长度（千米）	5.760	0.040		3.930	0.040
	涉及贫困人口（万人）	0.390	0.270	0.270	0.270	0.270
合作市农村饮水安全巩固提升2017	涉及贫困户（户）	632	442	442	442	442
	涉及贫困村（个）	14	10	10	10	10
合作市洮河重要支流治理	新建及加固堤防长度（千米）	14.300	1.200	1.200	8.600	1.200
黄河甘肃段防洪工程（甘南州）	新建及加固堤防长度（千米）	91.160	52.090	52.090	79.100	39.380
	涉及贫困人口（万人）	0.640	0.640	0.640	0.640	0.640
临潭县农村饮水安全巩固提升2017	涉及贫困户（户）	1516	1516	1516	1516	1516
	涉及贫困村（个）	14	14	14	14	14
临潭县小流域综合治理项目2017	水保治理面积（万亩）	1.200	0.945	0.945	0.945	0.945
临潭县斜藏沟治理工程	新建及加固堤防长度（千米）	11.290			11.290	
临潭县羊沙河下河段治理工程	新建及加固堤防长度（千米）	8.320	1.500	1.500	8.150	1.500
临潭县洮河段防洪2017	新建及加固堤防长度（千米）	10.750	4.200	4.200	4.200	4.200
临潭县洮河干流洮滨防洪堤工程	新建及加固堤防长度（千米）	6.130			3.880	

2-17 续表

项目名称	效益名称	建设规模	本年施工规模		累计新增效益	
			小计	其中：本年新开工	小计	其中：本年新增
碌曲县农村饮水安全巩固提升2017	涉及贫困人口（万人）	0.105	0.105	0.105	0.105	0.105
	涉及贫困户（户）	290	290	290	290	290
	涉及贫困村（个）	2	2	2	2	2
碌曲县洮河干流城郊段至双岔段防洪治理	新建及加固堤防长度（千米）	20.111	4.900	4.900	4.900	4.900
玛曲县农村饮水安全巩固提升2017	涉及贫困人口（万人）	0.081	0.081	0.081	0.081	0.081
	涉及贫困户（户）	142	142	142	142	142
	涉及贫困村（个）	2	2	2	2	2
玛曲县农田水利设施维修及节水2017	节水灌溉面积（万亩）	1.280	1.280	1.280		
玛曲县县城引水工程	供水能力（万吨/日）	0.900	0.900			
夏河县白土坡水电站	发电装机容量（千千瓦）	4.600	4.600	4.600	4.600	4.600
夏河县博拉河博拉段防洪工程2017	新建及加固堤防长度（千米）	9.780	7.400	7.400	7.400	7.400
	河道整治长度（千米）	19.000	13.000	13.000	13.000	13.000
夏河县垂子合大桥至阿一山大桥段治理	新建及加固堤防长度（千米）	4.600			4.600	
夏河县大夏河王格尔塘至曲奥段治理	新建及加固堤防长度（千米）	14.200			14.200	
	河道整治长度（千米）	48.400			48.400	
夏河县格河段防洪工程2017	新建及加固堤防长度（千米）	9.600				
	河道整治长度（千米）	12.000	6.000	6.000	6.000	6.000
夏河县农村饮水安全巩固提升2017	涉及贫困人口（万人）	0.076	0.076	0.076	0.076	0.076
	涉及贫困户（户）	157	157	157	157	157157
	涉及贫困村（个）	7	7	7	7	7
舟曲县插岗一级水电站增效扩容及生态修复	发电装机容量（千千瓦）	2.260	2.260			
舟曲县拱坝河堤防工程	新建及加固堤防长度（千米）	19.900			19.900	
舟曲县农村饮水安全巩固提升2017	涉及贫困人口（万人）	0.155	0.155		0.155	0.155
	涉及贫困户（户）	382	382	382	382	382
	涉及贫困村（个）	6	6	6	6	6
舟曲县农田水利设施维修2017	改善灌溉面积（万亩）	0.077	0.077	0.077		
舟曲县水土保持治理工程2017	水保治理面积（万亩）	1.999	1.999		1.772	1.772
舟曲县驼骆坝水电站增效扩容及生态修复	发电装机容量（千千瓦）	3.260	3.260	3.260		
舟曲县五小水利工程2016	渠道防渗长度（公里）	13.775	13.775	13.775	12.000	12.000
	改善灌溉面积（万亩）	0.960	0.960	0.960	0.960	0.960
舟曲县沿川坝段河道治理2017	新建及加固堤防长度（千米）	2.300	2.300	2.300		
	河道整治长度（千米）	2.040	2.040	2.040		
舟曲县中小河流治理项目2017	新建及加固堤防长度（千米）	12.590	12.590	12.590	3.800	3.800
	河道整治长度（千米）	7.250	7.250	7.250		
卓尼县车巴河流域防洪治理项目	新建及加固堤防长度（千米）	16.530			4.790	
卓尼县农村饮水安全巩固提升2017	涉及贫困人口（万人）	0.084	0.084	0.084	0.084	0.084
	涉及贫困户（户）	169	169	169	169	169
卓尼县农田水利维修工程2017	改善灌溉面积（万亩）	2.000	2.000	2.000	2.000	2.000
卓尼县石窖沟藏巴哇防洪工程	新建及加固堤防长度（千米）	5.912			2.981	
卓尼县相俄项目区流域治理2017	水保治理面积（万亩）	0.525	0.525	0.525	0.294	0.294
卓尼县羊沙河恰盖防洪工程	新建及加固堤防长度（千米）	8.994			6.638	
卓尼县洮河干流纳浪段防洪工程2017	新建及加固堤防长度（千米）	9.429	1.037	1.037	0.300	0.300
卓尼县洮河麻路一段至亚当段防洪	新建及加固堤防长度（千米）	4.573	4.573	4.573	0.500	0.500

2-17 续表

项目名称	效益名称	建设规模	本年施工规模		累计新增效益	
			小计	其中：本年新开工	小计	其中：本年新增
甘肃省直属						
敦煌水资源规划项目（疏勒河）2015	改善灌溉面积（万亩）	30.500			28.990	
敦煌水资源规划项目（疏勒河）2016	水保治理面积（万亩）	29.470	15.050	15.050	29.470	15.050
	节水灌溉面积（万亩）	28.570	9.260	9.260	26.510	9.260
敦煌水资源规划项目（疏勒河）2017	水保治理面积（万亩）	2.180	2.180	2.180	2.180	2.180
	渠道防渗长度（千米）	13.530	1.990	1.990	1.990	1.990
	河道整治长度（千米）	3.400	1.500	1.500	1.500	1.500
甘肃省大江大河水文监测（一期）建设工程						
甘肃省防办山洪灾害防治项目2017						
甘肃省景电泵站更新改造工程	改善灌溉面积（万亩）	71.000	2.270	2.270	22.960	2.270
甘肃省水资源监测能力（一期）建设工程						
甘肃省中小河流水文监测系统建设项目						
甘肃疏勒河灌区三道沟河道治理	新建及加固堤防长度（千米）	22.350			22.350	
	河道整治长度（千米）	13.350			13.350	
甘肃双塔水库除险加固工程	改善灌溉面积（万亩）	46.430				
甘肃水资源监控能力建设二期						
甘肃引洮供水二期工程	供水能力（万吨/日）	85.760				
	耕地灌溉面积（万亩）	29.200				
甘肃引洮供水一期工程	供水能力（万吨/日）	60.000				
	耕地灌溉面积（万亩）	19.000				
华亭县安口镇应急引水工程	供水能力（万吨/日）	0.600				
华亭县城区生活污水处理厂中水回用项目						
兰州新区2号3号石门沟水库工程	水库总库容（亿米^3）	0.140			0.140	
兰州新区城际铁路沿线绿化项目水利工程	节水灌溉面积（万亩）	0.544			0.412	
兰州新区高效节水灌溉2016	节水灌溉面积（万亩）	2.000			1.650	
兰州新区南部生态绿化2#供水管线工程						
兰州新区生态灌溉7号单体湖调蓄工程	水库总库容（亿米^3）	0.025	0.025		0.004	
兰州新区引大东二干十七支渠改造工程	改善灌溉面积（万亩）	3.738	0.500	0.500		
兰州新区职教园区景观水系供水工程	供水能力（万吨/日）	3.630	1.930	1.930	1.930	1.930
临洮县污水处理厂配套管网工程						
民勤红沙岗污水处理厂及中水回用贮水池						
山丹县第二给水厂建设工程	供水能力（万吨/日）	1.700				
省景电灌区维修养护2017年项目（第二批）	节水灌溉面积（万亩）	0.100	0.100	0.100	0.100	0.100
省农垦山丹农场小型农田水利重点县2016	节水灌溉面积（万亩）	1.000			1.000	
省疏管局斗口水量计量设施更新改造						
省疏管局农田水利维修养护2017	渠道防渗长度（千米）	6.208	6.208		6.208	6.208
石羊河流域重点治理（省景电）2013	渠道防渗长度（千米）	65.000	7.800	7.800	59.800	7.800
天水市城区引洮供水工程	供水能力（万吨/日）	16.710				
武威市黄羊土门组团供水项目杂木河供水	供水能力（万吨/日）	4.790				
引洮供水二期配套城乡供水工程	供水能力（万吨/日）	55.620				
玉门市花海灌区农业综合开发	渠道防渗长度（千米）	16.865	16.865	16.865	16.865	
崆峒区韩家沟水厂供水工程（一期）	供水能力（万吨/日）	1.500			1.500	

2-18　2017 年水利建设项目累计完成工作量

项目类型	全部计划工程量						累计完成工程量					
	土方（万米³）	石方（万米³）	砼（米³）	金属结构（吨）	移民安置人数（人）	单项工程个数（个）	土方（万米³）	石方（万米³）	砼（米³）	金属结构（吨）	移民安置人数（人）	单项工程个数（个）
甘　肃	34676.86	6308.33	12614076	364787.64	2840	15380	26266.46	3980.59	9124838	225321.92	2826	10284
防洪项目	7831.37	1429.86	3629530	31145.14		747	4813.98	1233.71	3250276	20697.34		585
堤防工程	404.84	101.76	255839	5921.15		105	385.07	97.77	226922	5918.15		91
大江大湖治理	655.58	558.78	990500	21729.00		50	530.82	529.03	915500	13300.00		42
重要支流治理	1967.38	443.55	725746	1251.85		426	1341.24	322.30	757738	280.06		309
中小河流治理	2497.15	287.44	1378833	75.02		73	2228.76	261.72	1258871	75.02		58
大中型病险水库除险加固	38.64	11.84	54328	184.23		9	31.12	10.58	45671	160.80		5
大中型病险水闸除险加固	35.40	4.96	29423	609.53		4	35.18	3.95	17417	431.45		4
山洪灾害防治工程	0.002		20			64	0.00		20			62
其他防洪项目	2232.38	21.53	194841	1374.36		16	261.79	8.36	28137	531.86		14
灌溉除涝项目	8244.37	1014.44	2845343	73198.62	2645	682	7497.24	866.36	1767987	44641.67	2631	652
灌区建设工程	692.47	236.09	574003	1601.79		67	662.96	224.13	531100	1504.24		63
节水灌溉工程	244.86	19.95	87825	2909.39		60	218.94	16.65	81051	2907.89		58
小型农田水利建设	3257.48	77.02	391505	3967.56		289	3195.00	76.35	374744	3946.45		266
水库工程	3097.33	575.97	1181680	12825.73	2645	24	2601.52	470.40	479053	7505.37	2631	14
泵站工程	135.38	49.90	358011	31259.75		35	89.99	28.11	120479	14348.92		35
其他灌溉除涝项目	816.85	55.51	252320	20634.40		207	728.83	50.72	181560	14428.80		216
供水项目	9115.95	1749.11	5318755	241251.91	195	9867	5846.02	1643.65	3509965	146651.09	195	8524
引水（调水）工程	6611.84	1575.79	4868825	223542.11	195	60	3708.10	1643.65	3126319	140485.01	195	54
农村饮水安全巩固提升	1875.52	117.83	301739	7717.27		9718	1656.77	99.70	259341	4604.28		8383
抗旱工程	8.67		543			2	8.67		543			2
其他供水工程	619.92	55.49	147648	9992.53		87	472.48	28.05	123762	1561.80		85
水务项目	477.24	90.54	128674	4099.17		3776	281.70	89.81	97417	3519.17		278
自来水厂建设	12.74	0.50	35426	1030.28		15	12.68	0.42	15426	970.03		13
城镇供水管线建设	312.47	49.88	50173	2256.89		3725	129.45	49.23	39941	1737.14		229
污水处理工程建设	152.03	40.16	43075	812.00		36	139.57	40.16	42050	812.00		36
非常规水资源利用项目	2.52		4259			37	1.26		2130			18
雨水集用	2.52		4259			37	1.26		2130			18
水电开发利用	20.44	9.38	16648	301.40		19	17.36	9.18	12258	220.40		17
水电增效扩容	20.44	9.38	16648	301.40		19	17.36	9.18	12258	220.40		17
水保及生态保护	8953.65	2006.94	657171	14689.83		180	7779.21	130.14	472210	9490.68		163
水土流失治理	6330.91	1854.80	92343	868.99		111	6245.91	17.98	74735	842.69		103
流域生态综合治理	1201.56	65.27	227212	10031.15		39	1061.50	60.54	151468	4921.30		39
河湖连通工程	31.07	0.48	73809	102.92		3	24.77	0.48	67095	102.92		2
其他环境水利项目	1390.11	86.39	263807	3686.77		27	447.03	51.15	178912	3623.77		19
机构能力建设专项	6.59	3.39	1501	98.80		40	5.47	3.38	701	98.80		17
水文设施及能力建设	6.59	3.39	1501	98.80		40	5.47	3.38	701	98.80		17
移民项目	24.74	4.67	12196	2.77		32	24.23	4.36	11895	2.77		30

2-19　2017 年水利建设项目本年完成工程

项目类型	本年计划工程量						本年完成工程量					
	土方（万米³）	石方（万米³）	砼（米³）	金属结构（吨）	移民安置人数（人）	单项工程个数（个）	土方（万米³）	石方（万米³）	砼（米³）	金属结构（吨）	移民安置人数（人）	单项工程个数（个）
甘　肃	18886.92	1874.34	4306686	61677.16	985	10177	18243.17	1780.48	4132978	57347.57	985	9936
防洪项目	3298.22	761.15	2125300	4724.51		692	3103.72	712.64	1928825	4575.83		559
堤防工程	229.80	64.99	124916	2601.15		95	225.82	64.32	125416	2601.15		91
大江大湖治理	355.26	229.02	628900	1000.00		34	270.95	180.14	481720	1000.00		31
重要支流治理	1018.47	262.58	401626	202.56		418	932.73	260.61	360930	202.56		306
中小河流治理	1428.05	192.89	917432	75.02		60	1407.58	196.91	891738	75.02		52
大中型病险水库除险加固	5.82	2.12	4807	43.00		4	5.82	2.12	33408	43.00		4
大中型病险水闸除险加固	1.09	1.66	20803	270.92		2	1.09	0.65	8797	122.24		3
山洪灾害防治工程	0.00		20			64	0.00		20			62
其他防洪项目	259.73	7.89	26796	531.86		15	259.73	7.89	26796	531.86		10
灌溉除涝项目	5377.77	361.63	958216	29881.05	985	436	5223.08	353.21	919843	26111.75	985	405
灌区建设工程	176.18	43.22	106803	495.05		13	166.61	38.81	86003	199.02		9
节水灌溉工程	184.72	13.85	34600	836.67		57	178.67	11.41	31578	835.17		57
小型农田水利建设	2905.84	53.29	350721	3156.80		274	2847.93	52.93	346243	3161.65		242
水库工程	1410.63	195.28	264943	4024.60	985	18	1353.83	195.33	260115	4149.21	985	11
泵站工程	44.50	5.68	49296	5146.64		18	32.04	5.51	47900	4446.63		18
其他灌溉除涝项目	655.90	50.31	151853	16221.29		56	644.00	49.22	148003	13320.07		68
供水项目	2940.66	586.07	711245	16251.29		8514	3037.29	550.33	837298	16011.09		8490
引水（调水）工程	892.00	466.70	371391	9950.00		33	1028.96	444.60	507727	9998.00		28
农村饮水安全巩固提升	1698.72	104.03	263522	4923.38		8402	1656.77	99.70	259341	4604.28		8383
抗旱工程	2.07		100			2	2.07		100			2
其他供水工程	347.87	15.34	76231	1377.91		77	349.49	6.03	70130	1408.81		77
水务项目	261.20	81.34	92960	2071.88		281	261.20	81.34	92960	2071.88		278
自来水厂建设	10.18	0.42	13500	66.70		13	10.18	0.42	13500	66.70		13
城镇供水管线建设	111.45	40.76	37410	1193.18		232	111.45	40.76	37410	1193.18		229
污水处理工程建设	139.57	40.16	42050	812.00		36	139.57	40.16	42050	812.00		36
非常规水资源利用项目	2.52		4259			37	1.26		2130			18
雨水集用	2.52		4259			37	1.26		2130			18
水电开发利用	7.94	1.22	7098	283.40		16	4.75	1.02	6622	181.40		17
水电增效扩容	7.94	1.22	7098	283.40		16	4.75	1.02	6622	181.40		17
水保及生态保护	6968.28	74.87	394412	8363.46		154	6582.18	74.20	332704	8295.59		138
水土流失治理	5718.66	18.64	84724	868.99		104	5550.77	17.97	69012	801.12		97
流域生态综合治理	645.53	12.31	103426	4565.30		24	645.53	12.31	103426	4565.30		24
河湖连通工程	24.77	0.48	67095	102.92		3	24.77	0.48	67095	102.92		2
其他环境水利项目	579.32	43.44	139167	2826.25		23	361.11	43.44	93171	2826.25		15
机构能力建设专项	5.59	3.39	1001	98.80		15	5.47	3.38	701	97.26		1
水文设施及能力建设	5.59	3.39	1001	98.80		15	5.47	3.38	701	97.26		1
移民项目	24.74	4.67	12196	2.77		32	24.23	4.36	11895	2.77		30

2-20 2017 年水利建设项目计划、到位、完成（重大工程）

单位：万元

项目名称	项目计划总投资					本年计划投资					本年到位投资					本年完成投资				
	小计	中央政府投资	地方政府投资	银行贷款	其他投资	小计	中央政府投资	地方政府投资	国内贷款	其他投资	小计	中央政府投资	地方政府投资	国内贷款	其他投资	小计	中央政府投资	地方政府投资	国内贷款	其他投资
甘 肃	1240489.65	735898	398789.65	101000	4802	279017	166382	90059	21776	800	288096	166382	68438	52781	495	268874	166123	54223	47033	1495
大江大湖治理	339707	288789	50918			109764	69070	18918	21776		78001	69070	6150	2781		101442	69540	6224	24678	1000
黄河甘肃段防洪工程（兰州市）	167900	118100	49800			55957	34181		21776		36962	34181		2781		58859	34181		24678	
黄河甘肃段防洪工程（白银市）	95513	67206	28307			23513	15206	8307			15206	15206				15206	15206			
黄河甘肃段防洪工程（临夏州）	40641	28597	12044			16642	10597	6045			16597	10597	6000			13600	11067	1533		1000
黄河甘肃段防洪工程（甘南州）	35652	25086	10566			13652	9086	4566			9236	9086	150			13777	9086	4691		
灌区建设工程	124574	97719	22053		4802	18653	14922	2931		800	17105	14922	1688		495	18377	14193	3689		495
永昌县西河灌区续建配套节水改造	24443	18795	5648			4000	3200	800			4118	3200	918			4118	3200	918		
永昌县东河灌区续建配套节水改造	21534	16487	5047			2134	1707	427			2134	1707	427			2134	1707	427		
甘州区西浚灌区续建配套节水改造	5826	4661	1165			2000	1600	400			1600	1600				2165	1600	565		
甘州区大满灌区续建配套节水改造	9174	7339	1835			2000	1600	400			1600	1600				2485	1600	885		
民乐县大堵麻灌区续建配套节水改造	16843	13374	3469			3000	2400	600			2400	2400				2700	2400	300		
临泽县梨园河灌区续建配套节水改造	7918	6334	1584													555		555		
山丹县马营河灌区续建配套节水改造	23512	18710			4802	4000	3200			800	3734	3200	39		495	3734	3200	39		495
肃州区洪临灌区续建配套与节水改造	15324	12019	3305			1519	1215	304			1519	1215	304			486	486			
水库工程	45600	27390	18210			20600	12390	8210			18390	12390	6000			18700	12390	6310		
民勤县红崖水库加高扩建工程	45600	27390	18210			20600	12390	8210			18390	12390	6000			18700	12390	6310		
引水（调水）工程	730609	322000	307609	101000		130000	70000	60000			174600	70000	54600	50000		130355	70000	38000	22355	
甘肃引洮供水二期工程	730609	322000	307609	101000		130000	70000	60000			174600	70000	54600	50000		130355	70000	38000	22355	

3 主要统计指标解释

主要统计指标解释

一、水利综合统计

1. 水利工程统计

【蓄水工程】指人工修建的蓄积水量的工程，包括水库、塘坝、窖池等。

【水库】指在河道、山谷或低洼地有水源，或可从另一河道引入水源的地方修建挡水坝或堤堰，形成具有拦洪蓄水和调节水量的功能，且总库容大于等于 10 万米^{3}的水利工程。

【塘坝】利用天然洼地开挖修建堰坝，或在坡地上、山谷间筑坝，形成具有拦截和贮存地表径流功能的、蓄水容积大于等于 500 米^{3}且小于 10 万米^{3}的蓄水工程。

【窖池】指采取防渗措施拦蓄、收集天然来水，用于农村分散供水、农业灌溉的蓄水工程。一般包括水窖、水池、水柜等形式。

【水电站】指为将水能转换为电能而修建的水工建筑物和设置的机械、电气设备的综合枢纽。

[泵站]指建在河道、湖泊、渠道上或水库岸边，由泵和其他机电设备、泵房以及进出水建筑物组成，可以将低处的水提升到所需高度，用于排水、灌溉、城镇生活和工业供水等的水利工程。河湖取水泵站是指修建在河流湖泊岸边，为灌溉、城镇生活和工业供水的泵站。水库取水泵站是指修建在水库岸边，为灌溉、城镇生活和工业供水的泵站。

[水闸]指建在河道、渠道、海堤上或湖泊、水库岸边，利用闸门控制流量和溯节水位，具有挡水和泄（引）水功能的低水头水工建筑物。河湖引水闸是指修建在河流湖泊岸边，为灌溉、城镇生活和工业供水的水闸。水库引水闸是指修建在水库岸边，为灌溉、城镇生活和工业供水的水闸。

[机电井]指以电动机、柴油机等动力机械带动水泵抽取地下水的水井。

2.水利工程供水统计

【供水能力】指蓄水、引水、取水泵站、机电井供水系统中，现状条件下相应设计供水保证率的可供水量。供水能力主要与水源状况、工程条件等方式有关。供水能力一般分为设计供水能力和实际供水能力。

【水利工程供水】指通过蓄、引、提等水利工程，收集和分配地表和地下淡水资源的活动。

【按供水用途分】指按水利工程的直接供水用途进行划分，主要分为农业灌溉、工业生产、城镇生活、乡村生活、生态环境和其他。

[农业灌溉]供水指水利工程为农田、林地、果园、牧草灌溉实际毛供水散的总和。工业生产供水指水利工程为城市及县以下乡镇工业的供水。

[城镇生活]供水指水利工程对城镇居民生活供水，还包括用于餐饮、服务以及市政环卫等公共服务方面的供水。生活供水主要统计各类水利工程向自来水厂或城镇居民供应的原水最，即未经任何处理的水量。

［乡村生活供水］指除乡村居民生活用水外，还包括牲畜用水。

［生态环境供水］指通过水利工程设施向城镇、乡村生态脆弱地区或恶化地区以及其他地区补水，以维持、控制、恢复、改善原有的生态环境状态，如为了避免湿地萎缩、维持地下水位、防止海水入侵、恢复原有湖泊、保护植被等目的，以及为了人类居住地的生态环境需要所进行的补。

【水按水源类型分】根据城乡供水工程的水源来源进行划分，主要包括地表水、地下水、海水淡化和污水处理回用等。

［地表水］指直接取自自然环境中地表水体的水。

［地下水］指直接取自自然环境中地下含水层的水。

［海水淡化］指将海水通过化学或物理方法处理成淡水的水。

［污水处理回用］指由城市集中污水处理厂直接供给的经过处理后的废污水量，不包括单位内部处理后的重复用水量。以进入水利（水务）单位的水量统计。污水处理厂把处理后的废污水排放到河流，其下游的经济单位和住户从该河流的取水，统计为地表水取水晕，而不作为污水处理回用晕。

【其他】包括集雨工程雨水、海水直接利用等其他水源类型。

3.灌溉统计

【灌溉面积】灌溉工程设施基本配套，且水源具有一定保证率的可灌溉的面积。按照土地类型，灌溉面积可以分为耕地灌溉面积、林地灌溉面积、园地灌溉面积和牧草地灌溉面积。

耕地是指种植农作物的土地，包括熟地、新开发、复垦、整理地，休闲地（含轮歇地、轮作地）；以种植农作物（含蔬菜）为主，间有零星果树，或其他树木的土地；平均每年能保证收获一季的已垦滩地和海涂。耕地中包括南方宽度 <1 米，北方宽度 <2.0 米固定的沟、渠、路和地坎（埂）；临时种植药材、草皮、花卉、苗木等的耕地，以及其他临时改变用途的耕地。

【耕地灌溉面积】又称为有效灌溉面积，是指耕地上灌溉工程设施基本配套，且水源具有一定保证率的可以灌溉的面积。

［林地］指生长乔木、竹类、灌木、沿海红树林的土地，不包括居民绿化用地，以及铁路、公路、河流沟渠的护路、护草林。林地又分林地、灌木林、疏林地、未成林造林地、迹地和苗圃六个二级地类。

［园地］指种植以采集果、叶、根茎等为主的集约经营的多年生木本和草本作物，覆盖度大于 50% 或每亩株数大于合理株数 70% 的土地，包括果实苗圃等用地。

［牧草地］指以生长草本植物为主，主要用干畜牧业的土地。

【新增耕地灌溉面积】指由于增加或改善水源、灌溉工程配套设施建设等原因当年增加的耕地灌溉面积。

【减少耕地灌溉面积】指由于建设占地、水源不足、工程损毁、退耕，以及其他原因当年减少的耕地灌溉面积。

［建设占地］指由于城市建成区的扩大，铁路、公路、厂矿建设，乡镇建设，住房、绿化等原因而减少的耕地。

［水源不足］指连续 5 年以上因地表来水持续减少、地下水位持续下降，以及限采、封井等措施而造成的水源水量减少，无法正常灌溉。

［工程损毁］指由于自然灾害或管护不当造成已有灌溉设施的破损、报废等。

［退耕］指由于实施退耕还林、退田还湖等政策，将原有耕地改为其他用途而减少的耕地。

［其他］指由于行政区划调整和统计数据修正等原因减少的耕地灌溉面积。

【实际耕地灌溉面积】指当年利用水利工程设施实际进行了灌溉的耕地面积。在同一亩耕地上，当年内无论灌水几次，都应按一亩计算。

【节水灌溉工程面积】指采用喷灌、微灌、低压管道输水、渠道衬砌防渗等工程技术措施，提高用水效率和效益的灌溉面积。

喷灌、微灌、低压管道输水、渠道衬砌防渗灌溉面积按照《节水灌溉工程技术规范》（GB/T50363—2006）的有关规定计算。

【新增节水灌溉面积】指因为喷灌、微灌、低压管道输水、渠道衬砌防渗等节水灌溉工程建设当年增加的节水灌溉面积。

【减少节水灌溉面积】指因为工程设施老化失修、毁损，以及水源不足等原因当年减少的节水灌溉工程面积。

【规模以上灌区数量】指设计灌溉面积大于等于 2000 亩以上的灌区处数。

50 万亩以上：指设计灌溉面积大于等于 50 万亩及以上的灌区。

30 万 ~ 50 万亩：指设计灌溉面积大于等于 30 万亩，小于 50 万亩的灌区。

10 万 ~ 30 万亩：指设计灌溉面积大于等于 10 万亩，小于 30 万亩的灌区。

5 万 ~ 10 万亩：指设计灌溉面积大于等于 5 万亩，小于 10 万亩的灌区。

1 万 ~ 5 万亩：指设计灌溉面积大于等于 1 万亩，小于 5 万亩的灌区。

0.2 万 ~ 1 万亩：指设计灌溉面积大于等于 0.2 万亩 (2000 亩），小于 1 万亩的灌区。

渠道长度和衬砌防渗渠道长度按渠道的设计流量划分：灌区渠道的设计流量以设计文件中的数据为准，划分为 30 米^3/ 秒及以上；5 ~ 30 米^3/ 秒（含 5 米^3/ 秒);1 ~ 5 米^3/ 秒（含 1 米^3/ 秒);0.2 ~ 1 米^3/ 秒（含 0.2 米^3/ 秒）四类。

4.防洪统计

堤防长度：堤防指沿河、湖、海等岸边，或行洪区、分洪区、蓄洪区、围垦区边缘修筑的挡水建筑物，其长度按堤顶中心线长度计算。

堤防工程等级划分执行中国《防洪标准》(GB50201-94) 的规定，分为五个级别，具体见下表：

防洪标准［重现期（年）］	≥ 100	＜ 100，且≥ 50	＜ 50，且≥ 30	＜ 30，且≥ 20	＜ 20，且≥ 10
堤防等级	1	2	3	4	5

【新增堤防长度】指当年因投资建设，新建成的堤防长度。

【达标堤防长度】指达到规划防洪标准的堤防长度。堤防防洪标准划分参见中国《防洪标准》（GB50201-94）。

【新增达标堤防长度】指当年因投资建设，新达到规划防洪标准的堤防长度。

【新增加高加固堤防长度】指当年因投资建设，在已建成堤防上得以加高加固的堤防长度，不包括新建成的堤防长度。

【堤防保护人口数量】指堤防工程保护区的年末全部人口数。

【堤防保护耕地面积】指堤防保护范围内的耕地面积。

5.水土保持统计

【**水土流失综合治理面积**】指按照综合治理的原则，对水土流失区域采取各种治理措施，以及按小流域综合治理措施所治理的水土流失面积总和。

【**小流域综合治理面积**】指采用综合治理措施治理的小流域面积。

[**小流域综合治理**]指以 10 ~ 30 千米^{2}的流域为单元，根据流域内的自然条件，按照土壤侵蚀的类型特点和农业区划方向，在全面规划的基础上，合理安排农、林、牧、副各业用地，布置水土保持农业技术措施，林草措施与工程措施，相互协调、相互促进形成综合的水土流失防治体系的治理面积。

【**新增水土流失综合治理面积**】指当年治理的水土流失面积。

[**按措施分**]指按照水土流失治理措施进行划分，水土流失治理常用措施包括基本农田、水土保持林、经济林、种草、封禁治理和其他措施。

[**基本农田**]指人工修建的能抵御一般旱、滞等自然灾害，保持高产稳产的农作土地，包括梯田、坝地和其他基本农田等三类。

[**梯田**]指在坡面上沿等高线修建的田面水平平整，纵断面呈台阶状的田块，按其断面形式可分为水平梯田、坡式梯田、隔坡梯田。

[**坝地**]指在沟道拦蓄工程上游因泥沙淤积形成的地面较平整的可耕作土地。其他基本农田是指小片水地、滩地、引水拉沙造田等农田。

[**水土保持林**]指以防治水土流失为主要功能营造的的人工林。根据其功能的不同，可分为坡面防护林、沟头防护林、沟底防护林、拥边防护林、护岸林、水库防护林、防风固沙林、海岸防护林等。

[**经济林**]指利用林木的果实、叶片、皮层、树液等林产品供人食用或作为工业原料、或作为药材等为主要目的而培育和经营的人工林。

[**种草**]指经人工种植或培育，覆盖度达到 70%以上的草地。

[**封禁治理**]指采取禁伐禁砍，实施封育管护等的水土流失治理措施的面积。

[**其他**]指通过除上述措施以外的采用其他治理的水土流失方式，包括保土耕作、地埂植物带、改垄等措施。

【**新增小流域综合治理面积**】指当年综合治理的小流域面积。

【**封禁治理保有面积**】指为控制水土流失、改善生态环境，采取封育管护措施，对稀疏植被采取封禁管理，利用自然修复能力，辅以人工补植和抚育，促进植被恢复，使林草郁闭度达 80%以上的封禁治理区域的面积。

【**已治理沟道条数**】已经治理过的侵蚀沟道条数。

【**已建成黄土高原淤地坝**】指在黄土高原沟道中，已经修建成的以控制沟道侵蚀、拦泥淤地、减少洪水和泥沙灾害为主要目的的沟道治理工程设施。

骨干坝是指库容在 50 万米^{3}以上的淤地坝。

中型坝是指库容在 10 万 ~ 50 万米^{3}的淤地坝。

已实施小流域综合治理条数：指实施小流域综合治理的小流域条数。

6.入河湖排污口统计

【入河湖排污口数量】指直接或者通过沟、渠、管道等设施向河流（含河流上的水库）、湖泊排放废污水的排污口数匾。

【按排入水域分】指按入河湖排污口将废污水排进的水域类型划分，可分为河流、湖泊和水库三类。

【按污水来源分】指按入河湖排污口排放废污水的来源划分，可分为工业企业直排、生活直排、污水处理厂排放、市政直排和其他类型。

二、水利建设投资统计

1.项目概况

【建设项目】指按照以总体设计进行施工，由一个或若干个具有内在联系的工程组成的总体。基本建设项目指经批准在一个总体设计或初步设计范围内进行建设，经济上实行统一核算，行政上有独立组织形式，实行统一管理的基本建设单位。

【项目类型】指水利建设投资项目按照项目的建设内容和目标所进行的分类。

【隶属关系】基本建设项目按建设单位直属或主管上级机关确定。隶属关系分为中央、省（自治区、直辖市）、地区（州、盟、省辖市）、县（旗、县级市）和其他五大类。

(1) 中央：是指中共中央、人大常委会和国务院各部、委、局、总公司以及直属机构直接领导和管理的基本建设项目和企业、事业、行政单位。这些单位的固定资产投资计划由国务院各部门直接编制和下达，建设中所需要的统配物资和主要设备以及建设中的问题都由中央有关部门安排和解决。

(2) 省（自治区、直辖市）：是由省（自治区、直辖市）政府及业务主管部门直接领导和管理的基本建设项目和企业、事业、行政单位。

(3) 地区（州、盟、省辖市）：是由地区、自治州、盟、省辖市直接领导和管理的基本建设项目和企业、事业、行政单位。

(4) 县（旗、县级市）：是由县、自治旗、县级市直接领导和管理的基本建设项目和企业、事业、行政单位。

(5) 其他：不隶属以上各级政府及主管部门的建设项目和企业、事业单位，如外商投资企业和无主管部门的企业等。

【项目规模】基本建设项目按规模分为大中型项目和小型项目，水利基本建设项目大中期项目划分标准是：①水库：总库容 1 亿米^{3}以上（包括 1 亿米^3，下同）。②灌溉面积：灌溉面积 50 万亩以上。③水电工程：发电装机 5 万千瓦以上，以及列入国家发展改革委员会（年度计划）计划单子上的项目均填报为大中型；水库除险加固、灌区续建配套及更新改造、农村饮水安全工程、中小河流治理、小型农田水利建设等均作为小型项目。④其他项目：指水利建设项目前期工作投资等不产生固定资产的项目。

【建设性质】基本建设项目的建设性质根据整个建设项目的情况确定，分为：

⑴新建：一般是指从无到有、“平地起家”开始建设的企业、事业和行政单位或独立的工程。现有企业、事业、行政单位一般不属于新建。但如有的单位原有基础很小，经过建设后新增的资产价值超过该企业、事业、行政单位原有固定资产价值（原值）三倍以上的也应作为新建。

(2) 扩建：指在厂内或其他地点为扩大原有产品的生产能力（或效益）或增加新的产品生产能力，而增建主要的生产车间（或主要工程）、分厂、独立的生产线的企业、事业单位。行政、事业单位在原单位增建业务用房（如学校增建教学用房、医院增建门诊部、病房等）也作为扩建。现有企业、事业单位为扩大原有主要产品生产能力或增加新的产品生产能力，增建一个或几个主要生产车间（或主要工程）、分厂，同时进行一些更新改造工程的，也应作为扩建。

(3) 改建：指对原有设施进行技术改造或更新（包括相应配套的辅助性生产、生活福利设施），没有增建主要生产车间、分厂等的企业、事业单位。灌区续建配套与节水改造、水库除险加固一般列入改造性质，在立项审批文件中列有新增生产能力或效益时，应列入扩建性质。

(4) 单纯建造生活设施：指在不扩建、改建生产性工程和业务用房的情况下，单纯建造职工住宅、托儿所、子弟学校、医务室、浴室、食堂等生活福利设施的企业、事业及行政单位。

(5) 迁建：指为改变生产力布局或由千城市环境保护和安全生产的需要等原因而搬迁到另地建设的工程。

(6) 恢复：指自然灾害、战争等原因，使原有的固定资产全部或部分报废，以后又投资恢复建设的单位。尚未建成投产的建设项目，因自然灾害损毁重建，不作为恢复项目，仍按原有建设性质填报。

(7) 单纯购置：指现有企业、事业、行政单位单纯购置不需要安装的设备、工具、器具，而不进行工程建设的单位。有些单位虽然本年只从事购置活动，但该项目设计中规定有建筑安装活动，应根据立项时规定的建设性质填报。建设过程中不能改变建设性质。

(8) 前期工作：指水利规划、工程项目前期、专题研究和基础性工作（含业务建设）。

【建设阶段】指建设项目报告期所处的建设阶段。分为：

⑴筹建项目：指正在进行前期工作尚未正式施工的项目。按照国家有关规定，建设规模较大的建设项目，在正式开工以前，经批准可以设立专门的筹建机构，为建设做准备工作。包括研究和论证建设方案、组织审核设计文件和预算，订购设备、材料，办理征地拆迁和平整场地等。筹建项目已发生的投资额，应计算投资完成额，但不计算施工项目个数。

(2) 本年正式施工项目：指本年正式进行过建筑安装施工活动的建设项目。包括本年新开工项目，本年续建项目，以前年度全部停、缓建在本年恢复施工的项目，本年进行过施工、又在本年内全部建成投产或全部停、缓建的项目。不包括以前年度建成投产在本年进行收尾的项目，以及以前年度全部停、缓建在本年进行维护工程的项目。

(3) 本年收尾项目：指以前年度已经全部建成投入生产或交付使用，但有遗留工程尚未竣工，在本年内进行收尾工程的项目。如果以前年度没有报过全部建成投产，而在本年度继续施工，不论其遗留工作量大小，都按正式施工项目统计。

(4) 停、缓建项目：指根据国民经济宏观调控及其他原因，经有关部门批准停止建设或近期内不再建设的项目。停缓建项目分为全部停、缓建项目和部分停、缓建项目。全部停、缓建项目是指经批准并已收到全部停、缓建通知的项目，包括报告期内有部分工程需要做到一定部位或仓库、生活福利施工工程经上级批准本年继续施工的项目。

①全部停、缓建项目是指经有关部门批准不再建设或短期内整个项目停止建设的项目。

②部分停、缓建项目是指建设项目仍在施工，但其中的部分单项工程经有关部门批准停止或近期内不再建设并已停止施工的项目。报告期部分停缓建项目仍应作为施工项目统计。

(5)单纯购置：是指现有企业、事业、行政单位单纯购置不需要安装的设备、工具、器具，而不进行工程建设的单位。有些单位虽然本年只从事购置活动，但该项目设计中规定有建筑安装活动，应根据立项时规定的建设性质填报。建设过程中不能改变建设性质。

(6) 前期工作：指水利规划、工程项目前期、专题研究和基础性工作（含业务建设）四类项目。

【开工时间】填写水利建设项目正式开工的时间。如建设性质为“前期工作”，则建设阶段也应为“前期工作”，则无需填写开工时间；如建设阶段为“筹建”和“单纯购置”，则无需填写开工时间。

【全部建成投产时间】指报告期内按设计文件规定建成主体工程和相应配套的辅助设施，形成生产能力或工程效益，已正式投入生产或交付使用的时间。

【审批文号】指项目筹建阶段为各类批复文件的文件号。

2.总体进度

【项目计划总投资】指建设项目或企业、事业单位中的建设工程，按照总体设计规定的内容全部建成计划(或按设计概算或预算)需要的总投资。一般应采用上级批准的计划总投资。在上级批准计划总投资后，又批准调整时，应填报列批准后的调整数字；无上级批准计划总投资的，采用上报的计划总投资或年内施工工程计划总投资。

【实际需要总投资】指在累计完成投资额已超过上级批准计划总投资的情况下，采用建设项目按总体设计规定的内容全部建成所需的投资。

【移民征地费】指由于水库淹没、工程建设占地等原因需要通过划拨方式或出让方式取得土地使用权核定的各项费用。包括通过划拨方式取得土地使用权所支付的土地补偿费、附着物和青苗补偿费、安置补偿费及土地征收管理费等(计入新增固定资产)；以及通过出让方式取得土地使用权所支付的出让金(不计入新增固定资产)。

【自开工累计完成投资】指建设项目从开始建设到本年底止累计完成的投资。它是反映整个建设项目或企、事业单位建设总进度的指标，应包括建成投产或停、缓建工程完成的投资以及拆除、报废工程的投资。

【新增固定资产】是以货币形式反映建设活动最终成果的综合性指标，是指通过投资活动在一定时期建成或交付使用的新的固定资产的价值。包括已经建成投入生产或交付使用的工程投资和达到固定资产标准的设备、工器具的购置投资及应摊入的费用。新增固定资产是反映基本建设投资活动成果的价值量指标，只有已经完成建造和购置过程，并正式移交生产、使用单位的固定资产才能计算新增固定资产。没有安装的需要安装设备、正在施工的建设工程等都不能计算新增固定资产。

新增固定资产指标是综合计算不同时期、不同部门、不同地区的基本建设投资效果的重要依据，一定时期的新增固定资产，与同期完成投资额密切相关。

【自开工累计新增固定资产】指建设项目在“自开始建设至本年底累计完成投资” 中已交付使用的固定资产价值， 包括已经建成投产或交付使用的工程投资和达到固定资产标准的设备 、工具、器具的投资，以及应摊入固定资产的费用。投资包干节余和国内贷款利息也计入新增固定资产价值中。它是自开始建设累计完成投资中开始发挥效益的部分，是反映整个建设项目的建设进度和建设成果的指标。

【本年新增固定资产】指报告期全年内交付使用的固定资产价值。它是反映年度固定资产投资成果的重要指标。

【本年完成投资】指从本年1月1日起至本年最后一天止完成的全部投资额。实际完成投资额是以货币表示的工作量指标，包括实际完成的建筑安装工程价值，设备、工具、器具的购置费，以及实际发生的其他费用。没用到工程实体的建筑材料、工程预付款和没有进行安装的需要安装的设备等，都不能计算投资完成额。

【计算投资额所依据的价格】建筑安装工程投资额一般按预算价格计算。实行招标的工程，按中标价格计算。凡经建设单位与施工单位双方协商同意的工程价差、量差，且经建设银行同意拨款的，应视同修改预算价格。建筑安装工程应按修改后的预算价格计算投资完成额。对于某些工程已进入施工但施工图预算尚未编出的，统计报表可根据工程进度先按设计概算或套用相同的结构、类型工程的预算综合价格计算，待预算编出后再进行调整；建设单位议价购料供应给施工单位，材料价差部分未转给施工单位的，建设单位应将这部分价差包括在建安工程投资中；设备、工具、器具购置投资额一律按实际价格，即支出的全部金额计算；外购设备、工具、器具除设备本身的价格外，还应包括运杂费、仓库保管费等；自制的设备、工具、器具，按实际发生的全部支出计算；其他费用的价格：一般按财务部门实际支付的金额计算；国内贷款利息按报告期实际支付的利息计算投资完成额，并作为增加固定资产的费用处理；利用国外资金或国家自有外汇购置的国外设备、工具、器具、材料以及支付的各种费用，按实际结算价格折合人民币计算。

【本年完成投资额按构成分】①建筑工程(建筑工作量)：指各种房屋、建筑物的建造工程，又称建筑工作量；②安装工程(安装工作量)：指各种设备、装置的安装工程，又称安装工作量；③设备工具器具购置：指把工业企业生产的产品转为固定资产的购置活动，包括建设单位或企业、事业单位购置或自制达到固定资产标准的设备、工具、器具的价值。新建单位及扩建单位的新建车间，按照设计或计划要求购置或自制的全部设备、工具、器具，不论是否达到固定资产标准均计入“设备工具器具购置”中；④其他费用：指在固定资产建造和购置过程中发生的，除建筑安装工程和设备、工具、器具购置投资完成额以外的费用，不指经营中财务上的其他费用。包括旧房屋购置，基本畜禽支出，林木支出，退耕退牧还林还草、土壤改良、城市绿化，办公生活用家具、器具购置，建设单位管理费，土地征用、购置及迁移补偿费，政府收费，勘察设计费，研究实验费，可行性研究费，临时设施费，施工机械转移费，设备检验费，负荷联合试车费，土地占用、使用费，建设期应付利息，包干节余，企业债券发行费，合同公证费及工程质量监测费，国外借款手续费及承诺费，汇兑损益，调整器材调拨价格折价，坏账损失，固定资产亏损及损失等。

【本年完成投资按用途分】①防洪工程投资：是指各种防洪工程所完成的投资。包括以防洪工程为主的水库工程投资、堤防加固、河道治理、蓄滞洪区建设等工程性措施和防汛调度、防洪保险、预警系统等非工程设施建设；②灌溉工程投资：是指用于灌溉工程建设所完成的投资。包括以灌溉工程为主的水库工程投资、灌区、引水枢纽、渠道、土地平整等投资；③除涝工程投资：是指用于建设除涝工程完成的投资。包括排水渠道、排水闸等工程投资；④水电工程投资：是指用于水电工程建设所完成的投资。包括水电站工程的主体工程、临时工程、征地移民投资及电网建设投资。也包括综合利用的水利枢纽工程中的电站厂房投资、电站设备、电站安装工程投资等；⑤供水工程投资：是指用于城镇、工业供水工程建设所完成的投资。包括以供水为主的水库工程投资，不包括用于农业灌溉的引水工程投资；⑥水土保持及生态工程投资：是指用于水土保持工程建设所完成的投资。包括大江大河中上游水土保持、重点治理区及小流域治理投资等；⑦机构能力建设：是用于机构能力建设所完成的投资。包括房屋建设和科研设备购置等；⑧项目前期工作：是指各类水利进行项目建议书、可研、初设等项目前期工作投资。非工程、非基建项目所完成的投资；⑨其他：是指除上述用途之外的其他工程建设所完成的投资。包括水利企事业单位的旅游、水产等设施投资。

综合利用水库工程一般同时具有多项效益，根据该工程规划立项时的投资分摊的比例计算各种用途投资的完成额，按其主要作用列入防洪、灌溉、水电、供水内。

3.投资进度

【按来源划分】主要划分为中央政府投资、地方政府投资、利用外资、企业和私人投资、国内贷款、债券和其他投资。

预算内拨款指财政预算内经营性或非经营性基金，一般指发改部门下达的投资计划。

预算内专项（国债）指预算内长期建设国债资金。中央预算内专项指国家下发的国债用于水利建设投资；地方预算内专项是指地方政府发行的地方债券中用于水利建设的投资。

中央财政水利专项资金指中央财政安排的用于水利建设的专项资金。

地方财政水利专项资金指地方财政安排的用于水利建设的专项资金。

水利建设基金指预算内水利建设专项资金，分为中央政府水利建设基金和地方政府水利建设基金。

重大水利工程建设基金指预算内重大水利工程建设基金，分为中央政府和地方政府用于重大水利工程的建设基金。

【土地出让收益】从2011年7月1日起，各省、自治区、直辖市、计划单列市（以下简称各地区）所辖市、县（区），统一按照当年实际缴入地方国库的招标、拍卖、挂牌和协议出让国有土地使用权取得的土地出让收入，扣除当年从地方国库中实际支付的征地和拆迁补偿支出、土地开发支出、计提农业土地开发资金支出、补助被征地农民社会保障支出、保持被征地农民原有生活水平补贴支出、支付破产或改制企业职工安置费支出、支付土地出让业务费、缴纳新增建设用地土地有偿使用费等相关支出项目后，作为计提农田水利建设资金的土地出让收益口径，严格按照10%的比例计提农田水利建设资金。

为确保各地区及时足额从土地出让收益中计提农田水利建设资金，在《2011年政府收支分类科目》中，增设“103014805农田水利建设资金收入”科目，反映从土地出让收益中计提的农田水利建设资金，并在地方国库中实行分账核算。相关地区根据中发[2011]1号文件以及省级人民政府文件规定，从2011年1月1日起至2011年6月30日期间，已经从土地出让收入中计提的农田水利建设资金，统一划入“103014805农田水利建设资金收入”科目核算管理。从2011年7月1日起，各地区从土地出让收益中计提的农田水利建设资金统一按照本通知规定的口径和比例执行。各地区不得将农田水利建设资金并入水利建设基金管理，相关地区规定与本通知规定不一致的，要按照本通知规定进行调整。

水资源费指地方政府征求的水资源费用于水利建设的投资。

自筹资金指部门及事业单位以自己名义筹集的各类资金，包括自有资金、银行贷款等。

企业和私人投资指企业、私人以自己名义投入的各类资金。

国内贷款指以项目名义从国内银行或其他金融机构得到的、需要项目投产后收入进行偿还的各类政策性或商业性贷款。

债券指以项目名义从债券市场（各种资本市场）募集的各类资金。

其他投资包括乡镇自筹、群众投工投劳折资等。

【累计安排投资】指自项目开工以来截至到报告期经有权机关、单位批准或同意安排的计划投资额。

【本年计划投资】指经有关机关、单位批准或同意安排的当年计划投资额。

【累计到位投资】指建设单位自项目开工以来累计收到的各种来源的投资。对于实行国库集中支付的投资，只要建设单位收到国家投资计划，就算投资到位。对于银行贷款，只要收到投资银行批准的贷款指标，就算投资到位。企业自有、企业债券按报告期实际收到的资金数量进行统计。由国外银行直接支付的外资，已经承诺支付、按工程进度或采购设备计算投资后即按到位统计。无偿拔入的设备，应在收到设备时进行统计。

【本年到位投资】是指本年建设单位收到的工程建设的各种来源的投资，包括以往年度下达的计划投资今年到位数。

4.形象进度

【实物工程量】实物工程量是以自然物理计量单位表示的水利工程建设完成的各种工程数量，包括各类主体工程、施工导流和围堰的工程数量，不包括一般房屋建筑、附属工程、临时工程完成的数量。实物工程量是计算工作量的依据，是反映水利基本建设的成果、考核工程进度的重要指标之一。

【土方】指水利工程建设中土方的开挖、回填、填筑的数显。包括土坝填筑、灌区渠道、防洪堤防等土方。如监理月报中只有土石方的开挖、回填等数据，应全部计入“土方”中，“石方”则不计入。

【石方】指水利工程建设中石方开挖、石方回填、石方砌筑（包括千砌石和浆砌石）、抛石护岸等，包括水库大坝、渠道及堤防建筑物中的石方等。

【混凝土】指水利工程建设中浇筑、衬砌的混凝土的数篇。包括水库混凝土大坝、渠道及堤防建筑物中的混凝土等。

【全部计划实物工程量】指建设项目的设计文件中列入计划的全部实物工程量。一般按批准总体设计文件的实物工程量填列。没有批准总体设计文件的，采用上报设计文件中的工程量数或年内施工工程的计划实物工程量。当累计完成实物工程最超过全部计划实物工程最时，采用累计完成实物工程量加未完工程计划实物工程量。

【本年计划实物工程量】指年度施工计划中的工程量计划，年度施工计划又有调整的，采用调整数。

【累计完成实物工程量】指建设项目自开始建设到报告期止累计完成的实物工程量。

【本年完成实物工程量】一般是指从本年 1 月 1 日起至本年最后一天止完成的全部实物工程量。

【单项工程个数】根据编制建设项目概（预）算、制定计划以及进行统计、会计核算的需要，基本建设项目一般可划分为单项工程、单位工程、分部工程及分项工程。单项工程是指有独立设计文件，建成后能独立发挥效益的工程。单项工程是基本建设项目的组成部分，也是划分工程用途、事业种类、计算新增固定资产价值和新增生产能力或效益的依据。反映大中型项目单项工程的建设和投产情况，也是基本建设统计的一项重要内容。水利综合利用枢纽工程项目中，单项工程一般是指水库（大坝、溢洪道、输水洞）、水电站、灌区、房屋等。当水保、人饮、水电等面上比较分散的项目打捆统计时，每一个可独立实施的项目可作为打捆项目的统计项目个数。

【规划用地面积】土地征用和购置：①规划用地面积：指根据经有关部门批准的项目规划，建设项目需要使用的土地面积。②本年实际征用和购置土地面积：指报告期内通过征用等各种方式获得使用权的土地面积。③本年土地征用和购置价款：指报告期内征用和购置土地进行土地使用权交易活动的最终金额。具体包括：通过划拨方式取得土地使用权而支付的土地补偿费附着物和青苗补偿费、水库淹没处理补偿费、农村移民安置迁建费、城镇及集镇迁建补偿费、专业项目恢复改建费、防护工程费、库底清理费、有关税费、环境影响等补偿费和其他费用。征用和购置的土地价款与征用和购置土地面积同口径，目的是正确计算平均土地征用和购置价格。

5.投资效益

【新增生产能力（或工程效益）】指通过基本建设投资活动而新增加的设计生产能力（或工程效益），是以实物形态表现的基本建设投资效果指标。这也是考核投资经济效果的重要依据之一。

【水库总库容】是水库按校核水位计算的总蓄水容量。它是反映水库工程效益的指标。只有当水库工程的主体工程大坝、溢洪道、输水洞三个单位工程都按设计建成才能拦洪蓄水，发挥整体效益时，才能计算新增水库总库容。

【耕地灌溉面积】又称有效灌溉面积，是指耕地上灌溉工程设施基本配套，且水源具有一定保证率的可以灌溉的面积。如果是灌区续建配套或节水改造项目、病险水库除险加固项目等，一般规模应选择“改善灌溉面积”。

【除涝面积】具有除涝工程设施（如圩堤、水闸、泵站、暗管等），排水出路有保证，能够按照设计标准，减轻或消除涝、渍灾害的耕地面积。

【发电装机容量】水力发电工程在水库蓄水，水工建筑物、引水系统、尾水系统、水轮发电机组及风、水、电、油等附属设备系统均已验收合格，按验收规程调试完毕的发电机组铭牌出力指标。

【排灌装机容量】指排灌机组的铭牌容量。是反映灌溉、排涝工程机械设备容量的指标。

【供水能力】指用于城镇和工业生产、生活供水工程的日供水能力。不包括农业灌溉工程的供水能力。

【改善灌溉面积】指在已经达到有效灌溉面积标准的基础上，通过工程措施，使原有灌溉面积的灌溉标准有所提高。如提高灌水的保证率、增加灌溉节水措施等。

【改善除涝面积】指在已经达到除涝面积标准的基础上，通过工程措施，使除涝标准有所提高。

【新建及加固堤防长度】指按照设计标准建成或基本建成的河堤、江堤、海堤、湖堤，包括防洪墙等各类防洪、防潮堤防之总和。不包括单纯除涝河道的堤防和弃土形成的堤防，也不包括子埝和生产堤。

【水保治理面积】指按照综合治理的原则，对水土流失区域采取各种治理措施，以及按小流域综合治理措施所治理的水土流失面积总和。

【饮水安全达标人口】指满足农村饮水安全标准（高标准）的农村地区（即城市及县城关镇以外地区）年末常驻人口。农村饮水包括农村居民餐饮、洗涤以及散养畜禽等日常生活用水。按照水利部、卫生部联合下发的《关于印发农村饮用水安全卫生评价指标体系的通知》的要求，农村饮水安全主要采用水质、水量、取水方便程度以及供水保证率四项指标进行评价，并对五类地区分安全饮水和基本安全饮水两个档次设置标准，只有当上述四项指标均达到饮水安全标准的人口，才算饮水安全达标人口。

【节水灌溉面积】指采用喷灌、微灌、低压管道输水、渠道衬砌防渗等工程技术措施，提高用水效率和效益的灌溉面积。

【渠道防渗长度】指渠道采取防渗措施整治的长度。

【河道整治长度】指采取各种工程措施改善水流条件、泥沙运动，调整河床冲淤部位等的河道长度。

【改善或恢复库容】指通过工程措施，使原有设计总库容恢复或者增加的库容。

【新增生产能力的数量】原则上应按工程的设计（计划）能力计算。设计能力是指设计文件中规定的主体工程及相应配套的辅助工程（或配套设备）在正常情况下能够达到的生产能力。在建设过程中需要调整设计能力时，必需经原批准设计的管理机关批准后，才能按批准修改后的能力计算。如尚未批准，仍按原设计能力计算，并加以说明。无设计（或计划）能力的，可根据验收时鉴定能力计算。

【建设规模】是指建设项目或工程设计文件中规定的全部设计能力（或工程效益）。包括已经建成和尚未建成投产的工程的效益。它是以实物形态表示的建设项目规模指标，反映建设项目全部建成投产后，能够为社会提供的新增效益。

建设规模应填写设计任务书或计划文件中规定的全部效益。如小浪底水利枢纽除填水库库容126.5亿米^{3}外，还要填发电装机容量180万千瓦。新建项目按全部设计工程效益计算；改、扩建工程按改、扩建后新增加的效益计算，不包括改、扩建前原有的效益。没有总体设计的项目，填本年施工的全部单项工程的设计效益。

【本年新增工程效益】指在报告期内按照新增效益的计算条件和标准，实际建成投入生产或交付使用的工程效益。

【本年施工规模】指报告期内施工的单项工程的工程效益，包括报告期以前开工跨入本年继续施工的工程的设计效益和报告期新开工工程的设计效益。也包括报告期内建成投产或报告期施工后又停缓建的单项工程的效益。不包括在报告期以前投产或已经停缓建的单项工程，以及报告期内尚未正式开工的工程设计效益。

本年施工规模是全部建设规模中在本年正式施工的部分，即本年施工的工程的全部设计能力。

【水库工程】当水库大坝基础开始施工时，水库库容的本年施工规模与建设规模一致。

【水电站工程】当大坝基础开始施工时，尽管发电厂房和机组尚未施工和安装，此时就应填发电装机容量的本年施工规模，即建设规模，因为大坝的基础也是电站的基础。报告期以前投产的发电装机容量应在本年施工规模中扣除。

【累计新增工程效益】指自开始建设至报告期止建成投产的全部单项工程累计新增的工程效益。包括报告期以前已经建成投产和报告期内建成投产的单项工程的效益。没有总体设计的工程填本年施工的全部工程自开始建设至本年底止的累计新增工程效益。

三、水利建设项目主要分类

代 码	项目类型		解 释
0100	控制性枢纽工程项目		具有防洪、发电、灌溉、供水或生态保护等多目标能力的蓄水枢纽建设、包括滞洪水库建设
0110		水库枢纽工程	具有多目标能力的水闸枢纽工程
0120		水闸枢纽工程	除水库、水闸枢纽工程外，其他枢纽工程
0190		其他枢纽工程	
0200	防洪项目		指江河湖堤和圩垸、围堤等，包括堤防加高加固中的隐蔽工程
0210		堤防工程	
0220		江河湖泊治理工程	包括河道整治中的清淤疏浚以及护坡、护岸、导流和河控等工程建设以及恢复河湖行蓄洪能力为目的的平垸行洪和移民建镇等活动
0221		大江大湖治理	大江大湖的治理活动
0222		重要支流治理	重要支流的治理活动
0223		中小河流治理	有关中小河流的治理活动
0229		其他	除上述三类的关于江河湖泊的各项治理活动
0230		行蓄洪区安全建设	行蓄（滞）洪区安全设施建设，包括分洪闸、分洪水道等建设
0240		城市防洪工程	城市防洪设施建设
0250		水库除险加固	
0251		大中型病险水库除险加固	大中型病险水库的除险加固工程
0252		小型病险水库除险加固	小型病险水库的除险加固工程
0260		海堤建设	
0270		国际界河工程	以国际界河岸线保护、河势控制为主的工程
0280		大中型病险水闸除险加固	大中型病险水闸的除险加固工程
0290		其他防洪项目	除上述以外的防洪工程
0300	灌溉除涝项目		
0310		灌区建设工程	灌区渠首建筑物、输配水渠道及其渠系建筑物的建设
0320		节水灌溉工程	灌区配套与节水改造工程、节水示范工程等
0330		小型农田水利建设	
0340		水库工程	以灌溉、供水为主要目的的蓄水水库（中小水库）建设
0350		泵站工程	用于灌溉、排涝（渍）的泵站工程
0390		其他灌溉除涝项目	

续表

代 码	项目类型		解　　释
0500	供水项目		以城乡居民生活、公共服务和工业生产等为目的的供水设施及能力建设
0510		引水（调水）工程	以引水灌溉或供水为主要目的，在河床上建设拦河闸坝工程，包括各类输配水渠道、管线及配套设施的建设
0520		农村饮水安全工程建设	以农村饮水安全保障为目的的各类饮水工程建设
0590		其他供水工程	
0600	水务项目		主要指城镇供、排、用水项目
0610		自来水厂建设	自来水厂建设与改造工程
0630		城镇排水系统建设	排水管网建设与改造工程
0640		污水处理工程建设	污水处理厂、污水处理管网建设
0690		其他水务能力建设	
0700	非常规水资源利用项目		
0710		中回水用	废、污水收集处理为中水回用的工程系统建设
0720		雨水集用	利用雨水集用等技术措施增水农村居民饮水的项目
0730		海水淡化	运用海水淡化等措施处理后用于工业冷却水、生产用水的项目
0800	水电开发利用		
0810		水力发电工程建设	包括以发电为主的水库枢纽工程建设
0820		电网建设与改造	
0830		水电增效扩容	
0840		小水电代燃料	
0890		其他电气化工程	
0900	水保及生态		
0910		水土流失治理	包括生态修复
0920		流域生态综合治理	包括生态补水
0930		水环境污染防治	水污染控制工程、水体置换净化工程建设
0940		水利血防项目	防治血吸虫病的水利措施，包括河湖治理等
0950		财政水保	财政资金用于水保项目的投资
0990		其他环境水利项目	

续表

代　码	项目类型		解　　释
1000	滩涂治理及围垦工程建设		
1100	机构能力建设专项		
1110		水文设施及能力建设	水文站网及设施
1120		科研教育设施	科研教育基础设施建设及相关设备购置
1130		防汛通讯设施等能力建设	包括防汛抢险队、基础设施建设、设备购置及能力建设等
1190		其他水利发展项目	
1200	前期工作项目		
1210		水利规划	全国、流域和区域水利规划等规划编制工作
1220		专题研究	为解决水利规划、工程项目前期工作中重大技术、经济、环境问题及改革与管理问题开展的研究论证
1230		项目前期	包括项目建议书、可行性研究、初步设计编制工作
1240		基础管理	开展行业技术规范、行业标准、定额管理等基础工作
1260		其他前期工作	包括水利建设基础勘探
1300	其他水利项目		包括水毁修复、移民、专项等